마르크스의 철학

주한 프랑스문화원

Cet ouvrage, publié dans le cadre du Programme d'aide à la Publication Sejong,
a bénéficié du soutien de l'Institut français de Corée du Sud.
이 책은 주한 프랑스문화원의 세종 출판 번역 지원프로그램의 도움으로 출간되었습니다.

마르크스의 철학

마르크스와 함께,
마르크스에 반해

에티엔 발리바르 지음

배세진 옮김 | 진태원 해제

오월의봄

프랑수아 제즈를 위해

장–폴 피리우를 추억하며

에티엔 발리바르는 마르크스주의자인가?
: 하나의 과잉결정에서 다른 과잉결정으로

진태원*

1.

에티엔 발리바르는 마르크스주의자인가? 약 20여 년 전 우리나라에 초판이 번역된 바 있는 발리바르의 《마르크스의 철학》의 새로운 번역본에 대한 해제를 쓰면서 내 머릿속을 계속 맴도는 질문 중 하나가 이것이었다. 이 질문에 대해서는 여러 가지 답변이 가능할 것이며, 그 답변에 대한 그럴 듯한 이유들이 각각 존재할 것이다.

우선 발리바르는 더 이상 마르크스주의자가 아니라고 답변할 수 있는 이유들이 존재한다. 마르크스주의가 무엇인가라는 질문 자체가 다양한 답변을 산출할 수밖에 없는 매우 논쟁적인 (그리고 이제는 별로 관심을 끌지도 않는) 질문이라는 점을 일단 제쳐둔다면, 발리바르 자신이 예전에

---

* 연세대학교 철학과와 동 대학원 철학과를 졸업하고, 서울대학교 철학과 대학원에서 스피노자에 대한 연구로 박사학위를 받았다. 현재 고려대 민족문화연구원 연구교수로 재직 중이고, 《황해문화》 편집위원으로 있다. 저서로는 《을의 민주주의》《알튀세르 효과》(편저), 《스피노자의 귀환》(공편), 《포퓰리즘과 민주주의》(편저) 등이 있으며, 자크 데리다의 《법의 힘》《마르크스의 유령들》, 에티엔 발리바르의 《스피노자와 정치》《우리, 유럽의 시민들?》 《정치체에 대한 권리》《폭력과 시민다움》, 피에르 마슈레의 《헤겔 또는 스피노자》, 자크 랑시에르의 《불화: 정치와 철학》, 장 프랑수아 리오타르의 《쟁론》 등을 우리말로 옮겼다. 스피노자 철학을 비롯한 서양 근대철학을 연구하고 있고, 현대 프랑스철학과 정치철학, 한국 민주주의론에 대해서도 깊은 관심을 갖고 공부하고 있다.

(그가 마르크스주의자라는 것을 누구도 의심하지 않았던 시기의 저작인)《역사유물론 연구》(1974)*나《민주주의와 독재》(1976)**에서 제시했던 관점에 따른다면, 마르크스주의는 (자본주의 착취 과정 및 계급지배의 근거로서) 잉여가치 분석과 (자본주의에 대한 대안적 사회성으로서) 프롤레타리아 독재론이라는 두 가지 핵심 요소로 구성되어 있다고 할 수 있다. 그런데 지난 1990년대 이후 이 두 가지 요소는 더 이상 발리바르의 이론적 작업의 근간을 이루지 않으며, 실로 그 용어들 자체가 그의 저술에서 거의 등장하지 않는다. 이는 정치경제학 비판 및 사회주의혁명론이 그의 작업의 중심을 이루지 않는다는 사실을 드러내는 증거라고 할 만하다. 아울러 이제는 비단 마르크스주의자들만이 아니라 웬만한 인문사회과학도라면 흔히 사용하는 '신자유주의'라는 용어 자체도 그의 저술에서는 매우 드물게 찾아볼 수 있다.

그 대신 지난 30여 년간 전개된 발리바르의 작업은 〈인간의 권리와 시민의 권리 선언〉에서 추출해낸 '평등자유명제'***, 시민권/시민성citizenship과 국민사회국가 이론****, 인종주의와 국민주의/민족주의nationalism 분석*****, 극

---

*   Étienne Balibar, *Cinq études du matérialisme historique*, François Maspero, 1974(한국어판:《역사유물론 연구》, 이해민 옮김, 푸른산, 1989). 이 책의 원래 제목은《역사유물론 5연구》인데, 한국어판에는 3장 부록인 〈레닌, 공산주의자, 이민Lénne, communistes et l'immigration〉과 5장 〈마르크스주의 이론사에서 유물론과 관념론Matériaisme et idéalisme dans l'histoire de la théorie marxiste〉이 번역에서 빠졌다.

**   Étienne Balibar, *Sur la dictature du prolétariat*, François Maspero, 1976(한국어판:《민주주의와 독재》, 최인락 옮김, 연구사, 1988). 이 책의 원래 제목은《프롤레타리아 독재에 대하여》다.

*** Étienne Balibar, *La proposition de l'égaliberté*, PUF, 2010. 발리바르의 평등자유명제에 대해서는 진태원,《을의 민주주의: 새로운 혁명을 위하여》(그린비, 2017)의 4장 및 5장을 참조.

**** Étienne Balibar, *Les frontières de la démocratie*, La Découverte, 1992 및《우리, 유럽의 시민들? 세계화와 정치의 재발명》(진태원 옮김, 후마니타스, 2010),《정치체에 대한 권리》(진태원 옮김, 후마니타스, 2011) 등을 참조.

***** Étienne Balibar & Immanuel Wallerstein, *Race, nation, classe: Les identités ambiguës*, La Découverte, 1988.

단적 폭력과 시민다움 개념을 중심으로 한 폭력에 대한 분석*, 그가 인간학적 차이들이라고 부르는 성적 차이, 지적 차이, 문화적 차이 등에 대한 인간학적 분석 등이 중심을 이루고 있으며**, 현실 정치에 관해서도 유럽 공동체 구성이라는 쟁점을 중심으로 국민적 시민성에 기반을 둔 근대 민주주의를 넘어서는 관국민적 시민성에 대한 모색 또는 '민주주의의 민주화'에 대한 탐구가 발리바르 이론적 작업의 초점을 이룬다고 말할 수 있다.*** 그렇다면 발리바르는 훌륭한 민주주의 이론가일 수는 있어도 더 이상 마르크스주의자라고 하기는 어렵지 않을까?

하지만 반대로 발리바르는 여전히 마르크스주의자라고 주장할 수 있는 근거들도 적지 않다. 1990년대 이후 발리바르 작업에서 마르크스주의의 주요 주제(잉여가치, 자본, 사회계급, 프롤레타리아 독재, 공산주의 등)가 더 이상 전면에 나타나지 않는 것처럼 보이지만(이는 이 책 및 이 책에 수록된 부록들이 입증해주듯이 그릇된 인상이다), 마르크스와 마르크스주의는 늘 발리바르 작업의 주요 준거로 작용하고 있다.

가령 발리바르 폭력론의 출발점과 중심에는 마르크스(주의)가 존재한다는 것을 우리는 확인할 수 있다. 그의 폭력론의 문제의식은 마르크스주의가 폭력 문제와 맺고 있는 "역설적인 관계"****에 대한 성찰에서 출발하기 때문이다. 곧 마르크스주의는 자본의 착취를 둘러싼 계급투쟁이 현대 정치의 조건과 쟁점을 구성한다는 점을 이해하는 데 결정적으로 기여했

---

*   Étienne Balibar, *Violence et civilité*, Galilée, 2010; 부분 번역이 수록되어 있는 한국어판으로는 《폭력과 시민다움》(진태원 옮김, 난장, 2012)을 참조.

**   특히 Étienne Balibar, *Citoyen sujet et autres essais d'anthropologie philosophique*, PUF, 2011 참조.

***   유럽 공동체 구성과 관련된 분석으로는 《우리, 유럽의 시민들?》 이외에도 Étienne Balibar, *Europe: crise et fin?*, Le Bord de l'eau, 2016을 참조.

****   에티엔 발리바르, 《폭력과 시민다움》, 15쪽.

지만*, 다른 한편으로는 정치와 폭력이라는 대립물들의 결합이 함축하는 정치의 비극적 차원을 인식하는 데 실패했으며, 이는 20세기 사회주의혁명의 실패 및 역사적 마르크스주의의 몰락과 긴밀한 연관을 맺고 있다.

'세계를 변혁하지' 못한 사회주의혁명들의 무기력의 근본 원인들 중 하나(또한 그 수수께끼들 중 하나이기도 하다. 왜냐하면 이러한 '인과관계'에는 아무런 합리성도 존재하지 않기 때문이다)는 정확히 말하면 이러한 혁명들이 발생했던 폭력 상황의 반작용 및 도착적 효과를 이론적·실천적으로 통제하지 못한 절대적 무능력에 있다고 보는 것이 개연성이 있다. 혁명운동이 직면했던 반혁명적 폭력만이 아니라 혁명운동 자신이 행사했던 폭력, 특히 혁명 국가의 틀 속에서 정당화되고 제도화되었고 혁명의 '내부의 적'을 일소하기 위해 확장됐던 폭력 같은 것들이 바로 그 반작용 및 도착적 효과들인데, 이것은 장기적인 외상적 효과를 낳았지만 대부분 그 자체로 부인되곤 했던, 진정으로 자살적인 과정이었다.**

따라서 발리바르가 보기에 새로운 혁명(만약 이런 것이 여전히 가능하다면)의 근본 쟁점 중 하나는 "어떻게 혁명운동을 내부로부터 '문명화'할 것인가, 어떻게 내가 시민다움이라고 부르는 이러한 반反폭력을 사회 변혁의 폭력의 중심에 도입할 수 있을 것인가라는 문제"***라고 할 수 있다.

---

* 발리바르는 이를 루소 등이 대표하는 근대 정치(정치의 자율성)와 구별되고 또한 그것을 넘어서는 마르크스주의 정치(정치의 타율성)의 기여라고 밝힌 바 있다. 〈정치의 세 개념: 해방, 변혁, 시민다움〉, 《대중들의 공포》, 서관모·최원 옮김, 도서출판b, 2007. 이 한국어 번역본의 제목은 〈정치의 세 개념: 해방, 변혁, 시민인륜〉인데, 이 중 '시민인륜'을 '시민다움'으로 수정했다.

** Étienne Balibar, *Violence et civilité, op. cit.*, p.157.

*** Étienne Balibar, *Ibid.* p.158.

더 나아가 발리바르 작업의 지속적인 주제 중 하나가 공산주의의 문제라는 점 역시 발리바르가 여전히 마르크스주의자로 남아 있다고 판단할 수 있게 해주는 유력한 근거가 된다.《역사유물론 연구》나《민주주의와 독재》같은 1970년대 저작에서는 사회주의와 구별되는 공산주의에 대한 모색이 발리바르 공산주의론의 주요 주제였다면, '현실 사회주의' 체제가 붕괴한 이후에는 역사적 공산주의의 형상들(중세 급진 프란치스코파의 공산주의, 근대 부르주아 공산주의, 마르크스주의의 프롤레타리아적 공산주의)을 넘어서는 새로운 공산주의, 예측 불가능하게 생성되고 있는 공산주의(들)의 가능성을 모색하는 것(그 핵심을 발리바르는 "**공산주의**는 또한 일종의 **개인주의**이기도 하다는 점을 극한적으로 사고하는 것"*에서 찾는다) 이 중요한 주제가 된다. 더 나아가 "공산주의란 무엇인가?"보다는 "누가 공산주의자인가?"라는 질문의 우위 아래에서 공산주의를 사고하는 것 ** 또는 말하자면 외적인 공산주의(과거의 사회주의 국가나 공산당 같이 공산주의라는 이름 아래 조직된 현실적 준거에 기반을 두는)보다는 내적인 공산주의(공산주의라는 명칭을 고수하는가 여부와 무관하게 환원 불가능한 복수의 해방들을 옹호하고 그 운동들에 참여하는)를 추구하는 것이 발리바르 작업의 또 다른 중심축을 이룬다고 말할 수 있다.***

그런데 우리가 발리바르가 여전히 마르크스주의자라는 점을 인정한다고 해도 다시 다음과 같은 질문을 제기해볼 수 있다. 그런데 그는 **어**

---

* Étienne Balibar, "Quel communisme après le communisme?", in Eustache Kouvélakis ed., *Marx 2000: actes du Congrès Marx international II*, PUF, 2000, p.82. 강조는 발리바르. 서교인문사회연구실에서 운영하는 웹진 인무브에서는 이 글을 포함하여 2000년대 이후 공산주의에 관한 발리바르의 여러 글들을 번역·소개한 바 있다. 인무브 홈페이지(http://en-movement.net)의 '발리바르, 공산주의를 사고하다' 카테고리 참조.

** Étienne Balibar, "Remarques de circonstance sur le communisme", *Actuel Marx*, no. 48, 2010 참조.

*** Étienne Balibar, "Communisme et citoyenneté: Sur Nicos Poulantzas", *La proposition de l'égaliberté, op. cit.* 참조.

떤 **마르크스주의자인가**? 우리는 어떤 마르크스주의의 이름으로 발리바르가 여전히 마르크스주의자라고 말할 수 있는가? 왜냐하면 한편으로 발리바르는 지속적으로 마르크스주의의 주요 주제들을 탐구하고 공산주의의 가능성을 모색하면서도 다른 한편으로는 대개 **마르크스주의의 주제가 아니라고 간주되는** 인권의 정치, 시민성/시민권, 국민사회국가, 인종주의, 국민주의, 이주, 국경의 민주화 같은 주제들을 면밀하게 탐구해오고 있기 때문이다. 이를 웅변적으로 집약해주는 글이 〈공산주의와 시민성〉이라는 제목을 달고 있는 풀란차스^{Nicos Poulantzas}에 관한 글이라고 할 수 있다. 요컨대 그는 마르크스주의자, 적어도 **우리가 지금까지 알고 있는** 마르크스주의자라고 하기에는 너무 비마르크스주의적인 주제들에 관심을 많이 기울이면서 역으로 마르크스주의자들이 주로 몰두하는 주제들(노동운동, 자본의 착취, 신자유주의, 금융 세계화 등)에는 너무 적은 논의를 할당하는 사상가인 셈이다. 그렇다면 그는 **일종의 포스트 마르크스주의자**라고 할 수 있는가? 그렇다고 할 수 있을지도 모른다. 그런데 여기에서도 역시, 만약 그렇다면 그는 어떤 포스트 마르크스주의자인가라는 질문을 피할 수 없을 것이다.

또한 이러한 질문들은 발리바르는 **여전히 알튀세리앵인가**? 만약 그렇다면 그는 **어떤 알튀세리앵인가**라는 질문과 분리될 수 없다. 그리고 이 질문을 통해 우리는 이 책의 내용 및 편제와 관련된 핵심 논점에 다가서게 된다.

2.

주지하다시피 발리바르는 20세기 마르크스주의의 대표적인 이론가 중 한 사람이었던 루이 알튀세르의 제자이자 동료였으며, 알튀세르 사후에는 그의 사상의 주요 계승자 중 한 사람으로 널리 인정받아온 인물이다. 알튀세르 사상과 관련하여 흥미로운 점 중 하나는 그가 20세기 후반의 마르크스주의에 가장 큰 영향을 미친 철학자 중 한 사람이었지만, 그의 사상은 정확한 의미에서 학파를 형성하지 않았다는 점이다. 이는 알튀세르 사후死後는 물론이거니와 생존 당시에도 사실이었다. 학파를 구성하는 것은 고사하고 알튀세르는 그의 사상의 전성기에서부터 늘 여러 방향에서 비판의 대상이 되어왔다. 그가 정통 마르크스주의가 아니라고 의심하는 공산당 내부의 비판가들이 한편에 있다면, 다른 한편에는 그가 너무 공산당에 가까운 마르크스주의자, 따라서 기껏해야 타협적인 인물이거나 아니면 체제 옹호자에 불과하다고 비난하는 이들, 더욱이 과거 그의 제자들이었던 알랭 바디우, 자크 랑시에르 같은 젊은 마오주의 지식인들이 있었다. 알튀세르는 1970년대 내내 그의 작업을 충실하게 따르는 몇몇 제자들(발리바르, 미셸 페쉬Michel Pêcheux, 도미니크 르쿠르Dominique Lecourt 등)과 더불어 그를 끊임없이 괴롭히는 정신병과 싸우면서 이들의 비판에 맞서 자신의 작업을 추구해야 했다.

그렇다면 발리바르 자신은 계속 충실한 알튀세리앵으로 남아 있었는가? 어떤 점에서는 그렇고 어떤 점에서는 그렇지 않다고 할 수 있다. 1976년 프랑스 공산당 22차 당 대회를 통해 이루어진 유로코뮤니즘으로의 전환, 곧 프롤레타리아 독재 강령의 폐기와 사회주의로의 평화적 이행 노선의 채택은 알튀세르의 최후의 이론적·정치적 투쟁의 계기를 마련해주었다. 알튀세르와 발리바르는 프롤레타리아 독재 개념을 옹호하면서 당의 새로운 유로코뮤니즘 노선에 맞서 싸웠는데*, 이러한 공동의 투쟁 내에 이론적 갈등의 요소들이 존재한다는 것이 곧 드러났다. 간단히 말하면 발리바르가 보기에 알튀세르는 공산당을 비롯한 혁명 세력이

---

*   Louis Althusser, *Le 22e Congrès du Parti Communiste Français, François Maspero, 1977; Ce qui ne peut plus durer dans le parti communiste*, François Maspero, 1978 참조. 이 글들은 다음 책에 편역되어 있다. 루이 알튀세르, 《당 내에 더 이상 지속되어선 안 될 것》, 이진경 옮김, 새길, 1992. 또한 에티엔 발리바르, 《민주주의와 독재》, 앞의 책 참조.

국가 바깥에 존재하고 또한 존재해야 하는 것으로 이해하고 있지만(자본주의 국가에 대한 혁명 세력의 외재성), 이는 노동자계급을 비롯한 혁명 세력 자체가 이데올로기 내에서만 구성되고 재생산될 수 있다는 알튀세르 자신의 테제와 모순되는 것이었다.

알튀세르와 발리바르의 이러한 이론적 입장의 차이는 1980년대 이후 발리바르 작업의 방향을 상당 부분 규정하게 된다. 우선 알튀세르 자신은 국민 형태, 국민국가, 국민주의/민족주의 및 인종주의 문제에 거의 관심을 기울이지 않았던 것에 비해 발리바르는 이매뉴얼 월러스틴과의 공동 작업을 통해 이 문제를 집중적으로 탐구한 바 있다.* 이는 "'일반적' 자본주의란 존재하지 않으며 단지 다수의 자본주의들 사이의 해후와 갈등을 통해 만들어진 '역사적 자본주의'만이 존재하는 것과 마찬가지로, 보편사란 존재하지 않으며 단지 독특한 역사성들만 존재한다"**는 발리바르의 새로운 관점에 입각한 것이다.

또한 알튀세르는 《유대인 문제에 대하여》의 마르크스를 따라 '평등'과 '자유'를 지배적인 부르주아 이데올로기인 법적 이데올로기라고 규정한 바 있지만, 발리바르 자신은 1989년 프랑스혁명 200주년을 맞아 처음 발표한 〈평등자유명제〉라는 글에서 프랑스혁명 당시 〈인간의 권리와 시민의 권리 선언〉 텍스트에서 표현된 평등한 자유의 이념은 (폄하하는 의미에서) 부르주아 이데올로기로 치부될 수 없으며 프랑스혁명 이후 모든 해방운동의 상징적 준거로 작용해왔다는 점을 '평등자유^{égaliberté}'라는 신조어를 통해 강조했다. 이는 마르크스주의 역시 그것이 하나의 해방운동인 한에서 평등자유명제를 기반으로 삼아야 함을 뜻하는 것이었다. 알튀세르의 작업에서는 좀처럼 찾아보기 어려운 폭력의 문제, 특히

---

*   Étienne Balibar & Immanuel Wallerstein, *Race, nation, classe: Les identités ambiguës*, *op. cit.*

**   이 책의 248쪽.

극단적 폭력과 시민다움의 문제가 1990년대 이후 발리바르 사상의 주요한 '작업장' 중 하나가 된다는 점 역시 중요한 차이점이라고 할 만하다.

그렇다면 발리바르가 **알튀세르와 절단했다**고 말해야 할까? 알튀세르와 발리바르의 관계를 절단^{coupure}의 관계로 지칭하는 것은 여러 모로 적절하다고 하기 어렵다. 왜냐하면 발리바르는 알튀세르 자신의 모순과 난점들을 비판하고 더 나아가 알튀세르가 제기하지 않았던 문제들을 제기하고 새로운 개념들을 고안하면서 독자적인 사상의 길을 개척해왔지만, 그의 작업의 저변에는 늘 알튀세르의 문제설정이 깔려 있기 때문이다. 요컨대 발리바르는 알튀세르의 문제설정을 전前과학적인 것으로 또는 비유물론적인 것으로 배격하거나 폐기하기보다는(이것이 알튀세르나 발리바르가 사용하는 절단이라는 개념의 핵심 의미다) 바로 그 문제설정 위에서 알튀세르 자신의 이론적 작업의 한계 및 아포리아, 그리고 공백을 분석하고 새로운 정세에 입각하여 그 문제설정을 독자적으로 발전시켜왔다고 할 수 있다. 그렇다면 발리바르는 알튀세르와 절단했다기보다는 **단절했다**고('rupture'나 'refonte'라는 의미에서), 또는 알튀세르의 문제설정에 입각하여 그것을 **부단히 개조해왔다**고 말하는 것이 더 적절할 것이다(하지만 발리바르의 작업을 알튀세르와의 관계 속에서만 이해하고 평가하는 것 자체가 부적절할 수 있다는 점을 덧붙여두고 싶다. 발리바르는 그렇게 하기에는 너무 독창적이고 폭넓은 사상가다).

이는 이 책의 주제 및 편제에서도 뚜렷하게 드러나는 점이다. 나는 특히 네 가지 측면을 지적해두고 싶다.

1) 절단과 단절이라는 주제

우선 절단과 단절이라는 주제가 주목할 만하다. 주지하다시피 알튀세르 작업의 출발점에는 인식론적 절단이라는 주제가 존재한다. 간단히 말한다면, 알튀세르는《마르크스를 위하여》*에서 청년 마르크스와 장년 마르크스 사이에는 '인식론적 절단'이 존재한다는 테제를 제시함으로써 당대에 큰 파문과 논쟁을 불러일으킨 바 있다. 그에 따르면 초기 마르크스,《독일 이데올로기》이전의 마르크스는 아직 마르크스가 아닌 마르크스, 곧 헤겔과 포이어바흐의 문제설정에 사로잡혀 있는 좌파 청년 헤겔주의자로서의 마르크스였다.《독일 이데올로기》가 하나의 단절 지점이 되는데, 이는 이 책에서 처음으로 생산양식, 이데올로기 같은 역사유물론의 핵심 개념들이 등장하기 때문이다. 그 이후《자본》을 통해 마르크스는 비로소 마르크스로서의 마르크스가 된다. 하지만 중요한 것은 이 마르크스 역시 완전한 마르크스가 아니라, 여전히 불완전하고 공백들 및 애매성들을 포함하고 있는 마르크스라는 점이다. 따라서 마르크스 사상이란 청년기부터 노년기에 이르기까지 단일한 총체로 존재하는 것이 아니며, 성숙한 마르크스의 사상 역시 완성된 어떤 것과는 거리가 먼 것이다. 이때문에 지속적인 개조 작업(알튀세르가 '마르크스로 돌아가기'라고 부른)의 필요성이 나오게 된다.

이렇게 볼 때 알튀세르의 기여는 **정초자 내에 균열과 갈등, 심지어 모순을 도입했다는 점**에서 찾을 수 있다. 마르크스주의 비판가들은 이러한 균열이나 모순을 마르크스 사상을 기각하고 부정하기 위한 논거로 삼는 반면, 마르크스주의 옹호자들은 어떻게든 이러한 균열과 모순을 축소하거나 제거하기 위해 애썼다. 반면 알튀세르는 그것을 마르크스 사상의 본질적 사실로 간주했다. 더욱이 그는 이러한 균열이나 공백, 갈등을 **마르크스 사상의 역사성**의 문제와 결부시켰다. 곧 우리가 마르크스 사상이라고 알고 있는 것은 불변적이거나 동질적인 어떤 것이 아니라 초기부터 후기까지 지속적으로 오류를 범하고 정정하면서 변화해나간 미완의 과

---

*　루이 알튀세르,《마르크스를 위하여》, 서관모 옮김, 후마니타스, 2017.

정의 산물이었다는 점이다. 그리고 알튀세르에 따르면 이러한 마르크스 사상의 역사성은, 넓은 의미의 노동자운동이라고 부를 수 있는 당대의 해방운동과의 부단한 조우의 산물이었다.

발리바르는 이 책에서 알튀세르의 절단의 문제설정을 수용하면서 동시에 그러한 절단 내에서 두 차례의 '단절'이 존재했음을 강조한다. 그것은 1848년 유럽혁명의 실패와 1871년 파리 코뮌의 비극적 경험의 결과였으며, 이러한 정치적·역사적 사건들은 마르크스의 이론적 작업의 중요한 정정으로 이어졌다는 것이 마르크스 사상의 전개 과정을 이해하는 발리바르의 기본 관점이다. 이런 점에서 발리바르는 충실한 알튀세리앵으로 남아 있다고 말할 수 있다.

2) 〈포이어바흐에 관한 테제〉에 대한 독해

내가 볼 때 이 책의 중요한 이론적 기여 중 하나는 〈포이어바흐에 관한 테제〉(이하 〈테제〉로 약칭)에 대한 매우 심층적이고 독창적인 독해에서 찾을 수 있다. 〈테제〉는 수많은 논평과 분석의 대상이 되어왔지만, 발리바르는 이 책의 2장 〈세계를 변화시키자: **프락시스**에서 **생산**으로〉에서, 특히 새로 추가된 〈재판 후기〉에서 이 〈테제〉를 '인간의 본질'에 대한 새로운 관계론적 존재론 또는 **관개체성**transindividuality에 입각한 철학적 인간학으로 재해석함으로써 파르메니데스의 비의적秘義的 경구나 스피노자의 이른바 '평행론' 명제 또는 비트겐슈타인의 아포리즘과 비견될 만한 서양철학사의 기념비적 텍스트로 격상시키고 있다.

〈재판 후기〉에서 제시된 〈테제〉에 대한 발리바르의 재해석은 문헌학적 엄밀함이라는 점에서, 또한 텍스트가 지닌 다양하고 이질적인 의미들 및 그 갈등적 양상을 극단에 이르기까지 발굴해낸다는 점에서 자크 데리다의 탈구축적 독해를 연상시킨다. 〈테제〉에 대한 대개의 해석은 유명한 열한 번째 테제를 중심으로 삼지만, 발리바르 독해의 초점은 인간 본질을 '사회적 관계들의 앙상블'로 규정하는 여섯 번째 테제에 놓여 있다. 이는 여섯 번째 테제에서 규정하는 인간의 본질을 '혁명적 프락시스'의 관점에서 장래 도래할 객관적 가능성으로 전환하는 에른스트 블로흐의 해석과 더불어 이론적 반反인간주의의 관점에서 여섯 번째 테제를 인간의 본질에 관한 종래의 철학적 담론을 '사회적 관계'에 대한 과학적 분석으로 대체하려는 것으로 이해하는 알튀세르의 해석을 넘어서기 위한 것이다.

발리바르는 마르크스가 '앙상블ensemble'이라는 프랑스어 단어를 인간 본질에 대한 규정 속에서 사용하고 있다는 사실에서 지금까지의 마르크스주의적인 관점이 포착해내지 못했고 또한 포착할 수 없었던 여섯 번째 테제의 세 가지 실정적 의미, 곧 사회적 관계들의 '수평성' '계열성' '다수성'이라는 의미를 이끌어내고 있다. 발리바르에 따르면 이는 "서양 형이상학에서 상속받은 개인성과 주체성이라는 다양한 통념들에 대한 하나의 일반적 대안의 가능성"*을 보여주는 것이면서 동시에 이를 존재-신학적인 보편 이론으로 체계화하는 것을 거부하는 것이다. 따라서 발리바르가 스피노자를 염두에 두면서 말하듯이 〈테제〉는 "속성들의 다수성을 갖고서 하나의 총체성을 형성하기 위해 이 속성들의 다수성을 통합하는 대신에 (……) 역사적 변환과 변형의 한계 지어지지 않은 장을 열어젖[힌다]"**고 말할 수 있는데, 이는 알튀세르가 스피노자 철학의 유례없는 독창성이라고 말한 바 있는 "경계 없는 전체un Tout sans clôture"***의 사상을 〈테제〉에서 더 풍부하게 이끌어내려는 발리바르의 의도를 표현해준다.

하지만 발리바르는 여기서 그치지 않고 더 나아가 〈테제〉가 표현하는 철학적 인간학의 세 가지 아포리아를 지적한다. '사회적 관계들의 앙

---

* 이 책 323쪽.

** 이 책 323쪽.

*** Louis Althusser, *Éléments d'autocritique*, Hachette, 1974, p.75.

상블'로서의 인간 본질에 대한 정의에서 나타나는 집합성과 개인성 또는 보편성과 차이들의 **내적 연관성**(따라서 정의 그 자체의 차원에서조차 '인간'이 아니라 '인간들'이라는 복수의 표현이 요구된다)과 관련된 아포리아는 "또한 개인주의이기도 한 공산주의"의 가능성을 모색하는 발리바르의 관심과 연결되어 있다. 아울러 헤겔의 '내적 관계들'이라는 개념과 관련된 두 번째 아포리아는 "기계적이고 자연주의적인 표상 그 자체로 단순히 되돌아가지 않으면서도 어떻게 정신주의적인 동시에 목적론적인 이런 헤겔의 구축물을 비판할 수 있을까?"*라는 문제의식을 담고 있는데, 이는 〈테제〉에서, 또한《독일 이데올로기》의 중심 개념 중 하나인 'Verkehr' 개념에서 20세기 후반 유럽 비판철학의 두 전통을 대표하는 프랑스의 구조주의 및 독일의 상호주관성 이론의 난점을 넘어설 수 있는 이론적 잠재력을 발굴하려는 노력의 표현이다. 하지만 마르크스 자신의 이론에는 이러한 잠재력과 더불어 본질주의적인 노동의 인간학의 한계가 포함되어 있다는 점에서 이는 아포리아적인 것으로 남아 있다. 발리바르는 세 번째 아포리아에서 마르크스의 〈테제〉가 사회적 관계의 복수성과 이질성을 사고할 수 있는 이론적 가능성을 열어놓았지만, 동시에 이후의 이론적 작업에서 이를 생산관계로 환원하고 있음을 확인하고 있다.

따라서 그 자신의 관개체성 이론에 기반을 둔 〈테제〉에 대한 발리바르의 독해는 한편으로 기계적 인과성과 표현적 인과성을 넘어서는 구조적 인과성에 입각하여 역사유물론을 재구성하려는 알튀세르의 문제설정을 계승하면서도 다른 한편으로는 알튀세르 자신이 이론적 반인간주의라는 이름 아래 배제했던 철학적 인간학의 잠재력들을 찾아내려는 노력이라고 말할 수 있다.

---

3) 이데올로기와 물신숭배

〈테제〉에 대한 재독해와 더불어 이 책의 또 다른 백미는 물신숭배 개념에 대한 독창적인 확장에서 찾을 수 있다. 그리고 바로 이점에서 이 책은 프랑스어 원서가 갖지 못한 독자적인 이론적 가치를 지니고 있다. 이 책에는 모두 4편의 글로 이루어진 '부록'이 포함되어 있는데, 이 중 〈오히려 인식하라〉라는 짧은 글을 제외한 나머지 세 편의 글은 모두 직간접적으로 물신숭배 이론과 관련되어 있다. 이 글들을 함께 읽어보면, 1993년 이 책의 초판이 나온 이래 발리바르의 이론적 작업에서 물신숭배 이론은 잘 눈에 띄지 않지만, 지속적인 중요성을 지니고 있었음이 명백히 드러난다. 어떤 의미에서 이는 발리바르 이론적 작업의 '도둑맞은 편지'에 해당한다고 말할 수도 있을 것이다. 이 문제의 중요성을 포착하고 한국의 독자들을 위해 이를 체계적으로 배열하여 포함시킨 옮긴이의 통찰력 덕분에 우리는 발리바르가 (어떤) 마르크스주의자인지, 또한 어떤 알튀세리앙인지 더 분명히 인식할 수 있 수 있게 되었다.

20세기 마르크스주의 역사에서 물신숭배론 이론은 주로 죄르지 루카치의《역사와 계급의식》에서 발원한 '베버 마르크스주의'(모리스 메를로-퐁티) 전통에서 발전되었다. 루카치 자신의 '사물화^{Verdinglichung}' 개념 자체가 물신숭배 이론에 대한 독창적인 재구성이거니와 그 이후 특히 프랑크푸르트 학파의 이론가들이 각자 나름대로 이 개념을 발전시켜왔다.* 반면 알튀세르는 물신숭배 개념을 불신했는데, 이는 인간 노동의 산물인 상품들의 관계가 인간들 사이의 관계를 은폐하고 오히려 인간들의 관계를 지배한다는 물신숭배 이론의 기본적 틀 자체가 인간 대 상품의 대립이라는 소외론적 문제설정을 강하게 함축하고 있기 때문이다. 따라서 잘 알려져 있다시피 알튀세르는 물신숭배 이론을 발전시키는 대신 그것에

---

* 최근의 작업으로는 악셀 호네트,《물화》, 강병호 옮김, 나남, 2015 참조.

대한 대안으로 이데올로기 개념을 체계적으로 발전시킨 바 있다.

　반면 발리바르는 이 책의 본문 3장에서 물신숭배 개념에는 이데올로기 개념으로 환원할 수 없는 고유한 이론적 독자성 및 강점을 지니고 있음을 역설한 바 있다. 그리고 '부록'에 수록된 세 편의 글에서는 그 함의를 훨씬 더 풍부하고 정교하게 발전시키고 있다. 그것은 한편으로 잉여가치론으로 환원되지 않는 노동의 이중적 성격 및 여기에 기반을 둔 일반화된 상품화로서의 자본주의라는 문제설정이며(〈마르크스의 '두 가지 발견'〉), 다른 한편으로는 상품의 일반화, 일반적 등가물의 구성을 '상품들의 사회계약'으로 재해석하고 여기에서 더 나아가 이러한 일반적 등가물이 화폐로 육화되었을 때 나타나는 '신비함'의 성격을 "화폐의 **초과 권력**"*이라는 개념으로 설명하려는 시도로 나타난다(〈상품의 사회계약과 화폐의 마르크스적 구성〉). 세계시장의 형성에 상응하며, 물질화되고 탈물질화(곧 '디지털화')될 수 있는 표상력을 지니고 있고, 스스로 상품을 창조할 수 있는 능력을 보유한 화폐의 이러한 초과 권력은 말하자면 국가의 주권적 권력으로 환원되지 않고 어떤 의미에서는 그것을 넘어서는 또 다른 종류의 주권적 권력["'주권자의 주권자'로서 (특히 경제 위기의 시기 동안) 국가를 지배하기 위해 국가에 대한 우위를 점하는 '주권적' 형상"**]이라고 할 수 있다. 더욱이 이러한 주권적 권력은 살아 있는 노동자의 노동력을 '초객체적인 사물'로 변형할뿐더러, 그 이전에 이러한 권력에 대한 인간 주체들/신민들subjects의 자발적 복종을 전제한다는 점에서 초주체적 폭력을 산출하기도 한다. 화폐의 초과 권력이 산출하는 극단적 폭력들이 존재하는 것이다.

　따라서 물신숭배론에 대한 발리바르의 분석은 알튀세르와의 단절

---

*　　이 책의 부록 3, 430쪽.

**　　이 책의 부록 2, 383쪽.

의 측면을 가장 잘 보여주는 사례 중 하나라고 할 수 있지만, 이것이 이데올로기에 관한 알튀세르의 문제설정과 양립 불가능한 것은 아닐 것이다(다시 한 번 말해두지만, 이 때문에 절단이라고 할 수는 없다). 왜냐하면 양자는 모두 '주체화/복종sujétion'의 문제와 관련되어 있으며, '주체화/복종'의 문제가 알튀세르(및 푸코)가 이론화한 '예속적 주체화assujettissement' 개념에 기반을 두고 있는 한에서 이는 다른 한편으로는 알튀세르 문제설정의 개조이자 확장이라고 할 수 있기 때문이다.

4) 자본주의의 역사성들

'자본주의의 역사성들'에 대해서는 더 간략하게만 언급해두겠다. 초기의 과잉결정surdétermination, overdetermination 개념에서 말년의 '우발성의 유물론'에 이르기까지 알튀세르의 이론적 작업을 관통하는 핵심 주제는 자본주의에서 공산주의로의 이행을 선형적 목적론 내지 진화론적 목적론에서 벗어나 그 구체적 조건 속에서, 더욱이 예측 불가능성 속에서 해명하려는 시도였다고 말할 수 있다. 과잉결정 개념에 더하여 과소결정sousdétermination, underdetermination 개념을 사고하려는 노력이 그렇거니와, **기원**의 우발성, (재생산) **과정**의 우발성, 그리고 **이행 자체**의 우발성이라는 3중의 우발성의 관점에서 역사적 과정을 사고하려는 우발성의 유물론의 시도에서 이를 엿볼 수 있다.* 이 책 4장 〈시간과 진보: 또다시 역사철학인가?〉에서 발리바르가 세 가지의 인과성 도식(역사의 나쁜 방향, 자본주의 생산양식 내에서 두 가지 사회성의 대립, 독특한 대안적 발전의 경로들)을 통해 마르크스의 저작들 안에서 역사적 인과성의 다양한 측면들을 발굴하고자 하는 것 역시 이러한 문제설정과 연결되어 있다고 할 수 있다. 이는 〈수탈자의 수

---

* 이 점에 관해서는 진태원, 〈과잉결정, 이데올로기, 우발성: 알튀세르와 변증법의 문제〉, 진태원 엮음, 《알튀세르 효과》, 그린비, 2011 참조.

탈에 관하여〉에서 '연장된 사회 전쟁'이라는 정치적 시나리오와 '총체적 포섭/복종'이라는 허무주의적 시나리오를 동시에 읽어내려는 노력에서도 엿볼 수 있는 점이다.

독특하고 환원 불가능한 자본주의의 복수적 역사성들에 대한 강조는, 자본주의에 대한 대안, 따라서 새로운 (공산주의) 혁명의 가능성을 모색하되, 그것을 새로운 정세에 입각하여 마르크스(및 마르크스주의자들을 포함한 다른 사상가들)의 텍스트에 대한 면밀한 독해를 통해 사유하려는 수십 년에 걸친 발리바르의 작업에서 일관되게 나타나는 특징이라고 할 수 있다.

3.
이제 끝으로 우리가 처음 제기한 질문으로 돌아가보자. 발리바르는 여전히 마르크스주의자인가? 그렇다면 그는 어떤 마르크스주의자인가? 나는 우리가 알튀세르의 과잉결정 개념을 다른 식으로 이해함으로써 이 질문에 답변할 수 있다고 믿는다.

주지하다시피 알튀세르는 왜 20세기 초반 유럽에서 가장 후진적이었던 러시아에서 사회주의혁명이 일어났는가라는 질문에 답변하기 위해 과잉결정 개념을 고안해냈다. 알튀세르의 논점은 사회주의혁명과 이행을 사고하기 위해서는 역사의 '좋은 측면'에만 의지해서는 안 되고 '나쁜 측면'을 고려할 줄 알아야 한다는 것이다. 다시 말해 생산력과 생산관계 사이의 모순 또는 자본과 임노동 사이의 모순이라는 가장 단순하고 기본적인 모순만 사고해서는 혁명에 관해서 구체적으로 사고할 수 없으며, 모순을 그것이 전개되는 상황 속에서 이해해야 하는 것이다. 따라서 어떻게 자본주의의 기본 모순이 항상 다른 모순들 속에서만 표현되는지, 어떻게 이러한 다른 모순들이 기본 모순을 과잉결정하거나 과소결정하는지 이해하는 것이 알튀세르 작업의 주요 측면 가운데 하나였다.

이러한 의미의 과잉결정 개념은 현실 사회주의가 몰락한 이후 마르크스주의를 재건하거나 개조하려고 노력했던 거의 모든 연구자들의 공통의 기반이라고 할 수 있다. 곧 1990년대 이후 마르크스주의 연구자들의 관심은 어떻게 하면 마르크스주의의 경제중심주의에서 벗어나되, 여전히 노동자운동의 중심성을 견지할 수 있을 것인가 하는 것이었다. 이에 따라 **노동자운동을 중심으로 한** 여성운동, 환경운동 등과의 접합이 논의의 초점에 있었다. 또는 학문적으로 본다면 어떻게 자본주의의 계급적 착취의 문제를 여성에 대한 가부장제적인 지배, 생태계 위기의 문제, 인종차별주의 내지 민족주의에 대한 비판 등과 연결시킬 것인가의 문제가 중심에 있었다고 말할 수 있다. 곧 **자본주의의 계급적 착취 및 지배 구조를** 가부장제적인 여성 지배의 문제, 인종차별주의 및 민족주의 문제 또는 환경문제가 **어떻게 과잉결정하는지** 이해하는 것이 핵심 쟁점이었다.

반면 내가 보기에 발리바르의 작업은 오히려 **과잉결정 개념을 역의 방향에서 이해하는 것**에 기반을 두고 있다. 곧 계급적 착취와 지배의 문제가 어떻게 가부장제적인 여성 지배 문제, 환경 문제, 인종차별 및 민족주의 문제 등에 의해 과잉결정되는가 여부가 아니라, 오히려 **어떻게 계급적 착취 및 지배가 다른 문제들을 과잉결정하는지** 탐구하는 것이 발리바르 작업의 방향이라고 할 수 있다.

가령 우리가 오늘날 세계 도처에서, 또한 우리나라에서 목격하듯이 여성에 대한 지배 내지 혐오의 문제에서도 자본주의적 불평등 구조가, 가령 비정규직 문제를 비롯한 노동·고용의 차별이라는 형태로 나타나고 있고, 환경 문제에서도 자본 축적 운동에서 비롯되는 과잉개발·과소비라는 방식으로 영향을 미치고 있고, 인종차별 내지 민족차별의 문제는 세계 경제 내부의 위계화된 노동 질서의 형태로 나타나고 있다. 또한 극단적 폭력의 문제는 자본주의의 구조적 폭력의 문제와 분리될 수 없다. 하지만 이러한 다양한 쟁점과 문제들은, 고전적인 의미의 과잉결정 개념에 의거할 경우 그렇게 생각될 수 있는 것처럼 자본주의적 착취 및 지배의 문제를 해결해야 **비로소** 해결될 수 있는 것이 아니다.

오히려 과잉결정에 대한 새로운 이해 방식에 의거할 경우 마르크스주의에서 중시하는 자본주의적 계급착취와 지배의 문제는 더 이상 다른 문제들의 해결의 (유일한) 조건 내지 관건이 아닐뿐더러, **다른 문제들, 다른 쟁점들 내에서만, 그것들과 결부될 경우에만** 자신의 존재론적 의미를 얻을 수 있다고 말할 수 있다. 따라서 **동시에** 페미니스트가 아닌 마르크스주의자, **동시에** 민주주의자가 아닌 마르크스주의자, **동시에** 환경운동가가 아닌 마르크스주의자, **동시에** 인권의 정치가가 아닌 마르크스주의자는 존재할 수 없을뿐더러 마르크스주의 자체의 쟁점을 해명하고 그 목표를 달성하는 데 무력할 수밖에 없다.

나는 이 책의 저자가 바로 이러한 의미의 마르크스주의자이며, 그가 우리에게 보여주는 마르크스는 다른 마르크스주의자들이 그려내는 마르크스보다 "훨씬 불명확하지만, 그럼에도 '마르크스주의적' 전통에서 제시했던 마르크스보다 훨씬 더 풍부한 그런 마르크스"*라고 믿는다.

---

*   이 책의 부록 4, 466쪽.

차례

옮긴이 일러두기

새로운 번역본 출간에 부쳐

1) 《마르크스의 철학》은 1993년 '학생 대중과 교양 있는 독자 대중'을 대상으로 한 라 데쿠베르트 출판사의 '입문 총서' 중 한 권으로 처음 출간되었으며,* 2001년 동일한 출판사의 '르페르^{Repères}' 총서 포슈판으로 ('문헌 안내'를 재검토하고 증보한 것 이외에는) 아무런 개정 없이 두 번째로 출간되었다.** 이 번역본은 2014년 동일한 출판사에서 출간된 재판(이 역시 포슈판이지만 개정과 증보를 거친 완전한 의미의 '재판'이다)을 완역했다.

2) 《마르크스의 철학》의 1993년 초판은 한신대학교 국제경제학과의 윤소영 교수가 1995년 완역하여 문화과학사의 이론신서 겸 과천연구실 세미나 시리즈로 출간해 한국의 인문사회과학계에 큰 영향을 미쳤으며, 절판된 지 오랜 시간이 지난 지금까지도 마르크스주의를 연구하는 연구자 또는 마르크스주의에 관심을 가진 일반 대중은 이 번역본을 참조하고 있다. 하지만 직역을 원칙으로 해 연구자가 아닌 일반 대중은 다가가기 쉽

---

*   윤소영 교수의 1995년 문화과학사 번역본에 실린 발리바르의 〈한국어판 서문〉 참조.
**   참고로 '포슈', 즉 'poche'란 '주머니'를 의미하며, 포슈판이란 주머니에 넣고 다닐 만큼 작은 사이즈의 책자를 뜻한다. 또한 'repère'는 '좌표'라는 의미이며, 인문사회과학을 공부하는 대학생들을 위한 좌표의 역할을 하는 총서라는 의미이다.

지 않았던 윤소영 교수의 번역본과 달리, '마르크스 탄생 200주년'을 맞아 옮긴이는, 일반 대중이 마르크스에 쉽게 다가갈 수 있도록 돕는 것을 목표로 하는 이 '입문 총서'의 취지에 맞게 원문의 의미를 훼손하지 않는 선에서 최대한 독자들이 한국어로 편하게 읽을 수 있는 번역본을 만드는 것을 원칙으로 했다.

3) 그렇기 때문에 옮긴이가 상당히 자의적으로 의미를 한정하기 위해 삽입했다고 판단되는 부분이 아닌 한 가독성을 해치는 대괄호([])의 사용은 최대한 절제했으며, 다양한 의미를 지니는 단어의 경우에도 그 단어의 다양한 의미를 본문에서 슬래시(/)를 통해 모두 나열하는 방식은 최대한 피하고 대신 가독성을 위해 옮긴이 주 등을 활용해 그 의미를 설명했다. 하지만 프랑스어와 한국어의 차이로 인해 불가피하게 한국어 단어 하나로 의미를 모두 표현하기 힘든 경우 슬래시와 대괄호를 활용했다. 슬래시는 프랑스어 단어 하나에 두 개 이상의 한국어 단어의 의미가 거의 동일하게 들어 있을 경우, 대괄호는 (기본적으로 번역본에서 대괄호가 옮긴이의 자의적인 판단에 따라 독자의 편의를 위해 쓰이듯) 옮긴이가 판단하기에 독자들을 위해 다른 한국어 단어들을 삽입하는 것이 필요하다고 보일 경우 활용했다. '입문 총서'라는 취지에 맞게, 번역어 선정 등과 관련한 사항이 아니라면 옮긴이의 자의적인 해석이 담긴 옮긴이 주 또한 최대한 절제했다. 번역이 비슷해지지 않도록 하기 위해, 그리고 위에서 언급했듯 최대한 의역의 원칙에 충실하기 위해, 윤소영 교수의 1995년 초판 번역본은 가능한 한 부분적으로만 참조했음을 밝힌다.

4) 마지막으로 독자들께 두 가지 사항을 말씀드리고자 한다. 첫 번째로, 프랑스어 원본에서는 2장의 설명 상자에 조르주 라비카^{Georges Labica} 번역의 〈포이어바흐에 관한 테제〉(이 라비카 번역의 테제는 라비카의 저서 *Karl*

*Marx. les thèses sur Feuerbach*에 실려 있으며, 프랑스에서는 프랑스의 마르크스주의 연구자 앙투안 아르투스^{Antoine Artous}의 서문이 실린 2014년 재판이 실렙스 출판사^{Éditions Syllepse}에서 출간된 바 있다)가 발췌·수록되어 있으나, 사실상 발췌라기보다는 거의 전문이 수록되어 있다는 점을 감안하여 옮긴이는 전문을 번역해 수록했으며, 또한 라비카 저서와 동일하게 엥겔스가 수정한 부분을 각주로 처리했다.

두 번째로, 본 재판 번역본에는 발리바르 논문 네 편이 부록으로 수록되어 있다. 우선 적지 않은 분량임에도 이 네 편의 논문 모두를 수록하는 것에 발리바르와 라 데쿠베르트 출판사 모두가 흔쾌히 동의해주었음을 밝힌다. 이 네 편의 논문 모두는 《마르크스의 철학》 본문과 직결되는 발리바르의 저술들이다. 첫 번째 논문 〈오히려 인식하라〉는 이 책의 결론, 즉 5장 '과학과 혁명'과 직결되는 글이며, 두 번째 논문 〈마르크스의 '두 가지 발견'〉은 이 책의 핵심인 3장 '이데올로기 또는 물신숭배'에 직결되는 논문이며, 세 번째 논문인 〈상품의 사회계약과 화폐의 마르크스적 구성〉은 본문의 3장 중 물신숭배에 관한 논의를 심화하는 논문이며(물신숭배론을 다루는 철학자들과 비판적 경제학자들 사이에서 2004년 출간된 이 논문은 지금까지도 여전히 중요하게 다루어지고 있다. 프랑스에서 물신숭배에 관해 철학적 혹은 경제학적 논의를 하면서 이 논문을 경유하지 않는 경우는 거의 없다), 마지막 네 번째 논문인 〈수탈자의 수탈에 관하여〉는 본문의 3장과 4장 사이를 아우르는 중요한 논의를 담고 있다(〈수탈자의 수탈〉은 부록의 각주에서 확인할 수 있듯 아직까지 독일어로만 출간되었으며 프랑스어로는 출간된 적이 없다. 고맙게도 발리바르는 프랑스어 원본을 옮긴이에게 직접 보내주었고 번역과 게재를 허락했다). 사실 이외에도 〈공산주의에 관한 몇 가지 시의적 언급〉(웹진 인무브에 옮긴이의 번역으로 수록됨, www.en-movement.net을 참조), 〈미셸 푸코의 반反마르크스〉가 본문과 거의 직결되는 논문들이지만 저작권 문제를 포함한 여러 가지 사정으로 인해 싣지 못했다. 독자들의 양해를 바란다. 또한 부록의 각 논문이 독립적으로 쓰일 수 있을 거라 여겨 각 논문 앞에 옮긴이가 추가한 '옮긴이 앞글'은 다소 중복되는 내용을 포함하더라도 생략하지 않았다. 그리고 동일한 이유에서 본문과는 달리 부록의 경우 옮긴이 주를 면주로 처리했다. 철학자 발리바르에 관한 연구에서 이 부록이 긍정적인 역할을 할 수 있기를 바란다.

재판을 위한 일러두기

프랑수아 제즈^{François Gèze}가 맡았던 라 데쿠베르트 출판사 대표직의 후임
자인 위그 잘롱^{Hugues Jallon}은 내가 이 라 데쿠베르트 출판사에서 1993년
출간한 바 있는 소책자 《마르크스의 철학^{La Philosophie de Marx}》을 재편집해
포슈판 총서로 새롭게 재출간하자고 제안했으며, 나는 이 재출간을 위해
이전 판본의 텍스트를 재검토하거나 변형하는 것이 적절한지에 대해 자
문해보았다. 솔직히 말하자면, 나에게는 앞으로 재판 서문에서 내가 직
접 언급할 이유들로 인해 이것이 가능해 보이지도 않았으며 바람직해 보
이지도 않았다. 반면에 또한 나에게는 이 저서에 두 가지 텍스트를 추가
하는 것이 오늘날 우리가 처해 있는 조건들을 고려했을 때 이 저서를 활
용하는 데 유익할 것으로 보였다. 더욱이 이 두 가지 텍스트 자체는 각각
의 방식으로 이 저서를 현재의 상황에 맞게 정정해주는 역할을 한다.

첫 번째 텍스트는 재판 서문인 〈알튀세르적 마르크스주의에서 마
르크스의 철학들로? 《마르크스의 철학》 출간 20년 후〉이다. 이 글은 나
의 친구이자 마르크스주의 활동가이며 철학자인 프리더 오토 볼프^{Frieder}
^{Otto Wolf}의 노고로 빛을 보게 된 《마르크스의 철학》의 독일어 번역본 후기
로 싣기 위해 집필한 텍스트를 프랑스어에 맞게 조금 수정한 것이다. 나
의 친구 프리더 오토 볼프는 이 독일어 번역본 후기를 통해 1993년의

이 저서와 오늘날 내가 갖고 있는 개념화들conceptions을 비교하는 방식으로 이 1993년의 저서를 새롭게 위치 짓는 시도를 해보도록 나에게 요청했다.[1] 또한 정말이지 나에게는, 내가 프리더 오토 볼프에게 제시했던 답변인 이 재판 서문이 독일어권 독자들뿐만 아니라 프랑스어권 독자들에게도 전달 가능할 것으로 보였으며, 그래서 이 글을 여기에 싣게 되었다. 나는 우리가 우리 나름의 방식으로 관언어적translinguistique이고 관경계적transfrontière인 공간—바로 이런 공간 내에서 마르크스에 대한 나의 저작이 만들어졌던 것이다—을 재구성할 수 있었던 만큼, 그의 제안에 깊이 감사한다.*

이런 조건들하에서 나는 너무나 자연스럽게도 2011년 알바니대학에서 열렸던 세미나를 위해 집필한 텍스트 〈철학적 인간학인가 관계의 존재론인가. '포이어바흐에 관한 여섯 번째 테제'로 우리는 무엇을 할 것인가?〉를 후기로 포함시킴으로써 《마르크스의 철학》의 이 재판을 서문과 후기를 통해 보완하기를 원했다. 우리가 곧 보게 될 것처럼, 이 텍스트는 《마르크스의 철학》과 같이 '입문'이라는 스타일을 취하는 것이 아니라, ('인간주의라는 질문'과 사회적 존재론에 관한 새로운 논쟁들과 관련해) 마르크스의 **저작**corpus에 대한 해석이라는 정확한 목표 지점을 지니는, 절반은 문헌학적이고 절반은 철학적인 논의 스타일을 취한다. 《마르크스의 철학》의 본문 내용, 즉 1장에서 5장까지의 내용이 제시하는 설명을 통해,

---

* 프리더 오토 볼프가 번역하고 서문을 쓴 이 독일어 번역본은 *Marx'Philosophie: Mit einem Nachwort des Autors zur neuen Ausgabe, übersetzt und eingeleitet von Frieder Otto Wolf* (b_books, 2013)라는 제목으로 출간되었다. 예전에 포르투갈의 코임브라대학 교수였으며 유럽의회의 녹색당Grünen 대표이기도 했던 프리더 오토 볼프는 현재 베를린 자유대학의 명예교수이다. 그는 알튀세르의 텍스트 다수를 독일어로 번역했다. 특히 그는 *Radikale Philosophie: Aufklärung und Befreiung in der neuen Zeit* (Verlag Westfälisches Dampfboot, Münster, 2009)의 저자이기도 하다. 이 후기를 재판 서문으로 싣는 것을 흔쾌히 허락해준 b_books 출판사에 감사한다.

독해하기가 상당히 까다로운 이 후기에 이 책의 모든 독자들 또는 대부분의 독자들이 어려움 없이 접근할 수 있기를 바란다. 하지만 (내가 주해하고자 하는 이 텍스트, 즉 '포이어바흐에 관한 여섯 번째 테제'가 너무나 잘 알려져 있다는 점은 제외하고) 나에게는 이런 후기를 이 책에 덧붙이고자 하는 또 다른 이유가 있다. 마르크스에게서, 더욱 정확히 말해 '포이어바흐에 관한 여섯 번째 테제'에, '관개체성'의 철학—어떤 지점들에서는 스피노자와 프로이트가 갖고 있는 '관개체성'의 철학과 비교 가능한—이 존재하며 또한 동시에 개인들이 맺는 '관계들'에 대해 개인들 자체가 지니는 우위를 (논리적이고 정치적으로) 전도하는 '관계의 존재론'이 존재한다고 주장하는 《마르크스의 철학》 2장의 몇몇 부분들은 많은 관심을 불러일으켰을 뿐만 아니라 몇몇 질문들을 촉발하기도 했다.[2] 이런 질문들에 대한 답변을 제시하려 시도하기 위해, 또는 최소한 내 가설의 의미를 명확히 하기 위해 《마르크스의 철학》의 재판만큼 좋은 기회가 또 있겠는가?*

마지막으로, 편집자의 동의하에 이 재판은 1993년 초판에 실렸던 '문헌 안내'에 소개된 참고문헌과 저작 목록 전체를 재검토하고 증보했던 2001년 포슈판의 '문헌 안내'를 그대로 전재했음을 지적하고자 한다. 오늘날 이 '문헌 안내'가 직접 교육적으로 활용되기 위해서는 필수 불가결한 완전한 개정(그리고 아마도 문헌의 외연에 대한 확장)이 요구되겠지만, 나에게는 이를 수행할 만한 능력이 없다. 이런 공백을 메울 수 있으리라 희망하는 마르크스에 대한 훌륭한 입문서들, 그리고 마르크스의 저작과 마르크스주의에 대한 연구에 할애된 장소들이 이미 많이 존재하고 있

---

* 이 동일한 텍스트의 이탈리아어 번역본은 논문 모음집 *Il transindividuale: Soggetti, re-lazioni, mutazioni* (에티엔 발리바르·비토리오 모르피노Vittorio Morfino 책임편집, *Mimesis Edizioni*, Milan, 2014)에 실린 바 있다.

다.* 그러므로 이런 상태의 '문헌 안내'는 단순한 방식으로, 그리고 관습에서 벗어나지 않는 방식으로, 이 《마르크스의 철학》 재판 내에서 참고 문헌의 체계 정도로 활용될 수 있을 것이다. 또한 역사적이고 전기적인 요약설명이나 또는 본문의 설명을 이해하는 데 도움이 되는 텍스트 발췌 문들을 제시해주는, 르페르 총서의 특징인 '설명 상자' 체계를 그대로 유지했음을 밝힌다.

---

* 위에서 언급했던 《마르크스의 철학》의 독일어 번역본에서, 프리더 오토 볼프 자신이 마르크스와 마르크스주의에 입문하기 위한 서지사항을 체계적으로 정리해 제시하는 작업을 수행했다. 프리더 오토 볼프는 현재 다양한 언어로 이루어지고 있는 마르크스와 마르크스주의에 대한 논의들을 반영하면서 이 체계적으로 정리된 서지사항을 집필했으며, 내가 아는 한에서는 이에 견줄 수 있는 서지사항은 존재하지 않는다. 하지만 프리더 오토 볼프의 서지사항은 직접 프랑스어로 옮겨서 제시할 수 있는 성격의 것은 아니기에 여기에 번역해 싣지는 않는다.

옮긴이 주

1. 알튀세르의 경우 명시적이지는 않은 방식으로, 발리바르의 경우 명시적인 방식으로, 이 둘 모두가 스피노자적 인식론을 포함한 스피노자적 인간학을 자신들의 이론의 철학적 기초로 삼고 있기 때문에 'notion'과 'concept'는 구분해서 번역해야 한다(바슐라르의 인식론에 관해서는 생략하자). 여기에서 이 문제를 다루기에는 적절하지 않으므로 번역어 선정에 관해서 간단히만 지적하자면, 발리바르가《스피노자와 정치》(진태원 옮김, 이제이북스, 2005)라는 스피노자에 관한 동시대의 가장 빼어난 연구로 잘 알려져 있듯이, 발리바르의 인식론이 스피노자의 철학에 기반을 두고 있는 것이 사실이라면, 그리고 이 책의 1장에서 발리바르가 알튀세르를 따라, 그리고 암묵적으로는 스피노자적 인식론을 따라 마르크스의 사유에 단절과 절단이 존재한다는 주장을 인정하는 것이 사실이라면, 한국의 스피노자 연구자들을 따라 'notion'은 '통념'으로, 'concept'는 '개념'으로 번역해 이 둘 사이에 일종의 '절단' 또는 '단절'이 존재한다는 점을 드러내야 한다. 그렇기 때문에 이 두 용어 모두를 동일하게 '개념'으로 번역해서는 안 되며, '통념'과 '개념'으로 각각 구분해 번역해야 한다(참고로 'conception'의 경우 한국어로 약간 어색하더라도 모두 '개념화'로 통일해 번역했음을 밝힌다). 물론 부록에 실린 논문들의 경우 'notion'을 '개념'으로 번역하는 것이 문맥상 자연스럽기 때문에 모두 '개념'으로 번역했으나 위와 같은 이유에서 항상 원어를 병기했다. 독자들은 '통념'이 '개념'과는 달리 과학 혹은 학문에 '미달'하는 바를 지칭하기 위한 용어임을 인식하고, 이런 구분이 알튀세르적 인식론, 더 거슬러 올라가서는 스피노자적 인식론에 따른 것임을 유념할 필요가 있다. 이 문제에 관해서는 위에서 언급한 발리바르의《스피노자와 정치》이외에도 〈바슐라르에서 알튀세르로: '인식론적 단절' 개념〉(서관모 옮김,《이론》1995년 겨울 통권 13호)과 〈스피노자-맑스주의를 위한 열한 가지 테제들〉(배세진 옮김,《문학/과학》2017년 겨울 통권 92호)을 참조하라. 사실 '발리바르의 인식론'을 정확히 이해하기 위해서는 이 주제에 관한 그의 논문들을 한 권에 모은《진리의 장소와 이름Lieux et Noms de la Vérité》(Éditions de l'Aube, 1997)이 번역되어야 한다.

2. 'transindividualité'의 번역어 즉 '관개체성'에 관해서는《스피노자와 정치》의 옮긴이 진태원의 용어 해설을 참조할 수 있다. 진태원에 따르면 "(……) 관개체성 개념은 프랑스의 철학자인 질베르 시몽동Gilbert Simondon이 철학적으로 체계화한 개념"으로, "시몽동 철학의 핵심 과제는 개체를 원초적인 실체로 간주하지 않고, 그 발생 과정 속에서, 곧 개체화 과정 속에서 파악하는 데 있다". 발리바르는《스피노자와 정

치》 한국어판에 수록된 논문인 "〈스피노자에서 개체성과 관개체성〉에서 시몽동의 이 개념을 빌려와 스피노자 철학, 특히 그의 '존재론'을 체계적으로 재구성하는 데 활용하고 있다". 이런 활용을 통해 발리바르는 시몽동의 관개체성 개념을 "개체화 과정 전체를 지시하는 개념"으로 확장한다. 이런 맥락에서 'transindividualité'는 '관개체성'으로 옮겨야 하는데, 진태원에 따르면 그 세부적인 이유는 다음과 같다.

"'관개체성'의 원어는 'transindividualité'인데, 이를 우리말로 옮기는 것은 쉽지 않다. 윤소영은 이 개념을 '초개인성'이라고 번역하는데, 이는 몇 가지 이유에서 부적합하다. 첫째, 'individualité'는 '인간 개인'에 국한된 개념이 아니라, 일반적인 '존재론적'(또는 발리바르의 표현을 따르자면 '비非존재론적mé-ontologique') 함축을 지닌 개념이기 때문에, '개인성'보다는 '개체성'으로 번역하는 게 옳을 것이다. 둘째, 이 개념의 접두어인 'trans-'는 '초월'이라는 의미를 갖는다기보다는 오히려 'traverser'라는 단어처럼 '전환하다' '형태가 변화하다'라는 의미를 갖는다. 더욱이 위에서 살펴본 것처럼 'trans-'는 선개체적인 준안정 상태의 포텐셜이 나중에 성립된 개체들을 관통해 존립하고 있고, 더 나아가 이 포텐셜이 개체의 형태들을 변화시키는 동력으로 작용한다는 의미를 담고 있다는 점도 고려해야 한다. 셋째, 더 나아가 이 접두어는 부분과 전체, 개체와 우주, 개인과 국가/사회 등과 같이 미리 독립적으로 존재하는 실체적 항들 사이에서 이루어지는 추상적 관계 개념을 해체하려는 의미를 지니고 있기 때문에, 'trans-'의 집합적 측면만을 강조하는 '초-'라는 번역은 다소 일방적이라고 할 수 있다. 따라서 'trans-'라는 접두어가 지닌 다의적 의미를 살리고, 무엇보다도 이 개념이 기계론 및 유기체론(또는 사회학주의와 심리학주의)에 맞서 관계의 우월성 내지는 원초성을 표현하고 있다는 점을 감안해, 나는 이를 '관貫'이라는 단어로 번역했다. 'trans-'가 갖고 있는 복합적 의미를 모두 담기에는 한계가 있지만, 개체를 관통하는 포텐셜 또는 역량의 흐름을 표현할 수 있다는 점에서 '초'나 '횡단' 등과 같은 단어보다는 좀 더 적절한 역어라고 생각한다."《스피노자와 정치》(진태원 옮김, 이제이북스, 2005)에 수록된 진태원의 용어해설 287~290쪽 전체를 참조하라.

그리고 이런 맥락에서 《마르크스의 철학》 본문에 등장하는 'individu'는 맥락에 따라 '개체'와 '개인'으로 나누어 옮기는 것이 엄밀하겠지만, '관개체성'과 비교해 '개체'의 의미로 명확히 한정되어 쓰이는 것이 아니라면(사실 이를 판단하기는 쉽지 않지만) 나머지는 모두 '개인'으로 옮겼다. 그럼에도 독자들은 본문에 등장하는 이 '개인'이라는 번역어가 더 정확하게는 개체를 의미하는 'individu'와 동일한 단어라는 점을 인지하고 (특히 2장을) 독해하는 것이 좋을 것 같다. 이 '관개체성' 혹은 '관개체적인 것'에 관해서는 2장 전체를 참조하라. 2장과 관련해 한 가지 더 지적하자면, 위의 문장 중 '관계의 존재론'~ 에서의 '관계'는 'relation'을 번역한 것이고 '관계들에 대해 개인들 자체가 지니는 우위'~ 에서의 '관계'는 'rapports'를 번역한 것이다. 이 책의 후기인 〈철학적 인간학인가 관계의 존재론인가. '포이어바흐에 관한 여섯 번째 테제' 로 우리는 무엇을 할 것인가?〉에서 발리바르가 지적하듯, 프랑스어 'relation'을 영어 'relationship'(구체적 의미의 관계)으로, 프랑스어 'rapport'를 영어 'relation'(추상적 의미의 관계)으로 번역하는 것이 불가능하다고 할 수는 없지만 이 둘 사이에 정확한 일 대일 대응이 성립하는 것은 아니다. 그렇기 때문에 이 책에서는 굳이 일관되게 이 둘을 구분해서 번역하거나 원어를 모두 병기하지는 않았다. 이 이외에 또 다른 이유는 'relation'을 쓰느냐 'rapport'를 쓰느냐를 결정하는 것이 의미의 차이이기도 하지만 관습이나 뉘앙스, 문맥에 따른 차이인 경우도 많기 때문이며, 그런 점에서 발리바르 자신조차 이를 엄밀하게 구별해서 사용하고 있는 것은 아니기 때문이다. 이 책의 2장과 후기 〈철학적 인간학인가 관계의 존재론인가. '포이어바흐에 관한 여섯 번째 테제'로 우리는 무엇을 할 것인가?〉의 논의와 직결되는 경우에 한해서만 앞으로 원어를 병기하도록 하겠다.

재판 서문

알튀세르적 마르크스주의에서
마르크스의 철학들로?
《마르크스의 철학》 출간 20년 후

나는 '마르크스의 철학'에 관한 이 얇은 책을 내 두 명의 친구의 요청에 따라 1993년에 집필했다. 이 두 친구는 그 당시 라 데쿠베르트 출판사의 대표였던 프랑수아 제즈François Gèze, 그리고 지금은 작고한 파리 1대학의 동료이자 경제학자이며 노동조합 운동가인 장-폴 피리우Jean-Paul Piriou였다. 이 두 친구는 인문과학에 지배적인 영향력을 행사하고 있는 정통 학문들에 대한 비판과 분과 학문들 사이의 경계의 개방이라는 정신을 따르면서 동시에 인문과학을 공부하는 대학생들을 위한 교육에 쓰일 수 있는 르페르 총서를 만들었다. 물론 그 당시 르페르 총서의 편집자가 지녔던 또 하나의 기대는 가능한 한 많은 이에게 접근 가능한 평이한 스타일로, 그러니까 전문용어를 과도하게 사용하지는 않으면서도 너무 과도한 단순화는 피하는 방식으로 집필된 이 총서의 저서들이 대학생들을 넘어 더 넓은 독자층에게 활용될 수 있으리라는 것이었다. 20년이 지난 후에, 나는 여러 번 재쇄를 찍었던 프랑스어권뿐만 아니라 여러 번역본이 여전히 읽히고 있는 외국에서도《마르크스의 철학》이 서로 다른 목표와 기대를 달성했다고 (다소 젠체하는 척하지 않으면서도) 말할 수 있으리라 믿는다. 그러므로 마르크스의 철학적 사유의 '대상들'과 그 사유 양태들, 그리고 이 사유가 제기하는 문제들에 관해 이전의 30여 년에 걸쳐 내가 배웠다고 생각했던 바를 미리 엄격하게 한정되어 있는 분량의 지면 내에 취합하고 요약하기 위해 몇 주간의 강도 높은 작업에 투여했던 나의 노력이 헛된 것이었다고 나는 전혀 생각하지 않는다. 이 노력은 서로 다른 독자 집단들—마르크스의 철학에 입문하는 사람들의 집단이든 마르크스 철학에 정통한 전문가 집단이든—을 이 책이 정교하게 제작한 문을 통해 (하지만 동시에 마르크스가 만들어낸 그의 지적 세계가 얼마나 적절한지에 대해서 토론해볼 수 있는 수단들 또한 제시하면서) 마르크스의 지적 세계에 들어갈 수 있게 해주었던 것 같다. 그리고 이 책은 내가 오랫동안 탐구했던 마르크스 해석의 열쇠를 (하지만 이 마르크스 해석의 열쇠를 나와 동시대를 살고 있는 다른 마르크스 독자들이 지닌 해석의 열쇠와 대면하게 하면서*) 정식화할 수 있게 해주었다.[1]

하지만 20년이라는 시간은 짧지 않은 시간이다. 세계, 그러니까 마르크스의 그 유명한 '포이어바흐에 관한 열한 번째 테제'가 단순히 '해석'하는 것을 넘어 '변형'하라고 요구했던 이 사회 세계는 변화했다. (나와 같은 세대의 다른 철학자들은 말할 것도 없고) 나 역시 변화했다. 오늘날의 나는 이 얇은 책을 동일한 방식으로 쓸 수 있을까? 바로 이 질문이 프리더 오토 볼프가 이 책의 미래의 독일어권 독자들을 대표해 나에게 제기했던 질문이었으며, 내 생각에 이 질문은 독일어권 독자들과 마찬가지로 프랑스어권 독자들도 제기할 수 있는 질문인 것 같다.

이 질문에 대한 대답은 명백히 아니오이다. 나는 더 이상 이런 방식으로 책을 쓰지는 않을 것이다. 하지만 이 질문에 대해 조금 더 자세

---

* 다니엘 벤사이드Daniel Bensaïd의 글들을 온라인에 아카이빙하기 위해 만든 사이트에서 나는 1993년 벤사이드가 이 책을 위해 썼던 노트인 "Étienne Balibar, *La Philosophie de Marx*"를 발견하고 상념에 젖었다. 이 글은 마르크스의 철학에 대한 관점에서 벤사이드와 나 사이의 일치점들과 불일치점들을 강조한다. www.danielbesnsaid.org/etienne-balibar-la-philosophie-de?lang.fr 사이트를 보라.

히 대답해보자면, 나는 나의 철학적 작업을 위해 1990년대 이후에도 마르크스의 텍스트들로 끊임없이 되돌아왔지만, 그럼에도 내가 오늘날 이런 종류의 종합을 생산해낼 수 있을지는 확실하지 않다. 따라서 나의 대답은 명백히 아니오이다. 내가 [현실 사회주의가 붕괴한 이후인] 1990년대 이후에도 마르크스의 텍스트들로 끊임없이 되돌아왔던 이유는, 첫 번째로는 마르크스의 철학적이고 정치적인 다양한 질문들을 다루는 데 그의 텍스트들이 지니는 유효성을 확인하기 위해서였고(순서 없이 나열해보면, 폭력의 경제와 그 효과들의 양가성, 자본주의적 세계화에 의해 생산된 주체성과 행동 역량²의 변형, 보편성의 내재적 갈등들, 경계/국경^{frontières}의 행정적이고 이데올로기적인 기능과 작동, 관국민적 시민권³, 유럽적 세속주의와 그 프랑스적 변형태, **정교분리**^{laïcité} 등등……), 두 번째로는 현재성을 강하게 띠는 이런 질문들이 역으로《공산주의자 선언》과《자본》등등의 저자인 이 마르크스의 사유 내에서 우리로 하여금 어떤 잠재성을 발견하게 해줄 수 있는지를 탐구하기 위해서였다. 물론 나는《마르크스의 철학》을 훨씬 더 보강하고 이 책의 많은 부분을 정정하는 작업에 착수할 수도 있을 것이다. 하지만 이런 보강과 정정으로 인해 생산된 효과가 이 책이 다루는 주제들과 문제들을 훨씬 더 혼란스러운 것으로 만들 가능성이 높으며, 또한 내가 1993년에 행했듯 단일한 질문을 다루는 데 이 주제들과 문제들을 서로 연결 지을 수 있도록 해주는 핵심 원리⁴를 오늘날에는 더 이상 발명해내지 못할 가능성이 높다.

하지만 그럼에도 나는 내가 1993년에 행했던 이 '강제^{forçage}'가 아무런 의미도 없다고는 생각하지 않는다. 오히려 나는 이 '강제'가 [현실 사회주의의 붕괴로 대표되는] 거대한 역사적 전환과 집단적인 철학적 글쓰기의 경험(나는 이런 집단적인 철학적 글쓰기의 경험과 긴밀히 결합되어 있었다) 사이의 해후점에서 일종의 필연성을 지니고 있었다고 믿고 싶다. 그리고 나는 철학자들의 '이론적'이고 '실천적'인 활용이 철학자 자신이 처해 있는 역사성에 대해 의식하도록 요구하는 자기-비판적인 차원(게다가 자크 데리다$^{Jacques\ Derrida}$처럼 말한다면 자기-탈구축적인 차원)을 영원히 지니고 있어야 한다고 확신하고 있기 때문에, **오늘**의 나는 이런 **어제**의 '해후'에 대한 인식이 '마르크스와 함께하는, 그리고 동시에 마르크스에 반대하는' 우리 사유의 **내일**을 위한 조건들 중 하나라고 주장하는 위험까지도 감수하고자 한다. 그러므로 나는 이에 대해 한마디 하지 않을 수 없으며, 이를 위해 독자들에게 상상력을 동원해 1990년대 초반, 특히 유럽의 정치적이고 지적인 정세로 되돌아가보라고 부탁해야만 할 것 같다 (이런 유럽중심주의^{eurocentrisme}의 함의들에 대해서는 조금 뒤에 다시 이야기해보도록 하겠다).

소련의 헤게모니하에 있던 '현실 사회주의' 국가들의 갑작스러운 민주주의 혁명 속에서, 그 당시에 몰락했던 것은 **사회혁명**이라는 관념 그 자체였다고, 그리고 이 몰락과 함께 막 등장하기 시작했던 것은 바로 (유럽과 그 밖의 세계에서의) '선순환'—이 '선순환' 내에서 시장경제와 자유주의적 의회주의의 결합은 정반대로 **정치**가 그 반대물, 즉 우리가 그때 막 최적화된 '거버넌스$^{gouvernance,\ governance}$'라는 용어로 지시했던 바로 **변형**되도록 만든다*—의 굉장히 문제적인 특징이었다고 우리는 매우 단순화해 말할 수 있을 것이다. 하지만 어떻게 보면 이런 풍경의 변화는 착시 현상이었을 뿐인데, 왜냐하면 이 변화는 사회주의의 역사 또는 자본주의의 변형(그리고 이 둘 사이의 상호작용)에 대한 진정한 분석 없이 혁명 담론을 정확히 그대로 전도한 것에 불과한 바에 기초해 있었기 때문이다. 그러나 또한 이 변화는 서구에서 근대성이 탄생한 이후로 진보^{progrès}, 해방 그리고 혁명이라는 통념들을 결합할 수 있게 해주었던 그런 역사

---

* 세계은행의 토론 페이퍼$^{discussion\ paper}$인 "Managing development: The governance dimension"은 사람들이 종종 이 거버넌스라는 용어가 지금과 같은 의미로 체계적으로 사용된 기원으로 설정하는 텍스트이다. 이 텍스트가 작성된 시기는 1991년 8월이다.

철학의 범주들―이 범주들은 우파 또는 좌파의 서로 다른 '거대 서사들'을 탄생시켰으며, 이 '거대 서사들' 중에 사변적인 차원에서 '부정적인 것의 역량'을 통한 진보^{progrès}, 또는 폭력을 제도들과 사회적 형성물로 전환함으로써 이루어지는 진보라는 '변증법적' 서사는 분명히 가장 영향력 있는 서사들 중 하나였음이 틀림없다―을 다시 사고해야 한다는 명령을 포함하고 있다.[*] 나와 같이 공산주의라는 통념에 담겨 있는 해방의 희망을 공유했던 이들(그리고 이 자리에서 고백하자면 여전히 그 해방의 희망을 공유하고 있는 이들―하지만 이 공산주의라는 통념이 역사의 **필연성**에 조응한다는, 또는 그 **올바른 활용**을 스스로 보증할 수 있다는 식의 환상은 전혀 없이)은 이런 명령에 특히 민감하지 않을 수 없었다. 자신 스스로가 철학자이기를 원했던 이들은, 마르크스주의의 자기-비판적 능력을 가로막았던 바를(그리고 실천적인 차원에서는―초기 쿠바혁명에 관해 레지스 드브레$^{Régis Debray}$가 만들어냈던 표현, 하지만 중국 문화혁명이나 최소한 관념적 의미에서는 '프라하의 봄'에도 적용될 수 있는 표현을 따르자면―'혁명 속의 혁명'을 위한 모든 시도들을 실행 불가능하게 만들었거나 파멸로 이르도록 만들었던 바를) **이론적**이고 **역사적**으로 이해해야만 했다.[**] 하지만 또한 이들은 부르주아의 시대(튀르고, 칸트, 헤겔, 콩트, 스펜서 등등……)에 역사적 진보^{progrès}의 목적론을 구성했던 **가족 콤플렉스** 내에서 마르크스주의가 '진보 관념의 퇴폐성'(조르주 캉길렘$^{Georges Canguilhem}$) 자체를 넘어 그 비판적 기능이 영원히 작동할 수 있도록 보증해주는 **특수한 차이성**, 게다가 **환원 불가능한 차이**

---

[*]　나는 2010년 갈릴레 출판사에서 출간된 내 저서인 《폭력과 시민다움: 웰렉 도서관 강연과 정치철학에 관한 에세이들Violence et Civilité: Wellek Library Lectures et autres essais de philosophie politique》을 구성하는 여러 글들에서 이 문제를 다루었다. (부분 번역으로는 《폭력과 시민다움: 반폭력의 정치를 위하여》, 진태원 옮김, 난장, 2012를 참조하고, 이 점에 관해서, 그리고 특히 'progrès'라는 용어의 번역에 관해서는 이 책의 4장을 참조하라.-옮긴이)

[**]　Régis Debray, *Révolution dans la révolution?: Lutte armée et lutte politique en Amérique latine*, Maspero, Paris, "Cahiers libres", 1967.

성을 지니고 있는지 아닌지를 규명해야만 했다.*

1960년대에 루이 알튀세르Louis Althusser와 함께 집필했던 텍스트들(《'자본'을 읽자》) 이래로 내가 최선을 다해 기여하고자 했던 '알튀세르적' 마르크스주의는 이런 종류의 질문들, 그리고 이 질문들이 지니는 철학적 함의들과 대면하기 위한 적절한 장소에 위치해 있었는가?** 그렇기도 하고 그렇지 않기도 하다.

그렇다. 왜냐하면 발터 벤야민Walter Benjamin이나 에른스트 블로흐Ernst Bloch와 같은 20세기의 다른 위대한 마르크스주의자들을 따라(하지만 동시에 그들이 했던 기여를 거의 완전히 망각하면서 그러했다고 말해야만 한다. 마르크스, 엥겔스 그리고 **프로이트를 포함한** 위대한 고전철학자들을 제외한다면, 레닌, 스탈린, 마오, 그람시, 브레히트, 루카치가 바로 알튀세르가 우선시했던 철학적 대화 상대들이었다), 알튀세르(와 그의 옆에 서 있었던 우리)가 '역사 개념'의 개조와 역사유물론을 위한 '장소론'5을 (과잉결정된 동일한 인과성의 한가운데에 서로 다른 '실천들'을 배치함으로써) 구축하기 위해 시도하며 추구했던 바는 본질적으로 계급투쟁의 역사성을 (이 역사성에 그 예측 불가

---

* Georges Canguilhem, "La décadence de l'idée du progrès", *Revue de métaphysique et de morale*, volume 92, n°4, 1987, pp.437-454. '콤플렉스'의 기원에 관해서는, 또한 Bertrand Binoche, *Les Trois Sources des Philosophies de l'Histoire (1764-1798)*, PUF, Paris, 1994 (2판, Presses de l'Université Laval, Québec, 2008)을 보라.

** 나는 여기에서 독자들에게 루이 알튀세르, 자크 랑시에르Jacques Rancière, 피에르 마슈레Pierre Macherey, 에티엔 발리바르, 로제 에스타블레Roger Establet가 공저했으며 1965년 프랑수아 마스페로 출판사에서 출간된 이 집단 저작이 프랑스 문화부 특임 위원회의 2015년 '국가 기념 저서' 리스트에 포함되었다는 사실을 알려주고픈 (자기)조소의 즐거움을 누리고자 한다. 염치없게도 나는 심지어 그 수상 소감문을 집필해달라는 요청을 수락하기도 했는데, 왜냐하면 제도적 인정—분명히 어떤 이들은 이 제도적 인정에서 자신들의 조금은 덜 너그러운 예상에 대한 확인을 보기도 할 것이다—에 속하는 바이기도 한 지나간 시간의 '교훈'과 과감히 맞서야 할 필요가 있기 때문이다. (제도적 인정에서 조금은 덜 너그러운 자신들의 예상에 대한 확인을 본다는 것은, 이 집단 저서《'자본'을 읽자》의 의의를 인정하지 않는 독자들이 결국은 이 국가제도적 인정에서 이 책이 그 당시 표방했던 바와 모순되는 지점을 발견하고 '그럼 그렇지……'라는 냉소를 보낼 것이라는 의미인 듯하다.-옮긴이)

능한 사건성과 영원한 '시작', 즉 '재출발'을 되돌려주기 위해) 선형성, 선先결

정성 또는 예언에서 분리하는 방식이었다.

　그렇다. 왜냐하면 수많은 동요와 모순이라는 대가를 치름으로써,

알튀세르가 **과학**이라는 개념을 갖고서 스스로 행했던 그 고집스런 활용

은, 이 과학에 사회적 관계rapports와 '구체적인' 역사적 상황들의 객관성

에 대한 **분석**을 제시함으로써, 점점 더 사전에 확립된 과학성의 모델(공

리화할 수 있는 **마테시스**mathèsis라는 모델이든, 실험과학의 '응용 합리주의'라는

모델이든, 또는 푸코가 구조주의적 '대항-과학'이라 불렀던 바, 즉 언어학, 정신

분석학, 인류학의 모델이든)을 마르크스주의에 **적용**하지 않으려 했기 때문

에, 그리고 성찰적이면서도 열려 있는, 게다가 아포리아적인 방식으로

점점 더 **과학이라는 개념**을 (이 과학이 이해하고자 노력하는) **갈등성** 그 자

체로 **변형**하려 했기 때문에 그러하다. 당파적 입장이 더 이상 진리 또는

정당성의 어떤 **선험적**a priori 기준도 포함하지 않는다는 점을 제외한다면,

이는 '당파적 과학science de parti'이라는 레닌주의적 관념을 확장하는 또 하

나의 방식이기도 했다.*

　그렇지 않기도 하다. 왜냐하면 완벽하게 신중한 방식으로이긴 했지

---

*　특히 1976년의 미간행 텍스트 〈마르크스와 프로이트에 대하여〉에 담겨 있는 이런 관념은
의외의 다행스런 번역을 통해 1977년 롤프 뢰퍼Rolf Löper와 페터 쇠틀러Peter Schöttler가 편
집해 출간했던 독일어 판본에서 '분파적 과학science schismatique'이라는, 부분적인 프랑스어
판본들에서보다 더욱 강력하고 더욱 명료한 관념으로 발전할 수 있었다. Louis Althusser,
*Ideologie und ideologische Staatsapparate. Aufsätze zur marxistischen Theorie, Reihe Po-
sitionen 3*, VSA, Hambourg-Berlin-Ouest, 1977, p.93을 보라. 프랑스어 텍스트는 Louis
Althusser, *Écrits sur la psychanalyse. Freud et Lacan*, Stock-IMEC, Paris, 1993, pp.222-
246에 실려 있으며 1996년 리브르 드 포슈Livre de Poche에서 재판이 나왔다. (프랑스에서는
1993년에서야 〈마르크스와 프로이트에 대하여〉가 출간될 수 있었던 반면, 독일에서는 뢰퍼와 쇠틀
러의 작업 덕택에 1977년에 이미 이 텍스트의 번역본을 읽을 수 있었고, 그 덕분에 '당파적 과학'이
라는 관념보다 훨씬 명료한, 〈마르크스와 프로이트에 대하여〉에 등장하는 '분파적 과학'이라는 관념
으로 이를 발전시킬 수 있었다는 의미이다. 이 텍스트의 한국어판으로는 독일어 번역본을 번역 원본
으로 하고 프랑스어 원본과 대조해 번역한 이진숙·변현태 옮김, 〈마르크스와 프로이트에 대하여〉,
윤소영 편역, 《알튀세르와 라캉: '프로이트-마르크스주의'를 넘어서》, 공감, 1996을 참조.-옮긴이)

만 어쨌든 알튀세르는 **마르크스주의자**로 남아 있었기 때문이다. 몇몇 지점에서는 이단적인 마르크스주의자로, 하지만 다른 몇몇 지점에서는 정통적인, 심지어는 교조적인 마르크스주의자로 말이다. 이는 여러 가지 결과들을, 아마도 서로 연결되어 있는 그런 결과들을 이끌어냈던 것 같다. 우선 이는 알튀세르가 경제, 사회 그리고 역사에서 **계급투쟁의 현실**이 지니는 우선성—이런 우선성은 내 생각에 마르크스주의 담론과 이 마르크스주의 담론이 지니는 (지배 이데올로기에 대한) 그 비판적 힘의 이론의 여지없는 가장 강력한 요소들 중 하나로 남아 있다—을 양보하지 않으려 했다는 점을 의미했다. 또한 이는 알튀세르가 유럽의 특정한 역사(그리고 특히 '시민사회'와 '국가' 사이의 특정한 위계화)에서 만들어진 **조직화의 형태들**—이 형태들은 계급갈등이 상대적으로 스스로를 자율화하도록, 그리고 특수한 '의식'을 생성하도록 해준다—내에서 사회학적이거나 문화적으로 결정된 그 무엇도 보지 않았음을 의미했다. 마찬가지로, 종종 생산적인 성과를 만들어냈던 만남과 대화(알튀세르에게는 샤를 베틀렘Charles Bettleheim과의 만남과 대화, 그리고 조금 뒤 나에게는 이매뉴얼 월러스틴Immanuel Wallerstein과의 만남과 대화)에도 불구하고, 알튀세르는 역사적 마르크스주의—공산당의 마르크스주의든 [소련과 같은 사회주의] 국가의 마르크스주의든 지식인들의 마르크스주의든—에 배어 있던 **유럽중심주의**européocentrisme에 대한 비판을 완수할 수 없었고, 세계사에 대한 유럽적 모델이라는 관념에 내재적인 목적론은 그에게 확고하게 남아 있었다(마르크스는《자본》의 제사에서 "막후/측면에 존재하는à la cantonade"[6] 세계 전체를 잠재적으로 언급하면서 "de te fabula narratur", 즉 "이건 자네를 두고 하는 이야기일세"라고 썼다).

그다음으로, 이는 알튀세르의 사유에서 감추어져 있는 **해방**이라는 개념이 (비록 이것이 해방이라는 개념 그대로는 거의 언표되지 않는다 해도) 그 다양한 형태와 정도로 노동착취의 조건들에 대한 (혁명적) 변형이라는 관점에서 **구조적인 방식으로** 개념화된 채 남아 있었다는 것을 의미했다. 결국 이는 알튀세르로 하여금 다른 지배 관계 또한 동일하게 '구조적'이라고 사고하지 못하게 하면서, 그리고 알튀세르가 막 정식화했던 과잉결정이라는 개념에서 상당 부분 그 분석적 기능을 박탈하면서, 자본주의를 결정된 생산양식으로 만들었을 뿐만 아니라 동시에 (다른 모든 것이 이에 의존하는) **본질적인 사회적 관계**^rapport로도 만들었던 것이다. 부르주아 교육의 규율 모델에 대항하는 1968년 대학생들의 투쟁에 대한 알튀세르의 전적인 부정은 물론, 무엇보다도 특히 가부장제와 성차별주의에 반대하는 여성들의 투쟁에 대한 알튀세르의 무시는 여기에서 유래한다(비록 몇몇 페미니스트들은 '호명'이라는 범주와 같이 지배 이데올로기와 관련해 알튀세르가 고안했던 범주들을 자신들만의 분석에 성공적으로 도입할 수 있었지만 말이다*).

결국 이는, 알튀세르가 최후의 텍스트들에서 제시했던 '우연의 유물론^matérialisme aléatoire'[우발성의 유물론] — 이 '우연의 유물론'은 각자의 방식으로 서로 협력해 [알튀세르가 《'자본'을 읽자》에서 제시했던 개념인] '사회효과'의 형성에 기여하는 분화된 심급들로 분할된 사회구성체라는 관념 자체를 사라지게 만든다 — 을 발명하면서 그 질문을 완전히 전위시키기 이전에는 (《마르크스를 위하여》에서 행했던 그의 유명한 선언, 즉 "최종심급이라는 고독한 시간은 절대 오지 않는다"는 선언에도 불구하고) 그가 다양한 역사적 정세 내에서의 [심급들 간의] '지배 관계'의 전위 작용이 경제에 의한 '최종심급에서의 결정' 자체의 존재를 다시 문제 삼는 데까지 나아간다는 점을 인정할 수 없었다는 것을, 그리고 사실은 인정하고 **싶어 하지 않았다**는 것을 의미했다. 이는 알튀세르가 19세기 이래로 모

---

* 이에 대한 가장 탁월한 예는 알튀세르에 대한 흥미로운 비판 또한 포함하고 있는 주디스 버틀러의 작업 《권력의 정신적 삶》일 것이다. Judith Butler, *La Vie psychique du pouvoir*, Leo Scheer 불역, Paris, 2002.

든 국가 이데올로기들—그것이 사회주의 이데올로기이든 자유주의 이데올로기이든—에서 지배적인 위치를 차지하고 있었던 **경제주의를**— '경제의 종말'이라는 유토피아주의 또는 종말론과 관련해 이 경제주의를 거칠게 전도시킬 때를 제외하고는—'인간주의'를 비판했던 때만큼이나 근본적이고 급진적으로 비판하지 못하도록 만들었다.*[7]

그러므로 바로 이 모든 특징들로 인해 알튀세르(와 '알튀세르주의자들'—나는 어떤 의미에서 이 '알튀세르주의자들' 중 가장 충실한, 다시 말해 가장 명철하지 못한 알튀세르주의자였다)는 완벽히 '마르크스주의자'로 남아 있었던 것이다. 하지만 이 모든 특징들로부터 나는 (여전히 살아 있는 자가 흔히 지니곤 하는 그 의심스러운 우월성을 통해) 이 특징들이 사유의 약점 또는 그런 특성을 표현하는 것이라고는 전혀 주장하지 않으며, 또한 (만일 최소한 우리가 사회적 갈등이라는 관점에서 해방을 사유하기를 포기하고 싶은 것이 아니라면) 이 특징들을 어떻게 극복할 수 있는지를 사고하기 위해 이를 언표하는 것만으로 충분하다고는 전혀 주장하지 않는다. 심지어 우리는, 그토록 많은 이들이 마르크스주의는 완전히 실패했다고 선언하거나, 또는 심지어 (정직하게 말한다면) 지적으로 옹호할 수 있는 입장이라는 의미에서의 마르크스주의는 존재한 적이 전혀 없었다고 선언하는 것이 옳다고 생각했던 순간에도, 알튀세르만은 이 특징들을 자신의 철학이 지니는 명예로운 지점으로 간주했다고 말할 수 있다.[8] 결국, (이 마르크스라는 '유령'을 깨운 뒤 '현실 사회주의'의 몰락을 뒤이은 신자유주의적 질서의 파괴력에 맞서 이 유령을 출몰하도록 소환하기 위해, 알튀세르 이후에 다른 철학자들이 마르크스에게서 발견하려 했던 바와 기묘하게도 근접하는 몇몇 메시아

---

* 《마르크스를 위하여》에서 제출된 테제들의 관점에서 경제주의와 인간주의 사이의 대칭성을 연구하는, 알튀세르 학파에서 나온 가장 면밀한 작업으로는 프랑수아 레뇨 François Regnault가 'XXX'라는 익명으로 출간한 논문 "L'idéologie technocratique et le teilhardisme"(*Les Temps modernes*, n° 243, 1966년 8월)을 보라.

적 발상들을 제외한다면*) 알튀세르는 (오늘날에도 여전히 살아 숨 쉬고 있는) **마르크스주의**와 **반⊠마르크스주의** 사이의 원환을 파괴할 수 있는 수단들에 대해 본질적으로 거의 부정적인 표상을 스스로 만들어냈으며, 그것은 무엇보다 마르크스주의의 개념적 경제에 대한 내재적 비판에 놓여 있는 것이다.

이 책을 집필했던 1993년에 내가 인식하고 있던 정세에 대한 이렇듯 요약적인 묘사를 통해, 그리고 나의 지적 형성 과정과 나 자신의 경험에서 출발해, 지금 나는 이 얇은 책에서 어떻게 내가 이 저작의 성격과 출간 시기가 나에게 부과했던 강제들을 어떤 의미에서는 나 자신을 위해 활용하면서 앞으로 나아갈 수 있었는지를 독자들에게 가장 잘 이해시키기 위해 노력하고 있다.

한편으로, 나는 내가 모든 변형, 재정식화, 외삽—하지만 이런 변형, 재정식화, 외삽의 출발점은 마르크스가 했던 말들과 썼던 구절들에 대한 망각이 아니라 이 말들과 구절들이 지니는 내재적 동요일 것이다**—에 열려 있는 문제설정으로 개념화했던 **마르크스의 철학**과, 노동자운동과 계급투쟁 조직의 역사적 순환의 완료라는 시간(다시 말해 19세기

---

* 물론 이 지점에서 나는 당연히도 자크 데리다의 유명한 저서《마르크스의 유령들: 부채 국가, 애도 작업 그리고 새로운 인터내셔널Spectres de Marx: L'État de la dette, le travail du deuil et la nouvelle internationale》(Galilée, Paris, 1993)을 떠올리고 있다. 이 저서는 알튀세르라는 이름을 언급하지는 않으면서도 알튀세르에 대한 생생한 비판을 포함하고 있다(이에 대해서는 나의 글 Étienne Balibar, "Eschatologie/téléologie. Un dialogue philosophique interrompu et son enjeu actuel", *Lignes*, n° 23-24, 2007년 11월을 보라). (한국어판으로는《마르크스의 유령들》, 진태원 옮김, 그린비, 2014와 에티엔 발리바르, 〈종말론 대 목적론: 알튀세르와 데리다 사이의 유예된 대화〉, 장진범 옮김,《알튀세르 효과》, 진태원 책임편집, 그린비, 2011에 게재된 글을 참조—옮긴이)

** '동요vacillation'는 마르크스주의 내에서의 '이데올로기'라는 질문의 계보학을 제시하기 위해 이전에 내가 이미 사용했던 단어이다. Étienne Balibar, "La vacillation de l'idéologie dans le marxisme", 1983-1987 (*La Crainte des masses: Politique et philosophie avant et après Marx*, Galilée, Paris, 1997에 다시 게재)을 보라. (한국어판으로는《대중들의 공포》, 서관모·최원 옮김, 도서출판b, 2007을 참조.—옮긴이)

말 사회민주주의 정당의 출현과 20세기 말 '현실 사회주의' 체제들의 몰락 사이의 시간)에 의해 한정된, 그리고 (유럽이라는 지리적 경계뿐만 아니라, 제국주의와 병존하면서도 동시에 이 제국주의에 대립하는 사회 투쟁과 그 '의식적 생성'에 대한 특정한 분석 모델을 **유럽에서 수출**한다는 점에 의해서도) 공간에 의해 한정된 관념들과 제도들의 역사적 현상으로서의 **마르크스주의** 사이에 가능한 한 가장 근본적인 구분선을 긋고자 결심했다. 더욱이 이는 '좋은 마르크스'와 '나쁜 마르크스주의'를 맞세움으로써 [여러] 마르크스주의들이 스스로 확립했던 전통에서처럼 '나쁜 마르크스주의'에 의해 '좋은 마르크스'가 오염되지 않도록 하기 위한 것이 아니다. 이는 오히려 마르크스와 마르크스주의를 서로 결합시키는 관계를 **변형**^{varier}하기 위한 수단을 확보하기 위한 것이고(마르크스주의가 구축되는 데 마르크스가 아무런 영향도 끼치지 않았다는 생각은 이미 그 자체로 착각이다), 그럼으로써 바로 그 관계 안에서 괴리^{décalage} 내지 비-동시대성(이 비-동시대성이 우리에게 분석의 수단이 되는 동시에 성찰을 행할 수 있도록 우리를 추동할 것이다)이 출현하도록 하기 위한 것이다. 하지만 모든 마르크스주의 ─심지어 이단적인 마르크스주의도 포함해─는 본질적으로 마르크스 사유의 일관성과 완결성을 전제해야만 했으므로(그리고 그런 사유를 발명해야 할 필요성을 항상 가졌으므로), 이런 전제와는 정반대로 나아가기 위해, 그리고 마르크스의 사유에 대한 나의 이런 기술이 마르크스가 열어젖힌 작업장 안에서 새로운 '철학 노동자들'이 서로를 ─이 '철학 노동자들'은 정세(특히 이 정세의 위기 또는 그 비극)의 요청에 따라 서로를 이어주지만 하나의 전체로 모두가 결합되지는 않는다─ 이 작업장 안으로 들어오도록 만들기를 희망하면서, 나는 마르크스의 이 사유 자체를 사유의 선택에서 **다양**^{multiple}하고 **불확실**하며 고유하게 **완성 불가능한 것**으로 제시하기 위한 많은 노력을 투입해야 했다.

동일한 맥락에서 나는 이런 내재적 다양성^{multiplicité}[다수성]과 내재적 열림을 드러내기 위해 1993년《마르크스의 철학》출간 당시 편집자에게 내 저서의 제목을 '마르크스의 철학들'로 붙이자고 설득했다. 하지만 편집자는 (나의 미학적 만족감을 빼앗으면서, 하지만 있을 수 있는 어떤 오해에서 나를 벗어나게 해주면서) 이를 거절했다. 이는 편집자에게는 '마르크스의 철학들'이라는 제목이 대학생들에게는 이해하기 쉽지 않은 것으로 보였기 때문이기도 하고, 또한 동일한 총서에서 단수로 표기된 두 가지 다른 저서, 즉《마르크스의 경제학》과《마르크스의 사회학》*을《마르크스의 철학》과 동시에 출간했기 때문이기도 하다. 하지만 경제학, 사회학, 철학 사이의 이런 분업은 나의 작업과는 전혀 관계가 없는데, 왜냐하면 나는 '체계'로서든 '방법'으로서든 자율화될 수 있는 철학이라기보다는《마르크스의 철학》독일어 번역본의 서문에서 프리더 오토 볼프가 탁월하게도 'philosophische Tätigkeit'라고, 다시 말해 **철학적 활동**이라고 불렀던 바를 그 당시에 염두에 두고 있었기 때문이다. 결국 나는 자신의 활동을 다음과 같이 정의하는 푸코의 정식을 끊임없이 생각했던 것인데, 이 정식이란 바로 "역사라는 작업장 내에서의 철학적 단편들"**이라는 정식이다. 마르크스와 푸코라는 이 두 저자들은 하나로 겹쳐질 수 있는 저자들이 아님에도, 이 둘은 메타이론적 **전제 조건**préalable으로서 철학이라는 개념화에 대한 거부를 동일하게 공유하며, 마찬가지로 철학적인 것이 유물론—우리가 이 유물론이라는 표현을 원한다면—에 속하는 탐구와 분석을 내재하고 있다는 전제를 동일하게 공유한다.

하지만 다른 한편, 그 당시 나는 마르크스가 수행했던 탐구들이 이 탐구들 서로 간의 (정확히 말하자면) 대안적 열림으로 배치될 수 있게 해

*   Pierre Salama & Tran Hai Hac, *Introduction à l'économie de Marx*, La Découverte, Paris, "Repères", 1992; Jean-Pierre Durand, *La Sociologie de Marx*, La Découverte, Paris, "Repères", 1995.

**   Michel Foucault, Michelle Perrot 외, *L'impossible Prison*, Seuil, Paris, 1980, p.41.

주는 사변적 질문을 다시 제기하고 이 질문을 명료한 것으로 재가공해 보겠다고 결심했다(나는 이를 위해 각각 2장, 3장, 4장을 집필했다). 그리고 나는 이런 재가공의 핵심 원리로 '이론'과 '실천' 사이의 통일(또는 결합)이라는 오래된 질문을 나의 것으로 다시 취했다. 우리는 이 오래된 질문이 서양 형이상학의 기원들 그 자체, 다시 말해 "사유와 존재는 단 하나의 동일한 것"이라고 주장했던 파르메니데스, 그리고 두 가지 유형의 철학—'행동^{conduite}' '삶의 종류$^{genre\ de\ vie}$' 또는 스스로 '자기 자신을 통치'하는 하나의 방식을 가르치는 철학과 인간 영혼의 구조에 비추어진 영원한 진리를 '관조^{contemple}'하는 철학—사이의 관계에 대한 소크라테스적 논쟁들에까지 이어지는 기원들에 뿌리내리고 있다는 점을 잘 알고 있다. 하지만 또한 우리는 이 오래된 질문이 이론은 **경험의 조건들**을 명확히 해명하는 것을 자신의 지평으로 삼고 있다는 점을, 그리고 '실천'은 **세계의 변형**이라는 내재적 목표를 지니고 있다는 점을 '독일 관념론'을 통해 발견함으로써 근본적이고 급진적인 변형을 겪었다는 사실 또한 잘 알고 있다. 이론의 여지없이 마르크스는 이런 계보에 속해 있다. 그렇기 때문에 〈포이어바흐에 관한 테제〉에서 설명된 반정립[대립], 즉 '이전의 유물론'과 '관념론' 사이의 반정립을 지양하는 비판적 도식과 관련해 오늘날 나는 사상적 맥락에 대한 그 명칭의 상대성을 보여주기 위해서만큼이나 도발적 제스처를 취하기 위해, 마르크스가 독일 관념론의 위대한 대표자들 중 마지막 인물일 뿐만 아니라 더욱 정확히 말해 독일 관념론의 **활동주의적**^{activiste} 변형태로서의 인물이기도 하다는 점을 반복해 지적하는 것이다.[*9] 하지만 문제는 여기에서 마르크스가 **완성**이라는 형태하에, 그러니까 '종합' 또는 '체계'—자신의 독일 관념론 선조들인 칸트, 피히테, 헤

---

*   Barbara Cassin (책임편집), *Vocabulaire européen des philosophies*, Seuil/Le Robert, Paris, 2004, pp.988-1002에 실린 나의 논문인 Étienne Balibar, "Praxis"(바르바라 카상^{Barbara} ^{Cassin}과 상드라 로지에$^{Sandra\ Laugier}$와 함께 씀)을 보라.

겔이 제시했던 종합이나 체계보다 더욱 일관된―라는 형태하에 기입되는지, 아니면 반대로 마르크스가 내재적으로 **비판적인** 철학적 활동이 무엇으로 구성되어 있는지에 대한 물음을 사전에 준비된 손쉬운 해결책 없이 다시 제기하는 독일 관념론의 전위 또는 독일 관념론의 재출발을 대표하는지를 파악하는 것이다.

1993년에 《마르크스의 철학》을 집필하면서 내가 선택했던 방향은 결국 마르크스 자신의 정식화들에서 출발해 '이론'을 **과학**(위에서 이미 언급했듯이, 여기에서 과학은 자신의 과정과 대상으로 **도래할** 과학이라는 점에 주의해야 한다)으로 변형하고 '실천'을 **혁명**(나의 관점에서 이는 명백히 '혁명 속의 혁명'을 의미하는 것인데, 이 '혁명 속의 혁명'은 역사적으로 존재하는 이 혁명의 모델들과 동시에 혁명 자신까지도 혁명화하는 것이다)으로―**비판**을 이 과학과 혁명의 결합 또는 해후의 목표 그 자체로 만들기 위해―변형하는 두 번째 방향으로 가능한 한 멀리 나아가는 것이었다.[10] 그래서 결국 나는 **주체와 대상 사이의 분리**의 해소라는 모든 고전적 관념론을 지배하는 변증법적 도식과 확실히 거리를 두려고 노력했다(특히 프롤레타리아를 '역사의 주체-대상'으로 메시아적으로 개념화했던 1923년의 천재적 저서 《역사와 계급의식》[11]―이 저서는 세계혁명의 시작으로 갑작스레 등장했던 볼셰비키혁명이라는 그 짧은 순간과 분리해서 생각할 수 없다―의 게오르크 루카치György Lukács와 같이, 이런 도식이 마르크스주의 자신의 중심에서 놀라운 사변적 성과들을 산출했다고 할지라도 말이다). 그리고 프랑크푸르트 학파의 어떤 유산에 반대해(이 유산과 관련해, 합리성 일반의 '도착적 효과'에 대한 비판 이외에 알튀세르주의에서는 완전히 무시되었던 상품 논리로 인한 예속화의 일상적 형태들에 대해 프랑크푸르트 학파가 생산한 분석이 지니는 독창적 힘에 대해서는 내가 찬사를 아끼지 않는다고 할지라도*), 나는 **이론은 그 자체로 비판**

---

* 상품 논리로 인한 예속화의 일상적 형태들에 관한 이런 분석―알튀세르주의에서는 완전

인 것이 전혀 아니며, 대신 이론이 예상할 수 있으며 그로부터의 반작용을 경험하기까지 하는 **현실의** 해방, 봉기 또는 혁명과의 ('우연적인') 문제설정적 관계를 통해서만 이론은 비판일 수 있다고 사고하기 위해 노력했다. 결국 내가 마르크스에게서(그리고 아마도 마르크스 이외의 다른 이들에게서) 발견할 수 있으리라 믿는 철학적 활동의 양식 내에서 **인식에 대한 요청/욕망**exigence de connaissance이 매우 멀리까지 밀어붙여져서, 이 요청은 지배 이데올로기를 침식시킬 위험뿐만 아니라 또한 해방의 욕망에 자리 잡고 있는 환상illusions을 폭로할 위험 역시 항상 지니게 되었다.[12] 그리고 **혁명에 대한 요청/욕망**exigence de révolution(또는 더 이상 견딜 수 없는 '현재의 상태'에 대해 수용하기를 거부하기)이 매우 멀리까지 밀어붙여져서, 이 혁명에 대한 요청은 자본주의(더 일반적으로 말해 '상품' 사회, '부르주아' 사회, '가부장제' 사회, '제국주의' 사회)의 변형 **경향**과 그 **반**反**경향**에서 우리가 인식할 수 있는 바를 고려했을 때 혁명의 목표들을 **가능**한 것으로보다는 **불가능**한 것으로 보이도록 만들 위험이 있다. 하지만 이 이중의 위험은 철학에서뿐만 아니라 삶에서도 새로운 것을 도입하기 위해 우리가 감수해야만 하는 바로 그런 위험이다.

어제와 마찬가지로 오늘날에도 나는 마르크스가 과학과 혁명 모두를 위해서 정말로 이런 위험을 감수했다고 말할 수 있다고 믿는다(그 효과를 통해서가 아니라면 파악 불가능한 과학과 혁명 사이의 경계면interface 내에서 이 **과학과 혁명 사이의** 비판적 개입과 개념적 창조의 장, 근대 사유의 역사에서 비견할 바가 거의 없는 그런 [탁월하고 독특한] 장을 만들어내면서 말이다). 나 자신만의 방법으로 또는 마르크스에 대한 새로운 독해를 통해 마르

히 무시되었지만—은 20세기의 또 다른 위대한 프랑스 마르크스주의자인 앙리 르페브르 Henri Lefebvre에게서 그만의 방식대로 재전유되었다. 르페브르는 1947~1981년의 《일상생활 비판》부터 1968년의 《도시의 권리》와 1974년의 《공간의 생산》에 이르기까지 이런 프랑크푸르트 학파의 분석을 작업의 한 부분의 중심에 놓았다('예속화' 개념은 3장 참조-옮긴이).

크스가 천착했던 철학적 '대상들'을 사유하는 오늘의 내가 취하는 방식과 관련해 비록 많은 것들이 변화했지만, 여기에서 나는 다음을 다시 반복해 말하고자 한다. 마르크스가 **프락시스**^{praxis}라 불렀던 집합적인(또는 더 정확히 말해 관계적인^{relationnelle}, 관개체적인) 정치적 주체화, (마르크스가 개인과 계급이 국가와 맺는 관계를 우선시할 때에는 **이데올로기**라고, 또는 개인과 계급이 상품적이고 화폐적인 형태와 맺는 관계를 우선시할 때에는 **물신숭배**라고 부르는) 지배적인 사회관계에 내재하는 오인^{méconnaissance}의 효과, (마르크스가 《철학의 빈곤》에서 역사는 '나쁜 방향'으로 '전진한다' — **만일 역사가 정말 전진하는 것이 사실이라면** — 고 프랑스어로 지적했듯^{13}) 자본주의 고유의 파괴적 효과가 생산해 자본주의의 개인주의적이고 공리주의적인 논리에 미치는 그 반사 효과, 다시 말해 마르크스가 천착했던 이 세 가지 철학적 '대상들'.^{14}

분명 상당한 논의가 필요한 것이지만 이 글이 이런 논의를 위한 장소는 아니므로 한마디로 간단히 말하자면, 바로 이것이 내가 마르크스주의에 고유한 **윤리**라는 통념을 '마르크스의 철학'에서의 논의 전체에 전혀 개입시키지 않았던 이유이기도 하다. 사람들은 이 윤리라는 통념에 관해 이 윤리가 과학적 인식과 혁명적 정치의 결합에 필수적인 '체계적' 보충물을 형성한다고 주장할 수 있을 것이다. 그렇기에 나는 이런 윤리에 대한 논의의 공백이 몇몇 독자들을 놀라게, 심지어는 충격을 받게 만들 것이라는 점을 잘 알고 있다. 우리는 이에 대한 증거를 역사에 대한 모든 애도와 교훈에 저항하는 끈질긴 [이론적] 반인간주의를 보고 사람들이 느끼는 놀라움과 충격에서 발견할 수 있을 것이다. 하지만 여기에서 내가 조금은 다른 작업 가설을 감히 제시해볼 수도 있지 않을까? **윤리**는 사유 내에 존재하기 위해 윤리 그 자체로 불릴 필요가 없다. 또는 오히려, 윤리가 윤리 그 자체로 불리고 인식의 관점과 세계에 대한 변형의 관점 사이의 철학적 '매개'를 구성하자마자, 윤리는 필연적으로 타협

conciliation과 화해réconciliation, Versöhnung의 기획이 되는 것이다. 비록 이런 기획이 가설적 형태, '규범적normative' 형태하에서 진행되는 것이라고 할지라도 말이다. 내 생각에 정치에서와 마찬가지로 인식에서도 윤리의 정당성을 인정해주기 위해 필요한 것은 오히려 **모순 내에 머무르기**이다. 인식과 정치가 공통적으로 적용되는 지점을 찾기 위해, 그리고 여기에 수많은 지적이고 사회적인 힘들을 수렴시키기 위해 (변화 없는 수동적인 방식으로 머무르는 것이 아니라) 지속적이고 힘겨운 **노력**이라는 형태로 이 모순에 머무르면서 말이다. 물론, 우리가 살고 있고 작업하고 있는 정세가 거의 완전히 20년 전으로 회귀했음에도, 나 자신은 20년 전과 달리 정말 많이 변했다. 그리고 이런 회귀는 더 이상 '사회주의'를 구축하기 위한 시도의 최종적 위기라는 모습이 아니라, 주체들의 의식과 정서affectivité를 극도로 폭력적인 방식으로 단절시키는, 그 전개를 예측할 수 없는 자본주의의 (생산주의적) 축적 양태와 (금융적) 조절 양태의 구조적 위기라는 모습을 띠고 있다. 하지만 나는, 최소한 내가 이해하는 바로서의 마르크스와 함께, 인식[과학]과 혁명이라는 두 가지 요청[욕망]이 (사람들이 조금만 선의를 보여주면 모두 취할 수 있는) 동전의 양면으로 나타난다고 가정하기보다는, 우리가 필요로 하는 윤리가 타협 불가능한 이 두 가지 요청[욕망] 사이에서 **스스로 분열하는** 그런 윤리라고 변함없이 생각하고 있다. 더 이상 과학은 혁명을 위해 희생되어서는 안 되며, 더 이상 혁명은 과학을 위해 희생되어서는 안 된다. 그리고 이런 영원한 긴장에서 생겨나는 불편함malaise 또는 '아픈 상태malêtre'[15]가 바로 우리를 잠들지 못하게 만드는 것이다.[16]

옮긴이 주

1. 여기에서 '정식화하다'는 'formuler'라는 동사를 번역한 것이다. 아래에서도 'formule'은 '정식', 'formulation'은 '정식화', 'formuler'는 '정식화하다'로 일관되게 번역했다. 사실 프랑스어 텍스트에서 'formule'과 'formulation', 그러니까 '정식'과 '정식화'는, 'concept'와 'conception'이 사실상 거의 비슷한 의미로 사용되는 것처럼, 상당히 유사한 의미로 사용된다. 그래서 사실 이를 엄밀하게 구분하지 않아도 의미 전달에 큰 문제는 없으나 그래도 'concept'와 'conception'과 마찬가지로 일관되게 구분했음을 밝힌다.

2. '행동 역량'은 'puissance d'agir'를 번역한 것이다. 'puissance'를 '역능'으로 번역하는 경우도 있으나, 이 '역능'이라는 단어가 일반적으로는 거의 쓰이지 않는 단어라는 점, 그리고 '역량'이라는 자연스러운 한국어 단어가 존재한다는 점에서 앞으로도 이를 '역량'으로 번역한다. 반면 이와 유사한 의미를 지니는 단어인 'pouvoir'는 '권력'으로, 'force'는 '힘'으로 옮긴다. 최대한 일관되게 통일해 번역했으나 문맥상 조금씩 다르게 번역한 경우도 있음을 밝힌다.

3. 'citoyenneté transnationale'의 번역어로 '관국민적 시민권'을 채택한 이유에 대해서는, 에티엔 발리바르, 《우리, 유럽의 시민들?》(진태원 옮김, 후마니타스, 2010)에 실린 옮긴이 해제를 참조.

4. '핵심 원리'는 'fil conducteur'를 번역한 것이다. 'fil conducteur' 혹은 'fil directeur'라는 단어는 프랑스어의 문어에서 매우 많이 쓰이는 표현으로, 조금 쉽게 옮기면 사상이나 사유의 '길잡이' '실타래' 정도로, 조금 어렵게 옮기면 사상이나 사유의 '원리'나 '맥락', 또는 '지도 원리' 정도로 옮길 수 있다. 'fil'이 '실' '선' '줄' '끈' 등의 의미를 갖고 있는 것에서 알 수 있듯이, 이 단어는 우리가 따라갈 수 있는 추상적인 사고의 선 정도의 의미를 표현하는 단어이다. 고민 끝에 (사상 또는 사유의) '핵심 원리'로 통일해 옮겼음을 밝힌다.

5. '장소론', 즉 'topique'에 대해서는 윤소영의 다음 설명을 참고할 수 있다. "알튀세르는 '절단'이라는 범주와 함께 '토픽'이라는 범주를 사용하는데, 토픽이란 본래 희랍어 '토포스'에서 유래한 용어이다. 플라톤은 인간에 의해 조직되지 않는 비규정적 공간을 가리키는 '코라$^{spacing, emplacement}$'라는 용어로 감각적 사물과 인식 가능한 형식의 비동일성을 설명한다. 이에 대해 아리스토텔레스는 코라를 '결여된 제1의 질료'로서 토포스와 동일시하는데, '공통의 장소$^{common-place}$'로서 토포스는 자연학에서

는 운동을 설명하는 '물체의 한계'이고, 수사학/논리학에서는 '입장' 또는 '관점'이다. 아리스토텔레스에게서 토픽은 이런 이중의 의미에서 '장소론^{topography}'이다. 근대에 들어와 토픽은 법률 용어로 사용되면서, 법률적 장치의 토포스로서 '심급들'에 준거한 법률적 절차를 가리킨다. 프로이트가 토픽이라는 용어를 채택할 때에도 같은 의미이다. 즉 프로이트의 토픽이란 정신적 장치의 '심급들'에 준거한 정신적 절차에 대한 접근 방법이고, 동시에 주어진 계기에서 '심급들'의 접합 양식 자체를 가리킨다. 알튀세르의 사회구성체 개념이 이 같은 프로이트적 용어법에 충실하다면, 라캉은 라이프니츠적 수리논리학의 영향을 받아 프로이트의 토픽을 '위상기하학^{topology}'으로 번역한다."(윤소영, 〈알튀세르의 '스피노자-마르크스적'인 구조주의: 라캉과의 논쟁을 중심으로〉, 《구조주의 혁명》, 서울대학교 출판부, 2000, 238~239쪽).

6. 'à la cantonade'는 알튀세르가 《마르크스를 위하여》의 4장인 〈피콜로 극단: 베르톨라치와 브레히트(유물론적 연극에 대한 노트)〉에서 활용한 용어이다. 루이 알튀세르, 《마르크스를 위하여》(서관모 옮김, 후마니타스, 2017)를 참조하라.

7. '최종심급으로서의 경제'라는 개념화에 관한 발리바르 자신의 입장으로는, 발리바르가 1993년 발표한 〈무한한 모순〉을 참조하라. 〈무한한 모순〉, 배세진 옮김, 《문화/과학》 2018년 봄호, 통권 93호.

8. '명예로운 지점'은 'point d'honneur'를 번역한 것으로, 프랑스어의 문어와 구어 모두에서 많이 쓰이는, '명예가 걸린 지점'이라는 의미의 단어이다. 이는 마르크스주의자로서 알튀세르가 마르크스주의의 '약점'으로 남들이 간주했던 바조차 자신의 것으로 당당하게 수용하고 이를 자신의 명예로운 점뿐만 아니라 마르크스주의의 명예로운 점으로도 만들기 위해 이 약점에 대한 개조 작업을 수행했음을 뜻한다.

9. 여기에서 마르크스가 독일 관념론의 최후의 인물이자 동시에 독일 관념론의 '활동주의적 변형태'이기도 하다는 발리바르의 지적의 의미를 이해하기 위해서는 〈포이어바흐에 관한 테제〉에서 마르크스가 관념론자들의 철학을 포함해 감각적 유물론자, 즉 포이어바흐의 철학에까지 가했던 비판을 살펴보아야 한다. 이 책 2장을 참조하라.

10. 여기에서 '결합'은 'articulation'을 옮긴 것인데, 일반적으로 사회과학에서는 그 의미를 엄밀하게 살리기 위한 경우에는 '절합'으로 옮기는 경우가 많다. 이는 인간의 신체에서 뼈와 뼈 사이를 이어주는 관절과 같이 '결합하면서도 동시에 분리'해주는 그런 기능을 지시하기 위한 번역이이다. 참고로 'articuler'에는 (음절마다 끊어서) '분명히 발음하다'라는 뜻도 있는데, 이 또한 방금 지적한 그런 기능과 일맥상통하는 의미이다. 하지만 본문에서는 한국어로 잘 사용되지 않는 '절합'보다는 '결합'으로

번역했으며, 재판 후기를 포함한 부록에서는 엄밀한 번역을 위해 대체적으로 '절합'으로 번역했음을 밝힌다.

11. 한국어판으로는 게오르크 루카치,《역사와 계급의식》(조만영·박정호 옮김, 거름, 1999)을 참조.

12. '인식에 대한 요청', 또는 달리 말해 '인식에 대한 욕망'에 대해서는 짧지만 자신의 주장을 명료하게 표현하고 있는 발리바르의 논문 〈오히려 인식하라〉를 참조하라(부록). 또한 'illusion'의 번역어의 경우, 1장 이외에도 〈상품의 사회계약과 화폐의 마르크스적 구성〉의 옮긴이 주 또한 참조하라(부록).《마르크스의 철학》 본문의 경우에는 'illusion'을 대부분 '허상'으로 문맥에 따라 적절히 옮겼다.

13. 마르크스는《철학의 빈곤》을 프랑스어로 집필했기 때문에, 당연히 이 '나쁜 방향'과 '전진한다'를 모두 프랑스어, 즉 'mauvais côté'와 'avance'로 표현했다.

14. 이 세 가지 대상들 각각이 바로 이 책의 2장과 3장, 그리고 4장이 다루는 주제이다.

15. '아프다' '불편하다' '나쁨' '악' 등을 의미하는 'mal'과 '존재' '상태' '~이다' 등을 의미하는 'être'를 합친 'malêtre'는 '아픈 상태' '나쁜 상태' '불편한 상태' '아픈 존재' '나쁜 존재' '불편한 존재' 등으로 번역이 가능하고, 발리바르는 이런 의미를 모두 지니도록 이 두 단어를 합친 것이지만, 여기에서는 앞의 '불편함'이라는 단어와 만나 형성하는 맥락을 고려해 '아픈 상태' 정도로 옮겼다.

16. 재판 서문의 마지막 부분에서 설명되는 과학과 혁명 사이의 관계라는 문제에 대해서는 이 책의 5장 '과학과 혁명'(조금 더 의역하자면 '과학이냐 혁명이냐')을 참조하라.

1장

마르크스주의적 철학인가
마르크스의 철학인가?

이 얇은 책이 전반적으로 목표하는 것은 우리가 왜 21세기에도 여전히 마르크스를 읽어야 하는지를 이해하고, 또한 다른 이들에게도 이를 이해시키는 것이다. 다시 말해, 마르크스가 철학에 대해 제기하는 질문들과 철학에 대해 제시하는 개념들을 통해 마르크스를 과거의 기념비적 인물일 뿐만 아니라 현재성을 지니는 저자로도 만드는 것이다. 나에게 핵심적인 것으로 보이는 바에 대한 논의로 이 책의 논의를 한정하면서, 나는 독자들에게 마르크스의 저술들 속에서 방향을 잡을 수 있도록 해주는 수단들을 제시하고, 또한 마르크스의 저술들이 불러일으켰던 논쟁들에 독자들이 접근할 수 있게 도와주고 싶다. 나는 다소 역설적인 다음의 테제를 옹호하고 싶다. 우리가 어떻게 생각해왔든지 간에, **마르크스주의적 철학이란 존재하지 않으며 앞으로도 존재하지 않을 것**인 반면, **철학에서 마르크스가 차지하는 중요성은 그 어느 때보다도 크다.**

우선 우리는 '마르크스주의적 철학'이 의미했던 바를 이해해야 한다. 이 표현은 상당히 다른 두 가지 관념, 하지만 (19세기 말에 구체적으로 형성되었으며 공산주의 국가들과 공산당들에 의해 1931년과 1945년 사이에 제도화되었던) 정통 마르크스주의의 전통이 분리 불가능한 것으로 간주했던 두 가지 관념을 지시할 수 있었다. 이 두 가지 관념은 바로 노동자계급의 역사적 역할이라는 관념에 기초해 있는 사회주의 운동의 '세계관conception du monde'이라는 관념과 마르크스의 것으로 간주되는 그 체계라는 관념이다. 하지만 이 두 가지 관념 중 그 어느 하나도 다른 하나에 **엄밀하게** 연결되어 있는 것은 아니라는 점을 곧장 지적하자. 아마도 마르크스를 원용했던 정치적이고 사회적인 운동과 마르크스의 저작에 공통적인 이런 철학적 내용, 즉 위의 두 가지 관념을 표현하기 위해 여러 가지 표현들이 만들어졌던 것 같다. 이런 표현 중 가장 잘 알려진 것은 역시 **변증법적 유물론**이라는 표현인데, 이는 엥겔스가 마르크스의 서로 다른 정식들에서 만들어내 활용했던 바에서 영감을 얻은, [마르크스 사후死後] 상대적으로 뒤늦게 만들어진 표현이다. 어떤 이들은 (마르크스주의적 철학이라는 것이 엄밀히 말해 마르크스에게 존재하지는 않았지만) 마르크스주의적 철학이 마르크스의 저작에 대한 **의미, 원리, 보편적 유효범위**에 관한 더욱 일반적이고 더욱 추상적인 성찰로서 사후적인 방식으로après coup 급작스럽게 출현했다고 주장할 수 있었다. 게다가 심지어 이들은 이 마르크스주의적 철학이 체계적인 방식으로 구성하고 정식화해야 할 것으로 여전히 남아 있다고 주장할 수 있었다.* 반대로, 문헌학자들 또는 비판적 정신의 소유자들은 마르크스의 텍스트들이 지니고 있는 내용과 이 텍스트들의 '마르크스주의적' 후예들 사이에 존재하는 거리를 간과하지 않고 이를 강조했으며, 또한 마르크스의 철학이 존재한다는 점이 이 철학의 뒤를 잇는 마르크스주의적 철학의 존재 자체를 함의하는 것은 전혀 아니라는 점을 정확히 보여주었다.

---

*   Georges Labica, "Marxisme", *in Encyclopaedia Universalis*, Supplément II, 1980과 *Dictionnaire critique du marxisme*, 2판, PUF, Paris, 1985에 실린 다음의 논문들, 즉 "Marxisme"(Georges Labica), "Matérialisme dialectique"(Pierre Macherey), "Crises du marxisme"(Gérard Bensussan)를 보라. (마지막 논문의 경우, 〈보론: 맑스주의의 위기들〉이라는 제목으로《맑스주의의 역사》, 윤소영 편역, 민맥, 1991에 번역되어 있다.-옮긴이)

그러나 이제 이런 논쟁은 근본적이고 급진적인[1] 만큼이나 단순한 방식으로 해결될 수 있다. 왜냐하면 거대한 주기(1890~1990)의 종말을 특징지었던 그 어떤 사건들[즉 현실 사회주의의 몰락]―이 거대한 주기 동안 마르크스주의는 [현실 사회주의를 위한] 조직화의 독트린으로 기능했다―도 논쟁을 위한 요소를 새로이 추가해주지는 않았지만, 그 대신 이 사건들은 이 논쟁에 대한 논의 그 자체를 가로막았던 특정한 이해 관계들을 완전히 해소해버렸기 때문이다. 사실 거대한 주기의 종말 이후 마르크스주의적 철학도 사회운동의 세계관도 마르크스라는 이름의 저자에게서 만들어진 독트린이나 체계도 더 이상 존재하지 않는다. 하지만 역설적으로 이런 부정적 결론은 철학에서 마르크스가 점하는 중요성을 제거하거나 감소시키기는커녕, 이 중요성에 훨씬 더 거대한 차원을 부여해준다. 환상[illusion][망상 또는 착각]과 협잡에서 자유로워진 우리는 오히려 이론적 소우주를 얻게 된 것이다.[2]

철학과 비철학

하지만 바로 여기에서 새로운 난점이 우리를 기다리고 있다. 여러 번에 걸쳐, 마르크스의 이론적 사유는 철학으로서가 아니라 철학에 대한 대안, 즉 **비철학**, 게다가 **반**反**철학**으로 제시되었다는 점이다. 아마도 마르크스의 이론적 사유는 근대의 반철학들 중 가장 위대한 반철학이었을 것이다. 사실 마르크스의 눈에, 그가 플라톤부터 헤겔에까지 이르는 전통 철학에서 배웠던 바로서의 철학은 (심지어 에피쿠로스나 포이어바흐와 같이 다소간 이단적이었던 유물론자들을 포함해) 정확히 말하자면 세계를 해석하기 위한 개별적 기획들이었을 뿐이다. 이는 최상의 경우 이 세계의 현재 상태를 유지할 뿐이고 최악의 경우 이 세계를 [부정적인 방향으로] 변형한다.

비록 마르크스가 철학적 담론의 전통적 **형태**와 **활용**에 반대했다고 할지라도, 마르크스 자신 또한 철학적 언표들을 자신의 역사-사회적 분석들과 정치적 행동을 위한 명제들과 교착시켰다는 점에는 의심의 여지가 전혀 없다. 일반적으로 실증주의는 이런 교착을 줄곧 비판해왔다. 실증주의에서 문제 전체는 이런 철학적 언표들이 일관된 전체를 구성하는지 여부다. 하지만 나의 가설은 마르크스가 이런 일관된 전체를 전혀 갖고 있지 않았다는 것이다. 최소한 우리가 참조하고 있는 이 일관성이라는 관념이 체계라는 관념을 의미하는 한에서 말이다. 특정한 철학의 형태와 단절한 뒤, 마르크스의 이론적 활동은 그를 통일된 체계라는 방향이 아니라 독트린들의 (최소한 잠재적인) **다원성**이라는 방향으로 이끌었다. 그리고 이 독트린들의 다원성은 마르크스의 독자들과 후계자들을 당혹스럽게 만들었다. 동일하게, 마르크스의 이론적 활동은 그를 단일한 형태의 담론이라는 방향이 아니라 철학에 미달하는 것과 철학을 초과하는 것 사이의 영원한 진동이라는 방향으로 이끌었다. 여기에서 철학에 **미달하는 것**이라는 표현으로, 스피노자와 알튀세르라면 '전제 없는 결론 conclusions sans prémisses'이라고 불렀을 바로서의 명제들에 대한 언표를 지시하도록 하자. 예를 들어, 《루이 보나파르트의 브뤼메르 18일》이 제시했던 그 유명한 정식, 다른 이들보다도 사르트르가 역사유물론의 핵심적인 테제로 간주했던 정식이 이를 뜻한다. "인간은 자기 자신의 역사를 만든다. 그러나 자기 마음대로, 즉 자신이 선택한 조건하에서 만드는 것이 아니라 이미 존재하는, 주어진, 물려받은 조건하에서 만든다."* 반대로 철

---

* K. Marx, *Le 18 Brumaire de Louis Bonaparte*, Éditions Sociales, Paris, 1963, p.13. Cf. Jean-Paul Sartre, "Question de méthode", in *Critique de la raison dialectique*, 1권, *Théorie des ensembles pratiques*, Gallimard, Paris, 1960. (한국어판으로는 〈루이 보나파르트와 브뤼메르 18일〉, 최인호 옮김, 《칼 맑스 & 프리드리히 엥겔스 저작 선집》 1권, 박종철출판사, 1991과

학을 **초과하는 것**이라는 표현으로, 철학은 자율적 활동이 아니며 대신 사회적 갈등의 장, 특히 계급투쟁의 장 내에서 이 철학이 점하는 위치에 의해 규정되는 활동이라는 점을 보여주는 담론을 지시하도록 하자.

하지만 마르크스의 철학이 지니는 이런 모순들, 이런 진동들은, 다시 한 번 말하지만, 마르크스의 약점이 전혀 아니다. 이 모순들과 진동들은 철학적 활동의 본질 자체, 즉 그 내용, 스타일, 방법 또는 그 지적이고 정치적인 기능들을 질문하게 만든다. 마르크스의 시대에 실제로 그러했으며 오늘날에도 아마 여전히 그러할 것이다. 결론적으로 우리는, **마르크스 이후에 철학은 더 이상 이전과 같을 수 없었다**고 주장할 수 있다. 비가역적 사건이 발생한 것이며 이를 단지 새로운 철학적 관점이 갑작스럽게 출현한 것으로 환원할 수는 없는데, 왜냐하면 이런 비가역적 사건은 우리가 철학에 대한 관념 또는 철학을 하는 방법을 변화시키도록 강제할 뿐만 아니라, 철학의 실천 자체를 변형하도록 강제하기도 하기 때문이다. 물론, 마르크스가 이런 종류의 효과들을 생산했던 역사적으로 유일한 인물은 아니다. 근대로 한정해서 말하자면, 최소한 프로이트라는 인물이 존재한다(비록 프로이트는 다른 영역에서 다른 목적을 갖고 이를 행한 것이긴 하지만). 그러나 사실 마르크스라는 사건과 비교할 수 있을 만한 예는 굉장히 드물다. 마르크스가 작동시켰던 철학의 휴지休止, césure는 어느 정도는 명료하게 인지될 수 있었으며, 또한 어느 정도는 기꺼이 받아들여질 수 있었다. 심지어 이 휴지는 격렬한 거부와 이런 휴지를 무력화하려는 악착 같은 시도들을 야기할 수도 있었다. 하지만 이는 동시대의 철학적 담론 전체로 하여금 더욱더 확실하게 마르크스가 작동시켰던 이

《변증법적 이성비판 1: 실천적 총체들의 이론》, 장-폴 사르트르 지음, 박정자 외 옮김, 나남, 2009를 참조.-옮긴이)

휴지라는 유령에 사로잡히도록, 그래서 이 휴지가 철학적 담론 전체에 효과를 미치도록 만들었을 뿐이다.

그러므로 이런 반철학―마르크스의 사유는 주어진 순간에 이런 반철학이 되기를 원했다―, 이런 비철학―마르크스의 사유는 기존의 실천과 비교했을 때 분명히 비철학이었다―은 마르크스의 사유가 겨냥했던 것과는 **반대되는** 효과를 생산했다. 마르크스의 사유는 철학의 종언을 고하지 않았을 뿐만 아니라, (이제부터) 철학이 살아 숨 쉴 수 있고 철학을 재생시킬 수 있는 영원히$^{en\ permanence}$ 열려진 질문을 오히려 자신의 중심에서 촉발했던 것이다. 이제 절대로 변하지 않는 것으로 남아 있을 '영원한 철학$^{philosophie\ éternelle}$'과 같은 것은 더 이상 존재하지 않는다. 철학 내에서는 전환점들과 비가역적 임계점들만이 존재한다. 마르크스와 함께 생성되었던 바―이는 우리가 받아들이거나 거부할 수는 있지만 절대로 무시할 수 없을 만큼 충분히 강제적이다―는 바로 철학의 장소와 질문, 그리고 목적에 대한 어떤 전위이다. 이제야 우리는 마르크스로 되돌아가, 마르크스를 약화하거나 그를 배반하지 않으면서, **철학자로서의** 마르크스를 읽을 수 있게 된 것이다.

이런 조건들하에서, 우리는 마르크스의 **철학들**을 어디에서 찾아야만 하는가?[3] 내가 방금 제안했던 바를 고려한다면, 이 질문에 대한 답은 의심의 여지없이 다음과 같다. 우리가 마르크스의 철학들을 찾아야 하는 곳은 바로 마르크스의 저술들의 열려진 전체에서이다. '철학적 저작들'과 '역사학적 저작들', 그리고 '경제학적 저작들' 사이를 구분해야 할 이유가 없으며, 이런 구분은 오히려 마르크스가 철학적 전통 전체와 맺어 왔던 비판적 관계를, 그리고 마르크스가 이 철학적 전통 전체에 생산했던 혁명적 효과를 전혀 이해하지 못하게 만드는 가장 확실한 방법이기까지 하다. 《자본》에서 마르크스가 수행했던 이론적 전개들[4]의 가장 테크니컬한 부분들조차 논리학의 범주들과 존재론의 범주들, 개인에 대한 표상들과 사회적 관계에 대한 표상들이 그 전통적인 정의에서 뿌리 뽑혀 역사적 분석이 필연적으로 요구하는 바에 따라 다시 사유되는 그런 것 내에 존재하고 있다. 1848년 또는 1871년의 혁명적 경험들과 함께 집필한, 또는 [제1인터내셔널의 전신인] 국제노동자협회 내부의 토론을 위해 집필한 텍스트들의 가장 정세적인 부분들조차 역시 사회와 국가 사이의 전통적 관계를 전도하는, 그리고 근본적이고 급진적인 민주주의라는 관념—이 관념은 헤겔의《법철학》에 대한 주해로 집필했던 1843년의 비판적 노트들[즉《헤겔 국법론 비판》]에서 이미 소묘되었다—을 발전시키는 수단으로 기능한다.[5] 프루동, 바쿠닌 또는 라살레를 비판하는 가장 논쟁적인 저술들에서조차 역시 자본주의 경제의 변화^{évolution}에 관한 이론적 도식과 부르주아 시민사회의 현실 역사 사이의 간극이 존재하고 있다.[6] 이 간극이 바로 정신의 진보^{progrès}에 관한 헤겔적 관념을 단순히 전도하는 것과는 구분되는, 또 하나의 독창적인 변증법을 소묘하도록 마르크스를 강제하는 것이다······[7]

결국 마르크스의 모든 저작은 철학적 작업이 배어 있는 저작인 **동시에** 철학적 전통이 철학을 **고립시키고** 한정 지었던 방식—이 방식이 바로 철학적 관념론의 원동력 중 하나이다—과는 정면으로 배치되는 방식을 활용하는 그런 입장을 취하는 저작이다. 하지만 오히려 이로부터 (말하자면) 마르크스 스스로가 결국에는 대면해야만 했던 어떤 난점^{anomalie} 또한 등장하게 된다.

절단과 단절들[8]

그 누구보다도 마르크스는 **정세 속에서** 작업했다. 하지만 이런 마르크스의 태도는 헤겔이 말했던 "개념에 대한 끈질긴 탐구$^{patience\,du\,concept}$"도, 그 탐구 결과의 엄밀함도 배제하지 않았다. 그러나 마르크스의 이런 태도는 결론의 안정성과는 양립 불가능한 것이었다. 그래서 마르크스는 **여러** 사유의 작업장들을 뒤로하고 새로이 앞으로 나아가는, 영원한 재출발의 철학자일 수밖에 없었다…… 마르크스 사유의 내용은 그 사유의 이동과 분리할 수 없다. 그렇기 때문에 우리는 마르크스를 연구하기 위해서 그 사유 체계를 추상적인 방식으로 재구성할 수 없다. 오히려 우리는 마르크스의 사유가 그 단절과 분기를 통해 변화했던^{évolution} 흔적들을 다시 추적해보아야만 한다.

알튀세르를 따라―그의 주장에 동의하든 반대하든―, 마르크스에 관한 1960년대와 1970년대의 논의는 알튀세르가 1845년으로 설정했던 마르크스 사유의 '단절' 또는 '절단'을 중심으로 했다. 마르크스의 사유에서 '사회적 관계^{rapport social}'가 등장했던 시기와 일치하는 이런 '단절' 또는 '절단'은 불귀점^{不歸點}, 즉 이전의 **이론적 인간주의**와 점점 더 거리를 두게 되는 그런 기원을 나타낸다. 사실 나로서는 마르크스의 사유에 지속적으로 영향을 미치는 이런 단절[조금 더 정확히 말해 절단]의 존재를 부정하기 힘들어 보인다. 이 절단은 직접적인 정치적 경험들, 특히 독일과 프랑스에서 프롤레타리아와의 만남(엥겔스의 경우 영국에서의 만남)과 사회 투쟁의 흐름으로의 적극적 진입―이런 진입의 직접적 영향으로 인해 역으로 마르크스는 아카데미 철학 밖으로 벗어난다―으로 인해 발생한다. 하지만 이 절단의 내용은 본질적으로 마르크스가 수행했던 지적 작업에 속한다. 반면에, 마르크스의 삶에서는 [절단이 단 한 번 발생했던 것과는 달리, 이 절단과 마찬가지의 중요성을 지니는] 최소한 두 번의 단절들―이 단절들은 마르크스가 절대로 흔들리지 않을 것이라 스스로 굳게 믿었던 자신의 이론을 지적으로 파산시켜버릴 수 있는 잠재력을 지니는 몇 가지 사건들에 의해 결정된다―이 존재했다. 그래서 이론은 마르크스 자신이 수행했던 것이든 다른 이(엥겔스)가 착수했던 것이든, 단절의 순간마다 매번 이론 자체의 재정초라는 대가를 치르고서만 지적 파산을 '모면'할 수 있었다. 지금의 우리라면 '마르크스주의의 위기'라 부를avant la lettre 그런 '위기들'이 도대체 무엇이었는지 간략히 짚어보도록 하자.[9] 또한 이는 앞으로 우리가 행할 마르크스에 대한 독해와 논의를 위한 전반적 틀을 제공해줄 수도 있을 것이다.

1848년 이후. 첫 번째 단절은 19세기의 사유 전체에 영향을 미쳤던 시대적 변화, 즉 1848년 혁명의 실패와 일치한다. 마르크스가 자본주의의 임박한 일반적 위기 — 이 위기를 활용해, (유럽의) 모든 국가들에서 지배받고 있는 모든 계급들의 선두에 선 프롤레타리아가 계급이라는 존재 자체의 폐지와 공산주의로의 이행으로 가까운 시일 내에 우리를 이끌어갈 근본적이고 급진적인 민주주의를 확립할 것이다 — 에 대한 확신을 완전히 공유하고 있었다는 점을 이해하기 위해서는 그가 엥겔스와 함께 1847년에 작성한 《공산주의자 선언》을 읽어보는 것만으로도 충분하다. '인민의 봄'과 '사회 공화국'의 봉기가 지녔던 힘과 열정은 마르크스에게 이런 강령이 현실화된 것으로 보였을 수밖에 없다.

하지만 그만큼 이런 봉기의 실패는 마르크스에게 쓰라린 것이었다. 6월 대학살 이후에 프랑스 사회주의당이 보나파르트주의에 찬동했다는 사실, 그리고 보나파르트의 쿠데타 앞에서 '노동자들이 수동적으로 남아 있었을 뿐이었다'는 사실은 마르크스에게 특히나 실망스러운 것이었다. 나는 이후에 3장에서 이런 마르크스의 경험이 **프롤레타리아**에 관한, 그리고 이 프롤레타리아의 혁명적 임무에 관한 그의 관념을 동요하게vaciller 만든 방식에 대해 다시 다뤄볼 것이다. 이런 경험은 마르크스에게 이론적 차원에서의 변화bouleversements를 일으켰는데, 우리는 그 영향력을 절대로 과소평가할 수 없다. 계급사회에서 계급 없는 사회로의 임박한 이행이라는 관념을, 그리고 또한 ('부르주아 독재'에 대립하는) '프롤레타리아 독재'에 조응하는 정치적 프로그램이라는 관념을 정확히 표현했던 '영속혁명'이라는 통념을 마르크스는 포기하게 된다.* 또한 이는 마르크스에게서 이제 겨우 막 정의되고 활용되기 시작했을 뿐인 이데올로기 개념을 지속적으로 등장하지 못하게 만드는데, 그 이론적 이유들에 대해서는 3장에서 다뤄보도록 하겠다. 하지만 또한 이는 마르크스로 하여금 정치 정세와 사회 변화^{evolution}의 장기적 경향들이 경제적으로 결정된다는 논의를 중심으로 하는 연구 프로그램을 정의하도록 만들기도 했다. 바로 그때 마르크스는 그 이론적 기초를 새로이 주조하고 완결 짓기 위해 정치경제학 비판이라는 기획으로 되돌아왔던 것이다. 어찌 되었든 악착 같은 노고―우리는 자본주의 자신도 스스로 이해하지 못하는 그 비밀스러운 메커니즘을 폭로함으로써, 그리고 또한 동시에 자본주의의 필연적 붕괴를 논증함으로써 그 당시 승승장구하던 자본주의에 복수하기 위한 마르크스의 강력한 열망과 그 섣부른 신념을 이 악착 같은 노고 속에서 발견할 수 있다―를 대가로 1867년에 그 결실을 맺었던 《자본》 1권을 출판할 때까지는 그러했다.

1871년 이후. 하지만 두 번째 위기가 닥친다. 이는 1870년의 독불전쟁과 그 뒤를 이은 파리 코뮌이다. 독불전쟁과 파리 코뮌은 마르크스를 깊은 우울에 빠지게 하며, 또한 (우리가 4장에서 다시 다룰) '역사의 나쁜 방향'이라는 경고, 다시 말해 예상치 못한 역사의 전개와 그 퇴행이라

---

*   마르크스와 그 계승자들의 '프롤레타리아 독재'라는 관념의 부침에 관해서는, 《마르크스주의 비판 사전》(Dictionnaire critique du marxisme, G. Labica & G. Bensussan 책임편집, op. cit)에 실린 나의 논문인 〈프롤레타리아 독재〉 항목을 참조하라. 또한 마르크스의 서로 다른 혁명 모델들에 관한 최상의 설명으로는, Stanley Moore, Three Tactics. The Background in Marx, Monthly Review Press, New York, 1963을 참조하라. (위에 언급된 발리바르의 논문은 〈프롤레타리아 독재 개념의 모순들〉이라는 제목으로 《맑스주의의 역사》, 윤소영 편역, 민맥, 1991에 번역되어 있다.―옮긴이)

는 효과에 대한 경고, 역사가 끔찍한 인간의 희생(25년 만에 또다시 프랑스의 혁명적 프롤레타리아를 괴멸시키고 다른 이들을 공포에 떨게 만들었던 '피의 주간' 동안의 수만 명의 죽음과 강제 추방, 그리고 전쟁에서의 수만 명의 죽음)을 강요한다는 경고를 알린다. 왜 이렇듯 비장한 경고가 필요한 것일까? 이런 패배로 인해 생겨나는 균열을 제대로 평가해야 하기 때문이다. 유럽에서의 전쟁은 마르크스가 정치적 지도 세력과 정치적 근본 갈등들을 통해 스스로 형성했던 표상과는 반대 방향으로 진행된다. 유럽에서의 전쟁은 (최소한 표면적으로는) 다른 이해관계들과 다른 정념들을 위해 계급투쟁을 무력화한다.[10] (영국이 아닌) 프랑스에서 폭발한 프롤레타리아 혁명, 즉 파리 코뮌은 자본주의적 축적 그 자체에서 생산되는 위기의 '논리적' 도식과는 반대 방향으로 나아간다. 파리 코뮌이 처참하게 진압되었다는 점은 세력 및 작전 능력에서 부르주아지와 프롤레타리아가 비대칭적이라는 사실을 보여준다. 또다시 《루이 보나파르트와 브뤼메르 18일》이 언급했던 노동자들의 '장송곡'이 울려 퍼지는 것이다……

마르크스는 사태를 직시한다. 비록 그들이 이룩했던 파리 코뮌의 경험은 짧다고 하더라도, 마르크스는 패배한 프롤레타리아들의 천재성 속에서 최초의 '노동자계급의 통치'의 발명을 읽어낼 수 있었다. 이 '노동자계급의 통치'에는 단지 조직화된 힘이 부재했을 뿐이었다. 이 '노동자계급의 통치'는 그 당시 형성 과정 중에 있었던 사회주의 정당들에게 '이행 국면'—이 '이행 국면'에서 공산주의의 원리와 부르주아 법의 원리가 대립한다—내에서 국가장치를 해체하는 것이 바로 프롤레타리아 독재라는 **새로운** 독트린을 제시한다. 하지만 마르크스는 제1인터내셔널을 해체한다(사실 제1인터내셔널은 이미 제거할 수 없는 모순들로 점철되어 있었다). 그리고 마르크스는 러시아어와 수학을 공부하기 위해, 그리고 엄청난 양의 독서를 통해 자신의 사회 변화^{évolution}에 관한 이론을 정정하는 작업에 착수하기 위해 《자본》의 집필을 중단하는데, 그래서 《자본》의 초고는 **계급**……에 대한 장 중간에서 멈춰 있다. 여러 개인들과 맺고 있던 이론적 관계를 청산하는 과정과 동시에 진행되었던 이런 작업에 마르크스는 자신의 남은 인생 10년을 바친다. 마르크스의 영원한 이론적 대화 상대였으며 종종 그에게 영감을 불어넣기도 했던 엥겔스가 역사유물론, 변증법, 사회주의의 전략을 체계화하는 작업을 떠맡는다.

하지만 시간 순서대로 진행하자. 우리는 일단 1845년에 있다. 마르크스는 27세이며, 예나대학 철학박사이자 쾰른《라인 신문》과 파리《독불 연보》의 전前 편집장이다. 그는 정치 선동가라는 이유로 프러시아 정부의 요구에 따라 프랑스에서 추방된다. 그는 무일푼으로 폰 베스트팔렌 남작의 딸과 막 결혼했으며 어린 딸아이를 하나 두고 있었다. 마르크스 자신의 세대, 그러니까 미래의 '1848년 혁명 세대' 모두와 마찬가지로, 그는 자신의 앞에 놓인 미래를 바라보고 있다.

1818	(프러시아령 라인주) 트리어에서 마르크스 탄생.
1820	엥겔스 탄생.
1831	헤겔 사망. 프랑스에서 피에르 르루, 영국에서 로버트 오웬, '사회주의'라는 단어 발명. 프랑스 리옹 카뉘들의 봉기.[12]
1835	푸리에,《세분화된 대공업의 거짓》.
1838	퍼거스 오코너, 인민 대헌장 작성(영국 '차티즘' 선언). 블랑키, '프롤레타리아 독재' 제안.
1839	마르크스, 본대학과 베를린대학에서 법과 철학을 공부.
1841	루트비히 포이어바흐,《기독교의 본질》, 피에르 조제프 프루동,《소유란 무엇인가?》, 모제스 헤스,《유럽의 삼두제》. 마르크스,《데모크리토스와 에피쿠로스 자연철학의 차이》라는 제목의 박사논문 제출.
1842	마르크스,《라인 신문》편집장직 맡음. 에티엔 카베,《이카리아 여행》.
1843	토머스 칼라일,《과거의 현재》, 포이어바흐,《미래철학의 원리들》. 마르크스, 파리에 정착해 (〈유대인 문제에 대하여〉와 〈헤겔 법철학 비판 서문〉을 기고했던)《독불 연보》편집.
1844	콩트,《실증정신론》, 하인리히 하이네,《독일, 겨울 이야기》. 마르크스,《1844년 원고》(정치경제학과 철학) 집필,《신성가족》(엥겔스와 공저). 엥겔스,《영국 노동계급의 상황》.
1845	슈티르너,《유일자와 그 소유/속성》, 모제스 헤스,《돈의 본질》. 마르크스, 벨기에로 추방. 〈포이어바흐에 관한 테제〉 집필, 엥겔스와 함께《독일 이데올로기》집필.
1846	마르크스, 공산주의자동맹의 전신인 의인동맹에 가입. 마르크스, 엥겔스와 함께 공산주의자동맹을 위해《공산주의자 선언》집필.

1847	마르크스, 《철학의 빈곤: 프루동의 '빈곤의 철학'에 대한 답변》. 영국, 노동일을 제한하는 10시간 노동법 시행. 쥘 미슐레, 《인민》.
1848	유럽에서 2월에 혁명 발발. 마르크스, 독일로 귀국한 뒤 혁명적 민주주의 그룹의 기관지인 《신라인 신문》의 편집장직 맡음. 6월 프랑스 노동자들에 대한 학살. 캘리포니아, 골드러시 사태 발생. 조제프 에르네스트 르낭, 《과학의 미래》(출간은 1890년). 존 스튜어트 밀, 《정치경제학 원리》. 아돌프 티에르, 《소유에 대하여》, 르루, 《평등에 대하여》.
1849	프랑크푸르트 국민 의회 해산과 동시에 여러 공국들의 군대가 독일 재점령. 마르크스 런던으로 이주.
1850	마르크스, 《프랑스에서의 계급투쟁》. 리하르트 바그너, 《음악에서의 유대주의》.
1851	루이 나폴레옹 보나파르트의 쿠데타.
1852	마르크스, 《루이 보나파르트와 브뤼메르 18일》. 공산주의자동맹의 해산.
1853	빅토르 위고, 《징벌》. 아르튀르 고비노, 《인종불평등론》.
1854	~1856 크림전쟁.
1857	존 러스킨, 《예술의 정치경제학》. 보들레르, 《악의 꽃》.
1858	프루동, 《혁명과 교회에서의 정의에 관하여》, 존 스튜어트 밀, 《자유론》, 페르디난트 라살레, 《난해한 철학자 헤라클레이토스의 철학》.
1859	마르크스, 《정치경제학 비판을 위하여》. 수에즈 운하 건설 착공. 다윈, 《종의 기원》. 최초의 페미니즘 잡지인 《영국 여성 잡지》 창간.
1861	미국, 남북전쟁. 러시아, 농노제 폐지. 라살레, 《기득권의 체계》.
1863	폴란드 봉기. 위고, 《레 미제라블》. 르낭, 《예수의 생애》. 도스토예프스키, 《모욕받은 자들》.
1864	프랑스, 파업권 인정. 런던에서 국제노동자협회 창설(마르크스, 총평

의회 의장직 맡음).

1867   디스레일리가 영국에서 남성보통선거제도 설립. 독일, 관세 통일.
마르크스,《자본: 정치경제학 비판 1권(자본의 생산과정)》. 프랑스,
베트남 남부 지역인 코친차이나 점령.

1868   영국 노동조합 창립대회. 에른스트 헤켈,《자연창조의 역사》. 윌리
엄 모리스,《지상낙원》.

1869   독일 사회민주주의 노동자당 창설(페르디난트 베벨, 카를 리프크네
히트). 수에즈 운하 개통. 밀,《여성의 예속》. 톨스토이,《전쟁과 평
화》. 매슈 아널드,《문화와 아나키》.

1870   ~1871 독불전쟁. 독일제국의 베르사유 선언. 파리 공략과 파리 코
뮌. 마르크스,《프랑스 내전》(제1인터내셔널 담화문). 미하일 바쿠닌,
《채찍의 독일제국과 사회혁명 1권(신과 국가)》.

1872   헤이그 대회(제1인터내셔널 분열, 뉴욕으로 본부 이전).《자본》1권의
러시아어 번역. 다윈,《인간의 혈통》. 니체,《비극의 탄생》.

1873   바쿠닌,《국가주의와 아나키》.

1874   레옹 발라스,《순수경제학 기초》.

1875   고타에서 '라살레주의자들'과 '마르크스주의자들' 사이의 독일 사
회주의 노동자당 통합대회.《자본》1권의 프랑스어 번역.

1876   빅토리아 여왕 인도 여왕으로 즉위. 스펜서,《사회학 원론》. 인터내
셔널 공식 해산. 도스토예프스키,《악령》. 바그너, 바이로이트 기념
축제 극장 설립.

1877   마르크스,〈미하일로프스키에게 보내는 편지〉. 루이스 모건,《고대
사회》.

1878   독일에서 사회주의자 탄압법 제정. 엥겔스,《반뒤링론: 오이겐 뒤
링씨의 과학혁명》(한 장을 마르크스가 집필).

1879   쥘 게드와 폴 라파르그, 프랑스 노동자당 창립. 아일랜드 농업동맹
창립. 헨리 조지,《진보와 빈곤》.

1880   코뮌 투사들 사면.

1881   프랑스에서 정교분리 교육, 무상교육, 의무교육에 관한 법 제정.
        '인민의 자유' 그룹, 알렉산드르 2세 암살. 카를 오이겐 뒤링,《인
        종, 풍속, 문화 문제로서의 유대 문제》. 마르크스, 〈베라 자술리치
        에게 보내는 편지〉.

1882   엥겔스,《브루노 바우어와 원시 기독교》.

1883   마르크스 사망. 플레하노프, '노동해방' 그룹 창설. 베벨,《여성과
        사회주의》. 니체,《차라투스트라는 이렇게 말했다》.

설명 상자 1

변증법적 유물론

이 표현은 공산당 공식 독트린에서뿐만 아니라 이 공식 독트린의 몇몇 비판들(Henri Lefebvre, *Le Matérialisme dialectique*, PUF, 1판, 1940을 보라)에서도 동일하게 마르크스주의 철학을 지시했다. 이 표현은 ('변증법적 방법'에 대해 말했던) 마르크스에게서도 ('유물변증법'이라는 표현을 사용했던) 엥겔스에게서도 사용된 적이 없으며, 아마도 마르크스와 서신을 교환했던 인물이었으며 사회주의 사상을 가진 노동자였던 요제프 디츠겐^{Joseph Dietzgen}이 1887년 발명했던 것으로 보인다. 하지만 레닌은 이 표현을 디츠겐이 아닌 엥겔스에게서 가져와 세 가지 주제를 중심으로 발전시켰다(*Matérialisme et empiriocriticisme*, 1908, in *Œuvres complètes*, Moscou-Paris, 14권). 헤겔 변증법의 '유물론적 전도'라는 주제, 계급투쟁에 따른 윤리적 원칙들의 역사성이라는 주제, 마지막으로 물리학(헬름홀츠), 생물학(다윈), 정치경제학(마르크스) 이 세 가지 학문이 '진화 법칙^{lois d'évolution}'으로 동일하게 수렴한다는 점에 관한 주제. 결국 레닌은 역사주의적 마르크스주의(라브리올라)와 **결정론적** 마르크스주의(카우츠키)—이 **결정론적** 마르크스주의는 '사회-다윈주의'와 친화적이다—사이의 입장을 채택하는 것이다. 러시아혁명 이후에 소련 철학은 '변증론자들'(데보린)과 '기계론자들'(부하린)로 분열된다. 이 둘 사이의 논쟁은 변증법적 유물론을 **마르크스-레닌주의**와 동일시하는 서기장 스탈린의 1931년 포고로 인해 권위적인 방식으로 종결된다(René Zapata, *Luttes philosophiques en URSS 1922-1931*, PUF, Paris, 1983을 참조). 7년 뒤, 자신의 소책자인 《변증법적 유물론과 역사유물론》(1938)에서 스탈린은 **변증법의 법칙들**, 즉 개별 분과 학문들 중에서도 특히 역사과학의 **기초**와 이 기초가 '프롤레타리아적 세계관'과 부합하도록 **선험적으로**^{a priori} 보증해주는 바를 나열하면서 그 내용을 정전화한다. 축약해 **변유**^{diamat}라고 이름 붙은 이 체계는 사회주의 국가들의 지적 삶 전체에서, 그리고 다소간 편의적인 방식으로 서구 공산당들 내에서 통용된다. 이후 변유는 국가-당의 이데올로기가 단단히 굳어지도록 만드는 데, 그리고 지식인들의 활동을 통제하는 데 활용된다(도미니크 르쿠르가 리센코 사건에 대해 연구한 Dominique Lecourt, *Lyssenko. histoire réelle d'une science prolétarienne*, Maspero,

Paris, 1976 참조). 하지만 변유에 대한 이런 일괴암—塊巖적 이미지에 두 가지 정정을 가하는 것이 적절해 보인다. 첫째로, 1937년 이래로 자신의 저술 〈모순론〉(*Quatre essais philosophiques*, Éditions de Pékin, s.d.에 실림)에서 마오쩌둥은 '변증법의 법칙들'이라는 관념을 거부하고 모순의 복잡성을 강조하는 대안적 개념화를 제시했다(이후에 알튀세르는 이에 영감을 얻어 1965년의 《마르크스를 위하여》에 실린 〈모순과 과잉결정〉을 집필한다).[13] 둘째로, 최소한 이탈리아의 게이모나 학파는 변증법적 유물론을 이론적 가치를 여전히 담지하고 있는 역사인식론의 출발점으로 만들었다(André Tosel, "Ludovico Geymonat ou la lutte pour un matérialisme dialectique nouveau", *in Praxis. Vers une refondation en philosophie marxiste*, Messidor/Éditions Sociales, Paris, 1984를 참조하라).

설명 상자 2

마르크스주의의 세 가지 원천 또는 네 명의 스승?

'마르크스주의의 세 가지 원천'이라는 정식이 마르크스주의를 하나의 세계관으로 제시하기 위해 오래전부터 활용되어왔다. 이 세 가지 원천이란 독일 철학, 프랑스 사회주의, 영국 정치경제학을 뜻한다. 이 정식은 엥겔스가 1878년의 《반뒤링》에서 역사유물론에 대한 자신의 설명을 이 세 가지로 구분했던 방식과 그가 유물론과 관념론 사이의, 그리고 변증법과 형이상학 사이의 반정립[antithèses][안티테제]의 역사를 소묘했던 방식에서 기원한다. 이후 카우츠키는 1907년의 강연 《마르크스주의의 세 가지 원천: 마르크스의 역사적 저작》(*Les Trois Sources du marxisme. L'œuvre historique de Marx*, 불역: Spartacus, s.d.)에서 이 도식을 체계화한다. 이 강연에서 "프롤레타리아의 관점에서 출발하는 사회에 대한 과학"은 "독일 사상과 프랑스 사상, 그리고 영국 사상 사이의 종합"으로 특징지어지는데, 이는 단순히 국제주의를 고무하려는 목적뿐만 아니라, 프롤레타리아의 이론을 보편적인 것의 지배를 확립하는 유럽 역사의 총체화로 제시하려는 목적 또한 갖는다. 레닌은 1913년의 강연 《마르크스주의를 구성하는 세 가지 원천과 세 가지 부분》(*Les Trois Sources et les trois parties constitutives du marxisme, in Œuvres complètes,* Moscou-Paris, 19권)에서 이 정식을 자신의 것으로 다시 취한다. 그러나 문화의 세 가지 구성 부분들에 대한 결합이라는 상징적 모델은 전혀 새로운 것이 아닌데, 이는 사실 그 당시 모제스 헤스Moses Hess가 제시했으며 자신의 저서 중 한 권인 1841년 저작의 제목으로 채택했던, 그리고 마르크스가 **프롤레타리아라**는 통념을 도입했던 청년기 저술들에서 다시 취했던 '유럽의 삼두제'라는 거대한 신화의 끈질긴 잔존이 번역된 것일 뿐이기 때문이다.

'세계의 세 구성 부분'(하지만 이 세계는 의미심장하게도 유럽이라는 공간으로 한정된다)이라는 원형archétype에 따라 사유를 총체화하겠다는 환상rêve과 거리를 두기 시작하자마자, 마르크스의 철학적 사유의 '원천들'이라는 질문, 다시 말해 마르크스의 철학적 사유가 이전의 몇몇 이론가들의 저작과 맺었던 배타적 관계라는 질문은 **열린** 질문이 된다. 최근에 출간된 탁월한 저서 *Il filo di Arianna, Quindici lezioni di filosofia marxista*(Vangelista, Milan, 1990)에서 코스탄조 프레브Costanzo Preve는 마르크스에게 "네 명의 스승"이 있었다고 주장함으로써 이 질문이 열린 질문이라는 점을 명확히 보여준다. 이 네 명의 스승이란 첫째로 **클리나멘**clinamen 또는 원자들의 우연적 편위déviation라는 독트린을 통해 변형된 유물론으로서 자유의 유물론을 마르크스에게 가르쳐주었던 **에피쿠로스**(마르크스는 자신의 1841년 박사논문 《데모크리토스와 에피쿠로스 자연철학의 차이》에서 에피쿠로스를 연구한다[14]), 둘째로 평등주의적 민주주의 또는 일반 결정을 위한 시민들의 직접적 참여에 기반을 둔 연합association이라는 관념을 마르크스에게 가르쳐주었던 **루소**, 셋째로 소유/속성propriété의 기초가 노동이라는 관념을 마르크스에게 가르쳐주었던 **애덤 스미스**, 마지막으로 '변증법적 모순'과 역사성에 관한 마르크스의 작업에서 항상 등장하는, 가장 중요한 인물이면서도 그에게 영감을 제공함과 동시에 그의 적수라는 점에서 가장 양가적인 인물인 **헤겔**. 네 명의 스승이라는 이런 도식의 강점은 마르크스에 대한 연구를 그가 철학적 전통과 맺었던 비판적 관계를 특징짓는 내적 복잡성과 연속적 전위의 방향으로 이끈다는 점이다.

설명 상자 3

루이 알튀세르

루이 알튀세르(알제리의 비르망드레스에서 1918년 태어나 1990년 파리에서 사망함)는 그의 이론적 저서보다는 말년의 삶을 특징지었던 그 비극적 사건(알튀세르는 자신의 아내를 살인하고 정신병원에 수용되는데, 이에 대해서는 그의 자서전《미래는 오래 지속된다$^{L'avenir\ dure\ longtemps}$》, Stock/IMEC, Paris, 1992를 보라)으로 오늘날 많은 대중에게 더욱 잘 알려져 있다.[15] 하지만 그의 이론적 저작은 1965년《마르크스를 위하여》와 (집단 저작인)《'자본'을 읽자》(이 두 저서 모두 프랑수아 마스페로 출판사에서 출간되었다)의 출간 이후 1960년대와 1970년대의 철학적 논쟁의 중심을 차지했다. 그러므로 레비-스트로스, 라캉, 푸코, 바르트와 함께 알튀세르는 '구조주의'의 중심인물로 등장했다. 마르크스주의의 위기를 선언하면서, 하지만 이 위기를 마르크스주의에 대한 단순한 교조화 탓으로 돌리기는 거부하면서, 알튀세르는 마르크스에 대한 재독해 작업에 착수한다. (바슐라르의) 역사인식론에서 '인식론적 절단'이라는 통념을 빌려오면서, 알튀세르는 정치경제학에 대한 마르크스적 비판을 (헤겔 철학을 포함한) 관념론적 철학의 **이론적 인간주의**와 **역사주의**에 대한 단절로, 그리고 자신의 중심 범주들로서 생산양식의 '과잉결정된 모순'과 사회구성체의 '지배 내 구조$^{structure\ à\ dominante}$'를 취하는 역사에 대한 과학의 정초로 해석한다. 그런 과학은 부르주아 이데올로기와 대립하는데, 하지만 동시에 이 과학은 "개인들과 계급들이 자신들의 존재 조건과 맺는 상상적 관계"로 정의되는 이데올로기의 물질성과 역사적 유효성을 논증해준다. 역사의 종말/목적^{fin}이 존재하지 않는 것과 마찬가지로, 이데올로기의 종말/목적 또한 존재하지 않을 것이다. 동시에 알튀세르는 그가《레닌과 철학》(*Lénine et la philosophie*, Maspero, Paris, 1969)에서 "이론에서의 계급투쟁"으로 정의하는 철학에 대한 레닌주의적 테제들을 재평가하자고 제안하며, 또한《철학과 과학자의 자생적 철학》(*Philosophie et philosophie spontanée des savants*, Maspero, Paris, 1974)에서 과학적 실천의 중심에 존재하는 '유물론적 경향'과 '관념론적 경향' 사이의 모순을 분석하기 위해 이 테제들을 활용한다. 이 시기 이후에 중국의 '문화대혁명'과 1968년 5월의 운동들에 영향을 받아 알튀세르는《자기비판의 요소들》(*Éléments* *d'autocritique*, Hachette-Littérature, Paris, 1974)에서 그가 자신의 초기 저작들에 존재하는 '이론주의적 편향'—알튀세르에 따르면 이 '이론주의적 편향'은 변증법을 희생시키는 스피노자주의로 인한 것이다—으로 간주하는 바를 자기비판한다. 마르크스주의와 [이론적] 인간주의 사이의 차이를 다시금 강조하면서, 알튀세르는 〈이데올로기와 이데올로기적 국가장치들〉("Idéologie et appareils idéologiques d'État", *in Positions*, Éditions Sociales, Paris, 1976)에서 이데올로기의 일반 이론을 "개인의 주체로의 호명"으로, 그리고 사회적 관계들의 재생산을 보증하는 공적인 동시에 사적인 제도들의 체계로 소묘한다.[16]

옮긴이 주

1. '근본적이고 급진적인'은 프랑스어 'radical'을 옮긴 것으로, 영어와 마찬가지로 프랑스어 'radical'에는 '근본적'이라는 의미와 '급진적'이라는 의미가 모두 들어 있다.

2. 프랑스어에는 '환상'을 의미하는 단어가 크게 세 가지가 있는데, 그것이 'fantasme' 'fantaisie' 'illusion'이다. 'fantasme'과 'fantaisie' 둘 또한 프랑스어에서 맥락상 정확히 구분해 사용하는 단어이지만(그러나 한국어 사용자 입장에서 이 둘에 대한 구분은 전혀 쉽지 않다) 이 책에서 자주 등장하는 용어인 'illusion'에 대해서만 간단히 논의해보자면, 우선 이 단어를 '환상'으로만 옮기는 것은 다소 부적절할 수 있다. 왜냐 하면 한국어의 '환상'이라는 단어에는 'fantaisie', 즉 판타지라는 뜻이 조금 더 강하기 때문인데(가령 '환상의 나라, 에버랜드' 같은 경우), 그러나 '망상' '환각' '착각' '오류' 등 으로 옮기게 되면 역으로 'illusion'에 들어 있는 '환상'의 의미를 너무 축소할 우려가 있다. 이 단어에 정확히 대응되는 한국어가 없는 만큼, 아쉬운 대로 '허상'으로 옮기되 필요한 경우 'illusion'이라는 원어를 병기함으로써 여기에 '환상'을 포함해 '망상'이 나 '착각'과 같은 의미도 들어 있음을 지시하도록 하겠다(이 구절에서는 고민 끝에 허상 보다 환상이 더 자연스러운 것으로 판단되어 환상으로 옮겼다). 다음으로 'doctrine'의 경우, (종교와 관련해서는) '교리', (지식과 관련해서는) '학설'로 옮길 수 있으나, 이 책에서 발 리바르는 'doctrine'을 이런 교리 또는 학설의 의미를 포괄하는 넓은 의미의 '체계'로 활용하면서 '개념'과 대립시키고 있기 때문에 '교리' 혹은 '학설'로 의미를 한정하기 보다는 그대로 '독트린'으로 음독함으로써 이 의미들 모두를 살리고자 한다.

3. 1995년 발리바르가 쓴 '한국어판 서문'에 따르면, (재판 서문에서도 강조하듯 이) 처음에 발리바르는 (단수의) '마르크스의 철학'이 아니라 (복수의) '마르크스의 철 학들'을 이 책의 제목으로 선택하려 했으나 입문서의 취지에는 맞지 않는 난해한 제 목이라 결국 '마르크스의 철학'이라는 제목을 선택했다고 밝히고 있다. '한국어판 서 문'에서 발리바르는 '마르크스의 철학'이 아니라 '마르크스의 철학들'이라는 제목으 로 이 저서를 읽어주기를 독자에게 청하고 있다.

4. 본문에서뿐만 아니라 부록에서도 매우 자주 등장하는 프랑스어 'développement'은 영어에서와 마찬가지로 '발전'과 '전개'를 모두 의미한다. 맥락 에 따라 적절하게 '발전'이나 '전개'로 옮기거나 이 두 의미 모두를 나열했다. 그런데 이 프랑스어 'développement'은 이 구절에서와 같이 (의역하자면) '이론적 전개'를 뜻

하기도 한다. 원문에는 '이론적'이라는 단어가 포함되어 있지 않지만 사실 여기에서
'développement'은 마르크스가 《자본》에서 전개하는 이론적 논의를 지시한다. 부록
에서도 마찬가지이지만 이런 경우에는 의역해 '이론적 전개'로 번역했다.

5. 카를 마르크스의 《헤겔 국법론 비판》의 한국어판으로는 《헤겔 국법론 비
판》과 〈헤겔 법철학 비판 서문〉을 함께 번역한 《헤겔 법철학 비판》(강유원 옮김, 이론과
실천, 2011)을 참조하라.

6. 발리바르는 '도식'을 뜻하는 두 개의 단어인 'schème'와 'schéma'(셰마)를
구별하지 않고 사용하므로 모두 '도식'으로 통일해서 번역했다. 또한 여기에서 자세
히 다룰 수는 없으나, 발리바르는 '시민사회' 또는 '부르주아 사회'가 아니라 이 두 의
미 모두를 드러낼 수 있는 '부르주아 시민사회'라는 개념을 사용해야 한다고 강조하
는데, 그렇기 때문에 조금 자의적이긴 하지만 원문에 '시민사회', 특히 '부르주아 사
회'라고 되어 있는 경우 이를 '부르주아 시민사회'로 옮겼음을 밝힌다.

7. 이 책에서 자주 등장하는 단어인 'évolution'은 '목적론적 진화주의'를 의미
할 때를 제외한다면 진화가 아닌 변화로 옮겨야 한다. 왜냐하면 '사회진화론'의 목적
론적이고 진화주의적인 부당한 주장과는 반대로, 다윈의 진화론이 말하는 진화는 사
실 그 어떤 목적도 설정하지 않는, 시간의 흐름에 따른 '변화'를 의미하기 때문이다
(또한 프랑스어에서 'évolution'은 통상적으로는 특별한 의미 없이 단순히 '변화'를 뜻할 뿐
이기 때문에 이를 '진화'로 옮기는 것은 과도한 번역이기도 하다). 마찬가지로 발리바르가
'évolution'이라는 단어를 사용할 때에도, 목적론적 진화주의를 의미할 때가 아닌 경
우에는 전부 이런 의미의 변화를 뜻한다. 오히려 이 'évolution'과 대립되는 의미로 발
리바르가 활용하는 어휘는 바로 '진보', 즉 'progrès'이다. 가독성을 해치긴 하지만 변
화를 의미하는 다른 단어들과 구분하기 위해 'évolution'을 변화로 옮긴 경우 거의 항
상 원어를 병기했다. 또한 'progrès'의 경우도 진보로 번역하면서 원어를 병기했다.

8. 발리바르는 알튀세르가 제시했던 개념인 '인식론적 절단 coupure épistémologique'을 이론적으로 변형해 이를 '절단 coupure, cut'과 '단절 rupture, rupture'로 구
분한다. 한국의 인문사회과학계에서는 이 둘을 혼동해 번역하기도 하지만, 사실 이 둘
은 엄밀히 구별해 번역해야 하는 개념들이므로, 이하에서도 'coupure'는 '절단'으로,
'rupture'는 '단절'로 구분해 번역했다. 또한 여기에서 '절단'은 단수로, '단절'은 복수
로 표기되어 있다는 점에도 유의해야 한다.

9. 'avant la lettre'는 직역하면 '문자 이전의'라는 뜻이지만, 사실은 지시된 과
거 그 당시에는 존재하지 않았던 명칭 또는 개념을 그 당시의 사태 또는 사물에 적용할

때 쓰는 말이다. 가령, 최근 한국의 인문사회과학계에서 보편화되어 쓰이는 개념인 '여성혐오' 또는 '여혐'이라는 단어를 예로 들어보자. 만일 1987년 민주화 투쟁 당시 남성 운동권 대학생들이 여성 운동권 대학생들에게 (현재 우리가 여성혐오라는 개념으로 지시하는 바로서의) 혐오 감정을 가지고 있었다고 기술하고자 할 때, '여성혐오' 앞에 프랑스어로 'avant la lettre'라는 단어를 붙여주면 그 당시 존재하지 않았던 '여성혐오'라는 개념을 통해 그 당시 존재했던 '여성혐오'를 기술하겠다는 의미를 전달할 수 있다. 그래서 옮긴이는 "지금의 우리라면 ~라 부를"이라고 'avant la lettre'를 의역했다.

10. 이 문장에서 발리바르는 앨버트 허시먼[Albert Hirschman]의 저서 《정념과 이해관계》가 대중화한 표현인 '정념과 이해관계'를 염두에 두고 있는 듯하다.

11. 이 연표 번역의 경우 윤소영의 1995년 초판 번역본을 부분적으로 참고했음을 밝힌다.

12. 'Canut', 즉 카뉘란 19세기 프랑스의 도시 리옹 지역에서 일했던 견직물 공장 직공들을 일컫는다. 18세기 초 방직기에 기반을 둔 명주 산업은 리옹을 프랑스 최대의 노동자 도시로 만들었으나 노동자들에 대한 처우는 매우 열악했다. 그래서 리옹의 견직물 노동자들은 19세기 동안 여러 차례 봉기를 일으켰는데, 이것이 19세기 프랑스의 사회 사상가들, 즉 생시몽주의자들과 마르크스, 푸리에, 프루동에게까지 큰 영향을 미쳤다.

13. 〈모순론〉의 한국어판으로는 마오쩌둥, 《실천론·모순론 외》(김승일 옮김, 범우사, 2001)를 참조.

14. 한국어판으로는 카를 마르크스, 《데모크리토스와 에피쿠로스 자연철학의 차이》(고병권 옮김, 그린비, 2001)를 참조.

15. 한국어판으로는 루이 알튀세르, 《미래는 오래 지속된다》(권은미 옮김, 이매진, 2008)를 참조. 이 한국어판에는 알튀세르의 또 다른 판본의 자서전 〈사실들〉이 수록되어 있다.

16. 알튀세르의 철학적 삶에 관한 발리바르의 논문으로는, 〈알튀세르와 윌므가〉(장진범 옮김, 진태원 책임편집, 《뉴레프트리뷰 6》, 길, 2015)를 참조하라. 《레닌과 철학》의 경우 《레닌과 미래의 혁명》(그린비, 2008)에 진태원의 번역본이 실려 있으며, 〈이데올로기와 이데올로기적 국가장치들〉의 경우 이 논문이 포함되어 있는 알튀세르의 유고집 《재생산에 대하여》 전체가 진태원과 황재민의 번역으로 곧 리시올 출판사에서 출간될 예정이다. '지배 내 구조'(와 그 번역어 선정)에 관해서는 《알튀세르 효과》(진태원 책임편집, 그린비, 2011)에 실린 서관모의 논문 〈알튀세르에게서 발리바르로: 이데올

로기의 문제설정과 정치의 개조〉를 참조하라. "알튀세르는 domination과 dominante 를 엄격히 구별해 domination은 복잡한 전체 내의 모순들 간, 모순들의 측면들 간의 지배-종속 관계를 지시하기 위해 사용하고, à dominante의 형태로만 쓰는 명사 dominante는 복잡한 전체 자체가 구조화되어 있는 특유한 양상을 지시하기 위해 사용한다. 그는 또한 이 두 개념과 구분해 dominance(우세)를 모순들 간이나 모순들의 측면들 간의 관계가 아니라, 모순의 전위와 응축 간의 '우세'(dominance) 관계, 사회구성체 내의 인간적 실천들의 구조화된 수준들 간의 '우세' 관계를 지시하기 위해 사용한다. 이 점을 고려하면 'à dominante'는《맑스를 위하여》와《'자본'을 읽자》의 영어판 옮긴이 벤 브루스터Ben Brewster와 〈아미엥에서의 주장〉의 영어판 옮긴이 그레이엄 로크Grahame Lock가 'in dominance'로 번역한 것처럼, '지배 내/내로/내로의'로 번역하는 것이 옳다"(서관모, 위의 책, 603쪽). 하지만 사실 'à dominante'는 일상에서도 많이 쓰는 평범한 구어이다. 예를 들어, "Le treizième arrondissement est à dominante asiatique"라고 하면, "파리 13구는 특히à dominante 아시아인들이 많이 사는 지역이다"라는 뜻이다.

2장

세계를 변화시키자
: '프락시스'에서 '생산'으로[1]

〈포이어바흐에 관한 테제〉(이하 '테제들') 중 마지막 열한 번째 테제는 다음과 같다. "철학자들은 세계를 다양하게 해석해왔을 뿐이다. 중요한 것은 세계를 **변화**시키는 것이다."[2] 이 장의 목적은, 비록 어떤 의미에서는 마르크스가 포이어바흐에 관한 이 열한 번째 테제 이후 집필했던 그 무엇도 이런 정식화가 제기하는 질문들의 지평을 전혀 넘어서지 못했음에도, 왜 그가 **여기에서 멈추지 않았는지**를 이해하는 것이다.

<포이어바흐에 관한 테제>

'테제들'이란 도대체 무엇인가? 테제들이란 때로는 비판적 입론argumenta-tion을 소묘하고, 때로는 거의 구호에 가까운 간결한 명제를 언표하는 일련의 아포리즘들aphorismes을 의미한다. 이 '테제들'은 독일 철학의 용어법을 직접적 호명, 즉 (어떤 의미에서는) 자유화libération를 표현하는 결연한 운동, 달리 말해 **혁명적 활동(또는 실천)**에 도달하기 위해 이론의 바깥으로 탈출하는 반복적 운동—바로 이 때문에 오늘날 이 '테제들'의 독해가 쉽지 않은 것이다—과 결합하는 스타일을 지니고 있다. 마르크스는 이

'테제들'을 대략 1845년 3월에 집필했는데, 그 당시 그는 독일 라인주 출신의 젊은 학자이자 정치평론가로서 당국의 준-감시하에 브뤼셀에 머무르고 있었다. 곧이어 마르크스는 자신의 평생의 친구가 될 엥겔스와 해후해 자신의 죽음에 이르기까지 계속될 그와의 공동 작업을 시작했다. 마르크스가 이 '테제들'을 출판할 생각은 없었던 것 같다. 마르크스에게 이 '테제들'은 계속 기억하고 그것에서 영감을 얻기 위해 종이 위에 끄적여놓은 정식들, 즉 '메모'[비망록]였던 것이다.

1932년에 출판된 이후 '정치경제학과 철학' 또는 '1844년 원고'라는 제목으로 우리에게 잘 알려진 초안들 덕택에 바로 그 당시 마르크스가 어떤 작업을 하고 있었는지 우리는 상당히 정확히 알고 있다.* 이 《1844년 원고》는 임노동제라는 형태 내에서 이루어지는 인간 노동의 소외에 관한 (그리고 그 소외의 **의미** 또는 비-의미를 폭로하기 위한) 현상학적 분석을 수행한다. 이 분석에서 루소, 포이어바흐, 프루동 그리고 헤겔이 마르크스에게 끼친 영향력이 경제학자 애덤 스미스, 장-바티스트 세$^{\text{Jean-Baptiste Say}}$, 리카르도, 시스몽디^{Sismondi}의 작업들에 관한 마르크스의 최초의 독해와 긴밀하게 결합되어 그로 하여금 인간이 자기 자신의 노동과 자연, 그러니까 사적 소유가 제거됐던 '공동체적 본질'(이런 제거로 인해 인간은 "자기 자신에게서 소외$^{\text{étranger à lui-même}}$된다)과 화해하는 것으로 사고된 공산주의에 대한 인간주의적이고 자연주의적인 개념화로 나아갈 수 있게 해준다.

그런데 마르크스는 《1844년 원고》의 집필 작업을 갑자기 중단하고

---

* 이 1844년 원고에 *Marx-Engels Gesamt-Ausgabe* (vol. IV/2, Berlin, 1981) 신판에 출간되었던 독서 노트 전체를 추가해야 한다. 《경제학-철학 수고Ökonomischphilosophische Manuskripte》라는 제목으로 알려진 1844년 원고는 사실 이 독서 노트 전체 중 가장 완전하게 '집필된' 부분들을 조합한 판본일 뿐이다. 프랑스어판: Karl Marx, *Manuscrits de 1844*, E. Bottigelli 번역과 서문, Éditions Sociales, Paris, 1972.

(그는 매우 긴 시간 뒤에, 하지만 그것도 완전히 다른 지반 위에서 이 작업에 다시 착수한다) 엥겔스와 함께 《독일 이데올로기》의 집필에 착수한다. 무엇보다도 이 《독일 이데올로기》는 아카데미의 안과 밖에 존재하는 '청년 헤겔주의' 철학의 서로 다른 조류들(루트비히 포이어바흐, 브루노 바우어, 막스 슈티르너는 모두 어느 정도 왕정복고에 대한 비판 운동과 관련되어 있었는데, 이런 맥락에서 이들은 《정신현상학》과 《법철학》의 저자 헤겔에 대한 '좌익적' 독해에서 자신들의 영감을 얻었다고 볼 수 있다)과의 논쟁을 목적으로 한 저작이다. '테제들'의 집필은 《1844년 원고》 집필의 중단과 시기적으로 일치한다.* 《1844년 원고》 집필의 중단에는 다른 이유들뿐만 아니라 이론적 이유들 또한 포함되어 있는 것처럼 보인다. 하지만 이런 집필 중단과 관련해 우리가 수행해야만 하는 것은 이 집필 중단의 이론적 이유들이 《독일 이데올로기》의 명제들과 정확히 어떤 관계를 맺고 있는지에 관한 중요한 물음을 제기하는 것이다.** 나는 조금 더 뒤에서 이 문제로 다시 돌아오고자 한다.

《독일 이데올로기》의 여러 유명한 독자들 가운데에서도, 특히 루이 알튀세르는 현대 마르크스주의의 가장 거대한 논쟁 중 하나를 제시하면서 이 '테제들'을 절단의 '앞면^{bord antérieur}'으로 제시했다. 알튀세르에게 《1844년 원고》는 그 인간주의적 특징으로 인해 여전히 이 절단에 '미달'하는 저작이며, 반면 《독일 이데올로기》 또는 더 정확히 말해 그 1부는 [사적] 소유와 국가의 일련의 연속적 형태들의 발생^{déduction} — 이 발생

---

* '테제들'은 1888년 엥겔스의 저서 《루트비히 포이어바흐와 독일 고전철학의 종말》(Karl Marx & Friedrich Engels, *Études philosophiques*, Éditions Sociales, Paris, 1961에 수록됨)의 부록으로 약간 수정된 판본이 실린다.

** 《독일 이데올로기》는 '테제들'과 마찬가지로 마르크스 사후인 1932년에 출간되었다. 《독일 이데올로기》 1부에는 '포이어바흐'라는 제목이 새롭게 붙었으며, (정확히 말해 엥겔스의 저작들을 제외한다면) '역사유물론'에 대한 일반적인 설명들 중에서 가장 체계적인 설명으로 즉각 통용되었다.

의 핵심 원리는 분업[노동 분할]의 발전/전개^{développement}이다 ─ 을 설명함으로써 '역사과학'이 진정한 방식으로, 그리고 실정적인 방식으로 무대에 등장하게 된다는 점을 해명한다.

여기에서 이 '테제들' 전체를 완전히 설명할 수는 없다. 우리는 조르주 라비카^{Georges Labica}의 저작을 참고할 수 있는데, 라비카는 마르크스 이후에 등장한 '테제들'에 대한 주해들을 (이 주해들 전체가 형성하는 분기점들과 함께) '테제들'이 제기하는 내재적 문제들을 우리에게 드러내 보여주는 지표로 간주하면서 각 테제의 정식 모두를 자세히 연구한다.[*] 라비카는 완벽에 가까울 정도로 명료한 방식으로 '테제들'이 어떻게 구조화되어 있는지를 보여준다. 이 '테제들'의 핵심은 처음부터 끝까지 '새로운 유물론' 또는 실천의 유물론 내에서 철학의 '두 진영', 즉 현실 전체를 정신의 세계에 투사하는 **관념론**(특히 헤겔의 관념론)과 모든 지적 추상들[3]을 감성^{sensibilité}, 다시 말해 생명^{vie}, 감각^{sensation}, 정서^{affectivité}로 환원하는 **이전의 유물론** 또는 '직관적' 유물론, 예를 들어 에피쿠로스주의자들과 그 근대의 후예들인 홉스, 디드로, 엘베티우스^{Helvetius} 등등 사이의 전통적 대립을 지양하는 것이다.[4]

소외 비판. 만일 우리가 그 당시의 논쟁들을 참조한다면 마르크스의 입론이 취했던 핵심 원리를 충분히 명료하게 파악할 수 있을 것이다. 포이어바흐는 '종교적 소외', 다시 말해 현실의 감성적^{sensibles} 인간들이 자신들의 구원과 완성을 **초감각적인**^{suprasensible} 또 다른 세계에서 표상한다(특히 공동체적 유대나 '인간 종'을 통일해주는 사랑의 유대와 같은 인간 고유

---

[*]   Karl Marx. *Les Thèses sur Feuerbach*, PUF, "Philosophies" 총서, Paris, 1987. 라비카는 자신이 직접 번역한 '테제들'의 프랑스어본과 두 가지 독일어 원본(마르크스가 작성한 독일어 원본과 엥겔스가 조금 수정해 《루트비히 포이어바흐와 독일 고전철학의 종말》의 부록으로 수록한 판본-옮긴이) 모두를 제시한다.

의 '본질적 성질qualités'을 상상적 존재와 상황 내로 투사한다)는 사실을 설명하고자 했다.* 이런 착시 현상quiproquo[착각 또는 오해]을 의식함으로써 인간들은 신에 의해 소외되었던 자신들의 본질을 '재영유'할 수 있게 되며, 이를 통해 이 땅에 진정한 형제애를 창조해낼 수 있게 된다. 포이어바흐 이후, (마르크스를 포함한) 비판적 철학자들은 동일한 도식을 인간 존재의 추상화와 '박탈/탈소유dépossession'에 관한 또 다른 현상들, 특히 인간들 모두가 자유롭고 평등한 이상적 공동체로서의 (사회에서 분리된) **정치적** 영역을 구성하는 현상으로까지 확장하고자 했다. 하지만 마르크스는 '테제들'에서 이런 투사projection의 진정한 이유가 의식의 허상illusion, 즉 개인들의 상상으로 인한 효과가 아니라고 주장한다. 오히려 이런 투사의 이유는 사회를 지배하는 **분열**scission 또는 분할division, 다시 말해 개인들을 서로 대립하게 만드는 실천적 갈등이다. 그 종교의 천상 또는 정치의 천상은 인간들에게 기적과 같은 해답을 마련해주지만, 인간들은 특정한 인간들이 다른 특정한 인간들에 의존하는 사태를 제거함으로써 이루어지는 실천적 변형 그 자체를 통해서만 이런 소외에서 탈출할 수 있다. 그러므로 소외를 중단할 수 있는 것은 (철학은 종교와 정치 사이의 화해를 위한 이상들에 관해 이루어진 주해 또는 번역에 불과했을 뿐이었다는 점에서) 철학이 아니라 혁명—이 혁명의 조건들은 개인들과 이 개인들이 맺는 사회적 관계들rapports의 물질적 조건 속에 내재하고 있다—이다. 그렇기 때문에 〈포이어바흐에 관한 테제〉는 철학이 항상 갖고 있었던 그 가장 드높은 야심, 즉 해방émancipation과 자유화libération의 실현을 위한 유일한 수단으로서 철학에서의 확정적 탈출Ausgang,sortie을 요구하는 것이다.

---

*   Ludwig Feuerbach, *L'Essence du christianisme*, J.-P. Osier 서문, François Maspero, Paris, 1968. 또한 Ludwig Feuerbach, *Manifestes philosophiques, textes choisis (1839-1845)*, Louis Althusser 불역, PUF, Paris, 1960; *Pensée sur la mort et sur l'immortalité*, Claire Mercier 불역과 서문, Pocket, Paris, 1997을 참조.

철학에 반하는 혁명

바로 정확히 이 지점에서 여러 가지 난점들이 출현한다. 아마도 마르크스는 철학에서의 확정적 탈출을 명령하는 이런 글을 출간하는 위험을 일부러 감수하지 않았거나, 또는 이를 출간할 기회 자체를 갖지 못했던 것 같다. 하지만 어쨌든 마르크스가 이를 집필했다는 것, 그리고 이런 [자크 라캉의 표현을 빌리자면] '도둑맞은 편지'가 우리에게 도착했다는 것은 사실이다. 그런데 여기에서 문제가 되는 언표는 상당히 역설적이다. 어떤 의미에서 보자면, 이 언표는 자기 자신 내에서 절대적인 일관성을 유지하고 있다. 이 언표는 언표 자신이 필요로 하는 바를 즉시 **수행**한다 (이 '테제들' 이후에 등장한 용어법을 활용하자면, 이 언표는 무언가 수행적인 것performatif을 자신 안에 지니고 있다). "철학자들은 세계를 다양하게 **해석**해 왔을 뿐이다. 중요한 것은 세계를 **변화**시키는 것이다"라고 쓰는 것은 현실적 유효성을 지니고자 하는 모든 사유, 다시 말해 지상의 또는 '현세의mondaine' 사유가 되고자 하는 모든 사유에게 하나의 불귀점을 제시한다는 것이다. 이는 또한 자기 자신으로, 그러니까 철학을 향해 회귀하는 것을 금지하는 것이기도 하다. 혹은 다음과 같이 말하기를 더 선호한다면, 이는 혹시 우연히라도 다시금 세계를, 그것도 사회 세계를 해석하게 된다면 그 즉시 우리가 철학의 영역 아래에 다시 사로잡히게 된다는 것을 의미한다. 왜냐하면 철학과 혁명 사이에 중간 지대는 존재하지 않기 때문이다. 그러므로 이런 방식에 따르면 해석이라는 행위를 거부할 경우 결국 우리에게 남는 선택지는 침묵하는 것밖에 없다.

하지만 이런 극단적인 양자택일은 그 다른 측면을 발견할 수 있게 해주기도 한다. 만일 '말하는 것이 하는 것'이라면, 다른 한편으로 '하는 것은 말하는 것'이며, 우리가 말하는 단어들은 절대로 순수하지 않다. 예를 들어 포이어바흐에 관한 열한 번째 테제가 말하듯 세계에 대한 해석이 **다양**한 반면 혁명적 실천은 (물론 마르크스는 이를 암묵적인 방식으로 말하긴 했지만) **하나** 또는 **일의적인 것**이라고 전제하는 것은 전혀 순수하지 않다. 왜냐하면 이는 세계를 변화시키는 단 하나의 방식만이 존재한다는 점을 의미하기 때문이다. 기존의 질서를 폐지하는 혁명이라는 방식, 그러니까 반동적이거나 반ᵏ민중적일 수는 없는 그런 방식만을 말이다. 지나가는 김에 마르크스가 이 열한 번째 테제를 얼마 지나지 않아 곧 포기한다는 점을 지적하자.《공산주의자 선언》에서부터, 그리고 **특히**《자본》에서, 마르크스는 자본주의가 '세계를 변화'시키는 역량을 목도하게 되고, 이를 통해 세계를 변화시키는 다양한 방식들이 존재할 수 있는지에 대한 질문 또는 어떻게 하나의 변화가 다른 하나의 변화에 기입될 수 있는지, 게다가 어떻게 이 다른 변화의 방향을 바꿔 자신의 흐름에서 이탈하게 만들 수 있는지에 대한 질문이 마르크스의 사유 내에서 핵심적인 위치를 차지하게 된다. 어쨌든 이는 이 열한 번째 테제가 제시하는 변형 transformation의 일의성이 동시에 철학의 내적 갈등들에 대한 '해결'을 표상하기도 한다는 점을 의미한다. '혁명적 실천'이 철학자들(아리스토텔레스, 칸트, 헤겔 등등)이 지니고 있던 오랜 야심을 **이 철학자들보다 더 잘** 실현할 수 있게 된 것이다!

그러나 여기에서 그치지 않는다. 마르크스가 발견한 정식, 즉 그 자체로 이미 하나의 '탈출' 행위인 이런 명령이 **철학적으로** 유명해진 것은 우연이 아니다. 기억을 조금만 더듬어보면, 우리는 이런 정식이 다른 구호들(랭보의 "삶을 변화시키자" — 우리는 특히 앙드레 브르통이 랭보와 마르크스를 결합하려 했다는 점을 알고 있다*)뿐만 아니라 이 정식만큼이나 간결하고 전통적으로 '근본적인' 것으로 간주되는 다른 철학적 언표들 — 이 언

---

* "Discours au Congrès des écrivains"(1935), *in* André Breton, *Manifestes du surréalisme*, 정본, J.-J. Pauvert, Paris, 1962. (한국어판으로는《초현실주의 선언》, 황현산 옮김, 미메시스, 2012를 참조 - 옮긴이)

표들은 때로는 **동어반복**으로, 때로는 **반정립**^{antithèses}[안티테제]으로 제시된다―과도 심원한 친화성을 지니고 있다는 것을 쉽게 발견할 수 있다. 이 모든 정식화들이 내용에서 서로 다르며 심지어 그 의도에서는 서로 대립된다고 하더라도, 이론과 실천, 의식과 삶 사이의 관계라는 문제를 공통적으로 겨냥하고 있다는 점을 지적하자. 이는 파르메니데스의 "사유와 존재, 그것은 하나다"부터 스피노자("신 즉 자연"), 칸트("나는 믿음의 자리를 마련하기 위해 인식을 제한해야만 했다"), 헤겔("이성적인 것은 현실적인 것이요, 현실적인 것은 이성적인 것이다")을 거쳐 비트겐슈타인의 "말할 수 없는 것에 대해서는 침묵해야 한다"까지 이어진다. 그리고 여기 우리의 마르크스는 철학의 중심뿐만 아니라 이 철학의 가장 사변적인 운동의 중심에도 자리 잡는데, 이 철학의 가장 사변적인 운동은 **자기 고유의 한계들**을 (이 한계들을 폐지하기 위해서든 이 한계들에 대한 인식에서 출발해 철학 자신을 스스로 정초하기 위해서든) **사고**하려 노력한다.

마르크스의 사유가 지니는 이런 심원한 다의성을 기억하면서(물론 이 다의성을 일종의 극복 불가능한^{rédhibitoire} 모순으로 만들지는 않도록 조심해야 하지만, 그렇다고 해서 이를 불가사의한 심오함의 징표로 변형해서도 안 된다. 왜냐하면 그렇게 하는 것은 바로 이곳에서 마르크스가 정확히 그 근원을 파헤치고자 하는 '신비주의'로 우리를 다시 되돌아가게 만들기 때문이다), '테제들'에 함축된 결정적인 두 가지 질문, 즉 '실천'(또는 **프락시스**)과 '계급투쟁' 사이의 관계라는 질문, 그리고 인간학 또는 '인간의 본질'이라는 질문을 가까이에서 분석해보자.

프락시스와 계급투쟁

'테제들'은 혁명에 관해 말하면서도 '계급투쟁'이라는 표현은 전혀 사용하지 않는다. 그렇지만, 어떤 의미에서 그런지를 정확히 명시한다는 조건에서, 마르크스가 여기에서 말하고 있는 것이 결국에는 계급투쟁을 함축하고 있다고 전제하는 것이 전혀 자의적이지는 않을 것이다. 독일학 연구자들의 작업 덕분에,* 우리는 이런 정식화—마르크스는 이 정식화를 위한 강력한 단어들을 찾아냈지만 이 단어들이 딛고 서 있는 지반이 마르크스에게게만 절대적으로 고유한 것은 아니다—가 탄생할 수 있었던 지적 환경에 대해서 몇 년 전부터 더욱 정확히 알 수 있게 되었다.

마르크스가 생각했던 혁명은 분명 프랑스적 전통에 준거한다. 이 급진적인 젊은 민주주의자들, 즉 마르크스와 엥겔스가 생각했던 바는 테르미도르 반동 이후 공화국의 '부르주아적' 제도에 의해, 그리고 나폴레옹 독재에 의해, 마지막으로 왕정복고와 반反혁명에 의해 중단되고 심지어는 전도까지 되었던—이 모든 것은 결국 **국가**에 의해 중단되고 전도되었다—운동을 **되찾는 것**이다. 그리고 훨씬 더 정확히 말하자면, 마르크스와 엥겔스가 생각했던 바는 혁명적 운동의 '좌익적 측면', 그러니까 (특히 바뵈프가 대표하는) 프랑스대혁명의 **평등주의적** 구성 부분—바로 여기에서 19세기 초에 공산주의라는 관념이 출현한다**—에서 영감과 에

---

* 그리고 특히 프랑스에서는 미셸 에스파뉴Michel Espagne와 제라르 벵쉬상Gérard Bensussan의 모제스 헤스—그는 곧 시오니즘 이론가가 될 것이지만 그 당시에는 '역사의 해결된 수수께끼'로서의 공산주의에 대한 발견을 자신과 공유했던 마르크스와 엥겔스와 매우 가까이 지냈던 사회주의자였다—에 관한 연구가 있다. Gérard Bensussan, *Moses Hess, la philosophie, le socialisme (1836-1845)*, PUF, Paris, 1985: Moses Hess, *Berlin, Paris, Londres (La Triarchie européenne)*, Michel Espagne 불역과 서문, Éditions du Lérot, Tusson, 1988을 참조.

** Jacques Grandjonc, *Communisme /Kommunismus /Communism, origine et développement international de la terminologie communautaire prémarxiste des utopistes aux néobabouvistes, 1785-1842*, 전 2권, Schriften aus dem Karl-Marx-Haus, Trier, 1989 (재판: Éditions des Malassis, 2013); Étienne Balibar, "Quel communisme après le communisme?", *in Marx 2000*, Eustache Kouvelakis 책임지도, Actes du Congrès Marx International II, PUF, Paris, 2000 참조. (발리바르의 이 논문은 번역되어 있다. 〈공산주의 이후에 어떤 공산주의인가?〉, 허은진 옮김, 웹진 인무브, 2017, http://www.en-movement.net-옮긴이)

너지를 되찾음으로써 유럽적 차원에서 이 혁명적 운동을 완수하고 이 운동을 보편적인 것으로 만드는 것이다. 마르크스는 이 혁명적 운동이 사변적 개념화, 즉 (카베의 '이카리아'와 같은) 이상적 또는 실험적 정치체^{cité,} ^{政治體}에 관한 운동이 아니라 사회적 운동―이 사회적 운동의 요구들은 자유의 실현을 평등의 실현이라는 기준으로 측정하고 평등의 실현을 자유의 실현이라는 기준으로 측정함으로써 형제애에 도달하기 위한 프랑스대혁명의 원칙을 일관되게 적용한 것이다―에 관한 것임을 강조한다. 결국 마르크스와 다른 이들이 확인하게 되는 것은 여기에 중간 지대란 존재하지 않는다는 사실이다. 만일 혁명이 도중에 **중단된다**면 이 혁명은 퇴보를 겪게 되고, 기존 질서를 유지하기 위해 (반동적인 국가이든 자유주의적인 국가이든 상관없이) 그런 국가를 위해 복무하는 소유자계급의 귀족제를 부활시킬 수밖에 없다. 역으로, 혁명을 완수하고 이 혁명을 비가역적인 것으로 만들 수 있는 유일한 가능성은 혁명을 심화하고 이를 통해 이 혁명을 사회혁명으로 변모시키는 것이다.

그런데 이 사회혁명의 담지자들, 그러니까 산악파와 바뵈프의 후예들은 도대체 누구인가? 이들이 누구인지를 파악하기 위해서는 유럽의 현재 상황을 살펴보기 위해 귀를 쫑긋 세우고 소유자계급의 비명 소리를 듣는 것만으로도 충분하다. 이 사회혁명의 담지자들은 영국의 '차티스트' 노동자들(엥겔스는 자신의 1844년 저서인《영국 노동계급의 상황》에서 이들에 대해 묘사했는데, 마르크스에게 절대적인 영향력을 행사했던 이 저서는 오늘날 다시 읽어보아도 여전히 경탄스럽다[5]), 리옹의 '카뉘', 빅토르 위고가 묘사했던 파리 근교와 '릴 지하실'의 직인들, 마르크스가 쾰른의《라인 신문》에서 자세히 언급했던 슐레지엔의 방직공들…… 간단히 말해 이들이 바로 이때 이후로 우리가 (고대 로마어에서 기원하는 단어인) **프롤레타리아**라고 부르는 이들, 산업혁명이 대량으로 만들어내 도시에 집중시키고 궁핍^{misère} 속으로 빠뜨린 이들, 하지만 그들의 파업, 그들의 '단결', 그들의 봉기를 통해 부르주아 질서가 통째로 흔들리게 만들었던 이들 전체이다. 말하자면 이들은 **인민 중의 인민**, 인민의 가장 진정한 분파이자 인민의 미래를 현재 속에서 구현하는 이이다. 선의와 환상^{illusions}으로 가득 찬 비판적 지식인들이 국가를 민주화할 수단들을, 그리고 이런 민주화를 위해 그들이 '대중'이라 부르는 이들을 계몽할 수단들을 여전히 모색하고 있었던 때에, 프롤레타리아는 이미 행위의 차원으로 넘어가 사실상 혁명을 시작했던 것이다.

《신성가족》(1844)부터 《공산주의자 선언》(1847)에 이르는 이 시기의 모든 텍스트들 내에서 재등장하는 결정적 정식에서 출발해, 마르크스는 이 프롤레타리아가 "**부르주아-시민사회**$^{bürgerliche\ Gesellschaft}$의 현행적 해체$^{dissolution\ en\ acte}$를 표상한다"고 주장한다. 이런 주장을 통해 마르크스가 의도하는 것은 1) 프롤레타리아의 존재 조건들(우리가 오늘날 배제라고 부르는 조건들)이 이런 사회의 모든 원칙들과 모순된다는 점, 2) 프롤레타리아는 사적 소유, 이윤, 애국주의, 부르주아 개인주의와는 다른 가치들에 따라 살아간다는 점, 마지막으로 3) 프롤레타리아가 점점 더 국가, 그리고 지배계급과 대립하게 된다는 것이 근대 사회구조의 필연적인, 하지만 이 사회구조에는 가까운 시일 내에 죽음을 가져올 효과 그 자체라는 점이다.

현재의 행위$^{action\ au\ présent}$. 여기에서 '현행적$^{en\ acte,\ in\ der\ Tat}$'이라는 단어가 특히 중요하다. '현행적'이라는 단어가 지니는 두 가지 측면 중 첫 번째 측면에 대해 설명해보자. 사실 이 단어들은 현재성, 유효성, '사실들$^{faits,\ Tatsache}$'이라는 의미를 환기시킨다. 그러므로 이 단어들은 마르크스의 심원한 **반**反**유토피아적** 지향성을 표현하며, 또한 조직화의 과정 중에 있는 프롤레타리아 계급투쟁의 최초 형태들에 대한 준거가 왜 그토록 마르크스의 눈에 결정적인 것으로 보였는지를 이해할 수 있게 해준다. '테제들'이 우리에게 말해주는 바로서의 혁명적 실천이란, 혁명적 실천이 사회의 재구성을 위한 하나의 프로그램 또는 하나의 계획을 실현해서는 안 되며, 더욱이 이 실천은 (18세기와 19세기 초의 박애주의자들이 제안했던 것과 같은) 철학적이고 사회학적인 이론들이 제시하는 미래의 비전에 덜 의존해야만 한다는 것이다. 하지만 이 혁명적 실천은 "현재의 상태를 폐지하는 현실의 운동"과 일치해야 하는데, 이 "현재의 상태를 폐지하는 현실의 운동"이 바로 공산주의의 유일한 유물론적 정의라고 마르크스가 설명하는,《독일 이데올로기》에서 그가 제시한 운동이다.

하지만 이 지점에서 우리는 두 번째 측면과 만나게 된다. '현행적^{en} ^{acte}'이라는 것은 이것이 현재에서$^{au\ présent}$ 전개되는 활동$^{activité,\ Tätigkeit}$과 기획과 관련된다는 것을, 그리고 개인들이 그들의 모든 육체적이고 정신적인 힘을 다해서 이 활동과 기획에 참여하고 있다는 것을 의미한다. 그러므로 바로 이 지점에서 의미심장한 전도가 이루어진다. 모제스 헤스와 다른 '청년 헤겔주의자들', 즉 역사철학의 적수들—항상 과거의 의미와 여러 법철학들에 관해 사유했으며 기존 질서에 대해 논평했던 이들— 은 **행위의 철학**$^{philosophie\ de\ l'action}$을 제안했다(포이어바흐의 경우 그는 **미래철학**을 선언하는 텍스트를 출간했다). 결국 마르크스가 의미하는 바는 다음과 같다. 행위는 현재에$^{au\ présent}$ '이루어^{agie}'져야 하며 이 행위에 대해 논평하거나 예고해서는 안 된다. 그러므로 철학은 자신의 자리를 양보해야 한다. 혁명적 요청과 운동에 조응하는 것은 심지어 '행위의 철학'도 아니다. 그것은 **단적으로 말해**$^{sans\ phrases}$ 바로 행위 그 자체이다.

하지만 철학은 자신의 자리를 양보하라고 하는 이런 명령에 전혀 무관심한 채로 남아 있을 수 없다. 만일 철학이 스스로의 중요성을 유지하려 한다면, 이 철학은 역설적으로 바로 이런 명령 내에서 **자기 자신의 실현**을 보아야만 한다. 자연스럽게도 마르크스는 여기에서 무엇보다도 자신이 깊은 영향을 받았던, 그리고 프랑스대혁명이 생산한 관념과 긴밀한 관계를 맺고 있었던 독일 관념론 전통을 생각하고 있는데, 특히 그는 "자신의 의무를 행하라", 다시 말해 정언명령―이 정언명령의 내용은 인간적 형제애이다―에 부합하도록 **세계 내에서** 행동하라는 칸트적 명령을 생각하고 있다. 또한 마르크스는 《정신현상학》에서 헤겔이 제시했던 다음과 같은 주장을 생각하고 있다. "존재해야 하는 것은 또한 현행적이다^en acte, in der Tat. 또한 **존재함**^être 없이 존재**해야**만 하는 것은 어떤 진리도 갖지 못한다." 더욱 정치적인 측면에서, 마르크스는 근대 철학이 보편적인 것을 〈인간과 시민의 권리선언〉의 원칙들과 동일시했다는 사실을 생각하고 있다. 하지만 정확히 말해, 이론 내에서 신성화된 이 원칙들은 매순간 부르주아 시민사회(이 부르주아 시민사회에서는 형제애는 말할 것도 없고 평등도, 심지어 자유조차도 지배하지 못한다)에 의해 무시되거나 금지된다. 그렇지 않다면 이 원칙들은 사실 속에서, 하지만 혁명적이고 '봉기적'인 실천(필요하다면 '비판의 무기'를 '무기의 비판'으로 대체함으로써 **봉기하는** 이들 모두의 실천) 내에서 실현되기 시작한다. 철학에게는 조금 가혹한, 하지만 철학 자신의 원리들에서 도출된 이런 결론이 바로 마르크스가 이 지점에서 관념론을 유물론으로 전도한다고 말할 때 의미하는 바인 것이다.

관념론의 두 얼굴

이 지점에서 다시 한 번 멈춰보자. 만일 이런 이해가 정확하다면, 이는 마르크스의 유물론이 **물질**에 대한 참조와는 아무런 관련이 없다는 점을 의미하는데, 그의 유물론이 물질에 대한 참조와 관련이 없다는 점은 매우 오랫동안, 그러니까 엥겔스가 19세기 중반 이후 마르크스주의를 자연과학과 통합하려는 기획에 착수하기 전까지 마르크스에게 사실이었다.

그러므로 엥겔스 이전까지, 우리는 이 기이한 '물질 없는 유물론'과 마주하고 있는 것이다. 그런데 도대체 왜 이런 표현을 사용하는 것일까?

바로 이 지점에서, 마르크스가 방금 이들에게 가했던 일격에도 불구하고 철학사가들이 자신들의 권리를 되찾게 된다. 철학사가들은 자신들로 하여금 이 사태가 초래한 혼돈을 드러내 보여주도록 이끄는 역설을 해명해야만 한다(하지만 다시 한 번 반복하자면 이런 혼돈은 전혀 자의적이지 않다). 만일 마르크스가 자신의 유물론을 기존의 모든 유물론―이는 그가 '이전의' 유물론들이라고 불렀던 것으로서, 이 유물론들은 모든 설명이 물질을 기반으로 한다는 원칙을 지니고 있다는 관념에 정확히 기초하고 있는데, 그러나 **이 또한 역시** 그 자체로 논쟁의 여지가 있는 하나의 '세계에 대한 해석'이다―과 차별화함과 **동시에** 세계를 변화시키는 것이 유물론의 원칙임을 선언했다면, 이는 **관념론에** 공개적으로 **반대**하기 위함이었다. 그러므로 마르크스의 정식화가 지닌 열쇠는 유물론이라는 단어가 아니라 관념론이라는 단어 속에 있는 것이다. 여기에서 다시 한 번 더 '왜?'라는 질문이 제기된다.

첫 번째 이유는 철학자들이 제기한 자연과 역사에 대한 관념론적 해석들이 정신, 이성, 의식, 관념 등등과 같은 것들의 원칙들을 원용하고, 또한 현실에서/사실상$^{en\ pratique}$ 이런 원칙들이 혁명이 아니라 대중들에 대한 교육(심지어는 교화^{édification})―관대하게도 철학자들이 떠맡으려 하는 임무가 정확히 바로 이런 대중들에 대한 교육의 임무이다―으로 이어지기 때문이다. 플라톤의 시대부터 철학자들은 이상적 도시를 위한다는 미명하에 군주들에게 조언을 주고자 했다. 우리의 민주주의 시대에, 철학자들은 이성과 윤리라는 이름으로 시민들을 교육하고자 한다(또는 최소한 도덕적으로는 대학 체계의 맨 꼭대기에 자리 잡고서 시민들의 '교육자', 즉 판사, 의사, 교수를 '교육'하고자 한다).

이 이유가 틀린 것은 아니지만, 이런 관념론의 기능 뒤에는 가공할 만한 더 큰 어려움, 즉 두 번째 이유가 숨어 있다. **근대** 철학 내에서(**근대** 철학은 자신의 진정한 언어를 칸트에게서 발견한다) 우리가 의식, 정신, 이성 이라고 말하는 것, 즉 보편적인 것을 표현하는 이 범주들은 항상 두 가지 얼굴을 갖고 있으며 '테제들'에서 마르크스가 제시한 정식화들은 부단히 이 두 가지 얼굴을 암시하고 있다. 이 정식화들은 두 가지 관념, 즉 **표상** représentation과 **주체성**subjectivité을 긴밀히 결합시킨다. 이 두 가지 관념의 체계적 결합을 사고했다는 것이 바로 위대한 (독일) 관념론이 지니는 독창성이자 힘이다.

분명 마르크스가 참조하는 '해석'이라는 통념은 표상이라는 관념의 변형태이다. 이 지점에서 마르크스가 비판하고 있는 관념론과 관련해, 세계는 자신의 일관성, 자신의 '의미'를 보려 하는, 그리고 우리가 원하든 원하지 않든 이를 통해 세계에 **질서**를 부여하려 하는 그런 관조/사변 contemplation의 대상이다. 마르크스는 (특히 사회적이고 정치적인 차원의) '세계의 질서'를 사고한다는 사실과 ('무질서'뿐 아니라 '운동'에도 반대해) 세계 내의 **질서에 가치를 부여**한다는 사실 사이에 확고한 결합 관계가 존재한다는 점을 정확히 인지했다(후에 보들레르는 [〈악의 꽃〉에서] "나는 이상적인 선들을 흐트러뜨리는 운동을 증오한다"라고 썼다······). 또한 이런 관점에서 마르크스는 세계를 조직하는 중심적인 원리로서 정신 대신 물질을 채택하는 '이전의 유물론' 또는 자연을 대상으로 하는 철학들[자연철학들]이 강력한 관념론적 요소를 포함하고 있다는 점을, 그래서 (이런 물질의 원리에서 이 관념론들이 끌어내는 매우 상이한 정치적 결과들이 어떤 것이든지 간에) 결국 위장된 관념론과 전혀 다르지 않음을 정확히 인지했다. 이는 왜 관념론이 유물론을 '이해/포함comprendre'하고 이를 통해 이 유물론을 거부하거나 자기 내부로 통합하는 것이 그토록 쉬운 일인지를 우리가 이해할 수 있게 해준다(관념론자임에도 유물론과 그 어떤 갈등도 지니지 않았던 헤겔에게서 우리가 확인하듯이 말이다. 물론 헤겔은 스피노자와는 아마도 같등이 있었을 것이다. 하지만 스피노자는 상당히 비전형적인 유물론자이다……
[6]). 결국 마르크스는 프랑스대혁명 이후의 근대 관념론의 핵심이 세계의
질서와 '표상'을, 이 세계의 질서와 '표상'을 만들어내고 (칸트적 언어로
말하자면) '구성'하는 그런 **주체의 활동**에 준거하도록 만드는 것이라는
점을 정확히 파악했던 것이다.

그러므로 우리는 관념론의 또 다른 측면, 즉 표상의 철학(또는 다음
과 같이 말하길 원한다면, '관념들'의 우위에 관한 단순한 철학)이 아니라 주
체성의 철학(**의식**이라는 통념이 취하는 결정적인 중요성을 표현하는 철학)으
로 논의의 지반을 옮겨가게 된다. 마르크스는 관념론이 말하는 주체적
활동이 사실은 더욱 현실적인, 더욱 '효과적인' 활동, 또는 (위험을 무릅
쓰고 다음과 같이 말할 수 있다면) 외적 세계의 구성인 동시에 형성[formation,]
Bildung [교양, 교육, 문화] 또는 자기 자신의 변형[transformation]인 그런 활동에
대한 흔적[trace]과 (인정과 동시에 오인으로서의) 부인[dénégation]이라고 생각했
다. 칸트, 훨씬 더 심한 정도로는 피히테에게서 행위, 행동, 활동[Tat, Tätigkeit,]
Handlung이라는 어휘[7]가 끊임없이 등장한다는 점이 바로 그 증거이다(사
실은 여기에서 청년 헤겔주의자들이 제시하는 '행위의 철학'이 유래한다). 또한
헤겔이 의식의 존재 양식을 활동적 **경험**으로, 개념의 기능을 **노동**('부정
적인 것의 노동')으로 기술하는 것이 그 증거이다. 결국 마르크스의 아포
리즘들[즉 '테제들']에서 다음과 같은 가설을 어렵지 않게 읽어낼 수 있
게 된다. 만일 최소한 우리가 표상의 관념(해석, 관조)과 활동의 관념(노
동, 실천, 변형, 변화) 사이에 갈등이 잠재해 있다는 점을 인정하고자 한다
면, 전통적 유물론이 사실은 그 관념론적 토대(표상, 관조)를 감추듯이, 근
대 관념론은 사실은 자신이 행위하는[agissant] 주체에게 부여하는 기능에
지니고 있는 유물론적 지향성을 감추고 있다. 그리고 마르크스가 의도했
던 바는 결국 이런 모순을 폭로하고 표상과 주체성을 분리해 실천적 활
동이라는 범주 그 자체를 나타나도록 만드는 것과 다르지 않다.

주체, 그것은 바로 실천이다

마르크스는 이런 자신의 기획에 성공했는가? 어떤 의미에서는 완벽하게
성공했다고 말할 수 있다. 왜냐하면 유일하게 진정한 주체는 실천적 주
체/실천하는 주체^{sujet pratique} 또는 실천의 주체라고 말하는 것이, 더 정확
히 말해 **주체는 실천 이외에는 그 무엇도 아니다**(그런데 실천은 항상 이미
시작되어 있으며 끊임없이 지속된다)라고 말하는 것이 완전히 가능하기 때
문이다. 하지만 이를 통해 우리는 관념론에서 탈출하게 되는가? 전혀 확
실하지 않다. 역사적으로 말해서 '관념론'이 표상의 관점과 주체성의 관
점을 **동시에** 포괄하고 있다는 점 때문에 그렇다. 사실 여기에서 문제가
되는 것은 하나의 원환 또는 두 가지 방향으로 작동하는 하나의 이론적
교차로^{échangeur}이다. 주체성의 본질을 실천과, 실천의 현실성을 프롤레타
리아의 혁명적 활동—이 혁명적 활동은 프롤레타리아의 존재 자체와 하
나가 된다—과 동일시하면서, 마르크스가 주체라는 범주를 관념론에서
유물론으로 전위시켰다고 말하는 것이 가능하다. 하지만, 이런 사실로부
터 마르크스가 **프롤레타리아**를 그 용어의 관념론적 의미에서 '**주체**'로
표상할 수 있는(다시 말해, 여기서부터 출발해 궁극적으로는 우리가 다시 한
번 새롭게 세계 또는 세계에 대한 변화를 '해석'할 수 있게 해주는 수단인 하나
의 표상 또는 하나의 추상으로서의 주체―마르크스 이후에 계급투쟁이라는 관
념으로 무장한 마르크스주의 이론가들이 이 프롤레타리아라는 주체에서 **선험적
인 방식으로** '역사의 의미/방향⁸'을 이끌어냈을 때 발생하는 것이 바로 이런 표
상 또는 추상 아닐까?) 영원한 가능성을 예비했다고 주장하는 것 역시 완
전히 가능하다.

　　그러나 이런 변증법적 게임/작용^{jeux}을 위해서는 치러야 할 값이 있
다. 이 게임은 혁명이라는 통념의 역사와 긴밀하게 연결되어 있으며, 이
로 인해 이 게임은 철학적인 얼굴과 동시에 정치적인 얼굴을 지니고 있

기 때문이다. 근대의 시작부터—그러니까 미국과 프랑스에서의 소위 부르주아 혁명의 시기에—, 구체적 경험의 모든 영역(과학, 도덕, 법, 종교, 미학)과 관련되며 이 모든 영역을 통합할 수 있게 해주는 철학의 중심 범주로서의 **주체의 발명**은 인류가 스스로를 형성하고 스스로를 교육한다는 관념, 인류가 스스로에게 법칙을 부여한다는 관념, 그러니까 결국 인류는 억압, 무지, 미신, 궁핍 등등의 여러 가지 형태들에서 **스스로를 해방한다**는 관념과 연관되어 있다.* 그리고 이런 활동의 유적 주체^{sujet} ^{générique}는 하나는 이론적이고 다른 하나는 구체적이고 실천적인 두 가지 얼굴을 항상 갖고 있다.[9] 이 유적 주체는 칸트에게서는 **인류**였으며 특정 시기의 피히테에게서는 **인민**과 **민족**이었으며 결국 헤겔에게서는 '세계정신', 다시 말해 문명의 진보^{progrès}라는 운동을 교대로 체현하는 **역사적 인민들**이었다.

칸트, 피히테, 헤겔 이후 마르크스가 **프롤레타리아** 안에서(우리는 마르크스에게서 프롤레타리아가 진정으로 인간적이고 공동체적인 '인민 중의 인민'이었다는 점을 위에서 확인했다) 진정한 실천적 주체, '기존의 질서를 해체'하고 세계를 변화시킴으로써 스스로를 변화시키는^{Selbsttätigkeit,} ^{Selbstveränderung} 역할을 떠맡는 주체로 인지한다는 점, 결국 이런 사실—마르크스 자신이 직접적 경험을 통해 얻은 교훈과 가장 오래전부터 존재해왔던 사변적 전통이 놀라운 방식으로 이 사실 내에서 중첩된다—을 이번에는 **주체가 실천**이라는 점을 주장하기 위해 활용한다는 점, 이 모든 것은 그러나 마르크스를 관념론의 역사에서 진정으로 벗어나게 해주지는 못했다. 오히려 그 반대였으며, 피히테 또한 이와 다른 것을 말하지 않았다. 심지어 우리는 극단적으로 다음과 같이 주장할 수 있을 정도

---

*   Kant, *Vers la paix perpétuelle. Que signifie s'orienter dans la pensée? Qu'est-ce que les lumières?*, Françoise Proust 서문, Garnier-Flammarion, Paris, 1991 참조. (한국어판으로는 《영구평화론》, 이한구 옮김, 서광사, 2008 참조-옮긴이)

이다. (단어들을 가지고 말장난을 치는 것이 전혀 아니라) 이것이 오히려 마르크스와 그 '실천의 유물론'을 관념론적 전통의 가장 완성된 형태로 만들어주며, 이것이 바로 우리 시대에 이르기까지 관념론을 지속적으로 존재할 수 있게 만드는 그 끈질긴 생명력─다른 무엇도 아니고 바로 이 끈질긴 생명력 그 자체─을 이해할 수 있게 해준다고. 왜냐하면 이런 전위 transposition는 혁명적 경험을 연장하고 이 혁명적 경험을 근대 사회 내에서 (이 근대 사회 내의 계급들과 사회적 갈등과 함께) 구현하려는 시도와 긴밀하게 연관되어 있기 때문이다.

그러므로 이제 우리는 '영원한' 봉기의 과정 내에 있는 프롤레타리아라는 관점을 채택하는 것은 관념론의 종말이라는 결과가 아니라, 프롤레타리아와 이 프롤레타리아의 특권적인 역사적 역할에 대한 이론의 중심에서 유물론과 관념론 사이의 차이로 인해 항상 재탄생하는 질문, 즉 유물론과 관념론 사이의 딜레마를 확립하는 결과를 진정으로 초래하게 되었다는 점을 이해할 준비를 마쳤다. 그리고 이 딜레마로 인해 우리는 대문 밖으로 쫓겨난 철학이 창문으로 다시 돌아오리라고 예상할 수 있다……

'인간적 본질'의 현실성

'테제들'이 제기하는 또 다른 거대한 문제, 즉 인간적 본질이라는 문제를 환기하기 위해 '테제들'의 문자들 그 자체로 되돌아와보자. 다음의 두 가지 질문은 명백히 서로 연결되어 있다. "포이어바흐는 종교적 본질을 인간적 본질로 해소한다", 달리 말해 포이어바흐는, 특히 1841년 《기독교의 본질》에서 신이라는 관념이 세계 바깥에서 인격화되고 투사된 인간적 완전화의 종합과 다른 것이 전혀 아니라는 점을 보여준다. "그러나 인간적 본질^{essence humaine}은 독특한[개별적] 개체^{individu singulier}에 내재하는 inhérente 추상물^{abstraction}이 아니다. 그 유효한 현실에서, 인간적 본질은 사회적 관계들^{rapports sociaux}의 앙상블^{ensemble}이다."(마르크스는 독일어와 프랑스어를 혼합해 "das ensemble der gesellschaftlichen Verhältnisse"라고 썼다) — 이 여섯 번째 테제에 대해 열한 번째 테제만큼이나 많은 주해가 쓰였다. 이 여섯 번째 테제의 문자 그 자체를 열심히 따라가본다면, 우리는 여기에 여러 가지 주목할 만한 점들이 존재한다는 사실을 발견할 수 있다.[10]

여섯 번째 테제를 통해 마르크스는 인간적 본질이라는 질문을 제기하고, 어쨌든 최소한 이 질문에 대한 자신의 답을 제시하고 있다. 이보다 더 자연스러운 것이 어디에 있을까? 하지만 우리가 **인간학** 그 자체에 구성적인 것으로 간주할 수 있을 이런 질문은 전혀 당연하지 않다. 어떤 의미에서 이 질문은 철학의 역사만큼이나 오래된 것이다. 하지만 우리 시대에 클로드 레비-스트로스^{Claude Lévy-Strauss}가 인간의 본질이 자연과 문화 사이의 갈등이라고 설명했을 때, 또는 언어가 인간 존재의 모든 영역을 가로지름으로써 인간의 본질이 구성된다는 점을 말하기 위해 자크 라캉^{Jacques Lacan}이 '말하는-존재^{parlêtre}'[parler + être]라는 단어를 발명해냈을 때, 그들은 아리스토텔레스가 인간을 언어의 활용과 도시에의 귀속으로 정의했던 전통, 또는 성 아우구스티누스가 인간을 "천상에 존재하는 신을 닮은 지상의 이미지"로 정의했던 전통과 동일한 전통 내에 스스로를 기입한다.[11] 게다가 만일 우리가 적절한 일반성의 수준에서 사태를 바라본다면, 이들 모두는 사실 동일한 질문을 다루고 있다는 점을 파악할 수 있다. 고대부터 오늘에 이르기까지, 인간적 본성 또는 인간적 본질에 대한 수많은 정의들이 오랫동안 끊임없이 이어져왔다. 이런 맥락 속에서 마르크스 또한 **노동**과 **의식** 사이의 관계를 항상 중심으로 해서 인간적 본성 또는 인간적 본질에 대한 여러 가지 정의들을 나름대로 제시하고 있다. 《자본》1권*에서 마르크스는 벤저민 프랭클린의 [인간의 특징을 선택하고 한정해 제시한다는 점에서] 매우 특징적인 정의(인간은 "**도구를 만들어 사용하는 동물**^{a toolmaking animal}"이라는 정의)를 인용한다. 그런데 마르크스는 이 정의를 거부하기 위해서가 아니라, 기술 자체 또한 역사를 가지며 이 역사는 '생산양식'에 의존한다는 점을 명확히 함으로써—그리고 의식, 사고, 실험, 지식 없이는 테크놀로지도 기술적 진보도 존재하지 않는다는 점을 상기하면서—이 정의를 보충하기 위해 이를 인용한다. 그리고 지금 우리가 검토한 정식화 바로 이후에 《독일 이데올로기》에서 마르크스는 다음과 같이 말한다. "우리는 인간과 동물을 의식, 종교, 그리고 우리가 원하는 모든 것을 통해서 구분할 수 있다. 인간은 인간이 자신들의 생산수단을 **생산**하기 시작하자마자 동물과 구분되는데, 자신들의 생산수단을 생산하기 시작한다는 것은 인간의 신체적 조직화의 결과 그 자체인 인간의 진보^{pas en avant}이다. 자신들의 생산수단을 생산함으로써, 인간은 자신들의 물질적 삶 그 자체를 간접적으로 생산한다……" 이는 인간의 본질이라는 질문에 대한 답변을 사태^{les choses}[사물 또는 물질] 그 자체에서 찾는 방식이며 또한 (마르크스주의적이든 아니든) 생물학적이고 기술학적인 모든 인간학에 그 자신의 출발점을 제시해준다.

이론적 인간주의. 하지만 지금 우리가 다루고 있는 텍스트, 즉 포이어바흐에 관한 여섯 번째 테제의 유효범위^{portée}를 이해하기 위한 결정적인 지점^{nuance}은 이 여섯 번째 테제가 인간 또는 인간적 본성을 정의한다는 단순한 사실을 '인간이란 무엇인가?'(또는 '인간적 본질이란 무엇인가?')라는 질문을 **명시적으로 제기**한다는 사실, 그리고 **심지어는** 이 질문을 근본적인 철학적 **질문**으로 만든다는 사실과 구별한다는 점이다. 그러므

---

* 《자본》1권의 제3편 5장 '노동과정과 가치증식과정', p.202. 독일어 4판에 따라 장-피에르 르페브르의 책임하에 이루어진 《자본》1권 번역본에서 인용한다(Messidor/Éditions Sociales, Paris, 1983; 수정 없는 재판, PUF, Paris, 1993).

로 우리는 새로운 문제설정, 알튀세르가 이론적 인간주의라고 불렀던 문제설정으로 진입한다. 이것이 매우 놀라운 것으로 보일지라도 그런 문제설정은 사실 상대적으로 최근의 것이며, 게다가 마르크스가 저술 활동을 했던 당시만 해도 전혀 낡은 것이 아니었다. 왜냐하면 이 문제설정은 기껏해야 18세기 말에 만들어졌기 때문이다. 독일에서 이 문제설정과 관련해 가장 중요한 이름들은 역시 칸트(《실용적 관점에서 본 인간학》, 1798[12]), 빌헬름 폰 훔볼트Wilhelm von Humboldt* 그리고 포이어바흐인데, 이런 이름들은 이론적 인간주의의 궤적이 관념론과 이 관념론에 대한 거부의 궤적과 해후한다는 점을 보여준다. 이 두 궤적 사이의 평행성은 우리에게 많은 점을 알려준다. 우리는 마르크스가 인간 본성에 관한 자신의 이론과 경쟁하는 (정신주의적이고 유물론적인) 이론들의 반대 방향으로 나아가면서 그 자신이 주체, 활동, 감각적 직관에 대한 이론들에게 가했던 비판과 동일한 종류의 비판을 이 경쟁하는 이론들에게 가할 것임을 보게 된다. "그 현실에서in seiner Wirklichkeit" 인간적 본질이 사회적 관계의 앙상블이라고 말하는 것은 이 질문을 명시적으로 **거부**하는 것이 아니다. 오히려 이는 지금까지 이 질문이 '인간'에 관해서뿐만 아니라 훨씬 더 근본적으로 '본질'에 관해서도 이해되어왔던 방식을 근본적이고 급진적으로 **전위**déplacer시키려고 시도하는 것이다.

철학자들은 본질이란 무엇인가에 대한 잘못된 관념을 스스로 만들어왔다(그리고 이런 오류는 이 철학자들에게 매우…… 본질적이어서 이런 오류가 없는 철학을 상상하기란 거의 불가능할 정도이다). 철학자들은 첫 번째로, 본질이 하나의 **관념** 또는 하나의 추상(다른 용어법을 구사하자면 우리는 이

---

* 훔볼트는 1810년 베를린대학을 세웠으며 이 베를린대학은 현재까지 동일한 이름을 유지하고 있다. 훔볼트의 주요 언어학 논문들과 철학 논문들은 1835년 훔볼트 사후에 출간되었다. *Introduction à l'œuvre sur le Kavi et autres essais*, Pierre Caussat 불역, Paris, 1974를 참조.

를 **보편적 개념**이라고 말할 수도 있다)―이 보편적 개념하에서 점진적으로 감소되는 일반성의 질서에 따라 특수한^{spécifiques}[13] 차이들, 그리고 결국에는 개별적^{individuelles} 차이들이 순차적으로 나열될 수 있다―이라는 점을, 두 번째로, 이런 유적^{générique} 추상이 이 개인들이 소유하는 성질―이 질에 따라 우리가 이 개인들을 분류할 수 있는 그런 성질―로서든 심지어는 개인들을 동일한 모델의 수많은 복제물들로 존재할 수 있게 해주는 형태 또는 역량으로서든 동일한 유^{genre}의 개인들 내에 말하자면 "머무르고 있다$^{\text{inwohnend,logée}}$"는 점을 믿어왔다.[14]

그래서 우리는 마르크스가 제시한 기묘한 등식이 무엇을 의미하는지 이해할 수 있게 된다. 결국 '앙상블' '관계들^{rapports}' '사회적'이라는 단어들은 모두 같은 것을 말하고 있다. 즉, 이는 소위 **실재론적** 입장과 **유명론적** 입장이라고 부를 수 있는 두 가지 입장―전통적으로 철학자들은 이 두 가지 입장으로 분열되어왔다―을 동시에 거부하는 것인데, 실재론적 입장은 유 또는 본질이 개인들의 존재에 선행한다고 사고하는 입장이며, 유명론적 입장은 개인들이 우선적 현실이며 이 우선적 현실에서 우리가 보편적인 것들[보편자들]을 '추상'한다고 사고하는 입장이다. 마르크스가 이 두 가지 입장을 동시에 거부하는 이유는, 매우 놀랍게도 이 두 가지 입장 그 어느 것도 바로 인간 존재 내에 본질적인 것이 존재한다는 점을 사고할 수 없기 때문이다. 개인들이 서로와 함께 확립하는 복수의 활동적 **관계들**^{relations}―언어이든 노동이든 사랑이든 재생산이든 지배이든 갈등이든 등등―, 그리고 이 개인들이 공통적으로 갖고 있는 것, 즉 '유'를 정의하는 것이 바로 이 관계들^{relations}이라는 사실 말이다. 이 관계들은 이 '유'를 정의하는데, 왜냐하면 이 관계들이 매순간마다 복수의 형태들하에서 이 '유'를 구성하기 때문이다. 그러므로 바로 이 관계들이 인간(즉 인간들)에게 적용되는 본질이라는 통념의 유일한 '현실적/유효한^{effectif}' 내용을 제시하는 것이다.[15]

관개체적인 것. 여기에서 이런 관점이 진정 마르크스에게 고유한 독창적 관점인지에 대해서는 논의하지 말자. 확실한 것은 이런 관점이 철학적 논의의 장(우리가 '존재론'이라고 부르는 것의 차원*)과 정치의 장 모두에 미치는 영향을 포함하고 있다는 점이다. 마르크스가 활용하는 단어들은 개인주의적 관점(개인의 우위, 특히 생물학적 관점에서든 심리학적 관점에서든 경제적 행동의 관점에서든 등등 고립적인 방식으로 **개인성 스스로 자기 자신을** 정의할 수 있는 그런 개인성이라는 허구)과 유기체론적인 관점(오늘날 우리가 영미권 사람들을 따라 **전체론적**[holiste] 관점이라고 부르는 것, 즉 **전체**의 우위, 특히 분할 불가능한 단일체로서의 사회의 우위 — 이 분할 불가능한 단일체 내에서 개인들은 단지 기능적 구성원들에 불과할 것이다) **모두를 동시에 거부한다.**** 그러므로 이는 홉스와 벤담의 '모나드'에 관한 것도 **아니고** 오귀스트 콩트의 '대존재'에 관한 것도 **아니다.** 여기에서 (거의 독일어만큼이나 유창하게 프랑스어를 활용할 수 있었던) 마르크스가 '전체[tout]' 또는 총체성[totalité]을 의미하는 독일어 단어인 'das Ganze'를 쓰지 않기 위해 '앙상블[ensemble]'이라는 낯선 프랑스어 단어를 찾아 활용했다는 점은 의미심장하다.

만일 우리가 **구성적 관계**[relation constitutive]라는 이런 개념화 — 인간적 본질이라는 질문에 형식적 답변을 제시하면서도 이 답변이 이론적 인간

---

*   존재론은 아리스토텔레스가 '제1원리들과 제1원인들의 과학'이라고 불렀던 바와 그가 개별 **존재들의 유**[genres d'êtres particuliers]에 관한 연구와는 구분되는, '존재로서의 존재[on hè on]'에 대한 사유를 지시하기 위해 17세기에 만들어진 용어이다.

**   Louis Dumont, *Homo aequalis I. Genèse et épanouissement de l'idéologie économique*, Gallimard, Paris, 1977을 참조하라. 뒤몽에게 마르크스는 "표면적으로 보이는 바에도 불구하고 (……) 본질적으로는 개인주의자이다." 뒤몽과는 다른 전제에서 출발해, '분석 마르크스주의'의 주요 대표자들 중 한 명인 존 엘스터 또한 이와 유사한 결론에 도달한다. John Elster, *Making Sense of Marx*, Cambridge, 1985(프랑스어판: *Karl Marx, une interprétation analytique*, PUF, Paris, 1989)를 참조. 자크 비데 또한 마찬가지의 결론에 도달한다. Jacques Bidet, *Théorie de la modernité* 와 *Marx et le marché*, PUF, Paris, 1990을 참조.

주의라는 문제설정과는 다른 문제설정의 맹아를 포함하고 있기 때문에
이 인간적 본질이라는 질문 자체를 전위시킬 수 있는 그런 개념화—를
특징짓기 위해 하나의 단어를 이 포이어바흐에 관한 여섯 번째 테제에
추가한다면, 그리고 필요하다면 이 단어를 발명해서라도 이 테제에 추가
한다면, 사태는 (근본적으로는 아니라고 해도) 형식적으로 명확해질 수 있
다. 이 단어는 사실 이미 존재하는데, 코제브, 시몽동, 라캉 등등과 같은
20세기의 사상가들에게서 이는 바로 관개체적인 것이다. 이는 사실상 인
류를 관개체적 현실로 사고하고, 더 나아가 결국 관개체성 자체를 사고
한다.* 이 관개체성은 각각의 개체^{individu} '내에' (하나의 형태 또는 하나의
실체와 같이) 관념적으로^{idéalement} 존재하는 것 또는 각각의 개체 외부에서
이 개체들을 분류하는 역할을 하는 것이 아니라, 개체들의 복수의 상호
작용이라는 사실로 인해 **개체들 사이에서** 존재한다.[16]

관계^{relation}의 존재론

이 지점에서 하나의 '존재론'이 소묘된다는 점을 인정해야만 한다. 하지
만 이 존재론은 개인과 유 사이의 관계들^{rapports}에 대한 논의를 이런 관계
들^{relations}의 다수성^{multiplicité}에 관한 연구 프로그램으로 대체한다. 여기에
서 이 관계들^{relations}은 이행, 전이 또는 통과와 동일한데, 이 이행, 전이 또
는 통과 내에서 개인들이 공동체와 맺는 유대^{lien}가 형성되고 해체되며,
또한 이 관계들^{relations}이 역으로 이 개인들 자체를 구성하기도 한다. 사실
이런 관계의 존재론이라는 마르크스의 관점에서 가장 놀라운 점은 바로
이런 관점이 하나가 다른 하나 없이는 존재할 수 없는 저 두 개의 극, 그

---

* 특히 Gilbert Simondon, *L'individuation psychique et collective*, Aubier, Paris, 1989.

러므로 그 각각은 추상물에 불과한, 하지만 이 둘 모두 관계^{rapport}에 대한 사유 또는 관계$^{Verhältnis, relation}$에 대한 사유에 필수적인 그런 두 개의 극 사이의 완전한 상호성을 확립한다는 점이다.[17]

하지만 사변적인 것처럼 보이는 이런 관점에서 오히려 우리는 이 관점이 지니는 단락$^{court-circuit}$[18]이라는 특징을 통해 정치라는 질문을 이 질문의 가장 가까이에서 재발견하게 된다. 사실 우리가 지금 논의하는 관계^{relations}가 개인이 다른 개인에게 행하는 서로 다른 실천들, 그리고 독특한 행위$^{action singulière}$와 다른 것이 전혀 아닐 뿐만 아니라, 이런 관개체적 존재론은 최소한 〈인간과 시민의 권리선언〉('개인주의적' 텍스트로 분명히 잘못 간주되어온 텍스트)과 같은 언표들과, 더 나아가 혁명적 운동들의 실천—이 혁명적 운동들의 실천은 개인의 실현을 공동체의 이해관계에 절대로 **대립시키지 않으며** 이 개인의 실현과 공동체의 이해관계 또한 전혀 **분리**하지 않으면서도 항상 하나를 통해 다른 하나를 실현시키고자 한다—과 공명하고 있다. 왜냐하면 개인들만이 최종적으로는 권리를 담지^{porter}하고 자신들의 요구를 정식화할 수 있다고 하더라도, 이 권리의 쟁취 또는 해방^{libération}, 게다가 봉기는 필연적으로 집단적일 수밖에 없기 때문이다.

아마도 사람들은 관개체적인 것에 관한 이런 정식화가 현재의 상태를, 더욱이 제도들의 체계를 기술하지 않는다고, 대신에 오히려 하나의 과정(어찌 되었든 이 과정 내에 관여되어 있는 이들이 체험하는 바로서의 과정)을 기술하고 있는 것일 뿐이라고 생각할 것이다. 하지만 정확히 바로 이것이 마르크스가 의도하는 것이다. 그리고 이를 통해 우리는 인간적 본질을 "사회적 관계들의 앙상블"과 동일시하는 여섯 번째 테제와, 모든 사유를 혁명적 실천과 변화에 위치 짓는 세 번째 테제, 여덟 번째 테제 또는 열한 번째 테제가 사실은 근본적으로 동일한 것을 말하고 있다는 점을 이해하게 된다. 그러므로 감히 다음과 같이 말해보자. 여기에서 지시되고 있는 사회적 관계들^{rapports}은 끊임없는 변형, '영속혁명'(이 표현은 아마 마르크스가 직접 발명한 표현은 아니겠지만 1850년경까지 마르크스의 사유에서 결정적인 역할을 수행했다)과 전혀 다르지 않다고. 〈포이어바흐에 관한 테제〉를 집필했던 1845년 3월의 마르크스에게, 헤겔과 같이 "현실적인 것은 이성적인 것이다"라고, 그리고 이성적인 것은 필연적으로 실현된다고 말하는 것만으로는 충분하지 않았다. 마르크스는 유일하게 존재하는 현실적인 것과 이성적인 것은 바로 혁명뿐이라고 말해야만 했던 것이다.

슈티르너의 반론

여기에서 무엇이 더 필요하겠는가? 하지만 위에서 나는 마르크스가 이 지점에 머무를 수는 없었다는 점을 이미 지적했다. 이제 이에 대해서 이해해보아야만 한다. 하지만 만일 우리가 주체를 실천으로 대체함으로써 하나의 원환 혹은 하나의 논리적 난제를 만들어내고 있다는 점을 보여주거나, 전통적 존재론에 대한 내재적 비판과 사회적 관계들^{rapports}에 대한 구체적 탐구의 다양성^{multiplicité} 내에서의 이 전통적 존재론의 해체, 이런 비판과 해체 사이에서 본질이라는 통념이 불균형을 이룰 위험이 있다는 점을 보여주는 것에 만족한다면 우리는 이를 이해할 수 없을 것이다. 아마도 《독일 이데올로기》는 포이어바흐에 관한 '테제들'에서 가장 직접적인 영감을 받은 텍스트일 것이다. 하지만 그럼에도 《독일 이데올로기》는 이미 '테제들'과는 다른 또 하나의 언어로 말을 하고 있다. 우리가 이미 언급했던 형식적인 이유들만으로는 이렇게 《독일 이데올로기》가 '테제들'과는 다른 언어로 말하고 있다는 점을 설명하기에 충분하지 않다.

나는 여기에 굉장히 정확한 어떤 정세적인 이유가, 하지만 근본적인 난점을 드러내는 역할을 수행하는 그런 이유가 있기 때문이라고 생각한다. 마르크스의 사상에 관한 소수의 몇몇 역사학자들(특히 오귀스트 코르뉘$^{Auguste\ Cornu}$)은 이 점을 정확히 간파했지만, 이들을 제외한 많은 이들은 우리가 기나긴 전통으로 인해 '역사유물론'의 독립적인 설명으로 이해하는 데 익숙해진《독일 이데올로기》의 전반부, 즉 1부 '포이어바흐'만을 일반적으로 독해하기 때문에 이 점을 무시하거나 과소평가했다. 그러나《독일 이데올로기》는 사실 본질적으로 또 다른 한 이론가의 도전에 대한 응답, 심지어는 자기 스스로에게도 만족스럽지 못한 그런 응답이다(《독일 이데올로기》의 독자들 누구든 이 텍스트를 꼼꼼히 읽어보기만 한다면 이 점을 곧바로 알아차릴 수 있을 것이다). 이제는 그 이론적 위력을 인정해줄 때가 된 이 이론가는 바로 1844년 말에《유일자와 그 소유/속성^{propriété}》을 출간한 막스 슈티르너(이 막스 슈티르너$^{Max\ Stirner}$라는 이름은 카슈파르 슈미트$^{Caspar\ Schmidt}$의 가명이다)이다.* 마르크스는 이 책이 출간된 지 몇 달 후, 그러니까 '테제들'을 집필한 직후에 엥겔스의 집요한 권유로 이 책《유일자와 그 소유/속성》을 검토하기 시작하지만 난관에 부딪혀 슈티르너의 책을 이론적으로 비판하는 데 실패하고 만다……

그렇다면 마르크스를 곤란에 빠뜨린 이 슈티르너라는 인물은 이론적 관점에서 도대체 누구인가? 무엇보다도 슈티르너는 근대 국가—슈티르너의 관점에서는 바로 이 근대 국가로 모든 지배가 집중되며, 또한 이 근대 국가는 중세 시대의 정치신학이 정교하게 주조해냈던 권력의 **신성한** 속성들을 나름대로 자신의 것으로 다시 취한다—에 맞서, 자신들의 신체, 자신들의 욕구/필요^{besoins}, 자신들의 관념의 '소유자/속성

---

*   Max Stirner, *L'Unique et sa propriété*, Robert L. Reclaire 불역, Stock Plus, Paris, 1972. Gilles Deleuze, *Nietzsche et la philosophie*, PUF, Paris, 1962, p.183 이하에서 들뢰즈가 제시하는 계발적인 언급들을 보라.

을 가진 자propriétaires'인 모든 독특한singuliers 개인들로 구성된 사회의 자율성을 옹호하는 아나키스트이다. 하지만 특히 슈티르너는 근본적이고 급진적인 **유명론자**이다. 이 유명론자라는 단어를 통해, 슈티르너에게서 모든 '일반성', 즉 모든 '보편적 개념'은 단 하나의 유일한 자연적 현실, 다시 말해 개인들의 다수성multiplicité — 이 개인들 각자는 "그 유에서 독자적unique en son genre "인데, 여기에서 슈티르너의 이론적 논의에서 핵심적인, 게다가 오랜 전통을 갖고 있는 언어유희, 즉 각자에게서 **고유성**propre은 바로 이 각자의 **소유**propriété라는 언어유희가 등장한다 — 을 (이 개인들의 다수성을 조직하고 분류하고 단순화하고, 심지어는 그저 단순히 명명함으로써) '지배'하기 위해 제도들이 만들어낸 **허구**일 뿐이라는 점을 지시하도록 하자.

방금 전에 우리는 마르크스가 최소한 그 원리에서는 유명론과 본질주의[즉 실재론] 그 어느 쪽 입장도 취하지 않는 사회적 관계rapport라는 통념을 발전시키고 있었다는 점을 보았다. 하지만 슈티르너의 비판은 마르크스에게 위협적인 것이었는데, 왜냐하면 슈티르너의 비판은 전통적인 형이상학적 '유들'(이 '유들'은 모두 다소간 신학적인 것들로, 가령 존재, 실체, 관념, 이성, 선 등등이 이 '유들'에 포함된다[19])만을 겨냥하는 것에 만족하지 않고, 더 나아가 어떤 예외도 없이 보편적 통념들 **전체**를 자신의 비판의 범위 내에 포함하기 때문이다(이를 통해 슈티르너의 비판은 우리로 하여금 니체의 사상과 오늘날 우리가 포스트-모더니즘이라고 부르는 사상의 몇몇 이론적 전개들의 등장을 예상할 수 있게 해준다). 슈티르너는 어떤 믿음도 어떤 [대문자] 관념도 어떤 '거대 서사'도, 그러니까 [대문자] 신, [대문자] 인간, [대문자] 교회, [대문자] 국가의 거대 서사도 원하지 않으며, 또한 동시에 [대문자] 혁명의 거대 서사도 원하지 않는 것이다. 그리고 실제로/현실적으로en effet **인권**과 **공산주의** 사이에 아무런 논리적 차이가 없듯이, **기독교**chrétienté, **인류**, **인민**, **사회**, **민족**nation 또는 **프롤**

레타리아 사이에는 아무런 논리적 차이가 없다. 이 모든 보편적 통념들은 실제로는/현실적으로는[effectivement] 추상물일 뿐이며, 이 추상물은 슈티르너의 관점에서는 허구들일 뿐이라는 점을 의미한다. 그리고 이런 허구들은 개인들과 이 개인들의 사고를 대체하는 역할을 수행한다. 바로 그렇기 때문에 슈티르너의 저서가 인간들은 추상적 인류에 대한 숭배[culte]를 (이와 동일하게 추상적인) 혁명 또는 혁명적 실천에 대한 숭배와 교환함으로써 얻는 것이 전혀 없다고 설명하는, 그리고 이런 교환을 행하는 인간들은 아마도 이를 통해 훨씬 더 도착적인 지배 상태에 빠지게 될 위험이 있다는 (좌익적 또는 우익적) 비판의 끊임없는 사상적 원천이 되는 것이다.

마르크스와 엥겔스가 슈티르너의 이런 반론을 피해갈 수 없었다는 점은 확실하다. 왜냐하면 마르크스와 엥겔스는 철학자들의 관념론과 본질주의를 비판하고자 했을 **뿐만 아니라 동시에** 공산주의자들(더욱 정확히 말해 **인간주의적** 공산주의자들) 또한 비판하고자 했기 때문이다. 우리는 마르크스에게 철학이 제시하는 수수께끼에 대한 '해결책'으로 보였던 범주, 즉 혁명적 실천이라는 범주의 중심에 이런 두 가지 입장이 동일하게 놓여 있다는 점을 확인했다. 그렇다면 마르크스는 도대체 어떻게 이런 슈티르너의 반론에 응답했는가? 마르크스는 바로 '프락시스'라는 자신의 상징적 통념[notion]을 **생산**이라는 역사학적이고 사회학적인 개념[concept]으로 변형함으로써, 그리고 철학에서는 전혀 그 전례를 찾을 수 없는 질문인 **이데올로기**라는 질문을 제기함으로써(물론 이 이데올로기라는 단어 자체는 완전히 새로운 것은 아니지만) 슈티르너의 반론에 응답했다.

《독일 이데올로기》

물론 '프락시스'라는 상징적 통념을 생산이라는 역사학적이고 사회학적인 개념으로 변형하는 것과 철학에서는 전혀 그 전례를 찾아볼 수 없는 질문인 이데올로기라는 질문을 제기하는 것, 이 두 가지 이론적 운동은 서로 긴밀하게 연결되어 있다. 하나는 끊임없이 다른 하나를 전제하며, 이것이 바로 《독일 이데올로기》가 미완성으로 남아 있을 뿐만 아니라 형식적 불균등성(슈티르너에 관한 장인 3장 '성 막스'는 홀로 이 책의 거의 3분의 1을 차지하며, 게다가 그조차 《유일자와 그 소유/속성》이라는 저서의 특징인 '조롱식' 논증을 통한 말싸움으로 대부분 구성되어 있다. 하지만 이 말싸움의 결론이 무엇인지는 엄밀한 수사학적 관점에서 봤을 때 상당히 불확실하다)을 지니고 있음에도 우리가 이 저서에 그 지적 일관성을 부여할 수 있게 해준다.* 이 《독일 이데올로기》라는 저서 전체는 여기에서는 자연의 형성formation과 변형transformation을 위한 인간 활동 전체를 지시하기 위해 일반적인 의미로 취해진 생산이라는 통념을 중심으로 조직되어 있다. 포이어바흐에 관한 '테제들'에서 예고된 '프락시스의 존재론' 이후 《독일 이데올로기》가 '생산의 존재론'을 제시한다고 주장하는 것은 전혀 과장된 것이 아니다. 왜냐하면 마르크스 스스로가 우리에게 직

---

*   K. Marx & F. Engels, *L'idéologie allemande. Critique de la philosophie allemande la plus récente dans la personne de ses représentants Feuerbach, B. Bauer et Stirner, et du socialisme allemand dans celle de ses différents prophètes*, G. Badia의 불역과 주해, 그리고 서문, Éditions Sociales, Paris, 1976. '세계에 대한 유물론적 개념화'라는 부제가 붙은 막시밀리앙 뤼벨Maximilien Rubel 판본은 K. Marx, *Œuvres*, III, *Philosophie*, "Bibliothèque de la Pléiade", Paris, Gallimard, 1982에 실려 있다. 이 판본은 엥겔스의 것으로 간주될 수 있는 구절들, 그리고 편집자가 "중심 주제에서 너무 멀리 떨어져 있다"고 판단한 구절들이 삭제되어 550쪽의 책이 275쪽으로 축약되었다! (슈티르너와의 '말싸움'이 제외된 발췌 한국어판으로는 〈독일 이데올로기〉, 최인호 옮김, 《칼 맑스 & 프리드리히 엥겔스 저작 선집》 1권, 박종철출판사, 1991을 참조하라. 사실 이 발췌 한국어판만으로도 《독일 이데올로기》의 핵심을 충분히 파악할 수 있다.-옮긴이)

접 말하듯, **인간 존재**(Sein, 즉 이 인간 존재^{être de l'homme}에 마르크스는 의식, 즉 'Bewusst-sein'을 대립시키는데, 이는 문자 그대로 '의식의-존재^{être conscient}'를 뜻한다)를 형성하는 것은 바로 생산이기 때문이다. 더욱 정확히 말하자면, 생산이 비가역적으로 자연을 변형함과 동시에 인간 존재를 변형하고, 그럼으로써 '역사'를 구성하는 것은 바로 자기 고유의 존재 수단의 생산, 다시 말해 개인적이면서 동시에 집합적인(즉 관-개체적인) 활동이다.

하지만 이와 상호적으로 마르크스는 이데올로기가 생산의 자율적 구조―이 구조의 '생산물'은 바로 관념들과 집합적 의식이며, 이것이 바로 지적 노동에 관한 이론의 대상이다―로 구성되기 이전에 그 자체로 생산된다는 점을 보여준다. 이런 이데올로기 비판은 사회적 존재^{être social}를 생산의 발전[물]―개인들의 기본적인 생존과 연결되어 있는 생산의 무매개적인^{immédiates} 형태들부터 인간 삶의 재생산에서 간접적인 역할만을 수행할 뿐인 가장 매개적인^{médiates} 형태들에 이르기까지― 으로 인식하기 위해 필수적인 전제 조건이다. 이 모든 역사의 진행에서 그 핵심 원리에 이르기 위해서는 사실들을 관조^{contempler}하는 것만으로는 충분하지 않으며 지배적 이데올로기에 대한 비판을 거쳐야만 한다. 이는 지배적 이데올로기가 현실의 전도임과 동시에 '지적 생산물들'의 자율화―이 자율화 내에서 관념들의 실제 기원의 흔적은 말소되며 자율화는 심지어 이런 기원의 존재 자체를 부정한다―이기 때문이다.

이것이 바로 내가 ['생산'과 '이데올로기' 사이의] 상호적 전제^{présupposition}에 관해 언급했던 이유이다. 결국 이와 동시에 슈티르너의 반론은 기각된다. 왜냐하면 더 이상 '보편적인 것들' '일반성들' '관념성들'의 추상화가 현실의 개인들을 대체한다는 점을 보여줌으로써 이 추상들을 **고발**^{dénoncer}하는 것은 중요하지 않다. 이제는 대신 집합적 또는 사회적 조건들―이 조건들 내에서 개인들은 사고하고 서로 관계를 맺는다―

에 따라 개인들이 위에서 말했던 '보편적인 것들' '일반성들' '관념성들'을 발생^{genèse}시키고 생산하는 것을 **研究**하는 것이 가능해진다. 그리고 이런 사실로부터, 전부[즉 실재론] 아니면 전무[즉 유명론] 사이에서 끊임없이 동요하는 대신에(다시 말해 모든 종류의 추상물들을 일괄적으로 받아들이거나 거부하는 대신에), 우리는 현실적 인식^{connaissance}을 표상하는 추상들과, 오인^{méconnaissance}과 신비화^{mystification}의 기능만을 가지고 있는 추상들을 구분할 수 있게 해주는 기준을 갖게 된다. 더 나아가, 추상들의 활용이 기만적인 상황들과 추상들의 활용이 기만적이지 않은 상황들을 구분할 수 있게 해주는 기준 또한 갖게 된다. 따라서 마르크스에게서 슈티르너의 입장에 내재해 있는 허무주의는 이렇듯 원칙적으로 제거되지만, 그렇다고 해서 마르크스가 지배적 관념들에 대한 근본적이고 급진적인 비판의 필요성까지도 제거하는 것은 아니다. 오히려 그 반대로 마르크스는 지배적 관념들에 대한 근본적이고 급진적인 비판의 필요성을 명확히 인식한다.

혁명에 의한 역사의 전환^{retournement}

그러므로 《독일 이데올로기》의 설명은 사회 형태들의 논리적이면서 동시에 역사적인 발생/기원^{genèse}을 제시하는데, 이런 사회 형태들의 발생의 핵심 원리는 분업$^{division\ du\ travail}$[노동 분할]의 전개이다.[20] 분업의 모든 새로운 단계는 생산과 교환의 특정한 **양식**을 특징짓는다. 물론 여기에서 헤겔의 역사철학을 강력하게 떠올리도록 할 수밖에 없는 시기 구분이 등장하게 된다. 보편사가 지니는 복수의 단계들에 대한 단순한 이야기라기보다, 이는 사실 (헤겔에게서와 마찬가지로) **역사가 보편화**됨으로써 이 역사가 인류사가 되는 과정의 전형적인 계기들이다. 하지만 《독일 이데올로기》의 이런 설명 내용은 헤겔적 **객관정신**과는 정반대의 극에 위치해 있다. 왜냐하면 이런 보편화는 합리적인 방식으로 자신의 권력을 사회 전체로 확장하는, 그리고 이에 상응해 권력의 활동들을 '총체화^{totalise}'하는 법치국가의 형성으로 인해 가능한 것이 아니기 때문이다. 그런 법률적-국가적 보편화는 오히려 마르크스에게 사회적 관계들^{rapports}의 탁월한 **이데올로기적 전도**로 보일 것이다. 마르크스에게 이런 보편화는 오히려 역사가 인류에 속하는 **모든** 개인과 모든 집단들 사이의 상호작용과 상호 의존으로 구성되게 되었다는 사실로 인한 것이다.

마르크스는 (공동체적 소유 또는 신분제적 소유부터 형식적으로는 모두가 접근 가능한 [부르주아적/자유주의적] 사적 소유에 이르기까지) 분업의 상관항이 소유 형태들의 변화^{évolution}라는 점을 증명하기 위해 이미 그 당시 대단한 수준에 이르렀던 자신의 박식함을 총동원한다. 각각의 생산양식은 이 생산양식의 단순한 이면으로서의 전유^{appropriation}와 소유의 역사적 형태를 포함하고 있다.[21] 그래서 분업은 점점 더 커져가는, 그리고 점점 덜 '자연적'인 것이 되어가는 사회집단들—원시 공동체부터 다양한 지위 집단^{statuts}, 동업조합^{corporations}[길드], 사회계층^{ordres} 또는 신분 ^{Stände}…… 까지—의 구성과 해체의 원리 그 자체이다. '지배적'인 사회집단이든 '피지배적'인 사회집단이든 이 사회집단들 각각은 결국 모순되는 두 가지 얼굴을 가진 하나의 현실, 즉 상대적 보편화의 형태로서, 그리고 동시에 인간들이 맺는 관계들^{rapports}의 제한과 특수화^{particularisation}의 형태로서 이해되어야 한다. 그러므로 사회집단들이 형성하는 계열은 특수성 ^{particularité}과 특수주의^{particularisme}의 부정이라는 거대한 과정, 하지만 이 사회집단들이 취하는 형태들의 경험과 완전한 실현을 통한 과정에 다름 아니다.[22]

이런 발전의 출발점은 자연과 싸우는 인간들의 생산 활동이다. 이것이 바로 마르크스가 **현실적 전제**$^{wirkliche Voraussetzung}$ — 이 현실적 전제에 기초해 마르크스는 '전제 없는' 철학의 허상들^{illusions}에 대한 비판을 집요하게 강조한다―라고 부르는 것이다. 반면 이런 발전의 도착점은 서로 경쟁하는 사적 소유자들 사이에서 발생하는 서로 다른 교류의 형태들(우리는 이 교류^{commerce}, 즉 'Verkehr'를 또한 교통^{communication}으로도 번역할 수 있다)에 기반을 둔 '부르주아 - 시민'사회$^{bürgerliche\ Gesellschaft}$, 또는 그런 사회가 내포하고 있는 모순이다.^{23} 왜냐하면 하나의 절대적인 것[절대자]으로 전제된 개인성은, (자기 자신에 대한 또는 대상들에 대한) 소유가 **대중**에게는 현실적으로$^{en\ pratique}$ 일반화된 박탈/탈소유^{dépossession}와 동일한 것과 마찬가지로, 현실적으로 **대중**에게는 생존 조건들의 절대적 '우연성' 또는 불안전성^{précarité}과 동일하기 때문이다.

《독일 이데올로기》의 위대한 테제들 중 하나의 테제, 자유주의적 전통에서 유래했지만 이 자유주의적 전통과 대립하게 되는 테제는 '부르주아적' 사회[즉 부르주아 - 시민사회]가 계급적 차이들이 모든 다른 차이들을 능가하며 현실에서 이 다른 차이들 모두를 지워버리는 그런 순간^{moment}에서 출발해 비가역적인 방식으로 구성된다는 점이다. 국가 그 자체는 아무리 그 규모가 거대해진 것처럼 보인다고 할지라도 이런 부르주아 - 시민사회의 하나의 기능에 불과하다. 바로 이 순간에, 부와 궁핍, 재화의 보편적 유통과 이 재화에 대한 접근권의 제한, 표면적으로는 무제한적인 것으로 보이는 노동생산성과 협소한 전문성 내로의 노동자의 유폐[즉 세분화]…… 사이의 모순이 폭발적인 모순으로 변하는 것과 마찬가지로, 특수성과 보편성, 문화와 몽매, 열림과 닫힘 사이의 모순이 첨예한 모순으로 변한다. 비록 비참한 상태에 떨어지더라도 각각의 개인은 인간 유의 잠재적 대표자가 되며, 각 집단의 기능은 세계적 차원에서 수행된다. 따라서 역사는 이제 자기 자신의 '전사^{préhistoire}'에서 막 벗어나기 시작한다.

사실 《독일 이데올로기》의 모든 논증은 이런 상황이 그 자체로 유지 불가능한 것이라는 점을 보여주고자 한다. 하지만 이 논증 자체의 논리적 발전을 통해, 이 논증은 [혁명적] 전환^{Umwälzung, retournement} — 즉 마르크스에게는 다름 아닌 바로 부르주아-시민사회를 공산주의로 대체하는 그런 변형 — 이라는 전제들을 포함하고 있다.[24] 그러므로 공산주의로의 이행은 부르주아-시민사회의 형태들과 모순들이 완전히 발전하자마자 **임박**하게 된다. 사실 교환이 보편화되는 사회는 "생산력이 총체성^{totalité}의 단계에 이를 정도로까지 발전하는" 사회이기도 하다. 역사의 처음부터 끝에 이르기까지, 사회적 '생산력', 다시 말해 기술부터 과학과 예술에 이르기까지 모든 영역에서 표현되는 사회적 '생산력'은 다수의 개인들의 생산력에 다름 아니다. 하지만 이제부터 이런 다수의 개인들의 생산력은 **고립된** 개인들의 힘으로서는 더 이상 작동하지 않으며, 이 생산력들은 인간들 사이의 상호작용이 구성하는 잠재적으로 무한한 네트워크 내에서만 형성되고 실행될 수 있을 뿐이다. 모순의 '해소'는 인간적 활동과 삶에 대한 더욱 '편협한' 형태들로의 **회귀**를 통해서가 아니라 '생산력 전체^{totalité}'의 집합적 통제/관리^{maîtrise}를 통해서만 가능해진다.

보편적 계급으로서의 프롤레타리아. 하지만 이 모든 것을 다음과 같은 방식으로 한 번 더 다르게 말할 수도 있다. **프롤레타리아는 역사의 보편적 계급을 구성한다.** 그러나 이 관념은 이 문장에서와 같이 분명하고 완결된 표현으로는 마르크스의 텍스트 그 어디에서도 찾을 수 없는 관념이다. 사실 혁명적 변형과 공산주의가 임박했다는 주장은 (특수한 이해관계를 보편성으로 끌어올린 부르주아 계급에 맞서) 방어해야 할 **그 어떤** 특수한 이해관계도 갖고 있지 않은 하나의 '계급'인 프롤레타리아와 교환의 보편화 사이의 동일한 현재 내에서의 완벽한 일치에 기초해 있다. 모든 소유와 마찬가지로 모든 지위, 그러니까 모든 '특수한 성질^{Eigenschaft}'을 박탈당했기에, 프롤레타리아는 잠재적으로 이 모든 것을 소유^{possède}하고 있다. 자기 자신만으로는 더 이상 현실적으로 존재할 수 없는 이 프롤레타리아는 모든 다른 인간들과 함께 잠재적인 상태로 존재하게 되는 것이다. 여기에서 '소유/속성이 없다$^{sans\ propriété}$'는 표현이 독일어로 'eigentumslos'라는 점을 지적하자. 마르크스가 슈티르너에게 보냈던 조소에도 불구하고, 그가 슈티르너가 활용하고 남용했던 동일한 말장난을 여기에서 자신도 하고 있다는 점을, 하지만 '사적 소유'에 **반대하는** 정반대의 의미로 변형해서 하고 있다는 점을 파악하지 않을 수 없다. "자기 자신에 대한 그 어떤 표현^{manifestation}에서도 완전히 배제된 현재의 프롤레타리아만이 자기 자신에 대한 더 이상 제한되지 않은 완전한 표현─이런 완전한 표현은 생산력 전체^{totalité}에 대한 전유와 이런 전유가 함의하는 능력 전체의 발전으로 인해 가능해진다─에 도달할 수 있는 능력을 갖고 있다."* 부정적 보편성은 긍정적 보편성으로, 박탈[탈소유]은 전유로, 개인성의 상실은 개인들의 '다면적' 발전, 즉 자신들 각자가 인간적 관계들^{relations}의 독특하고 유일한 다수성^{multiplicité} 그 자체가 되는 그런 발전으로 전도되는 것이다.

그러므로 이런 재전유는 이 재전유가 동시에 **모든 이에게** 발생할 때에만 **각자에게** 발생할 수 있다. "근대적인 보편적 교환은 모두에게 종속되는 한에서만 각 개인에게 종속될 수 있다." 그렇기 때문에 혁명은 그 결과의 측면에서만 공산주의적이지 않고 또한 그 형태의 측면에서도 공산주의적이다. 이런 혁명이 개인들의 자유의 감소를 필연적으로 표상할 수밖에 없다고 말해야 할까? 오히려 정반대로, 혁명은 진정한 자유^{libération}다. 왜냐하면 부르주아-시민사회는 자유를 자기 자신의 원칙으로 선언하는 그 순간에도 이 자유를 파괴하기 때문이다. 반면 부르주아-시민사회에 대한 혁명적 전환으로서의 공산주의 내에서는 자유가 현실

---

* *L'idéologie allemande, op. cit.*, pp.71-72.

적인 것/유효한 것effective이 되는데, 왜냐하면 이 공산주의는 내재적 필연성—바로 이 동일한 부르주아-시민사회가 이 내재적 필연성의 조건들을 만들어냈던 것이다—에 응답하기 때문이다.《공산주의자 선언》은 "이전의 부르주아-시민사회, 그리고 이 사회와 함께하는 그 계급들과 계급 적대들을 대신해, 각자의 자유로운 발전이 모두의 자유로운 발전이 되는 장소인 그런 연합체association가 등장할 것"이라고 예고한다.

그러므로 '보편적 계급'으로서의 프롤레타리아라는 테제는 마르크스로 하여금 노동자의 조건 또는 오히려 임금노동자의 조건을 분업의 과정 전체의 결과, 즉 시민사회의 '해체décomposition'로서 제시할 수 있도록 해주는 논거들을 응축하고 있다.* '보편적 계급'으로서의 프롤레타리아라는 테제는 또한 마르크스로 하여금 공산주의적 혁명이 임박했음을 이미 펼쳐진 책과 같이 현재 속에서 읽어낼 수 있게 해준다. 그 당시 마르크스가 엥겔스와 함께 집필했던《공산주의자 선언》['공산당 선언']의 제목에 등장하는 이름과 동일한 이름을 지닌 '당'[또는 '당파']은 "별도로 존재"하는 또 하나의 당이 아닐 것이며, 이 '당'은 "[자기 자신을-발리바르] 프롤레타리아 전체에서 분리하는 이해관계"를 갖지 않을 것이며, 이 '당'은 "특수한 원칙들"을 확립하지 않을 것이다. 오히려 이 '당'은 완전한 성숙에 도달한, 자기 자신과 사회 전체를 위해 그 자체로 **표현된** manifeste 현실적 운동 그 자체일 것이다.

---

* "모든 민족들 속에서 동일한 이해관계를 가지며 민족성이 이미 폐지된 그런 계급, 이전 세계를 현실적으로 제거했으며 동시에 이 이전 세계에 현재 대립하고 있는 그런 계급." (*L'Idéologie allemande, op. cit.,* p.59.)

실천의 통일성^{unité}

하지만 이와 동시에 철학의 새로운 출발을 표상하는 또 하나의 이론이 소묘된다(이 이론이 스스로를 철학으로 강력하게 규정하고자 한다면 말이다). **결국 마르크스는 '탈출'에서 탈출한다.** 하지만 마르크스가 단순히 철학이라는 자신의 집으로 그냥 되돌아오는 것은 아니다…… 우리는 변증법적 사유가 지니는 매우 오래된 쟁점을 떠올림으로써 이를 이해할 수 있다. 위에서 이미 지적했듯이, 비록 '세계의 변형'이 모든 본질주의적 철학과의 이별을 고한다는 점을 **프락시스** 또는 혁명적 실천이라는 통념이 전례 없이 분명한 방식으로 선언했다고 하더라도, 역설적이긴 하지만 바로 이 통념이 인간 본질의 또 다른 이름으로 등장할 수도 있다. 이런 역설적 긴장은 지금 《독일 이데올로기》에서 마르크스가 분석하는 바로서의 **생산**[이라는 개념]으로 인해 더욱 강화된다. (철학자에게 경제학자, 역사학자, 공학자, 민속학자 등등이 되도록 강제하는) 생산의 경험적 역사 전체가 존재하기 때문만이 아니라, 또한 특히 마르크스가 철학의 오래된 금기들 중 하나, 즉 **프락시스**와 **포이에시스**^{poièsis} 사이의 구분을 제거했기 때문이기도 하다.

　　프락시스를 '시민들', 다시 말해 주인들의 특권으로 만들었던 그리스 철학 이래로, **프락시스**는 그 안에서 인간이 자기 자신의 완성^{perfection}에 도달하기 위해 그 무엇도 아닌 자기 자신만을 실현하고 자기 자신만을 변형하는 '자유로운' 행위였다. 그리스인들이 근본적으로 노예들의 것이라고 간주했던 **포이에시스**(동사로는 'poiein'이며 이는 '만들다/제조하다'라는 의미를 지닌다)는 자연과의 관계, 물질적 조건들과의 관계라는 모든 제약들에 종속된 '필수적인' 행위였다. 이 **포이에시스**가 추구하는 완성은 인간의 완성이 아니라 사물들의 완성, 사용 가능한 생산물의 완성인 것이다.

이것이 바로 마르크스가《독일 이데올로기》에서 제시한 유물론의 기초, 사실상 **완전히 새로운** 유물론의 기초이다. 위계의 단순한 전도, 한나 아렌트와 다른 이들이 마르크스를 비판했던 것처럼* 다음과 같이 감히 말할 수 있다면 '이론적 노동자주의', 다시 말해 (**포이에시스**가 물질과 직접적인 관계를 맺고 있다는 이유에서 도출되는) **프락시스**에 대한 **포이에시스**의 우위라는 기초가 아니라, **프락시스**와 **포이에시스** 사이의 동일화라는 혁명적 테제─이 혁명적 테제에 따르면 **프락시스**는 끊임없이 **포이에시스**를 관통하며, **포이에시스**는 끊임없이 **프락시스**를 관통한다─라는 기초. 물질적 변형이 아닌, 그리고 역사적으로 자신의 **외부**에 기입되지 않는 그런 현실적 자유는 존재하지 않는다. 마찬가지로 자기 자신의 변형이 아닌, 다시 말해 인간들이 자신들의 불변의 '본질'을 보존하면서도 자신들의 생존 조건들을 변화시킬 수 있는 그런 노동 또한 존재하지 않는다.

그런데 이런 테제는 (**프락시스** 그리고 **포이에시스**와 함께) 고전적인 3항을 구성하는 세 번째 항, 즉 **테오리아**theôria 또는 '이론théorie'(모든 철학적 전통은 관조comtemplation의 어원적 의미를 이 '이론' 속에서 이해해왔다)에 영향을 미치지 않을 수 없다. 포이어바흐에 관한 '테제들'은 모든 관조를 거부하고 진리의 기준을 실천과 동일시했다(두 번째 테제). 방금 위에서 확립했던 '실천=생산'[프락시스=포이에시스]이라는 등식과 평행선을 이루면서,《독일 이데올로기》는 결정적인 한 걸음을 내딛는다.《독일 이데올로기》는 **테오리아**를 '의식의 생산'과 동일시한다. 더욱 정확히 말해,《독

---

* Hannah Arendt, *Condition de l'homme moderne* (1958), G. Fradier 불역, Paul Ricoeur & Calmann-Lévy 서문, Paris, 1961. 앙드레 토젤의 주석 또한 참조하라. André Tosel, "Matérialisme de la production, matérialisme de la pratique: un ou deux paradigmes?", in *L'Esprit de scission. Études sur Marx, Gransci, Lukács*, Université de Besançon, Diffusion Les Belles Lettres, Paris, 1991.

일 이데올로기》는 **테오리아**를 의식의 생산이 산출해낸 역사적 모순의 **항들 중 하나**와 동일시한다. 이 항, 정확히 말해 이데올로기는 1845년 마르크스의 **두 번째** 혁신이며, 이 이데올로기를 통해 그는 어떤 의미에서는 철학에게 실천이라는 거울에 자기 자신의 얼굴을 비춰보라고 제안하는 것이다.[25] 하지만 철학은 이 거울 속에서 자기 자신을 인지할 수 있었을까?

설명 상자 1

마르크스의 〈포이어바흐에 관한 열한 가지 테제〉*

테제 1: 지금까지의 모든 유물론(포이어바흐의 유물론을 포함해)의 주요한 결함은 [현실] 대상$^{objet, Gegenstand}$, 유효한 현실$^{réalité\ effective}$, 감성^{sensibilité}이 [사고] **대상**$^{objet, Objekts}$ **또는 직관**^{intuition}의 형태하에서만 파악되며, **감성적으로 인간적인 활동**$^{activité\ sensiblement\ humaine}$**, 실천**으로는, [그러니까] 주관적인/주체적인^{subjective} 방식으로는 파악되지 않아왔다는 점이다. 바로 이 때문에 **활동적** 측면은 유물론과의 대립 속에서 추상적인 방식으로 [유물론보다도 오히려] 관념론—당연히 관념론은 감성적인, 그리고 유효하게 현실적인 활동 자체를 인식하지 [는] 못한다—에 의해 전개되었다^{développé}.*** 포이어바흐는 사고 대상$^{objets\ pensés,}$

---

* 이 텍스트는 마르크스의 〈포이어바흐에 관한 열한 가지 테제〉의 프랑스어 번역과 이에 대한 상세한 철학적 주해로 구성된 조르주 라비카의 저서 *Karl Marx. Les Thèses sur Feuerbach*에 실린 〈포이어바흐에 관한 열한 가지 테제〉의 프랑스어 번역본을 원본으로 삼아 번역한 뒤 이를 철학 연구자 강유원의 신뢰할 만한 한국어 번역본 《루트비히 포이어바흐와 독일 고전철학의 종말》(이론과실천, 2008)과 비교해 수정한 것이다(강유원은 마르크스의 〈포이어바흐에 관한 테제〉 또는 〈포이어바흐에 관하여〉와 프리드리히 엥겔스의 이 텍스트에 대한 편집 수정본을 각각 따로 번역해 수록했다). 또한 이 텍스트를 번역하면서 마르크스주의 경제학자 윤소영이 《알튀세르의 현재성: 마르크스, 프로이트, 스피노자》(공감, 1996)과 《마르크스의 '자본'》(공감, 2009)에서 제시한 포이어바흐 테제에 대한 해설을 참조했다. 독자들 또한 이 테제를 이해하기 위해 위의 두 책의 도움을 받을 수 있을 것이다. 특히 윤소영이 지적하듯, 테제 1에서 'Gegenstand'와 'Objekt'는 구분해서 번역해야 하는데, 'Gegenstand'는 '앞에 놓여 있음', 즉 '현실 대상'을 뜻하며 'Objekt'는 '사고 대상'을 뜻한다. 아래의 번역에서는 원어를 병기함으로써 이 둘을 구분했다. 대괄호는 모두 독자의 이해를 위해 옮긴이가 작성한 것이며, 라비카의 원문에 있는 몇몇 강조의 누락과 오식은 옮긴이가 독일어 원문과 대조해 수정했다. 이 설명 상자 내의 각주는 모두 조르주 라비카가 작성한 것으로, 〈포이어바흐에 관한 열한 가지 테제〉에 엥겔스가 가한 수정을 표시해 둔 것이다.-옮긴이

** **"감성적으로 인간적인 활동"**을 **"감성적 인간 활동**$^{activité\ humaine\ sensible}$**"**으로 변경.

*** "바로 이 때문에 유물론과의 대립 속에서 **활동적** 측면은 관념론에 의해 전개되었던 것이다—하지만 추상적인 방식으로만 전개되었는데, 왜냐하면 당연히 관념론은 감성적인, 그리고 유효하게 현실적인 활동 자체를 인식하지 못하기 때문이다"로 변경.

Gedankenobjekten과는 현실적으로 구분되는 감성적 대상objets sensibles을 원한다['감성적 대상'에서 '대상'의 원어는 'Objekt'이다]. 하지만 포이어바흐는 인간적 활동 그 자체를 [현실] **대상적**objective, gegenständliche 활동으로 파악하지 못한다. 바로 이 때문에 포이어바흐는 《기독교의 본질》에서 이론적 태도를 참된 인간적 태도로 간주하고, 그에 반해 [포이어바흐에게] 실천은 그 추잡하게 유대인적인sordidement juive* 표현/현상 형태manifestation, Ercheinungsform 속에서만 파악되고 고정될 뿐인 것이다. 바로 이 때문에 포이어바흐는 '혁명적' 활동, '실천적-비판적' 활동의 의미를 이해하지 못한다.

테제 2: [현실] 대상적objective, gegenständliche 진리를 인간적 사고에 귀속시켜야 하는가의 문제는 이론의 문제가 아니라 **실천의** 문제이다. 바로 이 실천 속에서 인간은 진리, 즉 유효한 현실과 역량puissance, 자신의 사고가 지니는 세속적 특징caractère terrestre을 증명해야만 한다. 사고—실천에서 고립된**—의 유효한 현실성 또는 유효한 비-현실성에 관한 논쟁은 순전히 **스콜라주의적인** 문제이다.

테제 3: 상황/사태circonstances와 교육의 변화에 관한 유물론적 독트린doctrine[학설 또는 교리]은 상황이 인간에 의해 변화하며*** 교육자 스스로도 또한 교육받아야 한다는 점을 망각한다. 바로 이 때문에 유물론적 독트린은 사회를 두 부분—그 중 한 부분은 사회를 넘어서 있다**** *****—으로 나누어야만 하는 것이다.******

---

*　　　"추잡하게 유대인적인"을 "추잡한 유대인적인sordide juive"으로 변경.

**　　"실천에서 고립된 사고"로 변경.

***　"인간이 상황과 교육의 산물이며, 그렇기 때문에 변화된 인간은 다른 상황과 변화된 교육의 산물이라고 주장하는 유물론적 독트린은 정확히 이 상황이 인간에 의해 변화해야 하며 또한"으로 변경.

****　"사회를 넘어서 있다"로 변경[마르크스의 원문에서는 '사회' 대신 이 '사회'의 대명사를 사용하고 있지만 엥겔스는 이 대명사를 '사회'로 바꿔주었다는 의미이다].

*****　"(예를 들어 로버트 오웬Robert Owen의 경우)" 추가.

******　"바로 이 때문에 유물론적 독트린은 필연적으로 사회를 둘로 나누게 되고 마는데, 그 중 한 부분은 사회를 넘어서 있다"로 변경.

상황의 변화와 인간적 활동 또는 자기변화* 사이의 일치^{coïncidence}는 **혁명적**** 실천으로서만 파악되고 합리적으로 이해될 수 있다.

테제 4: 포이어바흐는 종교적 자기-소외라는 사실, 종교적 세계와 세속적 세계로의*** 세계의 이중화^{redoublement}[중첩]에서 출발한다. 포이어바흐의 작업은 종교적 세계를 그 세속적 기초로 해소하는 것이다. 그러나 세속적 기초가**** 자기 자신에게서 떨어져 나와 스스로를 구름 속의 하나의 자율적 왕국 내에 고정시킨다는 것은 이러한 세속적 기초의 자기파열과 자기모순에 의해서만***** 설명될 수 있다. 그러므로 후자[세속적 기초] 그 자체는 그 모순 내에서 그 자체로 이해되어야 할 뿐만 아니라 실천적으로 혁명화되어야만 한다.****** 그러므로 예를 들면 일단 세속적 가족이 신성한^{céleste}[천상의] 가족의 비밀로 폭로된 다음, 이제부터 우리는 전자[세속적 가족] 그 자체를 이론적이고 실천적으로 파괴해야만 한다.*******

테제 5: **추상적 사고**에 조금도 만족하지 않는 포이어바흐는 직관을 원한다.******** 하지만 포이어바흐는 감성을 **실천적인** 인간적-감성적 활동으로 파악하지 못한다.

테제 6: 포이어바흐는 종교적 본질을 **인간적** 본질$^{essence\ humaine}$로 해소^{résout}한다. 그러나 **인간적** 본질은 독특한[개별적] 개체$^{individu\ singulier}$에 내재하는^{inhérente} 추상물^{abstraction}이 아니다. 그 유효한 현실$^{réalité\ effective}$에서, 인간적 본질은 사회적 관계들$^{rapports\ sociaux}$의 앙상블^{ensemble}이다. 그러므로 이러한 유효한 현실적 본질$^{essence\ réelle\ effective}$에 대한 비판으로 들어가지 않는 포이어바흐는

---

*   "자기변화" 삭제.

**   "변혁적^{renversante}"으로 변경.

***   "상상적 세계와 실재적 세계로의"로 변경.

**** 한 문장을 추가해 "그는 이 작업을 완수한 이후에도 주요한 작업이 여전히 수행해야 할 것으로 남아 있다는 사실을 간과한다. 특히 세속적 기초가"로 변경.

***** "정확히" 추가.

****** "그러므로 후자 그 자체는 우선은 그 모순 내에서 이해되어야 하며 그다음으로는 모순의 제거를 통해 실천적으로 혁명화되어야만 한다"로 변경.

******* "이론적으로 비판하고 실천적으로 변혁(renverser, 전복)되어야만 한다"로 변경.

******** "감성적 직관에 호소한다"로 변경.

1) 역사적 과정을 사고하지 못하고 종교적 감정^{sentiment}을 그 자체로 고정시키며, 하나의 추상적 인간 개인―**고립된**―을 전제할 수밖에 없다.

2) 그러므로 본질은* '유類, genre'로서만, 내적이고^{interne} 침묵하며^{muette} 많은 수의 개체들^{individus}을 **자연적인 방식으로** 연결시키는 보편성으로서만 파악될 수 있을 뿐이다.

테제 7: 바로 이 때문에 포이어바흐는 '종교적 감정'이 그 자체로 사회적 산물**이라는 것을, 그리고 그가 분석하는 추상적 개인이*** 규정된 사회 형태에 속한다는 것을 보지 못한다.

테제 8: 모든**** 사회적 삶은 본질적으로 **실천적**이다. 이론을 신비함^{mysticisme}[신비주의]으로 인도하는***** 모든 신비^{mystères}는 그 합리적 해결을 인간의 실천과 이러한 실천에 대한 이해^{compréhension}[개념적 파악]에서 발견한다.

테제 9: 직관적****** 유물론, 다시 말해 [포이어바흐의 유물론과 같이] 감성을 실천적 활동으로 개념화^{conçoit}하지 않는 유물론이 이르는 최고의 정점은 [기껏해야] 독특한[개별] 개인들^{individus singuliers}과 부르주아–시민사회*******의 직관********이다.

---

*   "바로 이 때문에 포이어바흐에게 있어서 인간적 본질은"으로 변경.

**   "사회적 산물"에 강조 표시.

***   "사실은" 추가.

**** "모든" 삭제.

***** "이끌고 가는^{entraînent}"으로 변경.

****** "직관적"에 강조 표시.

******* "사회^{société}"의 앞글자 's'를 대문자 'S'로 바꾸고, "부르주아–시민사회"라는 단어에 큰 따옴표 추가("부르주아–시민사회").

******** "~의 직관" 대신에 "최고의 정점은 '부르주아–시민사회' 내에서 각각 분리된 개별 개인들의 직관"으로 변경.

테제 10: 낡은 유물론의 관점$^{point de vue}$은 부르주아-시민사회*이며, 새로운 유물론의 관점은 인간적** 사회 혹은 사회적*** 인류이다.

테제 11: 철학자들은 세계를 다양하게 **해석**해왔을 뿐이다.**** 중요한 것은 세계를 **변화**시키는^{changer} 것이다.

---

*　"부르주아-시민사회"를 "'**부르주아-시민**'사회"로 변경.
**　"인간적"에 강조 표시.
***　"사회적"을 "사회화된"으로 변경.
****　"그러나" 추가.

설명 상자 2

정치경제학 비판

'정치경제학 비판'이라는 표현은, 이 표현을 통해 마르크스가 지시하고자 하는 내용이 지속적으로 변화함에도 불구하고, 그의 주요 저작들의 제목 또는 프로그램에서 끊임없이 등장한다. 이미 《1844년 원고》는 '정치경제학 비판을 위하여^{Zur} $^{Kritik der politischen Oekonomie}$'라는 제목으로 출간될 예정이었던 저작의 초안들이다. 이 제목은 곧이어 1859년에 출간된 저작 전체의 '1부'의 제목이 되며, 또한 《자본》의 부제가 된다(마르크스가 편집해서 출간한 책은 《자본》 1권뿐인데, 이 1권은 1867년에 출간된다). 여기에 매우 많은 수의 논쟁적인 미간행 텍스트들, 논문들, 저작의 일부분들이 추가된다.

　　그래서 이 표현은 마르크스가 자신의 **과학적** 대상과 맺는 지적 관계의 변함없는 양태를 표현하는 것처럼 보인다. 마르크스의 최초 목표는 부르주아-시민사회 내에서 발생하는 정치적 소외를, 그리고 철학이 그 유기적 통일성을 표현한다고 주장하는 '사변적 주제들$^{matières spéculatives}$'을 비판하는 것이었다. 하지만 마르크스에게서 근본적인 전위가 갑작스럽게 발생한다. 법/권리^{droit}, 도덕, 정치를 '비판하는 것'은 이것들을 그 '유물론적 기반'과, 다시 말해 노동과 생산의 사회적 관계가 구성되는 과정과 대면하도록 만드는 것이다.

그래서 마르크스는 철학에서 이 **비판**이라는 단어가 지니는 **이중의 의미**를 자신의 방식대로 활용한다. 이 비판이라는 단어의 이중의 의미는 첫째로 오류의 해체이며 둘째로 하나의 능력 또는 하나의 실천의 한계들에 대한 인식이다. 그러나 이런 비판의 실행자는 단순한 분석이 아니라 역사 그 자체이다. 이것이 바로 마르크스로 하여금 이론이 지니는 필연적 허상들('상품물신숭배')에 대한 비판, 경제적 현실의 타협 불가능한 내적 모순들의 전개(경제 위기, '노동력' 상품에 대한 착취에 기초한 자본과 노동 사이의 적대), 마지막으로 부르주아지의 정치경제학에 대립하는 '노동자계급의 정치경제학'에 대한 소묘(국제노동자협회에서 마르크스가 1864년에 한 창립기념 연설), 이 세 가지를 '변증법적'으로 결합할 수 있게 해준다. 이런 정치경제학 비판의 결론은 마르크스가 자신의 것으로 강조하는 '두 가지 발견'으로 실현된다. 이 두 가지 발견이란 화폐 형태를 상품유통이라는 유일한 필연성에서 도출하는 것, 그리고 축적 법칙을 '잉여가치^Mehrwert, survaleur'의 자본화에서 연역하는 것이다. 이런 두 가지 발견은 모두 가치를 사회적 필요노동의 표현으로 정의하는 것에서 출발하는데, 마르크스는 이 정의로 인해 추상적인 **호모 에코노미쿠스**적 관점―이런 관점에서는 호모 에코노미쿠스 자신의 개별 '효용'에 대한 계산으로만 가치가 정의된다―을 거부하게 된다.[26]

마르크스가 제시하는 정치경제학 비판의 [경제학적 의미에서의] 기술적 측면들에 대한 소개로는, Pierre Salama & Tran Hai Hac, *Introduction à l'économie de Marx*(La Découverte, "Repères", Paris, 1992)를 참조하라.

옮긴이 주

1. 2장의 제목에서 '프락시스'는 'praxis'를, '생산'은 'production'을 옮긴 것이다. 참고 삼아 두 가지를 지적하자면, 첫 번째로 사실 'praxis'는 '프락시스'로 음독하지 않고 '실천'으로 옮겨야 하는데(프랑스인 입장에서는 'praxis'라고 쓰는 것이 아니라 'pratique'로 써야 한다), 에마뉘엘 르노에 따르면 그 이유는 다음과 같다. "독일어 용어인 **프락시스**^{Praxis}가 그 용어의 일반적 의미에서의 실천^{pratique}을 지시한다는 점을, 그러므로 이 독일어 용어 **프락시스**^{Praxis}를 **실천**^{pratique} 대신에 **프락시스**^{praxis}로 번역해야 할 어떤 이유도 없다는 점을 지적하는 것으로 우리의 논의를 시작하자. 오히려 이 **프락시스**라는 번역어는, 어떤 본래적인 혹은 진정한 실천^{pratique}을 함의하는 심오한 효과를 생산함으로써, **프락시스**와 **포이에시스**^{poiesis} 사이의 아리스토텔레스적인 대립과의 (혼란스러운) 유사성을 환기하는 번역어이다. 그러나 사실 마르크스의 논의에서 **프락시스**라는 용어는 탈신비화라는 배치, 그리고 평범한('지상의') 현실로의 회귀라는 배치 내에 위치하는 것일 뿐이다."(Emmanuel Renault, "Philosophie", in Lire Marx, Gérard Dumenil & Michael Löwy & Emmanuel Renault, PUF, 2009, p.154). 하지만 이 책에서는 발리바르 또한 'praxis'라는 표현을 'pratique'와 구분해서 사용하고 있으므로, 'praxis'의 경우는 음독해 '프락시스'로, 'pratique'는 '실천'으로 구분해 번역한다. 두 번째로 'pratique'는 발리바르가 이 'pratique' 항목을 집필해《번역 불가능 어휘 사전》(Ditionnary of Untranslatables: A Philosophical Lexicon, Barbara Cassin 외 책임편집, Princeton University Press, 2014)에 기고한 것에서 알 수 있듯이 한국어로 정확한 번역이 불가능한 어휘이다. 오히려 알튀세르의 논문〈이데올로기와 이데올로기적 국가장치들〉에서는 'pratique'를 실천으로 번역하면 매우 부자연스럽기 때문에 이를 '관행'으로 번역해야 한다. 여기에서 이 문제를 논의할 수는 없지만 독자들은 이 'pratique'라는 어휘를 한국어의 '실천'과 기계적으로 동일시하지 않음으로써 한국어 '실천'에 담겨 있는 '실천적' 의미들을 조금은 낯설게 바라볼 필요가 있으며, 이 'pratique'에 '관행', 더 넓게 말해 '행하는 것'이라는 의미 또한 포함되어 있음을 염두에 둘 필요가 있다. 또한〈포이어바흐에 관한 테제〉와 관련해 'rapport'와 'relation'이 중요한 개념으로 다루어지고 있기 때문에, 비록 발리바르가 체계적인 방식으로 이 둘을 구분하는 것은 아니지만 2장 이후부터 가능한 한 '관계'에 모두 원어를 병기했음을 밝힌다. 이 문제에 관해서는 이 책의 재판 후기를 참고하길 바란다.

2. 사실 '변화' 이외에 앞의 '해석'에도 강조 표시가 되어 있어야 한다. 이는 발리

바르가 참조하는 조르주 라비카판 번역본의 오류이다. 그래서 뒤의 '테제들' 번역에서 옮긴이는 이런 오류들을 독일어 원문과 대조해 수정했다.

3. 'abstraction'은 '추상' '추상물' '추상화' '추상성'으로 모두 번역 가능하다. 기본적으로 '추상'으로 번역하되, 맥락에 따라 '추상화' 혹은 '추상물' 등의 번역어들도 활용하겠다.

4. '테제들'을 통해 쉽게 알 수 있듯이 근대에 이런 '직관적' 유물론을 대표하는 인물은 당연히 포이어바흐이다.

5. 한국어판으로는 프리드리히 엥겔스, 《영국 노동계급의 상황》(이재만 옮김, 라티오, 2014)을 참조.

6. 스피노자와 관련해서는, 발리바르가 자신의 스피노자 연구를 체계적으로 집대성한 《스피노자와 정치》(진태원 옮김, 이제이북스, 2005)를 참조하라.

7. 지금까지는 'action'을 '행위'로 번역했으나, 이 구절에서만큼은 'acte'와 구분하기 위해 'acte'를 '행위'로, 'action'을 '행동'으로 번역했다(영어 번역에서는 일반적으로 'act'를 '행위'로, 'action'을 '행동'으로 번역한다). 물론 바로 뒤에 등장하는 '행위의 철학'에서 '행위'는 'action'이다. 앞으로 등장하는 '행위' 또한 거의 대부분 'action'을 옮긴 것이다.

8. 여기에서 '의미/방향'은 'sens'를 옮긴 것이다. 프랑스어 'sens'는 '의미'와 '방향'이라는 뜻 모두를 동시에 지니고 있는데, 앞으로 문맥상 두 가지 뜻 모두를 표현한다고 간주되는 경우에만 '의미/방향'으로 옮기고 나머지 경우에는 '의미' 혹은 '방향' 중 하나를 선택해 옮기도록 하겠다.

9. '유적 générique'이라는 단어는 우리가 종 espèce과 유 genre, 類라고 말할 때 그 '유'의 형용사이다. 하지만 (특정한 상표가 없는 일반 상품을 지칭하는) 'produit générique'에서와 같이 'générique'은 'général'이라는 형용사와 비슷하게 '일반적인' '총칭의' 등을 의미하기도 한다. 여기에서 '유적 주체'란 (인류와 동일한 것은 아니지만) '주체 일반'을 가리키는 것으로 이해할 수 있다.

10. 발리바르는 이 점을 재판 후기에서 더욱 자세히 다루고 있다. 이 책의 재판 후기를 참조하라.

11. 이 두 가지 전통에 대해서는 재판 후기에서 더욱 자세히 다루어진다. 이 책의 재판 후기를 참조하라.

12. 한국어판으로는 이마누엘 칸트, 《실용적 관점에서의 인간학》(백종현 옮김, 아카넷, 2014)을 참조.

13. 이 책에서 '특수한'으로 옮긴 번역어 대부분은 'particulier'를 옮긴 것이기 때문에 여기에서는 구분을 위해 원어를 병기했다.

14. 라비카의 번역에서 'inwohnend'의 번역어는 'inhérent'이었다. 이에 관해서는 이 책의 재판 후기를 참조하라.

15. 참고로 'réaliste'를 통상적으로 번역하듯 '실재론적'으로 옮기지 않고 '실념론적'으로 옮기는 것이 가능한 근거에 대해서는 윤소영의 다음 지적을 참고하라. "[헤겔의] 보편자-특수자-개별자의 변증법은 실재론과 명목론의 논쟁이라는 맥락에서 제기되는 것입니다. 현실적으로 존재하는 것은 개별자밖에 없는데, 그런 개별자가 공유하는 보편자를 둘러싸고 실재론과 명목론의 논쟁이 전개되지요. 'the individual'과 'the universal'을 번역한 개별자나 보편자에서 '자者'는 인간이 아니라 사물을 의미합니다. 즉 개별자와 보편자는 '개별적인 것'과 '보편적인 것', 좀 더 간단하게 말해서 개별성과 보편성이에요. (……) 플라톤은 보편자로서 관념도 개별자처럼 현실적으로 존재한다고 주장합니다. 말하자면 사과나 배 옆에 과일이 있다는 것이지요. 그래서 그의 실재론을 실념론實念論이라고 부르기도 하는 것이에요. 반면 명목론은 보편자로서 관념은 명목에 불과하므로 현실적으로 존재할 수 없다고 주장합니다. 과일은 사과나 배와 달리 이름일 따름이라는 것이에요. 아리스토텔레스가 주장하는 현실주의는 실재론과 명목론을 동시에 비판하고 있습니다. 물론 사과나 배를 과일이라고 부르는 데는 그럴 만한 이유가 있다는 것이에요. 즉 사과나 배가 공유하는 보편성으로서 과일은 관념이 아니라 본질이라는 것입니다. 그는 본질을 형태라고 부르는데, 본질로서 형태가 곧 구조이지요. 유물론자는 플라톤의 실재론과 아리스토텔레스의 현실주의를 구별할 줄 알아야 합니다. 플라톤이 관념이라는 초월적 보편자가 현실적으로 존재한다고 주장하는 반면 아리스토텔레스는 본질이라는 내재적 보편자가 현실적으로 존재한다고 주장하기 때문이에요. 아리스토텔레스의 현실주의는 보편주의인 동시에 본질주의, 즉 구조주의라고 할 수 있지요. 유물론은 보편주의, 본질주의, 구조주의라는 의미에서 현실주의일 수밖에 없다는 것이 제 생각이에요."(윤소영,《마르크스의 '자본'》, 공감, 2009, 384~386쪽). 물론 '실념론'으로 옮기는 것이 더욱 정확하지만 '유명론과 실재론'이라는 쌍이 이미 정형화된 번역어이기 때문에 이 책에서는 '실재론'으로 옮긴다.

16. 2장의 논의에서 'individu'는 '개인'뿐만 아니라 '개체'로도 번역하는 것이 가능하다. 하지만 특히 'le transindividuel'의 경우 '관개인적인 것'이 아니라 '관개체적인 것'으로 번역하는 이유는 위에서 설명했던 대로 관계가 'individu'를 생산하는 것인데 이때에 '(trans)individu(el)'는 개인(사실 엄밀히 말해 개인이라는 범주 자체도 추상

적인 범주이지만)보다는 훨씬 더 추상적인 범주를 뜻하기 때문이다. 그래서 'individu' 를 관개체성과 직접적으로 관련되는 논의에 한해서는 '개체'로 번역하고 이외의 부분 에서는 텍스트의 가독성을 위해 '개체'보다는 '개인'으로 번역했음을 밝힌다. 하지만 독자들은 이 책 전체에 등장하는 '개인'이라는 개념 모두가 사실은 훨씬 더 포괄적인 의미의 '개체'와 동일한 단어 'individu'임을 인지하고 이 책, 특히 2장을 독해할 필요 가 있다.

17. 위에서 이미 지적했듯이 'rapport'와 'relation' 모두 관계를 의미하며, 한국 어로는 구별되지 않는다. 이에 관해서는 재판 후기를 참조하라.

18. '단락'은 'court-circuit'를 번역한 것이다. 이 '단락'은 잠재적 차이를 내포하 고 있는 전기 회로의 두 점 사이를 갑작스럽게 연결시키는 것을 뜻하는 공학 용어로, 인문사회과학에서는 마찬가지로 잠재적 차이를 내포하고 있는 이질적인 두 항, 요소 혹은 점을 갑작스럽게 연결시켜 어떤 순간적 효과를 발생시키는 추상적 행위를 의미 한다.

19. 여기에서 '존재' '실체' '관념' '이성' '선'은 모두 첫 글자가 대문자로 표기 되어 있다.

20. '분업'이라는 단어 안에 이미 '노동'의 의미가 들어 있기 때문에 노동분업이 라고 옮기는 것은 오류이다. 또한 원어의 의미를 더욱 강조하고 싶은 경우가 아니라 면 '노동 분할'보다는 '분업'이 훨씬 자연스러운 한국어 표현이다. 옮긴이 또한 원어 의 의미를 강조하고 싶은 경우를 제외하고는 모두 '분업'으로 번역했음을 밝힌다.

21. 'appropriation'을 '영유'로 옮기는 경우도 많지만 이 책에서는 '전유'로 통 일한다.

22. 'singulier'의 경우 거의 대부분 '독특한'으로 통일해 옮겼으며, 'particulier' 의 경우 '개별적'으로 옮겼을 경우에는 원어를 병기했으며 '특수한'으로 옮겼을 경우 에는 (이 구절을 제외하고) 원어를 병기하지 않았다. 일반적으로 'spécifique'을 '특수 한'으로 옮기기 때문에 'particulier'를 '특수한'으로 옮기면 혼동의 여지가 있으나 다 행히 이 책에서는 'spécifique'라는 형용사가 거의 사용되지 않아 혼동의 여지가 없다.

23. 물론 'communication', 즉 커뮤니케이션은 일반적으로 '소통' 또는 '의사소 통'으로 번역되지만, '소통'이라는 번역어는 언어적 교환의 함의만을 너무 강하게 나 타낸다. 그래서 한국의 스피노자 연구자들 또는 알튀세르 연구자들의 지적대로 이 커 뮤니케이션, 즉 'Verkehr'가 비언어적 교환 또한 폭넓게 의미한다는 점을 지적하기 위 해 이를 '교통'으로 번역하는 것이 더욱 정확하다.

24. 위에 표기해놓았듯, 이 절의 소제목이 바로 'retournement de l'histoire', 즉 '역사의 전환^{Umwälzung}'이다.

25. 마르크스가 1845년에 이룩한 첫 번째 혁신은 당연히 '생산'이라는 개념을 '발명'해낸 것이다.

26. 이 책의 부록으로 실린 〈마르크스의 '두 가지 발견'〉을 참조하라.

3장

이데올로기 또는 물신숭배
: 권력과 주체화/복종[1]

이 장에서 여전히 우리가 해야 할 일이 여러 가지 남아 있다. 한편으로, **생산**에 토대를 둔 역사에 대한 개념화와 의식의 요소 내에서 작용하는 이데올로기적 **지배**의 효과 사이에 확립되어 있는 관계를 명확히 해명하는 방식으로, 《독일 이데올로기》에서 마르크스가 발전시켰던 테제들에 대한 토론을 재개해야 한다.

하지만 또한 다른 한편으로(그 어떤 것도 쉬운 것은 없으니까), 이데올로기 개념의 기묘한 동요^{vacillation}가 내포하는 쟁점들을 이해해야만 한다. 이데올로기라는 통념을 일상적인 통념으로 받아들이는, 그리고 동시에 이 이데올로기라는 통념이 모든 방향으로 분산되어 활용되고 있는 시기를 살고 있는 오늘의 독자는 이데올로기라는 통념이 발명된 이후에 끊임없이 이 통념이 발전되었을 것이라고 상상할 것이다. 하지만 상상과는 달리, 그런 일은 일어나지 않았다. 끊임없이 특수한 '이데올로기들'을 묘사하고 비판했음에도 불구하고, 마르크스는 1846년 이후, 그리고 어찌되었든 1852년 이후 이 이데올로기라는 용어를 더 이상 사용하지 않는다(25년 뒤 엥겔스는 1878년의 《반-뒤링》과 1888년의 《루트비히 포이어바흐와 독일 고전철학의 종말》이라는 저서에서 이데올로기라는 용어를 재발굴하는데, 이 두 저서는 이데올로기라는 용어가 마르크스주의의 역사라는 무대로 재진입하는 순간을 나타낸다는 의미를 지닌다). 하지만 이는 이데올로기라는 이름하에 발견된 문제들이 완전히 사라졌다는 것을 의미하지는 않는다. 이 문제들은 《자본》의 유명한 이론적 전개에서 설명되는 **물신숭배**라는 이름으로 다시 다뤄지기 때문이다. 그런데 이는 단순히 용어법의 변화라는 문제가 아니라 정확히 이론적 대안이라는 문제이며, 우리는 그 철학적 쟁점들을 전혀 무시할 수 없다. 그러므로 우리는 이데올로기의 문제설정을 탐구함과 동시에, 어떤 이유가 마르크스로 하여금 이데올로기라는 용어를 (최소한 부분적으로라도) 물신숭배라는 용어로 대체하도록 강제한 것인지를 이해해보아야 한다.

이론과 실천

분명 철학은 감히 **이데올로기**라는 개념을 활용한 마르크스를 전혀 용서하지 않았다. 철학은 이데올로기라는 개념이 일관된 의미를 지니지 못한, 그리고 마르크스를 스스로 모순에 빠지게 만드는 잘못 구성된 개념임을 끊임없이 보여준다(이를 보여주는 것은 그렇게 어렵지 않은데, 부르주아적 의식의 허상과 사변에 대한 확정적 비판—역사과학이라는 이름으로 공언된 비판—을 프롤레타리아, 공산주의 그리고 마르크스주의라는 이름들로 구축된 이데올로기의 기괴한 단면과 비교해보는 것만으로도 충분하다!). 하지만 그럼에도 철학은 이데올로기로 부단히 회귀한다. 마치 마르크스가 이데올로기라는 이름을 도입했다는 사실 단 하나만으로, 철학이 여전히 철학으로서의 지위를 유지하기 위해서는 반드시 해결해야만 하는 문제를 철학에 제기했다는 듯이 말이다.[*]

---

[*]   알다시피 **이데올로기**는 마르크스가 발명한 단어가 아니다. 이는 다름 아닌 바로 이데올로

이 점에 대해서는 뒤에서 다시 다루도록 하겠다. 일단은 마르크스에게서 이데올로기라는 문제설정이 어떻게 구축되었는지를 설명해보도록 하자. 그런데 내가 이미 지적했듯이《독일 이데올로기》에서 제시된 설명이 이데올로기와 관련해서는 혼란스러운 데다가 오류를 지니고 있기까지 하다.《독일 이데올로기》에서 제시된 설명은 텍스트가 실제 집필되었던 순서를 전도해 슈티르너와의 논쟁 부분은 뒤로 미루고 분업의 역사를 핵심 원리로 취하는 [분업의] 발생적 전개^{développement génétique}에서부터 출발할 것을 제안한다. 그러므로 이데올로기라는 개념은 '현실적 삶', 즉 생산에 의해 구성된 '토대'에 그 기원을 두고 있는 '상부구조'(마르크스는 이 '상부구조'라는 표현을 적어도 한 번은 사용한다)의 어떤 파생물에서 유래하는 것처럼 보인다. 따라서 이데올로기 개념의 핵심은 바로 사회적 의식^{Bewusstsein}의 이론일 것이다. 이는 바로 어떻게 이 사회적 의식이 비현실적이고 **환상적인**^{fantastique}, 다시 말해 현실의 역사를 대체하는 외양적 자율성을 부여받은 '세계'를 갑작스레 출현하도록 만들 정도로까지 사회적 존재^{Sein, être social}에서 점점 더 자율성을 획득하면서도 동시에 이 사회적 존재에 의존적인 상태로 남아 있을 수 있는지를 이해하는 것이다. 이로부터 의식과 현실 사이의 구성적 괴리^{écart}가 등장하게 되는데, 새로운 역사적 전개는 자신의 이전 단계를 전도함으로써 의식을 삶에 재통합하

그들에 의해 만들어졌다(데스튀트 드 트라시Destutt de Tracy의 저서《이데올로기의 요소들Éléments d'idéologie》은 1804년과 1815년 사이에 출간되었다). 심지어 마르크스는 이데올로기의 긍정적 용법을 부정적 용법으로 전도한 이도 아니다. 이데올로기라는 단어를 긍정적 용법에서 부정적 용법으로 전도한 이는 나폴레옹이었다고 종종 간주된다. 이 문제에 대한 자세한 검토로는, Patrick Quantin, *Les Origines de l'idéologie*, Economica, Paris, 1987을 참조하라. 데스튀트 드 트라시와 같은 이데올로기라는 용어의 직접적인 원천들보다 더 거슬러 올라가서, 이 용어는 로크와 베이컨을 경유해 우리를 두 가지 고대적 기원—이 두 가지 고대적 기원은 서로 대립되는데, 이것이 바로 플라톤적 '형태eidè, formes'와 에피쿠로스 철학의 '모상eidôla, simulacres'이다—으로 도달하게 해주는 하나의 완결적인 철학적 계보학을 지니고 있다.

고 결국에는 이 의식과 현실 사이의 구성적 괴리를 해소하게 된다. 그러므로 본질적으로 이는 의식에 관한 이론의 이면으로서 오인 또는 허상에 관한 이론이다.

하지만 비록 우리가 마르크스와 함께 이데올로기적 의식의 '존재être'를 소묘하고자 한다 할지라도(그런데 이런 소묘를 이미 행했던 수많은 철학적 전례들을 발견하는 것이 그다지 어려운 일은 아닐 것이다. 그리고 여기에서 이 철학적 전례들이 지녔던 난점들을 해소하고 이 전례들을 발전시켜 활용하고자 하는 유혹이 생겨나게 된다), 우리는 이런 방식으로는 마르크스가 추구했던 목표들을 이해할 수 없을 것이다. 또한 우리는 이런 방식으로는 마르크스가 의식을 도출하는 방식이 특수성을 지녔던 이유, 그리고 그가 이런 도출 방식의 중심에 통합했던 (인식론적이고 정치적인) 보충적 기능들을 지녔던 이유 또한 이해할 수 없을 것이다.

그러므로 우리는 우리에게 주어진 텍스트 《독일 이데올로기》보다 조금 더 이전으로 거슬러 올라가보아야만 한다. 그러면 우리는 이데올로기라는 문제설정이 갑작스레 등장해 두 가지 질문들—이 두 가지 질문들 모두는 마르크스의 《독일 이데올로기》 이전 몇 년간의 저작들을 집요하게 따라다니는 질문들이다—을 서로 해후하도록 만든다는 사실을 발견할 수 있다. 하나는 **관념들의 역량**[힘]이라는 질문인데, 이는 (이 관념들의 역량은 관념 그 자체에서 도출되는 것이 아니라 이 관념들이 **지배**할 수 있는 힘과 상황에서만 도출될 수 있다는 점에서) 현실적이지만 역설적인 역량이다.* 다른 하나는 **추상**, 다시 말해 우리가 이미 보았듯이 철학이라는

---

* "비판의 무기는 물론 무기의 비판을 대신할 수 없다. 물질적 힘은 물질적 힘에 의해 전복되어야 한다. 그러나 이론 또한 대중을 사로잡자마자 물질적 힘이 된다." *Introduction à la critique de la philosophie du droit de Hegel*, 1843년 마르크스와 루게가 파리에서 출간했던 《독불 연보》에 실림(K. Marx, *Critique du droit politique hégélien*, A. Baraquin 불역과 서문, Éditions Sociales, Paris, 1975, p.205), (한국어판으로는 〈헤겔 법철학 비판을 위하여. 서설〉, 최인호 옮김, 《칼 맑스 & 프리드리히 엥겔스 저작 선집》 1권, 박종철출판사, 1991, 9쪽을 참조-옮긴이)

질문이다(하지만 우리는 이 철학에 오늘날 새로운 여론 공간에서 발전하고 있는 모든 자유주의적 담론과 '합리주의' 또는 '비판적 사상'까지도 포함해야 하는데, 이 모든 자유주의적 담론과 '합리주의', 그리고 '비판적 사상'은 인민과 민주주의를 대표한다고 자처하면서도 사실은 이 인민과 민주주의의 현실적 힘을 새로운 여론 공간에서 배제하고 있다).

슈티르너는 관념 일반이 수행하는 지배의 기능을 강조함으로써 이 두 가지 주제의 결합을 가속화한다. 슈티르너는 관념론의 테제, 즉 '세계를 인도'하는 관념들의 전능한 역량$^{toute\text{-}puissance}$이라는 테제를 극단으로 밀어붙인다. 하지만 슈티르너는 이런 테제가 함의하는 가치판단을 전도한다. **신성한 것**의 표상들로서, 관념들은 개인들을 해방하는 것이 아니라 오히려 억압한다. 그래서 슈티르너는 (정치적이고 사회적인) 현실적 역량들에 대한 부인^{dénégation}을 극단화하면서도 동시에 관념들과 권력 사이를 매듭짓는 결절점을 스스로 분석해야만 한다. 이런 질문에 마르크스는 철학 역사상 최초로 **계급**이라는 관점에서 자신의 답변을 제출한다. 그러나 마르크스의 답변은 '계급의식'(이 표현은 마르크스에게는 전혀 존재하지 않는 표현이다)이라는 관점이 아니라, 노동과 의식 사이의 분할이라는 이중의 구도^{plan} 위에 계급들을 존재하게 만듦으로써, 그러니까 사회를 계급들로 분할하는 것을 사유의 조건 또는 구조로 **또한** 만듦으로써 '계급의식'이 아닌 **계급**이라는 관점에서 제출되는 답변이다.

지배 이데올로기. 그러므로 논의의 중심에 위치해야 하는 것은 바로 지배라는 주제이다. 마르크스가 특수하거나 일반적인 표상 체계로서의 이데올로기에 대한 구성이론을 제시할 때, 그것은 지배라는 질문을 **사후적인 방식으로만** 스스로에게 제기하기 위함이 아니다. 오히려 지배라는 질문은 이데올로기라는 개념의 정교한 구성에 항상 이미 포함되어 있다. 반면에 마르크스는 자신의 논의의 필수 불가결한 버팀목으로서 다음의 주장을 제시한다. "모든 시대에서 지배계급의 사상들은 또한 지배적 사상들이다. 달리 말해 사회의 지배적인 **물질적** 역량인 그런 계급은 또한 **정신적으로** 지배적인 역량이기도 하다. 물질적 생산수단들을 지니고 있으며 활용할 수 있는 계급은 동시에 지적 생산수단들 또한 지니고 있으며 활용할 수 있는데, 그래서 지적 생산수단을 지니지 못한 이들의 사상은 동시에 이 지배적 계급에게 종속된다. 다시 말해 지배적 사상들은 지배적인 물질적 관계들의 관념적 표현과 다르지 않으며, 또한 이 지배적 사상들은 관념들의 형태하에 사로잡힌 지배적인 물질적 관계들, 그러니까 계급을 지배적 계급으로 만들어주는 관계들의 표현, 즉 이 계급이 지니는 지배의 관념들인 것이다. 지배계급을 구성하는 개인들은 다른 것들과 마찬가지로 무엇보다도 의식을 소유하고 있으며, 그 결과 이 지배계급을 구성하는 개인들은 사고한다……"[*] 지배계급을 구성하는 개인들이 '사고'하는 것은 본질적으로 보편적인 것의 형태임을 확인할 수 있었을 것이다. 이렇듯 동일한 하나의 명제에 현상학적 논증('관념적 표현' '그 지배의 관념들')과 순수하게 사회학적인 논증(물질적이고 지적인 '생산수단' 모두가 그들의 손아귀에 있다)이 혼재되어 있다. 정확히 말해 이 명제는 지배라는 문제에 대한 마르크스의 해결책이 아니라 이 문제 자체에 대한 그의 재정식화이다.

이런 문제설정—그런데 이 문제설정은 '지배하다[dominer]'라는 단어의 이중적 의미, 즉 권력을 행사하다라는 의미와 '군림[régner]'하다 또는 보편적으로 확장되다라는 의미(이 후자의 경우 프랑스어 단어 'dominer'보다는 독일어 단어 'herrschend'에서 훨씬 더 분명하게 드러난다)를 체계적으로 작동시킨다—을 (마르크스주의적 영감을 받았든 아니든 간에) 오늘날 이데올로

---

[*] *L'Idéologie allemande, op. cit.,* p.44. (한국어판으로는 〈독일 이데올로기〉, 최인호 옮김, 《칼 맑스 & 프리드리히 엥겔스 저작 선집》 1권, 박종철출판사, 1991, 226쪽을 참조.-옮긴이)

기라는 용어가 통용되는 방식과 대질해보는 작업은 계발적인 작업일 것이다. 이데올로기라는 단어를 활용하면서도 마르크스주의적 영감을 받지 않은 이들이 **이론적인 것**(오류와 허상의 문제설정 또는 심지어 과학적 이론의 '비-사고^{impensé}'[사고되지 못한 바]의 문제설정)과 **실천적인 것**(하나의 집단 또는 하나의 사회운동의 통일성을 '견고'하게 만들어주는 또는 기성 권력을 '정당화'하는 합의, 사고 양식 또는 가치 체계의 문제설정) 사이의 고전적 구분선의 이편 또는 저편으로 [이분법적인 방식으로] 떨어져버리는 반면, 마르크스는 이런 형이상학적 구별 자체의 내부로 소급하고자 노력했음을 알 수 있다. 이로부터 실증주의적 교조주의(실증주의적 교조주의는 이데올로기가 **과학의 타자**라고 주장한다)와 역사주의적 상대주의(역사주의적 상대주의는 모든 사고가, 이 사고가 한 집단의 동일성을 표현하는 한에서 '이데올로기적'이라고 주장한다) 그 어느 쪽으로도 빠져들지 않으면서 이데올로기에 관해 말해야 한다는 어려움이 마르크스에게서 항상 나타나게 된다. 마르크스 자신은 모든 언표와 모든 범주를, 이것들이 정교하게 만들어지는 장소인 그 역사-정치적인 조건과 쟁점에 관련지음으로써 '진리'라는 개념에 대한 활용 자체의 비판적 분할 효과를 작동시키는 방향으로 나아간다. 하지만 이는 또한 특히 '존재' '현실적 삶' 또는 '추상'과 같은 범주들을 활용해 그런 입장을 현실적으로 유지하는 것이 내포하는 극단적 어려움을 증명해주기도 한다.

의식의 자율성과 제한

이제 우리는 의식의 발생^{genèse} 또는 의식의 마르크스적 구성이라는 문제로 되돌아올 수 있다. 물론 여기에서 문제가 되는 것은 바로 허상의 메커니즘이다. 마르크스는 유구한 플라톤적 기원을 갖는 은유 체계를 자신의 것으로 다시 취한다(동굴 또는 광학상자, 즉 **카메라 옵스큐라*** 속에서 이루어지는 '현실의 전도'). 하지만 마르크스는 정치의 장 내에서 끈질기게 남아사라지지 않는 두 가지 관념, 즉 대중들의 **무지**라는 관념 또는 인간 본성에 기입되어 있는 약점이라는 관념(이 약점은 인간이 진실에 접근하지 못하게 만든다)과 주입이라는 관념(이 주입은 고의적인 **조작**, 그러니까 힘을 가진자들의 '전능한 역량'을 표현한다) — 계몽주의 철학은 종교적 관념들과 이관념들이 전제정 내에서 수행했던 정당화 기능과 관련해 이 두 관념 모두를 풍부하게 활용했다 — 에서 벗어나는 방식으로 이 은유 체계를 자신의 것으로 다시 취한다.

마르크스는 분업이라는 도식의 외연을 가능한 한 가장 멀리 확장시킴으로써 — '삶'과 '의식' 사이의 **괴리**와 '특수 이해관계'와 '일반 이해관계' 사이의 **모순**, 마지막으로 권력의 자율적 메커니즘(그것이 간접적인 자율성이라고 하더라도)의 확립(이는 육체노동과 지식노동 사이의 분할을 의미하는데, 나는 조금 뒤에 이 문제의 중요성을 다시 강조할 것이다) 내에서 이 모순의 **배가**를 연이어 설명해내는 방식으로 — 또 다른 길을 발견(또는 제안)했다. 이런 마르크스적 구성의 끝에서, 사고의 과정뿐만 아니라 사회적 과정으로도 이해될 수 있는 이 '이데올로기적' 메커니즘은 비역량^impuissance[무능력]에서 지배로의 놀라운 전환^retournement으로 나타나게 된다. 현실에서 작용할 수 없는 '이데올로기적' 메커니즘의 무능력^incapacité('내재성'의 상실)을 표현하는 의식의 추상은 바로 이 추상이 '자율화'된다는 점에서 권력의 원천이 된다. 또한 바로 이것이 결국에는 우리가 분업에 대한 혁명적 전환[전복]을 **이데올로기의 종언**과 동일시할 수있게 해준다.

하지만 이를 위해서는 이론적으로 불안정한 균형 속에서 상이한 기

---

*   Sarah Kofman, *Camera obscura. De l'idéologie*, Éditions Galilée, Paris, 1973을 보라.

원을 지니는 관념들을 서로 결합해야 한다. 마르크스는 포이어바흐가 부여했던 형태하에서의 소외, 다시 말해 현실적 존재의 분열과 이 분열 이후의 '환상적 반영$^{reflet\ fantastique}$' — 때로는 신학의 상상적 피조물로, 때로는 검은 마술의 유령들로 비유되는— 의 투사와 자율화라는 오래된 관념을 활용했다(솔직하게 말하자면 마르크스는 자신과 이 포이어바흐적 소외라는 관념 사이의 관계를 끝내 "청산하지 못했다"). 또한 마르크스는 관계^{relation}로서의, 혹은 더 정확히 말해 역사 속에서 스스로를 끊임없이 변형하는 사회적 관계^{rapports}의 기능으로서의 개인성이라는 새로운 관념—2장에서 우리는 〈포이어바흐에 관한 테제〉와 《독일 이데올로기》 사이에서의 이 관념의 탄생(또는 재탄생)의 궤적을 추적해보았다—도 활용했다. 만일 우리가 이 두 가지 관념을 결합한다면, 우리는 이데올로기적 과정에 관한 다음과 같은 형식적 정의를 얻을 수 있을 것이다. 이데올로기는 개인들 사이에서 형성되는 **관계^{relation}의 소외된 존재**이다(우리가 이미 보았듯이, 마르크스는 이 관계의 '생산적' 측면과 '교통적' 측면 모두를 동시에 파악하기 위해 '교환', 즉 'Verkehr'라는 독일어 단어를 통해 이 관계를 광범위하게 지시한다).* 어떤 의미에서는 모든 것이 말해진 것이다. 하지만 우리는 이것

---

*   하버마스를 감히 표절해 말하자면,《독일 이데올로기》의 마르크스에게 의식은 분명히 '의사소통적 행위$^{action\ communicationnelle}$'와 동일하다. 우리는 이 점을 의식과 언어 사이의 관계에 대해 하버마스가 제시하는 묘사 속에서 파악할 수 있다. "언어는 다른 인간들을 위해서 존재하는, 그러니까 오직 나만을 위해서도 존재하는 현실적이고 실천적인 의식이다. 그리고 의식과 동일하게, 언어는 다른 인간들과 교류^{commerce}하고자 하는 욕구^{besoin}와 필요성^{nécessité}으로 인해서만 나타나는 것이다. (……)"(op. cit., p.28) 하지만 이런 의사소통적 행위는 그 어떤 논리적인 또는 도덕적인 규범에도 **선험적으로** 종속되지 않는다. 반면, 이 의사소통적 행위는 '삶' '생산' '노동' 그리고 '역사'와 같은 통념들의 정체성이 표현하는 어떤 목적론 혹은 내적 목적성과 분리 불가능하다. Jürgen Habermas, Théorie de l'agir communicationnel, Jean-Marc Ferry 불역, 전 2권, Fayard, Paris, 1987. (한국어판으로는 《의사소통 행위이론》 전 2권, 장춘익 옮김, 나남출판사, 2006을 참조하라. '의사소통적 행위'를 '교통적 행위'로 옮기지 않은 것은 국내 하버마스 연구자들이 이를 '의사소통적 행위'로 옮기기 때문이기도 하지만 마르크스적 '교통 이론'과 하버마스적 '의사소통 이론' 사이의 쟁점을 간접적이나마 드러내기 위해서이다-옮긴이)

이 역사 속에서 어떤 방식으로 발생했었는지에 대해 조금 더 상세한 설명을, 다시 말해 '이야기'를 제시해볼 수도 있다. 그리고 이것이 바로 소유와 국가의 단계들에 조응하는 일련의 연속적인 의식 형태들을 (최소한 그 원리를) 설명함으로써 마르크스가 행한 바이다.

허구적 보편성^{universalité fictive}. 그러므로 역사가 시작된 이래로 이 역사에는 하나의 이중성 또는 사유와 분업 사이의 긴장이 존재해왔던 것이다(철학적 언어로 말하자면, 우리는 이를 '내부성'의 극과 '외부성'의 극이라고 말할 수 있다). 하나는 다른 하나의 이면이며, 개인들에 의한 그 반영이다. 그렇기 때문에 **개인들 사이의 교통의 한계**(우리는 이를 이 개인들의 실천적 소우주라고 부를 수 있다)**가 또한 이 개인들의 지적 소우주의 한계이기도 하다.** 이 교통의 한계라는 문제는 이해관계의 문제이기 이전에 상황 또는 존재 지평의 문제이다. 이 지점에서 마르크스가 이런저런 계급의 '목표'를 (의식적으로든 아니든) 표현하는 관념들의 체계라는 의미에서의 '계급의식'에 관한 이론을 발전시키는 것이 아님을 반복해 지적하자. 오히려 마르크스는 의식의 계급적 특징에 관한 이론을, 다시 말해 사회를 계급들로(또는 민족들 등등으로) 분할하는 이런 분할이 강제한 교통의 한계를 반영 또는 재생산하는 그 지적 지평의 한계에 관한 이론을 발전시킨다. 설명의 토대는 물질적 삶의 조건들—이 조건들을 넘어서서 우리가 사고할 수 있는 것은 모두 상상일 뿐이다—에 기입된 보편성의 장애물이다. 우리는 이 조건들이 확장되면 될수록, 인간들의 활동(또는 인간들의 **교환**)의 지평이 세계의 총체^{totalité}와 더욱 일치하게 되며, 상상적인 것과 실재적인 것 사이의 모순이 더욱 커지게 된다는 점을 이미 확인했다. 이데올로기적 의식은 무엇보다도 어떤 불가능한 보편성에 대한 꿈이다. 그리고 또한 여기에서 우리는 프롤레타리아 스스로가 이데올로기의 정면이 아니라 이데올로기의 경계라는 한계 상황에 자리 잡는다는 점을,

그래서 더 이상 나아갈 바깥이 없기 때문에 이데올로기적 의식이 현실적인 역사적 의식으로 되돌아온다는 점을 보게 된다. 유효한/현실적 보편성$^{universalité\ effective}$과 마주해, 허구적 보편성 또는 추상적 보편성은 제거될 수밖에 없는 것이다.

그렇다면 도대체 왜 우리는 이데올로기를 의식의 일반성 혹은 의식의 추상과 동일시해야 하는가? 왜 역으로 이 이데올로기를 돌이킬 수 없을 정도로 **특수한** 의식으로 만들면 안 되는가? 마르크스는 직업적, 민족적 혹은 사회적 특수성이 보편성의 형태 내에서 어떤 방식으로 관념화되는지(그리고 이와 상호적인 질문으로, 왜 모든 '추상적' 보편자[보편적인 것], 모든 관념적인 것은 특수한 이해관계의 승화인지)를 해명하기 위해 본질적인 두 가지 이유를 제시한다. 사실 이 두 가지 이유는 서로 결합되는데, 그렇지만 두 번째 이유가 첫 번째 이유보다 훨씬 더 근본적이다.

루소주의적 기원을 갖는 첫 번째 이유는 제도들, 특히 **국가**(우리는 나중에 이를 [알튀세르를 따라] **장치**^{appareil}라 부를 것이다) 없는 역사적 분업이란 존재하지 않는다는 점이다. 국가는 자기 자신이 통일적 허구(또는 **합의**) 그 자체—국가는 이 통일적 허구 또는 합의를 사회에 강제한다—라는 바로 그 이유로 추상의 생산자이다. 특수성의 보편화는 국가 구성의 상관항, 즉 허구적 공동체인데, 이 허구적 공동체의 추상화 권력은 개인들 사이의 관계 내에서 이 공동체가 갖는 현실적 결함을 보완해준다. "국가는 하나의 지배계급을 구성하는 개인들이 자신들의 공동의 이해관계를 가치화하는 수단임과 동시에 이 국가 내로 한 시대의 시민사회 전체가 환원되기 때문에, 모든 공통의 제도들이 국가를 경유하며 하나의 정치적 형태를 수용하게 된다는 결과가 따라온다. 이로부터 법^{loi}이 의지에 기초해 있다는, 혹은 오히려 그 구체적 토대에서 분리된 **자유로운** 의

지에 기초해 있다는 허상이 만들어진다……"*

하지만 마르크스는 자신의 이런 설명에 대체보충적인supplémentaire 위 대한 관념 하나를 추가하는데, 그것이 바로 **육체노동과 지식노동 사이의 분할**이다. 이런 육체노동과 지식노동 사이의 분할은 잠재적 지배에 불과 했던 것을 유효한/현실적effective 지배로 변형하는 소외된 교통에 대한 소 묘 내에 (어떤 의미에서 보자면) 수입된 것이다. 그래서 결과적으로 육체노 동과 지식노동 사이의 분할이라는 관념은 의식에 대한 이론을 변화시켜 이 이론을 모든 심리학(심지어 그것이 사회심리학이라 할지라도)에서 뿌리 뽑아 정치적 인간학에 관한 질문으로 만들어낸다.

지적 차이

나는 '육체노동과 지식노동 사이의 분할'보다 **지적 차이** 일반이라는 표 현을 더 선호한다.[2] 왜냐하면 **지적 차이**는 여러 유형의 노동들 사이의 대 립―마르크스는 상업, 회계, 경영, 실무를 언급한다―과 노동과 비-노 동(즉 몇몇 이들의 특권과 전문 영역이 되어버린 '자유로운' 활동 또는 무상의 활동 일반) 사이의 대립 모두에 관한 것이기 때문이다(하지만 공산주의에 서 이 '자유로운' 활동은 모두에게 접근 가능한 것이 될 것이며, 더욱 일반적으로 말하자면 공산주의는 이런 분할의 제거 없이는 생각할 수조차 없다. 이런 분할 의 제거라는 주제는 1875년 〈고타강령 비판〉의 중심 주제로 새롭게 등장하게 되 는데, 이 주제는 마르크스의 사유에서 명확한 역할을 수행하는 미래 교육에 대한 자신의 성찰들을 동반하는, 고유한 의미에서 유토피아적인 희귀한 요소들 중 하

---

* *L'Idéologie allemande, op. cit.,* p.74.

나이다).* 우리가 앞으로 보게 될 것이지만, 교육, 그리고 이 교육이 자본주의적 노동과정에 의존한다는 사실은 이후에 마르크스에게 반복적으로 중요한 문제로 나타날 것이다.

바로 이 지적 차이에 대한 분석이 우리로 하여금 하나의 계급이 지니는 물질적 역량에 봉사하는 허상 또는 신비화라는 도구주의적 관점을 넘어설 수 있도록 해준다. 이런 분석은 의식의 장 내에서 구성되고 그 자체로 물질적인 효과들을 생산해내면서 의식 자체를 분할하는 지배의 원칙을 전제한다. 지적 차이는 세계—이 세계에서 정신과 이성이라는 통념이 유래한다—에 대한 설명 도식이자 동시에 분업의 역사 전체와 동일한 외연을 공유하는 과정이다. 마르크스는 이를 명료한 방식으로 다음과 같이 설명한다. "분업[노동 분할]이 실제적인 분업이 되는 것은 물질적이고 지적인 노동의 분할이 작동하는 순간부터이다. 이 순간부터 의식은 진정으로 자신이 현존하는 실천의 의식과는 다른 것이라고, 그리고 자신이 현실적인 무언가를 표상하지 않으면서도 무언가를 실제적으로 표상한다고 스스로 생각**할 수** 있게 된다……"** 그렇기 때문에 의식은 분업 그 자체만큼이나 많은 역사적 단계들을 갖게 된다. 하지만 마르크스가 특히나 명확히 주목하는 것은 부르주아적인 공적 영역/공론장^{sphère} ^{publique}이 확립될 때에 문명의 머나먼 기원을 **현재의** 현상들과 결합시켜주는 매개자이다. 즉, 이 매개자의 역할은 정치에서 관념들^{idées}과 이데올로그들$^{idéologues\ 3}$의 역할, 그리고 광범위한 지배의 확립에서 이들의 상대적 자율성이 수행하는 역할인데, 이 역할은 소유자 집단이 수행하는 이

---

*   Étienne Balibar, "Division du travail manuel et intellectuel", *in Dictionnaire critique du marxisme, op. cit.* ; 마르크스(와 엥겔스)에게 미친 푸리에주의의 영향(그리고 로버트 오웬의 영향)이 이 텍스트에서 매우 깊고 뚜렷하다. Simone Debout, *L'Utopie de Charles Fourier,* Petite Bibliothèque Payot, Paris, 1978을 참조하라. (발리바르 논문의 한국어판으로는 〈육체노동과 지적 노동의 분할에 대하여〉,《역사유물론의 전화》, 서관모 편역, 민맥, 1993을 참조-옮긴이)

**   *L'idéologie allemande, op. cit.*, pp.29-30.

런저런 역할이 아니라 하나의 지배계급이 진정으로 수행하는 그런 역할이다. "규정된 한 계급의 지배가 특정한 관념들의 지배일 뿐이라고 믿도록 만드는 그런 허상"(그러니까 특수한 이해관계를 일반 이해관계로 승화시키는 것)이 바로 **이데올로그들**의 활동―마르크스는 지배계급의 '활동적 이데올로그들'에 관해 언급한다―의 결과이다. 하지만 이를 위해서는 이 이데올로그들이 "우선 자기 자신들의 문제 내에서", 다시 말해 자기 자신들의 사고방식 내에서 **스스로를 신비화**se mystifient[즉 자기기만] 해야만 하며, 이는 이 이데올로그들이 자기 자신들의 삶, 역사가 만들어낸 자기 자신들 고유의 **특수성**(혹은 '독립성')이 스스로에게 이를 행할 수 있는 조건들을 제공한다는 바로 그 점 덕택에 이를 행할 수 있다는 사실을 뜻한다. 이데올로그들은, 자신들이 생산해내는 관념들(이성, 자유, 인간성[4])이 사회적 실천들 **너머**에 존재하고 있듯, 자신들의 계급 **바로 옆**에 존재하고 있다.

그렇다면 우리는 마르크스의 분석이 근대 지식인들에 대한 정치사회학(혹은 지식사회학, 즉 'Wissenssoziologie'[*])적 소묘―이런 정치사회학적 소묘는 지식인들의 형성과 그 기능에 대한 역사와 겹쳐진다―로 이어진다고 말할 수 있을까? 이데올로그에 대한 마르크스의 논의를 이런 방식으로 독해하는 것은 틀린 독해 방식은 아니겠지만 아마도 너무 제한적인 독해 방식일 것 같다. 사실 오히려 마르크스는 역사 전체를 관통하는 차이, 그리고 그런 차이로서의 역할을 수행함으로써 비지식인들과 전문 지식인들 모두에게 영향을 미치는 차이를 염두에 두고 있다. 그 어떤

---

[*]   일반적으로 사람들은 이 지식사회학을 카를 만하임이 정초했다고 간주한다. 그의 1929년 저서인 《이데올로기와 유토피아》(*Idéologie et utopie*, Pauline Rollet 불역, Librairie Marcel Rivière, 1956)를 참조. 그리고 또한 Jürgen Habermas, *Connaissance et intérêt*, 불역: Gallimard, Paris, 1976도 참조하라. (한국어판으로는 《이데올로기와 유토피아》, 임석진 옮김, 김영사, 2012를 참조―옮긴이)

개인도 이런 [지적] 분할의 **바깥**에 위치해 있지 않다(그 어떤 개인도 성적 차이 바깥에 위치해 있지 않은 것과 마찬가지로). 일련의 형태들하에서 계급적 차이를 과잉결정함으로써, 이런 분할은 기원부터^{dès l'origine} 이 분할을 동반하는, 그리고 문화적이고 국가적인 제도와 분리 불가능한 것으로 드러나는 지배의 차원을 표현한다. 그러므로 이런 차이는 '이데올로그들' 자신들에 의해 끊임없이 배양되지만, 이 차이는 이데올로그들의 개인적 작업이라기보다는 오히려 그들 존재의 역사적 조건이다. 이런 관념의 중요성을 이해하기 위해서는, 헤겔 철학을 통한 우회가 필수 불가결하다.

지식인과 국가. 마르크스는 프롤레타리아를 '보편적 계급'으로, 잠재적으로는 **계급적** 조건 너머에 위치해 있는 **대중**—자신의 존재 조건에 의해 이 대중의 특수성은 이미 부정되고 있다—으로 묘사했다. 하지만 마르크스는 만일 1821년 《법철학》에서 헤겔이 '보편적 신분^{Stand}'*의 이론을 발전시키지 않았다면 이런 관념을 정식화하지는 못했을 것이다. '보편적 신분^{Stand}'을 어떻게 이해해야 할까? 이는 일군의 국가 공무원들^{fonctionnaires}을 지칭하는데, 이들은 프랑스대혁명 이후에 이루어진 국가의 근대화를 통해 획득하게 된 자신들의 새로운 기능^{fonction}을 수행했다. 하지만 헤겔의 관점에서 이 공무원들 일반의 기능이 순전히 행정적이기만 한 것은 아니라는 점에 주의하자. 이들의 기능은 본질적으로 지적인 것이다. 그리고 이와 상관적으로, 이 공무원들이 국가(다시 말해 '공적 서비스')로 통합됨으로써 '지식인들^{die Gelehrten}', 즉 교육받은 이들은 그들의

---

* 'Stand'라는 단어는 맥락에 따라 프랑스어로 질서^{ordre}, 지위^{statut}, 상태^{état}로 번역된다. 헤겔 철학에서 지식인들의 역할이 소묘되는 방식과 관련해서는, 드라테^{R. Derathé}가 서문을 쓰고 번역했으며 주석을 단 《법철학의 원리들^{Principes de la philosophie du droit}》의 287~320번 단락을 참조하라. 또한 이런 문제설정이 헤겔 이후 어떤 방식으로 발전되었는지에 대한 분석으로는, Catherine Colliot-Thélène, *Le Désenchantement de l'État de Hegel à Max Weber*, Éditions de Minuit, Paris, 1992를 참조하라.

진정한 목적지에 도달할 수 있다. 왜냐하면 시민사회의 서로 다른 특수한 이해관계들이 서로 양립 가능해지며 일반이해의 수준―이 일반이해는 지식인들에게 그 성찰적 활동을 위한 물질과 조건을 제공해준다―으로 끌어올려질 수 있는 장소가 바로 국가이기 때문이다. **헤겔에게서 '그 자체로$^{en\ soi}$'[즉자적으로] 보편적인 국가는 지식인들이 국가를 위해 사회 전체 내에서 매개 활동 또는 표상[대표] 활동을 수행할 수 있도록**, 그럼으로써 여전히 추상적인 보편성을 '자기의식'의 수준으로 끌어올릴 수 있도록 **이 지식인들을** (믿음과 개인적 종속의 다양한 형태들에서) **'해방'시킨다.**

이런 이론화가 놀라운 예측 능력을 가지고 강력하게 행정적, 교육적, 학문적 구성물의 의미를, 그리고 과학적 연구 구조와 여론 구조의 발전의 방향을 예측한다는 점을 인정해야 한다(이것들은 현대 국가에게 조금씩 조금씩 그 사회적 '조절' 능력을 부여하는데, 이를 통해 현대 국가는 순수한 자유주의 국가와 권위주의 국가 모두와 거리를 둘 수 있게 된다). 만일 우리가 이 점을 기억하지 못한다면, 우리는 마르크스에게서 이데올로기에 대한 이론화가 지니는 정확히 대립적인 역량을, 그리고 마르크스의 이런 이론화가 겨냥하는 목표도, 이 이론화가 제기하는 문제도 전혀 이해하지 못할 것이다.

아마 무엇보다도 지적 차이에 대한 분석은 인식뿐만 아니라 조직과 권력의 차원에서도 동시에 수행된다는 조건에서 지배의 과정이 지니는 본성을 깊이 있게 밝혀낼 것이다. 이런저런 방식으로, 진정으로 철학자적이었던 마르크스주의자들 중 상당수(그람시, 알튀세르, 존-레텔*이라는

---

* 마르크스주의 전통에서 이런 질문을 정면으로 다루는 몇 안 되는 저서들 중 하나인 존-레텔Sohn-Rethel의 저서 *Geistige und körperliche Arbeit. Zur Theorie der gesellschaftlichen Synthesis*, Suhrkamp, Frankfurt a. M., 1970이 여전히 프랑스어로 번역되지 않았다는 점은 유감스럽다. (이 책의 한국어판으로는 《정신노동과 육체노동》, 황태연·윤길순 옮김, 학민사,

철학자들과 같은 다양한 인물들을 떠올려보자)가 항상 이런 차이의 역사적 '해결'을 공산주의의 근본적 특징으로 간주했다는 점은 그다지 놀랍지 않다. 왜냐하면 마르크스는 헤겔적 테제들을 전도하고 지식인들에게 예속화^{assujettissement}와 분할의 기능(1968년의 운동 당시 사람들이 말했듯이 '이데올로기적 주입'이라는 기능)을 부여하는 것에 만족하지 않았기 때문이다. 마르크스는 지식인들의 활동과 그 기능의 자율화를 뒷받침하는 인간학적 차이에 대한 소묘로까지 거슬러 올라가는 것이다.

비록 이런 인간학적 차이는 유기체의 서로 다른 기능들에 명확히 기입된다고 하더라도 결코 자연스러운 것은 아닌데, 왜냐하면 이 차이는 역사 내에서 형성^{forme}되고 변형^{transforme}되기 때문이다. 그러나 또한 이 차이는 (비록 이 차이가 제도들에 의해서 확대되고 활용되며 재생산된다고 하더라도) 단순한 정치적 결정들에서 만들어진다는 의미에서 제도화되는 것도 아니다. 이 차이는 일련의 문명화가 지니는 문화와 일체를 이루며, 이 일련의 문명들 사이에서 연속성의 궤적을 그려나간다. 이 지점에서 마르크스는 이런 인간학적 차이를 성들 간의 차이 또는 도시적 삶과 농촌적 삶 간의 차이와 거의 동일한 일반성의 수준에 위치시킨다. 노동의 사회적 조직화 전체에 통합된 이런 차이는 모든 실천들과 모든 개인들을 이 실천들과 개인들 내부에서 분할한다(왜냐하면 그 용어의 완전한 의미에서의 실천, 즉 **프락시스**와 **포이에시스**는 순수하게 육체적일 **수도** 순수하게 지적일 **수도 없으며** 이 두 가지 측면의 상보성 또는 상호성이어야 하기 때문이다). 만일 그렇지 않다면, 전문화된 '지식인들'(교사 또는 교수이든, 언론인이든, 학자이든, 기술자이든, 행정가이든, 전문가이든……)은 스스로를 '지배자들'과 '피지배자들'(혹은 마르크스 이후에 그람시가 말하듯, '통치자'와 '피치자') 사이의 항구적 불평등과 제도적 위계의 도구로 형성하지는 못했을 것이

1986을 참조하라-옮긴이)

다. 다시 말해 전문화된 '지식인들'은 역사의 그토록 오랜 시간 동안 이 지적 불평등을 노동, 교환, 교통, 연합^{association}의 물질적 조건으로 만들어 내지는 못했을 것이다.

이데올로기의 아포리아

그러므로 이제는 왜 마르크스가 이 이데올로기의 길을 직접적으로 따라 가지 않았는지를 질문해보아야 한다. 위에서 나는, **내적** 이유들이 이 지 점에서 **정세적** 이유들―역사의 물질성을 사고하기 위한 마르크스의 노 력에도 불구하고, 그 자체로 이 **정세적** 이유들은 마르크스의 구축물이 여전히 추상적인 요소들, 게다가 사변적인 요소들을 지니고 있다는 점을 명확히 드러냈다―과 긴밀하게 결합된다는 점을 지적했다.

마르크스 스스로가 프롤레타리아에 관해 형성하는 표상 내에서, **프 롤레타리아의 이데올로기**(또는 우리가 이미 알고 있는 그 운명을 앞으로 겪 어나갈 이 '프롤레타리아적 이데올로기'라는 관념)는 분명히 난센스이다. 프 롤레타리아라는 개념은 사실 사회의 앙상블^{ensemble}에서 고립된 특수한 '계급' 개념이 아니라 **비-계급**, 즉 그 자신의 형성이 모든 계급들의 해체 에 직접적으로 선행하며 혁명적 과정의 시작이기도 한 그런 **비-계급**[계 급 아닌 계급]이다. 그래서 마르크스는 그 당시 부르주아 지식인들이 경 멸적인 의미로 사용했던 **대중**이라는 용어의 이런 사용 방식을 전도해 이 **대중**이라는 용어를 활용하는 쪽을 선호했다. 프롤레타리아 대중이 근본 적으로 "박탈/탈소유$^{eigentumslos,\ dépossédée}$"된 대중이듯이, 프롤레타리아 대 중은 근본적으로 현실에 대한 "허상을 갖고 있지 않^{illusionslos}"으며 근본 적으로 이 이데올로기의 세계―프롤레타리아 대중이 형성하는 사회적 관계에 대한 (이 이데올로기의 세계의) 관념적 추상물들과 관념적 표상들은 "존재하지 않는다" — 의 **외부**에 존재하고 있다. 《공산주의자 선언》은 매우 유명한, 하지만 오늘날에는 조롱의 대상이 되고 있는 다음의 구절을 통해 이 동일한 바를 다시 이야기한다. "노동자들은 조국을 갖지 않는다." 마찬가지로 노동자들은 부르주아적 종교, 도덕, 법에 대한 믿음, 희망, 위선에서 벗어나 있다…… 동일한 이유로 이 노동자들은 자신들을 교육하거나 인도하는 역할을 담당하는 '이데올로그들', 또는 그람시가 마르크스 이후 조금 더 뒤에 '유기적 지식인들'이라고 부르는 그런 이들을 가질 수 없다(혁명적 **실천** 내에서 자기 고유의 **이론**이 수행하는 기능에 대한 성찰과 관련해 맞닥뜨리게 되는 난점이 계속 커져갔음에도 마르크스는 분명 자기 자신을 이데올로그 혹은 유기적 지식인으로 간주하지는 않았다. 반면 이 지점에서 또다시 엥겔스가 '과학적 사회주의'라는 표현의 활용을 일반화함으로써 이 문제에 관한 결정적 한 걸음을 내딛게 된다).

1848~1850년의 사건들, 즉 1848년 혁명의 완전한 패배는 이런 표상과 실제 현실 사이의 괴리를 잔인하게 드러냈다. 사실 이 사건들은 (세계사적 차원에서, 그리고 사회 전체의 혁명적 변형이라는 차원에서) 프롤레타리아가 수행하는 **보편적 역할**이라는 관념이 아니라 — 이런 관념 없이는 마르크스주의 자체가 존재할 수 없다 — 분명 '보편적 계급'으로서의 프롤레타리아라는 관념을 포기할 수 있을 만큼 충분히 마르크스에게 충격적인 사건들이었다. 이런 관점에서 가장 정열적인 성찰을 보여주는 텍스트는 이미 앞서 인용했듯이 《루이 보나파르트와 브뤼메르 18일》이다.[5] 이 텍스트를 상세히 검토할 수 있을 만한 공간이 언젠가는 필요할 것이다. 반혁명과 마주한 노동자계급이 취할 수 있는 전략에 대한 탐구는 여기에서 마르크스가 '즉자적 계급'과 '대자적 계급'이라고 불렀던 바, 다시 말해 서로 유사한 삶의 조건들이라는 단순한 사실과 조직화된 정치적 운동 사이의 역사적 괴리에 대한 새로운 분석과 짝을 이룬다. 삶과 비교해 의식이 겪는 단순한 지체가 아니라 모순적인 경제적 경향들의 효과 —

마르크스는 이 모순적인 경제적 경향들이 노동자들 사이의 통일성^{unité}과 경쟁 **모두를 동시에** 촉진한다는 점을 깨닫기 시작했다―로서의 괴리 말이다.* 독일 또는 영국과 같이 프랑스에서도 직접적 경험이 기존 질서의 정치적이고 군사적인 장치들의 역량과 마찬가지로 민족주의와 역사적 신화(공화주의적인 신화이든 제국주의적인 신화이든), 게다가 종교적 형태들이 프롤레타리아에 미치는 역량을 드러내게 되었다.[6] 어떻게 이데올로기 생산의 조건들과 프롤레타리아적 조건 사이의 근본적인 외재성이라는 이론적 테제와 이 둘 사이의 일상적인 상호 침투라는 사실을 서로 타협시킬 수 있는가? 이 지점에서 마르크스가 프롤레타리아적 이데올로기 또는 계급의식이라는 통념을 활용하지 않았던 것과 마찬가지로 허위의 식$^{fausse\ conscience}$(마르크스 이후 루카치를 포함한 다른 이들이 활용하게 될 표현)이라는 통념과 같이 도덕적 함의를 지닌 통념 또한 활용하지 않았다는 점은 매우 주목할 만하다. 하지만 이 지점에서 마르크스가 지니는 난점은 노골적인 방식으로 그대로 남아 있었으며, 이 난점은 마르크스가 이데올로기라는 개념 자체를 활용하지 못하도록 만들었다.

또 하나의 요소가 동일한 방향으로 작용했다. 이는 마르크스가 **부르주아 정치경제학**, 특히 케네, 스미스, 리카르도의 고전파 정치경제학을 '이데올로기'로 정의하면서 봉착했던 곤란함이라는 요소이다. 왜냐하면 '과학적' 형태를 지니고 있으며 자본 소유자들에 대한 자유주의적 정치학을 정초하려는 분명한 목적을 지닌 이 이론적 담론[즉 부르주아 정치경제학]은 오히려 이 담론이 속해 있는 범주가 부르주아적 생산조건

---

* 《루이 보나파르트와 브뤼메르 18일》은 대중들의 역사적 상상계에 대한 소묘의 윤곽을 드러내는 텍스트들 중 하나이다. 이와 관련해, Paul-Laurent Assoun, *Marx et la répétition historique*, PUF, Paris, 1978, 그리고 Pierre Macherey, "Figures de l'homme en bas", *in À quoi pense la littérature?*, PUF, Paris, 1990을 참조(한국어판으로는 〈루이 보나파르트와 브뤼메르 18일〉, 최인호 옮김, 《칼 마르크스 & 프리드리히 엥겔스 저작 선집》 2권, 박종철출판사, 1992를 참조-옮긴이).

들의 영원성(또는 자본과 임노동 간 관계의 불변성)이라는 전제에 기초해 있다는 점에서 시민사회의 유물론적 역사라는 범주에도, (추상화와 현실의 전도로 특징지어지는) 이데올로기라는 범주에도 직접적으로 속하지 않기 때문이다.[7] 하지만 정확히 바로 이 딜레마에서 탈출해야만 하는 필연성이 마르크스를 몇 해에 걸쳐 (스미스, 리카르도, 헤겔, 맬서스, 통계학자들과 역사학자들 등등의 작업들에 대한 강도 높은 독해에서 자양분을 얻은) '정치경제학 비판'이라는 작업에 몰두하도록 이끌었다. 그리고 이 '정치경제학 비판'은 역으로 마르크스를 새로운 개념, 즉 **상품물신숭배**라는 개념으로 향하도록 이끌었다.

'상품물신숭배'[8]

우선 물신숭배론이 《자본》 1권의 **1편**에서 등장한다는 점에 주목하자.* 물신숭배론은 마르크스의 '비판적'이고 '과학적'인 작업과 완전히 결합된 철학적 작업의 정점을 이룰 뿐만 아니라, 근대 철학의 위대한 이론적 구축물이기도 하다. 이 물신숭배론의 기본적인 아이디어는 상대적으로 단순하지만, 그럼에도 이해하기가 매우 까다롭다는 사실로 유명하다.

　여기에서 나는 '물신숭배'라는 용어의 기원에 관해서, 그리고 이 '물신숭배'라는 용어가 18세기와 19세기의 종교 이론들과 맺는 관계에 관해서, 마찬가지로 이 용어를 다시 취함으로써 마르크스가 물신숭배 **일**

---

*　'상품의 물신적 성격과 그 비밀'이라는 절은 《자본》 1권 1편 '상품과 화폐'의 1장 결론을 구성한다. 사실 이 '상품의 물신적 성격과 그 비밀'이라는 절은 경제적 범주와 법률적 범주 사이의 상응성을 설명하는 1편 2장 '교환과정'에 포함된다. 1편 1장의 4절 '상품의 물신적 성격과 그 비밀'과 1편 2장 '교환과정'은 추상(1편 1장 '상품')과 구체(1편 3장 '화폐 또는 상품의 유통') 사이의 **매개자**의 위치—이런 **매개자**의 위치는 헤겔 논리학에서 본질적인 것이다—를 차지한다.

반의 문제라는 역사에서 차지하게 되는 위치에 관해서 다루지는 않겠
다.* 지면이 부족한 관계로 나는 이 물신숭배론이라는 이론적 전개가《자
본》이라는 건축물 전체에서, 그리고 특히 '전도된' 형태—마르크스는 이
런 '전도된' 형태하에서 자본주의적 생산양식이라는 구조의 현상들(이
현상들 전체는 자본의 가치 증가가 '산 노동'에서 자양분을 섭취하게 되는 방식
과 관련된다)이 경제적 관계들(자본, 이윤, 지대, 이자의 서로 다른 형태들과
그 각각의 비율 사이의 경쟁이라는 세계**)의 '표면'에서 지각된다고 우리에
게 말한다—에 관한 설명에서 수행하는 기능에 대해서도 논의하지 않을
것이다.[9] 다만 나는 오늘날 우리가 인지할 수 있는 이 물신숭배론의 두
명의 쌍둥이 후손들—하나는 사회적 활동의 일반화된 '상품화' 형태들
내에서 발생하는 부르주아 세계의 **사물화**라는 관념이며, 다른 하나는 교
환 과정에 내포되어 있는 **주체화/복종 양식**[mode de sujétion]에 대한 분석 프
로그램으로, 이 후자는 구조적 마르크스주의로까지 이어진다—과 마르
크스의 이 텍스트가 어떤 관계를 맺고 있는지를 독자들이 이해할 수 있

---

*   이 모든 것은 알폰소 이아코노의 소책자에서 명료하고 정확한 방식으로 설명된 바 있다.
Alfonso Iacono, *Le Fétichisme. Histoire d'un concept*, PUF, "Philosophies", Paris, 1992를
참조하라.

**   우리는 이런 관점에서 엥겔스가 편집한《자본》3권의 48장, 즉 '고전파' 경제학자들과 '속
류' 경제학자들 사이에 구분선을 그으면서 다음과 같은 결론을 내리는 '삼위일체 정식'이
라는 장을 읽어야 한다. "그것은 마법에 걸려 전도되고 거꾸로 선 세계이며, 거기에서는 무
슈 르 카피탈[Monsieur le Capital]과 마담 라 테르[Madame la Terre][자본 씨와 토지 부인-강신준]
가 사회적 등장인물(동시에 직접적인 단순한 사물)로서 괴상한[fantomatique][환영적] 춤을 추
고 있다. 이런 잘못된 외관과 기만, 각기 다른 부의 사회적 요소들 간의 독립화와 화석화,
사물의 인격화[personnification]와 생산관계의 사물화[réification], 일상생활의 종교—이 모든 것
들을 해소한 것이 바로 고전파 경제학의 위대한 공적이다……" K. Marx, *Le Capital. Cri-
tique de l'économie politique*, 3권, 자본주의적 생산의 총과정, tome III, Éditions Sociales,
Paris, 1960, pp.207-208. (《자본》III-2, 강신준 옮김, 길, 2010, 1107~1108쪽, 번역은 약간 수정.
앞으로도 일일이 밝히지는 않겠으나 강신준 판본에서 인용하되 번역은 프랑스어 번역본과 대조해
수정하겠다.-옮긴이) 아래에서 나는 이 '고전파 경제학의 위대한 공적'이라는 문제로 다시
돌아갈 것이다.

도록 노력할 것이다.

마르크스가 말하기를, "상품물신숭배"는 "인간 자신들의 일정한 사회적 관계^{rapport}가 (……) 사물과 사물 사이의 관계^{rapport}라는 환상적인 phantasmagorique 형태를 취하게 된다"는 사실을 의미한다. 또는 "[직접]생산자들에게는 그들의 사적 노동의 사회적 관계^{relations}가 (……) 인격들 간의 직접적인 사회적 관계로서가 아니라, 오히려 인격들 간의 비인격적/물적 impersonnels 관계^{rapports} 또는 비인격적 존재들 간의 사회적 관계^{rapports}로서 나타난다"는 점을 의미한다.* 어떤 '사물', 어떤 '인격적'이고 '비인격적' [물적]인 관계가 문제인가?

유용성을 지니는 물질적 대상으로서, 그리고 그런 물질적 대상의 자격으로 개인적이고 집합적인 필요에 조응하는 것으로서 생산되고 교환되는 **상품들**은 비물질적이면서도 객관적인 또 하나의 성질, 즉 (일반적으로 가격이라는 형태로, 다시 말해 일정한 크기의 화폐로 표현되는) 교환가치를 지니고 있다. 그래서 상품들에 개별적으로 달라붙는^{attachée} 이런 성질은 직접적으로 수량화될 수 있다. 즉, 자동차 한 대의 무게가 500킬로그램이 **나가는 것**^{pèse}과 마찬가지로, 자동차 한 대의 가격이 10만 프랑이 **나가는 것**^{vaut}이다. 당연히도 주어진 하나의 상품에서, 이 상품의 양은 시간과 공간에 따라, 즉 다소간 장기적인 범위에서의 경쟁과 다른 변동들에 따라 변화한다. 하지만 이런 변화가 상품과 **그** 가치 사이에 존재하는 내재적 관계의 외양^{apparence}을 제거하기는커녕, 오히려 이 변화는 상품에 대체보충적^{supplémentaire} 대상성을 부여한다.[10] 자발적으로 시장에 가는 것은 개인들이지만, 시장에서 상품의 가치(또는 가격)가 변동하는 것은 시장에 간 개인들의 결정 때문이 아니다. 정반대로 가치의 변동이 여러 조건들—바로 이 조건들 내에서 개인들은 상품에 접근할 수 있게 된다—

---

* *Le Capital*, 1권, *op. cit.*, pp.83-84. (《자본》1-1, 강신준 옮김, 길, 2008, 135쪽-옮긴이)

을 결정한다. 그러므로 가치의 운동에 의해 조절되는 상품유통의 '대상적 법칙' 내에서 인간들은 필요를 충족하고 그들 사이의 상호 서비스, 노동 또는 공동체에 대한 관계들(이 관계들은 경제적 관계들을 관통하거나 이 경제적 관계들에 의존한다)을 조절할 수 있는 수단들을 찾아야만 한다. 마르크스는 시장의 상품들과 맺는 단순한 관계에서 등장하는 이런 기초적인 대상성을 일반적인 경제적 현상들과 그 현상들의 법칙의 출발점과 대상성의 모델로 만든다. 정치경제학은 이 경제법칙에 대한 연구를 목표로 하며, 역학적 또는 동역학적 개념들의 활용을 통한 명시적 방식으로든, 정치경제학 스스로가 활용하는 수학적 방법들을 통한 함축적 방식으로든 자연법칙의 대상성과 이 경제법칙을 끊임없이 비교한다.[11]

사물들이 이런 방식으로 '나타난다se présentent'는 의미에서의 이런 현상과 **화폐**monnaie의 기능 사이에는 분명히 직접적 관계가 존재한다. 가격으로, 그러니까 적어도 잠재적으로는 화폐의 양과 맺는 교환 관계로 교환가치가 나타나는se présente 것이다. 이런 관계는 화폐가 현재 지출되고 수령된다는 사실, 또는 기호signe에 의해 단순히 표상된다는 사실(가령 신용화폐[즉 중앙은행에서 발행하는 불환 화폐], 강제 통용권을 지니는 은행권 등등)에는 근본적으로 의존하지 않는다.[12] 최종적으로는, 그리고 특히 세계시장(또는 보편화된 시장) ─마르크스는 바로 이 세계시장이 상품 관계가 진정으로 실현되는 공간이라고 주장한다─ 에서는 화폐의monétaire 준거점이 존재하고 이 준거점이 '검증 가능'해야만 한다. 상품과 마주해 존재함으로써 상품유통의 조건으로 기능하는 화폐의 존재는 물신숭배에 하나의 요소를 추가하고, 우리로 하여금 이 물신숭배라는 용어의 활용을 이해할 수 있게 해준다. 상품들(식량, 의류, 기계, 원료, 사치품, 문화재, 심지어 성노동자의 신체까지, 결국 인간에 의해 생산되거나 소비되는 모든 물체들objets의 세계)이 교환가치를 **소유하는**avoir 것처럼 보이는 반면, 이와 달리 화폐argent는 교환가치 **그 자체인**être 것처럼, 그리고 동시에 [시장으로 진입함으로써] '화폐와 관계를 맺게 되는' 상품들과 교통/의사소통communique할 수 있는 힘—바로 이 능력 또는 역량이 화폐를 특징짓는다—을 내재적으로 지니게 되는 것처럼 보인다. 바로 그렇기 때문에 사람들은 화폐를 그 자체로 공포와 존경, 욕망과 혐오를 동반하는 보편적 필요besoin의 대상으로 간주하면서 축장하고자 노력한다(마르크스가 인용하는 유명한 시의 한 구절에서 로마 시인 베르길리우스는 "auri sacra fames", 즉 "황금에 대한 저주받은 갈망"이라고 말하고 있으며,* 《묵시록》은 화폐를 명백히 [대문자] '짐승', 다시 말해 악마와 동일시한다).

화폐가 상품과 맺는 이런 관계, 상품의 가치를 시장에서 '물질화'하는 이런 관계는 물론 구매와 판매라는 개별 행위들actes의 지지를 받는다. 하지만 이런 관계는 이 구매와 판매라는 행위를 수행하는 개인들의 개인성personnalité과는 완전히 무관하다(이런 점에서 여기에는 이 개인들을 어떤 다른 개인들로 바꾼다고 하더라도 아무런 차이가 없다). 그러므로 우리는 [첫 번째로] 상품들의 덧없는 육신에 영원불멸의 가치를 구현/육화incarnant하는 상품 운동을 창조하고 이 운동이 계속 작동하게 만드는 화폐의 '초자연적' 역량의 효과로 이를 표상하거나, 또는 정반대로 [두 번째로] 사회적 제도들을 통해 상품들의 가치에 대한 표현과 상품들이 교환되는 비율의 표현을 확립하는institue 이 상품들이 상품 자신들 사이에서 맺는 관계의 '자연적'[자연스러운] 효과로 이를 표상할 수 있다.

사실 이 두 가지 방식의 표상들은 대칭적이며 상호 의존적이다. 두 표상들은 함께 발전하며 '교환하는 생산자'로서의 개인들이 경제적 삶

---

* 라틴어 **사케르**sacer는 은혜bienfait와 주술maléfice이라는 이중적인 종교적 의미를 지니고 있다. 물신숭배적 외양을 생성하는 상품과 화폐의 유통에 대한 최고의 설명으로는 쉬잔 드 브뤼노프의 다음 저서를 참조하라. Suzanne de Brunhoff, "Le langage des marchandises", in Les Rapports d'argent, PUG/Maspero, Paris, 1979. 또한 Alain Lipietz, Le monde enchanté. De la valeur à l'envoi inflationniste, La Découverte/Maspero, Paris, 1983도 참조하라.

전체의 일반 형태를 구성하는 유통과 시장의 현상들을 통해 형성하는 경험의 두 가지 계기에 각각 조응한다. 이것이 바로 마르크스가 상품들의 세계에 대한 지각을 "감각적이고 초감각적인sensibles suprasensibles" 현실—이 현실 안에서 자연적이고 초자연적인 측면들이 기이한 방식으로 공존한다—에 대한 지각으로 묘사할 때, 그리고 마르크스가 (경제적 언어와 종교적 담론 사이의 비교를 직접적으로 암시하면서) 상품을 '신학적 미묘함'이 가득한 '신비로운mystique' 대상/물체objet라고 주장할 때 염두에 두고 있는 것이다. 막스 베버가 나중에 이야기하는 바와는 정반대로, 근대 세계는 바로 이 세계가 가치를 지닌 물체들의 세계, 대상화된objectivées 가치들의 세계인 한에서, '탈주술화'된 것이 아니라 **주술화**되어 있다.[13]

외양의 필연성Nécessité de l'apparence

현상을 이런 방식으로 묘사하는 마르크스의 목표는 도대체 무엇인가? 그의 목표는 이중적이다. 한편으로, 탈신비화 또는 탈신화화와 유사한 운동을 통해서, 위에서 묘사했던 현상을 **해체**dissoudre하고 최종적인 수준에서는 '착시 현상quiproquo' 위에 기초해 있는 외양을 이 현상 내에서 드러내는 것이 첫 번째 목표이다. 그러므로 우리는 방금 위에서 언급했던 현상들(대상들이 지니는 속성으로서의 교환가치, 상품과 가격의 운동이 지니는 자율성)을 숨겨져 있었거나 혹은 (카메라 옵스큐라에서와 같이) 그 효과가 전도되었던 **현실적** 원인과 연결시켜야 한다. 이런 분석은 정치경제학에 대한 비판으로 나아갈 수 있는 문을 진정으로 열어젖힌다. 왜냐하면 과학적 설명이라는 기획이 추동하는 정치경제학(물론 여기에서 마르크스는 고전파 경제학의 대표자들인 스미스, 그리고 특히 리카르도를 생각하고 있는데, 마르크스는 이 고전파 경제학의 대표자들을 자본의 '변호론자들'과 항상 세심하게 구분했다)이 가치를 각각의 상품을 생산하는 데 필요한 노동시간인 '불변의 척도'와 연결함으로써 가치의 변동이라는 수수께끼를 해결하고자 하는 순간에서조차, 정치경제학은 이 관계를 자연적 현상, 그리고 결국에는 영원한 현상으로 간주함으로써 가치의 미스터리를 더욱 이해하기 불가능하도록 만들기 때문이다. 이는 계몽주의의 연구 프로그램을 따라 현상들이 지니는 **객관성**을 탐구하는 경제과학이 외양을 오류 또는 허상, 관찰(이 경우에는 무엇보다도 통계)과 연역을 통해 우리가 제거할 수 있는 그런 표상의 결함으로 개념화^{conçoit}한다는 점과 관련된다. **법칙**^{lois}을 통해 경제적 현상들을 설명함으로써, 우리는 이 경제적 현상들이 행사하는 현혹^{fascination}하는 힘^{pouvoir}을 제거해야만 하는 것이다. 동일한 방식으로, 반세기 뒤에 뒤르켐은 '사회적 사실을 사물로 다루는 것'에 관해 말할 것이다.

그런데 물신숭배는 (예를 들어 착시 또는 미신이 그런 것처럼) 주관적 현상, 현실에 대한 잘못된 지각이 아니다. 오히려 물신숭배는 현실(특정한 형태 또는 사회구조)이 나타나지 않을 수 없는 그런 방식을 구성한다. 그리고 이 활동적 '나타남^{apparaître}'—'Schein'이면서 동시에 'Erscheinung'인, 다시 말해 착각^{leurre}이면서 동시에 현상인—은 주어진 역사적 조건 내에서 그것 없이는 사회적 삶 그 자체가 불가능해지는 매개 작용^{médiation} 또는 필연적 기능을 구성한다. 외양을 제거하는 것, 그것은 사회적 관계^{rapport social} 자체를 폐지하는 것이다.[14] 바로 이 때문에 마르크스는 19세기 초 영국과 프랑스의 사회주의자들 사이에 널리 퍼져 있던, 사적 생산 단위들 사이의 교환 원칙은 전혀 변형하지 않으면서 화폐^{argent}만을 제거하고 이를 노동 전표 또는 사회적 재분배의 다른 형태들로 대체하고자 하는 유토피아주의를 반박하는 데 각별한 노력을 기울였던 것이다(하지만 우리는 19세기 이후에도 이런 유토피아주의가 다른 곳에서 자꾸만 재등장하는 것을 보게 된다). 노동생산물에 교환가치를 부여하는 생산과 유통의 구조는 하나의 전체를 구성하며, 상품들의 일반적 등가물의 '전개된^{développée}' 형태로서의 화폐라는 존재는 이렇듯 노동생산물에 교환가치를 부여하는 데 필수적인 기능을 수행한다.

그러므로 교환가치가 지니는 **대상성의 외양**을 해체^{dissoudre}하는 이런 첫 번째 비판적 운동에 다음과 같은 또 다른 두 번째 운동을 추가해야 하는데, 사실 이 또 다른 두 번째 운동은 첫 번째 비판적 운동 자체를 조건 지으며 **대상성 내에서의 외양**의 구성을 보여준다. 주어진 수량적 관계로 제시되는 것은 사실은 하나의 사회적 관계의 표현이다. 서로가 서로에 대해 독립적인 생산 단위들은 이 단위들 각각의 필수적인 노동 정도, 그러니까 각 유형의 유용한 대상에 할애되어야만 하는 사회적 노동의 몫을 (이 단위들 각각의 생산을 '수요'에 조정함으로써) **사후적인 방식**으로만 결정할 수 있다. 이 비율을 결정하는 것은 교환이라는 실천이지만, 각 생산자들 고유의 노동이 다른 모든 생산자들의 노동과 맺는 관계를 각 생산자들의 눈에 '사물들'의 속성으로, 즉 전도된 방식으로 표상하는 것은 바로 교환가치이다. 이때부터 개인들의 눈에는, '가치형태'가 노동의 사회적 분할[즉 사회적 분업]의 표현으로 나타나는 대신에, 그들의 노동이 이 '가치형태'에 **의해** '사회화'된 것으로 나타나는 것이 불가피해진다. 여기에서 내가 위에서 이미 언급했던 정식이 등장한다. "생산자들에게는 그들의 사적 노동의 사회적 관계가 (……) 인격들 간의 직접적인 사회적 관계로서가 아니라, 오히려 인격들 간의 비인격적/물적 관계 또는 비인격적/물적 존재들 간의 사회적 관계로서 나타난다."

마르크스가 수행했던 사고실험은 이에 대한 반증[즉 위의 정식과는 반대로 사적 노동의 사회적 관계가 인격들 간의 직접적인 사회적 관계로 나타나는 정식]을 우리에게 제시해준다. 그의 사고실험은 사회적 필요노동의 분배^{répartition}[할당 또는 배치]가 서로 다른 '생산양식들'에서 이루어지는 방식을 비교한다. 이 서로 다른 '생산양식들'이란 (자급자족 경제에 기반을 둔 원시 사회들 또는 농노제에 기반을 둔 중세 사회와 같은) 과거의 생산양식들, 그리고 (로빈슨 크루소가 자신의 섬에 건설했던 가내 '경제'와 같은) 상상의 생산양식들 또는 (노동의 분배가 의식적인 방식으로 계획화되는 경제인 미래의 공산주의 사회와 같은) 가설적 생산양식들이다. 그러므로 이 생산관계들은 자유롭고 평등한 것으로 나타나거나, 또는 세력 관계에 기초한 억압적인 생산관계들로 나타난다. 하지만 어떤 경우이든 "개인들이 자신들의 노동 내에서 자기 자신과 관련해 담지하게 되는 사회적 관계는 최소한 자신들의 고유한 인격적 관계로 나타나며, 사물들, 즉 노동생산물들의 사회적 관계라는 모습으로 위장되지는 않는다". 다른 용어를 사용해 말하자면, 이 사회들은 평등하든 그렇지 않든 우선 인간들의 사회이지 상품들의 (또는 '시장'의) 사회 — 이 상품들의 사회 내에서 인간들은 상품들의 매개자에 불과할 것이다 — 는 아니다.

관념성의 발생. 분명 이런 종류의 사고실험이 증명을 대체할 수는 없다. 이 사고실험은 증명의 필요성을 시사할 뿐이다. 이런 증명은 마르크스가 과학적 인정을 받기를 원했던 두 가지 연구 결과 중 하나인데(다른 하나는 자본 증식^{accroissement}의 원천으로서의 임노동에 대한 착취 과정을 해명한다), 그러나 마르크스는 이에 대한 절대적으로 확정적인 설명을 발견해내지는 못했던 것 같다. 사실 이 증명은 《자본》 1권의 1편(그러니까 1장부터 3장까지) 전체와 일치한다. 그러나 여기에서는 이 증명의 세 가지 큰 개요만을 상기하는 것으로 만족하고자 한다.

첫 번째로, 이 증명은 노동의 '이중적 성격'(유용성을 지니는 특정한 대상들을 생산하기 위한 목적으로 자연을 변형하는 전문화된 기술적 활동과 인간이 지니는 육체적이고 정신적인 노동의 힘에 대한 일반적 지출, 이 두 가지를 마르크스는 각각 **구체적 노동**과 **추상적 노동**이라고 부르는데, 이는 명백히 동일한 하나의 현실이 지니는 두 가지 측면, 즉 하나는 개체적인 측면이고 다른 하나는 관개체적 또는 집합적인 측면이다)에서 출발함으로써 생산된 상품들이 어떻게 스스로 '이중적' 대상―**유용성**(이 유용성은 특정한 필요에 조응한다)과 **가치**(이 가치의 '실체'는 이 상품들의 생산에 사회적으로 필요한 노동을 통해 구성된다)라는 '이중적' 대상―이 되는지를 보여준다.

두 번째로, 이 증명은 어떻게 하나의 상품이 지니는 가치의 크기가 다른 상품의 양으로, 즉 그 고유한 '교환가치'로 **표현**될 수 있는지를 보여준다. 바로 이 지점이 마르크스에게 가장 어려우면서도 가장 중요한 지점으로 보였던 것이다. 왜냐하면 이 지점은 '일반적 등가물', 다시 말해 유통에서 **추출**된 '보편적인' 하나의 상품―**모든** 다른 상품들은 이 '보편적' 상품 내에서 자신들 고유의 가치를 표현하며, 이와 상호적으로 이 '보편적' 상품 그 자체 또한 자동적으로 모든 상품들을 대체하거나 전부 '구매'해버린다―의 구성을 연역할 수 있도록 해주기 때문이다.

마지막 세 번째로(우리는 너무나 자주 이 세 번째 지점의 필연성을 망각하는데, 이 망각으로 인해 우리는 마르크스의 관점에서 화폐^{monnaie}를 설명하기 위해서는 일반적 등가물의 필연성을 형식적으로 연역하는 것만으로도 충분하다고 잘못 믿어버리고 만다), 이 증명은 어떻게 이런 기능이 한 종류의 규정된 대상(귀금속) 내에서 **물질화**되는지를 보여준다. 이런 물질화 이후 화폐는 끊임없이 재생산되거나, 이 화폐에 대한 다양한 경제적 활용(계산 단위, 지불 수단, 축장 대상 또는 '보유' 대상 등등)에 따라 그 기능이 유지된다. 그래서 이런 물질화의 또 다른 측면은 화폐적^{monétaire} 재료에 대한 지속적인 **관념화** 과정인데, 왜냐하면 이 화폐적 재료가 하나의 보편적 형태 또는 하나의 '관념'을 직접적으로^{immédiatement} 표현하는 역할을 수행하기 때문이다.

마르크스의 이런 논증은 (이 논증이 내포하는 [복잡한] 기술적 접근법과 어려움에도 불구하고) '관념성' 또는 '보편적인 것'의 형성과 이 추상적 실체^{entités}가 인간의 실천과 맺는 관계에 대한 위대한 철학적 설명들 중 하나이다. 이런 관점에서 마르크스의 논증은 마르크스 이전에 플라톤, 로크, 헤겔(헤겔은 "논리학은 정신의 화폐^{argent}다"라고 썼다……)이 제시할 수 있었던, 또는 마르크스 이후에 후설 혹은 프레게가 제안하는 바와 비견될 수 있다. 그렇지만 마르크스의 관점에서는 다음의 두 가지가 우선적 중요성을 지닌다.

하나는 마르크스의 이런 논증을 통해 **화폐주의**^{monétarisme}에 지속적으로 대립하는 모든 고전파 경제학의 최종적 귀결점을 형성하는 것이다. 이 귀결점은 "화폐 물신의 수수께끼가 상품 물신의 수수께끼에 불과하다"는 점, 달리 말해 상품들이 노동과 맺는 관계 내에 포함되어 있는 추상적 형태가 화폐적 현상들(그리고 물론 이를 넘어서 자본주의적 현상들, 금융적 현상들 등등)의 논리를 설명하기에 **충분**하다는 점이다. 우리는 마르크스와 고전파 경제학자들에게 근본적으로 공통된 이런 태도가 그들의 관점에서 자신들의 이론이 지니는 '과학적' 특징을 보증해주는 바였다고 생각할 수 있다. 이와 상호적으로, 이런 태도는 **노동가치**라는 통념이 주류 경제학에 의해 거부된 이후 마르크스와 고전파 경제학자들이 주류 경제학에 대해 공통적으로 갖게 된 강한 불신의 상당 부분을 해명해준다.

다른 하나는 정치경제학 **비판**을 정초하는 것으로, 이는 바로 사회적 관계의 '물신숭배적' 대상화를 필연적인 것으로 만드는 조건들이 전적으로 **역사적**이라는 관념이다. 이 조건들은 '시장을 위한' 생산의 발전과 함께 출현하는데, 이 '시장을 위한' 생산에서 만들어진 생산물들은 구매와 판매, 즉 매매를 통해서만 그 최종 목적지인 모든 형태의 소비에 도달하게 된다. 바로 이것이 한 생산 부문에서 다른 생산 부문으로, 한 사회집단에서 다른 사회집단으로 아주 느린 속도로만 진행되는 수천 년에 걸친 과정이다. 하지만 자본주의와 함께(그리고 마르크스에 따르면 여기에서 결정적인 요소는 인간 노동력 자체의 상품으로의 변형, 그러니까 임노동제이다), 이 수천 년이 걸리는 과정은 빠른 속도로 그리고 비가역적인 방식으로 보편화된다. 다시 말해, 자본주의로 인해 우리는 하나의 불귀점에 도달한 것인데, 그러나 이는 이 불귀점이 극복 불가능한 지점이라는 것을 의미하지는 않는다. 이제부터 가능한 범위에 존재하는 유일한 진보는 생산의 계획화, 다시 말해 노동 지출의 '사회적 통제'를 사회(또는 연합체를 형성한 노동자들)가 다시 회복하는 것이며 이 노동 지출에 대한 경제의 보편적 수량화가 바로 이런 회복의 기술적 조건들을 예비하는 것이다. 그러므로 생산의 계획화에서 사회적 관계의 **투명성**은 원시 사회들—마르크스는 이 원시 사회들 내에서는 **투명성**이 자연적 힘에 대한 신화적 표상을 자신의 대응물로 갖게 된다고 설명하는데, 이는 오귀스트 콩트가 **자신의 관점** 내에서 '물신숭배'라고 불렀던 것과 거의 유사하다—에서 그랬던 것처럼 자생적 조건이 아니라 [인공적인] 집합적 구축물이다. 그러므로 상품물신숭배는 인간에 대한 자연의 지배에서 자연에 대한 인간의 지배로 나아가는 기나긴 이행의 과정으로 나타난다.

마르크스와 관념론(II)[15]

엄밀한 정치경제학 비판의 관점에서만 보자면 우리는 이 지점에서 멈춰설 수 있다. 하지만 이는 내가 이미 지적했듯이 마르크스의 텍스트가 지니는 철학적 중요성을 구성하는 바를 무시하고 이 텍스트에서 산출되어 지금까지 이어져 내려온 그 놀라운 철학적 효과들[postérité], 즉 후예들에 대해 설명하지 않고 넘어가는 일일 것이다. 마르크스의 텍스트가 산출한 놀라운 철학적 효과들은 서로 다른 지향점을 지니는 부분들로 나누어짐에도 이 모두는 주체성에 관한 이론 없이는 대상성에 관한 이론 또한 존재하지 않는다는 사실에 대한 인정 위에 공통적으로 기초해 있다. **사회적 대상성의 구성을 다시 사고함으로써, 동시에 마르크스는 '주체'라는**

개념을 잠재적인 방식으로 혁명화했다. 그러므로 마르크스는 '주체화/복종^{sujétion}' '예속화^{assujettissement}' 그리고 '주체성/주관성^{subjectivité}' 사이의 관계에 관한 논의에 또 하나의 새로운 요소를 도입했던 것이다.

여기에서 우리는 칸트 이후 독일 관념론의 전통 내에서, 무엇보다도 주체는 모든 특수한 개인들 **위에** 위치해 있으면서(여기에서 주체를 [대문자] 인류의 [대문자] 이성과 동일시할 수 있는 가능성이 등장한다) 동시에 **이 모든 특수한 개인들 각자 안에** 존재하고 있는 보편적 의식—이것이 바로 나중에 푸코가 '경험적-초월론적 이중체$^{doublet\ empirico-transcendantal}$'라고 부르게 될 것이며,* 또한 (위에서 이미 보았듯이) 마르크스가 〈포이어바흐에 관한 테제〉에서 본질주의의 단순한 변종이라고 폭로했던 것이다—으로 사고되었다는 점을 기억해야만 한다. 이런 의식이 '세계를 구성'한다. 다시 말해 이 의식은 공간, 시간, 인과성과 같은 자기 고유의 범주들 또는 표상 형태들이라는 수단을 통해 이 세계를 이해 가능한 것^{intelligible}으로 만든다(《순수이성비판》, 1781).[16] 세계에 대한 이런 주관적^{subjective} 구성 **아래에**, 칸트는 경험 내에서의 준거 대상이 없는 형이상학 또는 순수 사유의 '필연적 허상들'의 영역을 별도로 마련해놓아야만 했다. 이 '필연적 허상들'은 이성이 추상을 생산해낼 수 있는 능력을 지니기 위해서는 반드시 지불해야만 하는 대가와도 같았다. 반면에 세계에 대한 주관적 구성 **위에**, 자연과 경험의 제약들에서 벗어나면서, 칸트는 '실천적 순수이성', 다시 말해 사람들^{personnes} 사이의 상호 존중 위에 기초한 '목적^{fins}의 지배'의 구성을 열망하는 무조건적인 도덕적 자유—하지만 이 무조건적인 도덕적 자유는 그 열망만큼이나 의무의 내재적 법칙, 즉 그 유명한 '정언명령'에 가차 없이 종속된다—를 위치시켰다. 그리고 심지어 헤

---

* Michel Foucault, *Les Mots et les choses. Une archéologie des sciences humaines*, Gallimard, Paris, 1966, 9장 '인간과 인간의 분신들', p.329 이하. (한국어판으로는 《말과 사물》, 이규현 옮김, 민음사, 2012를 참조-옮긴이)

겔이 자연적 세계와 도덕적 세계 사이의 분리를 거부하면서 의식적 경험의 진정한 장소를 역사적 경험 내에서 보여주었을 때조차, 세계의 구성에 관한 도식은 결정적인 역할을 수행하는 것으로 남아 있었다. 이 세계의 구성에 관한 도식은 왜 자연과 문화의 형태들 내에서 소실되었거나 소외되었던 정신 또는 이성이 결국에는 이 정신 또는 이성 자신의 다양한 경험들 내에서 **자기 자신에게로**, 그러니까 자신의 구조와 '논리'에 대한 관조로 **되돌아오도록** 만들 뿐인지를 이해할 수 있게 해주었다.

그런데 마르크스의 설명에서 대상성이라는 질문이 상품유통의 사회적 형태들에 대한 분석과 이 사회적 형태들의 경제적 표상에 대한 비판을 통한 (표면적으로는 우연적인) 우회를 통해 완전히 다시 사고된다. 물신숭배의 메커니즘이 바로 어떤 의미에서는 세계의 구성 그 자체인 것이다. 교환 관계들로 구조화된, '자연'의 본질 — 이 '자연'의 본질 내에서 오늘날 인간 개인들이 살아가고 사고하며 행동한다 — 을 명백히 표상하는 사회적 세계의 구성 그 자체. 바로 이 때문에 마르크스가 "부르주아 정치경제학의 범주들"은 "사회적 타당성을, 그러니까 대상성을 지니는 사고 형태들"이라고 썼던 것이다.* 다시 말해, 이 부르주아 정치경제학의 범주들은 규칙들 또는 명령들을 정식화하기 이전에 사물들이 '이미 거기에 존재하고 있다$^{\text{sont là}}$'는 방식으로, 하지만 이 이미 존재하는 사물들을 마음대로 변화시키지는 못하는 그런 방식으로 이 현상들에 대한 지각을 표현한다.

하지만 이런 지각 내에 실재적인 것과 상상적인 것(마르크스는 이를 자율화된 상품들이 지니는 '초감각적인 것'과 '환상적인 것^{phantasmagorie}'이라고 부르는데, 바로 이것들이 상품생산자들을 오히려 지배한다)이, 또는 오히려 경험 대상들이라는 **소여**와 이 경험 대상들이 요구하는 행동의 **규범**이 직접적

---

* *Le Capital*, 1권, *op.cit.*, p.87.

으로 결합된다. 자기 자신부터가 측정, 계산, 평가―상품들의 세계에 빠져버린 개인들은 이런 측정, 계산, 평가를 일상적으로 실천한다―의 거대한 차원 위에 기초해 있는 경제적 계산은 이런 이중성을 경탄스러운 방식으로 예증해준다. 왜냐하면 이 경제적 계산은 경제적 대상들이 **항상 이미 수량화될 수 있다**는 사실("그건 원래 그런거야", 즉 그것이 경제적 대상들의 본성이라는 사실) 위에, 그리고 이 경제적 대상들을―게다가 이 경제적 대상들을 생산하는 인간 활동들을―사전에 고정된 모든 한계(그것이 '자연적' 한계이든 '도덕적' 한계이든 상관없이)를 넘어섬으로써 끝없는 수량화 혹은 합리화에 **종속**시켜야 한다는 사회적 명령 위에 동시에 놓여 있기 때문이다.

주체성의 발생. 그러므로 고전적 관념론의 관점에서는 마르크스가 단순히 과학(현상들에 대한 이해 가능성), 형이상학(순수사유가 지닐 수밖에 없는 필연적 허상들), 그리고 도덕 혹은 '실천이성'(행동에 대한 명령)에 각각 대응되는 세 가지 관점들 사이에 하나의 어떤 결합(이런 결합은 하나의 어떤 **혼란**이 되어버릴 수도 있다)을 실행하는 것에 불과한 것처럼 보일 수도 있다. 하지만 마르크스의 논의와 고전적 관념론 사이의 비교를 시작하자마자 우리는 이 세계의 구성에 관한 이론이 철학사 내에서 자신을 선행하는 이론들―당연히 마르크스는 이 이론들에 대해 깊이 있게 잘 알고 있었다―과 비교했을 때 지니는 독창성을 즉각 발견할 수 있다. 이는 이 세계의 구성이 어떤 주체의 활동에서도, 어찌 되었든 의식의 모델 위에서 사고할 수 있는 어떤 주체의 활동에서도 기원하는 것이 아니기 때문이다. 그러나 그럼에도 이 세계의 구성은 주체들 또는 주체성과 의식의 형태들을 대상성의 장 그 자체 **내에서** 구성한다. 이런 주체성은 자신의 '초월적^transcendante' 혹은 '초월론적^transcendantale' 위치에서 사회적 과정의 효과와 결과라는 위치로 이행하는 것이다.

마르크스가 이야기하는 유일한 '주체'는 다수의, 익명의, 그리고 그 정의상 자기 자신을 의식하지 못하는 실천하는 주체이다. 사실 이는 **비-주체**, 즉 생산, 교환, 소비 활동들― 이 활동들이 결합됨으로써 생성되는 효과는 각각의 개체들에게, 자신들 바깥에서 사물들의 '자연적' 속성으로 지각 가능해진다―의 앙상블로서의 '사회'인 것이다. 그리고 바로 이런 비-주체 혹은 활동들의 복합체가 표상 가능한 **대상들**을 생산함과 동시에 대상들의 사회적 **표상들**을 생산한다. 화폐^{argent}가 하나의 대상임과 동시에 자본과 그 다양한 형태들을 예상하는 하나의 탁월한 표상인 것과 마찬가지로, 상품은 하나의 표상의 형태 내에 항상 이미 주어져 있는 대상이다.

하지만 다시 반복해 말하면, 물신숭배 내에서 대상성의 구성이 어떤 주체, 의식 또는 이성의 선행적 소여$^{donnée\ préalable}$[이미 주어진 것]에 의존하지 않는다고 하더라도, 이 대상성의 구성은 대상성 자체의 일부인 주체들을 구성한다. 달리 말해, 이 주체들은 '**사물들^{choses}**', 그러니까 상품들 **편에서의** 경험 내에 주어진, 그리고 이 '**대상들'과 관계 맺고 있는** 주체들이다. 구성하는 것이 아니라 구성되는 이 주체들은 '경제적 주체들' 그 자체, 혹은 더욱 정확히 말해 부르주아 시민사회 내에서 무엇보다도 경제적 주체(구매자와 판매자, 즉 소유자, 달리 말해 노동력**으로서의 자기 자신에 대한 판매자와 소유자**―이는 깜짝 놀랄 만한 '환상^{phantasmagorie}'이지만, 지나치는 김에 다시 한 번 말해두면, 이는 절대적으로 '자연적'인 것으로 생성된 환상이다)인 모든 개인들이다. 이에 따라 마르크스가 작동시켰던 전도가 완성된다. 마르크스가 제시하는 세계의 구성은 어떤 하나의 주체가 행한 작업이 아니라 대상성의 사회 세계를 구성하는 일부분(그리고 상관물)으로서의 주체성(규정된 역사적 주체성이 취하는 **하나의** 형태)의 발생이다.

이 세계의 구성이라는 출발점에서 두 가지 철학적 발전들을 전개해 나가는 것이 가능해지며, 이 두 가지 발전들 각각에서 다음의 두 가지 해석들이 제시되었다.

'사물화réification'

첫 번째 철학적 발전은 루카치가 1919년과 1922년 사이에 집필했던, 그리고 '사물화'와 '프롤레타리아의 의식' 사이의 거대한 반정립antithèse[안티테제]을 제시했던《역사와 계급의식》에서 전개된다.* 루카치의 철학적 발전은 마르크스의 텍스트에 대한 탁월한 해석임과 동시에 마르크스의 텍스트가 내포하고 있었던 낭만주의적 측면을 부각하는 하나의 외삽이다(분명히 이는 마르크스의 영향을 포함한 다른 영향들, 특히 1900년 저작《돈의 철학》[17]의 저자 게오르크 짐멜과 막스 베버의 영향, 그리고 루카치 자신이 청년기에 지녔던 지향성의 영향으로 인한 것이다). 루카치는 물신숭배에서 하나의 **총체적**totale 철학, 즉 인식, 정치, 그리고 동시에 역사에 대한 개념화를 읽어낸다(게다가 루카치에게 총체성이라는 범주는 추상적 지성entendement ── 정확히 사물화 이론은 이 추상적 지성의 발생을 사고할 수 있게 해준다 ── 의 '분석적' 사고와는 대립되는 변증법적 사고 양식이 지니는 **전형적인** 범주로 주어진다).

1920년대에 혁명의 실험이 후퇴하고 자기 자신 또한 제3인터내셔널의 정통 마르크스주의에 찬동하게 된 후 루카치는 자신의 저서《역사와 계급의식》을 스스로 부정하게 되었음에도, 루카치적 사물화 이론은 20세기의 철학에 상당한 영향을 끼쳤다. 한편으로, 루카치적 사물화 이

---

* Georg Lukács, *Histoire et conscience de classe. Essais de dialectique marxiste*(*Geschichte und Klassenbewusstsein*, 1923), 신판, Kostas Axelos 서문, 게오르크 루카치 후기, Éditions de Minuit, Paris, 1974. (한국어판으로는《역사와 계급의식》, 조만영·박정호 옮김, 거름, 1999를 참조-옮긴이)

론은 20세기에 존재했던 **여러 비판적 마르크스주의**의 상당 부분의 기원이다(특히 호르크하이머와 아도르노를 거쳐 하버마스로 이어지는 프랑크푸르트 학파가 특히나 선호했던 여러 주제들의 기원이 그러한데, 이 주제들은 '근대적 합리성' 또는 '부르주아적 합리성'에 대한 비판이라는 주제뿐만 아니라 역사와 '생활 세계'의 자연화 기획으로서의 기술과 과학에 대한 비판이라는 주제까지도 포함한다). 다른 한편, 뤼시앙 골드만은 사후에 출간된 강의록《루카치와 하이데거》에서《역사와 계급의식》이 문자 그대로 준거하고 있는 것들이 역사성^{historicité}이라는 문제를 다루는 하이데거의 (미완성) 저서《존재와 시간》의 마지막 문단들에서 발견될 수 있다는 점을 설득력 있는 방식으로 주장했다.* 그러므로 하이데거의 저서《존재와 시간》은 한편으로는 사물화 이론에서 표현되는 바로서의 '혁명적 역사주의'에 대한 응답[비판]일 뿐만 아니라, 또한 다른 한편으로는—특히 하이데거에 따르면 '비본래적인^{inauthentique}' 삶을 특징짓는 바인 사회적 익명성$^{le 'on'}$에 관한 이론에서, 그리고 이후에는 공리주의적 기술^{technique}에 의한 세계의 '닦달/몰아세움^{arraisonnement}'에 관한 이론에서—아마도 루카치가 다루었던 몇몇 주제들에 대한 하이데거식의 재가공 또는 재사유의 시초라고 간주해야 할 것이다.[18]

　　루카치의 이론은 상품적 가치들의 세계 내에서 **주체들은 그 자체로 평가**되고 이로 인해 'Verdinglichung'(사물화 또는 물화^{chosification})이라는 용어가 표현하는 대로 **'사물로' 변형된다**는 관념에 기초해 있다. 하지만 마르크스에게는 이 사물화 또는 물화라는 용어가 이런 역할을 수행하지 않는데, 마르크스는 상품들 사이의 관계(등가성, 가격, 교환)가 자율성을 갖

---

* 　Lucien Goldmann, *Lukács et Heidegger*, 유세프 이샤그푸르$^{Youssef Ishaghpour}$가 뤼시앙 골드만의 유고를 취합하고 서문을 붙임, Denoël/Gonthier, Paris, 1973. 하이데거의 철학과 마르크스주의 사이에 존재하는 관계에 대한 좋은 논의로는 장-마리 뱅상의 저서를 참조하라. Jean-Marie Vincent, *Critique du travail. Le Faire et l'Agir*, PUF, Paris, 1987.

게 되며, 이로 인해 이 상품들 사이의 관계가 인격들 사이의 관계를 대체할 뿐만 아니라 이 인격적 관계들을 표상/대표^{représenter}하기까지도 한다고 말했다. 마르크스와 달리 루카치는 다음의 두 가지 관념을 결합시킨다. 우선 첫 번째 관념은 상품적 대상성^{objectivité}이라는 관념, 즉 경제적 범주와 이 경제적 범주가 발생시키는 작용이라는 관념이 **모든 대상성의 모델**, 특히 부르주아 세계 내에서 '과학적' 대상성의 모델이라는 관념이다. 이는 왜 정량적 자연과학들(공학, 물리학)이 상품 관계가 보편화되는 근대에 이런 보편화와 함께 발전하는지를 우리가 이해할 수 있도록 해준다. 이 정량적 자연과학들은 교환의 실천에서 기원하는 주관적인 것[주체적인 것]과 대상적인 것[객관적인 것 혹은 객체적인 것] 사이의 구분을 자연에 투사한다. 다음으로 두 번째 관념은 가치의 계산과 측정으로서의 대상화^{objectivation} 혹은 합리화는 **인간의 모든 활동들**로 확장된다는 관념, 다시 말해 상품이 모든 사회적 대상^{objet}[물체 혹은 객체]의 모델과 형태가 된다는 관념이다.

그래서 이를 통해 루카치는 다음과 같은 하나의 역설을 소묘한다. 자연과학이 이해하는 상품적 합리성은 경험의 주관적 측면과 대상[객관]적 측면 사이의 분리 위에 기초해 있으며, 이는 주관적 요소, 그러니까 필요, 욕망, 의식을 자연적 대상들과 그 수학적 법칙들의 세계에서 **제거**할 수 있게 해준다. 그러나 [역설적이게도] 바로 이 지점이 모든 주체성이 대상성 내로 통합되는 출발점―혹은 점진적인 방식으로 사회 전체에 확장되는 '인간과학'이나 '인간이라는 생산요소'에 대한 경영 테크닉이 예증하듯 대상의 지위로 **환원**되는 출발점―이다. 사실 이런 역설은 자본주의 내에서 인류가 맞닥뜨리게 된 극단적 소외를 표현하는데, 이는 《독일 이데올로기》에서 마르크스가 제시했던 테제들과 매우 가까운(하지만 《독일 이데올로기》가 1932년에서야 최초로 출간될 수 있었으므로 루카치는 《역사와 계급의식》을 집필할 당시에는 이 텍스트의 존재조차 알 수 없었다),

혁명적 전복이 임박했다는 테제들을 루카치로 하여금 다시 취할 수 있게 해준다. 하지만 루카치는 혁명적 전복에 관한 이 테제들을 훨씬 더 사변적인(그러니까 헤겔적이고 쉘링적인) 언어로 정식화하며, 이 테제들에 정치적 메시아주의의 요소 하나를 추가한다. 이 요소에 따르면, 프롤레타리아에게서 자신이 **대상**으로 변형되는 과정은 총체적인 과정인데, 이 프롤레타리아는 이런 변형으로 인해 반드시 전복의 **주체**, 다시 말해 '역사의 주체'(이는 [마르크스가 아니라] 루카치가 처음으로 발명해낸 정식화이다)가 될 수밖에 없다. 자기 자신의 소외를 폐지함으로써, 프롤레타리아는 인간 공동체의 철학적 관념을 **실천적으로** 실현함으로써 역사를 그 종말/목적으로 인도하거나, 혹은 이 역사를 자유의 역사로서 다시 시작되도록 만든다. 그렇기 때문에 철학은 자신의 소멸^{anéantissement} 내에서 실현될 수 있는데, 이는 시간의 종말이 기원들의 창조적 '무'로 되돌아가는 것이라는 매우 오래된 신비주의적^{mystique}[혹은 영성신학적] 사고 도식을 재발견하는 것이기도 하다.

교환과 의무: 마르크스에게서 상징적인 것

루카치의 외삽은 그 자체로 매우 중요하고 탁월하지만, 그럼에도 물신숭배에 관한 묘사를 《자본》이라는 그 이론적 맥락에서 완전히 **분리**한다는 결함을 지니고 있다. 반면 《자본》은 **법/권리**^{droit}와 **화폐**^{argent}에 관한 질문들을 중심으로 하는, 그리고 이런 질문들을 통해 오늘날 우리가 상징적 구조들―시대적 한계로 인해 마르크스가 사용할 수는 없었던 용어이지만 상품들의 세계가 '말하는' 이중언어(화폐적 기호에 의해 형식화된 등가성과 측정의 언어, 그리고 법에 의해 형식화된 의무와 계약의 언어)에 대한 마르크스의 묘사가 내포하는 쟁점을 명확히 해주는 용어―에 대한 분석이라고 부를 수 있는 바로 나아가는 완전히 다른 유형의 해석을 제시한다. 이 것이 바로 내가 위에서 언급했던 두 번째 철학적 발전이다.

여기에서 나는 그 집필 의도와 조건이 상당히 다른 두 가지 작업을 언급하고자 한다. 첫 번째는 ('국가소멸론'의 지지자이며 스탈린적 공포정치 기간에 처형되었던) 소련 법학자인 파슈카니스의 1924년 저서 《법의 일반 이론과 마르크스주의》이다(1924년에 출간된 저서이므로 루카치의 저서 《역사와 계급의식》과 거의 동일한 시기에 출간된 저서임을 알 수 있다).* 파슈카니스의 작업에서 우리가 반드시 주목해야 할 점은 그가 가치형태에 관한 마르크스적 분석에서 다시 출발하면서도 이 가치형태에 관한 마르크스적 분석을 부르주아-시민사회 내에서 '법적 주체'의 구성에 관한 정확히 대칭적인 분석으로 이끌어간다는 점이다(이 저서를 통해 어떤 점에서 보면, 법실증주의 ─ 이 법실증주의에서 모든 법적 규범은 국가에 의해 확립된다 ─ 에 반대하면서 자연법 전통 속에 스스로를 기입하는 파슈카니스에게 법적 구조물의 기초는 바로 우리가 상품유통과 정확히 대응시킬 수 있는 사법$^{droit\ privé}$이다). 개별 상품들이 본성적으로$^{par\ nature}$ 가치의 담지자인 것으로 나타나듯이, 교환하는 개인들^{individus}은 본성적으로 의지와 주체성의 담지자인 것으로 나타난다. **사물들**^{choses}의 경제적 물신숭배가 존재하는 것과 마찬가지로, **인격들**^{personnes}의 법률적 물신숭배가 존재하며, 계약은 교환의 이면이며 이 계약과 교환은 서로가 서로에 의해 전제되고 있다는 점에서 사실 이 두 가지 물신숭배는 하나를 이루는 것이다. 가치의 표현에서 경험되고 지각된 세계[19]는 사실 경제적-법률적 세계이다(또한 이는 마르크스가 이미 지적했듯이 《자본》에 편재하고 있는 헤겔 《법철학》에 대한 비판적 재독해의 쟁점 그 자체이기도 하다).

---

* Evgueny Pašukanis, *La Théorie générale du droit et le marxisme*, 장-마리 뱅상의 서문과 칼 코르쉬Karl Korsch의 '서론을 대신하여'가 수록됨, EDI, Paris, 1970.

더욱 최근의 분석들, 특히 장-조제프 구*의 분석들은 우리가 이 지점을 정확히 파악할 수 있게 해준다. 경제적 물신숭배와 법률적(그리고 도덕적) 물신숭배의 공통 구조는 **일반화된 등가성**으로서, 이는 추상적이고 동등한 방식으로 개인들을 하나의 유통 형태(가치의 유통과 의무의 유통이 이루는 하나의 유통 형태) 내에 복속시킨다^{soumet}. 이 공통 구조는 물질화된 동시에 관념화된 하나의 **척도** ^{mesure} 혹은 하나의 **법률** ^{code} ─이 하나의 척도 또는 하나의 법률 앞에서 '특수성'과 개인적 필요는 소멸되어야 한다─을 전제한다. 간단히 말해, 한편에서[물질화] 개인성^{individualité}은 외부화되어 대상 또는 가치가 되고, 다른 한편에서[관념화] 개인성은 내부화되어 주체 혹은 의지가 되는 것이다. 그래서 이 두 가지 개인성은 정확히 서로가 서로를 완성시키는 역할을 수행한다. 이런 길을 따름으로써, 우리는 루카치와 그의 계승자들과 같이 역사의 주체에 관한 이론 혹은 [자본주의] 경제(사적 개인들의 세계)에서 미래의 공동체로 나아가는 이행의 이론이라는 길을 취하지 않으며, 오히려 마르크스에게서 **주체화/복종 양식들**(경제적-법률적 물신숭배는 이런 **주체화/복종 양식들** 중 하나이다)에 대한 분석─이런 분석은 역사 내에서 구성되는 상징적 질서와 실천들이 맺는 관계를 다룬다─의 기초들을 발견하게 된다. 여기에서 구조주의적 영향을 받은 이런 독해(물론 마르크스의 물신숭배론에 관한 이런 독해 또한 루카치의 외삽과 마찬가지로 당연히 하나의 외삽이다)는 사실 〈포이어바흐에 관한 테제〉가 정식화했던, 개체들^{individus} 내에 '머무르고 있는^{logée}' 유적 특성$^{qualité générique}$으로서의 인간 본질에 대한 비판에 (루카치의 독해보다) 훨씬 더 가깝다는 점을 지적하자. 동시에 이런 독해는 우리가 마르크스를 문화인류학, 법역사학, 정신분석학의 성과들과 조금씩 조금씩 맞세우도록 강제한다.

---

*   Jean-Joseph Goux, *Freud, Marx, économie et symbolique*, Le Seuil, Paris, 1973을 참조.

'인권'의 문제

어떻게 이토록 서로 다른 해석들이 동일한 하나의 텍스트에서 출발할 수 있는 것인가? 이에 대한 해답은 마르크스에게서 '정치경제학 비판'이 형성하는 모든 관념들과 관련된다. 또한 특히 이 해답은 철학자들이 말하듯 이 지점에서 마르크스가 **인격**이라는 용어를 가지고 행했던 심원하게 모호한amphibologique 이중적 용법을 우리가 세심하게 분석할 것을 요구한다. 한편으로, 유통에 의해 구성되는 '사물들'(그러니까 상품과 화폐)과 마주해, **인격들은** 이미 존재하고 있는, 생산의 사회적 활동 내에 다른 이들과 함께 참여하고 있는 **현실의 개인들이다**. 다른 한편으로, 이 동일한 '사물들'과 **함께**, 상품 관계를 '담지'할 수 있으려면 **개인들이 반드시 써야만 하는 것**이 바로 교환의 기능들, 혹은 마르크스가 말하듯 **법률적 '가면들'**이다. 그리고 바로 이 지점이 상당히 테크니컬하면서도 아마 머리가 아플 정도로 복잡한 논의가 필요한 곳일 것이다. 하지만 지금으로서는 거대한 정치적 쟁점 하나만을 지적하는 것으로 만족할 수밖에 없다. 이 거대한 정치적 쟁점은 바로 인권에 대한 해석이라는 문제이다.

인권에 대한 해석이라는 문제에서 마르크스의 입장은 명시적으로 변화해왔다. 자신의 '청년기' 텍스트들(그러니까 무엇보다도 《1843년 원고》, 즉 《헤겔 국법론 비판》과 프랑스대혁명의 〈인간의 권리와 시민의 권리 선언〉에 관한 그 유명한 주해를 담고 있는 1844년의 저작 〈유대인 문제에 대하여〉)은, 베르트랑 비노슈가 훌륭히 보여주었듯이,* 헤겔에게서 온 영감(즉 영원히 존재하는 것으로 여겨짐과 동시에 모든 사회에서 가치를 인정받는 것으로 여겨지는 '인권'의 형이상학적 추상[성]에 대한 비판)과 바뵈프와 평등주의적 공

---

*   베르트랑 비노슈Bertrand Binoche의 소책자 *Critiques des droits de l'homme* (PUF, Paris, 1989) 을 참조.

산주의자에게서 온 영감(〈권리 선언〉이 언급하는 보편적 '인간'이 지니는 부르주아적 특징 — 이 특징에 따르면 모든 권리는 소유에 대한 양도 불가능한 특징으로 이어지며 사회적 연대의 의무를 배제한다 — 에 대한 비판)을 결합한다. 시민의 권리에서 분리된 인간의 권리는 이런 분리로 인해 〈권리 선언〉에서 불평등한 현실과 공동체에 대한 허구 사이에서의 인간 본질의 분열을 사변적으로 표현하는 바로 나타난다.

마르크스의 이런 분석은 특히 프루동과의 논쟁의 영향하에서, 그리고 경제적 자유주의에 대한 비판의 영향하에서 심원하게 변화한다. 이와 관련한 중요한 이론적 전개가 《그룬트리세》에 존재하는데,* 이 텍스트에서 우리는 마르크스가 인권 이데올로기 혹은 '부르주아 민주주의' 이데올로기의 핵심인 평등과 자유 사이의 등식을 이런 이데올로기의 '현실적 기초'를 구성하는 상품과 화폐^{argent}의 유통의 관념화된 표상과 동일시하는 모습을 확인할 수 있다. 평등과 자유 사이의 엄밀한 상호성 — 고대 사회에서는 이런 상호성이 무시되었으며 중세 사회에서는 부정되었던 반면, 근대 사회는 오히려 이런 상호성에서 인간 본성의 복원을 확인한다 — 은 시장에서 각각의 개인들이 다른 개인들 앞에서 보편적인 것의 담지자, 달리 말해 구매력 그 자체로 제시되는 조건들에서 연역될 수 있다. 자신의 사회적 지위(왕 혹은 경작인)가 어떠하든, 그리고 자신의 재산이 얼마이든(은행가 혹은 단순한 임노동자) '특수한 성질을 지니지 않는' 인간[20]이 말이다……

자유, 평등, 소유. 물론 유통 형태와 '자유와 평등의 체계' 사이의 이런 특별한 관계는 《자본》에도 그대로 전제되어 있다. 바로 정확

---

* Karl Marx, *Manuscrit de 1857-1858 "Grundrisse"*, Éditions Sociales, Paris, 1980, tome I, pp.179-190(한국어판으로는 《정치경제학비판 요강》 전 3권, 김호균 옮김, 그린비, 2007을 참조-옮긴이).

히 '소유/고유성', 그러니까 법/권리^{droit}에 의해 개인들에게 귀속된 'Eigenschaften'(Eigentümer, 즉 소유자가 될 수 있는 고유성$^{propriété\ d'être\ propriétaire}$에서 출발하는 것 — 여기에서 슈티르너에게서 등장했던 근본적인 차원의 말놀이가 다시 한 번 등장한다)이 '등가물들 사이'에서 이루어지는 교환의 끝없는 연쇄로서의 상품유통을 위해 요구되는 것임과 동시에 인간 본질을 표현하는 부르주아적 정치 담론에 의해 보편화되는 것이다. 그러므로 우리는 이 권리들에 대한 "시민사회" — 이 "시민사회"는 국가를 조금씩 조금씩 흡수하는, "자유, 평등, 소유 그리고 벤담만이 지배하는"^{21}(달리 말해 개인적 효용의 원칙이 지배하는) "선천적으로 인간이 담지하는 권리의 진정한 에덴동산"이다 — 내에서의 일반적 인정이 상품교환의 보편적 확장(고전파 경제학자들이 "위대하고 거대한 상업공화국"이라고 불렀던 바)과 대응된다고 주장할 수 있다.

하지만 지금 마르크스가 주목하는 것은 이런 형태의 보편성이 발생시키는 모순들이다. 임노동 체계 내의 노동자들이 자기 자신들의 노동력의 자유로운 판매자의 자격으로 계약을 통해 진입하는 **생산**이라는 영역 내에서, 이런 형태의 보편성은 세력 관계를 이 보편성이 지니는 일련의 무한한 폭력들로서뿐만 아니라, 대공업에 의해 [직접생산자들의 집합화가] 기술적으로 요구됨에도 불구하고 이 생산자들의 **집합성**$^{le\ collectif}$을 서로 분리된 개인성의 강제된 병렬로 **해체**^{décomposer}해버리는 수단으로서도 직접적으로^{immédiatement} 표현한다. 루소를 표절해 말하자면, 이는 바로 '개인들을 자유로운 존재로 강제하는 것'이다. 동시에, 마르크스는 자본의 운동을 자기 자신을 스스로 가치증식하는 식으로 잉여노동을 끊임없이 '착출^{pomper}'하는, 개인들에게서 독립적인 거대한 '자동장치'의 운동으로 묘사하며, 여기에서 자본가들은 이런 자본의 운동을 위해 활용되는 '의식적' 도구에 불과하다. 이에 따라 각각의 개별 노동이 지니는 사회적 유용성이 폐기되는 것과 정확히 동일하게, 인권을 정초하기 위해 이 인권을 개인들의 자유의지에 준거하는 방식은 폐기된다. '즉자적' 가치가 화폐^{argent}라는 육체 내에 투사되는 것과 마찬가지로, 활동, 생산성, 육체적이고 지적인 역량은 사회적 자본을 구성하는 이런 새로운 리바이어던 — 준'신학적'인 방식으로, 이 활동, 생산성, 육체적이고 지적인 역량은 '본성적'으로 이런 새로운 리바이어던에 속하는 것으로 보이는데, 왜냐하면 개인들은 **이 새로운 리바이어던을 통해서만** 활동, 생산성, 육체적이고 지적인 역량을 사용할 수 있기 때문이다 — 내에 투사되는 것이다.*

그러나 이런 모순들에 대한 강조는 '인권'의 의미에 영향을 미치지 않을 수 없는데, 왜냐하면 이때부터 이 '인권'이 착취를 은폐하는 언어임과 **동시에** 착취당하는 계급의 투쟁이 표현되는 언어로도 나타나기 때문이다. 여기에서 이 '인권'은 하나의 진리 혹은 하나의 허상이라기보다는 결국 하나의 **쟁점**이다. 그리고 이런 사실에 기초해, "자본가계급과 노동자계급 사이의 내전"의 최초의 사건들을 이야기하는 《자본》의 '노동일'에 관한 한 장**은 "인간의 양도 불가능한 권리들에 관한 화려한 목록"의 무용함을 조롱하면서, 이런 조롱과는 반대로 "계급으로서의" 노동자들로 하여금 "그 모든 것보다 더욱 강력한 국가의 법, 즉 자본에 스스로를 판매하는 것을 방해하는 사회적 장애물을 [법적으로] 확립"할 수 있게 해주는, "노동일을 법으로 제한하는 보잘것없는 마그나 카르타^{Magna} $_{Charta}$"를 높이 평가한다. 하지만 자본주의의 지양이라는 혁명적 전망을 발전시키면서, 《자본》은 개인적 자유와 평등의 부정(그 당시에 사람들은 이를 집산주의라고 부르기 시작했다)에서 멈추지 않고 "부정의 부정", 다시 말해 "어찌 되었든 자본주의 시대의 성과물들 자체에 기초하는 개인적

---

*   *Ibid.*, 13장, '기계와 대공업', 4절 '공장'.

**   *Ibid.*, 8장 '노동일', 7절 '표준노동일을 위한 투쟁: 영국의 공장입법이 다른 나라에 끼친 영향', 같은 책, pp.333-338.

소유"(즉 생산수단의 사회화)라는 결론으로 나아간다.*

우상에서 물신으로

마르크스 자신의 동요를 따르면서 이데올로기에서 물신숭배로, 그리고
이에 대한 다양한 해석의 가능성들로 우리를 이끌어왔던 이 궤적에 대해
어떤 종합적 평가를 내려볼 수 있을까? 물론 모든 비교는 이데올로기론
과 물신숭배론이라는 두 가지 설명에 공통되는 요소들과 이 두 가지 설
명을 분리하고 있는 둘 사이의 거리를 동시에 고려해야만 한다. 한편에
는, 출판조차 되지 않았던 잠정적 텍스트 《독일 이데올로기》(물론 이 《독
일 이데올로기》의 정식화들이 남긴 흔적은 마르크스의 사유 곳곳에서 발견되지
만)가 존재하며, 다른 한편에는 저자 자신이 '정치경제학 비판'의 전략
적 지점 한가운데에 위치시켰으며 오랜 기간 동안 다시 작업하기를 반복
했던 〈상품의 물신적 성격과 그 비밀〉이 있다. 이 둘 사이에 자신의 '과
학적' 기획에 대한 마르크스의 완벽한 개조가, 다시 말해 목표의 변경까
지는 아니더라도 이 '과학적' 기획의 지반 자체에 대한 변경이, ([혁명의]
임박성에서 [혁명의] 장기 지속으로의 이행을 통한) 사회혁명에 대한 자신의
관점의 정정이 놓여 있는 것이다.
　　이데올로기론과 물신숭배론의 명시적 공통점은 이 두 가지 이론이
분업과 경쟁의 보편적 확장에 의해 서로 고립된 **개인들**의 조건을 부르주
아 시대에 '지배적'인 **추상들**(혹은 **일반성들**이나 **보편자들**[보편적인 것들])
의 구성 및 내용에 연결시키려 시도한다는 사실, 그리고 또한 이 두 가지
이론이 개인들의 실천적 보편(개인들이 형성하는 사회적 관계들의 다수성,

* 　　*Ibid.*, 24장 '이른바 본원적 축적', 7절 '자본주의적 축적의 역사적 경향'.

그리고 근대 기술이 가능케 하는 개인들의 활동과 그들의 독특한^{singulières} '능력'을 펼칠 수 있는 가능성)과 노동, 가치, 소유/고유성, 인격이라는 통념들의 이론적 보편성(이론적 보편성은 모든 개인들을 단 하나의 동일한 종 또는 '본질'을 지닌 상호 교환 가능한 대표자들로서의 조건을 지닐 수 있도록 해준다) 사이에서 자본주의와 함께 전개되는 내적 모순을 분석하려 시도한다는 사실이다. 결국 이 두 가지 이론의 공통점은 헤겔과 포이어바흐에게서 유래했으며 마르크스가 끊임없이 다시 작업하기를 멈추지 않았던, 하지만 그 자체를 포기한 적은 단 한 번도 없었던 위대한 논리적 도식, 즉 **소외**라는 도식의 활용이다.

소외는 관념들 혹은 일반성들의 실제 기원에 대한 망각을 의미할 뿐만 아니라, 또한 개인성과 공동체 사이의 '현실적' 관계의 전도를 의미하기도 한다. 개인들로 구성된 현실적 공동체의 **분열** 이후에 사회적 관계는 외적 '사물', 즉 제3의 항으로 **투사**되거나 **전치**된다. 간단히 말해, **투사**의 경우에 이 사물은 '우상', 즉 관념들의 천상(자유, 정의, 인류, 법²²)에 스스로 존재하는 것처럼 보이는 추상적 표상이며, **전치**의 경우에 이 사물은 '물신', 즉 개인들에게 저항 불가능한 역량을 행사하는, 대지와 자연에 속하는 것처럼 보이는 물질적 사물(상품, 그리고 무엇보다도 특히 화폐^{argent})이다.

하지만 두 이론 사이의 이런 차이는 마르크스뿐만 아니라 마르크스의 후예들―마르크스주의자이든 아니든 간에―에게도 놀라운 영향을 끼쳤다. 《독일 이데올로기》에 의해 소묘되는 것이 **권력**^{pouvoir}의 구성에 관한 이론인 반면에, 물신숭배에 관한 정의를 통해 《자본》에서 소묘되는 것은 **주체화/복종**^{sujétion}의 메커니즘이라고 도식적으로 정리해보자. 당연히 이 두 가지 문제설정은 서로 완전히 독립적일 수는 없다. 하지만 이 두 가지 문제설정은 우리가 서로 구별되는 두 가지 사회적 과정에 주목하도록 만들며, 또한 해방에 관한 우리 자신의 성찰을 서로 다른 방식으로 행할 수 있게 해준다.

이런 양자택일은 일련의 차원들 전체에서 설명될 수 있다.

노동과 생산에 준거하는 차원을 살펴보자. 이데올로기의 측면에서, 우리는 생산의 물질적 조건들과 이 조건들이 강제하는 제약들에 대한 부인 혹은 망각에 강조점을 두게 된다. 이데올로기의 영역 내에서, 모든 생산은 부인되거나 승화되며, 이런 부인과 승화를 통해 생산은 자유로운 '창조 행위'가 된다. 바로 이 때문에 육체노동과 지식노동 사이의 분할에 관한 성찰 혹은 지적 차이에 관한 성찰이 여기에서 중심적인 위치를 차지하는 것이다. 위에서 우리는 이런 육체노동과 지식노동 사이의 분할에 관한 성찰이 마르크스로 하여금 한 계급의 이데올로기적 지배가 재생산되고 정당화될 수 있게 해주는 메커니즘을 설명할 수 있게 해주었다는 점을 확인했다. 반면 물신숭배론의 측면에서, 우리는 모든 생산이 교환가치의 재생산에 복속되는subordonnées 방식에 강조점을 두게 된다. 물신숭배론에서 중심적인 위치를 차지하는 것은 상품유통의 형태, 그리고 이 형태 내의 경제적 통념들과 법률적 통념들 사이에서, 교환의 평등한 형태와 계약의 평등한 형태 사이에서, 판매하고 구매할 '자유'와 개인의 인격적 '자유' 사이에서 각각 일대일로 확립되는 상응성이다.

우리는 또한 여기에서 우리가 다루고 있는 소외의 현상들이 서로 반대 방향으로 전개된다는 점을 보여줄 수도 있을 것이다. 이데올로기론의 측면에서, 이 소외의 현상들은 믿음의 영역에 속하며, 개인들의 '관념론'(다시 말해 이 개인들이 원용하는 신, 민족, 인민 혹은 심지어 혁명이라는 초월적 가치들[23])과 관계되어 있다. 물신숭배론의 측면에서, 이 소외의 현상들은 지각의 영역에 속하며, 개인들의 현실주의 또는 '공리주의'(다시 말해 일상의 삶에서 우리가 자명한 것으로 여기는 것들, 즉 효용, 물건들의 가격, '정상적normal' 행동의 규칙들)와 관계되어 있다. 이는 그 자체로 이미 정치적 결과들을 생산하게 되는데, 왜냐하면 우리는 (혁명적 정치까지도 포함해) 정치가 관념의 문제임과 동시에 습관^{habitudes}[일상] ^{24}의 문제이기도 하다는 점을 이미 잘 알고 있기 때문이다.

국가 혹은 시장. 하지만 이 두 가지 이론 사이의 차이는 결국 앞서 설명했던 모든 것을 요약해주는 다음과 같은 거대한 대립으로 우리를 인도해준다. 이데올로기론은 근본적으로 **국가의 이론**(이 **국가의 이론**이라는 표현으로 국가에 내재하는 지배 양식을 지시하도록 하자)인 반면, 물신숭배론은 근본적으로 **시장의 이론**(**시장의 이론**이라는 표현으로 주체화/복종 양식 혹은 사회에 대한 시장으로의 조직화에 내재해 있으며 또한 상품의 역량을 통한 그 지배에 내재해 있는 주체와 대상의 '세계' 구성 양식을 지시하도록 하자)이다. 이런 차이는 마르크스가 이 두 가지 이론을 정교하게 구성해냈던 서로 다른 시간과 장소(파리와 런던, 즉 정치[국가와 이데올로기]의 수도와 경제[시장과 물신숭배]의 수도)를 통해서도, 그리고 그 당시 마르크스가 혁명적 투쟁의 조건과 목적을 통해 스스로 갖게 되었던 관념의 차이를 통해서도 아마 설명될 수 있을 것이다. 우리는 시민사회의 발전과는 모순적인 것이 되어버린 부르주아적 지배를 전도한다는 [이데올로기론의] 관념에서 자본주의에 의해 생산된 **사회화** 양식에 내재하는 모순을 해소^{résolution}한다는 [물신숭배론의] 관념으로 이동한다.

이 두 가지 이론 사이의 차이는 또한 각각의 이론의 주요 원천들(이 주요 원천들은 또한 동시에 이 각각의 이론의 비판 대상이기도 하다)을 통해 설명되는데, 그러나 이 두 가지 이론은 분명한 방식으로 서로 연결되어 있다. 물신숭배론은 정치경제학 비판 곁에서^{contrepoint} 정교하게 구성되는데, 왜냐하면 마르크스는 스미스에게서, 특히 리카르도에게서 노동의 수량화에 전적으로 기초하고 있는, 그리고 개인들의 교환 행위라는 작용을 통한 시장의 자기 조절이라는 '자유주의적' 통념에 전적으로 기초하고 있는 가치에 대한 '해부학'을 발견하기 때문이다. 반면에, 만일 마르크스가 이데올로기를 국가라는 문제설정에 따라 이론화했다면, 이는 우리가 이미 위에서 살펴보았듯이 사회에 행사되는 헤게모니로서의 법치국가라는 놀라운 정의를 헤겔이 이미 제시했기 때문이다.

　이제 우리는 이데올로기라는 마르크스주의적 통념에, 그리고 특히 이데올로기 혹은 관념들의 **생산조건**에 관한 마르크스주의의 개념화에 무언가 본질적인 것을 빚지고 있는 동시대의 이론가들이 헤겔적 기원에서 유래하는 질문들―'유기적 지식인'(그람시), '이데올로기적 국가장치'(알튀세르), '국가귀족'과 '상징폭력'(피에르 부르디외)―을 필연적으로 재발견하게 된다는 매우 놀라운 사실을 명확히 해명할 수 있게 된다. 하지만 이미 엥겔스는 1888년《루트비히 포이어바흐와 독일 고전철학의 종말》에서 이데올로기 개념을 재발견했을 때 국가를 '제1의 이데올로기적 힘^{puissance}'으로 만드는 바를 보여주고자 했고, 계급국가에 그 (종교적인 혹은 법률적인) 정당성을 부여해주는 '세계관' 혹은 지배적 이데올로기 형태들의 역사적 연속성의 법칙을 드러내고자 했다. 반면, 상품 논리 혹은 가치의 상징에 의해 지배되는^{commandée} '일상생활'의 현상학들, 즉 프랑크푸르트 학파, 앙리 르페브르, 기 드보르$^{Guy\ Debord}$, 아그네스 헬러$^{Agnès\ Heller}$의 현상학들뿐만 아니라 화폐^{argent}와 법이라는 '언어'에 의해 구조화되는 사회적 상상계에 대한 분석, 즉 모리스 고들리에$^{Maurice\ Godelier}$, 장-조제프 구 혹은 구조를 제도로 대체하는 코르넬리우스 카스토리아디스$^{Cornelius\ Castoriadis}$, 심지어는 '교환가치의 물신숭배' 대신에 '사용가치의 물신숭배'를 탐구함으로써 어떤 의미에서는 마르크스를 **전도**시키는 장 보드리야르$^{Jean\ Baudrillard}$의 분석들의 경우, 우리는 그것들을 물신숭배 분석의 계보에서 발견해야만 한다.

카를 마르크스, 〈상품의 물신적 성격과 그 비밀〉
《자본》1권 1편 1장 4절)

"그러면 노동생산물이 상품 형태를 취하자마자 갖게 되는 그 수수께끼 같은 성격은 어디에서 나오는 것일까? 그것은 분명히 이 상품 형태 자체에서 나온다. 모든 인간의 노동이 동일하다는 사실은 이들 노동에 의한 생산물이 모두 똑같이 가치로 대상화되는 물질적 형태를 취하며, 시간의 길이를 기준으로 한 인간 노동력 지출의 척도는 노동생산물의 가치 크기라는 형태를 취하며, 마지막으로 생산자들의 노동이 사회적 규정성을 확인받는 생산자들 간의 관계는 노동생산물 간의 사회적 관계$^{rapport social}$라는 형태를 취하게 된다.

따라서 상품 형태의 신비성은 단지 다음과 같은 점에 있다. 즉 상품 형태는 인간들에게 인간 자신의 노동이 갖는 사회적 성격을 노동생산물 그 자체의 대상적^{objectifs} 성격인 양 또는 이 사물들^{choses}의 천부적인 사회적 속성인 양 보이게 만들며, 따라서 총노동에 대한 생산자들의 사회적 관계도 생산자들 외부에 존재하는 갖가지 대상의 사회적 관계인 양 보이게 만든다. 이런 착시 현상/오해^{quiproquo}를 통해 노동생산물은 상품, 즉 감각적이면서 동시에 초감각적^{sensibles} ^{suprasensibles}이기도 한 사물 또는 사회적 사물이 된다. 이는 마치 어떤 사물이 시신경에 주는 빛의 인상을 시신경 자체의 주관적인 자극으로서가 아니라 눈의 외부에 있는 사물의 대상적^{objective} 형태로 느끼는 것과 같다. 그러나 우리가 어떤 사물을 볼 때 그것은 실제로 빛이 하나의 물체^{chose}인 외적 대상에서 다른 하나의 물체인 눈에 투여되는 것을 뜻한다. 그것은 물리적인 물체들 사이의 물리적 관계이다. 반면 상품 형태나 이 상품 형태가 나타내는 노동생산물간의 가치 관계는 노동생산물의 물리적인 성질이나 거기에서 생겨나는 물질적 관계와는 전혀 상관이 없다. 그것은 인간 자신들의 일정한 사회적 관계일 뿐이며 여기에서 그 관계가 사람들 눈에는 물체^{choses}와 물체[즉 사물들] 사이의 관계라는 환상적인^{phantasmagorique} 형태를 취하게 된다. 따라서 그와 유사한 예를 찾으려면 종교적인 세계의 신비경으로 들어가야만 한다. 여기에서는 인간 두뇌의 산물이, 독자적인 생명을 부여받고 그들 간에 또 사람들과의 사이에서 관계를 맺는 자립적인 모습으로 나타난다. 마찬가지로 상품 세계에서는 인간의 손의 산물이 그렇게 나타난다. 이것을 나는 물신숭배[Fetischismus, fétichisme]라고 부르는데, 그것은 노동생산물이 상품으로 생산되는 순간 이들에게 달라붙는 것[adhère]으로서 상품생산과는 불가분의 것이다."[25]

설명 상자 2

안토니오 그람시

레닌 이후 유럽 공산주의 운동의 지적 지도자들 중 가장 위대한 인물이라고 할 수 있는 안토니오 그람시(1891~1937)의 저작은 서로 상당히 다른 지위를 갖는 세 그룹의 텍스트들로 구성되어 있다. **정치적 저술들**(1914년에서 1926년 사이에 작성한 논문들과 보고서들로, 파리의 갈리마르 출판사에서 전 3권으로 불역되었다), 이탈리아 파시스트 정권에 의해 체포된 뒤 감옥에서 집필했으며 이탈리아의 해방 이후 출간된 **《옥중 수고》**(이탈리아어 고증본에 따른 이 책의 프랑스어본이 로베르 파리[Robert Paris]의 책임지도하에 출간되었다), 마지막으로 **서한들**(이 중 일부가 《감옥에서 보낸 편지》로 불역되었다. *Lettres de prison*, Gallimard, Paris, 1971).

무솔리니가 우쭐대며 단언했던 것과는 반대로, 그는 "그람시의 뇌가 작동하는 것을 멈추게 만들"지 못했다. 오히려 그람시가 겪었던 육체적이고 정신적인 시련은 결국 그 영감이 여전히 고갈되지 않는 기념비적인 지적 생산물들을 만들어냈다(Christine Buci-Glucksmann, *Gramsci et l'État, Pour une théorie matérialiste de la philosophie*, Fayard, Paris, 1975와 André Tosel, *Marx en italiques. Aux origines de la philosophie italienne contemporaine*, Trans-Europ-Repress, Mauvezin, 1991을 참조). 그람시의 사상은 단 몇 줄로 요약될 수 없다. 긴밀한 방식으로 상호 연관된 네 가지 주제들을 언급하는 것으로 만족하자. 1) '변증법적 유물론'의 전통과는 완전히 상이하게도, 그람시는 마르크스주의 내에서 '프락시스의 철학[philosophie de la praxis]'을 발견한다. 우선 그람시는 이 '프락시스의 철학'을 1917년 러시아혁명과 토리노의 '노동자 평의회' 운동에서는 사회주의 조직이 지녔던 숙명론에 대립하는 의지에 대해 긍정하고 확인하는 것으로 해석하고, 이후에는 [직접]생산자들의 **헤게모니**의 요소들을 필연적으로 구성할 수밖에 없는, 마키아벨리적 영감에서 유래하는 '정치과학'으로 해석한다. 2) 이 주제는 계급적 결정 작용을 폐기하지는 않으면서도 대신 세력 관계와 (문화적 제도들을 통해 획득되는) '합의' 간의 상보성을 강조하는 '마르크스주의 국가 이론'의 '확장'과 연관된다. 3) 이를 통해 우리는 왜 그람시가 (미완성으로 남은) 연구 프로그램의 한 부분 전체를 '유기적' 관계—이 '유기적' 관계는 하나의 새로운 사회계급이 부상할 때 **지식인들**을 대중들과 결합시킨다—의 개혁이라는 관점에서 서로 다른 유형의 **지식인들**이 지니는 기능에 대한 역사와 분석에 할애했는지를 이해할 수 있게 된다. 4) 이런 비판적 성찰은 노동자들을 부르주아적 헤게모니에서 해방하는 그들의 도덕 또는 '공통 감각/상식sens commun'에 대한 탐구에 의해서뿐만 아니라, 또한 근본적으로 세속적이며 모든 메시아적 이데올로기와 대립되는 정치 행위의 규제적 원리에 대한 정식화와 적용에 의해서도 윤리적 차원을 지니게 된다("의지의 낙관과 지성의 비관"). 그람시의 사유가 지니는 끈질긴 현재성에 관해서는 최근에 출간된 조르조 바라타의 에세이를 참조할 수 있다. Giorgio Baratta, *Le rose e i quaderni. Saggio sul pensiero di Antonio Gramsci*, Gamberetti Editrice, Roma, 2000.[26]

설명상자 3

게오르크 루카치

1885년 헝가리 부다페스트의 유대인 부르주아 가정에서 태어난 죄르지 루카치 György Lukács(하지만 그는 독일어에 따라 게오르크 (폰) 루카치 Georg (von) Luács라고도 불리며 자신의 모든 저작을 독일어로 집필했다)의 길고 극적인 삶은 커다란 네 가지 시기로 나뉜다. 청년기에 그는 독일에서 신칸트주의자들과 막스 베버와 함께 철학과 사회학을 연구했으며, 유대교적 영성신비(Michael Löwy, *Rédemption et utopie. Le judaïsme libertaire en Europe centrale*, Paris, 1988)에 대해 관심을 쏟은 동시에 '반反자본주의적 낭만주의'의 영감을 받은 미학(*L'Âme et les formes*, 1910, 불

역: Gallimard, Paris, 1966)을 발전시켰다. 그는 제1차 세계대전 동안 특히 로자 룩셈부르크[Rosa Luxemburg]와 '스파르타쿠스' 운동에서 매우 강력한 영향을 받아 마르크스주의자가 되는데, 이런 영향은 루카치를 헝가리 '평의회' 혁명에 참여토록 했으며, 그는 1919년 이 '평의회' 조직 내의 '인민문화위원장'이 되기까지 했다. 1923년 출간된 그의 논문집《역사와 계급의식》은 대상성[객체성 혹은 객관성]과 주체성 사이의 변증법적 종합이라는 헤겔적 관념을 '계급의식'과 프롤레타리아의 혁명적 실천이라는 (역사의 귀결로서의) 요소 내로 완전히 전위시켜 다시 현재화하는 가장 놀라운 시도이다. 정확히 동시대의 저작이며 많은 점에서 비교 가능한 칼 코르쉬의《마르크스주의와 철학》(Marxisme et philosophie, 불역: Éditions de Minuit, Paris, 1964)과 마찬가지로 공식 마르크스주의에게 탄압받았던 이 저서《역사와 계급의식》은 저자 자신조차 이 책을 부정했음에도 서구의 '비판적 마르크스주의'의 공개적인 혹은 감추어진 원천의 상당 부분을 차지하게 된다. 1930년대 초 모스크바에 정착한 이후, 그리고 1945년이 지나 다시 사회주의 국가인 헝가리로 돌아간 이후, 루카치는 '비판적 리얼리즘'에 관한 이론(Le Roman historique, 불역: Payot, Paris, 1972), 철학사(Le Jeune Hegel, Sur les rapports de la dialectique et de l'économie, 불역: Gallimard, Paris, 1981), 정치-철학적 논쟁(La Destruction de la raison, 불역: L'Arche, Paris, 1962, 독일 철학의 비합리주의, 그리고 민족사회주의[즉 나치즘]로의 이행에서 이 독일 철학이 행한 지적 역할에 관한 연구)을 포괄하는 박식하고 체계적인 더욱 '정통적' 성격의 저작을 발전시켰다. 그는 1956년 너지 임레[Nagy Imre]가 지도하는 민족 혁명에 다시 참여하며 그때부터 경찰의 집중적인 감시 대상이 되었다. 그가 말년에 집필한 위대한 두 저서는 1963년의《미학[Esthétique]》과 특히《사회적 존재의 존재론[Ontologie de l'être social]》(루카치 사후 1971년에 출간되었으며 프랑스어로는 번역된 바 없다)인데,《사회적 존재의 존재론》에서 루카치는 '인류의 자기의식'을 노동의 소외[aliénation]와 탈소외[désaliénation]라는 기반 위에서 이루어지는 '목적론과 인과성 사이의 관계에 대한 해소'의 관점에서 연구한다(니콜라 테르튈리앙이《마르크스주의 비판 사전》에 기고한 항목을 참조하라. Nicolas Tertulian, "Ontologie de l'être social", in Dictionnaire critique du marxisme, PUF, Paris, 2판, 1985.)[27]

옮긴이 주

1. 이데올로기론과 물신숭배론이라는 두 이론이 '주체화' 개념과 맺는 복잡한 관계를 사고하기 위한 작은 단초를 제시하고자, 조금 자의적일 수 있다는 위험을 무릅쓰고 이에 대한 옮긴이의 해석을 제시해보고자 한다. 옮긴이의 역어 선택은 다음과 같다. 'subjectivation = 주체화' 'assujettissement = 예속화' 'sujétion = 주체화/복종' 'sujet = 주체'. 여기에서 더 자세히 다루지는 않겠지만 한국어에서 '예속'과 '복종'은 분명히 전혀 다른 뉘앙스를 지니고 있다. 특히 에티엔 드 라 보에시의 저서 《자발적 복종》(박설호 옮김, 울력, 2015를 참조)에서 '복종'은 'servitude'를 번역한 것인데, 이 또한 역시 '예속'으로 번역할 수 있으나 그 선택에 따라 전혀 다른 뉘앙스를 표현할 수 있다. 반면 미셸 우엘벡의 소설 《복종》의 원어는 'soumission'인데, 이 프랑스어 단어의 경우 '예속'으로 표현하기는 힘들다. 간략히 구분하자면 '예속'이 종속되는 과정 혹은 종속된 상태의 뉘앙스가 강한 반면, '복종'은 이미 종속된 주체 혹은 신민이 종속화 이후 주인 혹은 지배자의 명령 등을 따른다는 행위 차원의 뉘앙스가 강하다. 아래에서 언급하겠지만 '주체화/복종'이라는 역어를 제시한 연구자는 서관모인데, 그가 '예속'과 '복종' 사이의 한국어상의 뉘앙스 차이를 고려해서 이런 역어를 제시한 것인지는 불명확하다. 하지만 어찌되었든 옮긴이는 '예속'과 '복종'이라는 두 한국어가 지니는 차이를 활용해 조금 다른 번역어 논의를 개시할 수 있지 않을까 생각해본다. 물론 옮긴이의 선택은 전혀 확정적인 것이 아니며 '주체화'와 관련한 여러 개념들과 그 번역어들에 대한 논의를 개시하기 위한 단초 정도로 독자들이 생각했으면 한다. 참고로 아래 논의에서는 푸코의 '주체화' 개념에 대해서는 논의하지 않을 텐데, 진태원이 〈스피노자와 푸코: 관계론의 철학(들)〉(《스피노자의 귀환》, 서동욱·진태원 엮음, 민음사, 2017)의 4절 '주체화'에서 지적했듯, 사실 'subjectivation'을 '주체화'로 옮기기는 했으나 푸코에게서 이 '주체화'는 '주체화/예속화'를, 혹은 더욱 정확히 말해 '예속적 주체화'와 '자유의 주체화'라는 '한 가지 과정의 두 가지 양상' 모두를 포함하는 개념이다. 우리의 논의로 넘어가보도록 하자.

우선 3장의 제목에서 '권력'은 'pouvoir'를 옮긴 것이고 '주체화/복종'은 'sujétion'을 옮긴 것이다. '주체화/예속화/복종'과 관련한 번역어들을 정리해보면, 일반적인 번역 관행을 따라 'subjectivation'은 '주체화'로, 'assujettissement'은 '예속화'로 번역할 수 있다. 물론 'sujet'라는 단어에 '주체'라는 의미와 '신민' 또는 '백성'이라는 의미가 모두 들어 있듯이, 엄밀히 말하면 'subjectivation'은 ('assujettissement'

이 배타적으로 '예속화'만을 의미하는 것과는 달리) '주체화'와 '예속화' 모두를 의미할 수 있다. 그래서 'subjectivation'을 기본적으로 '주체화'로 번역하는 동시에 이 단어가 '예속화'라는 의미 또한 내포하고 있다고 간주하는 경우가 많다. 그보다는 오히려 'sujétion'의 번역이 문제인데, 이 'sujétion'은 사실 현대 정치철학의 핵심 개념으로 자리 잡은 'subjectivation', 즉 '주체화'와는 달리 현대 프랑스 철학에서 독립적인 개념으로는 잘 쓰이지 않는 용어이다. 그런데 구태여 발리바르가 이 'sujétion'이라는 용어를 활용하는 이유는 무엇일까? 이를 파악하기 위해서 일단 현대 정치철학의 핵심 개념으로 자리 잡은 '주체화' 개념에 대해 간단히 살펴보자. '주체화'는 미셸 푸코가 최초로 지금의 현대 정치철학에서와 같은 의미로 체계적으로 활용한 이래, 동시대 인문사회과학 그리고 (아래에서 살펴볼 현대 정치철학 연구자 진태원의 주장에 따르면) (포스트-)구조주의 사상의 핵심적 위치에 자리 잡은 개념으로, 이에 대해서는 진태원의 다음과 같은 설명을 참조할 수 있다.

"그것은 오히려 (포스트) 구조주의 이후 이제 주체는 더 이상 설명의 근본 원리가 아니라 오히려 설명의 대상으로 존재하게 되었다는 것을 뜻한다. 곧 주체는 우리가 세계를 설명하기 위해서는 필연적으로 가정하지 않을 수 없는 어떤 것, 세계를 초월한(칸트적 의미의 '초월'이든 아니면 좀 더 전통적인 의미의 '초월'이든 간에) 지점에 위치해 있는 어떤 것이 아니라, 일정한 물질적·상징적 존재 조건을 기반으로 해 특정한 메커니즘에 따라 비로소 생산되고 재생산되는, 그리고 그러한 조건이나 메커니즘의 변화에 따라 전환되는 것이 되었다. 하지만 이것은 구조주의의 설명 대상으로서의 주체가 일종의 자동인형 같은 전적으로 수동적인 존재자라는 것을 의미하지는 않는다. 구조주의가 설명하려고 하는 것은 자율적인 존재자로서의 주체가 어떻게 자신의 타자에 의해, 곧 자기 바깥의 물질적·상징적 존재 조건에 의해 **자율적인 존재자로서 생산되고 재생산되는가** 하는 점이다. 요컨대 주체가 자율적 존재자로서 존재하기 위해서 전제해야만 하는 주체 생산의 조건과 메커니즘을 해명하는 것, 따라서 **주체의 자율성의 조건으로서 타율성**을 설명하는 것이 (포스트) 구조주의의 근본적인 철학적 과제였다고 할 수 있다."(진태원, 주체화 I, 웹진 민연, 통권 017호, 2012, 강조는 원문)

이런 맥락에 따르면, (포스트-)구조주의, 더 넓게 말해 현대 정치철학에서 중요한 것은 어떠한 '주체'를 선험적으로 가정하는 것이 아니라, 미셸 푸코의 문제설정에 따라 '주체화'와 그 이면의 '예속화'를 해명하는 것이다(이에 대한 더욱 심화된 논의를 위해서는 진태원, 《을의 민주주의: 새로운 혁명을 위하여》, 그린비, 2017의 7장 〈정치적 주체화란 무엇인가?: 푸코, 랑시에르, 발리바르〉를 참조하라). 그런데 이런 주체화[subjectivation]는,

우리가 앞으로 3장에서 발리바르의 '탁월한 이분법'을 통해 살펴볼 수 있듯, 알튀세르의 이데올로기론과 푸코의 권력 이론, 즉 우상^{idole}의 이론으로서 국가 이론의 자장을 자신의 유효범위로 취하는 개념이다. 반면 'sujétion'은, 발리바르의 '탁월한 이분법'에 따라, 마르크스의 물신숭배론과 루카치의 사물화론, 즉 물신^{fétiche}의 이론으로서 시장 이론의 자장을 자신의 유효범위로 취하는 개념이다. (푸코나 부르디외 등과 같은 다른 이론가들을 제외하고 알튀세르로 논의를 한정하자면) 이데올로기적 호명^{interpellation}의 메커니즘에 의해 '개인^{individu}'은 '주체^{sujet}'가 되는데, 이것이 바로 '주체화'이다. 그리고 위에서 언급했듯 이런 '주체화'는 '예속화'라는 자신의 이면을 갖고 있다. 그래서 'subjectivation'은 항상 'assujettissement'을 함의하고 있다고 볼 수 있다. 반면 (장-조제프 구 등과 같은 '상징적 구조주의'의 이론가들을 제외하고 마르크스로 논의를 한정하자면) 마르크스의 물신숭배론의 관점에서 자본주의 상품 사회 내에서 '개인'은 교환 과정에 포섭됨으로써, 그리고 화폐의 (초과) 권력에 '예속'됨으로써 법률적-경제적 의미의 '인격^{personne}'으로서의 '교환의 주체^{sujet de l'échange}'가 된다. 발리바르의 '탁월한 이분법'에 따르면 이는 이데올로기적 호명에 의한 주체화와는 다른 의미의 주체화이기 때문에 이를 동일한 단어 'subjectivation'으로 표현할 수는 없다. 그래서 발리바르는 굳이 'sujétion'이라는 단어를 채택하는 것으로 추정되는데(물론 이는 옮긴이의 해석이다), 이를 '주체화'로만, 혹은 '예속화'로만 번역하게 되면 발리바르가 굳이 잘 쓰이지 않는 'sujétion'이라는 단어를 취한 맥락을 완전히 삭제하게 된다고 옮긴이는 판단한다. 그래서 알튀세르 연구자 서관모가 발리바르의 논문 〈무한한 모순〉에 등장하는 '주체화/복종 양식', 즉 'mode de sujétion'의 번역과 관련해 다음과 같은 근거를 제시하면서 이 용어를 '주체화/복종'으로 번역해야 한다고 주장하듯, 옮긴이 또한 'sujétion'을 주체화/복종으로 번역하고자 한다. 서관모의 설명을 간단히 살펴보자.

"주체화 양식^{le mode de sujétion}이란 '상징적 구조들의 작용 하에서의 주체의 구성 양식'을 말하는데, 여기서 'sujétion'이 '복종'과 '주체화(주체로 되기)'라는 이중의 의미를 갖는다는 것에 유의해야 한다. 즉 '주체화 양식'은 '주체화/복종 양식'이다. 발리바르는 '주체화^{sujétion}의 형태들'을 '복종^{sujétion}의 형태들의 상관물들인 한에서의 주체화^{subjectivation}의 형태들'로 정의한다. 영어로는 용어가 구분되어 'subjection(sujétion)'은 'subjugation(sujétion)의 상관물인 한에서의 subjectivation(subjectivation)'이 된다. 참고로, 발리바르는 1983년에 이미 '마르크스가 표현한 바와 같이 국가의 모든 역사적 형태가 생산관계들의 형태와 이데올로기적 관계들의 형태로 이중의 토대를 갖는다'고 말한 바 있다."(서관모, 〈반폭력의 문제설정과 인간학적 차이들〉, 《마르크스주의 연구》

5(2), 2008, 271쪽)

물론 서관모의 경우 이런 '주체화/복종 양식'을 오히려 물신숭배론의 맥락에서 추출해 이데올로기 양식으로만 한정하는데, 이는 서관모가 알튀세르와 동일하게 취하고 있는 '물신숭배론에 대한 거부'라는 입장과 연관되어 있는 것으로 보인다(이와 관련해 서관모의 글인 〈알튀세르를 너무 위험시할 필요가 있을까?〉,《경제와 사회》통권 114호, 2017년 6월을 참조할 수 있다). 물론 발리바르 자신이 이 점에 관해 명쾌하게 자신의 입장을 정리하지는 않고 있는 것이 이렇듯 여러 해석들이 등장하는 원인일 수 있으나, 발리바르의 철학 방식의 핵심이 '아포리아의 발견'이라는 점에서 이에 대해 어떤 완벽한 결론을 내리기를 거부하고 있다고 해석하는 것이 적절하므로, 오히려 이 '주체화/복종 양식'을 이데올로기 양식으로만 한정하는 것 또한 문제라고 옮긴이는 판단한다. 3장에서 발리바르는 '주체화/복종 양식'과 관련해 다음과 같이 주장한다.

"더욱 최근의 분석들, 특히 장-조제프 구의 분석들은 우리가 이 지점을 정확히 파악할 수 있게 해준다. 경제적 물신숭배와 법률적(그리고 도덕적) 물신숭배의 공통 구조는 **일반화된 등가성**으로서, 이는 추상적이고 동등한 방식으로 개인들을 하나의 유통 형태(가치의 유통과 의무의 유통이 이루는 하나의 유통 형태) 내에 복속시킨다. 이 공통 구조는 물질화된 동시에 관념화된 하나의 **척도**^{mesure} 혹은 하나의 **법률**^{code} — 이 하나의 척도 또는 하나의 법률 앞에서 '특수성'과 개인적 필요는 소멸되어야 한다 — 을 전제한다. 간단히 말해, 한편에서[물질화] 개인성^{individualité}은 외부화되어 대상 또는 가치가 되고, 다른 한편에서[관념화] 개인성은 내부화되어 주체 혹은 의지가 되는 것이다. 그래서 이 두 가지 개인성은 정확히 서로서로를 완성시키는 역할을 수행한다. 이러한 길을 따름으로써, 우리는 루카치와 그의 계승자들과 같이 역사의 주체에 관한 이론 혹은 [자본주의] 경제(사적 개인들의 세계)에서 미래의 공동체로 나아가는 이행의 이론이라는 길을 취하지 않으며, 오히려 마르크스에게서 **주체화/복종 양식들**(경제적-법률적 물신숭배는 이러한 **주체화/복종 양식들** 중 하나이다)에 대한 분석 — 이런 분석은 역사 내에서 구성되는 상징적 질서와 실천들이 맺는 관계를 다룬다 — 의 기초들을 발견하게 된다. 여기에서 구조주의적 영향을 받은 이런 독해(물론 마르크스의 물신숭배론에 관한 이런 독해 또한 루카치의 외삽과 마찬가지로 당연히 하나의 외삽이다)는 사실 〈포이어바흐에 관한 테제〉가 정식화했던, 개체들^{individus} 내에 '머무르고 있는^{logée}' 유적 특성$^{qualité\ générique}$으로서의 인간 본질에 대한 비판에 루카치의 독해보다 훨씬 더 가깝다는 점을 지적하자. 동시에 이러한 독해는 우리가 마르크스를 문화인류학, 법역사학, 정신분석학의 성과들과 조금씩 조금씩 맞세우도록 강제한다."(이 책 181쪽)

조금 뒤에서 발리바르는 한 번 더, 하지만 상당히 도식적으로 다음과 같이 주장한다.

"하지만 두 이론 사이의 이런 차이는 마르크스뿐만 아니라 마르크스의 후예들―마르크스주의자이든 아니든 간에―에게도 놀라운 영향력을 미쳤다.《독일 이데올로기》에 의해 소묘되는 것이 **권력**^{pouvoir}의 구성에 관한 이론인 반면에, 물신숭배에 관한 정의를 통해《자본》에서 소묘되는 것은 **주체화/복종**^{sujétion}의 메커니즘이라고 도식적으로 정리해보자. 당연히 이 두 가지 문제설정들은 서로 완전히 독립적일 수는 없다. 하지만 이 두 가지 문제설정들은 우리가 서로 구별되는 두 가지 사회적 과정에 주목하도록 하며, 또한 우리 자신이 해방에 관해 서로 다른 방식으로 성찰할 수 있게 해준다."(이 책 187~188쪽)

반면 〈무한한 모순〉에서 발리바르는 '주체화/복종 양식'을 '이데올로기 양식'으로 정의해 활용한다.

"이제 우리는 이 지점에서 '한 걸음 더 나아갈' 수 있을까? 오늘날 그것이 가능하다고 나는 믿는다. 심지어 나는 그런 도식이 이상적으로 어떠할지를 우리가 말할 수도 있다고 믿는다. 역사성의 보완물 또는 대체물로 기능하는 '상부구조'에 '토대'를 더하는 방식으로서가 아니라, 양립 불가능한 동시에 분리 불가능한 설명의 두 '토대들' 또는 두 결정들의 결합으로 기능하는 두 토대들, 즉 **주체화/복종 양식**^{mode de sujétion}과 **생산양식**(또는 더욱 일반적으로 이데올로기 양식과 일반화된 경제 양식)을 더하는 방식으로 존재하는 도식 말이다. 대립적인 의미에서이기는 하지만 이 두 가지 모두 물질적이며, 이에 대해 우리는 (모든 역사적 정세 내에서 상상적인 것의 효과들은 현실적인 것을 통해서가 아니라면, 그리고 현실적인 것의 효과들은 상상적인 것을 통해서가 아니라면 절대로 발생하지 않는다는 점을 주지한다는 조건하에서) 철학적 전통을 따라 **상상적인 것**^{imaginaire}과 **현실**^{réalité}이라는 이름을 다시 활용할 수 있다. 이는 역사에서 인과성의 구조적 법칙이 **다른 장면**^{scène}[**무대**]**을 통한 우회**라는 점을 의미한다. 마르크스를 패러디해 경제는 이데올로기와 마찬가지로 '자기 자신에게 고유한 역사'를 갖지 않는다고 말하자. 왜냐하면 이 둘 각자는 상대방을 통해서만 역사를 가지며, 이 역사는 그 고유한 효과들의 유효한 원인이기 때문이다. [알튀세르가《'자본'을 읽자》에서 제안했던 개념인] '부재하는 원인'이 아니라 **스스로를 비우는**^{qui s'absente} 원인, 또는 그 효과성^{effectivité}이 자신의 반대물을 통해서 작동하는 원인 말이다."(〈무한한 모순〉, 배세진 옮김,《문화/과학》통권 93호, 2018년 봄, 361~362쪽, 강조는 원문)

이렇듯 발리바르 자신이 〈무한한 모순〉에서 주체화/복종^{sujétion}이라는 용어를 그 물신숭배론적 맥락에서 추출해 사용하기 때문에 발리바르가 자신의 '탁월한 이분법'을 일관되게 활용한다고 보기는 힘든 것이 사실이다. 게다가 멀리 갈 것도 없이 이 책의 결론인 5장 '과학과 혁명'에서도 발리바르는 다음과 같이 주장한다. "하지만 마르크스에 대해 이런 거리를 취한다고 해도, **생산양식들**의 문제설정(또는 그 용어의 일반적 의미에서 '경제' 양식들의 문제설정)과 **주체화/복종**^{sujétion}의 문제설정(그러므로 상징적 구조의 행동하에서 '주체'의 구성이라는 문제설정) 사이의 절합 모델은 우리에게 끊임없이 필수적인 참조점일 수 있다."(이 책 273쪽) '상징적 구조'라는 표현이 사용되었다 할지라도 결론격인 5장에서 '주체화/복종의 문제설정'이 배타적으로 물신숭배론만을 겨냥하고 있다고 보기는 힘들 것 같다(게다가 이 책의 3장 인용문에서 발리바르가 지적하듯 경제적-법률적 물신숭배는 주체화/복종 양식'들' 중 '하나'이다. 그렇다면 경제적-법률적 물신숭배 이외의 다른 주체화/복종 양식들은 무엇인가? 이데올로기적 호명의 메커니즘을 핵심으로 하는 '주체화 양식'인가?). 오히려 발리바르는 《마르크스의 철학》을 포함해 이 시기에 집필한 〈무한한 모순〉 등의 글들을 통해 이데올로기론과 물신숭배론 사이의 결합(불)가능성 혹은 그 결합의 아포리아를 드러내고자 했다고 말할 수 있을 것 같다. 가령이 책의 부록에 실린 〈상품의 사회계약과 화폐의 마르크스적 구성〉이라든지 〈마르크스의 '두 가지 발견'〉은 이데올로기론과 물신숭배론 사이의 결합에 관한 쟁점들, 특히 '주체화의 문제설정'과 관련한 쟁점들을 첨예하게 드러내는 텍스트라고 볼 수 있다.

하지만 옮긴이는 'sujétion'을 (서관모의 입장과는 거리를 두면서도 그의 역어 선정을 취함으로써) 물신숭배에 의한 주체화/복종으로, 'subjectivation'을 이데올로기적 호명에 의한 주체화(또는 더 정확히 말해 주체화/예속화)로 번역하는 것이 임시적으로나마 가능하리라 생각한다. 게다가 이 두 용어를 상당히 도식적으로 구분하는 것이 오히려 이데올로기론과 물신숭배론 사이의 쟁점을 첨예하게 드러낸다는 점에서 발리바르의 철학하는 방식에 더 적합한 방식이지 않을까 생각한다. 사실 이데올로기론이냐 물신숭배론이냐는 이론적 논쟁은 한국에서 이미 시작되었다고 말할 수 있다. 서관모의 텍스트 〈알튀세르를 너무 위험시할 필요가 있을까?〉는 백승욱의 저서 《생각하는 마르크스: 무엇이 아니라 어떻게》(북콤마, 2017)에 대한 서평인데, 이 저서에서 백승욱은 (서관모의 주장에 따르면 반^反알튀세르적인 맥락에서) 물신숭배론을 중심으로 《자본》을 새롭게 독해한다. 서관모는 백승욱의 이런 물신숭배론적 입장을 (알튀세르적인 맥락에서) 이데올로기론을 중심으로 비판하는데, 이에 대한 백승욱의 반비판에서 이데올로기론과 물신숭배론 사이의 쟁점이 명확히 드러나므로 그의 주장을 인용해보자.

"'주체'와 관련해서 우리는 '이데올로기는 개인을 주체로 생산한다'라는 알튀세르의 테제를 잘 알고 있다. 그리고 여기서 왜 '주체'가 중요한 문제인지에 대해 《생각하는 마르크스》에서 설명을 해보기도 했다. 그런데, 알튀세르가 이데올로기의 주체에 대해 설명하는 부분은 '이데올로기 일반'의 차원이다(호명 또한 이 차원에서 제기된다). 한 걸음 더 나아가 지배 이데올로기라는 복수의 이데올로기의 세계에 오게 되면 질문은 좀 더 복잡해지는데, 이와 관련해 알튀세르는 우리에게 이데올로기적 국가장치라는 진전된 답을 제시한 바 있다. 그렇다 하더라도, 우리는 특정한 역사 시기를 분석하고자 할 때 이 주체가 놓이는 특정한 역사적 '형태'(형식)[혹은 일반적인 용어법을 고려하자면 '양식'-옮긴이]를 묻지 않을 수 없으며, 이를 '주체화 형식'[주체화 양식-옮긴이]이라는 질문으로 제기해볼 수 있다. 근대 자본주의라는 역사 시대에 주체화 형식의 고유한 특징은 무엇인가가 문제로 된다. 이와 관련해 이데올로기라는 질문과 물신숭배를 대비시켜보면, 물신숭배는 주체화 형식은 설명하되 '주체'의 생산 자체를 보여주는 것은 아닌 반면, 이데올로기는 주체가 생산되는 방식을 설명해주지만('호명' 테제의 중요성을 생각해보라) 그 주체화의 역사적 형태에 대해서 제한적으로만 설명해주는 한계가 있음을 알 수 있다. 이런 분석을 통해 '주체화 형식'을 물신숭배와 연관 지어 설명해보고자 한 것은 《마르크스의 철학》에서 발리바르였다."(백승욱, 〈알튀세르에서 시작한 마르크스 재독해의 지속성을 위하여〉, 《경제와 사회》, 통권 116호, 2017년 12월, 443쪽)

여기에서 백승욱의 이런 해석에 대한 논의로, 또한 주체화 개념에 관한 더 심화된 논의로도 들어가지는 못하겠지만(이를 위해서는 푸코의 '주체화' 개념에 대한 논의까지 고려해야 한다), 독자들은 (최소한 3장에서만큼은) 이 '주체화/복종'이 '주체화/예속화 subjectivation' 또는 '예속화assujettissement'와는 구별되며 특히 마르크스의 물신숭배론을 포함하는 시장 이론과 관련된다는 점을 유념할 필요가 있다. 마지막으로 물신숭배론과 관련해 등장하는 단어인 '화폐'를 뜻하는 프랑스어는 'monnaie'와 'argent'이라는 두 가지 단어가 있는데, 이와 관련해서는 부록으로 실린 〈상품의 사회계약과 화폐의 마르크스적 구성〉의 옮긴이 주를 참조할 수 있다. 사실 3장에서 발리바르가 제시하는 물신숭배론에 관한 평이한 소개는 〈상품의 사회계약과 화폐의 마르크스적 구성〉에서 더욱 정교하게 다루어진다. 주체화 개념 역시 이 논문이 제시하는 물신숭배 해석의 쟁점들과 연관 지어 더욱 정교하게 사고할 필요가 있다. 이 책의 3장과 부록에 실린 논문들이 앞으로 이 문제에 관해 논의하는 데 조금이라도 도움이 되기를 바란다.

2. 인간학적 차이로서 지적 차이와 성적 차이에 관해서는 에티엔 발리바르의 논문 〈인간의 권리와 시민의 권리: 평등과 자유의 현대적 변증법〉을 참조하라. 《인권의

정치와 성적 차이》(윤소영 편역, 공감, 2006)에 실림.

3. 'idéologue'를 직역하면 한국어로 '관념학자'이다.

4. 이성, 자유, 인간성은 모두 대문자로 표기되어 있다.

5. 한국어판으로는 〈루이 보나파르트의 브뤼메르 18일〉, 최인호 옮김,《칼 맑스 & 프리드리히 엥겔스 저작 선집》2권, 박종철출판사, 1992를 참조.

6. 영어에서와 마찬가지로 프랑스어의 'mythe' 또한 '신화'라는 의미와 '허구' '기만' 또는 '환상'이라는 의미를 모두 지니고 있다.

7. 쉽게 말해, 스미스와 리카르도 등의 고전파 정치경제학은 마르크스가 이 고전파 정치경제학에 대한 '거부'가 아니라 '비판'을 통해 자신의 '과학'을 발전시킨다는 점에서, 순전히 과학에 속하는 것도, 순전히 이데올로기에 속하는 것도 아니며(특히 '부르주아적 생산조건들의 영원성'이라는 범주의 양가성으로 인해), 이 점이 마르크스가 이데올로기론을 일관되게 구성하는 데 커다란 곤란을 초래했다는 것이다.

8. 프랑스어에서 '화폐'를 의미하는 단어는 두 가지인데, 하나는 'argent'이고 하나는 'monnaie'이다. 3장에서 발리바르가 이 두 단어를 체계적으로 구분하는 것은 아니지만 최대한 원어를 병기하고자 했다. 'argent'과 'monnaie'의 차이와 관련해서는, 부록 〈상품의 사회계약과 화폐의 마르크스적 구성〉의 옮긴이 주를 참조하라.

9. 이에 대해서는 이 책의 부록으로 수록된 〈상품의 사회계약과 화폐의 마르크스적 구성〉에서 자세히 다루어진다. 부록을 참조하라.

10. 부록에 실린 〈상품의 사회계약과 화폐의 마르크스적 구성〉이라는 논문에서 또한 이 'objectivité', 즉 '객관성'을 '대상성'으로 옮겼다. 사실 한국어로는 이 두 가지 용어가 구분되지만 프랑스어 혹은 영어에서는 'objectivité'(객관성/대상성), 'objet'(객관/객체/물체/대상), 'objectif'(객관적인/대상적인) 등의 단어에 이 두 가지 의미가 함께 담겨 있다. 가독성을 위해 이 두 가지 의미 모두를 표기하지 않고 주로 '대상' 혹은 '대상성'으로 옮겼으므로, 독자들은 3장과 부록 〈상품의 사회계약과 화폐의 마르크스적 구성〉을 읽을 때 이 단어에 '대상'과 '객관'이라는 두 가지 의미가 모두 들어 있음을 인지하고 독해할 필요가 있다.

11. 부록 〈상품의 사회계약과 화폐의 마르크스적 구성〉 옮긴이 주에서 설명되듯 부록에서 'besoin', 즉 '욕구/필요'를 모두 '필요'로 통일해서 번역한 것과 마찬가지로, 본문, 특히 3장에서도 '필요'로 대부분 번역했다. 그러나 'besoin'에는 이 두 가지 의미가 모두 포함되어 있으며, '물신숭배론'과 관련해 'besoin'이라는 용어는 매우 중요한 의미를 지니고 있으므로 독자들은 'besoin'에 '욕구'와 '필요'라는 두 가지 의미

가 모두 들어 있음을 인지하면서 3장과 부록 〈상품의 사회계약과 화폐의 마르크스적 구성〉을 독해할 필요가 있다.

12. 화폐론과 관련해 'signe', 즉 영어로 'sign'은 '표장'으로 옮길 수 있다. 본문에서는 가독성을 위해 '기호'라는 번역어만을 주로 표기했지만, 부록 〈상품의 사회계약과 화폐의 마르크스적 구성〉에서는 '기호'와 '표장'이라는 번역어 모두를 표기했다.

13. 이 단락에서 따로 원어를 병기한 부분들과 '신용화폐'를 제외하고 모든 화폐는 'argent'이다.

14. '나타나다', 즉 'apparaître'의 명사형이 '외양' 즉 'apparence'이다.

15. 독자들은 2장에서 발리바르가 설명한 마르크스와 관념론 사이의 관계를 염두에 두면서 이 '마르크스와 관념론 2'를 독해할 필요가 있다.

16. 한국어판으로는 이마누엘 칸트, 《순수이성비판》(백종현 옮김, 전2권, 2006, 아카넷)을 참조.

17. 한국어판으로는 게오르크 짐멜, 《돈의 철학》(김덕영 옮김, 길, 2013)을 참조.

18. 프랑스어의 대명사 'on'의 가장 정확한 번역어는, 질 들뢰즈의 저서 《푸코》(동문선, 2003)의 옮긴이 허경이 지적하듯, '옹'이다. 한국어나 영어에는 사실 이 '옹'에 대응되는 말이 존재하지 않는다. '옹'은 '사람들' '우리들' '그들' 그리고 '비인칭 주어' 등의 역할을 하는 대명사이다.

19. '경험되고 지각된 세계'는 'le monde vécu et perçu'를 옮긴 것인데, 여기에서 'le monde vécu'는 위에서 하버마스와 관련해 언급되었듯이 바로 '생활 세계'를 의미한다. 여기에서는 '경험된' '체험된'이라는 의미를 강조해야 해서 조금 다르게 번역했다.

20. 로베르트 무질[Robert Musil]의 소설 《특성 없는 남자》에서 차용한 표현이다.

21. 여기에서 자유, 평등, 소유, 벤담은 모두 첫 글자가 대문자로 표기되어 있다.

22. 여기에서 자유, 정의, 인류, 법은 모두 첫 글자가 대문자로 표기되어 있다.

23. 여기에서 신, 민족, 인민, 혁명은 모두 첫 글자가 대문자로 표기되어 있다.

24. 피에르 부르디외의 사회학에 따르면 이것이 바로 하비투스[habitus]이다. 바로 뒤에서 발리바르가 지적하겠지만, 부르디외의 '상징폭력론'은 국가의 이론으로서 이데올로기론의 계열에 속한다고 볼 수 있으므로, 사실 부르디외 사회학 내에는 물신숭배론의 문제설정과 이데올로기론의 문제설정이 함께 공존하고 있다고 충분히 생각할 수 있다. 이와 관련해서는 역시 부르디외가 자신의 사회학을 총정리하는 역작 피에르 부르디외 & 로익 바캉, 《성찰적 사회학으로의 초대》(이상길 옮김, 그린비, 2015)를 참조.

25.《자본》I-1, 강신준 옮김, 길, 2008, 135쪽. 번역은 발리바르가 제시하는 프랑스어본과 비교해 일부 수정했다. 한국어 번역본에서는 문맥을 중시해 '사물'과 '물체'를 구분했지만 프랑스어본에서는 모두 'chose'로 통일되어 있다. 여기에서는 한국어 번역본을 따라 '사물'과 '물체'를 구분했다.

26. 이 설명 상자에 언급된 그람시 저서들의 한국어판으로는《그람시의 옥중 수고》전 2권(이상훈 옮김, 거름, 1999),《감옥에서 보낸 편지》(린 로너 엮음, 양희정 옮김, 민음사, 2000)를 참조.

27. 이 설명 상자에서 언급된 루카치 저서들의 한국어판으로는《사회적 존재의 존재론》전 2권(이종철 · 정대성 옮김, 아카넷, 2016~2017),《루카치 미학》전 4권(이주영 · 임홍배 · 반성완 옮김, 미술문화, 2002)을 참조.

4장

시간과 진보
: 또다시 역사철학인가?[1]

지금까지 우리가 2장과 3장에서 진행했던 논의들은 마르크스에게 철학이라는 것이 결국은 **예비적인** 의미만을 지닐 뿐이라는 인상을 줄 위험이 있다. 철학에서 지금 즉시 탈출하겠다는 마르크스의 선언 이후, 과연 우리는 무엇을 발견하게 되었는가? 바로 이데올로기에 대한 비판과 물신숭배에 대한 분석이다. 그런데 이데올로기에 대한 비판은 사물들 자체로 되돌아가기 위한 전제이며, 또한 분업으로 인한, 자신의 기원에 대한 망각 위에 세워진 추상적 의식을 횡단한다. 반면 물신숭배에 대한 분석은 정치경제학 비판의 이면으로서, 상품 형태의 사회적 구성으로 거슬러 올라가 가치의 '실체', 즉 '산 노동'을 이끌어내기 위해 이 상품 형태의 대상성의 외양이 생산해내는 효과를 유예한다.

이는 마르크스의 관점에서 철학이 사회학적, 경제적, 그리고 정치적 이성(혹은 비이성)에 대한 비판 속에서 소진되어버린다는 점을 의미하는가? 마르크스의 기획은 절대 그런 것이 아니다. 이데올로기 비판 혹은 물신숭배 비판은 이미 그 자체로 인식의 한 부분이다. 이데올로기 비판과 물신숭배 비판은 **사회적 관계들**^{rapports}**의 역사성**(그리고 만일 우리가 포이어바흐에 관한 여섯 번째 테제에서 제기된 연구 프로그램 성격의 등식을 고려한다면, '인간적 본질'의 역사성)의 인정 내의 한 계기이다. 이데올로기 비판과 물신숭배 비판은 분업, 생산력의 발전, 그리고 계급투쟁이 자신들의 반대물로 표현된다^{manifestent}고 주장한다. 이데올로기 내에서 자율화된 ^{autonomisée} 이론적 의식과 상품유통에 의해 생산된 주체와 대상에 관한 자생적^{spontanée} 표상은 동일한 일반 형태를 갖게 된다. 즉, 이 의식과 표상 모두 '자연'에 대한 허구를 구축하고 역사적 시간을 부정하며, 의식과 표상 스스로가 일시적 성격의 조건들에 의존한다는 점을 부정하거나 (예를 들어 역사적 시간을 그저 과거에 불과한 것으로 치부함으로써) 이 **일시적 성격의 조건들에서 벗어난다.**

1847년의 저술《철학의 빈곤》에서 마르크스가 다음과 같이 지적하듯이 말이다.*"경제학자들은 기묘한 사고방식을 갖고 있다. 그들에게는 인위적 제도들과 자연적 제도들이라는 두 종류의 제도들만이 있을 뿐이다. 봉건제의 제도들은 인위적 제도들이며 부르주아지의 제도들은 자연적 제도들이다. 이 점에서 그들은 두 종류의 종교를 설정하는 신학자들과 같다. 그들의 것이 아닌 모든 종교는 인간의 발명품인 반면 그들 자신의 종교는 신의 발현이다. 현재의 관계들, 즉 부르주아적 생산관계들은 자연적인 것이라고 말함으로써 경제학자들은 이런 관계야말로 부의 생산과 생산력의 발전이 자연법칙에 따라 수행될 수 있도록 하는 관계라는 점을 이해시키려 하는 것이다. 따라서 이 관계들 그 자체는 시대의 영향에서 독립적인 자연법칙들이다. 그것들은 항상 사회를 규제해야 하는 영원한 법칙들이다. 그리하여 지금까지는 역사가 존재해왔지만, 더 이상은 역사가 존재하지 않는다."

---

* Karl Marx, *Misère de la philosophie. Réponse à la Philosophie de la misère de M. Proudhon*, II. "La métaphysique de l'économie politique", 1. "La méthode, septième et dernière observation", Éditions Sociales, Paris, 1961, p.129. (《철학의 빈곤》, 최병연 옮김,《칼 맑스 & 프리드리히 엥겔스 저작 선집》1권, 박종철출판사, 1991, 283쪽에서 인용했으며 발리바르가 제시한 프랑스어 원본—마르크스는《철학의 빈곤》을 프랑스어로 집필했다—과 비교하면서 적절히 수정했다-옮긴이)

그러므로 마르크스의 작업에서 비판적 계기는 자연(혹은 '형이상학적' 관점)과 역사(그람시라면 이를 '절대적 역사주의'라고 말했을 것이다) 사이의 대립이다. 그리고 마르크스의 철학은, 그것이 완성된 형태의 철학이든 아니든 간에, 시간의 물질성을 사유하는 과업을 스스로 떠맡는다. 하지만 우리가 또한 이미 살펴보았듯이 이런 질문은 마르크스가 끊임없이 다시 작업해야만 했던 다음의 증명, 즉 자본주의와 '부르주아-시민사회'는 그것들 자체 내에 공산주의의 필연성을 담지하고 있다는 증명과 분리 불가능하다. 자본주의와 '부르주아-시민사회'는 (라이프니츠라면 다음과 같이 말했을 텐데) '미래로 넘쳐흐른'다. 그리고 이 미래가 바로 **내일**이다. 시간이 형식적 가능 조건이 아니라는 전제에서 보면, 분명 시간은 진보의 또 다른 이름에 불과한 것처럼 보인다. 하지만 정말로 시간은 진보의 또 다른 이름에 불과할 뿐인지에 관한 이 물음이 바로 우리가 마지막으로 검토해야 할 질문이다.[2]

부정의 부정

우리는 1859년의 《정치경제학 비판을 위하여》의 서문에 등장하는 다음의 유명한 구절들을 잘 기억하고 있다.[*] "(……) 인간들은 자신들의 생활을 사회적으로 생산하는 가운데, 자신들의 의지에서 독립되어 있는 일정한 필연적 관계들, 즉 자신들의 물질적 생산력들의 일정한 발전 단계에 조응하는 생산관계들에 들어선다. (……) 사회의 물질적 생산력들은 그

---

[*] K. Marx, *Contribution à la critique de l'économie politique*, M. Husson & G. Badia 불역, Éditions Sociales, Paris, 1957, p.4-5. (《정치경제학 비판을 위하여 서문》, 최인호 옮김, 《칼 맑스 & 프리드리히 엥겔스 저작 선집》 2권, 박종철출판사, 1992, 477~478쪽에서 인용했으며 발리바르가 제시한 프랑스어 번역본과 비교하면서 적절히 수정했다 – 옮긴이)

발전의 특정 단계에 이르면 지금까지 이 생산력들이 운동해왔던 내부인 (……) 소유관계들과의 모순에 빠진다. 이런 관계들은 이런 생산력들의 발전 형태들에서 그것들의 족쇄로 변형된다. 그때에 사회혁명의 시기가 도래한다. 경제적 기초의 변화와 더불어 거대한 상부구조 전체가 서서히 혹은 급격히 변화한다. (……) 한 사회구성체는 그것이 충분히 포용하고 있는 생산력들 모두가 발전하기 전에는 결코 몰락하지 않으며, 더 발전한 새로운 생산관계들은 자신의 물질적 존재 조건들이 낡은 사회 자체의 태내에서 부화되기 전에는 결코 자리를 차지하지 않는다. 이와 같이, 인류는 언제나 자신이 해결할 수 있는 문제들만을 제기한다. 왜냐하면, 더 자세히 고찰해볼 때 문제 자체는 그 해결의 물질적 조건들이 이미 존재하고 있거나 적어도 형성 과정 중일 때에만 생겨나기 때문이다. 크게 개괄해보면 아시아적, 고대적, 봉건적, 그리고 현대 부르주아적 생산양식들을 경제적 사회구성체의 순차적인 시기들이라고 할 수 있다. (……)"

이어서 1867년의 《자본》 1권에 등장하는 몇 가지 놀라운 정식들을 다시 읽어보자.* "(……) 공장에서 미래 교육—일정 연령 이상의 모든 아동에게 생산노동을 시킬 때는 반드시 학업과 체육을 함께 시키도록 하는 것으로, 이것은 사회적 생산을 증대시키는 방법일 뿐만 아니라 인간의 전인적 발전을 위한 유일한 방법이기도 하다—의 맹아가 탄생했다. (……) 근대 공업은 결코 어느 한 생산과정의 현존 형태를 최종적인 것으로 간주하지도 않고 또 그렇게 다루지도 않는다. 따라서 이전의 모든 생산양식의 기술적 기초는 본질적으로 보수적인 것에 반해 근대적 공업의 기술적 기초는 혁명적인 것이다. (……) 다른 한편 대공업은 또 자신의 자본주의적 형태 속에서 특화된 기능들로 화석화해버린 낡은 분업을 재

---

* 《자본》 1권의 13장 '기계와 대공업', *op. cit.*, p.544 이하. (《자본》 I-1, 강신준 옮김, 길, 2008, 646쪽, 649~651쪽에서 인용했으며 발리바르가 제시한 프랑스어 번역본과 비교하면서 적절히 수정했다 - 옮긴이)

생산해낸다. 우리는 이런 절대적 모순이 (……) 노동자계급의 끊임없는 희생과 노동력의 무제한적 낭비 그리고 사회적 무정부 상태가 빚어내는 파괴 작용 등의 형태로 나타나는 것을 이미 보았다. 이것들은 대공업이 빚어내는 부정적인 측면들이다. 그러나 노동의 전환이 이제 완전히 압도적인 자연법칙으로 실현된다면, 그리하여 그 자연법칙을 가로막는 도처의 장애물들을 과감하게 타파해나간다면, 대공업은 자신의 파국을 통해서 노동을 전환하고 이에 따라 노동자의 가능한 모든 다면성을 일반적인 사회적 생산 법칙으로 승인할 뿐 아니라, 이 법칙의 정상적인 실현을 위해 온갖 사회적 관계들을 맞추고자 결사적으로 노력하게 된다. 이제 대공업은 변화하는 자본의 착취 욕구를 위해 예비로 남겨진, 그리고 자유롭게 이용될 수 있는 궁핍한 노동자 인구를 변화하는 노동의 필요에 맞는 인간으로 사용할 수 있도록 바꾸기 위해 필사적으로 노력하게 되는데, 이는 곧 하나의 사회적 세부 기능을 담당하던 개인을 다양한 사회적 기능을 번갈아가면서 수행하는 전인적 인간으로 대체하는 것을 뜻한다.[3] (……) 노동자계급이 앞으로 정권을 장악할 경우―이것은 피할 수 없는 일이다―이론적이고 실제적인 기술교육이 노동자 학교에서 중요한 위치를 차지할 것이 분명하다. 마찬가지로 자본주의적 생산 형태에 상응하는 노동자들의 경제적 상태는 이런 변혁을 불러일으키는 요인, 즉 노동자 학교는 물론 그런 변혁의 목표인 낡은 분업의 폐기와 정면으로 모순된다는 사실 또한 분명하다. 그러나 한 역사적 생산 형태의 갖가지 모순의 발전은 그 생산 형태의 해체와 새로운 형성으로 가는 유일한 역사적 경로이다. (……)"

마지막으로 동일하게《자본》1권에서 (위에서 이미 언급했던) 결론격의 구절들을 인용해보자.* "이 변형 과정이 낡은 사회를 근본적이고 광범

---

* 　《자본》1권의 24장, "이른바 '본원적 축적'"의 7절 '자본주의적 축적의 역사적 경향', *op.*

위하게 분해하고 노동자는 프롤레타리아로, 그리고 노동자들의 노동조건은 자본으로 변형됨으로써 자본주의적 생산양식이 드디어 자신의 발로 서게 되면, 바로 그때부터 노동의 사회화, 토지와 기타 생산수단의 사회적 생산수단으로의 ― 즉 공통적으로 사용되는 생산수단으로의 ― 변형, 따라서 사적 소유자에 대한 수탈 등은 더욱더 심화되면서 하나의 새로운 형태를 띠게 된다. 이제부터 수탈되는 것은 자영 노동자가 아니라 많은 노동자를 착취하고 있는 자본가들 자신이 된다. 이 수탈은 자본주의적 생산 자체의 내재적 법칙들의 작용을 통해, 또 여러 자본의 집중을 통해 진행된다. (……) 이 변형 과정에서 생기는 모든 이익을 가로채 독점하는 대자본가의 수가 끊임없이 감소해감에 따라 빈곤·억압·예속·타락 그리고 착취의 정도는 오히려 증대한다. 그러나 끊임없이 팽창하는, 그리고 자본주의적 생산과정 자체의 메커니즘을 통해 훈련되고 결합되며 조직되는 노동자계급의 저항도 증대한다. 그런데 자본독점$^{Kapitalmo-nopol}$은 자신과 함께 그리고 자신의 지배하에서 개화한 이 생산양식의 질곡으로 작용하게 된다. 생산수단의 집중이나 노동의 사회화는 마침내 자본주의적 외피와는 조화될 수 없는 시점에 이르는 것이다. 이 시점에서 외피는 폭파된다. 자본주의적 사적 소유의 조종이 울린다. 이제는 수탈자가 수탈당한다. (……) 그러나 자본주의적 생산은 자연적 과정의 필연성에 따라 그 자신의 부정을 낳는다. 즉 부정의 부정인 것이다. (……)"

변증법이 지닌 모호성. 위의 세 가지 인용문들을 읽고서 어떻게 마르크스가 생-시몽$^{Saint-Simon}$과 쥘 페리$^{Jules\ Ferry}$ 사이에 위치한, 그러니까 19세기 **진보** 관념(혹은 이데올로기)의 대표자라는 점을 의심할 수 있겠는

---

cit., pp.855-857. (《자본》 I-2, 강신준 옮김, 길, 2008, 1021~1022쪽에서 인용했으며 발리바르가 제시한 프랑스어 번역본과 비교하면서 적절히 수정했다. 또한 이 구절의 해석과 관련해서는 이 책의 부록으로 실린 논문 〈수탈자의 수탈에 관하여〉를 반드시 참조하라 ― 옮긴이)

가? 로버트 니스벳은 자신의 저서 《진보 관념의 역사》에서 다음과 같이 썼다.* "오늘날 마르크스를 19세기의 진화주의적^{évolutionniste}이고 진보주의적인^{progressiste} 전통에서 구해내고자 하는 이 서구 마르크스주의자들의 주장만큼이나 터무니없는 주장은 없다." 단지 마르크스에게 진보는 근대성도, 자유주의도, 더욱이 자본주의도 아니었을 뿐이다. 혹은 마르크스에게 진보란 오히려 '변증법적으로' 사회주의를 불가피하게 도래할 수밖에 없는 것으로 만드는 한에서의 자본주의이고, 이와 정반대로 진보란 '변증법적으로' 자본주의의 모순들을 해소하는 한에서의 사회주의인 것이다······

아마도 이것이 마르크스의 이름과 항상 함께하는 '역사유물론의 개념화'가 오늘날 당면하고 있는 철학적 불신의 주요한 원인들 중 하나일 것이다. 왜냐하면 조르주 캉길렘의 표현을 다시 취하자면, 오늘의 우리는 **진보 관념의 퇴폐성**의 시대를 살아가고 있기 때문이다.** 헤겔적 판본의 변증법('정신'의 변증법) 혹은 마르크스적 변증법('생산양식'과 '사회구성체'의 변증법), 아니면 포스트-엥겔스적 변증법('자연'의 변증법)이라는 통념은 이런 점에서 근본적으로 양가적인^{ambivalente} 위치를 차지하고 있다. 이 변증법이라는 통념은 몇몇 이들에게 실증주의적 진보에 대한 대안으로 나타난다. 변증법이라는 통념은 일정하게 상승하는 지속적 운동이라는 도식―계몽주의 철학자들, 특히 콩도르세^{Condorcet}에게 진 자신의 빚을 스스로 인정했던 오귀스트 콩트의 표현을 따르자면, "진보는 질서의 전개이다."―에 위기, '화해 불가능한' 갈등, '역사에서 폭력이 행한 역할'[4]이라는 표상을 대립시킨다. 하지만 다른 한편 변증법이라는 통념은 진보 이데올로기(와 그 저항 불가능한 **역량**)의 완전한 실현으로 지시될 수도 있다.

---

*   Robert Nisbet, *History of the Idea of Progress*, Basic Books, New York, 1980.

**   Georges Canguilhem, "La décadence de l'idée de progrès", *Revue de métaphysique et de morale*, n° 4, 1987.

왜냐하면 이 변증법이라는 통념이 상위의 종합 내로 이 '부정적인 것' 전체를 결집해 이에 어떤 하나의 의미를 부여하고, '최종심급에서' 자신과 대립하는 것처럼 보이는 바에 이 '부정적인 것'이 봉사하도록 만들기 때문이다.

이 장의 목표는 그럼에도 사태가, 가치판단의 단순한 전도가 제시할 수 있는 것처럼 보이는 만큼 그렇게 단순하지는 않다는 점을 보여주는 것이다. 특히 마르크스 자신에게 그렇게 단순하지 않은데, 그렇기에 여기에서 중요한 것은 의견^{opinions}이 아니라 무엇보다도 이 문제에 관한 추론과 조사이다. 또한 사태가 이렇게 단순하지 않은 데에는 진보 '패러다임'이 지니는 너무나도 피상적인 통념이 다루는 질문들이 매우 다양하다는 점도 한몫한다. 이 지점에서 의미 있는 연구 방식은 마르크스에게서 (다른 무엇보다도) 시간과 진보에 관한 일반 관념의 **예증**^{illustration}을 읽어내는 방식보다는 그런 일반 관념에 내재하는 문제들의 **폭로자**이자 분석자로 마르크스를 활용하는 방식이다.

마르크스주의적 진보 이데올로기들

하지만 우선 우리는 대중의 이론과 운동 혹은 '신앙'으로서의 마르크스주의가 진보 관념의 사회사에서 차지했던 위치에 대해 평가해보아야 한다. 만일 우리 시대에 이르기까지, 어느 정도 영향력 있는 진보 독트린들이 존재했을 뿐만 아니라(그런데 이런 독트린들이 더 이상 존재하지 않는다고 도대체 누가 말할 수 있겠는가?) 진보에 대한 집단적 '신화^{mythe}'와 같은 무언가가 존재해왔던 것이 사실이라면, 이는 본질적으로 마르크스주의 때문이다. 바로 이 마르크스주의가 '아래에 있는 이들'[피지배자들]이 자신들 스스로와 역사 모두를 '위'로 전진하게 만드는 그 **능동적** 역할을 역사적으로 수행하는 이들이라는 관념을 탁월한 방식을 통해 영원불변의 것으로 만들었던 것이다. 진보 관념이 희망 이상의 것, 즉 예상된 확실성을 내포하는 한에서, 이런 표상은 마르크스주의에 완전히 필수 불가결하며, 이 표상을 고려하지 않고서는 20세기의 역사를 전혀 이해하지 못할 것이다. 폴 발레리Paul Valéry가 썼듯이 최소한 양차 세계대전의 시련 이래로 문명은 "자신이 죽을 수도 있다는 점을 알게" 되었으며, 진보의 자생성spontanéité[당연함] 그 자체는 있음직하지 않은 것이 되었다…… 그래서 자기들 자신의 해방을 열망하는 대중들에 의해 혁명적 방식 혹은 개량적 방식으로 진보가 완수될 수 있다는 관념만이 이런 표상에 신뢰성을 부여할 수 있게 된다. 마르크스주의는 바로 이런 관념에 봉사해왔으며, 그러므로 우리는 마르크스주의가 자기 자신의 한가운데에서 진보라는 표상의 우위를 끊임없이 강화했다는 점에 놀라서는 안 된다.

이와 관련해 사회주의뿐만 아니라 마르크스주의까지도 언급하는 것은 정당하다. 사회적 진보라는 테제(그리고 이 사회적 진보의 불가피성과 실정성이라는 테제)는 사회주의의 '유토피아적' 조류에서뿐만 아니라 그 '과학적' 조류에서도 분명 사회주의적 전통 전체의 한 구성요소이다. 생-시몽, 프루동, 헨리 조지(Henry George, 1879년《진보와 빈곤》 출간)가 그러했다. 그러나 (사회적 진보 관념의 내용을 어떤 의미에서는 **이중화**함으로써) 이 사회적 진보에 대한 변증법적 판본을 제안하고 유럽과 유럽 바깥의 서로 다른 '세계들' 내에서 전개되는 거대한 사회운동들과 정치 운동들 사이에서 이런 변증법적 판본이 유통될 수 있도록 보증했던 것은 **사실상** 다름 아닌 바로 마르크스주의였다.

몇 년의 시차를 두고 그람시와 벤야민은 각자의 방식으로 이 사회적 진보라는 테제를 가차없이 비판했는데, 그러나 이 테제를 비판했던 것은 정확히 바로 이 테제 자체를 보존하기 위해서였다.《옥중 수고》에서 그람시는 제2인터내셔널과 제3인터내셔널의 '경제주의'를 숙명론─

이 숙명론을 수단으로 해서 노동자들과 그 조직들은 해방을 기술 발전의 불가피한 결과로 만드는 '종속된 자들의^{subalterne}' 세계관을 스스로 주조해낸다— 으로 묘사했다. 그리고 벤야민은 자신의 최후의 텍스트인 1940년에 집필한 〈역사의 개념에 대하여〉*의 테제들을 통해 "물이 흐르는 방향으로 헤엄치는 것"을 확신하는 지배자들 혹은 "정복자들"이 특징적으로 지니고 있는 역사에 대한 연속적이고 누적적인 비전을 억압된 자들을 위해 다시 취하려는 (정의상 헛된) 시도인 마르크스주의적 "역사주의"에 관해 언급했다. 어느 정도는 니체적인 정식화들을 연상시키는 이런 묘사는 이론의 여지없이 정당하다.

방금 위에서 설명했던 마르크스주의적 '진보주의^{progressisme}'가 실현된 그 세 가지 거대한 양태들을 기억해보자.

(1) 독일 사회민주당, 그리고 더욱 일반적으로는 제2인터내셔널의 이데올로기. 이 이데올로기가 자신 안에 지녔던 다양한 분기점들(인식론적 분기점들의 경우, 이는 그 탄생에서부터 이 이데올로기가 마르크스의 교훈을 다윈의 교훈과 뒤섞는 자연주의적 개념화와 마르크스가 다소간 칸트의 관점에서 재독해되는 윤리적 개념화 사이에서 분열되었기 때문이며, 정치적 분기점들의 경우, 이는 베른슈타인과 장 조레스^{Jean Jaurès}의 수정주의와 카우츠키, 플레하노프, 라브리올라의 정통주의 사이의 대립 때문이다)은 본질적인 합의점, 즉 역사의 의미/방향에 대한 확실성을 더욱 부각할 따름이다.

(2) 소비에트 공산주의와 '현실 사회주의'의 이데올로기. 알튀세르가 "제2인터내셔널의 사후 복수"**라고 불렀던 이 이데올로기 자체에 대

---

*   Walter Benjamin, "Sur le concept d'histoire", 불역: *in Œuvres III*, "Folio", Gallimard, Paris, 2000. 미카엘 뢰비의 논평을 참조하라. Michael Löwy, *Walter Benjamin. Avertissement d'incendie*, PUF, Paris, 2001. (뢰비 저서의 한국어판으로는 《발터 벤야민: 화재경보》, 양창렬 옮김, 난장, 2017을 참조하라. 〈역사의 개념에 대하여〉 번역본의 경우 4장의 옮긴이 주를 참조하라.-옮긴이)

**   이는 알튀세르가 《존 루이스에 대한 답변》이라는 저서에서 사용한 표현이다. *Réponse à*

한 논쟁이 존재한다. '사회주의 진영'과 '국제공산주의운동'이라는, 적대적인 이해관계로 종종 대립되었던 두 가지 원환 사이로 분열되었으며 **현재 상태**에 대한 관리로 조금씩 조금씩 퇴행한 포스트-스탈린적 마르크스주의와 스탈린적인 경제적 의지주의 사이의 논쟁. 여기에서 가장 흥미로운 지점은 이런 이데올로기를 특징지었던(그리고 아마도 이 이데올로기가 생산하는 영향력의 상당 부분을 설명해주는) 자본주의적 근대화에 대한 저항의 기획(더 나아가 그것이 파괴했던 공동체적 삶의 양식들로의 **회귀**)과 **초-근대성**ultra-modernité 혹은 인류의 미래로의 '약진'(1920년대 레닌의 구호를 따라 '소비에트 더하기 전력화'뿐만 아니라 새로운 인간이라는 유토피아와 우주 탐험)을 통한 이런 근대성의 지양dépassement[초월 혹은 극복]의 기획 사이의 극단적 긴장을 분석하는 것이다.

(3) 제3세계의 한가운데에서 정교하게 구성되었으며 동시에 탈식민화 이후 이 제3세계 바깥에서 제3세계 내부로 투사된 **사회주의적 발전**이라는 이데올로기. 여기에서 중요한 것은 이런 사회주의적 발전이라는 관념의 마르크스주의적 변형태와 비-마르크스주의적 변형태가 모두 존재한다는 사실이다. 하지만 이 두 가지 변형태 사이의 경계는 고정되어 있지 않다. 오히려 이 경계는 지적이고 정치적인 영원한 경쟁이 만들어내는 경계이다. (중국에서 알제리 혹은 모잠비크를 거쳐 쿠바에 이르는) 자본주의 세계-경제의 '주변부'를 위한 20세기의 발전 기획—또 한 번 이 발전 기획의 개량주의적이고 혁명적인 변형태들과 그 희망, 그리고 그 파국과 함께—이 됨으로써 마르크스주의는 계몽주의자들, 튀르고 그리고 애덤 스미스를 거쳐 생-시몽에 이르는 이들의 사상을 통해 정교하게 구성된 진보주의적 경제주의가 공통적으로 갖는 기초와 마르크스주의를 연결시키는 그 심오한 관계를 가장 잘 드러낼 수 있게 되었다. 하지만 그

John Lewis, Maspero, Paris, 1973 참조.

럼에도 '마르크스주의적 해결책'으로 표상되는 부분적으로는 현실적이고 부분적으로는 상상적인 도전이 없었다면, 제3세계에 적용된 국가 이론들과 계획화 이론들이 **사회적** 발전의 대안적 이론들로 제시되지는 않았을 것이라는 점에는 의문의 여지가 없다. 화폐주의적^{monétariste} 자유주의와 그 보충물인 '인도주의적 개입'이 전적인 지배력을 행사하게 된 이후로 우리는 이 점을 명확히 확인하게 되었다.[5]

이런 역사를 매우 간접적으로라도 떠올려보는 것이 중요한데, 왜냐하면 이 역사는 우리로 하여금 진보에 대한 비판 그 자체를 상대화할 수 있게 해주거나, 적어도 이 진보에 대한 비판을 그 자체로 자명한 것으로 어떤 의심도 없이 받아들이지는 않도록 해주기 때문이다. 마르크스주의적 진보주의의 위대한 실현물들 중 마지막으로 실현되는 것이 바로 저발전 상태에서의 탈출이라는 국가주의적, 합리주의적 그리고 인민주의적 이데올로기였다는 점은 **유럽에서 만들어진**, 그리고 더욱 일반적으로는 '중심부'(혹은 '북반구')에서 만들어진 '진보에 대한 허상'이 '종언을 고했다'고 경솔하게 선언하지 못하도록 만든다. 마치 합리성, 생산성 그리고 번영이 언제 어디에서 누구에 의해 찾아져야 하는지를 한 번 더 결정할 수 있는 것이 우리[즉 유럽인들]인 것처럼 경솔하게 선언하지 못하도록 말이다. 인류의 전진이라는 이미지, 그리고 개인의 성취와 집단적 구원이 일치하는 날이 언젠가는 도래할 것이라는 희망이 노동자운동의 역사 내에서 수행하는 기능들은 세심하게 분석되기를 여전히 기다리고 있는 것이다.*

---

* 　마르크스주의가 사회화에 관한 혁명적 관념을 진화주의적 언어로 표현했던 방식에 관해서는 장 로블랭의 저서를 참조하라. Jean Robelin, *Marxisme et socialisation*, Méridiens/Klincksieck, Paris, 1989. 미래에 관한 19세기와 20세기의 사회주의적 이미지에 관해서는 Marc Angenot, *L'Utopie collectiviste*, PUF, 1993을 참조하라.

역사의 전체성[6]

'포스트모던' 철학자들*로 인해 최근 일반화된 진보에 대한 비판은 여전히 또 다른 함정들을 내포하고 있다. 진보에 대한 대부분의 비판은 그 자체로 역사주의적인 언어 내에서, 그러니까 지배적 표상에 대한 비판, 하나의 '패러다임'에 대한 다른 '패러다임'으로의 교체로 선언된다. 그런데 이 미분화된[indifférenciées] 통념들은 매우 의심스러운 것들이다. 계몽주의 철학부터 사회주의와 마르크스주의까지를 지배했던 진보에 대한 고유한 의미에서의 **통념**과 **패러다임**이 정말로 존재하는가? 전혀 확실하지 않다. 이 문제에 관한 그 어떤 논의도 진보 관념의 구성요소들에 대한 분석을 피할 수 없으며, 이 구성요소들에 대한 결합 또한 전혀 자동적으로 수행되지 않는다.

18세기 말에 형성된 진보에 관한 표상들은 무엇보다도 시공간적 곡선의 모델 위에서 역사의 전체성에 관한 이론들(혹은 오히려 관념들)로 제시되는데, 이를 통해 다양한 대안들이 등장할 수 있게 된다. 역사의 전체성은 이 역사의 '단계들[stades]'의 구분 내에서, 그리고 이 단계들의 연속성의 '논리' 내에서 이해될 수 있다. 이 역사의 전체성은 사회적 관계들의 총체성[totalité], 즉 인류의 운명에 영향을 미치는 특권화된 순간(위기, 혁명, 전도)의 결정적 특징 내에서 이해될 수도 있으며, 마찬가지로 이 역사의 전체성은 단지 그 방향만이 규정될 수 있을 뿐인 불확정적 과정으로 사고될 수도 있다('수정주의'의 아버지인 베른슈타인은 "최종 목적[Endziel]은 아무 것도 아니며, 운동만이 모든 것이다"라는 유명한 문장을 남겼다**). 아니면 오히

---

* 장-프랑수아 리오타르의 저서를 참조하라. Jean-François Lyotard, *La Condition post-moderne*, Éditions de Minuit, Paris, 1979. (한국어판으로는 《포스트모던적 조건》, 이현복 옮김, 서광사, 1992를 참조-옮긴이)

** Édouard Bernstein, *Les Présupposés du socialisme* (*Die Voraussetzungen des Sozialismus und*

려 이 역사의 전체성은 (쿠르노^{Cournot} 또는 스튜어트 밀에게서처럼) 동질성 혹은 균형의 '정상 상태'라는 종말로, 혹은 심지어는 카우츠키의 '초-제국주의'라는 종말로 이어지는 과정으로 정의될 수도 있다. 물론 이는 헤겔보다 훨씬 더 강력한 역사의 전체성을 제시한다. 비록 (자유주의적이든 사회주의적이든) 모든 보수주의자들이 갈등과 불평등에 대한 최종적 해소라는 동일한 이미지를 공유하고 있지만 말이다.

하지만 특히 역사를 하나의 목적론으로 표상하는 이런 서로 다른 방식들은 상호 독립적인 두 가지 테제 사이의 결합을 전제한다. 첫 번째 테제[첫 번째 구성요소]는 시간의 **비가역성**과 선형성을 전제한다. 여기에서 순환적 혹은 우연적인 우주적 시간과 정치적 역사에 대한 모든 관념의 거부(그리고 이 관념에 대한 신화적 혹은 은유적 제시)가 등장한다. 비가역성이 꼭 필연적으로 상승을 의미하는 것은 아님을 지적하자. 바로 그렇기 때문에 '에너지 감소'에 관한 물리학 모델들에서 그 이론적 자원을 취하든 그렇지 않든, 19세기 역사 이론가들 중 상당수는 시간의 비가역성과 선형성에 관한 동일한 전제 내에 머무르면서도 동시에 진보 관념과 퇴폐성^{décadence}이라는 관념을 대립시킬 수 있었던 것이다(1853년에 출간되어 '계급투쟁'의 도식에 '인종 투쟁'의 도식을 대립시키기 위해 활용되었던 고비노$^{Arthur de Gobineau}$의 《인종 불평등론》을 떠올려보자). 그러므로 이 비가역성이라는 관념에 기술적 또는 도덕적(아니면 이 둘 사이의 결합으로 이루어진) **완전화**^{perfectionnement}라는 관념[두 번째 구성요소]이 추가되어야 한다. 완전화는 적은 것에서 많은 것으로, 혹은 최악의 것에서 최선의 것으로의 이행만을 뜻하지 않고, 또한 결점들과 이점들에 대한 실정적 '평가표'라는 관념 또한 포함하는데, 이는 오늘날 우리가 **최적**^{optimum}이라고 부르는

---

die Aufgaben der Sozialdemokratie, 1899), 불역: Le Seuil, Paris, 1974. (한국어판으로는 《사회주의의 선제와 사민당의 과제》, 강신준 옮김, 한길사, 1999를 참조-옮긴이)

바이다. 가능한 한 가장 많은 수의 개인들의 최대 만족으로서의 효용이라는 정의를 제시한 벤담부터 최약자의 상황을 개선하는 불평등만이 정당한 불평등이라고 전제하는 '차등 원칙'을 제시하고 있는 최근의 존 롤스*에 이르기까지 '가능한 세계들 중 최상의 세계'라는 라이프니츠적 도식이 자유주의의 진보주의적 전통 속에서 재발견되는 방식을 이 지점에서 떠올려보자.

마지막으로 두 번째 테제에 관해 살펴보자면, 진보로서의 역사라는 표상은 **항상 증대하는** 변화 **능력**이라는 관념[세 번째 구성요소]을 통해 변화 관념을 이중화할 수 있으며, 특히 바로 이 지점에서 교육에 관한 강조가 진보 관념과 내재적으로 결합될 수 있다. 그러므로 이로부터 우리는 진보에 관한 고전적 이론들의 네 번째 구성요소로 나아가게 되는데, 이는 어떤 의미에서는 정치적으로 가장 중요한 구성요소이면서도, 그러나 또한 철학적으로는 가장 문제적인 구성요소이다. 이는 바로 변형은 **자기 자신에** 대한 변형, 그러므로 **자기-변형**이라는 관념이다. 더 정교하게 표현하자면, 이는 **자기-생성**auto-engendrement, 즉 그 안에서 주체들의 자율성이 실현되는 **자기-생성**이다.** 심지어 자연력의 통제와 지구 자원의 정복조차 최종적인 수준에서는 이런 관점에서 사고되어야 한다. 《1844년 경제학-철학 수고》에서 마르크스가 지적했듯이, 공업과 자연과학은 "인간이 가진 본질적 힘이라는 펼쳐진 책"이다. 그렇기 때문에 우리는

---

*   John Rawls, *A Theory of Justice* (1972), Oxford University Paperback, 1980, 13절(불역: Le Seuil). (한국어판으로는 《정의론》, 황경식 옮김, 이학사, 2003을 참조-옮긴이)

**   "**우리가 보편사라고 부르는 모든 것**은 인간 노동에 의한 인간 생성engendrement, 인간을 위한 자연의 생성devenir 이외에 다른 것이 전혀 아니다. 그러므로 인간 자신에 의한 인간의 **생성**engendrement, 그 **탄생 과정**의 명백하고 반박 불가능한 증거가 존재하는 것이다." K. Marx, *Manuscrits de 1844 (Économie politique et philosophie)*, E. Bottigelli 불역과 서문, Éditions Sociales, Paris, 1962, p.99. (한국어판으로는 《경제학-철학 수고》, 강유원 옮김, 이론과 실천, 2006을 참조-옮긴이)

이 지점에서 **프락시스**의 문제가 재등장하는 것을 보게 되는데, 그러나 이번에 이 **프락시스**는 개인적 변형이 아니라 집합적 변형으로 사고된다. 이 **프락시스**는 그 정의상 세속적 관념, 혹은 최소한 신성한 의지의 결과로서의 역사의 흐름이라는 표상 전체에 대립하는 관념인 것이다. 하지만 이 관념은 자연에 대한 '계획' 혹은 자연의 '경제'에 관한 신학적 도식들의 다양한 전위들^{transpositions}[위치이동들]과 필연적으로 양립 불가능한 것은 아니다. 여기에서 어려운 지점은 이 관념을 내재적인 방식으로 사고하는 것, 다시 말해 과정 그 자체에 외재적인 힘 혹은 원리를 개입시키지 않고 사고하는 것이다.

하나의 진화이론인가? 19세기의 이론가들은 (산업적, 정치적, 심지어는 종교적) '혁명'이 근대성의 전사前史로 치부했던 **과거**와, 현재의 불안정성과 긴장이 예감할 수 있게 해주는 다소 가까운 **미래** 사이에 근대 사회를 위치 짓는 방식으로 변화 혹은 역사적 이행에 관한 '법칙들'을 찾으려 했다. 이 이론가들 가운데 대다수가 진화주의적 도식의 채택으로 이 문제를 해소해버렸다. 캉길렘의 용어를 차용해 다시 한 번 더 이야기하자면 진화주의는 19세기의 탁월한 '과학적 이데올로기', 다시 말해 과학적 연구 프로그램과 이론적이고 사회적인 상상계("총체성에 직접적으로 접근하고자 하는 무의식적 욕구") 사이의 **교환 장소**였다.* 이런 의미에서, 과학에 대한 신학적 대안을 새롭게 제시하지 않는 한, 19세기에 진화주의자

---

* Georges Canguilhem, "Qu'est-ce qu'une idéologie scientifique?", *in Idéologie et rationalité dans l'histoire des sciences de la vie*, Librairie Vrin, Paris, 1977. 다윈 전과 후의 진화주의에 관한 탁월한 설명으로는, Canguilhem, Lapassade, Piquemal, Ulmann, *Du développement à l'évolution au XIXe siècle*, 재판, PUF, Paris, 1985; 또한 *De Darwin au darwinisme: science et idéologie*, Yvette Conry 편집, Librairie Vrin, Paris, 1983도 참조. (캉길렘 저서의 한국어판으로는 《생명과학의 역사에 나타난 이데올로기와 합리성》, 여인석 옮김, 아카넷, 2010을 참조-옮긴이)

가 되지 않는다는 것은 사실상 불가능했다. 심지어 1888년의 저작 《적 그리스도》에서 "진보는 근대가 만들어낸 관념, 다시 말해 거짓된 관념에 불과하다"고 썼던 니체조차 이 진화주의에서 전혀 벗어나지 못했다!

하지만 또한 이는 진화주의가, 순응주의와 기존 질서에 대한 공격이 그 안에서 서로 대립하면서 전투를 벌이는 지적 요소라는 사실을 의미한다. 모든 진화주의를 동일한 평면 위에 올려놓는 것은 관념들의 역사에서 (헤겔의 표현을 따르자면) '모든 소가 까만 밤'의 광대함만을 볼 수밖에 없도록 스스로를 가두어버리는 것을 의미한다. 오히려 중요한 것은 여러 진화주의들 내에서 서로를 구분해주는 것, 그러니까 이 여러 진화주의들이 대결의 중심점으로 삼으면서 서로 대립하는 그 이단점들이다. 헤겔, 푸리에 혹은 마르크스의 변증법이 점증하는 '차이화'라는 스펜서적 법칙(단순한 것에서 복잡한 것으로의 진화) 혹은 생물학적 진화주의에 영향을 받은 분과 학문으로서의 인류학 전체에서 헤켈Ernst Haeckel이 강제했던, 개인들의 발전 내에서 진화의 '반복récapitulation'이라는 법칙이 아닌 것과 마찬가지로, **계급투쟁**은 **인종 투쟁**이 아니다.

이제 우리는 마르크스에 관한 논의로 돌아올 수 있다. 마르크스가 자신의 진화 도식을 적용했던 특수한 대상은 자신들의 '생산양식'에 의해 결정/규정déterminée되는 것으로 간주된 '사회구성체들'의 역사이다. 위에서 우리가 이미 확인했듯이, 마르크스에게는 생산양식들의 점진적 **진화의 선**이 존재한다. 이 **진화의 선**은 **사회화**, 다시 말해 개인들이 자기들 자신의 존재 조건을 집합적으로 통제할 수 있는 능력이라는 내재적 기준에 따라 모든 사회를 분류한다. 그리고 이런 진화의 선은 유일unique한데, 이는 이 진화의 선이 전진과 후퇴(사회들 **사이의** 전진과 후퇴이든, 이 사회들의 정치사에서의 전진과 후퇴이든)를 결정할 수 있도록 해준다는 점을 의미할 뿐만 아니라, 이 진화의 선이 역사의 '시작'과 '끝fin' [종말/목적] 사이의 필연적 관계를 확립한다는 점(비록 이 끝, 즉 공산주의가 또 하나의 새로운 역사의 시작으로 개념화된다고 할지라도 말이다) 또한 의미한다.

이런 개념화들은 전 세계로 유통되었으며, 마르크스 자신이 이 개념화들을 설명하기 위한 충격적인 정식화들―어떤 의미에서 보자면 마르크스주의적 전통은 이 정식화들에 대한 주석을 달아온 것에 불과하다―을 발견해냈다. 위에서 나는 이 정식화들 중 몇 개[즉 '부정의 부정' 절에서 언급한 세 가지 인용]를 상기했다. 이 정식화들 사이의 비교는 마르크스에게서 점진적 진화라는 관념이 역사의 합리성이라는 테제, 혹은 다음과 같은 표현을 원한다면, 역사의 형태들, 경향들, 정세들에 대한 인식 가능성^{intelligibilité}과 분리 불가능하다는 점을 명확하게 보여준다.

인과성 도식(변증법 I)[7]

우선 이런 테제는,《정치경제학 비판을 위하여》의 서문이라는 텍스트가 보여주듯, 역사인과성이라는 도식의 형태하에서 표현된다. 역사인과성 도식은 그 자체로 인식^{connaissance}이 아니라 연구와 설명의 프로그램이기 때문에, 질적인, 게다가 은유적인 용어들을 통해 표현된다. '토대'와 '상부구조', '생산력'과 '생산관계', '물질적 삶'과 '자기의식'은 그 자체가 현실이 아니라 구체적 적용을 **기다리고 있는** 범주들이다. 몇몇 범주들은 역사와 정치경제학에서 직접적으로 유래하지만, 다른 범주들은 철학적 전통에서 수입되었다. 이 인과성 도식은 현실에 관한 설명 양식의 다른 이론적 발명들과 비견될 만한 중요성을 지니고 있다. 가령, '네 가지 원인'에 관한 아리스토텔레스적 도식, 인력과 물질('관성력')에 관한 뉴턴적 도식, 개체변이와 '자연선택'에 관한 다원적 도식, '정신적 장치'의 심급에 관한 프로이트적 도식 등등……

우리가 이 인과성 도식을 만나게 되는 형태하에서 이 도식이 거의 유지 불가능한 긴장을 내포하고 있다는 점을 우리는 확인해야만 한다. 왜냐하면, 이와 동시에 이 인과성 도식은 역사적 과정 전체를 기존의 목적론*에 **종속**시키기 때문이며, 그럼에도 이 도식은 변형의 동력이 '과학적으로 확인 가능한' 물질적 삶의 모순들과 전혀 다르지 않음을 **주장**하기 때문이다. 그러므로 우리는 서로 분기하는 해석들이 이 하나의 인과성 도식에서 지속적으로 자신의 자원을 끌어냈다는 점을, 그리고 이 인과성 도식이 '역사유물론'의 역사 내에서 끊임없는 재작업의 대상이 되어왔다는 점에 놀라서는 안 된다.

우리는 《자본》에서 전개된 이론적 전개들이 정정까지는 아니더라도 최소한 한 단계 정도는 더욱 커다란 복잡성을 이 역사인과성의 일반 도식에 부여한다는 점을 보게 될 것이다. 사실 《자본》에서의 이론적 전개들은 점점 하강하는 세 가지 서로 다른 수준의 일반성들을 지니는 사회적 관계들에 관한 '과정' 혹은 '전개^{développement}'를 제시한다[앞으로 (1), (2), (3)으로 이 세 가지 수준에 번호를 매기도록 하겠다].

(1) 우선 앞서 말한 바와 같이, 연속적 생산양식들이 형성하는 진보의 선$^{ligne de progrès}$ — 아시아적 생산양식, 노예제적 생산양식, 봉건적 혹은 영주적 생산양식, 자본주의적 생산양식, 공산주의적 생산양식 — 이 존재하며, 이 진보의 선은 구체적인 사회구성체들의 연속성을 인식 가능케 하는 하나의 원리를 제시해준다. 이 첫 번째 수준은 가장 명시적으로 **목적론적**^{finaliste}이다. 이 첫 번째 수준은 ('유물론적 전도'라는 변화를 제외한다

---

*   "부르주아적 생산관계들은 사회적 생산과정의 마지막 적대적 형태인데, 여기에서 적대적이라고 말하는 것은 개인적 적대라는 의미가 아니라 개인들의 사회적 생활 조건들에서 싹터온 적대라는 의미이다. 그러나 부르주아 사회의 태내에서 발전하는 생산력들은 동시에 이런 적대의 해결을 위한 물질적 조건들을 창출한다. 이 사회구성체와 더불어 인간 사회의 전사前史는 끝을 맺는다. (……)"(《정치경제학 비판을 위하여》서문, op. cit.). (한국어판으로는 〈정치경제학 비판을 위하여 서문〉, 최인호 옮김,《칼 맑스 & 프리드리히 엥겔스 저작 선집》2권, 박종철 출판사, 1992, 478쪽을 참조-옮긴이)

면 그 어떤 변화도 없이) 헤겔과 다른 역사철학자들이 보편사의 시대들을 규정했던 방식에서 유래한다(가령 '동양적 전제정'은 '아시아적 생산양식'이 되며, '고대 세계'는 '노예제적 생산양식'이 된다는 것 등등). 하지만 이 첫 번째 수준은 가장 **결정론적**déterministe이기도 하다. 이는 이 수준이 그 자체로 지니고 있는 시간의 선형성 때문만이 아니라, 또한 이 수준이 인간 노동의 생산성이 내포하는 중단 없는 발전 법칙 위에 비가역적인 역사적 시간을 정초하는 방식 때문에 그렇기도 하다. 하지만 이것이 세부적인 차원에서는 중단, 정체, 심지어 퇴보조차도 배제하지 않는, 일반적 차원의 globale 결정론이라는 점을 지적하자.

이런 수준에, 계급투쟁은 설명의 원리로서가 아니라 이 수준 전체의 결과로서 개입한다. 각각의 생산양식에는 특정한 소유 형태들이, 생산력의 특정한 발전 양식이, 그리고 국가와 경제 사이의 관계 양식이, **그러니까** 특정한 형태의 계급투쟁이 조응한다. 이 특정한 계급투쟁 형태는 영주와 농노 혹은 소작인 사이의 방식과 자본가와 노동자 사이의 방식이 서로 다른 것처럼 동일한 방식으로 진행되지 않는다.* 결국 공산주의 사회 내에서 계급투쟁의 종언 혹은 지양은 이런 진화의 다른 결과들 중 하나일 뿐으로, 이는 상품물신숭배 분석에서 제시되었던 비교표가 단순히 시간적 순서를 부여받은 채 재등장함을 의미한다.

계급투쟁이라는 심급

(2) 그런데 마르크스는 혁명의 필연성이라는 문제를 다루어야 한다는 이유 때문에《자본》에서 훨씬 더 특수한 대상에 집중하고자 했다. 이는 생

---

*   *Le Capital*, 1권, 8장, '노동일', 2절 '잉여노동에 대한 갈망: 공장주와 바야르', p.262 이하.

산관계와 생산력 발전 사이의 '모순'이라는 문제, 그리고 이 '모순'이 자본주의 내에서 취하는 형태라는 문제이다. 여기에서 《자본》이라는 텍스트를 주의 깊게 읽는 것이 중요하다. 엥겔스의 《반-뒤링》(그리고 물론 마르크스 자신의 《철학의 빈곤》 혹은 《공산주의자 선언》)을 따라 정통 마르크스주의가 확산시켰던, 생-시몽적 전통에 강력히 영향을 받았던 정식화들은 포기되어야 한다. 이는 (마르크스 이후에 케인스 혹은 슘페터가 기업가와 산업가를 금융투기꾼에 대립시켰던 것처럼) 부르주아적 소유의 경직성^{fixité}에 생산력이 지니는 그 자체로 진보주의적인 유동성^{mobilité}을 대립시키지 않는다. 오히려 이는 생산의 사회화(테크놀로지의 집적, 합리화, 보편화)라는 경향과 노동력의 세분화, 노동자계급에 대한 과잉 착취와 그 불안전성의 경향이라는 이 **두 가지 경향 사이**의 점증하는 모순에 관한 것이다. 그러므로 계급투쟁은 모순의 해소 과정—이 모순의 해소 과정을 건너뛴다는 것은 불가능하다—에서 작동자^{opérateur}의 역할을 수행함으로써 결정적인 방식으로 개입한다. 프롤레타리아의 '궁핍' '억압' '분노'에서 출발해 조직화되는 그런 투쟁만이 '수탈자를 수탈'할 수 있으며 '부정의 부정', 다시 말해 자본의 가치화/가치 증식이라는 끊임없는 운동 내로 흡수되어버렸던 프롤레타리아 자신의 힘에 대한 재전유에 도달할 수 있는 것이다.

이 지점은 마르크스가 여기에서 **필연성**, 그것도 심지어는 불가피한 필연성에 관해 이야기하는 만큼 매우 중요하다. 우리는 이 불가피한 필연성이 외부에서 노동자계급에게 강제되는 필연성이 아니라 노동자계급 자신의 활동 혹은 해방의 실천에서 구성되는 필연성이라는 점을 확인할 수 있다. 이런 과정의 정치적 특징은 프랑스대혁명이라는 모델에 관한 암묵적 활용에 있다. '폭발하도록 만들'어야 하는 지배가 군주제적 권력의 지배가 아니라 사회적 생산의 조직화 내에서 이루어지는 자본의 지배라는 점을 제외한다면 말이다. 자본이 자신의 인민을 억압한다고 할지라도, 자본은 자신의 인민 '바깥'에 존재하지 않는다. '자기 자신의 묘를 파는 이'를 만드는 것은 바로 자본 자신이다. 이는 사태를 명확히 밝혀주면서도 동시에 매우 문제적인 유비이다.[8]

(3) 마지막으로 마르크스는 자신의 많은 분석들을 훨씬 더 특수한 **세 번째** 수준의 이론적 전개에 할애하는데, 그것이 바로 생산양식 그 자체의 변형, 혹은 다음과 같은 표현을 원한다면, 축적의 운동이다. '절대적이고 상대적인 잉여가치의 생산'*과 노동일의 제한을 위한 투쟁, 그리고 산업혁명의 단계들(매뉴팩처, 기계제, 대공업)에 할애된 《자본》의 핵심 장들에서, 마르크스가 관심을 갖는 것은 단순한 양적 결과(화폐^{argent}와 생산수단의 점진적 자본화)가 아니라, 노동자들에 대한 숙련화^{qualification}와 공장의 규율, 임금노동자와 자본가계급 사이의 적대, 고용과 실업 사이의 비율(그러니까 잠재적 노동자들[즉 산업예비군] 사이의 경쟁)이 변화하는 방식이다. 여기에서 계급투쟁은 **두 가지 측면에서 동시에** 훨씬 더 특수한 방식으로 개입한다. 첫 번째로 자본가들의 측면에서, 이들에게 '잉여가치 생산의 방법들' 전체는 '필요노동'과 노동자들의 자율화 정도에 압력을 가하는 방법들이다. 두 번째로 프롤레타리아의 측면에서, 이들은 착취에 저항/반작용^{réagissent}하며 그렇기 때문에 자본으로 하여금 끊임없이 새로운 방법을 찾도록 강제한다. 그렇기 때문에, 엄밀히 말하면, 노동에 대한 '과학적' 조직화의 방법들과 테크놀로지적 혁신들을 통해 자본가들이 노동일 제한에 반격을 가하는 것, 즉 마르크스가 '절대적 잉여가치'에서 '상대적 잉여가치'로의 이행이라고 부르는 것(《자본》 1권의 3편과 4편)을

---

* 가장 최근의 《자본》 프랑스어 판본에서 제시된 잉여가치의 번역어, 즉 'plus-value'라는 전통적이지만 다의적인 프랑스어 번역어를 대체하는 'survaleur'라는 프랑스어 번역어는 잉여가치의 독일어, 즉 'Mehrwert'와 정확히 대응되는 단어이다. 이 'Mehrwert'라는 단어는 노동자의 **잉여노동**(surtravail, 독일어로는 'Mehrarbeit')에서 유래하는 **자본 가치의 증가**^{accroissement}를 지시하기 위해 마르크스가 만들어낸 신조어이다. 영어로 잉여가치는 'surplus value', 잉여노동은 'surplus labour'이다.

통해 확인할 수 있듯, 계급투쟁은 그 자체로 축적의 한 요인^{facteur}이 된다. 계급투쟁은 심지어 [노동과 자본이라는 두 측면 이외에] **세 번째 측면**, 즉 계급들 사이의 세력 관계의 쟁점인 **국가**라는 측면에도 개입하며, 그 모순의 악화는 점점 더 유기적인 성격을 띠는 '사회적 조절'을 통해 국가가 노동과정 그 자체 내에 개입하도록 만든다.*

나는 조금 더 기술적인 이론적 전개들로까지 논의를 확장했는데, 우선은 마르크스에게서 역사철학의 문제들이 가장 일반적인 선언들의 수준에서 논의되어서는 안 되며 대신 개념들을 최대한으로 명료화할 수 있는 수준의 분석에서 논의되어야 함을 독자들이 동의할 수 있도록 만들기 위해서였다. 이는 마르크스를 이론가 그 자체로 다루는 것이다. 헤겔에게서 의식의 형상들이 지니는 의미는 마르크스에게서 생산양식이 지니는 의미와 동일하다. "'자본'을 읽자"는 여전히 현재성을 지니는 작업인 것이다. 하지만 나는 또한 이로부터 다음과 같은 주장을 이끌어내고 싶다. 사회 전체의 진화의 선에서 노동과정 내의 일상적 적대에 이르기까지, 정확히 바로 이 세 가지 수준의 분석들에 대한 결합이 마르크스가 역사적 설명의 합리성이라는 표현을 통해 의미하고자 했던 바를 구성한다고. 좀 더 철학적인 용어로 말하자면, 마르크스는 기존의 설명 **모델**들을 점점 덜 활용하게 되었으며, 그는 점점 더 진정 전례 없는 **하나의 합리성을 구축**하게 되었다고. 이런 합리성은 역학의 합리성도, 생리학

---

* 《자본》 1권 13장, 9절 '공장법(보건과 교육조항). 영국에서의 일반화'(p.540 이하). 마르크스의 사유에서 이런 측면을 가장 정력적으로 강조했던 이들이 바로 이탈리아의 '오페라이스모'라는 이름의 학파였다. Mario Tronti, *Ouvriers et capital*, Christian Bourgeois 불역, Paris, 1977; Antonio Negri, *La Classe ouvrière contre l'Etat*, Éditions Galilée, Paris, 1978. 또한 계급투쟁 내에서 '국가의 상대적 자율성'이라는 문제에 관한 니코스 풀란차스(Nicos Poulantzas, *Pouvoir politique et classes sociales*, Maspero, Paris, 1968)와 랄프 밀리밴드(Ralph Miliband, *Marxism and Politics*, Oxford, 1977) 사이의 논쟁을 보라. (이와 관련해 에티엔 발리바르의 논문 〈서방 맑스주의의 하나의 이단점: 1960년대 초 알튀세르와 트론티의 상반된 《자본》 독해〉, 장진범 옮김, 웹진 인무브, www.en-movement.net을 참조하라.-옮긴이)

의 합리성도, 생물학적 진화의 합리성도, 갈등과 전략의 형식 이론의 합리성도 아니다. 비록 이 합리성이 이런 참조물들을 이런저런 순간에 활용할 수는 있겠지만 말이다. 계급투쟁은 그 조건들과 형태들의 끊임없는 변화 내에서 그 자체로 자기 자신의 모델인 것이다.

위에서 지금까지 설명했던 바가 바로 변증법[역사변증법 I]이라는 관념에 우리가 부여할 수 있는 그 첫 번째 의미, 즉 계급투쟁이 역사의 조직^{tissu} 그 자체 내에 결정적인 방식으로 개입하는 것에 특수한 방식으로 적용된 설명의 논리 혹은 형태이다. 이런 점에서, 마르크스가 변증법의 이전 형식들, 특히 그 헤겔적 형태들(《정신현상학》에서 '주인과 노예' 사이의 대립이라는 형태이든《대논리학》에서 '주체와 대상 사이의 분할'이라는 형태이든)이 겪을 수밖에 없도록 만들었던 변형을 강조했다는 점에서 알튀세르가 옳았다. 마르크스가 이 이전의 형태들에 그 무엇도 빚지고 있지 않다는 의미에서가 아니라(오히려 그 반대인데, 마르크스가 이 이전의 형태들 위에서 작업하기를 멈추지 않았다는 점을 고려한다면, 어떤 의미에서 보자면 그는 이 이전의 형태들에 모든 것을 빚지고 있다), 사변적 '형상들'이 (레닌이 말했던) 구체적 상황에 대한 구체적 분석과 맺는 관계를 **전도했다**는 의미에서 말이다. 상황은 기존의 변증법적 계기들을 예증^{illustrent}하지 않는다. 상황은 오히려 그 자체로 과정의 유형들 혹은 변증법적 전개의 유형들—우리는 이 과정 혹은 전개의 유형들이 지니는 연속성을 열려진 것으로 개념화할 수 있다—이다. 최소한 이것이 마르크스의 작업이 취했던 **의미/방향**이다.

역사의 '나쁜 방향'

하지만 마르크스가 수행한 이런 관점의 전도는 이 합리성의 기획이 새

롭게 맞닥뜨리게 되는 난점들, 심지어는 아포리아들을 더욱 부각할 뿐
이다. 마르크스에게서 '진보'와 '변증법' 사이의 관계가 확립되는 방식의
문제로 돌아오기 전에, 이 난점들 혹은 심지어 아포리아들의 의미가 도
대체 무엇인지 확인해보아야 한다.

여기에서 다음과 같은 놀라운 표현 하나가 우리의 논의를 위한 길
잡이의 역할을 할 수 있을 것이다. "역사는 나쁜 방향^{côté}[측면]으로 전진
한다." 마르크스는 각각의 범주 혹은 각각의 사회 형태에서 정의를 진보
하게 만드는 '좋은 방향'을 취하고자 하는 프루동에 반대하기 위해《철
학의 빈곤》에서 이 표현을 사용했다.* 하지만 이 표현은 이런 용법에서
벗어나 자신의 저자 마르크스에 반해 사용된다. 달리 말해, 이미 마르크
스 생전에 그의 이론 자체가 역사는 나쁜 방향으로, 역사 자신이 예측하
지 못했던 나쁜 방향으로, 역사가 지니는 필연성의 표상에 문제를 제기
하는 나쁜 방향으로, 결국에는 역사가 정확히 말해 **전진**하며 맥베스에게
삶이 그렇듯이 역사가 소란스러움과 분노로 가득 찬, 하지만 그 어떤 의
미도 없는 그런 바보의 이야기는 아니라는 사실 자체에서 역사가 끌어낼
수 있다고 믿는 확실성에 문제를 제기하는 나쁜 방향으로 전진한다는 사
실에 맞닥뜨리게 되었던 것이다.

마르크스가 프루동을 비판하기 위해 이렇게 조롱했을 때, 이는 역
사에 대한 **도덕적**이고 **낙관적**인 비전, 그러니까 결국에는 역사에 관한
순응주의적^{conformiste} 비전을 거부하기 위해서였다. 프루동은 '경제적 모
순'의 진화^{évolution}와 사회정의의 도래에 관한 헤겔적 도식들을 채택하려
했던 첫 번째 인물이었다. 정의의 진보에 관한 프루동의 개념화는 연대
와 자유의 가치들이, 이 가치들이 표상하는 보편성 그 자체에 의해 주어

---

*   K. Marx, *Misère de la philosophie, op. cit.*: "(……) 좋은 방향[측면]을 이기는 것은 항상 나
    쁜 방향[측면]이다. 투쟁을 형성함으로써 역사를 만드는 운동을 산출하는 것은 바로 이 나
    쁜 방향[측면]이다."(마르크스가《철학의 빈곤》을 직접 프랑스어로 저술했다는 점을 기억하자)

지는 것이라는 관념 위에 기초해 있었다. 1846년 마르크스는 역사가 '좋은 방향으로' 만들어지지 않는다는 점, 다시 말해 휴머니즘적 이상의 내재적 힘과 탁월함으로는, 더욱이 신념과 도덕적 교육의 힘으로는 만들어지지 않는다는 점, 오히려 '부정적인 것의 고통', 이해관계들 사이의 대립, 위기와 혁명의 폭력에 의해 만들어진다는 점을 프루동으로 하여금 깨닫게 하고자 노력했다. 역사는 권리^{droit}를 쟁취해나가는 서사시라기보다는 계급들 사이의 내전이라는 비극이다. 비록 이 내전이 꼭 군사적 형태를 취하지는 않는다고 해도 말이다. 바로 이것이 헤겔의 정신에 엄밀하게 부합하는 논증^{démonstration}인데, 그러나 프루동과 다른 개량주의의 대변자들은 이 점을 완전히 잘못 이해했다.

다시 말해, 마르크스의 논증은 헤겔의 정신에 엄밀하게 부합한다는 바로 그 사실 때문에 우리로 하여금 질문을 다시 제기하도록 만들 수밖에 없다. 결국 이런 의미로 이해된 '나쁜 방향'의 변증법만큼이나 보증된 결과라는 관념에 부합하는 변증법도 없다. 왜냐하면 이런 '나쁜 방향'의 변증법은, 다음에서 보여지는 헤겔의 경우와 같이, 역사적 발전의 합리적 **종말/목적**^{fin}, 즉 우리가 해소, 화해 혹은 종합이라고 부르는 바가 **자신의 반대물**, 즉 '비이성'(폭력, 정념, 궁핍)**으로 전환**될 만큼, 그리고 이런 의미에서 자신의 반대물까지도 환원하거나 흡수해버릴 만큼 충분히 강력하다는 점을 보여주는 기능을 정확히 수행하기 때문이다.[9] 심지어는 역으로 이 '나쁜 방향'의 변증법이 발휘하는 능력, 다시 말해 전쟁, 고통, 부정의를 평화, 번영, 정의의 요소로 변환하는 능력이 바로 이 변증법 자신의 역량과 보편성을 '증명'한다. 만일 오늘날 우리가 헤겔에게서 장구한 역사를 지닌 '변신론辯神論'(헤겔 자신이 라이프니츠에게서 다시 취했던 표현을 빌리자면 말이다), 다시 말해 역사에서 '악'이 항상 특수하고 상대적인 반면 이 '악'이 예비하는 긍정적 종말/목적은 보편적이고 절대적이라는 논증과는 다른 것을 읽어낼 수 있다면, 우리는 이를 마르크스가 헤겔을 변형했던 바에 빚지고 있지 않을까? 더욱이 변증법에 대한 이런 마르크스의 변형 자체가 역사적으로 그 한계에 부딪혔던 방식에 빚지고 있지 않을까?

그러므로 우리는 이런 비판적 운동의 극단에서 이미 위에서 인용했던 벤야민의 〈역사의 개념에 대하여〉 중 아홉 번째 테제의 정식화를 발견하게 된다. "역사의 천사도 바로 이렇게 보일 것임이 틀림없다. **우리들** 앞에서 일련의 사건들이 전개되고 있는 바로 그곳에서 그는, 잔해 위에 또 잔해를 쉼 없이 쌓이게 하고 또 이 잔해를 우리들 발 앞에 내팽개치는 단 하나의 파국만을 본다. 천사는 머물고 싶어 하고 죽은 자들을 불러일으키고 또 산산이 부서진 것을 모아서 다시 결합하고 싶어 한다. 그러나 천국에서 폭풍이 불어오고 있고 이 폭풍은 그의 날개를 꼼짝달싹 못하게 할 정도로 세차게 불어오기 때문에 천사는 날개를 접을 수도 없다. 이 폭풍은, 그가 등을 돌리고 있는 미래 쪽을 향하여 끊임없이 그를 떠밀고 있으며, 반면 그의 앞에 쌓이는 잔해의 더미는 하늘까지 치솟고 있다. 우리가 진보라고 일컫는 것은 바로 **이런** 폭풍을 두고 하는 말이다."[10]

역사는 '나쁜 방향에 의해서'만 전진하는 것이 아니라 또한 **나쁜 방향으로도**, 그러니까 지배와 폐허/몰락^{ruine}이라는 방향으로도 전진한다. 우리는 이 텍스트에서, '속류 마르크스주의'와 마르크스 자신을 넘어, 특히 헤겔의 역사철학 강의 서문의 구절—이 구절은 과거 문명들이 남긴 폐허를 정신의 진보를 위한 조건, 다시 말해 과거 문명들의 '원리'에 존재하고 있었던 보편적인 것의 **보존**을 위한 조건으로 묘사한다—에 반대되는 이 끔찍한 아이러니를 이해해야 한다.* 프롤레타리아 이데올로기

---

* "우리는 폐허의 한가운데를 걸어간다(⋯⋯). 여기에서 이는 어떻게 가장 고귀했고 가장 아름다웠던 것이 역사의 제단 위에서 희생되었는지를 우리가 보게끔 만드는 (⋯⋯) 부정적인 것의 범주이다. 탄생과 죽음에서, 이성Raison은 인류의 보편적 노동이 생산하는 작업을 바라본다⋯⋯"(G. W. F. Hegel, *La Raison dans l'histoire*, UGE 10/18, Paris, 1986, pp.54, 68)

는 피착취자들을 해방하는 것이 아니라 질서와 법을 정립하는 것에 항상 복무해왔던 이런 운동을 다시 취하고 연장하는 죽음의 허상 위에 기초해 있을 것이다. 그러므로 "역사의 진행 과정을 폭파해 그로부터 하나의 특정한 시대를 끄집어내"도록 만드는, 그리고 역사 전체의 피지배자들과 '패배자들'에게 초점 없고 모호한 자신들의 투쟁에 어떤 의미를 부여해줄 수 있는 불가능한improbable 기회를 제공해주는 "사건devenir[생성]의 메시아적 정지"라는 휴지 혹은 시간의 예측 불가능한 중단의 희망(열일곱 번째 테제)[11]이 구원의 유일한 전망으로 남게 된다. 그리고 이는 무엇보다도 자기 자신의 노동을 통한 변형으로서의 실천 혹은 해방이라는 관념을 근본적으로 불가능하게 만든다는 점에서, 여전히 혁명적이긴 하지만 변증법적이지는 않은 전망이다.

그러므로 헤겔의 '나쁜 방향'과 벤야민의 '나쁜 방향' 사이에 마르크스주의적 변증법을 위한 길의 가능성이 존재하는가? 최소한 **마르크스가 없었다면**(그리고 헤겔과 마르크스 사이에 아무런 차이도 없었다면) 헤겔에 대한 이런 비판은 절대 불가능했을 것이라는 점에서 역사적으로 이런 마르크스주의적 변증법을 위한 길이 존재하는 것이 만일 사실이라면, 우리에게 주어진 문제는 어느 정도 수준으로까지 마르크스주의적 변증법이라는 이론적 표현이 역사적 특이성singularité에 조응하는지를 탐구하는 것이다. 하지만 이는 이론이 교차하게 된 역사적 사건들과는 독립적으로 논의될 수 없는 성격의 문제이다.

현실 모순(변증법 II)

이미 위에서 언급했듯이, 마르크스는 자신의 생애에서 최소한 두 번 역사의 '나쁜 방향'과 맞닥뜨렸다. 1848년과 1871년에. 나는《자본》에서 전개된 이론이 1848년 혁명의 실패, 즉 부르주아 시민사회를 '해체décomposer'했어야 할 프롤레타리아 자신의 '해체'에 대한 어떤 의미에서는 오랫동안 지연된, 탁월하게 발전했지만 미완성된 응답이라고 주장했다. 그렇다면 이《자본》에서 진보 관념에 대한 내재적 비판 **또한** 읽을 수 있다는 점에 우리가 굳이 놀라야 할까?

《자본》에서 마르크스는 푸리에적 정신에 따라 자본주의의 주기적 폐해—자본주의 자신의 '합리성'에 사실상 조응하는, 자원과 인간 삶의 '탕진dépense orgiaque' —의 모습에 자기 자신을 대립시키는 경우가 아니라면 이 용어('Fortschritt' 'Fortgang'[진보])를 전혀 사용한 적이 없다. 다시 말해 마르크스는 **조롱**의 방식인 경우를 제외하고는 이 용어를 사용한 적이 없다. '생산력의 사회화'와 인간의 '탈사회화' 사이의 모순이 해결되지 않는 한, 철학과 부르주아 정치경제학이 채택하는 진보에 관한 담론은 조롱과 기만일 수밖에 없다. 하지만 모순은 **경향**의 전도에 의해, 그러니까 **반反경향**의 긍정에 의해서만 해결되거나 단순한 모순으로 축소될 수 있다.

바로 이 지점에서 두 번째 측면이 그 모습을 드러낸다. 마르크스의 관심을 끌었던 것은 **진보**progrès가 아니라 **과정**procès 혹은 과정processus — 마르크스는 탁월한 방식으로 이를 변증법적 개념으로 만들어냈다—이었다.* 진보는 주어진 것이 아니며 프로그램되어 있는 것도 아니다. 진보

---

* "그 현실적 조건들 전체 내에서 이해되는 발전을 표현하는 단어 **과정**procès은 오래전부터 유럽 전체의 학문적 언어에 속해 있었다. 프랑스인들은 우선 소심한 방식으로 그 라틴어 형태 'processus'를 자신의 언어에 도입했다. 뒤이어 이 단어는 그 현학적 껍데기를 벗어던지고 화학, 생리학 등등과 몇몇 형이상학의 학문적 저작들 속으로 슬그머니 들어갔다. 그리고 결국 이 단어는 자신의 프랑스어 표현을 획득하게 된다. 지나치는 김에 지적하자면, 독일인들 또한 프랑스인들처럼 일상 언어에서는 'procès'라는 단어를 법률적 의미로 사용한다." (*Le Capital*, 1권, 5장 '노동과정과 가치증식과정', 프랑스어판을 위한 마르크스의 각주, *op. cit.*, p.200.)

는 과정을 구성하는 적대들의 발전에서 비롯될 수 있을 뿐이다. 그러므로 진보는 항상 이런 적대들에 상대적이다. 그런데 과정은 (정신주의적인) 도덕적 개념도 아니고 (자연주의적인) 경제적 개념도 아니다. 과정은 논리적이고 정치적인 개념이다. 과정은 헤겔을 넘어 모순은 화해 불가능inconciliable하다는 관념으로의 회귀 위에 구축되는 만큼이나 논리적이며, 또한 과정은 자신의 '현실적 조건들', 그러니까 자신의 필연성을 자신의 표면적 반대물, 즉 노동의 영역과 경제적 삶의 영역에서 찾아야 하는 만큼 정치적이다.

우리는 마르크스가 자주 활용했던 수학적 은유를 통해 이를 다른 방식으로 말할 수도 있다. 역사라는 과정에서 마르크스가 주목했던 것은 곡선의 **일반 형태**인 '적분'이라기보다는 **미분**이라는 '가속' 효과, 그러니까 매순간 작용하며 진보의 의미를 결정하는 관계이다. 그러므로 마르크스가 주목했던 것은 개별적인 방식으로, 하지만 특히 집합적인 방식으로 '노동력'이 자본의 논리가 자신에게 강요하는 순수한 상품으로서의 지위에 저항하고 이 지위에서 경향적으로 **벗어나는** 방식이다. 그런 논리를 부르는 이상적인 용어는 마르크스가 노동계약에 제한되어 있는 단순한 **형식적** 포섭subsomption에 대립되는 노동력의 종속soumission 혹은 **실질적** '포섭'이라고 불렀던 바―자본의 필요(자본의 필요에 따른 전문적 숙련노동 혹은 비숙련노동, 실업 혹은 초과 노동, 긴축 혹은 강요된 소비 등등)에 의해 전적으로 결정된 노동자들의 존재―일 것이다.* 하지만 이런 한계는 역사적으로 도달 불가능하다. 달리 말해, 마르크스의 분석은 자본주의적 생산양식 내에 포함되어 있는 물질적 불가능성의 요소, 즉 이 자본주의적 생산양식 고유의 '전체주의'가 맞닥뜨리는, 그리고 역으로 집합적 노동자

---

*   Le Capital, 1권, 14장 '절대적 잉여가치와 상대적 잉여가치'. 또한 Un chapitre inédit du Capital, Roger Dangeville 서문, UGE 10/18, Paris, 1971도 참조.

의 혁명적 실천이 만들어지는 그런 **억압 불가능한 최소/억압 가능한 최대치**^{minimum incompressible}를 폭로하는 경향이 있다.

이미《공산주의자 선언》은 노동자들의 투쟁이 "노동자들의 존재 그 자체와 함께" 시작된다고 말한 바 있다. 그리고《자본》은 이런 투쟁의 첫 번째 계기가 공장이나 기업 내에서든 혹은 공장이나 기업 바깥, 즉 도시와 정치 내에서든(하지만 사실은 항상 이 두 가지 공간 **사이**의 혹은 이 두 가지 공간 모두를 통과하는) 노동자들의 **집합체**^{collectif}의 존재라는 점을 보여준다. '임금 형태'는 노동자들의 노동력을 어느 정도의 가치를 갖고 있는 사물로 사고팔 수 있도록, 그리고 이 노동자들을 '규율'하고 '책임 있는 주체로 만들'^{responsabiliser} 수 있도록 노동자들을 개별 인격들로 배타적으로 취급한다는 전제를 지니고 있다. 하지만 노동자들의 집합체는 생산 그 자체에서 끊임없이 재탄생하는 하나의 조건이다. **현실에서는 항상** 서로 뒤얽혀 있는, **동일한**(혹은 거의 **동일한**) 개인들로 구성되어 있음에도, 양립 불가능한 **두 가지 노동자 집합체가 존재한다**. 하나는 자본-집합체이며 다른 하나는 프롤레타리아-집합체이다. 자본주의적 집산화^{collectivisation}에 대한 저항에서 탄생하는 프롤레타리아 집합체가 없다면, 자본주의적 '전제 군주' 자신 또한 존재할 수 없는 것이다.

역사성을 향하여. 바로 이것이 첫 번째 변증법[역사변증법 I]을 정확히 규정해주는, 마르크스에게서 '변증법'의 두 번째 의미[역사변증법 II]이다. 자본주의적 생산양식 ─ 이 자본주의적 생산양식의 '토대'는 그 자체로 '혁명적'이다 ─ 은 **변화하지 않을 수 없다**. 그러므로 우리에게 제기되는 질문은 어떤 방향으로 변화할 것인가이다. 마르크스가 말하길, 자본주의적 생산양식의 운동은 끊임없이 지연되는 하나의 불가능성이다. 도덕적 불가능성 혹은 '자신의 용어/조건 내에서의 모순'이 아니라, (그 정의상 서로를 배제하는 추상적 용어/조건들의) 순수하게 형식적인 모순과도, 그리고 (서로 반대 방향으로 작용하는, 서로에 관해 외재적인 힘들—우리는 이 방향으로 인한 결과와 힘들 사이의 균형점을 계산할 수 있다—의) 단순한 현실적 대립과도 동일하게 구분되는, 우리가 **현실 모순**이라 부를 수 있는 바로서의 불가능성 말이다.* 그러므로 마르크스주의적 변증법의 독창성 전체는 모순이 **하나의 외양이 아니며**, 심지어는 '결국' 또는 '극한에서'도 **하나의 외양이 아니**라는 점을 타협 없이 사고할 수 있는 가능성에 놓여 있다. 현실 모순은 심지어 칸트적 **비사회성의 사회성**과 같은 자연의 '간지'도 아니며 혹은 헤겔적 **소외**와 같은 이성의 '간지'도 아니다. 노동력은 상품으로 변형되기를 멈추지 않으며, 이를 통해 끊임없이 자본주의적 집합체의 형태 내로 진입하게 된다(강한 의미에서 바로 이 자본주의적 집합체의 형태가 '사회적 관계'로서 자본 그 자체이다). 하지만 그런 과정은 개인의 측면**과** 집합체의 측면 **모두에서** 제거 불가능한 잔여를 포함하고 있다(다시 한 번 말하지만, 개인과 집합체 사이의 이런 대립은 나에게 부적절해 보인다). 그리고 바로 이런 물질적 불가능성이 자본주의적 경향의 전환[retournement]을 (이 전환이 어떤 순간에 개입하든 상관없이) 필연성 내에 기입한다.

그러므로 **모순**, **시간성**, **사회화**라는 세 가지 질문을 엄밀하게 분리하는 것은 불가능하다. 여기에 존재하는 쟁점이 무엇인지 우리는 정확히 확인할 수 있는데, 그것은 바로 딜타이와 하이데거 이후로 철학적 전통이 **역사성**의 이론이라고 불렀던 것이다. 이 **역사성**의 이론을 하나의

---

* '현실 모순'을 사고할 수 있는 가능성은 마르크스주의적 변증법의 초석이다. 앙리 르페브르와 피에르 레몽의 저서를 참조하라. Henri Lefebvre, *Logique formelle et logique dialectique*, Éditions Sociales, Paris, 3판, 1982; Pierre Raymond, *Matérialisme dialectique et logique*, Maspero, Paris, 1977. 하지만 특히 루치오 콜레티는 '현실 모순'을 사고할 수 있는 가능성을 강력하게 부정했다. Lucio Colletti, "Contradiction dialectique et non-contradiction", *in Le Déclin du marxisme*, PUF, Paris, 1984. '현실 모순'을 사고할 수 있는 가능성을 정식화하는 것이 바로 알튀세르의 이론적 재구성의 대상 그 자체였다.

총체성totalité으로 상상적인 방식으로 간주된, 그리고 유일한 하나의 [대문자] '관념' 혹은 유일한 하나의 거대 서사로 취합된 인류 역사의 흐름이라는 차원에서 제시되는 목적성finalité의 문제들 혹은 의미/방향이라는 문제들이 '역사의 힘들'의 인과성 혹은 상호적 행위의 문제들—매순간마다, 각각의 **현재**에서 제시되는 문제들—로 대체된 것으로 이해하도록 하자. 이런 측면에서 마르크스에게 중요한 것은, 스피노자의 **코나투스**conatus('노력') 이래로 아마도 처음으로, 역사성이라는 질문(혹은 자기 자신의 변형을 향한 현재의 운동, 불안정성, 긴장의 '미분'이라는 질문)을 의식의 요소 내에서가 아니라 실천의 요소 내에서, 그러니까 표상과 정신의 삶에서 출발하지 않고 생산과 생산의 조건에서 출발함으로써 제기하는 것이다. 그런데 관념론이 선제적으로 외치는 주의하라는 소리와는 반대로, 이런 전도는 환원이 아닐 뿐만 아니라 더욱이 자연적 결정론을 역사적 인과성으로 대체하지도 않는다. 다시 한 번, 〈포이어바흐에 관한 테제〉에서와 마찬가지로, 우리는 '이전의 유물론'의 주관주의라는 대안에서 **탈출**한다. 하지만 이번에는 진정한 유물론의 방향으로, 어찌 되었든 내재성의 방향으로 탈출하는 것이다. 이런 관점에서 모순은 **프락시스**보다 더욱 결정적 역할을 하는 작동자이다(물론 모순은 **프락시스**를 자신 안으로 포함시키지만).

그러나 동시대의 경향들 가운데에서 전개되는 '현실 모순'으로서의 역사성이라는 개념화가 어떻게 변화évolution의 단계들과 일련의 혁명들로 구성된 '역사의 총체성'이라는 표상과 공존할 수 있는지의 문제는 여기에서 전혀 해결되지 않았다. 이런 질문은 심지어 더욱 갈등적인 것이 되었다. 그런데 1871년, 마르크스는 또 한 번 역사의 '나쁜 방향'과 마주치게 되었고, 내가 이미 지적했듯이, 이런 만남은《자본》이라는 그의 이론적 기획 자체의 중단이라는 결과를 만들어냈다. 이 순간 이후로도 마르크스는 자신의 작업을 멈추지는 않지만, 그는 자신이 앞으로도 자신의 작업을 '완성'할 수 없으며 '결론'에 도달할 수 없으리라는 점을 확신한다. **왜냐하면 결론이라는 것 자체가 존재하지 않기 때문이다.**

하지만 이런 상황이 마르크스에게 강제했던 **정정들**을 검토할 필요는 있을 것이다. 최소한 우리는 두 가지 정정을 알고 있다. 하나는 인터내셔널 내에서 '마르크스주의적 독재'에 반대해 바쿠닌이 행한 공격과 리프크네히트와 베벨이 독일 사회주의자들 간의 통합을 목적으로 한 회의를 위해 1875년 작성한 **강령의 초안**에 대한 마르크스의 비판 이 둘에 의해 동시에 결정되었던 것이다. 이 첫 번째 정정은 이후에 마르크스주의 내에서 우리가 '이행'의 문제라고 부르게 되는 바로 나아간다. 첫 번째 정정 바로 뒤에 등장하는 두 번째 정정은 '농촌 코뮌'의 미래에 관해 질문했던 러시아 인민주의와 사회주의 이론가들의 질문에 응답할 필요성에서 나온 것이다. 두 번째 정정은 '비-자본주의적 발전'이라는 질문을 제기한다. 이 두 가지 정정 중 그 무엇도 인과성의 도식에 다시 문제를 제기하지는 않았다. 하지만 이 두 가지 정정 모두 마르크스와 그의 변증법이 시간의 표상과 맺는 관계를 동요^vaciller시켰다.

경제주의의 진실(변증법 III)

1871년 파리 코뮌이 무차별하게 진압되고 인터내셔널이 해산된 후 몇 년간(물론 인터내셔널의 해산은 1876년에 선언되었지만 1872년 헤이그 대회에서 사실상 해산되었다), '프롤레타리아 정치'―마르크스는 이 '프롤레타리아 정치'의 대변자가 되기를 원했으며, 또한 그는《자본》을 통해 이 '프롤레타리아 정치'에 과학적 토대를 마련해줄 수 있다고 생각했다―는 '노동자운동' 혹은 '혁명운동'의 이데올로기적 형세^configuration에서 어떤 보증된 위치도 점하고 있지 않은 것으로 분명히 나타났다. 그 당시 운동의 지배적인 경향은 의회주의적이든 반反의회주의적이든 상관없이 개량적이고 노동조합주의적[생디칼리즘적]이었다. 이런 측면에서 가장 중요한 사건은 '마르크스주의적' 당파들의 형성인데, 그중 제일 핵심적인 당파는 독일 사회민주당이었다. 라살레의 죽음(라살레는 마르크스의 오래된 라이벌이었으며, 그와 마찬가지로 1848년 혁명의 지도자였다)과 독일 제국Reich의 건설 이후, 독일 사회민주당은 마르크스의 후예들(베벨과 리프크네히트)의 주도하에 1875년 고타 회의에서 연합한다. 마르크스는 '과학적 사회주의'에 고취된 그들의 강령 초안을 읽고 '인민 국가Volksstaat'라는 관념을 중심으로 구축된 이 강령 초안이 사실은 노동자들에 대한 생산물의 완전한 재분배라는 유토피아를 심지어 민족주의조차도 배제하지 않는 '국가 종교'와 결합하려 한다는 점을 발견한다. 그런데 조금 전까지 마르크스는 마르크스주의 내에 존재하는 이중의 독재 기획, 즉 활동가들에 대한 지도자들의 '과학적' 독재(자신이 투쟁한다고 자처하는 바로 그 **국가**를 모델로 해서 만들어진 **당**)와 착취당하는 다른 계급들(특히 농민들)에 대한 노동자들의 '사회적' 독재, 그러니까 러시아와 같은 농업 민족들에 대한 산업 민족들의 독재라는 이중의 독재 기획을 비판했던 바쿠닌의 매우 신랄한 공격을 받았다. 그래서 결국 마르크스는 바쿠닌과 같은 자신의 적수들과 베벨, 리프크네히트와 같은 자신의 지지자들 사이에서 이러지도 저러지도 못하는 상태에 처하게 된다……* 혁명적 계급에게서 마르크스

---

* 이 문제와 관련한 핵심적인 문건은 마르크스 스스로가 집필한 '난외주석Randglossen'의 형태로 남아 있다. 한편으로 마르크스는 바쿠닌의 1873년 저서 《국가와 아나키》에 관한 난외주석을, 다른 한편으로는 1875년 작성된 〈독일 노동자당의 강령 초안〉에 관한 난외주석[현재 '고타강령 비판'이라는 이름으로 더 잘 알려져 있는 텍스트]을 집필했다. 바쿠닌에 관한 난외주석은 마르크스의 다른 초고들과 함께 20세기에 출판되기 전까지 미간행 상태로 남아 있었다(현재 우리는 *Marx-Engels Werke* 18권, Dietz Verlag, Berlin, 1964, pp.597~642에서 이 난외주석을 찾아볼 수 있다). 그 당시 독일 사회민주당 지도자들에게 비공식적으로 회람되었던 〈독일 노동자당의 강령 초안〉에 관한 난외주석—마르크스는 결국 이 난외주석을 공개하는 것이 무의미하다고 결정했는데, 왜냐하면 사회주의 노동자들이 이 강령 초안

주의가, 부르주아 정치의 '민주주의적' 입장에 단순히 포섭당하는 것과 **반反정치적** 아나키즘(혹은 아나코-생디칼리즘) 사이의 양자택일이라는 끊임없이 다시 등장하는 딜레마를 피하기 위한 수단으로 제시되는 순간에서조차, 고유하게 마르크스주의적 정치라고 말할 수 있는 바가 존재하는지 아닌지의 문제는 끊임없이 재등장한다.

그런데 어떤 의미에서 보면, 마르크스는 이런 질문에 선제적인 방식으로 이미 답변한 바 있다. 마르크스에게는 역사적 운동 그 자체에서 돌발surgit하는 정치 이외에 다른 마르크스주의적 정치란 존재할 수 없으며, 그는 그 예를 파리 코뮌이 발명한 직접민주주의, 즉 "드디어 발견해낸 노동자계급의 통치 형태"(《프랑스 내전》)에서 찾아낸다. 마르크스는 이 예를 **프롤레타리아 독재**의 새로운 정의의 핵심으로 취한다. 하지만 마르크스의 이런 답변은 왜 그토록 많은 노동자들과 활동가들이 다른 이데올로기 혹은 다른 '체계들'을 따르는지, 이들의 교육과 훈련을 위해 왜 부르주아 국가에 맞서 하나의 **조직** 혹은 하나의 **제도**가 필요한지 이해하도록 해주지는 않는다. 하지만 어쨌든 우리는 이제 임박한 공산주의의 담지자로서의 '보편적 계급'이라는 사고에서는 멀리 떨어져 있다……

국가의 소멸. 바쿠닌의 저서에 대한 난외주석과 고타강령에 대한 난외주석은 이런 질문에 대해 직접적인 답변을 제시하지는 않는다. 하지만 이 난외주석들은 **이행**transition이라는 통념을 도입함으로써 간접적인 답변을 제시한다. "자본주의 사회와 공산주의 사회 사이에는, 자본주의 사회에서 공산주의 사회로의 혁명적 변형 기간이 위치해 있다. 바로 이 혁명적 변형 기간에 국가가 프롤레타리아의 혁명적 독재일 수밖에 없는

에는 담겨 있지도 않은 내용, 즉 혁명적 행동강령plate-forme이라는 내용을 읽어냈기 때문이다—은 20년 뒤, 엥겔스의 1892년 저서 《에어푸르트 강령 비판》에 함께 실리게 된다.

그런 정치적 이행 기간이 대응된다."* 그리고 이보다 조금 전에 마르크스는 "공산주의 사회의 두 가지 국면", 즉 상품 교환과 임금 형태가 사회적 노동의 조직 원리로서 여전히 지배하는 국면과 "개인들이 분업에 노예적으로 종속되는 사태가 사라"지며 "노동이 생존을 위한 수단일 뿐만 아니라 또한 그 자체로 최고의 필수적 욕구가 되"기도 하는 국면―이 국면은 "부르주아적 권리의 한계라는 지평을 확정적으로 극복"하고 "능력에 따른 노동, 필요에 따른 분배"라는 원칙에 따라 사회적 관계들을 조절할 수 있게 해준다―사이의 구분을 소묘했다. 이 지표들 전체는 공산주의로의 이행에서 **국가의 소멸**에 대한 예상의 소묘, 더 정교하게 표현하자면 국가의 소멸을 그 핵심으로 지니고 있는 대중정치가 전개되는 역사적 계기(이 역사적 계기가 얼마의 기간을 갖든)의 예상을 구성한다.

정통 마르크스주의 전통(특히 1920년대 말 이후 사회주의 국가들 내에 존재했던 **국가** 마르크스주의 전통)은 마르크스가 제시한 이런 지표들에서 '계급 없는' 사회로의 '이행기'가 지니는 **수준들**étapes 혹은 **단계들**stades에 관한 이론―**공산주의**와는 구별되는, 특수한 '생산양식'으로서의 **사회주의**라는 정의에서 정점에 달하는 이론, 그리고 사회주의 국가 체계 그 자체와 함께 몰락했던 이론―의 맹아들을 이끌어냈다. 이 이론에 대한 활용이 수행했던 (마르크스가 '변호론적'이라고 불렀던) 권력의 정당화 기능들과는 독립적으로, 이런 활용은 진화주의적évolutionniste 도식에 완전히 자

---

* "Gloses marginales au programme du Parti ouvrier allemand"(〈고타강령 비판〉), *in* K. Marx & F. Engels, *Critique des programmes de Gotha et d'Erfurt*, Éditions Sociales, Paris, 1950, p.34. '프롤레타리아 독재' 이론의 여러 변형태들에 관해서는 《마르크스주의 비판 사전》에 내가 기고한 '프롤레타리아 독재' 항목과 장 로블랭의 저서를 참조하라. *Dictionnaire critique du marxisme, op. cit.*, Jean Robelin, *Marxisme et socialisation, op. cit.* (발리바르의 '프롤레타리아 독재' 항목은 다음의 책에 번역되어 있다. 〈프롤레타리아 독재 개념의 모순들〉, 《맑스주의의 역사》, 윤소영 편역, 민맥, 1991. 〈고타강령 비판〉의 경우 〈고타강령 비판〉, 이수흔 옮김, 《칼 맑스 & 프리드리히 엥겔스 저작 선집》 4권, 박종철출판사, 1997을 참조-옮긴이)

연스럽게 기입되었다. 나는 이것이 마르크스가 염두에 두었던 바는 아니었다고 생각한다. '사회주의적 생산양식'이라는 관념은 자본주의에 대한 **대안**으로서의 공산주의—마르크스의 관점에서 자본주의는 이미 이 공산주의라는 **대안**의 조건들을 예비하고 있다—라는 마르크스의 표상과는 완전히 모순된다. 혁명 이후에 건설되는 '사회주의적 국가' 혹은 '전인민의 국가'라는 관념은, 앙리 르페브르가 잘 보여주었듯이,* 마르크스가 베벨과 리프크네히트에게서 비판했던 바를 거의 그대로 재생산한다. 반면에 기간^{période} 혹은 국면^{phase}이라는 용어로 여기에서 소묘되는, "자본주의 사회와 공산주의 사회 사이"에서 명확히 드러나는 공간은 정치의 고유한 공간이다. 이 모든 용어들은 바로 변화^{évolution}의 시간 속에서 (이번에는 조직화된 활동으로서) 등장하는 **혁명적 실천으로의 회귀**로 표현된다. 마치 이 변화의 시간이 이전 사회의 물질적 조건들 내에서 '계급 없는 사회'의 **실천적 예상**에 그 자리를 (현재와 미래 '사이'에) 열어주거나 팽창시켜주어야 하는 것처럼 말이다(질문에 대한 답변이 아니라 이 질문의 본질 그 자체를 드러내주는 논리적으로 계시적인 정식으로, 레닌은 이를 '국가/비-국가'라고 불렀다). 임박성이라는 관념, 그리고 점진적^{progressive} 성숙이라는 관념 모두와 거리를 두는 관념으로서 마르크스가 여기에서 예상하는 '이행'이라는 관념은 그 자체로 역사적 시간에서 자기 자신에 대해 비동시대적인 '비-동시대성'의 정치적 형상, 하지만 역사적 시간에 의해 **잠정적인 것**으로 기입되어 있는 그런 정치적 형상이다.

러시아 코뮌. 국가의 소멸과 비견될 수 있는 마르크스 사유의 새로운 전개가 몇 년 뒤 그가 러시아 인민주의와 사회주의의 대표자들과 나

---

*   Henri Lefebvre, *De l'État*, 2권, *Théorie marxiste de l'État de Hegel à Mao*, UGE, "10/18" 총서, Paris, 1976.

넸던 서신들에서 등장한다. '저발전된' 국가들에 대한 산업적으로 발전된 국가들의 헤게모니를 주장하고 있다는 바쿠닌의 공격(마르크스가《자본》의 초판 서문에서 산업적으로 발전된 국가들이 '저발전된' 국가들에게 "그들 자신의 미래에 대한 이미지를 보여준다"고 썼음을 기억하자)에 맞서 스스로를 지금 막 방어했던 마르크스에게 러시아 인민주의와 사회주의의 대표자들은 이《자본》의 저자로 하여금《자본》에 대한 두 가지 범주의 러시아 독자들 사이의 대립을 중심으로 한 논쟁을 해결해달라고 요청한다. 첫 번째 범주의 독자들은 마르크스가 '역사적 숙명'으로 제시했던 경향적 법칙(영세 토지소유자들에 대한 자본의 수탈과 그 뒤를 잇는 노동자들에 의한 자본의 수탈)에서 러시아에서 자본주의의 발전은 사회주의의 전제 조건이라는 결론을 이끌어냈다. 두 번째 범주의 독자들은 협동조합적 '러시아 코뮌'의 생명력에서 오늘날 우리가 '비-자본주의적 발전'이라고 부르는바, 즉 공산주의를 예견하는 바의 맹아를 발견한다. 1877년 마르크스는 처음에는 원칙적인 수준에서 답변한다.* 1881년, '노동 해방' 그룹의 지도자들 중 한 명인 베라 자술리치^{Vera Zassoulitch}는 마르크스에게 동일한 질문을 던진다. 우리는 마르크스의 답신의 네 가지 초안을 갖고 있는데, 마르크스는 그중 매우 간략한 하나의 판본만을 자술리치에게 보냈다.** 하나의 동일한 관념이 이 네 가지 초안들 모두에서 등장한다. 우리를 놀라게 하는 것은 이 관념이, 옳든 그르든, 완전히 명확하다는 점이

---

* 이는 '미하일로프스키에게 보내는 편지Lettre à Mikhaïlovski'라는 이름으로 알려진 *Lettre à la rédaction des "Otetchestvenniye Zapisky"*('조국 연보')라는 텍스트이다. 이 텍스트는 모리스 고들리에가 편집한 마르크스의 텍스트 모음집에서 읽을 수 있다. *Sur les sociétés précapitalistes. Textes chosis de Marx*, Engels, Lénine, 1970, p.349 이하, Maurice Godelier 편집, CERM/Éditions Sociales 참조.

** "친애하는 동지여, 십 년 전부터 나를 주기적으로 괴롭히는 신경통 때문에 당신의 편지에 더 일찍 답하지 못했습니다……"(*Ibid.*, pp.318-342.) 우리는 이 모든 편지들이 프랑스어로 쓰였다는 점을 확인할 수 있다. 마르크스는 러시아어를 읽을 줄은 알았지만 쓸 줄은 몰랐다.

다. 이와 마찬가지로 우리를 놀라게 하는 것은 마르크스가 이 관념을 정식화하는 것에서가 아니라 이 관념을 자기 자신의 것으로 **인정**하는 것에서 겪는 굉장한 어려움이다.*

첫 번째로,《자본》에서 설명된 **경향적 법칙**은 역사적 상황들 circonstances[사태들]과 독립적인 방식으로 적용되지 않는다. "이 문제에 관해 논의하기 위해서는 순수한 이론에서 러시아의 현실로 내려와야 합니다. (……) 러시아의 공동체적 소유의 해체라는 역사적 필연성을 믿는 이들은 서구 유럽의 사태들의 숙명적 진행에 관한 저의 설명에서 그 필연성을 절대로 입증할 수 없습니다. 오히려 이들은 제가 제시했던 이론적 전개와는 완전히 독립적인 새로운 논거들을 제시해야만 할 것입니다."

두 번째로, (1861년 노예제 폐지 이후 차리즘 정부에 의해 설립된) 러시아 코뮌은 자신의 중심에 비-상품적 경제와 시장을 위한 생산 사이의 잠재적 모순('내면적 이중성')을 포함하고 있다. 이 잠재적 모순은 국가와 자본주의적 체계에 의해 악화되고 착취될 가능성이 충분하며, 이로 인해 **만일 이 과정이 중단되지 않는다면** 이 모순 자체의 해체(다시 말해 몇몇 농민들의 기업가로의 변형, 그리고 이와는 다른 이들의 농업 프롤레타리아 혹은 산업 프롤레타리아로의 변형)에 이를 수 있다. "러시아 코뮌을 구하기 위해서는 러시아혁명이 필요합니다."

마지막 세 번째로, 러시아에서 독특한 변화évolution에 의해 보존된

---

* 동일한 시기에, 엥겔스는 역사학자 게오르크 마우러Georg Maurer가 고대 게르만 공동체에 관해 행했던 연구들에 관한 독해에서 출발해 유사한 성찰들을 소묘했다("La Marche", in F. Engels, *L'Origine de la famille, de la propriété privée et de l'État*, Éditions Sociales, Paris, 1975, p.323 이하; 그리고 미카엘 뢰비와 로베르 사이르의 논평, 즉 Michaël Löwy & Robert Sayre, *Révolte et mélancolie. Le romantisme à contre-courant de la modernité*, Payot, Paris, 1992, p.128 이하를 참조하라). 그러나 엥겔스의 이 작업들은 마르크스가 굉장히 경탄스러워했던 루이스 모건의 1877년 저서《고대 사회Ancient Society》의 인류학적 진화주의의 영향에 여전히 지배되고 있었다. 불역: *La Société archaïque*, Raoul Makarius 서문, Anthropos Paris, 1985를 참조.

("역사에서 전례가 없는 독특하고 유일한^{unique} 상황") 공동체 형태("혈족 관계로 묶여 있지 않은 자유로운 인간들 사이의 사회적 집단화")는 **의고주의**$^{archa-\ddot{\imath}sme}$라고 마르크스는 쓰고 있다. 하지만 마르크스에 따르면 이 의고주의는, 공동체 형태가 자본주의적 생산의 가장 발전된 형태들과 **동시대적**이며(마르크스는 끊임없이 이 **동시대적**이라는 단어를 활용한다), 자신을 둘러싸고 있는 '환경^{milieu}'의 기술들을 빌려올 수 있다는 점에서, '러시아의 재생'에, 다시 말해 서구에서의 자본주의 발전을 특징지었던 '적대' '위기' '갈등' '재앙' 없이 공산주의 사회를 건설하는 데 활용**될 수** 있다.

그러므로 이 초안들에서 마르크스가 제시하는 것은 역사적 발전의 길들의 구체적 다양성^{multiplicité}[다수성]이라는 관념이다. 하지만 이런 관념은 다음의 더욱 추상적인 가설과 분리 불가능한데, 이 더욱 추상적인 가설에 따르면 서로 다른 사회구성체들의 역사 내에는 서로가 서로에 대해 동시대적인 '시간들'의 다수성이 존재한다. 이 '시간들' 중 몇몇 '시간들'은 지속적 진보로 나타나며, 반면 다른 '시간들'은 가장 오래된 것과 가장 최근의 것을 단락시킨다. (마르크스 이후 알튀세르가 제시한 표현을 활용하자면) 이런 '과잉결정^{surdétermination}'은 역사의 **독특성**^{singularité}이 취하는 형태 그 자체이다. 이 형태는 기존의 계획을 따르지는 않지만, 동일한 '환경^{milieu}'에 둘러싸여 있는(혹은 동일한 '현재'에 공존하고 있는), 하지만 동시에 구별되는 역사-정치적 단위들이 생산양식의 경향에 반응하는 방식에서 도출된다.

반^{反}**진화주의인가?** 그래서 상황의 놀라운 반전을 통해, 그리고 외부에서 제기된 질문의 압력하에(여기에 더해 또한 마르크스의 정식화들 중 몇몇에 대해 그 당시 '마르크스주의자들'이 행했던 적용이 올바른 것인지에 관해 마르크스 자신이 느꼈던 의문들로 인해), 마르크스의 **경제주의**는 자신의 반대물, 즉 **반-진화주의적인** 가설들의 집합을 산출해냈다. 이런 이론의 아

이러니가 바로 우리가 마르크스에게서 변증법의 세 번째 시간이라고 부를 수 있는 바이다. 어떻게 이 지점에서 바쿠닌과 베벨에게 했던 답변들과 베라 자술리치에게 했던 답변이 잠재적으로 수렴한다는 것을 보지 못할 수 있겠는가? 베라 자술리치에게 했던 답변은 바쿠닌과 베벨에게 했던 답변들의 역과 같다. 바쿠닌과 베벨에게 했던 답변들에서, 정치적 단절이 개입한 후에 새로운 것은 예전 것의 '조건들' 속에서 자신의 길을 항상 찾아나가야 한다. 베라 자술리치에게 제시했던 마르크스의 답변에 따르면 예전의 것은 '시대의 흐름에 역행'하는 가장 최근의 것의 결과들을 활용하기 위해 이 가장 최근의 것과 단락되어야 한다.

또한 부분적으로는 사적인 것으로 남아 있는, 거의 비밀에 싸여 절반은 말소된 채 남아 있는 이 명제들이 암묵적으로 모순적이라는 점(《자본》의 현실 모순에 대한 분석들과는 아니라고 할지라도, 어찌 되었든 마르크스가 20년 전《정치경제학 비판을 위하여》의 서문에서 보편사가 전개되는 유일한 선이라는 이미지와 긴밀히 결부해 자신의 인과성 도식을 제시했을 때 활용했던 몇몇 용어들과는 모순적이라는 점)을 어떻게 보지 못할 수 있겠는가? 그 당시 마르크스는 "한 사회구성체는 그것이 충분히 포용하고 있는 생산력들 모두가 발전하기 전에는 결코 몰락하지 않으며, 더 발전한 새로운 생산관계들은 자신의 물질적 존재 조건들이 낡은 사회 자체의 태내에서 부화되기 전에는 결코 자리를 차지하지 않는다. 이와 같이, 인류는 언제나 자신이 풀 수 있는 문제들만을 제기한다"라고 썼다.[12] 그런데 지금 마르크스는 다음과 같이 말한다. "(……) 그러나 이는 나의 비판가[미하일로프스키]에게는 너무 부족한 것입니다. 그에게는, 사회적 노동이 지니는 생산적 힘의 가장 거대한 도약과 함께 인간의 가장 완전한 발전을 보증해주는 이런 경제적 구성체[즉 자본주의]에 최종적으로 도달하기 위해서, 서구 유럽 내 자본주의의 발생에 관한 나의 역사적 소묘를 (인민이 처하게 되는 역사적 상황이 어떠하든 간에) 이 모든 인민에게 숙명적으로 강요되는 일반적 전개의 역사적-철학적 이론으로 절대적으로 변형해야만 합니다. 하지만 저는 그에게 양해를 구합니다. 왜냐하면 이런 변형은 나에게 너무나도 커다란 영예이자 동시에 너무나도 커다란 불명예이기도 하기 때문입니다. (……) 놀라운 유사성을 지닌 사건들조차 서로 다른 역사적 환경들을 거침으로써 완전히 다른 결과들[즉 임노동제가 발전하는 결과 혹은 그렇지 못한 결과-발리바르]을 만들어내기 때문입니다. 이 변화들évolutions 각각을 이 각각의 편에서 연구함으로써, 그리고 그 이후 이 변화들을 서로 비교함으로써, 우리는 이 현상의 열쇠를 쉽게 찾아낼 것입니다. 하지만 우리는 그 지고의 미덕이 초-역사적이라는 점에 있는 일반적인 역사적-철학적 이론의 만능열쇠를 통해 이 작업을 수행할 수는 없을 것입니다."* '일반적' 자본주의란 존재하지 않으며 단지/유일하게uniquement 다수의 자본주의들 사이의 해후와 갈등을 통해 만들어진 '역사적 자본주의'**만이 존재하는 것과 마찬가지로, 보편사란 존재하지 않으며 단지 독특한singulières 역사성들만이 존재한다.

그러므로 우리는 아마도 다음과 같은 질문, 즉 이런 마르크스의 정정이 '역사유물론'의 다른 측면들에 영향을 미침으로써 이 정정과 관련되지는 않는지에 관한 질문을 회피할 수 없을 것이다. 분명 다른 무엇보다도,《정치경제학 비판을 위하여》의 서문이 '상부구조의 전복'을 '경제적 토대의 변화'에 대한 기계적 결과로 소묘했던 방식에는 영향을 미치지 않을 수 없을 것이다. 국가와 이데올로기가 역으로 경제에 작용한다고, 게다가 이를 넘어서 국가와 이데올로기가 주어진 상황들 내에서 토대 자체—'토대'의 경향들이 바로 이 토대 자체에 작용한다—를 구성한다고 사고하도록 강제하는 수많은 개념들 혹은 은유들이 아니라면, 도대

---

*　　"Lettre à Mikhaïlovski", op.cit.

**　　I. Wallerstein, Le Capitalisme historique, La Découverte, "Repères" 총서, Paris, 1985. (한국어판으로는《역사적 자본주의/자본주의 문명》, 나종일·백영경 옮김, 창비, 1993을 참조-옮긴이)

체 우리가 앞에서 살펴보았던 이 '환경^{milieu}' '대안' '이중성' '정치적 이행'이란 무엇이란 말인가? 하지만 또한 그 어떤 이론가도 진정으로 새로운 것을 발견해내자마자 자기 자신을 **개조**할 수는 없을 것이다. 그 어떤 이론가도 그럴 수 있는 힘, 의지 혹은 '시간'이 없기 마련이다…… 그래서 이런 **개조**를 행하는 것은 결국 다른 이들의 몫이다. 그러므로 이 지점에서 '이데올로기의 반작용', **경제주의의 진정한 통념**(다시 말해 경제의 경향들이 자신의 반대물, 즉 프롤레타리아의 것을 포함해 이데올로기들, '세계관들'이라는 반대물에 의해서만 실현된다는 사실)이 바로 1880년대 말 엥겔스의 연구 프로그램이었다는 점을 지적해둘 필요가 있다. 사실, 100년이 지나 다시 한 번 역사의 나쁜 방향[즉 현실 사회주의의 붕괴와 신자유주의의 반격]과 마주해, 마르크스주의자들은 여전히 이 문제와 계속 씨름하고 있다.

설명 상자 1

발터 벤야민

발터 벤야민은 1892년 베를린에서 태어나 1940년 포르부에서 죽었다(그는 프랑코 경찰에 의해 게슈타포로 넘겨질 것을 두려워해 포르부에서 자살했다). 벤야민은 종종 프랑크푸르트 학파(아도르노, 호르크하이머, 초기 마르쿠제, 후에는 하버마스가 이 프랑크푸르트 학파의 이론가들이다)의 대표적 인물로 잘못 간주되곤 하지만, 사실 그는 의심 많고 까다로우며 프랑크푸르트 학파에게 많은 오해를 받았던 '길동무'였을 뿐이다. 청년기에 그는 1908년 《폭력에 관한 성찰》을 출간했던 조르주 소렐 Georges Sorel(글 모음집 *Mythe et Violence*, Denoël/Lettres nouvelles, Paris, 1971을 참조하라)과 카프카에게서 강한 영향을 받았으며, 유대교 영성신학의 이론가이자 역사학자인 게르숌 숄렘 Gershom Scholem의 가까운 친구였다. 이후 벤야민은 자신의 애인인 라트비아 출신 혁명가 아샤 라시스 Asja Lacis의 영향으로 공산주의자로 전향했으며, 전투문학 기획을 함께 공유하기도 했던 베르톨트 브레히트 Bertolt Brecht와 몇 년간 매우 긴밀하게 교류하기도 했다. 벤야민은 자신의 박사학위 논문인 《독일 낭만주의에서 예술비평 개념》(*Le Concept de critique esthétique dans le romantisme allemand*, 1919, 불역: Flammarion, Paris, 1986)과 이후의 저작인 《독일 비애극의 원천》(*Les Origines du drame baroque allemand, ibid.*)으로도 대학에서 교수 자격을 취득하지 못했으며, 나치즘이 권력을 잡은 뒤 그가 처한 상황은 더욱 불안정해졌다. 단편들과 에세이들(그중 대다수는 벤야민의 성숙기 저작에 강한 영감을 불어넣어주었던 보들레르에 관한 것이었다. *Baudelaire*, 불역: Payot, Paris)로 구성된 그의 작업의 핵심은 제2제정 시기 건축인 '파리의 파사주 passages'[아케이드]—이 '파리의 파사주'에서 그는 근대적 '일상성'을 형성하는 미신 fanatique과 합리성 사이의 결합을 분석한다—에 관한 역사적, 철학적, 미학적 저작을 집필하는 것이었다(Walter Benjamin, *Paris capitale du XIXe siècle. Le livre des passages*, J. Lacoste 불역, Éditions du Cert, Paris, 1989; 또한 Christine Buci-Glucksmann, *La Raison baroque de Baudelaire à Benjamin*, Galilée, Paris, 1984; Susan Buck-Morss, *The Dialectics of Seeing: Walter Benjamin and the Arcades Project*, The MIT Press, Cambridge USA, 1989를 참조). 소련과 거리를 두게 됨과 동시에 나치즘이라는 비극적 상황과 마주한 벤야민은, 그의 진보 이데올로기에 대한 비판, 그중에서도 특히 1940년 집필한 〈역사의 개념에 대하여^{Thèses sur le concept d'histoire}〉에서 파괴와 구원이 대립하는 역사 내에서의 단절의 시간인 '지금시간^{Jetztzeit}'에 관한 정치적인 동시에 종교적인 성찰로 향한다.[13]

설명 상자 2

최종심급에서의 결정

1859년 《정치경제학 비판을 위하여》의 서문이라는 텍스트는, 비록 이 텍스트가 명시적으로 하나의 초안에 불과한 것이었음에도, 오랫동안 '역사에 관한 유물론적 개념화'의 정전적 설명으로 간주되어왔다. 마르크스주의자들은 이 텍스트에 관한 수천 쪽에 달하는 논평들—그중 몇몇은 최고의 논평들이기도 했고 몇몇은 최악의 논평들이기도 했다—을 생산해냈다. 사람들이 습관적으로 그 설명을 찾고자 하는 '최종심급에서의 결정'이라는 표현은 문자 그대로는 이 텍스트에 나타나지 않는다. 이 표현은 이후 엥겔스가 만든 것이기 때문이다. "역사의 결정적인 계기는, **최종심급에서**^{en dernière instance}, 현실적 삶의 생산과 재생산입니다 (……). 만일 누군가가 이 명제로 하여금 경제적 요인이 **유일한** 결정 요소라고 말하게 하기 위해 이 명제를 고문한다면, 그는 이 명제를 공허하고 추상적이며 부조리한 문장으로 바꾸어버리고 말 것입니다."(1890년 9월 21일 블로흐에게 보내는 편지, Marx & Engels, *Études philosophiques*, Éditions Sociales, Paris, 1974를 참조) 그러나 위의 두 텍스트 사이의 유사성, 그리고 이 두 텍스트 각각의 뒤를 잇는 텍스트들 사이의 유사성은 엥겔스의 정식화가 경제주의, 게다가 기술주의와 명확히 구분될 수 있는 요소를 여전히 **결여**하고 있다는 점을 시사한다. 왜냐하면 엥겔스의 정식화에도 불구하고 사회적 실천의 여러 수준들 혹은 심급들의 결정이라는 문제를 다루기 위해 마르크스의 도식을 적용할 때, 이 '경제주의적이고 기술주의적인 편향들'이 끊임없이 회귀했기 때문이다. 이는, '최종심급에서의 결정'이 가능케 하는 사회 전체('사회구성체')와 생산양식, '경제적 토대'와 '정치-이데올로기적 상부구조', 생산력과 소유 형태 사이의 변증화 혹은 상호작용이 아무리 미묘하다고 할지라도, 이 '최종심급에서의 결정'이 결국은 역사적 발전의 목적론을 절대적인 방식으로 더욱 부각할 뿐이라는 사실과 명시적으로 관련된다. 그러므로 우리는 알튀세르가 "최종심급의 고독한 시간은 오지 않는다"라고 썼을 때, 왜 그가 토대에 대한 상부구조의 상호작용과 반작용이라는 통념들을 유물론적 변증법에 의해 전제된 '사회적 전체'의 환원 불가능한 복잡성을 표현하는 '과잉결정'이라는 통념으로 대체하자고 제안했는지 이해할 수 있게 된다 ("Contradiction et surdétermination", *in Pour Marx, op. cit.*).[14]

설명 상자 3

프리드리히 엥겔스

프리드리히 엥겔스(1820~1895)가 마르크스와 함께한 40여 년에 걸친 협력 작업은 '좋은 변증론자' 마르크스와 '나쁜 유물론자' 엥겔스라는 이분법적 구분을 불가능하게 만든다. 그러나 또한 둘 사이의 공동 작업이 엥겔스의 지적 독창성을 인정하지 못하게 만드는 것도 아니며, 또한 엥겔스가 마르크스주의적 문제설정에 가했던 변형을 평가하지 못하게 만드는 것도 아니다. 엥겔스가 마르크스의 사유에 개입했던 가장 강력한 계기들은 1844년과 1875년 이후이다. 우선 엥겔스는 1844년 출간했던 《영국 노동계급의 상황》[15]이라는 저서에서 동일한 시기에 마르크스가 인간 본질에 대한 소외로서의 임노동제에 가했던 비판보다 훨씬 더 완성된 판본의 비판을 제시했다. 다음으로 1875년 이후, 엥겔스는 '역사유물론'에 체계적 형태를 부여하기 위해 혁명적 전략과 정세 분석, 정치경제학 비판을 결합하는 기획에 착수했다. 우리의 관점에서 가장 흥미로운 측면은 역시 1878년의 《반-뒤링》에서부터 엥겔스가 **이데올로기 개념을 다시** 채택했다는 점이다.[16] 우선 엥겔스는 법/권리droit와 도덕이라는 통념들이 지니는 '영원한 진실'이라는 외양을 중심으로 해서 이데올로기 개념에 인식론적 정의를 부여한다. 엥겔스 사후 1935년에 '변증법과 자연'이라는 제목으로(Engels, *Dialectique de la nature*, Édi-tions Sociales, Paris, 1952 참조) 출간되는 동일한 시기의 초고들에서, 이런 정의는 사실상 《독일 이데올로기》의 테제들과 **정반대**의 결론에 도달한다.[17] 이데올로기는 "자신의 고유한 역사를 갖지 않기"는커녕 **사고의 역사**에 기입되는데, 이 **사고의 역사**의 핵심 원리는 관념론과 유물론 사이의 모순 – '형이상학적' 사고 양식(헤겔은 이를 '지성^entendement'이라고 불렀다)과 '변증법적' 사고 양식(헤겔은 이를 '이성'이라고 불렀다) 사이의 대립이 과잉결정하게 되는 모순 – 이다. 엥겔스의 이런 시도는 아카데미 철학에 맞서 명백히 마르크스주의에 과학성의 보증물을 부여하려는 시도이다. 하지만 엥겔스의 이 기획은 그 내재적 아포리아들에 의해 중단된 채로 남게 되는데, 이는 이 기획에서 핵심적인 문제가 이런 과학성의 보증물을 부여하는 데 있지 않기 때문이다. 오히려 핵심적인 문제는 **프롤레타리아 이데올로기** 자체 혹은 ('유물론적 이데올로기'라는 통념이 지니는 난점을 우회할 수 있게 해준다는 점에서 엥겔스가 더욱 선호했던 용어를 활용하자면) **공산주의적 세계관** 자체의 수수께끼에 있다. 1888년의 《루트비히 포이어바흐와 독일 고전철학의 종말》[18]부터 1894~1895년의 〈원시기독교의 역사에 관하여〉와 1886년 카우츠키와 공저한 〈법률가적 사회주의〉라는 논문에 이르는 엥겔스 최후의 텍스트들은 하나의 문제가 지니는 두 가지 측면을 동시에 다루고 있다. '지배적 세계관'의 연속, 다시 말해 종교적 사고에서 세속적(본질적으로는 법률적) 사고로의 이행, 그리고 이 세속적 사고에서 계급투쟁에 기초한 정치적 세계관^vision politique du monde으로의 이행이라는 측면, 그리고 대중들이 국가와 맺는 관계 내에서 집합적 '믿음'이 형성되는 메커니즘이라는 측면. 그리하여 역사유물론은 엥겔스를 통해 하나의 대상과 하나의 경계를 부여받게 된 것이다.

철학자로서의 레닌?

'변증법적 유물론'[즉 '변유' 혹은 '디아마트']이 '마르크스-레닌주의'와 동의어가
되었을 때, 그러니까 이 '변증법적 유물론'의 '창시자' 요제프 스탈린의 시체가 방
부처리되어 모스크바 적색 광장의 묘에 안치되었을 때, 수천 명의 주석가들에 의
해 모스크바 출판사의 전 47권짜리《레닌 전집》(*Œuvres complètes*)에서 추출된 레
닌의 사상은 하나의 철학과는 다른 무언가, 즉 표현의 권리를 부여할 수 있는 유
일무이한 권력을 지닌 강제적 **참조점**이 되고 말았다. 하지만 오늘날 상황은 역전
되어, 심지어 어느 한 주석가는 최근에 레닌주의를 정신병리학적 케이스로 다루
기까지 했다(Dominique Colas, *Le Léninisme*, PUF, Paris, 1982를 참조). 하지만 레닌의
주장들을 그 맥락과 경제 내에서 제대로 **연구**할 수 있기까지는 우리에게 매우 오
랜 시간이 필요했다.

    프랑스 마르크스주의 내에서, 모든 지점들에서 서로 대립되는 두 명의 철학
자가 레닌과 철학 사이의 관계를 각자의 자유로운 방식으로 분석했다. 앙리 르페
브르(*Pour connaître la pensée de Lénine*, Bordas, Paris, 1957의 저자이자 노르베르트 구터
만Norbert Guterman과 함께 레닌의《헤겔 변증법에 관한 노트》, 즉 *Cahiers sur la dialectique
de Hegel*, NRF, Paris, 1938을 편집한 편집자)는 레닌이 고전 철학자들, 특히 헤겔에게
서뿐만 아니라 클라우제비츠에게서도 과정으로서의 전쟁 ─ 이 과정으로서의 전
쟁 내에서 정치적 모순들이 끊임없이 작동한다 ─ 을 '변증법적으로' 사고할 수 있
는 수단들을 찾았던 시기인 1915년에서 1916년 사이의 미간행 저술들에 특히 의
지해 레닌의 작업을 분석했다(《레닌 전집》의 38권을 참조).《레닌과 철학》의 루이 알
튀세르(*Lénine et la philosophie*, Maspero, Paris, 1969) ─ 도미니크 르쿠르는《위기와
그 쟁점》(*Une crise et son enjeu*, Maspero, Paris, 1973)에서《레닌과 철학》에서 전개
된 알튀세르의 레닌 분석을 확장한다 ─ 는,《유물론과 경험비판론》(*Matérialisme et
empiriocriticisme*, 1908,《레닌 전집》의 14권)에 대한 재독해를 통해, 과학과 정치가
상호적으로 결정되는 장소인 지적 정세의 복잡성 내에서 그려지는 유물론과 관념
론 사이의 구분선으로서의 철학이라는, 철학의 이런 '실천적' 개념화를 위한 요소
들을 발견해낸다.[19]

하지만 레닌에게는 르페브르와 알튀세르가 지적하지 않은 또 다른 철학적 계기들이 존재하는데, 그 가장 흥미로운 요소들 중 두 가지는 아마도 다음이 아닐까 싶다.

1) '혁명적 자생성'이라는 관념과는 대립되는, 민주주의 혁명을 위한 지적 지도라는 관점에서, 《무엇을 할 것인가?》(1902, 《레닌 전집》의 5권)에서 레닌이 시도한 '보편적 계급'으로서의 프롤레타리아라는 관념의 개조(1905년 혁명 이후 로자 룩셈부르크는 "Grève de masse, parti et syndicat", in Œuvres I, Petite collection Maspero, Paris, 1976에서 이런 레닌의 개조를 비판하는 답변을 제출한다).[20]

2) 다른 편 극단에서, 초기 유토피아주의(《국가와 혁명L'État et la Révolution》, 1917, 《레닌 전집》, 25권)에서 협업에 관한 최후의 성찰들(La Coopération, 1923, 《레닌 전집》, 33권)로 나아가는, 사회주의 혁명의 모순('국가'와 '비-국가'[국가 아닌 국가], 임금노동과 자유노동 사이의 모순)에 관한 이론적 작업(이 점에 관해 또한 우리는 로베르 린아르의 작업과 모슈 르윈의 작업을 참조할 수 있다. Robert Linhart, Lénine, les paysans, Taylor, Éditions du Seuil, Paris, 1976; Moshe Lewin, Le Dernier Combat de Lénine, Éditions de Minuit, Paris, 1978).[21]

옮긴이 주

1. 4장에서 특별한 원어가 병기되어 있지 않은 한, 모든 '진보'는 'progrès' 혹은 가끔은 'progression'이며, 모든 '진화'는 'évolution'이다. 위에서도 이미 지적했듯이, 'évolution'이 진화주의적 의미로 쓰이지 않고 '변화'의 의미로 쓰였을 경우에는 '변화'로 번역하되 대부분 원어 'évolution'을 병기했다.

2. 5장 '과학과 혁명'을 읽은 후에 독자들도 쉽게 파악할 수 있겠지만, 이 4장의 질문이 마지막 질문인 이유는, 발리바르가 마르크스의 철학에 관해 세 가지 질문을 제시하는데 이 질문들을 다루는 것이 각각 2장, 3장, 4장이기 때문이다.

3. 이 구절의 경우 발리바르가 장-피에르 르페브르판《자본》에서 부정확한 방식으로 생략하면서 인용하고 있기에 생략하지 않고 강신준판《자본》에서 전부 가져왔다.

4. 발리바르가 지적하지는 않지만, 여기에서 '폭력'의 독일어 원어는 'Gewalt'이며, 이는 '폭력'이라는 의미와 '권력'이라는 의미를 동시에 지니고 있다. 이에 대해서는 에티엔 발리바르,《폭력과 시민다움》(진태원 옮김, 난장, 2012)을 참조하라. 이 책에는 부록으로 엥겔스의 텍스트〈역사에서 게발트가 행한 역할〉이 발췌 번역되어 있다.

5. 3장에서도 등장하는 '화폐주의'는 한국에서 일반적으로, 그리고 특히 저널리즘에서 '통화주의'라고 번역되지만 더 정확한 번역어는 '화폐주의'이다.

6. '전체성'은 'intégralité'를 번역한 것이다. 영어와 비슷하게 프랑스어에서 적분은 'intégration'이며 미분은 'différentielle'이다. '역사의 intégralité', 즉 역사에 대한 전체성의 관점이란, 역사가 퇴보할 때도 있겠지만 전체적으로는 결국 전진·진보한다는 관점이다. 하지만 이를 '적분성'이라고 번역할 수는 없는데, 왜냐하면 변수에 대응하는 함수값의 연속적인 총합인 적분은 총합 자체를 말하는 것이지 진보 혹은 양의 값에 대한 목적론을 함의하지는 않기 때문이다. 적분값은 양수일 수도 음수일 수도 있다. 그러므로 이를 '적분성'으로 옮기는 것은 과도한 번역이며, 역사에 대한 미분적 관점의 대립항으로 역사에 대한 적분적 관점을 상정하는 것은 수학적으로 오류이다.

7. 정확히 말하면 여기에서 발리바르가 설명하는 마르크스의 변증법은 '이행'의 문제와 관련된 '역사변증법'이며, 아래에서 볼 수 있듯 발리바르는 이를 세 가지 변증법, 즉 변증법 I, II, III로 구분한다. 발리바르가 세심하게 구분하지는 않았으나, 이 절 다음에 등장하는 "계급투쟁이라는 심급"이라는 절과 "역사의 '나쁜 방향'"이라는 절의 경우 이 절, 즉 변증법 I에 포함되는 내용으로 독해하는 것이 적절할 것 같다.

8. 이에 관해서는 이 책의 부록 〈수탈자의 수탈에 관하여〉를 참조하라.

9. 이 구절의 의미는 이 '나쁜 방향'의 변증법이 결국은 '좋은 결론'에 도달하기 위한 과정으로 '나쁜 방향'을 사고한다는 점에서 이 또한 프루동의 변증법과 마찬가지로 목적론적이라는 의미이다.

10. 〈역사의 개념에 대하여〉,《역사의 개념에 대하여/폭력비판을 위하여/초현실주의 외》, 발터 벤야민 지음, 최성만 옮김, 길, 2008, 339쪽. 번역은 약간 수정했다(참고로 〈역사의 개념에 대하여〉는 '역사철학에 관한 테제들'라는 이름으로도 불린다).

11. 발터 벤야민, 〈역사의 개념에 대하여〉,《역사의 개념에 대하여/폭력비판을 위하여/초현실주의 외》, 최성만 옮김, 길, 2008, 348쪽.

12. 〈정치경제학의 비판을 위하여 서문〉, 최인호 옮김,《칼 맑스 & 프리드리히 엥겔스 저작 선집》2권, 박종철출판사, 1992, 478쪽. 발리바르는 일부분을 생략하면서 인용했으나 옮긴이는 생략 없이 전체를 인용했다.

13. 이 설명 상자에서 언급된 벤야민 저서들의 한국어판은 다음과 같다.《보들레르의 작품에 나타난 제2제정기의 파리/보들레르의 몇 가지 모티프에 관하여 외》(김영옥·황현산 옮김, 길, 2010)와《독일 비애극의 원천》(김유동·최성만 옮김, 한길사, 2009). 수잔 벅 모스 저서의 한국어판으로는《발터 벤야민과 아케이드 프로젝트》(김정아 옮김, 문학동네, 2004)를 참조.

14. 한국어판으로는 루이 알튀세르,《마르크스를 위하여》(서관모 옮김, 후마니타스, 2017)에 실린 〈모순과 과잉결정〉을 참조하고, '최종심급에서의 결정'과 관련해서는 발리바르의 논문 〈문자의 앵스탕스와 최종심급〉을 참조하라. 〈문자의 앵스탕스와 최종심급〉, 배세진 옮김, 웹진 인무브(www.en-movement.net).

15. 한국어판으로는 프리드리히 엥겔스,《영국 노동계급의 상황》(이재만 옮김, 라티오, 2014)을 참조.

16. 〈오이겐 뒤링 씨의 과학 변혁('반-뒤링')〉, 최인호 옮김,《칼 맑스 프리드리히 엥겔스 저작 선집》5권, 박종철출판사, 1994.

17. 프리드리히 엥겔스,《자연변증법》, 한승완·이재영·윤형식 옮김, 새길아카데미, 2012.

18. 한국어판으로는 프리드리히 엥겔스,《루트비히 포이어바흐와 독일 고전철학의 종말》(강유원 옮김, 이론과 실천, 2008)을 참조.

19. 진태원 번역의 〈레닌과 철학〉이《레닌과 미래의 혁명》(그린비, 2008)에 실려 있으며, 도미니크 르쿠르의 이 저서는 발리바르와 피에르 마슈레의 다른 글들과 함께

《유물론, 반영론, 리얼리즘》(이성훈 옮김, 백의, 1995)에 실려 있다.

20. 블라디미르 일리치 레닌, 《무엇을 할 것인가》(최호정 옮김, 박종철출판사, 1999)를 참조하라.

21. 블라디미르 일리치 레닌, 《국가와 혁명》(문성원·안규남 옮김, 돌베개, 2015)을 참조하라.

5장

과학과 혁명

여기까지 나의 논의를 따라온 독자들은 나에게 (최소한) 두 가지 비판을 제기하고 싶을 것이라는 점을 나는 잘 알고 있다. 첫 번째로, 독자들은 내가 마르크스 자신의 관념들에 대한 설명에서 '마르크스에 관한' 논의로 나아가면서도, 어디까지가 마르크스 자신의 관념들에 대한 설명이고 어디까지가 '마르크스에 관한' 논의인지를 명확히 구분하지 **않는다**고 비판할 것이다. 다시 말해, 독자들은 이를 통해 내가 마르크스의 텍스트에 나 자신의 '목소리'를 투여하고 마르크스의 침묵을 또는 최소한 절반의 침묵demi-mots을 [나 자신의 자의적인 방식으로] 해석하고 있다고 비판할 것이다.[1]

두 번째로, 독자들은 내가 마르크스의 독트린을 진정으로 **설명**했던 것은 아니라고 비판할 것이다. 다시 말해, 만일 우리가 마르크스의 독트린을 이미 다른 곳에서 배워 알고 있지 않았다면, 우리는 어떻게 마르크스가 계급투쟁을 정의했는지, 어떻게 마르크스가 계급투쟁의 보편성이라는 테제와 계급투쟁이 '역사의 동력'이라는 역할을 수행한다는 테제를 정초했는지, 어떻게 마르크스가 자본주의의 위기는 피할 수 없는 것이며 이 위기의 유일한 탈출구는 사회주의(또는 공산주의)라는 점을 논증했는지 등등을 이 책에서 배울 수는 없었을 것이라고 나를 비판할 것이다. 그리고 또한 독자들은 마르크스가 어느 지점에서 그리고 어떤 이유로 잘못된 사고를 범했는지를, 마르크스주의가 갖고 있는 것들 중 어떤 것을 '구해낼' 수 있는지를, 그리고 마르크스주의가 민주주의, 생태학, 생명윤리 등등과 양립 가능한지 아닌지를 파악할 수 있는 수단들을 내가 독자들에게 제시하지 않았다고 비판할 것이다.

나는 내가 전적으로 잘못했다는 점을 인정하면서도 이 마지막 비판에서부터 나 자신에 대한 변호를 시작해보겠다. 마르크스가 철학 내에서 작업하는 방식과 마르크스 내에서의 철학에 초점을 맞추었기 때문에, 나는 '체계'라는 관점뿐 아니라 독트린이라는 관점 또한 멀리해야만 했다. 철학은 독트린적이지 않다. 철학은 의견이나 정리^{théorèmes} 또는 자연의 법칙, 의식, 역사 등등으로 구성되지 않는다. 특히 철학은 그 무엇보다도 이 의견들 또는 법칙들의 **가장 일반적인** 언표로 구성되지 않는다.[2] 이 점은 특히나 중요한데, 왜냐하면 계급투쟁이 경제학, 인류학, 정치, 인식론과 결합된다는 점을 뜻하는 '일반적 종합'이라는 관념은 예전에 국제공산주의운동 내에서 공식화되었던 **디아마트**, 즉 변증법적 유물론이라는 유형 그 자체이기 때문이다(그리고 미묘한 차이가 존재하긴 하지만, '일반화'라는 이런 동일한 이상이 수많은 **변증법적 유물론의 비판가들**에게도 동일하게 지배적이라는 점을 지적해야만 한다). 물론 이런 관념이 지니는 형태는 관념의 역사라는 관점에서 그 자체로 흥미롭기는 하다. 게다가 이 관념은 마르크스에게서 몇몇 영향들을 받기도 했으며, 엥겔스에게서도 또한—더욱 숙고된 신중한 형태의 영향이긴 하지만—몇몇 영향들을 받기도 했다(엥겔스가 더욱 숙고된 신중한 형태의 영향을 줄 수 있었던 이유는, 그가 19세기의 마지막 3분의 1 동안 맞서 싸워야 했던 '인식이론' '자연철학' '문화과학'이라는 경쟁자들을 갖고 있었기 때문이다). 심지어 이 관념은 자신을 열렬히 찬양하는 지지자들 중 일부를 교황청 직속 대학의 신아퀴나스주의자들$^{néo-thomistes}$에게서 발견하기도 했다(우리는 이 놀라운 에피소드를 스타니슬라스

브르통 신부의 저서《로마에서 파리로의 철학적 여정》에서 읽을 수 있다.*)

　독트린이라는 관념을 단호히 거부하면서, 나는 마르크스의 사유를 지배하는 몇 가지 질문들을 문제화하고자 했다. 왜냐하면 만일 마르크스 자신이 《독일 이데올로기》(같은 책, p.11)에서 주장하듯이 "신비화mystifications"가 답변 속에 자리 잡기 전에 "이미 질문들 내에" 존재하고 있는 것이 사실이라면, 이는 **더욱이** 탈신비화démystifications, 다시 말해 인식에게도 마찬가지일 것이라고 가정해보아야 하기 때문이다. 그리고 이런 가정을 위해서는, 끊임없이 이 질문들의 '결을 전위시키는' 이론적 운동 내부에서 다시 출발해야 하지 않을까? 이를 위해서 나는 (물론 다른 선택들 또한 가능했음을 인정하면서도) 나에게 다른 경로들보다 훨씬 필수 불가결한 것으로 보였던 세 가지 철학적 경로를 선택했다.[3]

세 가지 철학적 경로

'인간의 본질'에 관한 정신주의적-관념론적 정의뿐만 아니라 유물론적-감각주의적 정의까지도 포함하는 '인간의 본질'에 관한 고전적 정의(이는 알튀세르가 이론적 인간주의로 부르자고 제안했던 바이며, 우리는 이를 또한 사변적 인간학이라고도 부를 수 있다)에 대한 비판에서 출발하는 첫 번째 철학적 경로는 **사회적 관계**rapport social라는 문제설정으로 나아간다. 하지만 이런 문제설정으로 나아가면서 우리는, 관계가 **프락시스**의 현실화actualisation와 다른 것이 전혀 아니라는 〈포이어바흐에 관한 테제〉의 근본적으로 부정적이고 **활동주의적인** 관점과, 관계가 분업과 상업 또는 교통

---

* 　Stanislas Breton, *De Rome à Paris. Itinéraire philosophique*, Desclée de Brouwer, 1992, paris.

communication, 다시 말해 **생산력**의 발전 형태들과 일치한다는《독일 이데올로기》의 구축적이고 **실정적인** 관점 사이에서 발생하는 강력한 동요라는 값을 치르게 된다. 우리는 〈포이어바흐에 관한 테제〉의 경우에는 인간 공동체(공산주의)가 이전 세계를 완전히 제거함으로써 형성되며,《독일 이데올로기》의 경우 공산주의란 사실은 이미 이곳에 존재하고 있는 새로움의 충만함에 의해서 형성된다고 말할 수 있다. 달리 말해, 〈포이어바흐에 관한 테제〉의 경우 혁명적 실천이 모든 사유를 절대적으로 능가하며(진리는 이 사유의 계기들 중 하나일 뿐이다),《독일 이데올로기》의 경우에 혁명적 실천은, 사유에 종속되지는 않는다고 해도 최소한 역사에 대한 **과학**이 초래하는 결과tenants et aboutissants 내에 제시된다.[4] 그러므로 여기에서 문제가 되는 것은 [〈포이어바흐에 관한 테제〉를 따라] 혁명이냐[《독일 이데올로기》를 따라] 과학이냐, 혹은 과학 속의 혁명이냐 혁명의 과학이냐라는 양자택일이다. 여기에서 우리는 마르크스에게서는 근본적으로 전혀 해결되지 못했던 하나의 양자택일이 지니는 두 가지 항들과 대면하고 있는 것이다. 하지만 마르크스가 이를 전혀 해결하지 못했다는 것은 그가 하나를 위해 다른 하나를 희생시키고자 하지 않았음을, 즉 그의 지적인 완고함과 비타협성을 의미한다.

두 번째 철학적 경로는 첫 번째 철학적 경로에 접목되어 있다. 이는 '의식'의 허상illusions과 그 거들먹거림prétentions에 대한 비판에서 (주체 자신이 소외되는 형태들 내에서의) **주체의 구성**이라는 문제설정으로까지 나아가는 철학적 경로이다. 이때 주체 자신이 소외되는 그런 소외의 형태란 '사물'에 대한 소외, 상품유통의 물신숭배에 대한 소외뿐만 아니라 '인격personne'에 대한 소외, 법률적 과정의 물신숭배에 대한 소외까지도 포함한다. 물론 마르크스에게서 이 '인격'이라는 개념의 지위가 심원하게 불안정하다는 점을 인정한다고 해도 말이다. 이 두 번째 철학적 경로는 선형적이지 않으며 이데올로기라는 용어를 포기할 정도의 거대한 분기로 특징지어져 있다. 이 두 번째 철학적 경로는 일련의 분석들, 즉 의식의 '사회적 지평'('사회적 지평'은 관개체적 관계들과 그 역사적 한계라는 지평이다), 지적 차이, 그러니까 [육체성이라는] 사고의 **외부**와 [정신성이라는] 사고의 **내부**에서의 지배, 마지막으로 개인들과 그 '속성들propriétés'[소유] 사이의 **등가성**이라는 상징적 구조(이런 상징적 구조는 상품 교환과 사적인 법/권리에 공통적으로 존재한다)에 대한 분석들을 통과한다.

마지막으로 세 번째 철학적 경로는 인과성 도식의 발명(이 도식은 역사를 설명하는 데 의식 또는 정신적 힘이 가졌던 우위를 전도한다는, 하지만 그러면서도 이 의식과 정신적 힘들에 생산양식의 효과성 내에 종속된 심급, 즉 '매개'의 자리를 마련해준다는 의미에서 유물론적이다)에서 역사 내의 힘들 forces — 이 힘들은 '사물'이 아니다! — 의 작용에 **내재적인 시간성의 변증법**으로 나아가는 철학적 경로이다. 마르크스에게는 이런 변증법에 대한 여러 가지 아이디어들이 있었는데, 그중에서 가장 중요한 아이디어는 《자본》에서 상당한 부분을 차지하고 있는 '현실 모순'이라는 아이디어, 다시 말해 사회화의 경향들과 반反경향들 또는 집합적인 것이 실현되는 두 가지 적대적antagonistiques인 양태들[즉 공산주의의 실현이라는 양태 vs 자본주의의 지속적인 발전과 확장이라는 양태](이 경향들과 반경향들 또는 집합적인 것의 적대적인 두 양태들은 서로를 에워싸고 있다)이라는 아이디어이다. 하지만 만일 우리가 말년의 마르크스의 텍스트들에 대한 독해에서 조금의 위험을 무릅쓰고자 한다면, 우리는 진화주의에 대한 내재적 비판을 소묘하는 **독특한**singulières 대안적 발전의 길이라는 관념과 마찬가지로 또한 자본주의에서 공산주의로의 이행이라는 관념(여기에서 혁명적 실천이라는 [〈포이어바흐에 관한 테제〉에서 등장했던] 계기가 '사회구성체에 대한 과학'이 완전히 차지하고 있었던 공간으로 화려하게 복귀한다)에도 가장 큰 중요성을 부여할 수 있을 것이다.

세 번째 철학적 경로의 난점은 이 시간적 변증법이 **일반적인** 마르크스의 텍스트들(물론 일반적이라고 말하긴 했지만 그런 텍스트들은 매우 극소수이다) 대부분에서 인류의 **보편적 역사**라는 관념, 단일한 형태를 취하며 진보하는 생산양식과 사회구성체 진화의 상승선이라는 관념의 우위를 선언하면서 그 반대물로 전도된다는 점이다. 이 지점에서 우리는 정직하게 이런 '유물론적'이고 '변증법적'인 진화주의가 현실 모순에 대한 분석과 동등하게 **마르크스주의적**이라는 점을, 그리고 이런 진화주의가 역사적으로 보았을 때 심지어는 **마르크스주의 그 자체**라고 인정받을 만한 권리를 더 많이 갖고 있다는 점을 인정해야만 한다. 이는 아마도 (1882년 11월 베른슈타인에게 보냈던 편지를 통해 엥겔스가 우리에게 전해주었던) 그 유명한 다음의 재치 있는(?) 말, 즉 "확실한 건, 나는 마르크스주의자가 아니라네"라는 말을 마르크스가 했을 때 이미 그가 생각하고 있던 바였을 것이다. 그리고 이는 아마도 마찬가지로 그람시가 1917년 자신의 논문 제목을 통해《자본》에 반한 혁명이라는 또 다른 재치 있는 말을 했을 때 생각하고 있던 바였을 것이다.* 물론《자본》이 마르크스의 텍스트들 중 그 텍스트 내에서 위의 두 가지 관점 사이의 긴장이 가장 생생하게 작동하고 있는 텍스트라는 점을 제외하고 생각한다면 말이다. 분명 이 모든 것의 쟁점은, 역사철학의 관념론적 전통에 완벽히 부합하는《자본》3권의 한 정식이 말하듯, 자본주의-이후의 계급 없는 사회가 "필연의 지배에서 자유의 지배로의 이행"**일지 또는 공산주의를 **위한** (현재의) **투쟁**이 **자유의 필연적 생성**(다시 말해 해방을 위한 운동을 이 운동 그 자체의 물질적 조건들 내에 기입하는 것)을 표상하는지를 파악하는 것이다.[5]

---

* 그람시의 *Écrits politiques*, Gallimard, 1권(1914-1920)에 실린 이 텍스트 또는 Antonio Gramsci, *Textes*(앙드레 토젤André Tosel이 선택하고 소개한 그람시 텍스트들의 논문 모음집), Messidor/Éditions Sociales, Paris, 1983을 보라.

** *Le Capital*, 3권, *op. cit.*, 3권의 세 번째 권, p.199. Engels, *Anti-Düring (Monsieur E. Dühring bouleverse la science)*[반-뒤링], E. Bottigelli 불역, Éditions Sociales, Paris, 1950, pp.322-324 참조.

끊임없는 작업, 미완의 저작

나에게 제기된 첫 번째 비판으로 돌아오자. 나는 마르크스를 철학자로 독해하는 것은 독트린의 반대편에 서는 것을, 달리 말해 [독트린 혹은 체계가 아니라] 개념들을 특권화하고 이 개념들의 구성과 해체, 그리고 재구성의 운동을 문제화하는 것[문제설정 속에 위치 짓는 것]을 전제한다고 말했다. 하지만 비일관성을 지니게 되지는 않을까 두려워하지 않고 여기에서 한 걸음 더 나아가 **이런 독트린 자체가 존재하지 않는다**고 말해야 한다고 나는 믿는다. 도대체 이런 독트린은 어디에 있는 것인가? 달리 말해 **어떤 텍스트에서** 이 독트린을 찾을 수 있는가? 사람들은 "마르크스가 독트린을 구축할 만한 시간적 여유가 없었다"고 말하는데, 이런 주장은 청년 마르크스와 노년 마르크스 사이의 구분, 철학자로서의 마르크스와 과학자로서의 마르크스 사이의 구분과는 다른 무언가를 지시한다. 우리가 갖고 있는 것은 전부 요약(《정치경제학 비판을 위하여》의 서문), (장대한) 선언들, 상세하고 분명하지만 항상 결론에 도달하지 못할 뿐만 아니라 마르크스 스스로는 **절대 출판한 적이 없었던**─바로 이 점을 기억해야만 한다─원고들(《독일 이데올로기》《정치경제학 비판 요강》, 즉 《1857~1858년 원고》)뿐이다. 독트린이란 존재하지 않으며, 대신에 단편들(그리고 분석들, 논증들)만이 존재한다.

내 주장을 오해하지 않기를 바란다. 내가 봤을 때 마르크스는 (요즘 식으로 표현하자면) '포스트모더니스트'가 전혀 아니었다. 그리고 나는 포스트모더니스트들처럼 마르크스의 사유가 미완성을 의도적으로 추구했다고 주장하려는 것도 아니다. 오히려 나는 마르크스가 자신의 작업을 **너무나도 빨리 정정**했기 때문에 독트린을 구축할 수 있는 시간이 정말로 없었다고 생각하고 싶다. 이런 정정의 과정은 자신의 작업의 결론들을 예상했을 뿐만 아니라 이 결론들에 대한 비판까지도 동시에 예상했다. 마르크스의 지적 편집증 때문에? 그럴지도 모른다. 하지만 이런 지적 편집증[또는 지적 강박관념]은 (과학자라는 이름의) **이론가적** 윤리와 **혁명가적** 윤리라는 이중의 윤리를 가능케 했다. 이 용어들을 동일하게 다시 사용해보자. 마르크스는 결론들을 '고정'해버리기에는 너무나 이론가적인 인물이었다. 마르크스는 불운과 역경에 굴복하거나 자신의 눈앞에서 전개되는 파국을 무시하고 연구에 몰두하기에는 너무나 혁명가적인 인물이었다. 마르크스는 메시아에 대한 희망에 매달리기에는 너무나 과학자적이고 너무나 혁명가적인 인물이었다. 물론 메시아에 대한 희망이 이론의 여지없이 그의 사유의 일부로 숨겨져 있긴 하지만, 어떤 이론가 또는 정치가는 그들이 억압하는 것ㅡ그들의 힘이 부분적으로는 이 억압된 것에서 오는 것이 사실이라고 할지라도, 그리고 (예를 들어 종교에서와 같이) 억압된 것이 '사도들' 또는 '계승자들'이 이 종교의 창시자에게서 가장 확실하게 전해들은 바의 일부를 이룬다는 것이 사실이라고 할지라도ㅡ으로 정의되지는 않는다.

따라서 우리는 마르크스의 절반의 침묵을 해석할 권리를 갖는다. 마르크스가 제시했던 담론의 단편들을 우리 마음대로 끊임없이 다시 섞을 수 있는 카드로 간주하기 위해서가 아니라, 마르크스의 '문제설정들' '공리계들' '철학들'을 결국에는 그 모순, 한계, 열림, 즉 극한까지 밀어붙이기 위해 이 '문제설정들'과 '공리계들', 그리고 '철학들' 내에 자리 잡기 위해서 말이다. 그러므로 우리는 완전히 새로운 정세 속에서 마르크스와 함께 또는 마르크스에 반해 우리가 할 수 있는 바를 보게 된다. 마르크스가 소묘했던 많은 것들은 스스로의 확정적 형태를 갖지 못했다. 오늘날 '마르크스주의' 내에서 무력한 것으로, 범죄적인 것으로 또는 간단히 시대에 뒤쳐진 낡은 것으로 보이는 것들은 (감히 다음과 같이 말하자면) 마르크스주의의 발명품이 아니기에 마르크스주의 이전에도 이미 그러했던 것들이다. 오히려 마르크스주의가 우리로 하여금 '지배적 생산양식'(현재 이 '지배적 생산양식'은 그 어느 때보다도 더 유통 양식, 교통 양식, 표상 양식을 동시에 의미하고 있다)의 **바로 한가운데에 존재하는** 그 대안이라는 질문을 정면으로 다룰 수 있도록 해주었던 것이라면……, 마르크스주의를 위해 우리는 한 번 더 이를 정면으로 다루어볼 수도 있을 것이다!

마르크스를 위하여, 마르크스에 반하여: 다섯 가지 결론

하지만 오늘날 마르크스주의가 불가능해 보이는 철학이라는 점을 인정해야만 한다. 이는 마르크스의 철학이 현재 '역사적 마르크스주의'와의 분리라는 길고 힘겨운 과정—마르크스주의에 대한 한 세기 간의 이데올로기적 활용이 쌓아놓은 장애물들을 극복해야 하는, 마르크스의 철학이 마주한 과정—의 한가운데에 있다는 사실과 관련된다. 그런데 이는 마르크스의 철학이 자신의 출발점으로 되돌아와야 한다는 점을 의미하지 않고, 오히려 자기 자신의 역사에서 교훈을 얻고, 이 극복의 과정에서 스스로를 변형해야 한다는 점을 의미한다. 오늘 마르크스 내에서 철학을 하고자 하는 이는 누구나 마르크스-이후에만 서 있는 것이 아니라 또한 **마르크스주의-이후**에도 서 있는 것이다. 오늘 마르크스 내에서 철학을 하고자 하는 이는 누구나 마르크스가 촉발했던 휴지休止, césure를 기입하는 것에 만족할 수 없으며, 마르크스의 휴지가 마르크스의 적들에게서 뿐만 아니라 자신의 지지자들에게서도 생산했던 효과들의 양가성 또한 성찰해야 한다.

이는 또한 마르크스의 철학이 오늘날 조직화의 독트린도 아카데미 철학philosophie universitaire도 될 수 없다는 점, 다시 말해 마르크스의 철학이 모든 제도와 불안정성의 관계를 맺어야 한다는 점과 관련된다. 내가 위에서 상기시켰던 한 세기의 원환(1890~1990)이 마르크스의 철학과 모든 형태의 조직(국가는 **말할 것도 없고**) 사이의 모든 상호 포함 관계의 종말을 나타낸다는 점은 확실하다. 이는 마르크스주의가 더 이상 정당화의 기획으로 기능할 수 없을 것임을 의미한다. 다시 말해, 이런 종말은 마르크스주의의 생명력을 위한 최소한의 **부정적** 조건이며, 긍정적 조건의 경우 이는 마르크스의 개념들이 다른 정당화의 기획들에 대한 비판에서 자신의 몫을 얼마나 성공적으로 해낼지에 달려 있다. 하지만 그렇다고 해서 마르크스주의와 정치조직들 사이의 (갈등적) 관계의 해체가 마르크스주의로 하여금 아카데미 철학으로 변형되는 것을 용이하게 만들어주지는 않는다. 이는 아카데미^{Université}가 자신의 반反마르크스주의를 분석하기 위해서는 굉장히 많은 시간이 앞으로 더 필요할 것이라는 사실을 포함한 여러 많은 이유들 때문이다. 이 지점에서, 위에서 언급했던 긍정적인 것과 부정적인 것에 대한 논의를 한 번 더 진행해야 한다. 아카데미 철학의 미래 그 자체는 불안정하며, 마르크스에게서 유래한 관념들이 이런 또 다른 위기의 해소를 위해 행할 수 있는 몫은 **선험적으로** 결정될 수 없다. 하지만 그럼에도 이에 대한 가설을 만들어보아야만 하며, (내가 처음에 말했듯이) 다음의 이유들은 21세기의 다양한 장소에서 우리들이 마르크스를 읽고 연구할 것이라고 생각하게끔 만드는 근거들을 나에게 제시해준다. 앞으로 보게 되겠지만 각각의 이유들은 동시에 마르크스에 반대할 이유가 되기도 한다. 하지만 이는 '규정적 부정'의 관계를 따른다는 조건에서, 다시 말해 마르크스의 테제들에 대해 정확한 지점에서 반대함으로써만 발전될 수 있는 질문들을 마르크스 자신의 텍스트에서 이끌어낸다는 조건에서만 그러하다.

첫째로, 철학에 대한 살아 숨 쉬는 실천은 항상 이미 비-철학과의 대면이다. 철학의 역사는 철학이 맞서 싸우는 외부가 투쟁하기 버거우면 버거울수록 그만큼 의미심장한 역사의 쇄신들^{renouvellements}로 구성된다. 마르크스가 변증법이라는 범주로 하여금 겪을 수밖에 없도록 만들었던 전위는 철학적 사유의 이런 '이주^migration'의 가장 명백한 예시들 중 하나다. 이런 '이주'는 변증법으로 하여금 자신의 타자에서 출발해 자신의 담론의 형태 자체를 재구성하게 만든다. 하지만 이런 전위는 아무리 단호하게 수행된다고 해도 끝까지 완수되지 못하며, 심지어는 완수의 근처도 가지 못한다. 왜냐하면 전위가 도달하고자 하는 낯선 땅, 즉 **역사**는 자신의 형세^configuration를 끊임없이 변화시키기 때문이다. 이를 인류는 자신이 아직 해결하지 못한 문제는 포기할 수 없는 법이라고 표현해보자.

둘째로, (여기에서 문제가 되는 것이 역사성이기 때문에 이에 대해 언급하자면) 역사성은 현재성이라는 문제와 관련해 가장 해결하기 힘든 질문들 중 하나이다. 다른 무엇보다도 이는 역사철학들이 예고했던 사회적 관계의 보편화가 [현실 사회주의의 붕괴 이후 세계화라는 현실적 보편성의 지배로 인해] 이제는 **기정사실**이 되었다는 점과 관련된다. 다시 말해, 사회적 관계의 보편화로 인해 기술, 정치, 교통 그리고 세력 관계들의 단일한 공간만이 존재하게 된 것이다. 하지만 이런 보편화는 휴머니즘화도 아니고 합리화도 아니며, 오히려 [폭력의 세계화와 세계화의 폭력, 즉 보편성의 폭력으로 인해] 이전보다 더욱 폭력적인 배제, 그리고 분열과 일치한다. 여기에서 우리가 이런 상황에 맞서 법률적이고 종교적인 원칙들을 재정식화하는 도덕 담론들을 한편으로 치워놓고 생각한다면, 우리에게는 두 가지 가능성만이 남아 있는 것처럼 보인다. 강제적인 외부의 **역량**을 구축하기를 요청하는 (홉스가 말했던) '만인에 대한 만인의 투쟁'이라는 관념으로 되돌아가거나, 또는 (새로운 현대판 생철학이 시도하고 있는 것처럼 보이듯) 역사성을 **자연**의 요소에 집어넣거나. 하지만 여기에 더해 마르크스가 그 형태를 소묘했던 세 번째 가능성이 존재한다. 역사적 제도들의 변화(또는 더 정확히 말해 '변화의 변화', 그러니까 직접적으로 관찰 가능한 변화들에 대한 대안)를 회고적^rétrospective 방식으로뿐만 아니라 특히 예측적인^prospective 방식으로, 또는 이런 표현을 원한다면 추측적인^conjecturale

방식으로 이 변화들에 내재적인 힘 관계들에서 출발해 [미분적인 방식으로] 사고하기. 이 지점에서 우리는 전환^{retournement}[전복]의 모델과 진보의 단선적 모델—번갈아가며 마르크스가 채택했던 모델들이며 마르크스의 계승자들이 그를 따라 지속적으로 채택했던 모델들—에 반대해 전환과 진보라는 통념과는 다른 제3의 통념, 마르크스에게서 점점 더 구체화되었던 통념, 다시 말해 **경향**과 그 내적 모순이라는 통념을 해방해야만 한다.

　셋째로, 비판적 철학은 역사가 선사하는 예상 불가능성에 대한 성찰일 뿐만 아니라 지적 활동으로서의 자기 자신이 고유하게 규정되는 바에 대한 [메타적] 사고이기도 하다(다시 말해 비판적 철학은 아주 오래된 정식에 따라 말하자면 '사고의 사고' 또는 '관념의 관념'이다). 이런 점에서, 마르크스는 그가 소묘했던 이데올로기에 대한 이론화로 인해, 있을 수 있는 가장 불안정한 위치에 서 있었다. 3장에서 나는 이데올로기라는 개념 때문에 철학은 마르크스를 용서하지 않았거나 용서했다 해도 매우 어렵게 용서해주었다고 말했는데, 그렇기 때문에 이는 이데올로기라는 개념을 영원한, 또한 종종 공공연한 장애물로 만들어버린다(이에 대한 최근의 좋은 예는 폴 리쾨르의 저서《이데올로기와 유토피아에 대한 강의》이다*). 이는 이데올로기가 철학 자신의 형성 요소를 내적 '비사고^{impensé}'[사고되지 못한 바]로서뿐만 아니라 철학 자신이 사회적 이해관계와 맺는 관계로서도, 그리고 이성과 비이성 사이의 단순한 대립으로는 결코 환원할 수 없는 지적 차이와 맺는 관계로서도 지시하기 때문이다. 철학에서 이데올로기는 철학 자신의 유한성을 뜻하는 유물론적 이름인 것이다. 하지만 마르크스주의가 보여주었던 무능력 중에서 가장 명백했던 것은 마르

---

*　Paul Ricoeur, *Lectures on Ideology and Utopia*, Columbia University Press, New York, 1986, 불역: Seuil, Paris, 1997.

크스주의 자신이 행했던 이데올로기적 기능, 마르크스주의 자신이 행했던 '역사의 의미/방향'에 대한 이상화, 그리고 마르크스주의 자신이 행했던 대중, 당, 국가의 세속화된 종교로의 변형이라는 모습으로 드러났던 마르크스주의의 맹점이었다. 우리는 이런 상황의 원인들 중 최소한 하나는 마르크스 자신이 청년기에 이데올로기와 프롤레타리아의 혁명적 실천을 **대립**시키면서 프롤레타리아를 절대자로 승격했던 방식과 관련된다는 점을 앞에서 확인했다. 바로 그렇기 때문에 이 지점에서 우리는 반정립적인 두 가지 입장을 **동시에** 취해야 한다. 철학은 진리라는 질문이 보편성의 허구―진리는 이 보편성의 허구에 자율성의 지위를 부여한다―에 대한 분석 내에서 자신의 자리를 유지하고 있는 한 오랫동안 '마르크스주의적'인 것으로 남아 있을 것이라는 입장, 하지만 이를 위해 철학은 우선 마르크스에 **반해** '마르크스주의적'인 것이 되어야 하며, 마르크스가 자신에게도 이데올로기가 존재한다는 사실을 부인^{dénégation}한다는 점을 자신의 비판의 첫 번째 대상으로 삼아야 한다는 입장.

넷째로, 헤겔과 프로이트 사이에서 마르크스의 철학은 관계^{relation}의 근대적 존재론, 또는 내가 2장에서 사용했던 표현을 따르면 관개체적인 것의 근대적 존재론의 탁월한 예시이다. 이는 마르크스의 철학이 개인주의(그것이 '방법론적' 개인주의라고 할지라도)와 유기체주의(또는 '사회학주의') 사이의 대립 **너머**에 자리하고 있다는 점을 의미하는데, 오히려 이는 마르크스의 철학으로 하여금 역사의 궤적을 거꾸로 다시 추적하고 역사의 이데올로기적 기능들을 보여줄 수 있도록 해준다. 하지만 이는 마르크스의 철학의 독창성을 설명하기에는 충분하지 않은데, 왜냐하면 **관계**^{relation}는 내부성의 양식으로도 외부성의 양식으로도, 게다가 심지어는 자연성의 양식으로도 사고될 수 있기 때문이다. 현대 철학에서 한편으로는 **간주체성/간주관성**^{intersubjectivité}이라는 주제(이에 따르면, 세계에 스스로를 표상하는 고립된 '주체'란 존재하지 않으며, 대신 다수의 주체들로 인해 형성되는 공동체가 존재한다), 다른 한편에는 **복잡성**이라는 주제(이 복잡성에 대한 가장 매력적인 설명들은 물리학과 생물학 사이의 동맹이라는 은유에 기초하고 있다)가 존재한다는 점이 이를 보여준다. 마르크스의 입장은 이 두 가지 입장들, 즉 간주체성/간주관성이라는 주제로도 복잡성이라는 주제로도 환원될 수 없다. 이는 마르크스에게서 관개체적인 것이 근본적으로는 **계급투쟁**, 즉 노동과 사고와 정치 이 셋을 동시에 분할하는 '궁극의' 사회구조가 지니는 상관물로 사고된다는 점과 관련된다. 그러므로 마르크스와 함께, 마르크스에 반해 철학한다는 것은 사회적 조화가 영원히 꿈꾸는 이루어질 수 없는 소망$^{vœu pieux}$인 '계급투쟁의 종말'이라는 질문이 아니라, 이 계급투쟁의 **내적 한계들**, 다시 말해 관개체적인 것의 형태들—계급투쟁과 모든 곳에서 교차하면서도 이 계급투쟁으로는 절대 환원 불가능한 것으로 남아 있는—이라는 질문을 제기한다는 것을 의미한다. (성적 차이에서 출발해) 지적 차이와 비견할 수 있는 거대한 '인간학적 차이들'에 대한 질문이 이 지점에서 그 핵심 원리의 역할을 할 수 있을 것이다. 하지만 마르크스에 대해 이런 거리를 취한다고 해도, **생산양식들**의 문제설정(또는 그 용어의 일반적 의미에서 '경제' 양식들의 문제설정)과 **주체화/복종**^{sujétion}**양식**의 문제설정(그러므로 상징적 구조의 행동하에서 '주체'의 구성이라는 문제설정) 사이의 절합 모델은 우리에게 끊임없이 필수적인 참조점이 될 수 있다. 바로 그런 절합이 주관주의와 자연주의에 대한 이중의 거부—이런 거부는 철학을 변증법이라는 관념으로 지속적으로 되돌아오게 만든다—의 표현이기 때문이다.

마지막 **다섯째로**, 나는 마르크스의 사회적 관계^{relation}에 대한 사고가, 결국은 마르크스 자신이 혁명적 실천('세계의 변형' '반^{反}경향' '변화 속의 변화')에 부여했던 우위에 그 스스로가 확립한 대립항이라는 점을 보여주기 위해 노력했다. 자유와 평등을 향한 봉기의 운동 내에서 개인적인 것과 집합적인 것 사이에 확립되는 이런 상호성은 현실에서$^{en effet}$ 무엇보다도 우선 관개체적이다. 자본주의적 착취와 관련해 마르크스가 소묘하는 개체성^{individualité}**과** 사회성 사이의 억압 불가능한 최소/억압 가능한 최대치는 지배에 대한 저항이라는 사실이며, 마르크스는 이 저항이 항상 이미 시작되었기 때문에 발명되거나 촉발될 필요가 없다는 점을 보여주고자 했다. 우리는 마르크스가 '아래에서의' 투쟁이 집단적 역사의 토대 자체에서 발생한다고 사고할 수 있도록 해주는 보편사의 시기 구분을 자신의 것으로 취했던 이유가 바로 이 테제를 정초하기 위해서였다는 점을 인정할 수 있다.

하지만 우리는 한 걸음 더 나아가야 하는데, 왜냐하면 만일 마르크스가 봉기의 사상가일 뿐이었다면, 유토피아에 대한 마르크스의 지속적인 거부의 의미가 완전히 사라질 것이기 때문이다. 유토피아에 대한 마르크스의 이런 거부는 유토피아의 정신이 표상했던 봉기적이고 상상적인 역량 **이전**으로 회귀하기를 원했기 때문이 전혀 아니다. 마르크스주의의 실증주의적인 측면을 확고하게 거부하면서 이데올로기 내에서 정치의 요소 또는 재료 그 자체를 인지하려 한다면 더더욱 우리는 이 역량 이전으로 절대 회귀하지 않을 것이다. 오히려 이는 마르크스의 **반^反유토피아적** 이중 운동, 즉 '프락시스'라는 용어가 지시하는 운동과 '변증법'이 지시하는 운동이 내포하고 있는 그의 질문을 한층 더 부각할 것이다. 이는 내가 **현재의 행위**^{action au présent}라고 불렀던 것, 즉 프락시스, 그리고 내가 '현재'를 구성하는 물질적 조건들에 대한 **이론적** 인식으로 분석하려고 했던것, 즉 변증법이라고 불렀던 것이다. 이를 통해, 오랫동안 반역[혁명]을 과학으로 **환원**하는 것 또는 과학을 반역[혁명]으로 **환원**하는 것을 의미했던 변증법은 이제 이 과학과 반역[혁명] 둘 사이의 **결합**^{con-jonction}— 장-클로드 밀네르는《확인된 사실》이라는 저서에서 이 용어를 사용했다*—에 관한 무한히 열려진 질문을 지시할 수 있게 되었다. 하지만 이는 마르크스를 더욱 소박한 프로그램으로 이끌고 가지 않고, 오히려 마르크스에게 철학과 정치 사이를 이어주는, 철학과 정치 사이를 이동하기 위해서는 반드시 거쳐야만 하는 그런 '가교^{passeur}'의 역할을 지속적으로 부여한다.

---

*   Jean-Claude Milner, *Constat*, Verdier, Paris, 1992. 들뢰즈의 경우 '이접적 종합synthèse disjonctive'이라는 표현을 사용한다는 점을 여기에서 간단하게 지적하자. *Différence et Répétition*, PUF, Paris, 1968을 보라. 표면적으로 보면 결합과 이접적 종합은 서로 반대되는 용어이다. 하지만 반대되는 항들 사이의 통일이라는 질문은 결합과 이접적 종합 모두에게 동일한 질문이다. (*Différence et Répétition*의 한국어판으로는 《차이와 반복》, 김상환 옮김, 민음사, 2004를 참조-옮긴이)

옮긴이 주

1. 'demi-mot'는 직역하면 '절반의 단어'라는 뜻으로, 마르크스가 절반은 표현하지만 절반은 침묵하는 것이라는 의미를 지시한다. 조금 의역해 더욱 자연스럽게 '절반의 침묵'으로 옮겼다.

2. 'opinion', 즉 의견은 사실 철학적인 용어로 말하면 '독사doxa'이므로 윤소영의 경우처럼 '억견'이라고 번역할 수도 있으나 더 넓은 범위를 지칭하는 번역어를 선택했다. 하지만 독자들은 여기에서 말하는 의견이 좁게는 철학에서 말하는 '독사' 또한 지시하고 있다는 점을 유념할 필요가 있다.

3. 이 세 가지 철학적 경로가 각각 이 책의 2장, 3장, 4장에서 전개했던 철학적 논의에 대응된다.

4. 'tenants et aboutissants'은 일상에서도 많이 쓰이는 표현으로, 자초지종, (원인과 결과 따위의) 상세한 내용 등을 의미한다.

5. 발리바르의 입장은 명백히 후자를 따른다. 발리바르는 자신의 1993년 논문 〈무한한 모순〉에서 다음과 같이 지적한다. "결국 우리는 스피노자를 따라, 그리고 부분적으로는 헤겔과 마르크스를 따라, 자유와 필연(우리는 예속화에 대한 신학적 서사를 통해 이 둘 사이의 관계를 알고 있다)의 고전적인 문제의 용어들을 전도하지 않고서는, (구조적인 존재인) 역사가 바로 그 [구조적이라는 점] 때문에 추측적이라고 전제할 수 없다. '자유의 지배'―그 안에서는 사회적 관계도 이데올로기도 존재하지 않는 젖과 꿀이 흐르는 왕국―라는 방향을 따라 '필연의 지배'에서 탈출하지 않고, 반대로 필연의 장 **내에서의** 자유의 최대한의 'Verwirklichung', 즉 **자유의 실현**으로 나아가는 것, 달리 말해 **자유의 필연적 생성**devenir nécessaire de la liberté . 이것이 바로 정치가 또한 윤리라는 점을 의미한다는 것임에 나는 유보 없이 동의한다. **운명에 대한 사랑**amor fati이라는 의미에서도 아니고, 정치가 도덕적인 수단이나 목적에 종속된다는 점을 의미하는 것도 아니며, 대신 정치가 가능한 한 그 한계 내에서 가장 폭넓게, 그리고 가능한 한 가장 긴 시간 동안 자유를 필연적으로 만드는 방식으로 행동한다는 의미에서 말이다."〈무한한 모순〉, 배세진 옮김,《문화/과학》2018년 봄호, 통권 93호, 367~368쪽, 강조는 원문.

재판 후기

: 철학적 인간학^{Anthropologie philosophique}인가
관계의 존재론^{Ontologie de la relation}인가.
'포이어바흐에 관한 여섯 번째 테제'로
우리는 무엇을 할 것인가? (2014)[*]

마르크스는 그 자체로는 전혀 출판을 염두에 두지 않았던 열한 가지 아포리즘들의 집합인 〈포이어바흐에 관한 테제〉[1]를 1845년에 집필했으며, 마찬가지로 그는 동일한 해에 《독일 이데올로기》의 초고(이 또한 마르크스 생전에는 미출간 상태로 남아 있었다) 또한 집필했다. 엥겔스는 마르크스 사후 이 '테제들'을 발견해 자신의 1888년 소책자 《루트비히 포이어바흐와 독일 고전철학의 종말》의 부록으로 출간했다(그리고 엥겔스는 자신의 소책자에 이 '테제들'을 부록으로 실으면서 이에 약간의 수정을 가했는데, 나는 뒤에서 이 문제 또한 다루어볼 것이다).^{**}

이 논문은 뉴욕 알바니대학의 영어학과에서 2011년 10월 24일 개최한 콜로퀴엄 'The Citizen-Subject Revisited'에서 (영어로) 한 나의 발표를 발전시킨 것이다. (이 재판 후기는 처음부터 영어로 발표한 초고 수준의 논문을 발리바르가 직접 프랑스어로 번역하면서 완성했고, 이 완성된 프랑스어 논문을 그레고리 엘리엇Gregory Elliot이 다시 영어로 번역한 것으로 추정되지만, 옮긴이가 영어 번역본과 프랑스어 번역본을 비교해본 결과 프랑스어 번역본이 영어 번역본보다 더욱 정확하게 쓰여졌으며[발리바르의 모국어가 프랑스어라는 점이 이에 영향을 준 것으로 생각된다], 영어 번역본의 경우 명확하지 않게 번역된 부분들 또한 많기 때문에 프랑스어 번역본을 번역 대본으로 삼고 영어 번역본을 적절히 참고했음을 밝힌다-옮긴이)

마르크스는 1883년에 죽었다. 엥겔스는 마르크스가 이 '테제들'의 존재를 절대적으로 비밀에 부쳤기 때문에, 동일한 시기에 긴밀한 협력 작업을 진행했으며《신성가족》《독일 이데올로기》《공산주의자》등을 '함께 집필'했음에도 불구하고 심지어 자신에게조차 이 '테제들'을 보여주지 않았다고 설명했다. 앞으로 우리가 살펴보겠지만, 엥겔스가 "성급하게

재판 후기　277

오늘날 이 '테제들'은 서양 철학의 가장 상징적인 정식들 formulaires 로 간주되며, 그 내용이 표면적으로는 수수께끼 같지만 동시에 강력한 힘을 지닌 무한한 사변적 전개들을 포함하고 있다는 점에서, 그리고 독자들을 호명하고 새로운 사고방식을 무대에 등장시키는 선언문적 스타일의 글쓰기를 보여준다는 점에서, 일반적으로 간결한 (혹은 미완의) 형식을 지니는 서양 철학의 다른 몇몇 텍스트들과 동일한 층위에 놓이게 된다. 이런 관점에서, 이 '테제들'은 기원전 6세기 파르메니데스의 《시》 단편들과 1919년 비트겐슈타인의 《논리-철학 논고》의 아포리즘들 사이에 자리한다. 이 '테제들'이 포함하고 있는 정식들 중 몇몇(특히 열한 번째 테제인 "지금까지 철학자들은 세계를 다양하게 **해석**해왔을 뿐이다. 중요한 것은 세계를 **변화**시키는 것이다."²)은 파르메니데스의 "to gar auto estin te noein kai einai"* 혹은 비트겐슈타인의 "Worüber man nicht sprechen kann, darüber muss man schweigen"** 또한 스피노자의 "ordo et connexio idearum idem est ac ordo et connexio rerum"*** 혹은 《순수이성비판》에서 칸트가 제시했던 명제인 "Gedanken ohne Inhalt sind leer, Anschauungen ohne Begriffe sind blind"****가 철학사에서 형성했던 '전환

쓰여진 바'라고 지적하면서 이에 가한 수정들 중 몇몇은 이 '테제들'이라는 텍스트의 의미에 강한 효과를 미쳤다. 이는 열한 번째 테제의 경우에도 마찬가지인데, 엥겔스가 이 열한 번째 테제의 두 문장 사이에 도입한 접속사 'aber'(mais, 그러나)는 결과적으로 '세계의 해석'과 그 '변형' 사이에 배타적 대립의 의미를 부여한다. 그러나 마르크스의 원문에 따르면 이 두 문장 사이에 이런 배타적 대립의 의미가 필연적으로 성립하는 것은 아니다.

*   "동일자는 사유임과 동시에 존재이다." 《시》의 세 번째 단편. 바르바라 카상의 번역과 주해를 참조하라. Barbara Cassin, *Parménide. Sur la nature ou sur l'étant. La langue de l'être?*, Seuil, Paris, 1998.

**   "말할 수 없는 것에 대해서는 침묵해야 한다." Ludwig Wittgenstein, *Tractatus logico-philosophicus*, Gilles-Gaston Granger 불역, Gallimard, Paris, 1993의 정리 7. (한국어판으로는 《논리-철학 논고》, 이영철 옮김, 책세상, 2006 참조-옮긴이)

***   "관념들의 질서 및 연관은 사물들의 질서 및 연관과 동일하다." Spinoza, *Éthique*, 2부 정리 7.

****   "내용 없는 사고는 공허하고, 개념 없는 직관은 맹목이다." Kant, *Critique de la raison pure*

점'이 지니는 의미와 동일한 의미를 획득하게 되었다.

이런 맥락에서 이 '테제들'에 대한 새로운 논평을 제시한다는 것은 매혹적인 작업임과 동시에 분명 무모한 작업일 것이다. 하지만 또한 우리는, 동시대의 논쟁들에서 마르크스가 차지하는 위치를 고려하게 될 때마다, '테제들'의 문자 그 자체로 되돌아가야 하며 이 '테제들'이 말하는 바와 이 '테제들'이 이를 말하기 위해 활용하는 단어들에 대한 이해를 시험해보아야만 한다. 바로 이것이 오늘 내가 여섯 번째 테제와 관련해, 특히 (완전히 동일한 함의들을 갖는 것은 아니지만) 프랑스어로는 'rapport' 혹은 'relation'으로 번역할 수 있는 독일어 용어 'Verhältnis'를 마르크스가 활용하는 방식에 대한 논의에서 시도해보고 싶은 실험이다. 이 프랑스어 단어 'rapport' 혹은 'relation'이 갖는 또 다른 함의들은 논리, 정치, 윤리의 문제를 건드리며, 특히 이 함의들은 '철학적 인간학'(이는 딜타이에게서 내려오는 전통이 지시하는 바로서의 '철학적 인간학'인데, 사르트르는 마르크스에 대한 해석에서 이 전통을 따른다)과 '사회적 존재론'(혹은 루카치는 자신의 후기 저서에서 이를 "사회적 존재의 존재론"이라고 부르기를 선호했다) 사이의 차이를 쟁점으로 하는 중요한 논쟁에서 우리가 어떤 입장을 취해야 하는지의 문제에 영향을 미친다. 나는 이런 논쟁에 개입하기 위해 나의 1993년 소책자 《마르크스의 철학》[즉 이 책의 2장]에서 마르크스의 정식화들을 개인주의와 유기체주의(혹은 전체론^{holisme})라는 고전적 양자택일의 **바깥에** 잠재적으로 위치하는 '관개체적인 것^{transindividuel}'에 관한 사고의 예로 제시하고자 하는 나의 입장을 소묘했다.* 오늘 나는 《마르크스

(1781/1787), B75/A51. (한국어판으로는 《순수이성비판》 전 2권, 백종현 옮김, 아카넷, 2006 참조-옮긴이)

* '관개체적인 것'에 관한 질문이 지니는 역사적이고 철학적인 다양한 측면들에 대해 논하는 작업 한 권이 이탈리아에서 출간된 바 있다. *Il transindividuale. Soggetti, relazioni, mutazioni, op. cit.*

의 철학》에서 소묘했던 나의 입장에 대해 더욱 상세한 방식으로 논의해
보고 싶다.

마르크스의 '테제들' 독어 원본에서 여섯 번째 테제는 다음과 같다.

Feuerbach löst das religiöse Wesen in das menschliche Wesen
auf. Aber das menschliche Wesen ist kein dem einzelnen Indivi-
duum inwohnendes Abstraktum. In seiner Wirklichkeit ist es das
ensemble der gesellschaftlichen Verhältnisse.

Feuerbach, der auf die Kritik dieses wirklichen Wesens
nicht eingeht, ist daher gezwungen: 1. von dem geschichtlichen
Verlauf zu abstrahieren und das religiöse Gemüt für sich zu
fixieren, und ein abstrakt -isoliert- menschliches Individuum
vorauszusetzen. 2. Das Wesen kann daher nur als "Gattung", als
innere, stumme, die vielen Individuen natürlich verbindende All-
gemeinheit gefasst werden.

다른 주해들과는 비교가 불가능할 정도로 탁월한 주해가 담긴 고증
판본에서, 조르주 라비카는 이 여섯 번째 테제를 다음과 같이 번역한다.

테제 6: 포이어바흐는 종교적 본질을 **인간적** 본질$^{essence\ humaine}$로 해
소^{résout}한다. 그러나 **인간적** 본질은 독특한[개별적] 개체$^{individu\ singulier}$에
내재하는^{inhérente} 추상물^{abstraction}이 아니다. 그 유효한 현실$^{réalité\ effective}$에서,
인간적 본질은 사회적 관계들$^{rapports\ sociaux}$의 앙상블^{ensemble}이다. 그러므로
이런 유효한 현실적 본질$^{essence\ réelle\ effective}$에 대한 비판으로 들어가지 않는
포이어바흐는

1) 역사적 과정을 사고하지 못하고 종교적 감정^{sentiment}을 그 자체로
고정하며, 하나의 추상적 인간 개인 — **고립된** — 을 전제할 수밖에 없다.

2) 그러므로 본질은 '유類, genre'로서만, 내적이고[interne] 침묵하며[muette] 많은 수의 개체들[individus]을 **자연적인 방식으로** 연결시키는 보편성으로서만 파악될 수 있을 뿐이다.[*]

이 정식에 관한 주해들이 수없이 많이 존재한다. 오늘날 우리가 고전적 지위를 점하고 있다고 간주할 수 있을 주해들 가운데에서, 특별히 나는 서로 대립되는 두 극단에 위치하고 있는 에른스트 블로흐와 루이 알튀세르의 주해들을 다루어보겠다. '테제들'에 관한 블로흐의 (사십여 페이지에 달하는) 매우 상세한 주해는 이 철학자 블로흐의 **걸작**《희망의 원리》(1954년과 1959년 사이에 출간됨)에 수록되어 출간되기 이전에 1953년 독일민주공화국 철학자들의 공식 학술지에 처음으로 실렸다.[**] '테제들'에서 블로흐가 확인하는 것은 무엇보다도 '주체'와 '대상'[객체] 사이의 혹은 심지어 철학적 사고와 정치적 행위 사이의 형이상학적 반정립을 '해소하는 구호'로서 주어지는 혁명적 **프락시스**라는 개념이 완전하게 구

---

[*]   Georges Labica, *Karl Marx. Les Thèses sur Feuerbach*, PUF, Paris, "Philosophies", 1987. 또한 Pierre Macherey, *Marx 1845. Les "Thèses" sur Feuerbach*, 번역과 주해, Paris, Amsterdam, 2008도 참조하라.

[**] 에른스트 블로흐Ernst Bloch와 관련해서는, *Le Principe Espérance*, 1권, Françoise Wuilmart 불역, Gallimard, Paris, 1976, pp.301-344("Keim und Grundlinie. Zu den Elf Thesen von Marx über Feuerbach", *Deutsche Zeitschrift zur Philosophie*, 1:2, 1953, p.237 이하를 재출간한 19장 '세계의 변형 혹은 포이어바흐에 관한 마르크스의 열한 가지 테제')를 보라. 핵심적인 부분들의 경우 1938년과 1947년 동안 미국에서 망명 생활을 했을 당시 집필되었던《희망의 원리》는 블로흐가 독일 민주공화국으로 돌아온 이후와 독일 연방공화국으로 다시 망명을 떠나기 이전 사이에 독일 민주공화국에서 출간되었다. 루이 알튀세르와 관련해서는, *Pour Marx* (1965), 에티엔 발리바르 서문, La Découverte, Paris, 1996(특히 7장 '마르크스주의와 인간주의')를 보라. 알튀세르는 사후 출간된 유고(1982년 집필)에서 훨씬 더 비판적인 방식으로 '테제들'의 해석이라는 문제로 되돌아온다. "Sur la pensée marxiste", *Futur antérieur*, "Sur Althusser. Passages" 특집호, 1993(이 텍스트는《철학과 맑스주의: 우발성의 유물론을 위하여》, 루이 알튀세르 지음, 서관모·백승욱 옮김, 새길, 1996에 번역되어 있다-옮긴이). 알튀세르의 해석(특히 여섯 번째 테제에 관한 그의 해석)이 촉발한 비판들 가운데에서는, 특히 뤼시앵 세브의 상당히 치밀한 해석을 참조할 수 있다(*Marxisme et Théorie de la Personnalité*, Éditions Sociales, Paris, 1969, p.82 이하 : "La conception marxiste de l'homme", 재판, Messidor, 1981).

축된다는 점이다. 블로흐의 관점에서, 마르크스의 중심 관념은 현실―이 현실에 대한 개념은 **주어진** 사태^{état de choses donné}의 관념 혹은 완결된 과정에서 만들어지는 관계들^{rapports}이라는 관념뿐 아니라 또한 현재를 초과하는 **도래할 객관적 가능성**이라는 관념 혹은 '**새로움**^{novum}'이라는 관념(그런데 여기에서 이 현재는 사실 **도래할 객관적 가능성**이라는 관념 혹은 '**새로움**'이라는 관념을 자기 자신 안에 이미 지니고 있다)을 항상 이미 내포하고 있다―이 내재적으로 '변형 가능^{veränderbar}'하다는 특징을 지니고 있다는 관념, 하지만 고전적인 유물론도 고전적인 관념론도 절대로 인정하지 않아왔던 그런 관념일 것이다. '테제들'을 세 개의 집합으로 분류함으로써 (그러니까 직관―'Anschauung'―에 대립해 **프락시스**를 진리의 기준으로 삼는 인식론과 관련된 테제들의 집합, 그리고 사회적 관계^{rapport}를 자기 자신에게서 출발해 변형되는 것으로 정의하는 '진정한 유물론'을 종교적인 형태의 소외뿐 아니라 부르주아적인 형태의 소외와도 대립시키는 인간학적-역사적 테제들의 집합, 마지막으로 '비판'이라는 관념이 **주어진** 세계에 대한 초월/지양^{dépassement}으로 구체화되는 이론-프락시스와 관련된 테제들의 집합) 블로흐는 일종의 삼단논법을 구축하는데, 이 삼단논법의 결론은 'Losunswort', 즉 '세계의 변형'이다.* 블로흐와는 완전히 다른 방식으로, 알튀세르는 자신의 관점에 따르면 '테제들'이 구성한다고 간주할 수 있는, 마르크스의 사유 내에서 작동하고 있는 '인식론적 절단'의 증상에 관심을 기울인다. '인식론적 절단'에 대한 이런 관점에 따르면, '테제들'에서 마르크스는 사회적 관계들^{rapports sociaux}과 역사의 동력으로서의 계급투쟁에 관한 과학적 문제설정에 진입하기 위해 공산주의에 관한 포이어바흐적인 인간주의적 해석과 스스로를 확정적으로 분리하기 바로 직전의 상태에 놓여 있다. 자명한 것

---

* 독일어 'Losunswort'는 '구호^{mot d'ordre}'와 '해소^{résolution}' 혹은 '종결^{mot de la fin}'를 동시에 뜻한다. 이 단어의 어원은 구원^{rédemption}과 해방^{délivrance}을 의미하는 'Erlösung'이라는 단어와 가깝다.

처럼 보이는 바와는 종종 반대되는 방식으로 독해해야만 하는 이 '테제들'의 용어법은 이전의 언어 내부에서 새로운 관념들이 출현했다는 점을 밝히려 하는데, 이 새로운 관념들은 진정으로 전례 없는 하나의 새로운 이론, 즉 역사유물론—그러나 이 역사유물론의 숨겨진 함의들은 여전히 **도래해야 할** 것들이다—을 선언하면서 위에서 언급한 이전의 언어에서 원래의 의도와는 다른 것을 말하려고 시도한다. 부적합성과 적합성[절단 이전과 이후] 사이에서 간신히 자신의 자리를 차지하고 있는 이런 개념적 뒤틀림의 해석학hermeneutique의 탁월한 예는 바로 **프락시스**이며, 알튀세르는 이 **프락시스**를 마르크스의 '테제들' 이후의 저작들, 특히 1859년 《정치경제학 비판을 위하여》의 1857년 서문에서 "절합된 사회적 실천들의 체계"가 될 바가 지니는 철학적 '이름'으로 설정한다.* 블로흐와 알튀세르의 해석은 반정립적이지만, (블로흐에게서 이런 도식화는 **역사**와 **경험**을 특징지으며, 알튀세르에게서 이런 도식은 **이론**, 혹은 알튀세르가 또한 다음의 용어를 활용하듯, **담론**을 특징짓는다는 점을 제외한다면) 이 두 사람 모두가 전복의 가능성의 증표로서 현재 내에 미래를 객관적인 방식으로 내포하는 시간성의 도식을 통해 마르크스를 이해하는 것이 중요하다는 점을 동일하게 강조하고 있다는 사실은 상당히 흥미롭다.**

하지만 우리의 논의와 관련해 가장 흥미로운 점은, 이 두 주석가들이 여섯 번째 테제가 인간적 본질das menschliche Wesen을 정의하는 일련

---

* 철학의 역사 내에서 **프락시스**praxis와 실천pratiques이 지니는 의미에 관해서는, 나의 논문 Étienne Balibar, "Praxis", *op.cit*을 참조하라.

** 이런 미래에 대한 예상의 도식화가 (헤겔을 경유해 라이프니츠에게서 계승되는) '미래를 가득 품고 있는' 현재—이 현재는 자생적 혹은 폭력적 방식으로 미래를 탄생시킨다—라는 전통적 관념과는 매우 다르다는 점을 지적하자. 심지어 이 도식화는 전통적 관념과는 정반대된다. 블로흐와 알튀세르가 (각자 독립적인 방식으로) '자기 자신에 대한 비-동시대성'을 갖고서 현재에 관한 전형적 구조를 고안해냈다는 사실을 이런 수렴점과 관련 짓는 것이 분명 적절할 것이다.

의 방식들로 인해 바로 이 테제에 포함되어 있는 역설과 맞서 싸우게 되는 각자의 방식들이다. 이 역설은 칸트, 헤겔, 훔볼트에게서, 그리고 특히 1841년의 《기독교의 본질》에서 "신학적 담론의 비밀은 인간학적 경험"이라고 언표했던 (명확히) 포이어바흐에게서 유래하는 '인간학적' 담론의 전통 전체에 영향을 미친다.* 신과 그 속성들에 대한 관념이 인간적 본질의 '전도된' 상상적 표상들로 구성된 것이라고 주장하는 포이어바흐의 중심 테제에, 마르크스는 다음의 테제를 정면으로 대립시킨다. "그러나 **인간적** 본질^{essence humaine}은 독특한[개별적] 개체^{individu singulier}에 내재하는^{inhérente} 추상물^{abstraction}이 아니다. 그 유효한 현실^{réalité effective}에서, 인간적 본질은 사회적 관계들^{rapports sociaux}의 앙상블^{ensemble}이다." 문자 그대로 이해한다면, 이런 정식화는 결국 철학 내에서의 인간학적 질문("인간이란 무엇인가?")의 우위를 반복함으로써 인간적 본질^{menschliches Wesen}이라는 통념이 필수적이며 심지어는 근본적이라는 점을 인정하는 것 이외의 다른 가능성을 표면적으로는 전혀 남겨놓지 않는 것처럼 보인다. 이를 다음과 같은 두 가지 다른 방식으로 서로 구별해야 한다는 점을 제외한다면 말이다. 이에 따르면 (포이어바흐의 것으로 간주되는) 나쁜^{mauvaise}[부정적] 방식은 "인간적 본질이 독특한[개별적] 개체에 내재하는 추상물"이라고 언표(혹은 함의)하는 반면, 마르크스 자신이 활용하는 좋은^{bonne}[긍정적] 방식은 "인간적 본질이 사회적 관계들의 앙상블"이라고 주장한다. 이 지점에서 블로흐는 (종교 그 자체를 넘어서기 위한 포이어바흐적 종교 비판을 정면으로 밀어붙임으로써, 그리고 이를 통해 포이어바흐를 스토아 학파의

---

*   Ludwig Feuerbach, *L'Essence du christianisme*, Jean-Pierre Osier의 불역과 서문,
Gallimard, Paris, "Tel", 1992와 필립 사보의 논평인 Philippe Sabot, *Ludwig Feuerbach.
L'essence du christianisme* (서문과 2장 "L'essence de la religion en général"), Ellipses,
"philo-textes", Paris, 2001을 참조하라. (포이어바흐 저서의 한국어판으로는 《기독교의 본질》,
강대석 옮김, 한길사, 2008을 참조-옮긴이)

내부에서부터 인권이라는 부르주아적 종교 내부에까지 면면히 흐르고 있는 '자연주의적' 전통의 최후의 대표자로 만듦으로써) 마르크스로 하여금 **현실적 인간주의**—부르주아 [시민]사회(조금 더 뒤에 이는 '자본주의'로 재개념화된다)에 대한 비판에 내재해 있는 **현실적 인간주의**—를 드러내도록 만들어주는 이차적 수준의 탈신비화에 특히나 관심을 쏟는다. 그러나 알튀세르는 자신의 주해를 또 다른 방향으로 이끌어가고자 한다. 이는 알튀세르에게서 '인간적 본질'이라는 표현의 활용 그 자체가 **이론적 인간주의**와 **철학적 인간학** 사이의 등가성—알튀세르의 관점에서, '사회적 관계들^{rapports sociaux}'의 '앙상블'(다시 말해 체계, 그리고 절합)에 관한 하나의 유물론적 이론, 즉 지배의 관계들^{rapports}과 계급적 갈등 그 자체로서의 사회 내에서 '인간'을 구성하는 바에 관한 끊임없는 변형을 탐구하고 주체 전체 혹은 특수한^{particulier} 개인 내에서 우리가 발견할 수 있는 보편적 혹은 불변의 **속성들**이라는 관념 그 자체를 파괴하는 하나의 유물론적 이론을 전개하기 위해서는 반드시 이 두 가지와 단절^{rompre}해야만 한다—을 함의하기 때문이다. 이런 근본적이고 급진적인 역사화 혹은 탈본질화는 알튀세르가 방금 위에서 언급했던 단 하나의 동일한 운동을 통해 이론의 차원에서 인간학의 유효성을 제거하며 인간주의를 이데올로기로 만들어버린다. 그러므로 이런 알튀세르의 관점에서, 마르크스의 정식화 내에서 가장 중요한 단어들은 아마 "그 유효한 현실에서"(dans sa réalité effective, in seiner Wirklichkeit)일 것이다. 이 단어들은 본질에 관한 이전의 담론이 더 이상 유지 불가능하다는 점을 나타내기 위해, 그리고 이 이전의 담론을 더 이상 인간 일반이 아니라 사회적 관계들^{rapports sociaux}에 대한 분석을 자신의 대상으로 하는 다른 담론으로 대체하기 위해 이 이전의 담론 한 가운데에 꽂아놓은 이론적 명령이라는 '푯말'로 기능한다. '관계들^{rapports}'이 '본질'에 대립되듯이, '사회적'은 '인간'에 대립하는 것이다.

그러나 만일 이런 논의 기반 위에서 우리가 잠시 블로흐의 주해로 되돌아온다면, 우리는 두 가지 점에 매우 놀라게 된다. 첫 번째는 물론 형식적 측면에서 블로흐가 알튀세르의 비판 대상에 속한다는 점인데, 왜냐하면 블로흐는 두 가지 종류의 유물론, 그리고 또한 근본적으로는 두 가지 종류의 인간주의―이 두 가지 종류의 인간주의 중 한 인간주의는 '인간'의 영원한 속성들이라는 관념에 기초해 있다는 점에서 추상적인 것으로 남아 있으며[추상적 인간주의], 반면 나머지 다른 한 인간주의는, 마르크스가 활용했던 단어들 자체를 따라서 말해보자면, '새로운 인간'을 탄생시킬 사회의 역사적 변형들을 다룬다는 점에서 '현실적'이다[현실적 인간주의]―가 존재하는 것과 마찬가지로 두 가지 일련의 연속적인 인간학들이 존재한다고 주장하기 때문이다.* 두 번째는 블로흐가 인간주의를 이데올로기로 간주하는 마르크스의 동시대 저술들―특히 〈인간의 권리와 시민의 권리에 대한 선언〉의 전제들에 대한 그 유명한 비판을 제시하는 〈유대인 문제에 대하여〉라는 논문―과 여섯 번째 테제 사이를 연결 지을 수 있는 가능성을 스스로 마련했다는 점이다.** 이는 블로흐로 하여금 '추상적 본질'의 인간학이 그 자체로 **역사적으로 생산된 것**이라는 점을 강조할 수 있게 해준다. 이 '추상적 본질'의 인간학이 철학

---

* 마르크스는 **현실적 인간주의**라는 통념을 특히 '테제들' 바로 직전에 엥겔스와 함께 집필했던 1844년 저서인 《신성가족》(*La Sainte Famille ou Critique de la Critique critique contre Bruno Bauer et consorts*)에서 활용한다. 그중에서도 특히 서문의 첫 부분을 보라. "독일에서 **현실적 인간주의**가 맞닥뜨리는 가장 무서운 적은 **현실적인 개인적 인간**의 자리에 [대문자] '**자기의식**' 혹은 [대문자] '**정신**'을 위치시키는 복음주의적 가르침을 강요하는 **정신주의** 혹은 **사변적 관념론**이다. **정신주의** 혹은 **사변적 관념론**의 복음주의적 가르침은 다음과 같다. '모든 것에 생명을 불어넣는 것은 정신이요, 육체는 아무 쓸모가 없다.' 이 탈육체화된 정신이 상상적 정신만을 지닌다는 점은 말할 필요도 없다. **바우어**의 비판Critique에서 우리가 맞서 싸우고자 하는 쟁점은 정확히 **사변**에 대한 바우어의 왜곡된caricaturale 재생산이다. 우리의 눈에, **바우어**의 비판은 [대문자] '**비판**la Critique' 그 자체를 초월적 역량으로 변형하는 마지막 카드를 제시하는 **게르만-기독교적** 원리의 가장 완성된 표현이다."(Erna Cogniot 불역, Éditions Sociales, Paris, 1969, p.13.)

** Karl Marx, *Sur la question juive* (1844), 다니엘 벤사이드Daniel Bensaïd의 서문과 주해, La Fabrique, Paris, 2006.

의 언어로 표현하는 것은 국민적 차원 내에서 자신들 고유의 시민권 제도에 보편적 토대를 부여하기 위해 고대에서 가져온 '자연권^{Naturrecht}'이라는 오래된 주제계를 자신의 것으로 다시 취하는 신흥 부르주아지의 정치적 개념화이다.* 그러므로 블로흐는 추상적 인간주의가 계급적 차원을 지니고 있다는 사실을 지적하는 것에 만족하지 않으며, 이를 넘어서서 또한 우리에게 (사회주의적 혹은 공산주의적 기획의 보편주의까지도 포함해) **보편주의적** 관점을 포기하지는 않으면서도 동시에 **모든** 인간주의 혹은 인간학적 담론을 비판하는 데 존재하는 난점을 드러내 보여주는 것이다.

블로흐와 알튀세르의 논증들을 서로 교차시키는 것은 서로 다른 모습들 아래에서 진행되고 있는 **보편주의**(즉 부르주아적 혹은 프롤레타리아적 보편주의뿐 아니라 탈식민적인 '지구적' 보편주의 혹은 '젠더적' 보편주의까지도)에 관한 논쟁들이 철학 내에서 1960년대와 1970년대 동안 마르크스주의자들 내부와 외부에서 진행되었던 '인간주의 논쟁'을 새로운 '논쟁'으로 대체하려는 지금 우리에게 매우 특별한 의미를 지닌다. 아마도 우리는 이런 새로운 '논쟁'─이 새로운 '논쟁'은 한편으로는 자신의 유효범위를 연장하며 다른 한편으로는 새로운 쟁점들로 자신의 위치를 이동시킨다는 점에서 이전의 논쟁만큼이나 생생하고 뜨거운 논쟁이다─이 정치를 함의한다는 점에서 오늘날의 철학적 작업의 핵심이 될 것이라고 말할 수 있다. 이 지점에 관한 내 입장의 핵심은, 내가 다른 곳에서 이미 설명했듯이, '인간주의'와 '인간학'이 사실상 서로 구분되는, 그리고 우리가 분리해서 다루어야만 하는 두 가지 통념들과 두 가지 질문들이라고 전제하는 것이다. '비-인간주의적' 혹은 심지어는 '반反인간주의적' 인간학이라는 표현이 고전 철학자의 귀에는 역설적으로 들릴지라도,

---

* Ernst Bloch, *Droit naturel et dignité humaine* (1961), Denis Authier & Jean Lacoste 불역, Payot, Paris, 1976을 보라.

오늘날 이런 인간학은 가능한 것으로 나타날 뿐만 아니라 또한 필수적인 것으로 나타날 수도 있다.*

특히나 바로 이 지점에서 〈포이어바흐에 관한 테제〉에 대한 정교한 재독해가 매우 계발적인 작업으로 드러난다. 1) 첫 번째 절에서 나는 마르크스가 (포이어바흐 자신을 넘어) 관념들의 역사[사상사]에서 겨냥하는 바가 무엇인지를 밝혀냄으로써 마르크스의 여섯 번째 테제의 **부정적** 부분^pars destruens, 달리 말해 '고립된 개체'에 내재하는 '추상적 본질'에 대한 마르크스의 비판을 다룰 것이다. 2) 두 번째 절에서 나는 마르크스의 용어법의 몇몇 기이한 점들을 해석의 열쇠로 삼음으로써 **실정적** 부분^pars construens, 달리 말해 마르크스가 제시한 '인간적 본질'과 '사회적 관계들^rapports sociaux' 사이의 등가성을 다룰 것이다. 3) 마지막으로 세 번째 절에서 나는 마르크스가 정의 내린 **이단점**을 **이단점** 그 자체로서, 하지만 간략한 방식으로 논의할 것이다. 달리 말해 나는 마르크스의 정식화들이 인간학 논쟁―오늘날 우리는 마르크스 이전부터 존재해왔던 이 인간학 논쟁이 마르크스 이후에도 죽지 않고 살아남았거나 혹은 새로운 방식으로 마르크스 이후에도 계속 존재할 수 있다는 점을 지속적으로 확인하고 있다―내에서 **열림** 혹은 반대로 **닫힘**(심지어는 **금지**)의 효과로서 어떤 방향성을 지니고 있는지에 대해 질문해볼 것이다.

---

* 나는 '인간주의 논쟁'이라는 표현을 알튀세르에게서 빌려왔는데, 알튀세르는 1967년에 '인간주의 논쟁'이라는 제목의 미완성 저서를 집필했으며(Louis Althusser, *Écrits philosophiques et politiques*, 2권, Stock-IMEC, Paris, 1995, pp.433-532를 보라), 나는 이 '인간주의 논쟁'이라는 표현에 '보편주의 논쟁'이라는 표현을 덧붙이고자 한다. Étienne Balibar, *Citoyen sujet et autres essais d'anthropologie philosophique*, PUF, Paris, 2011을 보라.

부정적 언표:

"인간적 본질^{essence humaine}**은 독특한[개별적] 개체**^{individu singulier}**에 내재하는**^{inhérente} **추상물**^{abstraction}**이 아니다."**

마르크스의 이 부정적 언표가 지니는 의미론과 문법을 명확히 파악하기 위해서는 이 언표의 독일어 원문을 살펴보아야 한다. 이 부정적 언표의 번역이 이에 관한 논의에서 우리에게 많은 도움을 줄 수 있는데, 왜냐하면 역설적으로 이 언표에 대한 번역에서 우리가 맞닥뜨리게 되는 난점들이 잠재해 있던 해석의 문제들을 가시화해주기 때문이다. 마르크스가 활용한 개념어들은 사실 일반적으로 프랑스어에는 완벽히 등가적인 바가 존재하지 않는 의미의 **스펙트럼**을 포함하고 있다. 이런 의미에서 이 개념어들은 그 번역 작업이 절대로 끝나지 않는 번역 불가능한 개념어들이다. 정반대의 의미에서, (뒤에서 이 문제로 다시 돌아오긴 하겠지만) 우선 마르크스가 자신의 모국어인 독일어에는 '생소한 단어'—이 '생소한 단어'는 바로 프랑스어 'ensemble'인데, 마르크스는 이 'ensemble'에 독일어 관사 'das'를 덧붙임으로써 이 단어를 '독일어화'했다—를 활용한다는 점이 하나의 증상을 구성하고 있다는 사실을 지적하자.

　　'존재^{Être}**'와 '본질**^{essence}**'.** 문제는 여섯 번째 테제의 핵심 범주인 'Wesen'에서부터 시작된다. 우리가 이미 살펴보았듯이, 'Wesen'의 일반적인 번역어는 '본질'이다. 마르크스가 이 여섯 번째 테제에서 포이어바흐의 저서인 《기독교의 본질^{Das Wesen des Christentums}》—내가 이미 언급했듯이, 이 저서는 우리가 인간적 본질을 신적 본질의 형상에 상상적으로 투사한다는 테제를 주장한다—에 대해 논의하고 있는 만큼, 'Wesen'의 번역어로 통용되는 '본질'이라는 단어를 사용하지 않기란 쉽지 않다. 하지만 'Wesen'이라는 용어는 독일어에서 어떤 '존재'이든 상관없이 모든 '존재'를 지칭하기 위해 일반적으로 사용되는 용어이기도 하다. 그래서 맥락과 관계없이 'ein menschliches Wesen'은 '인간 존재être humain'로도 번역될 수 있는 것이다. 사실 **존재**와 **본질**(그리스어로는 'to on'과 'ousia')이라는 두 가지 통념들 사이의 상관관계는 형이상학 담론의 기원에서부터 작동하고 있다. 이는 특히 아리스토텔레스에게서 그러한데, 아리스토텔레스의 유산은 한편으로는 유명론적 경험주의자들—이들에게 유일한 '현실적 존재들'은 개체들(아리스토텔레스는 '개체적 실체substances individuelles'라고 말한다)인 반면, '보편적인 것들'(다시 말해 일반적 통념들 혹은 본질들)은 동일한 속성들을 갖고 있는 개체들의 다수성에 적용되는 지적 추상물들이다—에게로, 다른 한편으로는 본질주의적 실재론자들[실념론자들]—이들에게 독특한[개별적] 개체들individus singuliers은 유형들 혹은 유類들로 사고될 수 있는 일반적 관념들 혹은 본질들에 '참여'하며, 심지어 이 일반적 관념들 혹은 본질들에서 형태forme와 물질matière로 구성되는 이 독특한 [개별적] 개체들의 존재를 도출해내는데, 이는 본질들 그 자체를 경험적 현실보다 **더욱 현실적인** 존재들로 만든다—에게로 각각 상속된다.

이 형이상학적 기초, 즉 아리스토텔레스적 기초는 '부르주아 이데올로기'보다는 훨씬 이전 시대의 것이지만, 지금 우리는 마르크스로 하여금 존재론적 유형의 질문들을 사고하도록 이끌었던 바를 이해하기 위해 이 형이상학적 기초를 다시 복원시켜보아야 한다. 그러나 (방금 언급했던 아리스토텔레스적인 형이상학적 기초와 독립적이지는 않더라도 어쨌든) 또 하나의 형이상학적 기초가 '부르주아 이데올로기' 가까이에 존재하고 있는데, 이 형이상학적 기초는 바로 마르크스와 포이어바흐 모두가 동일하게 영향을 받은 헤겔적 기초라는 형이상학적 기초이다. 이 헤겔적 기초와 관련해 우리는 헤겔이 '정신der Geist'—역사성 내에 존재하는 제도적 형상들인 모든 의식의 형상들을 사고하기 위한 일반적/유적générique 용어—을 정의하는 1807년의《정신현상학》의 핵심 구절에 준거할 것이다.

《정신현상학》에서 헤겔은 정신을 취합하고 내부화하는 '우리 모두, 그리고 우리 각자의 활동^{Tun aller und jeder}' 혹은 더 나아가 그 자체로 '본질들의 본질^{das Wesen aller Wesen}'인 '정신적 본질'에 관해 말한다.* 이를 정신주의적 변증법의 은어에 불과하다고 성급하게 특징짓지는 말자. 이는 오히려 개별적 의식(이 개별적 의식에서 주체성과 대상성[객체성/객관성]은 서로 반대되는 대립물들로 제시된다)이 간주체적인 (혹은 관개체적인) 집합적 형상들— 여기에서 주체와 대상은 동일한 하나의 역사성이 지니는 상호 보완적인 두 측면이 된다—로 이행한다는 점을 변증법적으로 성찰하는 것이다. 그런데 중요한 것은 앞으로도 마르크스가 절대로 이런 문제설정을 포기하지 않을 것이라는 점이다. 하지만 여기에서 또 한 번 더, 본질이라는 용어법은 이 언표의 모든 함의들을 반영하지 못한다. 만일 우리가 이를 **정신적 존재**^{être spirituel}와 [**모든**-발리바르] **존재들의 존재**^{être de [tous] les êtres}로 각각 다시 번역한다면, 존재론적일 뿐만 아니라 (하이데거가 존재들의 존재, 혹은 그의 표현을 따르자면 '존재자의 존재^{être de l'étant}'를 '지고의 존재'와 혼동하는 것을 비판하고자 할 때 칸트적 정식을 다시 취하면서 말하듯) **존재신학적인** 하나의 새로운 차원이 등장하게 된다. 이제 우리는 이 모든 정식들이 하나의 기표연쇄—이 기표연쇄에서 신학적 테제(본질들의 본질은 신이라는 테제)와 포이어바흐가 옹호하는 인간학적 테제(포이어바흐에게 본질들의 본질, 즉 인간적 본질은 또한 '지고의 존재'를 지칭한다. 그에게는 심지어 신을 포함한 모든 다른 것들이 이 '지고의 존재'의 표상에 포함되기 때문이다) 모두는 헤겔이 언표했던 고유하게 사변적인 세 번째 테제, 즉 본질들의 본

---

* G. W. F. Hegel, *La Phénoménologie de l'Esprit*, 2권, pp.9-13(장 이폴리트^{Jean Hyppolite} 불역, Aubier, Montaigne, Paris, 1941).《대논리학》에서 헤겔은 다음의 두 가지 경쟁하는 용어들을 차이화함으로써 '존재의 논리^{Sein}'와 '본질의 논리^{Wesen}'를 명확히 구분한다. 하지만 이는 '성찰'되지 않은 무매개적 존재 혹은 단순하게 **주어진** 존재를 포함하는 것이다. 반면《정신현상학》에서는 이 두 가지 경쟁하는 용어들이 종종 서로 일치하게 된다. (《정신현상학》 한국어판으로는《정신현상학》 전 2권, 임석진 옮김, 한길사, 2005를 참조-옮긴이)

질은 그 자체 또한 존재론적으로 지고의 존재이기도 한 **정신**이라는 테제에 종속된다―에 기입된다는 점을 이해할 수 있게 된다. 이 세 번째 테제는 '정신^{Geist}'이 신성^{divinité} 혹은 '신적 정신$^{esprit\,divin}$'의 초월적 속성으로, 혹은 인간 또는 '인간 정신'(인간 이성)의 초월론적 능력^{faculté}으로 이해된다는 조건에서 앞의 두 테제 사이의 역사적 이행이라는 자신의 역할을 수행한다.[3]

마르크스의 구절이 함축하고 있는 바를 이런 방식으로 이해하고 전개한다는 것은 이 구절의 의미와 영향에 관한 논의에 매우 중요한 요소들을 도입한다. 왜냐하면 이는, 포이어바흐가 수행했던 '종교 비판'에 관해 그 당시 마르크스가 얼마나 경탄스러워했든지 간에, 그 중심 범주가 '인간 본성' 혹은 '인간적 본질'인 그런 인간학이 또 하나의 신학(그것이 세속화된 신학이라고 하더라도)―이 신학 안에서 [대문자] 인간 혹은 [대문자] 인류는, 인간이 자기 스스로를 충분히 초월할 수 있는 속성들 혹은 권력들(즉 자기의식, 자기-해방, 자기창조의 능력과 같은 것들)을 지니고 있다는 조건하에서, 수많은 신성한 이름들 혹은 신의 이름들로 기능한다―을 구성할 뿐이라는 점을 마르크스가 완벽하게 이해하고 있었다는 점을 우리로 하여금 명확히 인식할 수 있게 해주기 때문이다.* 하지만 또한 이는 우리로 하여금 어떻게 마르크스가 동일한 원환에 자신 또한 간

---

* 이런 입장은 아마도 이단적인 입장이겠지만, 그럼에도 기독교 신학의 전통(신이 인간을 만들었다고 주장하는 전통 등등) 내부에서 완벽히 옹호 가능한 입장이다. 신의 진정한 본성이 자기 자신을 스스로 창조하거나 자기 자신에게서 스스로 해방되는 그런 [대문자] 인간이라는 관념은 고대 그노시스설^{gnose}에서 근대의 프로테스탄티즘에 이르기까지 면면히 흐르고 있는 관념이다. 그리고 이로부터 이 관념은 초월적 신과 이 신의 신화적 역량에 대한 '미신'을 '인류의 종교'―프랑스에서는 특히 오귀스트 콩트가 이런 '인류의 종교'를 옹호했다―로 대체해야 한다는 관념으로 이동한다. 이 지점에서 포이어바흐는 전환점으로서의 위치를 차지하고 있다. Simon Decloux, S. J., "À propos de l'athéisme de Feuerbach", 1과 2, *Nouvelle Revue théologique*, n° 90과 91, 1969, 그리고 Philippe Sabot, "L'anthropologie comme philosophie. L'homme de la religion et la religion de l'Homme selon Ludwig Feuerbach", *Methodos. Savoirs et textes*, n° 5, "La subjectivité", 2005를 참조하라.

힐 수밖에 없었는지를 이해하게 해준다. 왜냐하면 [대문자] 역사, [대문자] 사회, [대문자] 혁명, 게다가 [대문자] **프락시스**와 같은 범주들 혹은 이름들은, 유물론의 모든 선언들에도 불구하고 혹은 심지어 이 유물론의 선언들로 인해, [대문자] 정신의 수많은 심급들instances[행위자들/대리자들]로 나타날 수 있기 때문이다. 이때부터 이 범주들은 신학적 참조점과 인간학적 참조점 사이에서 동요하게 된다. 우리는 바로 정확히 이런 동요가—거의 대부분의 마르크스주의자들이 자신들의 개념들을 이런 존재신학적 관점에서 다시 취하지 않을 수 없었을 정도로—마르크스주의적 전통에 존재해왔다는 점을 잘 알고 있다. 블로흐와 알튀세르조차 이런 전통의 예외일 수 없었다. 그러므로 우리에게 주어진 질문은 다음과 같다. 포이어바흐가 자신의 유물론의 형이상학적 기초를 드러내는 그 순간에서조차 근본적으로는 '부르주아 신학자'에 불과하다는 점을 주장하면서 마르크스가 이런 가능성을 인지했던 것이 사실이라면, 마르크스의 **개념적 전략**—이 **개념적 전략**을 통해 마르크스는 'menschliches Wesen', 즉 인간적 본질 혹은 일반적인 인간 존재를 계속 말하면서도 동시에 존재신학적인 의미작용signification의 효과를 한 번 더 **반복하지는 않으려** 노력한다—은 도대체 무엇인가? 우리는 '역사적 인간학' 혹은 '사회적 존재론'과 같은 표현들이 이 문제를 해결해주지 못하며, 또한 그 해결책이 모든 인간학적인, 게다가 존재론적인 문제설정을 **제거**하는 것도 아님을 보게 된다.

추상〔물〕과 유효한 현실.[4] 만일 우리가 마르크스의 텍스트 내에서 몇몇 단어들과 몇몇 명제 형태들의 활용이 감추고 있는 개념적 긴장들이 헤겔과의 긴밀한 비교를 요구한다는 점을 드러내주는 지표를 여전히 원한다면, 우리는 이 지표를 **추상**ein Abstraktum과 **현실**Wirklichkeit 사이의 대립에서 발견할 수 있을 것이다. 이런 반정립은 도대체 어디에서 유래하는 것인가? 일반적으로는 헤겔적 논리에서, 하지만 또한 아마도 새로운 방식으로《정신현상학》의 핵심 구절―헤겔은 이 구절에서 결국 정신을 '인민의 정신'과 동일시하기 이전에 이 정신이 무대로 등장하는 모습을 묘사하는데, 이는 헤겔로 하여금 독특한singulières 혹은 개체적individuelles 형상들(탁월한 방식으로 헤겔은 이 형상들을 환유적으로 '의식들'이라고 부른다)이 **유효한** 정신wirklicher Geist 그 자체의 추상물들 혹은 추상적 계기들일 뿐이라는 점을 주장하도록 이끈다―에서 유래하는 것 같다.* 그래서 우리는 여섯 번째 테제의 부정적 부분을 구조화하는 거대한 대립 내에서 어떻게 마르크스가 유명론(포이어바흐의 숙적이었던 슈티르너식 유명론)―이 유명론에서 [대문자] 인류와 같은 일반적 관념들 혹은 종적espèces 이름들은 공허한 추상물들에 불과하다―을 원용함과 동시에 형이상학에 기반을 두고 있는 부르주아 정치 이론 혹은 경제 이론이 상상하는 것과 같은 고립된 개인들이라는 관념을 거부할 수 있는 것처럼 보이는지 이해할 수 있게 된다. 이것이 가능한 이유는 공통의 본질과 '이기주의적' 개인성 이 두 가지 모두가, 우리가 이 두 가지를 그 **유효성/효과성**effectivité을 자신들에게 부여해주는 바에서 '분리'할 경우, 동일하게 추상적인 것으로 남게 된다는 점 때문이다. 사실적 존재, 즉 관찰 가능한 '거기-있음être là, Dasein'이라는 의미에서의 단순한 '현실'이 아니라, 하나의 실현 과정 혹은 하나의 **작용**opération으로서의 **유효성/효과성** 말이다(사실 'Wirklichkeit'가 라틴어 용어인 'opus' 'operari'와 그리스어 'ergon' 'energeia', 즉 하나의 작용œuvre에서 발생하는 '현행적 존재être en acte'와 동일한 의미의 독일어 단어인 'Werk'와 동사 'wirken'에

---

*　"의식의 모든 이전 형상들은 이런 정신의 추상물들Abstraktionen desselben이다."(*Phénoménologie de l'Esprit, op. cit.*, p.11.). 여기에서 헤겔은 자신이 청년기에 발전시켰던 주제들(특히 1802년에서 1803년 사이에 집필했던《윤리적 삶의 체계》에서 옹호했던 주제들)을 다시 취하는데, 이후에 이 주제들은 헤겔이 자신의 성숙기 저작들에서 전개했던 역사철학의 핵심에 위치하게 된다.

서 유래했다는 점을 기억하자). 정확히 바로 이것이 '스스로 자기를 떠받치고 유지하는 절대적이고 실제적인 본질das sichselbsttragende absolute reale Wesen'로서의 **정신**으로 헤겔이 정의했던 바이며, 마르크스 자신은 이를 사회적 관계들rapports sociaux에 영향을 미치는 사회적 변형 과정들의 앙상블과 동일시했다. 그러므로 마르크스는 헤겔이 반정립적 '본질들'―이 반정립적 '본질들'은 이 '본질들' 각각이 스스로 추상을 극복하고 있다고 믿는 그만큼 추상적이다―에 대한 **동시적 거부**[이중적 거부]를 실천했던 방식을 자신의 것으로 다시 취했던 것이다. 하지만 이는 이 반정립적 '본질들'을 '정신적' 작용opération으로 만들었던 이런 이중적 거부의 논리를 마르크스 자신의 편에서 근본적이고 급진적으로 전복하고자 하는 그의 기획을 방해하지는 않는다. 그러므로 우리에게 남겨진 질문 전체는 이런 마르크스적 전복의 유효범위가 어디까지인지이다. 하지만 그 전에 우리는 앞으로 마르크스가 전개해나갈 논거의 역사적 의미들을 지니고 있는 또 다른 기이한 용어, 즉 'inwohnend'라는 단어를 검토해보아야만 한다.

주체의 거주habitation, **육화/구현**incarnation **그리고 소유**possession. 비판의 성격을 띠고 있는 다음 구절의 문제로 돌아오도록 하자. 이 구절은 독일어로 다음과 같다. "(……) das menschliche Wesen ist kein dem einzelnen Individuum inwohnendes Abstraktum." 다른 주석들의 경향에 따라 지금까지 우리는 추상성Abstraktum ― 일반적 관념 혹은 보편적 관념과 자연스럽게spontanément[직접적으로] 동일화되는―과 개인성Individuum 사이의 반정립을 당연한 것으로 받아들여왔다. 하지만 우리는 이 두 항, 즉 추상성과 개인성을 서로 연결해주는 동사의 존재를 무시해왔다. 이 현재분사 'inwohnend'를 라비카의 경우 'inhérent'[내재적인, 타고난]으로, 혹은 더 정확한 번역으로 피에르 마슈레Pierre Macherey는 "qui réside dans"[그 안에 머무르고 있는]으로 번역한다. 이 지점에서 우리는 엥겔스가 마르크스의 원문에 가했던 약간의 수정들 중 하나를 발견하게 되는데, 엥겔스는 1888년《루트비히 포이어바흐와 독일 고전철학의 종말》에 실린 판본에서 마르크스의 용어 'inwohnend' 대신에 'innewohnend'를 도입한다. 언뜻 보면 이는 현대적 표기법에 맞추어 철자를 바꾼 것에 불과한 것처럼 보인다. 여러 독불 사전들이 'immanent'[내재적인]으로 번역하는 이 단어는 어떤 집, 어떤 장소, 어떤 국가에 '거주하기[habitant]' (혹은 머무르기[résidant])를 뜻하는 명사 'Einwohner'(더욱 예전 표기법에 따르면 'Inwohner')에 가깝다. 하지만 이 단어는 (어떤 힘, 신, 악마 등에 의해 **사로잡히다/붙들리다**라는 의미까지 포함해) '소유[possession]'라는 관념 또한 지니고 있다. 그러나 마르크스의 원문은 단순한 **오기**[lapsus calami]가 아니다. 더 예전 독일어에서 동일한 어원을 갖는 단어가 실제 존재하기 때문만이 아니라, 이 단어가 교회 라틴어인 'inhabitare'—이는 (관례적으로) 삼위일체의 인격들[personnes]과 신성한 인격, 그리고 (이 신성한 인격이 '현존[présente]'하고 있는) 인간의 영혼 사이의 긴밀한 관계를 지시하기 위해 그 실사 'Inhabitatio'와 함께 단순형 'habitare' 'habitatio'와 구분된다—를 모방하는 신학적 맥락들 속에서 이 단어를 발견할 수 있기 때문이다.* 독일 관념론을 완벽하게 이해하고 있었던 마르크스는 이런 맥락을 (직접

---

* 이런 용법은 특히 마이스터 에크하르트Meister Eckhart에게서 중요한 역할을 하는데, 에크하르트를 경유하여 이 용법은 야콥 뵈메Jacob Böhme에게로 이어진다(Von der Menschwerdung Jesu Christi, 1620, 3-1.5와 3-7.4, 게르하르트 비아Gerhard Wehr의 Google ebook 온라인 판본). 성 아우구스티누스적인 철학적이고 신학적인 전통에서 은유적으로 영혼이 육체에 '거주한다habitat', 육체는 영혼의 '집'이다, 라고 설명하는 것이 일반적이다. 'Inhabitare/inwohnen'은 신자의 영혼 내의 신의 '현존présence'에 대응되는, 더욱 내밀할 뿐만 아니라 동시에 더욱 강력한 관계를 지시한다. 이런 활용은 삼위일체 교리doctrine의 발전과 직접적으로 연결되어 있다. Karsten Lehmkuhler, Inhabitatio: Die Einwohnung Gottes im Menschen, Vandenhoek & Ruprecht, Gœttingue, 2004를 참조. 이 용법에서 모든 종류의 외삽들(성자 테레사가 제시하는 영혼의 '성들Châteaux'이라는 신비적 상상과 같은) 혹은 전도들("영혼, 그것은 신체의 감옥이다"라는 푸코의 테제와 같은)이 등장하게 된다. (푸코의 이 유명한 테제는《감시와 처벌》1장 마지막에 등장한다-옮긴이)

적으로든 간접적으로든) 잘 알고 있었을 것임에 틀림없다. 물론 이런 가정
은, '개인성'과 '본질의 추상'을 절합하는 담론들—마르크스가 비판할 개
연성이 높은 담론들—의 복잡성과 관련해, 하나의 해석을 정립하기 위
해서는 분명 충분하지 않다. 그래서 이 담론들은 크게 서로 다른 두 가지
모델들—이 두 모델들은 교차된 두 가지 계보학들에 준거하고 있다—
을 따르는 것인데, 이 두 모델들 사이의 수렴은 칸트와 그 후예들이 정
의하는 바로서의 초월론적^{transcendantal} 주체에 관한 근대적 관념의 생산이
라는 결과로 이어진다. 이 두 가지 모델이란, 첫 번째로 형태^{forme}와 물질
^{matière} 사이의 결합으로 인한 주체의 개체화^{individuation}라는 포스트-아리스
토텔레스적 모델, 두 번째로 그 자신이 (정확히 [대문자] 매개자이자 육화된
[대문자] 말^{Verbe}이자 인류의 [대문자] 구원자인 그리스도를 경유해) 자신의 창
조주와 유지하는 독특한 관계^{relation singulière}에 의한 개체의 주체화라는 포
스트-아우구스티누스적 모델이다.*

　(개인주의적이고 유명론적인 해석과 본질주의적 혹은 '플라톤주의적' 해
석—즉 개인들이 종 혹은 유의 일반 유형에 **속한다**는 해석—사이에서 지속적
으로 동요하면서) 마르크스의 여섯 번째 테제에 관한 주석들 대부분이 준
거하는 것은 포스트-아리스토텔레스적 형이상학의 모델이다.** 그러므
로 인간적 본질은 인간 유^{Genre humain}[인류] 혹은 인간 종^{Espèce humaine}[인
종], 즉 유적 인류^{Humanité générique}—이 유적 인류의 개인들은 특수한 경

---

*　이런 설명은 스콜라 철학과 근대성 사이에 존재하는 주체의 계보학에 관한 알랭 드 리베라
　　Alain de Libera의 작업에 모든 것을 빚지고 있다. 《유럽철학 어휘사전》 중 우리의 '주체' 항
　　목에 기고한 그의 글을 보라. "Sujet", in Vocabulaire européen des philosophies, op. cit., 그
　　리고 Archéologie du sujet (3권), Paris, Vrin, 2007-2014(아직 완간되지 않음)를 참조.
**　이 주석들에는 굉장한 정교함을 보여주는 피에르 마슈레의 주석도 포함된다. 그는 '실체적
　　형태들formes substantielles'의 형이상학에 대한 이런 비판의 결과들을 따라 마르크스의 철학
　　과 오귀스트 콩트의 철학—이 두 철학은 거의 동시대에 등장한 철학이다—사이의 대립으
　　로까지 나아가는 정교한 주석을 제시한다. 나는 이 마슈레의 주석에서 나의 핵심적인 주장
　　들을 이끌어낼 것이다.

우들, 즉 동일한 본질의 속성들에 속하는, 또는 역으로 자신들의 속성들에 대한 유비를 통해 자신들 사이의 공통 유형이라는 일반 관념의 형성에 기여하는 '심급들instances'[행위자들/대리자들] 혹은 '담지자들supports'에 불과할 것이다―로 이해된다. 역시 이 지점에서 우리는 포이어바흐 자신이 '유Gattung' 혹은 유적 존재être générique라는 통념―이 통념은 자연사와 인류학에서의 공통 유형을 나타내는 통념이며, 곧 마르크스가 대립적인 방식으로 포이어바흐에게 되돌려줄 그런 통념이다―을 활용했다는 사실을 발견하게 된다. **각각의 개인**은 유형type의 대표자이며, 우리는 이 유형의 대표자를 그 본질적 속성들에 **따라** 형성된(혹은 '창조된') 것으로 **분리해** 사고할 수 있다. 결과적으로, **모든** 개인들은 이 유형과 동일한 관계를 '공유'하는 것이지만, 그러나 이 **모든** 개인들에게 '공통적'인 이런 관계 내에서 이 개인들은 서로에 대해 **고립된** 채로 남아 있다. 왜냐하면 (비록 어느 정도 완전한 방식으로라고 할지라도) 각각의 개인들은 자기 자신들 내에 (단순히 물리적이기보다는 분명 사회적 혹은 도덕적일 수 있는) **유형 전체**를 담지하고 있기 때문이다. 그러므로 **사후적인** 방식을 통해서만, 그러니까 이 개인들이 이미 '유적' 개인들로 구성되었을 때에만, 이들은 다양한 방식으로 서로에 대한 **관계로 진입**할 수 있는 것인데, 그렇지만 이 관계들은 그 정의상 우연적이며, 개인들의 본질을 정의하지 않는다. 여기에서 마르크스가 비판했던, 포이어바흐의 담론까지 이어지는 '자연주의'가 유래하게 된다. 하지만 칸트부터 포이어바흐까지 독일 관념론이 이런 형이상학적 표상을―이런 점에서 다른 모든 종들과 구분되는 **인간 종**espèce humaine의 경우, 이 형이상학적 표상에 개인들이 또 하나의 다른 본질적인 속성attribution, 즉 이 개인들이 관계 맺고 있는 공통의 유에 대해 갖게 되는 **의식**이라는 속성을 소유한다possèdent는 관념을 추가함으로써―**교정**하기 위한 노력을 아끼지 않았다는 점을 지적하자. 인간 존재들êtres humains은 단지 인간 유genre humain에 **속한다**는 사실만으로 정의되는 것이 아니라, 또한 이 인간 존재들이 이런 속함에 대해 갖고 있는 **의식**을 통해서도 정의된다(이는 마르크스 자신이 이전의 텍스트들에서 풍부하게 활용했던 관념이다). 이는 이 인간 존재들로 하여금 이런 의식에서 출발해 도덕적 공동체를 설립할 수 있도록 해준다. 이런 의미에서 우리는 이 인간 존재들의 '공통의 존재^{être en commun}' 혹은 이 인간 존재들의 '공동체적 본질^{Gemeinwesen}'이 그들의 '유적 본질^{Gattungswesen}' 내에서 항상 이미 잠재적으로^{en puissance} 존재하고 있다고 말할 수 있다.* 이런 '인간주의적' 교정에서, 개인성에 대한 사유의 **또 다른 계보**—마르크스가 'inwohnend'라는 단어를 활용했다는 바로 그 사실이 드러내주는 계보—가 형이상학의 한가운데에 미친 우회적 영향을 발견하는 것이 가능해진다. 이 지점에서 우리는 신학에 대한 논의로 약간 우회해야 한다.

성 아우구스티누스의 저작을 (혹은 서구의 신학적인 전통 내에서 만큼이나 철학적인 전통 내에서 그의 저작이 수도 없이 활용되어왔다는 점을) 조금이라도 알고 있는 이는 누구든《참된 종교^{De vera religione}》에 등장하는 다음의 언표를 분명히 알고 있을 것이다. "Noli foras ire, in te ipsum redi: in interiore homine habitat veritas."("바깥에서 찾으려 하지 말고 너 자신 안으로 돌아와라. 인간 내부에 진리가 머무르고^{habite} 있기에", 29장 72절).** 많은 것들이 이 라틴어권 신학전통의 정초자 성 아우구스티누스의 저작(특히《고백록》과《삼위일체에 관하여》) 내에서 공명하고 있다. 여기에는 인간 영혼(혹은 이 인간 영혼의 가장 비밀스러운 부분, 즉《고백록》이 'interior intimo meo'라고 말하는 것)—인간 조건**의** 진리일 뿐만 아니라 (이 인간 존재의 구원을 가

---

*   이런 점에서 헤겔은 칸트와 포이어바흐 사이의 핵심적 관계를 구성하는 인물인데, 그러나 헤겔의 *Encyclopédie des sciences philosophiques* (1817/1830)에서 '종^{Gattung}'이라는 개념은 인간의 **동물적** 삶만을 지시할 뿐이다.

**   *Œuvres de saint Augustin*, 8권, *La Foi chrétienne*, J. Pegon의 서문·번역·주석, Goulven Madec, Desclée de Brouwer의 감수, "Bibliothèque Augustinienne", Paris, 1982를 보라.

능케 하도록 예정되어 있다는 점에서) 인간 존재^{être humain}를 위한 진리이기도
한 그런 진리를 표현하는 인간 영혼—의 한가운데에 머무르고^{réside} 있
는 것이 정확히 이 인간 영혼을 무한히 초월하는 것^{superior summo meo}, 즉 신
의 내적 현존^{présence}, 혹은 각자가 자신의 [대문자] 창조자, [대문자] 심판
자, [대문자] 구원자와 맺는 독특한 관계^{relation singulière}라는 사실이 제기하
는 문제가 항상 존재한다. 이것이 바로 여섯 번째 테제에서 마르크스의
비판이 기초하고 있는 두 번째 모델이며 어떤 의미/방향에서 이 '사회적
관계들^{rapports sociaux}'이 '인간적 본질'에 관한 고전적 표상들을 전복시키는
것인지를 완벽히 이해하기 위해 우리가 그 위치를 다시 설정해야 하는
것이다. 아마도 이런 전통은 많은 수의 변형태들, 그러니까 성 아우구스
티누스의 테제의 반복부터 그 해석, 그리고 이 성 아우구스티누스의 테
제가 언표했던 바에 대한 변형들(특히 이 테제가 근대 철학들에 의해 **세속화**
되면서 생산했던 변형들)에까지 이르는 그 변형태들을 그 자체 내에 포함
하고 있을 것이다.* 이런 세속화는 단순한 심리학적 전위^{transposition}의 형
태를 취할 수도 있다. 하지만 그 초월론적 변형태들, 그러니까 이 초월론
적 변형태들 그 자체의 자격으로 가장 결정적인 정치적 질문—**수직성**과
내부성 혹은 **초월성**과 **내재성** 사이의, 주체와 주체성이라는 문제설정에
내재적인 관계들(과 그 내재적 긴장들)을 자신의 대상으로 하는 질문—과

---

* 후설이 1929년의 《데카르트적 성찰》에서 성 아우구스티누스의 정식을 인용한다는 것은
잘 알려진 사실이다. 하지만 저명한 현상학자들은 후설이 성 아우구스티누스의 명령—내
재적 진리가 [대문자] 위^{En Haut}에서 내려온 [대문자] 방문자^{Visiteur}, 즉 그리스도가 (인간
내에서) 거주^{habite}하는 '장소'라는 점을 이해하지 않은 상태로 내재적 진리에 접근하기 위
해 '세계를 추상화[생략]하기'를 철학자에게 요구하는 명령—이 지니는 많은 측면들 중
하나의 측면만을 고려하고 있다고 주장하면서 후설의 이런 활용을 비판해왔다. 그런데 또
한 이런 거주^{habitation} 혹은 방문^{visitation}은 인간으로 하여금 자기 자신의 주인이 되고 이를
스스로 믿기를 금지하고, 그럼으로써 인간을 '박탈/탈소유'하거나 수탈하는 것이기도 하
다. 장-뤽 마리옹의 다음 저서를 참조하라. Jean-Luc Marion, *Au lieu de soi? L'approche de
saint Augustin*, PUF, Paris, 2008, p.139 이하.

맞서는 그런 초월론적 변형태들을 상상해보는 것이 우리에게는 더욱 흥미로운 방식일 것이다. 그러므로 이 두 번째 모델에 대한 참조를 통해서만이, 그리고 이 모델이 대상으로 하는 전통을 통해서만이, 우리는 마르크스적 비판의 '주체적' 차원을 완전히 이해할 수 있다. 그런데 정통 신학의 관점에서, 모든 것을 명령/지배^{commande}하는 것은 **대립물들 간의 통일**이다. 그리고 이런 **대립물들 간의 통일** 내에서 신(창조주)과 그 '주체/신민^{sujet}'(피조물) 사이의 관계가 취하는 수직성은 이중적인 방식으로 연속적으로 읽혀야 한다. 위에서 아래로, 그리고 아래에서 위로. 주체/신민(과 그 구원)의 존재 자체가 의존하는 [대문자] 주인^{Seigneur}은 이 주체/신민에게 명령을 내리고, 이 [대문자] 주인은 이 주체/신민에게 드러나며, 이 [대문자] 주인은 이 주체/신민으로 하여금 자신의 권력을 느끼게 만들고 이 주체/신민에게 은총을 주기 위해 이 주체/신민의 곁으로 간다. 하지만 역으로, 이 [대문자] 주인에게 호소하기 위해, 이 [대문자] 주인에게 자신의 기도, 믿음이라는 행위, '자유로운 복종' 혹은 '개종'이라는 형태를 취하는 자신의 인정을 전하기 위해 신에게로 향하는 것은 신자, 즉 주체/신민에게 속한 과업이다. 이 도식이 인간학적 담론의 중심에서 세속화되었을 때, 이 수직성은 축소되며 초월성은 상징적으로 제거된다. 그러나 물론 이는 '주체성'과 마주해 '주권'이라는 관념이 전혀 존재하지 않는다는 점을 의미하는 것은 아니며(비록 의심의 여지없이 서양에서의 종교 비판이 **주권이라는 관념 그 자체**에 대한 비판으로까지 나아가려는 경향을 보여왔지만 말이다), 오히려 주권이 인간의 표상들과 활동들 그 자체에서 기원하는 **권위의 효과들**(그리고 이런 의미에서는 지배의 효과들)로 되돌아온다는 점을 의미한다. 홉스가 《리바이어던》에서 제시했던 그 유명한(그리고 공포스러운) 알레고리를 따라 말하자면, 초월적 신은 '필멸의 신'(국가)이 되는 것이다. 이 두 가지의 길 가운데에 세속화가 지니는 고유하게 철학적인, '초월론적인' 형태들이 위치한다. 칸트는 인간 주체들/신민들로 하여금 이성적인 존재들의 도덕 공동체―이 도덕 공동체 안에서만이 인간 주체들/신민들이 스스로를 해방시킬 수 있는 그런 공동체―가 형성될 수 있게 해주는 규칙들을 존중하라고 명령하는 '이성의 목소리'로서의 **정언명령**이라는 자신의 통념을 통해 이 형태들에 관한 최고의 예시를 우리에게 제시해준다. 하지만 모든 예리한 주석가들이 인정하듯이, 정언명령 혹은 도덕적 이성의 내적 목소리는 신의 계시에 의해 교통된 '진리'가 주체에 관한 아우구스티누스적 개념화 내에서 영혼의 비밀스런 부분에 '거주^{habitait}'하는 것과 정확히 동일한 방식으로 칸트적 의식(그리고 주체성)의 내부에 '거주^{habitent}'하고 있다.

유^{Gattung}로서의 인간적 본질이라는 포이어바흐의 개념화가 '침묵^{stumme}'만을 유지하며 또한 이 개념화가 **자연적** 보편성을 통해서만 다수의 개인들을 '관계 맺도록^{mettre en relation}' 하거나 이 다수의 개인들을 '연결^{réunir}'한다는 점에서 마르크스가 포이어바흐를 비판할 때, 마르크스는 이런 두 번째 계보학을 배제하는 것처럼 보일 수 있으며 또한 동시에 포이어바흐를 이런 두 번째 계보학 자체를 고려하지 않았다는 점에서 비판하는 것처럼 보일 수 있다. 하지만 그렇다면 왜 마르크스는 '알리다^{informer, inform}' 혹은 '형성하다/부합하다^{conformer, bildend, formierend, shape}'라는 단어들 대신에 '거주하다^{inwohnend, habiter}'라는 단어를 사용하는 것일까?[5] 우리는 이 '테제들' 바로 직전에 마르크스가 작성했던 텍스트인 1844년의 〈유대인 문제에 대하여〉에서 그가 제시했던 거친 조롱조의 해석 요소들, 다시 말해 추상적 혹은 고립된 개인(우리가 극단적으로 **개인화/개체화된** 개인이라고도 부를 수 있는 개인, 그리고 이런 맥락에서 '이기적'이라고 부를 수 있는 그런 개인)을 내부에서부터 '소유^{possède}'하는 것은 (사적) **소유/속성이라는 관념**―다른 텍스트에서 마르크스는 부르주아 시대가 도래해 이 [사적 소유/속성이라는] 관념이 인간을 위한 '내재적 진리'와 주권적/지배적^{souveraine} 명령의 원천으로서의 신을 대체한다고 주장했다―이외에 그 무엇도 아니라는 관념을 포이어바흐에 대한 독해 그 자체가 여기에서 제시하는 함의들에 추가할 수 있다.* 그러므로 우리는 마르크스가 형이상학적 유형^{type}에 속하는 인간학적 구성물만을 염두에 두었던 것이 아니라, 또한 부르주아 시대에 개인들이 그들 자신과 맺는 관계^{rapport}에 영향을 미치는 도덕적 행동^{conduite}과 소외가 이 인간학적 구성물과 맺는 내재적 관계^{rapport} ─ 이런 내재적 관계는 그것이 이 개인들의 사회적 관계들^{rapports sociaux}로 하여금 겪게 만드는 전도로 인해 개인들이 자신들 스스로와 맺는 관계^{rapport}에 영향을 미친다 ─까지도 염두에 두고 있었음을 이해할 수 있다. 바로 이것이 다음의 구절이 설명하려는 바이다.

실정적 언표:

"그 유효한 현실^{réalité effective}**에서, 인간적 본질**^{essence humaine}**은 사회적 관계들**^{rapports sociaux}**의 앙상블**^{ensemble}**이다."**

우리는 마르크스가 '인간적 본질'**일 수 없는 것**에 대한 비판에서 **이 '인간적 본질'이 유효하게/현실적으로/실제적으로**^{effectivement} **무엇인지**로 자신의 지반을 이동시키는, 그리고 이를 통해 자신의 비판의 목표와 규정

---

* 이런 정식화는 칸트보다는 오히려 개인성에 내재적으로 '거주^{habite}'하고 있는 진리라는 관념을 '세속화'하는 다음과 같은 또 다른 방식, 즉 존 로크가 자신의 **개인적 정체성**^{identité personnelle} 이론 ─이 이론에 따르면, 개인적 정체성 내에서 '자기 자신을 소유하는^{possèdent}' 주체들은 동시에 추상^{abstraction}이라는 관념 그 자체와 분리 불가능한, 사적 소유라는 추상적 관념에 '사로잡'힌다─을 통해 제시하는 방식에 준거한다. C. B. 맥퍼슨^{C. B. MacPherson}은 1962년의 저서 《소유적 개인성의 정치 이론^{La Théorie politique de l'individualisme possessif}》에서 이런 매우 심오한 관념을 '소유적 개인주의'의 존재론적 대응물이라고 지적했다. 내가 쓴 다음의 논문을 참조하라. Étienne Balibar, "My Self, my Own. Variations sur Locke", *in Citoyen sujet, op. cit.* (맥퍼슨 저서의 한국어판으로는 《홉스와 로크의 사회철학: 소유적 개인주의의 정치 이론》, 황경식·강유원 옮김, 박영사, 2010을 참조─옮긴이)

된 내용을 형성하는 바를 보여주는 결정적 순간에 도달했다. 그러므로 이를 통해 여기에서 모든 모호성들은 제거되어야만 했다. 오, 맙소사. 하지만 이 여섯 번째 테제라는 정식이 다수의 주석들과 재정식화들을 생산해냈다는 사실은, 이 여섯 번째 테제 내에 모호성이 여전히 굳건히 자리 잡고 있으며, 심지어는 이 모호성이 그 자체의 모순까지도 포함하고 있다는 점을 충분히 보여주었다. 하지만 이것이 우리의 논의를 멈추게 할 수는 없으며 오히려 그 반대이다. 이 '테제들'이 종이 위에 끄적여놓은, 그래서 전혀 퇴고하지 않은 개인적인 노트라는 점을 잊지 말자. 하지만 동시에 이 '테제들'의 글쓰기^{écriture}가 무언가 고유하게 '천재적인 것'— 이 '천재적인 것'은 벤야민의 언어로 말하자면 '테제들'에 **계시**^{illumination}적 특징을 부여해준다—을 지니고 있다는 점에 대해 (엥겔스 자신이 그러했듯) 무관심한 채로 남아 있지는 말자. 그러므로 우리는 이 글쓰기의 심층으로까지 파고들어가는 것을 전혀 두려워하지 말고 이 글쓰기에서 가능한 모든 것을 이끌어내기 위해 노력해야만 한다.

유효성/현실성^{effectivité}**으로의 이행.** 우리가 논의해보아야 할 첫 번째 문제는 "그 유효한 현실에서$^{dans\ sa\ réalité}$"로 번역되는 "In seiner Wirklichkeit"라는 표현—우리가 이미 살펴보았듯이 헤겔주의화의 성격을 띠는 표현—으로 특징지어지는 **반정립**^{antithèse}이 지니는 의미론적 가치에 관한 것이다. 여기에서 나는 (논리적 의미에서의) 약한 해석과 강한 해석을 대립시키고자 한다. 약한 해석은 다음과 같은 하나의 전도를 명확히 보여준다. 마르크스는 우리에게, 로크, 칸트, 포이어바흐와 같이 인간적 본질을 사변적 추상물, 상상의 생산물로 만드는 철학자들의 표상 내에서 인간적 본질이란 도대체 무엇인가의 문제는 따로 치워두고 현실적 본질$^{das\ wirkliche\ Wesen,\ essence\ réelle}$로서의 인간적 본질이 **현실적으로/실제적으로**^{réellement} 무엇**인지**의 문제에 접근하자고 주장한다. 여기에서 '현실

réalité'은 바로 **물질적 사실들과 일치**하는 것이라는 의미에서 **진리**^{vérité}이
다. 그러므로 이 정식의 의미는 다음과 같다. 인간적 본질이 추상화^{abstrac-}
^{tion}를 통한 개인성/개체성^{individualité}의 거주^{habitation}라는 주장은 잘못된 것
이다. 물질적으로 진실[즉 진리]인 것은, 이 인간적 본질이라는 것이 사
회적 관계들^{rapports sociaux}의 앙상블^{ensemble}이라는 것이다. 하지만 내가 이
미 상기시켰듯이, 헤겔적 맥락에서 '현실^{Realität, réalité}'과 '유효성^{Wirklichkeit,}
^{effectivité}' 사이에 논리적 차이가 존재한다는 점을 고려하는 것이 적절할
것이다. 이는 인간적 본질이라는 것이 **유효하게/현실적으로/실제적으로**
^{effectivement} 무엇인지에 대해서 지시해야 한다는 점만을 의미하지 않고, 또
한 **이 인간적 본질이 유효화/현실화**^{effectuée}**되었을 때**, 그러니까 물질적이
고 역사적인 작용들^{opérations}의 결과로 **생산되었을 때**, 이 인간적 본질이
무엇이 되는 것인지 또한 의미한다. 그리고 특히 우리가 블로흐와 관련
해 확인했듯이, 마르크스는 '테제들' 전체를 통해 **프락시스**와 'Tätigkeit'
(즉 활동^{activité})라는 특징적 개념들을 활용함으로써 끈질기게 이 점을 강
조했던 것이며, 더 나아가 그는 본질을 **유효화/현실화**^{effectuée} 혹은 '현행
적^{en acte}' 실현^{réalisation}의 과정과 동일시하는 바를 사고해야 한다고 강조했
던 것이다. 이것이 바로 내가 여섯 번째 테제에 대한 강한 해석이라고 부
르는 것이다. 'Wesen'(존재^{être} 혹은 본질^{essence})이라는 **개념**은 활동 혹은 과
정, 다른 용어로 말하자면 **프락시스 이외에 다른 내용물을 갖지 않는다.***
심지어 우리는, 인간적 본질과 인간의 본질-존재^{être-essence}라는 개념 모

---

*   만일 우리가 이 지점에서 'Sein'(존재)과 'Wesen'(본질)을 일련의 연속적인 두 가지 변증
     법적 계기들로 (방법론적으로) 구분하는 헤겔적 **논리**를 문자 그대로 따르면서 헤겔과 마
     르크스 사이의 대립에 관해 계속 성찰하고자 한다면, 우리는 마르크스가 헤겔 자신의 논
     리의 바로 한가운데에서 **헤겔을 확장시킨다**, 그리고 이를 통해 헤겔을 정정한다고 말할
     수 있을 것이다. 헤겔이 **생성/되기**^{devenir}를 통해 존재와 무 사이의 반정립을 '초월/극복
     ^{dépassement}'[지양]했듯이, 마르크스는 **프락시스**를 통해 본질과 추상 사이의 반정립을 '초
     월/극복'한다.

두에 영향을 미치는 실현의 운동이 동시에 이 인간적 본질과 인간의 본질-존재 모두에 대한 변증법적 초월/극복 혹은 (데리다의 번역을 따르자면) 지양^{relève}을 구성한다고 주장함으로써 이 강한 해석을 한 단계 더 진전시킬 수도 있다.[6] 그래서 마르크스의 비판이 목표로 삼는 것은 인간적 본질에 대한 **(여전히) 추상적인 표상**─우리는 본질에 대한 구체적 개념화를 이 **추상적 표상**에 대립시킨다─뿐만 아니라 또한 그 자체로 하나의 '추상물'인 인간적 본질이라는 통념이기도 하다. 그러므로 이 지점에서 알튀세르는 옳았는데, 그러나 '테제들'에서 **프락시스**라는 범주를 발명한 것과 동일한 시기에 마르크스가 제시했던 구호, 즉 '철학을 실현하자^{réaliser}'─이런 '철학의 실현'은 만일 이 철학이 그저 단순히 철학에 불과한 것으로 동시에 '부정'되거나 혹은 '지양^{aufgehoben}'되지 않는다면 가능하지 않다─와 체계적으로 상호 접근시킴으로써 그 해결의 열쇠를 제시했던 것은 바로 블로흐였다. 그런데 우리가 이미 알다시피, 그 역 또한 마르크스에게 진실이었다. 즉, 동시에 '실현'되지 않는다면(혹은 **현실**^{réalité}**이 되지** 않는다면, 그러니까 실재^{le réel}로 들어가지 않는다면) 철학은 '부정'될 수 없다.[*] 바로 여기에 나는 다음의 주장을 덧붙이고자 한다. 여섯 번째 테제의 맥락에서, 마르크스가 비판하는 철학의 전형적 형태가 인간학적 담론이기 때문에, **철학적 형상**^{figure}**으로서의 인간학**─혹은 알튀세르처럼 말하자면, '문제적' 인간학─은 부인^{aufgehoben, nié}됨과 동시에 실현^{verwirklicht, réalisée}되어야 하는 것이다.[7] 철학적 인간학의 가능성 그 자체가 기반으로 삼고 있는 개념이 인간적 본질이라는 개념이기 때문에, 이 개념은 그 자체로 'aufgehoben', 즉 부정되는 동시에 실현되어야만 한

---

[*]　이 주제는 《독불 연보》에 출판된 1844년의 텍스트 〈헤겔 법철학 비판 서문〉에서 특히 강조된다. 이 텍스트에서 마르크스는 도래할 혁명의 주체로서의 **프롤레타리아**에 관해 처음으로 언급한다. 《시민주체》에 수록된 나의 연구를 참조하라. Étienne Balibar, "Le moment messianique de Marx", *Citoyen sujet, op. cit.*

다. 그런데 이런 변증법적 작용^{opération}과 그 개념적 결과를 동시에 결정화^{cristallise}하는 정식은 도대체 무엇인가? 바로 사회적 관계들^{gesellschaftlichen} Verhältnisse, rapports sociaux의 앙상블이라는 이름으로 지금 우리에게 주어진 것이다. 이제 이것이 무엇을 뜻하는지 살펴보도록 하자.

'rapports'와 'relations'. 하지만 우선 세 가지 문헌학적 사실을 기억해두도록 하자. 첫째로, 마르크스의 정식들이 다음과 같은 맥락 내에 역사적으로 위치 지어지고 조건 지어진다는 점을 잊지 말자. 이 맥락이란 바로 프랑스어에서 최초로 만들어졌던 **사회적 관계들**^{rapports sociaux}이라는 표현—이 표현은 사상사에서 근본적 사건이었던 프랑스대혁명 이후의 '세 가지 이데올로기'(자유주의, 사회주의, 보수주의)가 동시에 생산했다—이 철학적이고 정치적인 언어 내에서 발명 혹은 **도입**된 직후인 1845년이다.* 둘째로, 'rapport'는 복잡한 패러다임에 속하며, 이 복잡한 패러다

---

* 피에르 마슈레의 다음 논문을 참조하라. Pierre Macherey, "Aux sources des rapports sociaux", *Genèse*, n° 9, 1992년 10월(*Études de philosophie "française" de Sieyès à Barni*에 재수록, 베르트랑 비노슈의 서문, Sorbonne 출판, Paris, 2013). 마슈레는 사실상 마르크스와 동시대의 저작들인 루이 드 보날드(Louis de Bonald, 보수주의자), 프랑수아 기조(François Guizot, 자유주의자), 그리고 클로드 드 생-시몽(Claude de Saint-Simon, 사회주의자)—마르크스가 자신의 사유를 형성하는 데 생-시몽이 미친 영향을 과대평가하기는 힘들 것이다—의 저작들의 중요성을 강조한다. 또한 이매뉴얼 월러스틴의 다음 저서도 참조하라. Immanuel Wallerstein, *Impenser la science sociale. Pour sortir du XIXe siècle*, Anne-Emmanuelle Demartini & Xavier Papaïs 불역, PUF, Paris, 1991 (한국어판으로는《사회과학으로부터의 탈피》, 성백용 옮김, 창비, 1994를 참조-옮긴이). ('신분' '질서', 가족, 종교적 고백 등등과 같은) 자신들의 사회적 가입 혹은 소속에서 분리된 주체들의 행동^{comportement}—위에서 언급했던 세 가지 이데올로기, 즉 보수주의, 자유주의, 사회주의는 이 행동에 대해 서로 다른 판단을 제시한다—을 분석하는 사회학적 패러다임을 구성하기 위한 핵심 통념들 중 하나는 도덕적 **이기주의**와 구별되는 (그리고 아마도 1841년《미국의 민주주의》에서 토크빌이 최초로 정의했을) **개인주의**이다. 1844년의 〈유대인 문제에 대하여〉에서, 마르크스는 개인들이 존재하기 위한 사회적 조건들과 이 사회적 조건들이 부르주아 [시민]사회 내에서 생산하는 효과 사이의 모순을 기술하기 위해, '개인주의'와 매우 가까운 의미로 '이기주의'라는 용어를 지속적으로 활용한다.

임의 용어들은 절대로 한 언어에서 다른 언어로 정확하게 옮겨질 수 없다. 그래서 프랑스어의 'rapport'와 'relation'은 독일어의 'Verhältnis'와 'Beziehung', 혹은 영어의 'relation'과 'relationship' 등등과 정확히 동일한 용법을 갖지 않는다. 그러므로 항상 난점은 우리가 능동성과 수동성, 대상성[객관성/객체성]과 주체성, 혹은 외부성과 내부성이 지니는 의미들 사이의 커서^{cursor}[유표]를 이동시키는 방식, 즉 칸트라면 '성찰의 모호성들^{amphibologies de la réflexion}'이라고 불렀을 모든 것에 존재한다. 마지막 셋째로, (무엇보다도 이 **사회적 관계들**에 '본질적' 가치를 부여하기 위해) **사회적 관계들**을 논의의 장 내에 개입시키는 마르크스적 정식에 대한 논의는 (이 사회적 관계들을 역사적 적대의 법칙에 종속시키고 이를 지배의 다양한 형태들과 결합시키기 위해) '사회적 관계들^{rapports sociaux}'을 '생산관계들^{rapports de production, Produktionsverhältnisse}'과 '계급 관계들^{rapports de classe, Klassenverhältnisse}'로 특정화^{spécifiant}하는, 그리고 이 '생산관계들'과 '계급 관계들'을 '사회적 관계들' 전체에 점진적으로 연결시키는 이 개념화들이 사후적으로 지니는 반사적 영향을 무시할 수 없다. 1845년의 '테제들'은 어느 정도로까지 이런 용어들을 함축적인 방식으로 논증해내는가? 이런 관점을 완전히 배제하는 것은 쉽지 않은데, 특히 만일 우리가 〈유대인 문제에 대하여〉와 같이 이 '테제들'과 동일한 시기에 쓰인 다른 텍스트들에서 마르크스가 부르주아 [시민]사회의 소외를 이 사회가 자기 자신에 대해 지니는 분열과 내적 갈등—이런 분열과 내적 갈등은 사적 소유의 발전으로 인한 것이다—으로 기술하는 방식을 고려한다면 말이다. 그렇지만 우리를 놀라게 하는 점은 이런 통념들이 '테제들'에서 **등장하지 않는다**는 사실인데, 오히려 이 '테제들'에서는 마르크스가 '관계^{rapport}'라는 범주에 '사회적'이라는 형용사를 제외한(특히 내가 위에서 준거했던 역사적 맥락에서, 심지어 우리는 이 '사회적'이라는 형용사가 크게 보아 불필요한 중복은 아닌가 자문해볼 수도 있을 정도이다. 왜냐하면 '사회적'이지 않은 '관계^{rapports}'란 도대체 무엇인가라는 질문이 떠오를 수밖에 없기 때문이다) 그 어떤 **규정**^{détermination}도 부여하지 **않으려** 하는 것처럼 보인다. 그러므로 마르크스주의자들은 다음과 같은 양자택일과 마주하게 된다. '사회적 관계들^{rapports sociaux}'이라는 표현을 '도래할' 역사유물론의 개념들―사회적 생산과 계급투쟁의 '결정적' 기능(알튀세르와 마찬가지로 블로흐 또한 활용하는)을 포함해―에 대한 예상 혹은 암묵적 지시로 독해하거나, 또는 '테제들'에서 잠재적으로 비규정된^{indéterminée}, 더욱 일반적이고 심지어는 더욱 **유적**^{générique}인 '관계^{rapport}'라는 통념―이 통념은 **사회적 존재론** 혹은 **사회적인 것의 존재론**의 가능성(이런 사회적 존재론 혹은 사회적인 것의 존재론의 근본 범주들은 한편으로는 'rapport' 혹은 'relation', 다른 한편으로는 타자에 대한 **프락시스** 혹은 '변형' 사이에 공리적으로 전제된 원초적 등가성에서 유래하는데, 이런 등가성은 몇몇 측면에서 그람시가 보여주었던 경향이기도 하다*)을 제시하는 철학적 인간학의 전통과의 연속성, 그리고 신학에 반하는 그 전통의 '실현' 혹은 '세속화'와의 연속성을 특권화한다―으로 독해하거나. 이 지점에서 우리는 철학적 질문들이 형성하는 매듭을 발견하게 되는데, 이 질문들이 차지하고 있는 공간의 폭은 매우 넓다. 그래서 나는 이 질문들이 형성하는 매듭의 일부분만을 해명하고자 한다.

내가 이미 언급했듯이, 'rapport'와 'relation'은 그 활용에서 하나의 언어와 다른 언어가 다르며, 심지어는 하나의 언어, 즉 프랑스어 내에서도 활용이 동일하지 않다. 영어에서 'relation'은 객관적인 상황을 지시하지만 이 단어의 논리적 활용 또한 가능하다(논리적 활용에서 '관계^{relation}'는 '항' 혹은 '실체'에 대립된다). 그리고 이와 대립적으로 'relationship'은 주관적 차원을 지니는 개인적인 관계^{relation}를 지시한다. 프랑스어에서 개인

---

*   André Tosel, *Praxis. Vers une refondation en philosophie marxiste*, Éditions Sociales, Messidor, Paris, 1984; *Marx en italiques. Aux origines de la philosophie italienne contemporaine*, Trans Europ Repress, Mauvezin, 1991을 참조.

적 연관^{liens}(우리가 누군가의 '사회적 네트워크^{relations}'에 관해 말할 때의 연관을 포함해)을 가리키는 것은 'relation'이며, 'rapport'는 전통적으로 객관적 비율 혹은 구조를 의미한다(바로 이 때문에 몽테스키외는 "법칙은 rapports 다"라고 썼던 것이다). 하지만 오늘날 흔히 사용되는 용법에서 'rapport' 라는 단어는 '성관계$^{rapport\ sexuel}$', 그리고 또한 단수의 '사회적 관계$^{rapport\ social}$'에서와 같이 사회적 환경 내에 위치하거나 이 사회적 환경의 규칙 들을 준수하는 등등의 어떤 교류를 지시하기 위해 서로에 대해 행위하는 개인들 간의 '교류^{commerce}'에 적용된다. 독일어에서 'Beziehung'은 관계 relation의 논리적 범주를 지시하는 역할을 수행하지만, 또한 한 개인의 다 른 개인에 대한 태도를 규정짓는 역할 또한 수행한다. 'Verhalten$^{conduite[행}$ $^{동],\ comportement[행동]}$'과 'sich verhalten$^{se\ comporter[행동하다],\ se\ rapporter[관계되다]}$'과 가까운 단어인 'Verhältnis'는 핵심적으로 정량적 비율을 사고하는 역할 을 수행하거나('4분의 3의 비율'), 혹은 (권력이나 지배의 기능을 수행하는 제 도를 포함해) 어떤 제도의 이해관계자들 사이의 상관관계^{corrélation}를 사고 하는 역할을 수행한다.[8] 여기에서 지배 관계와 종속 관계 혹은 복종^{sujétion} 관계를 지시하기 위한 [주인-노예 사이의] **지배-종속관계**$^{Herrschafts-\ und\ Knechtschaftsverhältnisse}$라는 헤겔적인 ― 그리고 이후에는 마르크스적인 의미 또한 지니게 되는 ― 표현이 등장하는 것이다. 여기에서 우리는 이 'rapport'와 'relation'이 서로의 자리로 이동하며 또한 부분적으로는 중첩되 기도 한다는 점을 끊임없이 확인하게 되는데, 이는 마르크스가 여러 언 어들을 가지고 동시에 작업했다는 점에서, 그리고 특히 헤겔적 범주들을 프랑스어 내의 정치적 관용어라는 통념들과 교차시키면서 작업했다는 점에서, 우리에게 매우 중요한 사실이다.

'사회적 관계들$^{rapports\ sociaux}$'**의 발명과 그 규정**^{détermination}**의 문제.** 19 세기 초, 정치에 대한 인식과 담론을 급작스럽게 변화시켰던 산업혁명과 프랑스대혁명 사이의 결합 효과하에서 한 세대의 프랑스 작가들(오늘날 우리가 역사학자들과 사회학자들, 심지어는 인류학자들이라고 부르는 이들), 그리고 스코틀랜드와 독일의 작가들은, 다양한 사회적 조건들에 처해 있는 개인들 간의 교육과 상호작용을 위한 규범적^{normatives} 규칙들이라는 관념과 연결되어 있는 시민사회와 정치적 연합체라는 고전적 관념들을 넘어, 새로운 의미의 **사회**라는 개념을 '발명'해냈다. 이제부터 **사회**라는 개념은 하나의 체계 혹은 하나의 총체^{totalité}를 의미하게 되는데, 이 체계 혹은 총체의 제도들은 역사적으로 끊임없이 변형되며, 개인들에게 그들의 역할을 부여하고 이 개인들의 감정과 관념에서 자신의 자양분을 공급받으면서도 (이 제도들이 객관적 경향과 이 경향이 일으키는 갈등에서 만들어지는 것이라는 점에서) 이 개인들의 의도들과 그 총합으로 환원되지 않는다. 바로 이 공통의 이론적 지반 위에서 프랑스대혁명 이후에 등장했던, 보수주의, 자유주의, 사회주의라는 세 가지 서로 경쟁하는 이데올로기들이 발전했던 것이며, 또한 바로 이 공통의 이론적 지반 위에서 새로운 '과학'의 관념, 즉 (오귀스트 콩트가 생-시몽의 제도 관념에서 영향을 받아 이름 붙인) **사회학**이 등장하게 된다. 그런데 서로 경쟁하는 정치 이데올로기들의 중심에서뿐만 아니라 이제 막 탄생한 사회학의 중심에서도 나타나는 통념은 바로 정확히 **사회적 관계들**$^{rapports\ sociaux}$ — 기능들의 분배(혹은 '노동 분할'[분업])라는 의미에서, 그리고 연대성과 지배 사이에서 동요하는 개인들과 집단들 사이의 상호적 행위 모델이라는 의미에서 — 이라는 통념이다. 바로 이 **사회적 관계들**이라는 통념이 이 정치 이데올로기들과 사회학으로 하여금 유기적 전체^{tout}로서의 사회의 '구조'와 '구성'을 설명할 수 있도록, 그리고 이를 통해 '위기', '변형', 그리고 한 '사회'(혹은 마르크스의 표현을 따르자면 한 **사회구성체**)와 다른 '사회' 사이의 역사적이고 지리학적인 차이점들이라는 문제를 (사회학적 **비교연구**의 가능성을 열어젖히면서) 합리적인 방식으로 제기할 수 있게 해준다.*

이런 인식론적 단절rupture이 **객관정신**과 **시민사회**bürgerliche Gesellschaft[부르주아-시민사회]라는 헤겔적 통념들—이 통념들을 통해 헤겔은 역사 내의 개인성과 제도 사이의 관계들rapports에 영향을 미치는 긴장들의 주관적(혹은 더욱 정확히 표현하면, 간-주관적) 측면을 사고하기 위해 '인정 Anerkennung, reconnaissance'이라는 현상학적 개념을 역사화하고 다양화하려 했다—과 강한 친화성을 내포하고 있다는 점에는 의심의 여지가 없다. 하지만 한 가지 중요한 차이점이 존재한다. 이 헤겔적 통념들을 특징짓는—특히 몽테스키외와 애덤 스미스에 대한 헤겔의 심도 깊은 독해에서 생산된—강도 높은 현실주의에도 불구하고, 헤겔적 통념들은 그 **우선적** 목표가 부르주아 헌정 군주제들을 정치라는 영역에서 **합리성**의 역사를 완성하는 바로 제시함으로써 이 헌정 군주제들을 정당화하는 것이기 때문에 **연역적인 것**으로 남아 있다. 또한 **사회적 관계들**rapports sociaux이라는 '프랑스적' 개념이 독일어 'die gesellschaftlichen Verhältnisse'[사회적 관계]로 번역되는 텍스트인 〈포이어바흐에 관한 테제〉, 그리고 이 '테제들'과 정확히 동시대의 미완성 작업인 (엥겔스와의 협력 작업을 통해 그와 함께 집필했던) 《독일 이데올로기》에서, 사회에 대한 근본적이고 급진적인 변형이라는 공산주의적 관점과 사회적 갈등들을 분석하는 변증법적 방법을 결합시킴으로써 마르크스 스스로가 위에서 설명했던 이런 인식론적 변화에 독창적인 방식으로 기여하기 위한 기획에 착수했다는 점도 의심의 여지가 전혀 없다. 마르크스에게서 이는 '관계들rapports'의 관점에서 역사를 사고하는 것일 뿐만 아니라, 또한 인간의 인간성/인류humanité를 '정의'하거나 형상화configurent하는 구조들의 발전과 변화에서 생산되는 내재적 힘을 인식identifier하기 위함이기도 하다.

---

* 브뤼노 카르상티의 다음 저서를 참고하라. Bruno Karsenti, *Politique de l'esprit: Auguste Comte et la naissance de la science sociale*, Hermann, Paris, 2006; *D'une philosophie à l'autre. Les sciences sociales et la politique des modernes*, Gallimard, Paris, 2013.

그러므로 우리가 여기에서 주목해야 하는 것은 바로 '테제들'이 이런 기여를 수행할 수 있는 조건으로 취하는 그 특수한^{spécifique} 양태이다. 우리는 심지어 '철학적' 사변을 거칠게 공격할 때조차, 이 '테제들'이 그럼에도 역시 매우 사변적인, 그리고 넓게 보아 특히 비규정적인^{indéterminé} 수준에 머물러 있다는 점을 확인하게 된다. 이런 비규정성/비결정성은 이 지점에서 마르크스의 정식화들이 다양한 발전의 방향을 취할 수 있는 역량을 지닌, 여전히 다가적^{polyvalentes}인 정식화들이라는 점을 의미한다. 또한 이런 비규정성/비결정성은 우리가 이론적 불안정성의 영역이라고 부를 수 있는 바를 만들어내기도 한다. 순수한 사변에서 벗어나고 또한 그 자체로 추상적인 것으로 남아 있는 추상물에 대한 비판을 넘어서려 했던 마르크스는 아마도 **이런 비규정성/비결정성을 축소**^{réduire}**하**고자 할 수밖에 없었을 것이다. 이 여섯 번째 테제의 주석가들이 대부분 인정하듯, 바로 이런 비규정성/비결정성의 축소가 사회 전체로 확장된 **분업**을 통한 근본적 '사회관계^{rapport social}', 즉 **생산관계**^{rapport de production}의 발전을 통해 《독일 이데올로기》에서 이미 대체적으로 성취되었던 바이다. 하지만 만일 우리가 '테제들'로 하여금 철학에서 자신의 후예들을 만들어낼 수 있게 해주었던 것, 그리고 마르크스의 사유와 이 사유가 우리 고유의 현재적 이해관계들에 따라 행하는 선택들을 문제화하는 데 핵심적인 것으로 남아 있는(혹은 다시 핵심적인 것이 된) 것의 심층으로 (너무 성급하지는 않은 방식으로) 나아가고자 한다면, 우리는 다음의 두 가지 측면에 동일한 관심을 기울여야만 한다. 즉, 도래할 '역사유물론'을 **이미 예상**하는 것과 이 '역사유물론'의 공리들로는 **여전히** 환원되지 **않는 것**. 이런 관점에서, 나는 두 가지 요소가 특별한 중요성을 지닌다고 생각한다. 하나는 '인간'과 '사회적'이라는 두 속성 사이의 절합이며, 다른 하나는 사회적 관계들^{rapports sociaux}—이 사회적 관계들의 총합은 인간적 본질에 대한 새로운 정의와 동일하다—의 결합 효과를 지시하기 위해 프랑스어에서 가져온, 독일어 사용자의 입장에서는 전혀 친숙하지 않은 용어 혹은 **외래어**[Fremdwort]인 "das ensemble der gesellschaftlichen Verhältnisse"의 수수께끼 같은 활용이다. 독일어에는 이 용어를 대신할 다른 많은 용어들이 이미 존재하고 있음에도 왜 마르크스는 이 낯선 단어를 사용했던 것일까?

인간[humain]**의 사회화와 사회적인 것**[social]**의 인간화.** 지면이 부족한 관계로, 여기에서 나는 '테제들'에서 등장하는 '인간'이라는 명사 혹은 '사회적'이라는 형용사 각각에 대한 주해에 착수할 수는 없다. 대신에 나는 인간학적 질문을 해결하기 위해 열 번째 테제, 즉 "낡은 유물론의 관점[point de vue]은 부르주아-시민사회[bürgerliche Gesellschaft]이며,* 새로운 유물론의 관점은 인간적 사회 혹은 사회적 인류[humanité]이다"의 함의들에 초점을 맞추도록 하겠다. 여기에서 한 번 더 우리는 마르크스가 그 비밀을 감춰두고 있는, 굉장한 대칭성을 지니는 압축적 정식들 중 하나와 만나게 되는데, 하지만 이 정식에 대한 해석은 전혀 분명하지 않다! 엥겔스가 제시했던 정정들이 이 점을 분명하게 드러내는데, 이 정정들은 그 이론적 함의들을 변형하는 위험을 감수함으로써 이 정식이 내포하는 정치적 내용을 우리에게 명료하게 밝혀준다. 엥겔스는 "die menschliche Gesellschaft" = "die gesellschaftliche Menschheit"[인간적 사회 = 사회적 인류]라는 동격이 동어반복으로 인식되지는 않을까 두려워했던 것 같다. 바로 여기에서—엥겔스가 '테제들'을 정정했던 시기가 1888년이라는 점을 잊

---

* 'bürgerliche Gesellschaft'에 대한 번역에서 라비카는 정당하게도 장-피에르 르페브르와 피에르 마슈레가 《헤겔과 사회》(Hegel et la société, PUF, "Philosophies", Paris, 1984)라는 저서에서 제시했던 번역어, 즉 '부르주아-시민사회'를 수용한다. 그러나 놀랍게도 마슈레는 '테제들'에 대한 자신의 주석서에서는 이 번역어를 따르지 않는다. G. W. F. Hegel, La Société civile-bourgeoise, Jean-Pierre Lefebvre 서문과 불역, Maspero, Paris, 1975를 참조하라.

지 말자—엥겔스는 두 번째 항, 즉 "die gesellschaftliche Menschheit"를 "die vergesellschaftete Menschheit", 즉 **사회화된** 인류humanité socialisée, 다시 말해 개인들이 사적 소유라는 제도로 인해 자신들의 집합적 존재 조건들에서 더 이상 **분리되지** 않는 그런 사회(혹은 사회적 '세계')로 변형함으로써 명시적으로 사회주의적인 내용을 도입한다.[9] 이런 기반 위에서 우리는 개인들—부르주아적 개인들뿐 아니라 프롤레타리아적 개인들도 포함해—이 '추상적' 삶의 양식genre de vie—이런 '추상적' 삶의 양식은 인간 존재들을 (자신들의 실천적이고 정서적affective인 삶existence이 의존하는) 타자와 맺는 관계들relations에서 분리시킴으로써 이기주의 혹은 개인주의를 이 인간 존재들을 **소외**시키는 정상적/규범적normal 혹은 자연적 삶의 형태로 만들어버린다—내에 투사된다는 점을 이해하게 된다. 또한 필연적으로 이런 분리는 참을 수 없는 '자아의 분열Selbstzerrissenheit' 그 자체이기도 하다. 이는 종교들이 공동체의 재구성에 대한 희망을 천상으로 투사함으로써 상상적인 방식으로 보충하고자 하는 소외의 형태이다(네 번째 테제). 그리고 이를 명확히 표현하기 위해, 엥겔스는 'bürgerlich'라는 형용사에 따옴표를 친다.[10] 이는 비록 이 용어, 즉 'bürgerlich'가 헤겔 철학에서의 기술적 의미(오늘날 대부분의 경우 이 용어는 '정치사회' 즉 국가와 대립되는 용어로서의 '시민사회'로 번역된다)를 계속 지니고 있으면서도 동시에, 마르크스가 말하는 사회가 부르주아적 특징도 역시 갖고 있으며, 이것이 사회적 관계들rapports sociaux이 개인주의와 소외의 원인인 사적 소유의 논리에 의해 지배당하는 그런 사회에 관한 것이라는 점을 보여주는 방식이다. 그러므로 우리는 열 번째 테제에 함의되어 있는 주장을 완벽하게 명료화할 수 있다. (포이어바흐가 여전히 속해 있는) '이전의 유물론'은 이 '이전의 유물론'이 유창하게 비판하는 소외를 결국에는 넘어설 수 없을 것이다. 왜냐하면 항상 이는 타자들에게서 '자연스럽게'[자연적인 방식으로] **분리된**(혹은 인간적 본질에서 **고립되는 방식으로** 관계 맺는) 개인을 전제하는 '부르주아적' 철학에 관한 것이기 때문이다. 정반대로 '새로운 유물론'—인간에게서 구성적인 사회적 관계들^{rapports sociaux}과 **프락시스** 혹은 모든 사회형태 내에서 이미 작동하고 있는 실천적 변형의 운동을 자신의 근본 범주들로 취하는 '새로운 유물론'—은 자기 자신의 '사회적' 규정을 부인하고 억압하고 반박하는 대신에 이 '사회적' 규정을 **인정**함으로써 **인류가 자신의 본질**(그리고 자신의 본래적/진정한^{authentique} 존재양식)**로 되돌아온다**는 점을 주장할 것이다. 이는 인간이 인간 자신의 **물질적 조건들**로 인해 항상 이미 '사회적'이었거나 **즉자적으로** 사회적 관계들^{rapports sociaux}의 앙상블을 형성했다는 점을, 하지만 인간은 **대자적으로** 자신의 이데올로기와 제도들 내에서 자신의 본질을 부정함으로써 소외되고 내적으로 분할되었다는 점—이런 모순은 근대의 '부르주아-시민사회'가 분명히 극단으로까지 이끌고 가는 그런 모순이다—을 의미한다. 이런 모순은 이제 해소되어야 하며, 또한 소외를 발생시키는 자기 고유의 '생산'을 **실제적으로/현실적으로**^{pratiquement} 제거함으로써 사회는 자기 자신과 화해해야만 한다. 달리 말해, 사회는 완전히 '인간적'이고 동시에 유효하게/현실적으로^{effectivement} '사회적'인 것이 되어야 한다. 그리고 여기에서 바로 다음에 이어지는 열한 번째 테제가 등장하게 된다. 이제 더 이상 '세계'를 해석하는 것이 아니라 이 '세계'를 (혁명적으로) 변혁해야 할 시간이 도래한다.

이런 독해는 **인간 해방**의 계기들과 관련한 마르크스의 가장 명료한 몇 가지 주장들—인간 존재들과 그 고유한 본질 사이의 분리로서의 소외를 전도하는 그런 전도의 변증법을 언표하는 동일한 시기의 저작들에서 우리가 발견할 수 있는 그의 주장들—과 분명히 양립 가능하다.* 하

---

* 이 문제에 관한 마르크스의 가장 결정적인 이론적 전개들은 〈유대인 문제에 대하여〉(*op. cit.*)에서 제시된다. 바로 이 텍스트에서 인간이 사적 소유자로서의 개인—로크가 보여주었던 '자기 자신에 대한 소유자'로서의 개인 또한 포함해—으로 환원되는 바를 표현하는

지만 이런 전도의 변증법은 마르크스가 자신의 텍스트 내에서 '인간'이라는 명사와 '사회적'이라는 형용사 둘 모두를 동시에 활용한다는 사실에 함축되어 있는 긴장을 너무 성급하게 해소해버린다. 서로 구별되는 범주들 사이로 도덕적(혹은 윤리적)이고 묘사적(혹은 역사적)인 활용들을 즉시 분배함으로써, 이 전도의 변증법은 마르크스의 텍스트 내에 그토록 깊이 각인되어 있는, 그리고 마르크스의 '실천적 인간주의' 혹은 '현실적 인간주의'의 핵심에 위치해 있는 **수행적** 차원을 삭제해버림으로써 이를 단순한 **정치적 삼단논법**으로 환원해버린다. 마르크스는 주체들이 그들 고유의 '존재' 혹은 '본질Wesen'과 맺는 본래적/진정한authentique 관계rapport가 인간은 본질적으로 '사회적'이라는 점을 보여줄 것이라는 점에서—여기에서 사회적인 것은 아리스토텔레스의 중세시대 후계자들이 '인간은 사회적 동물'이라고 말했던 것과 마찬가지로 모든 개인적 삶의 **가능성의 조건**임과 동시에 인간의 윤리적 열망, 달리 말해 '공산주의적 삶'의 **이상적 실현**이다—, 그것이 '인간 존재/하나의 인간이라는 것être (un) humain'이 의미하는 바에 대한 우리의 인식을 처음부터 끝까지 변형하는 결과를 필연적으로 초래할 것이라고 주장하는 것이다. 엥겔스는 역사가 **사회화의 과정**—이 사회화의 과정에서 혁명적 방식으로 인간 본성을 변화시킬 수 있게 해주는 조건들이 결국 출현하게 된다—이라는 점을 주장한다. (역사적) **수단**과 (윤리적) **목적**이라는 상호 보완적인 차원들 사이로 '사회적' 범주와 '인간적' 범주의 역사적 측면과 윤리적 측면을 이렇

인권과 시민권 사이의 '추상적' 구분에 대한 그 유명한 비판이 등장한다. 개인들을 상상적이고 초월적인 권력에 대한 예속에서 해방하는 **종교적 해방**이 아직은 (국민국가의 경계 내에서) 시민들의 법률적인 자유와 평등을 확립하는 **정치적 해방**이 아닌 것과 마찬가지로, 정치적 해방—비록 이 정치적 해방이 인류 역사의 진보progrès를 표상한다고 할지라도—은 개인들을 경쟁의 법칙—이 경쟁의 법칙은 모든 인간들을 서로의 '늑대'로 만든다—에 의해 야기된 그들의 고립과 소외에서 탈출하게 만들어주는 **사회적 해방**이 아직 아니다. 그러므로 오직 사회적 해방만이 완전히 '인간적'인 것으로 간주될 수 있다.

게 재분배하는 것은 마르크스의 정식들에 사회적 존재론을 기입하는 효과를 생산하게 된다(그러나 이렇듯 마르크스의 정식들에 사회적 존재론을 기입할 수 있다는 것이 당연한 해석인 것은 전혀 아니다). 결과적으로, 마르크스의 정식들이 내포하고 있는 비규정성/비결정성을 축소함으로써, 이런 재분배는 마르크스의 정식들이 지니는 다양한 해석의 가능성을 제한한다.*
이는 상당히 탁월한 해석이지만 그러나 유일하게 가능한 해석인 것은 전혀 아니다. 여섯 번째 테제의 스타일이 지니는 또 다른 수수께끼, 즉 앙상블^{ensemble}이라는 프랑스어 단어 — [명사의 첫 글자를 항상 대문자로 표기하는 독일어와 달리] 첫 글자가 소문자인 'ensemble' — 의 활용을 검토함으로써, 이런 해석이 유일하게 가능한 해석은 아니라는 점을 확인해 보겠다.

외래어^{Fremdwort}: 'das ensemble'. 다시 한 번 이야기하자면, 내가 주장하고자 하는 바는 마르크스가 '테제들'을 집필했던 상황들과 조건들에

---

* '테제들'의 초고를 '발견'했을 때, 엥겔스는 분명히 (1848년 혁명의 경험 이후 구체화되기 시작한) 후기 마르크스의 '역사유물론'과 자본주의적 **생산관계들**$^{rapports\ de\ production}$의 '내적 모순'에 관한 논의를 다루는 《자본》의 분석들을 상당히 잘 알고 있었을 것이다. 바로 이 후기 마르크스가 물질적 생산의 구조와 착취의 관계들^{rapports}, 그리고 계급 지배의 형태들—인간 개인성 그 자체의 변형의 모체로서 생성되는 형태들—을 기술하는 작업에 착수하는 그런 마르크스이다. 또한 바로 이런 관점에서 마르크스는 자본주의가 노동과정의 점증하는 '사회화^{Vergesellschaftung}'—즉 협력, 대공업, 폴리테크닉한 교육을 의미하는 '사회화'는 마르크스에 따르면 종국에는 생산수단의 사적 소유라는 형태와 양립 불가능해진다—를 전제(하고 전개)한다고 주장하는 것이다. 《독일 이데올로기》는 하나의 흥미로운 매개적 정식화를 제시한다. 마르크스는 생산력의 발전을 분업의 일련의 연속적 양태들—이 양태들에서 처음에는 사적 소유의 필연성이, 그다음에는 공산주의의 필연성이 연속적으로 도출된다—과 대응시킴으로써 이 정식에서 '인간 본성'의 '생산' 내에서 노동이 수행하는 결정적 역할을 주장한다. 하지만 마르크스는 《독일 이데올로기》에서 간헐적인 방식으로만, 그리고 기술적^{technique}이지 않은 방식으로만 '생산관계'와 '생산양식'이라는 용어를 사용한다. 대신 마르크스는 'Verkehr', 즉 교류와 'Verkehrsformen', 즉 교류 형태라는 용어는 지속적으로 활용한다.

대한 연구에 기반을 둔 약한 해석[즉 외재적 해석]에 우리가 만족할 수는 없다는 것이다. 마르크스는 그 당시에 파리 혹은 브뤽셀에 있었던 것으로 추정되며 프랑스어를 매우 유창하게 말하고 쓸 수 있었다. 그러므로 마르크스의 펜 아래에서 갑작스럽게 프랑스어 단어들이 등장한다고 해서 놀랄 이유는 전혀 없다(이후에 런던 망명이라는 조건하에서 집필된 《정치경제학 비판을 위하여》와 《자본》의 준비 원고들에서 갑작스럽게 영어 단어들이 등장하는 것과 마찬가지로 말이다). 마르크스가 프랑스어 단어를 사용하는 것은 매우 그럼직한 일이지만, 그러나 우리는 이런 마르크스의 선택 아래에 숨겨져 있는 **의미론적**^{sémantique}이고 **범주론적**^{catégoriel}인 문제를 검토해보아야만 한다. 그런데 나를 놀라게 하는 것은 이 '앙상블'이라는 단어가, 헤겔적 변증법뿐만 아니라 **유기체성**^{organicité}에도 사로잡힌 모습으로 그 당시 막 등장한 사회학적 담론에서도 중심적인 역할을 수행하는 **사변적** 개념들—'das Ganze' 'die Ganzheit'(혹은 'Totalität') 또는 심지어 'die gesamten Verhältnisse'와 같은 표현들, 그러니까 사회적 관계들^{rapports sociaux}이 하나의 총체성^{totalité}을, 게다가 유기체적인 총체성을 형성한다는 관념을 내포하고 있는 모든 가능한 독일어 표현들—과는 대립적인, (만일 우리가 다음과 같이 표현할 수 있다면) 도발적으로 중립적인 용어 혹은 최소주의적인[미니멀리즘적인] 용어라는 것이다. 사실 우리는 '추상^{abstraction}'에 대립해 '구체적 보편성'을 우선시하는 헤겔적 운동을 모방하는 것처럼 보이는 순간에서조차 마르크스가 **완결성**^{complétude}을 가리키는 범주 전체—헤겔에게서 **구체적인 것**^{concret}과 **완결적인 것**^{complet}은 동일한 의미를 지니는 통념들이라는 사실을 잊지 말자—를 세심하게 피해가고 있다는 점을 확인할 수 있다.* **그러므로 마르크스는** 그가 헤겔과 **가**

---

* "Das Wahre ist das Ganze"("진리, 그것은 바로 전체^{tout}다"), 《정신현상학》서문. (《정신현상학》 서문은 테리 핀카드, 《헤겔》, 전대호·태경섭 옮김, 길, 2015에 실려 있는 서문 번역이 참고할 만하다-옮긴이)

장 가까운 순간에서조차 **헤겔에게서 스스로를 분리한다**. 혹은 더욱 도발적인 방식으로 말하자면, 모든 사태는 마치 마르크스가 '나쁜 무한'(이 [악]무한은 사실은 하나의 한계 지어지지 않은 것^{indéfini}, 열려진 채로 그리고 미완성된 채로 남아 있는 하나의 더하기 혹은 항들의 연속이다) 대신에 '좋은 무한^{infini}'(이 무한은 **전체**^{tout}의 구성에 통합되었다는 점에서 **현실적인** 무한이다) 을 채택하는 그런 헤겔적 선택을 전도해버리고 있는 것처럼 보인다. 이런 나의 가설은 단지 이 앙상블이라는 하나의 단어만을 근거로 하고 있지만, 그러나 이 단어는 그 자체로 증상적인 단어이다. 그리고 내가 보기에 이런 나의 가설은 단 한 번의 유일한 규정 작용^{définition}으로 우리의 논의에서의 모든 논리적, 존재론적 그리고 심지어는 존재신학적인 요소들을 종합할 수 있게 해준다는 이점을 지니는 것 같다.

그러므로 **총체성-효과**를 탈구축하는 '탈총체화'의 수행적 효과를 생산함으로써, 혹은 (사르트르의 언어로 말하자면) 존재 혹은 본질이라는 새로운 범주가 하나의 '탈총체화된 총체성', 심지어는 스스로를 '탈총체화'하는 하나의 총체성으로서만 기능한다는 점을 지시하는 '탈총체화'의 수행적 효과를 생산함으로써, '전체$^{das\ Ganze,\ tout}$'라는 철학적 범주의 자리에 바로크적이고 중립적인 '독일어-프랑스어'인 'das ensemble'을 놓아두고자 하는 마르크스의 (명백히 다른 가능성들을 배제하고 의미를 제한하려는 이런) 의도에 세 가지 **실정적** 의미들을 부여할 수 있다고 나는 생각한다.* 이 세 가지 **실정적** 의미란 무엇일까?

첫 번째 의미는 내가 **수평성**^{horizontalité}의 의미라고 부르고자 하는 것이다. **수평성**의 의미에 따르면, 사회적 관계들$^{rapports\ sociaux}$은 서로 교차하며, 이 사회적 관계들은 서로 관계를 맺는다. 그리고 바로 이 사회적 관

---

* 장-폴 사르트르의 다음 저서를 참조하라. Jean-Paul Sartre (1960), *Critique de la raison dialectique*, 수정 재판, Gallimard, Paris, 1985. (한국어판으로는《변증법적 이성 비판》전 3권, 박정자 외 옮김, 나남, 2009를 참조-옮긴이)

계들을 모두 더한 것이 "사회적인 것을 이루"는 것이지만, 이 사회적 관계들은 **특정한** 관계들이 다른 관계들보다 더욱 결정적이고 더욱 본질적으로 '인간적'인 방식으로, 혹은 **특정한** 관계들이 다른 관계들을 '최종심급에서' 명령/지배^{commandant}하는 방식으로 이 사회적 관계들이 **위계화**되거나 **수직적**으로 조직되지는 않는다.*

두 번째 의미는 내가 **계열성**^{sérialité}[연속성]의 의미 혹은 한계 지어지지 않은^{indéfinie} 열림의 의미라고 부르고자 하는 것이다. 이는 인간에게서 구성적인 사회적 관계들^{rapports sociaux}이 하나의 열린 네트워크를 형성한다는 점을, 하지만 이 하나의 열린 네트워크에는 개념적 닫힘(예를 들어 인간과 비-인간을 구별하는 **선험적** 정의의 형태하에서의 개념적 닫힘)도 역사적 닫힘(구축적 의미에서뿐만 아니라 아마도 파괴적 의미에서도, 인간에게 사회적 발전의 가능성들을 제시해주는 활동들과 관계들^{rapports}에 그 **한계**를 부여해주는 역사적 닫힘)도 부여해서는 안 된다는 점을 의미한다.

세 번째 의미는 'das ensemble'이라는 표현이 강한 의미에서 **다수성**^{multiplicité}이라는 관념, 다시 말해 **이질성**이라는 관념을 함의하고 있다는 것이다. 인간에게 그 형태를 부여해주는 다수의 '사회적 관계들^{rapports}

---

* 우리는 《말과 사물》(*Les Mots et les Choses*, Gallimard, Paris, 1966)에서 미셸 푸코가 인간 본성의 '구성적 유한성'을 확립하거나 이 인간 본성을 그 신학적 토대에서 분리해내는 칸트적 혁명의 뒤를 잇는 19세기의 인간학적 명제들에 대한 하나의 소묘를 제시했다는 사실을 이미 알고 있다. 이 명제들은 인간을 정의하는 역할을 수행할 수 있는, 그리고 개별 '인간과학'의 인식 대상의 역할을 수행할 수 있는 세 가지 '준-초월론적인 것'을 대립시킨다. 경제학(혹은 경제학에 대한 비판)을 위한 '노동', 비교문법과 문헌학(그리고 이후에는 언어학)을 위한 '언어', 인간의 기원을 설명하는 진화^{évolution}의 과학으로서의 생물학을 위한 '생명'. 푸코는, 한나 아렌트가 1958년 저작인 《인간의 조건》에서 마르크스를 로크적 전통에 따라 인간을 **노동하는 동물**^{animal laborans}로 환원한다고 비판했던 것과 마찬가지로, 마르크스와 마르크스주의를 단숨에 첫 번째 가능성 내에 위치시킨다. 하지만 여기에서 우리가 주목해야 하는 점은 (단순히 푸코가 '마르크스주의'를 언급하고 있다는 사실을 넘어서) 푸코의 인식론적 '선택'이 어떤 양태들을 띠고 있는지, 그리고 그가 밝혀내는 잠재성들이 어떤 양태들을 띠고 있는지이다. (한국어판으로는 미셸 푸코, 《말과 사물》, 이규현 옮김, 민음사, 2012-옮긴이)

sociaux'은 서로 다른 여러 유genres와 여러 영역régions에 속한다. 혹은 블로흐처럼 말하자면, 이 '사회적 관계들'이 형성하는 세계는 단순한 '[소]우주univers'가 아니라 'multiversum'[멀티버스, multiverse]이다.* 폴리스polis에 대한 아리스토텔레스적 개념화와는 정반대로, 물론 마르크스는 이 아리스토텔레스적 개념화가 내포하고 있는 수많은 '반反개인주의적' 공리들—그러나 이 '반개인주의적' 공리들에서 (개인들의 지위statut에 따라 대칭적이기도 하고 비대칭적이기도 한) 사회적 관계들의 다수성은 단 하나의 유일한 인간학적 속성, 즉 언어 혹은 담론을 활용할 수 있는 능력disposition인 로고스logos에 따라 완전히 질서 지어져 있다—을 공유하고 있는 것으로 보이긴 하지만, 마르크스의 개념은 아리스토텔레스가 자신의 형이상학 내에서 '존재'라고 지칭했던 바를 생각하게 만든다. **지고의 유genre suprême**는 존재하지 않지만, 모든 존재들(여기에서는 관계들rapports)의 유들은 명백히 하나의 유사성을 공유하며, 이 존재들의 유들은 여러 영역들 혹은 여러 인간 활동의 양식들로 배분된다. **"즉자적인en soi 사회적 관계"**란 존재하지 않는 것이다. 특히 이 관계의 지고의 '유'가 **노동**일 수는 없다. 아마도 우리로 하여금 노동을 떠올리도록 할 **프락시스**는, 그러나 이 노동으로 전혀 환원되지 않는다.

이 세 가지 의미들을 동시에 고려함으로써만이, 그리고 무언가를 '모든 앙상블들의 앙상블'로 전제하지 않도록 세심하게 노력함으로써만이, 우리는 **본질**이라는 통념에 대한 내재적 비판이 의도하는 바를, 즉 [대문자] 인간에 대한 '추상적' 표상들과 '인간주의적' 통념들(형이상학의 전통에서 상속받았던 통념들, 그리고 경제에 대한 개인주의적 개념화를 도덕적

---

* 이는 에른스트 블로흐가 특히 1955년의 텍스트 "Différenciations du concept de progrès" (*Differenzierungen im Begriff Fortschritt*, 진보 개념의 분화)에서 활용했던 표현이다. 다음의 주석을 참조하라. Remo Bodei, *Multiversum. Tempo e Storia in Ernst Bloch*, Naples, Bibliopolis, 1979.

혹은 정치적 공동체라는 관념과 결합하기 위해 부르주아 철학자들이 이 전통에서 취해 다시 활용했던 통념)에 대한 해체^{dissolution}가 의도하는 바를 드디어 이해할 수 있다. 또한 우리는 왜 이 **본질**이라는 통념이 'Wirklichkeit' 혹은 '유효한 현실^{réalité effective}'이라는 헤겔적 범주에 대한 모순적 활용과 결합되는 것인지 이해할 수 있게 된다. "[인간적 본질이] 그 유효한 현실에서 [다른 개인성들에서는 고립된] 독특한/개별적 개인성에 거주하고 있는[혹은 이 독특한 개인성 내에서 육화된/구현된] 추상물이 아니라, 사회적 관계들의 [열린, 비규정된/비결정된] 앙상블이다"라고 쓰는 것[11]은 마르크스가 자신이 활용하고 있는 이 용어들을 활용함과 동시에 그 용어들의 의미를 변형하는 (이론적이면서 동시에 수행적인) 제스처를 취한다는 것을 의미한다. 또한 '유물론적'인 방식으로 인간학적 문제에 적용됨으로써, 이 **본질**이라는 용어는 전통적 의미에서의 존재론적 의미^{signification}보다는, 철학자들의 눈에는 역설적으로 보일 수 있는, 그리고 **본질**이라는 용어가 생산하는 결과들을 전도하는 '반^反존재론적' 의미를 획득하게 된다. 다시 말해, 속성들의 다수성을 갖고서 하나의 총체성을 형성하기 위해 이 속성들의 다수성을 통합하는 대신에, 이 **본질**이라는 용어는 역사적 변환과 변형의 한계 지어지지 않은^{indéfini} 장을 열어젖히는 것이다. (스피노자처럼 표현하자면) 개체들[개인들]―마르크스는 이 개체들을 본질의 공동체로 지시한다―은 이 개체들이 능동적으로 생산해내는 사회적 관계^{rapport social}의 **양태들**^{modes}이며, 이 개체들은 자신들의 자연적 조건들과의 관계와 동시에 모든 타자들과의 관계 속으로 진입하게 된다.* 그러므로 이런 비판은 서양 형이상학에서 상속받은 개인성과 주체성이라는 다양한 통념들에 대한 하나의 **일반적** 대안의 가능성을 보여준

---

* 바로 이것이 《독일 이데올로기》가 "총체성의 수준^{stade}에서 생산력의 발전"이라고 부르는 바이다. Karl Marx & Friedrich Engels, *L'idéologie allemande*, Gilbert Badia 서문과 주석, Éditions Sociales, Paris, 1976, p.36 이하를 참조.

다. 하지만 그러면서도 동시에 이런 비판은 동시에 이를 '지고의 존재' 혹은 '모든 존재들의 존재'라는 세속화된 새로운 형상 그 자체로 대체하기를 거부한다.

'존재론'인가 '인간학'인가: 하나의 이단점

이 모든 의미론적이고 문헌학적인 성찰들을 지나, 우리는 결국 다음과 같은 핵심적 난점으로 되돌아오게 된다. 마르크스와 '인간학적' 질문 사이의 관계라는, 마르크스주의의 역사 그 자체가 이 해석의 까다로움을 보여주었던 그런 난점. 여기에서 나는 내 가설들을 다음과 같이 A, B, C 세 가지로 요약해보겠다.

    A. 철학적 인간학이라는 관념에 영향을 미치는 긴장들에 대한 논의와 이 철학적 인간학이 '인간학'의 이상들idéaux과 맺는 관계에 대한 논의를 통해, 우리는 **존재론**에 관한 성찰들을 개입시키지 않을 수 없게 된다. 그리고 이런 개입은 우리로 하여금 인간학에 관한 논의를 그 근대적인, 그러니까 '부르주아적인' 역사적 맥락뿐 아니라 형이상학의 역사, 그리고 이 형이상학의 역사의 완전히 문제적 맥락인 '혁명'과 '종언'이라는 훨씬 더 넓은 맥락에 위치 짓도록 강제한다. 나의 1993년 소책자《마르크스의 철학》[즉 이 책의 2장]에서 내가 청년 마르크스의 유물론(특히 〈포이어바흐에 관한 테제〉의 유물론)을 '관계의 존재론'—이 '관계의 존재론'의 기초는 개체적인 것이 아니라 관개체적인 것이다(달리 말해 그 기초는 개체라는 개념 내에 개체 자신의 다른 개체들에 대한 의존 관계를 항상 이미 포함하고 있는 그런 기초이다)—에 준거하자고 주장했을 때, 나는 바로 이

관개체성을 함의했던 것이다.*

하지만 가공할 만한 위험성을 지닌 하나의 모호성의 윤곽이 여기에서 드러난다. 블로흐를 포함한 '테제들'의 다른 독자들에게 마르크스의 발명의 핵심이 인간학적 문제의 제거가 아니라 이 문제를 부르주아적 형이상학의 추상이라는 장에서 역사적이고 사회적인 구체적 결정 작용들déterminations의 장으로 이동시키는 것이라는 점과 마찬가지로, 우리는 모든 쟁점이 **사회적 존재론**으로 이동하는 것이라고 생각할 수 있다. 그러나 이런 정식은 여러 가지 의미를, 즉 모호성을 지닐 수 있다. 첫 번째로 이 정식은 전체, 체계, 유기체, 네트워크, 발전 등등으로서의 '사회'가 현재 철학에서 **존재**의 자리를 점하고 있다는 것을 의미하는 **사회적인 것의 존재론화**로, 혹은 (생물학적인 것, 심리학적인 것 등등과는 구분되는) 사회적인 것이 준-초월론적인 심급 — 이 심급의 '본질적' 속성(이 속성은 노동일 수도 있고 언어 혹은 섹슈얼리티, 심지어는 '공통적인 것commun' '정치' 등등일 수도 있다)은 아마도 '인간을 사회화하는 것'일 것이다 — 으로 갑작스럽게 출현/돌발surgit하는 것을 의미하는 **사회적인 것의 존재론화**로 이해될 수 있다. 두 번째로 이 정식은 다양한 표상들을 오히려 비판하는 방식으로 이 표상들을 우리에게 되돌려줌으로써 우리가 **존재론을 사회화**하려 한다는 점을 의미할 수도 있다. 이 **존재론**을 제일의 원리(결국 이 제일의 원리는 필연적으로 [대문자] 사회 혹은 오귀스트 콩트가 말했듯 '대존재'를 이전에 신이 차지하고 있던 위치에 신 대신 놓을 수밖에 없다)의 위치에 확립된 어떤 사회적 원칙에 복속시키기 위해서가 아니라, 모든 존재론적 질문(예를 들어 개체화individuation와 개별화individualisation, '전체'와 '부분들' 사이의 절합, 지속과

---

* La Philosophie de Marx (1993)를 보라[이 책]. '테제들'에 대한 자신의 주석에서, 피에르 마슈레는 마르크스가 '본질'을 '비-본질'로 만들었다는 아이디어를 주장함으로써 자신만의 방식으로 나의 이 관념을 더욱 발전시켰다. 이 논문의 논의에서 나는 마슈레의 이런 아이디어에 전적으로 동의한다.

기억, 혹은 주관적 시간성과 객관적 시간성 사이의 상호침투 등등)을 가장 일 반적인 의미에서의, 그러니까 (사회적 관계^{relation} 그 자체의 특수한, 혹은— 이런 표현을 원한다면—'부정적' 양태로서의 사회적 고립의 형태하에서 발생하 는 그런 고립을 제외하고) **모든 인간 개인으로 하여금 다른 인간 개인들에 게서 스스로를 고립시킬 수 있는 가능성을 금지하는** 조건들 혹은 관계들 ^{rapports}이라는 의미에서의 '사회적' 질문으로 '번역'하기 위해서 말이다. 달리 말해, 이는 인간들이 능동적이고 수동적으로 '관계 내에$^{en\ rapport}$' 존 재한다는 사실을 존재론적 표지로, 그리고 이 인간에게서 구성적인 **관계 적**^{relationnelle} 양태로 사고하는 하나의 방식인 것이다.

바로 이것이 여섯 번째 테제에서 등장하는 마르크스의 정식에 대한 해석에서 내가 의미하고자 했던 바이다. 하지만 이론적 인간주의에서, 다시 말해 인간들을 관계 내에 위치 짓거나$^{mettre\ les\ hommes\ en\ rapport}$ 인간이 관계를 맺도록$^{se\ rapporter\ à\ l'humain}$ 하는[12] **서로 다른 방식들**의 다수성을 기술 하기라는 그 정의상 절대 완수할 수 없는 과업 **이전에** 인간을 정의할 수 있는 모든 가능성에서 우리의 담론을 구출하려 노력하는 바로 그 순간에 조차 '인간'('homme' 혹은 'humain') [13]에 대해 말해야만 하는 상황에 한 번 더 우리가 처할 수밖에 없다는 사실에 대한, 여전히 밝혀내야 할 (최 소한 언어적 차원의) 수수께끼가 존재한다. 사실 나는 이런 어려움을 극복 할 수 있는 단 하나의 방식만을 생각할 수 있을 따름인데, 이는 바로 '인 간 존재$^{être\ humain}$'(혹은 고전적 용어법에 따르자면 '인간들^{hommes}')가 **복수형으 로만 존재한다**는 점에서 모든 결과들을 이끌어내는 방식이다.* 이 방식

---

* 이런 테제를 매우 농밀한 자신의 에세이—이 에세이는 자크 데리다가 1992년 저작《마르 크스의 유령들》에서 인용했던 '마르크스의 말들'에 관한 동시대의 성찰들과 관련이 없지 는 않을 것이다—에서 블랑쇼가 제3종의 관계$^{rapport\ du\ troisième\ genre}$라고 불렀던 바와 비 교해보아야 한다. *L'Entretien infini*, Gallimard, Paris, 1969, pp.94-105를 참조. 이 에세이 에서 우리는 "인간^{homme}, 즉 인간들^{hommes}"이라는 등식을 발견한다.

은 인격들^{personnes} 혹은 독특성들^{singularités}로 구성된 다원성^{pluralité}이 인간의 조건 그 자체를 구성한다는 (한나 아렌트의) 테제를, 그리고 사회와 역사 내에서 인간 존재의 형상이 **다중**^{multitude}의 형상을 취한다는 (안토니오 네그리의) 테제를 지지할 뿐만 아니라, 또한 강한 의미에서의 사회적 관계들^{rapports sociaux} ─ 인간 존재들^{êtres humains}을 서로 결합시켜주고 이 인간 존재들을 '고립'(고독까지는 아니라고 해도⋯⋯)에서 구출해주는 ─ 이 인간 존재들이 지닌 **차이들** ─ (고전적 마르크스주의가 주장하듯) 그것이 계급적 차이들이든 다른 차이들이든 ─ **을 환원 불가능한 것으로**(동어반복적으로 말해, '인간학적'인 것이라고 우리가 부를 수 있는 것으로) **만드는**, 이 차이들 서로에 대해 필연적으로 일관적이지는 않은 그런 관계들이라는 점 또한 강조한다. 다른 용어로 표현하자면, 사회적 관계들^{rapports sociaux}은 (**차이들** 그리고 심지어는 이 사회적 관계들이 만들어내는 **이질성 그 자체**만을 '공동체' 혹은 '공동-의-존재^{Mitsein, être-en-commun}로 존속시킬 수 있을 만큼 충분히 근본적이고 급진적인 방식으로) 항상 차이들, 변형들, 모순들 그리고 갈등들로 내재적으로 규정된다. 이는 또한 이 차이들이 고립이나 개인주의 혹은 특수주의^{particularisme}에 속하는 것이 아니라 **관계**^{rapport} 그 자체에 속한다는 점을 의미한다. 차이들은 **관계를 형성한다.**[14] 하지만 이는 이 사회적 관계들이 '실천적^{pratiques}'이라는 점을, 혹은 마르크스가 '테제들'에서 강력히 주장했듯이 사회의 본질은 **프락시스**라는 점을 설명하는 것과 전혀 다르지 않다. 왜냐하면 관계들^{rapports}의 판별적 특징(그리고 또한 이차적 수준에서 이 관계들이 단 하나의 유일한 '전체^{tout}'를 형성하지는 않으면서도 서로 절합되어야 하며 서로 작용해야 하는 근거)은 이 관계들이 **다른 관계들을 변형하는** 방식, 이 관계들이 **다른 관계들에 의해 변형되는** 방식, 그리고 결국에는 **관계** 그 자체의 **양태를 변형하는** 방식이기 때문이다. 마르크스가 지적하듯, '**프락시스**'가 '관계'만큼이나 변형적^{métamorphique}이거나 '변형 가능^{veränderbar}'하다는 점에서 '관계'와 '**프락시스**'는 엄격하게 상관적인 두

항이다. 그리고 이 점은 유효한 현실이라는 통념이 자신의 (신학적이고 정신주의적인) '완결성complétude'을 향한 이상idéal에서 분리되자마자, 그리고 '열린 무한성'의 모델에 따라 사고되자마자 나타난다. 모든 혁명적 전통이 원했듯, 아마도 **프락시스**는 집합화의 성격collectivisante을 띨 것이다. 하지만 이 **프락시스**는 주체들을 분할하고 차이화한다는 조건에서만 집합화의 성격을 띠게 될 것이다.

  B. 하지만 우리를 더욱 난처하게 만드는 또 하나의 모호성이 마르크스의 지적 작업opération ─ 이 지적 작업을 통해 마르크스는 '인간적 본질'이 철학적으로 의미하는 바를 탈구축déconstruit하고 재정의한다 ─에 대한 우리의 해석 시도들에 여전히 '거주habite'하고 있다. 즉, 관계들rapports 그 자체가 자신들의 내재적 속성으로 지니는 관계들에 대한 **변형**(혹은 '테제들'의 용어법을 따르자면 '변화change', 즉 'Veränderung')이라는 관념에 영향을 미치는 그런 모호성 말이다. 이런 변형은 '내적'인 변형인가 '외적'인 변형인가? 이 변형은 조건들과 힘들의 분배가 변화함으로써 생산된 결과인가, 아니면 여기에서 우리는 자기 자신들의 관계rapports와 역사의 '저자'인 그런 **주체들**이 내린 어떤 결정 혹은 그들이 행한 어떤 노력(그리고 잠재적으로는 행동conduite의 단순한 **간극**[잘못된 행동, misconduct])이 생산하는 효과를 보아야만 하는 것인가? 이는 아주 오래전부터 존재해왔던 철학적 물음이다…… 그렇다면 (형이상학에 속할 뿐인 것처럼 보이는) 이런 아포리아들이 지니는 '추상적' 성격을 끊임없이 고발해왔던 (처음에는 헤겔의, 그다음으로는 마르크스의) '변증법적' 담론의 중심으로 이 아포리아들이 끊임없이 되돌아오는 것이 어떻게 가능하단 말인가? 무엇보다도 외적 관계들rapports에 대한 변증법적 '내부화'로 이해된 주체화라는 헤겔적 개념을 이런 새로운 역사적 틀 내부로 옮겨놓음으로써, 혹은 정반대로 다른 철학적 전통들에서 이 개념을 위한 대안들을 찾아줌으로써, 사회적 관계들rapports sociaux의 변화의 원인들이 외부적인지 내부적인지 사

이의 딜레마를 철학적으로 해결하기 위해 최소한 한 가지 이상의 마르크스주의 담론이 정교하게 고안되었다. 여기에서 루카치와 알튀세르가 완전히 정반대되는 방향의 해결책들을 각각 제안했다는 점을 기억하자. 루카치는 역사의 '주체-대상'으로서의 프롤레타리아—이 프롤레타리아의 계급의식은 자본주의에 의해 상품 관계들로 변형된 사회적 관계들의 총체totalité에 대한 부정, 그러니까 이 관계들rapports 그 자체의 '사물화'라는 현상의 능동적 **전도**를 함의한다—라는 초-헤겔적인 통념을 통해서 자신의 해결책을 발명해냈으며, 근본적으로 반反헤겔적인 스피노자적 정신에 따라 알튀세르는 **과잉결정된** 동일한 역사적 과정을 객관적이고 필연적인 조건들의 관점에서, 그러니까 '외부성'의 관점에서, 그리고 행위자들 사이의, 더 나은 표현으로는 관개체적 행위들 그 자체 사이의 '우연적 마주침rencontres aléatoires'이라는 관점에서 분석한다.* 이 점에 관한 논의를 끝마치기 위해 마지막으로 정리하자면, 나는 어떻게 모호성이 이미 '테제들'의 계기(이 계기는 또한 《독일 이데올로기》의 계기이기도 하다) 내에 현존하고 있는지를 단순히 보여주고 싶은 것뿐이다.

마르크스의 텍스트가 이 지점에서 제시하는 아포리아들과 관련해 나에게 흥미로워 보이는 점은 이 아포리아들이 마르크스적 혹은 마르크스 문헌학적 연구들과 관련될 뿐만 아니라, 이 아포리아들이 또한 (플라톤부터 버트란드 러셀에 이르기까지……) 유명론자들과 실재론자들 사이에서 전개되는 보편적인 것[15]을 둘러싼 논쟁의 이면을—하지만 이 논쟁을 바로 **실천(과 변형)이라는 지형** 위로 옮겨놓으면서—형성하는 '내적 관

---

* György Lukács(1923), *Histoire et Conscience de classe*, Kostas Axelos & Jacqueline Bois 불역, Minuit, "Arguments", Paris, 1960. 알튀세르와 관련해서, 나에게는 전혀 양립 불가능해 보이지 않는 '시작'(début, 기원)과 '끝'(fin, 종말/목적)에 관한 지표들을 여기에 하나로 모으고자 한다. 이 점에 관해서 나는 최근의 두 주석가들이 제시한 지표들을 따른다. Emilio de Ipola, *Althusser. L'adieu infini*, 불역: PUF, Paris, 2012와 Warren Montag, *Philosophy's perpetual War. Althusser and His Contemporaries*, Durham, Duke University Press, 2013.

계들relations'의 가능성과 불가능성에 관한 (태곳적부터 존재해왔던) 논쟁 내에서 하나의 **새로운 에피소드**를 대표하기도 한다는 점이다. 물론 헤겔 철학은 우리에게 이에 관한 하나의 특권적인 예로 제시되는데, 헤겔에게서는 내적 관계들relations —즉 외부에서 강제된 (이 관계들의 항들 혹은 담지자들supports 사이의) 우연적 연결liaison을 정립할 뿐만 아니라 또한 이 담지자들 그 자체의 구성 혹은 형태 내에서 스스로를 반영하는 내적 관계들—이 단순히 **존재**하는 것을 넘어서서, 모든 관계relation는 오직 이 관계가 내적이거나 혹은 **내재화**되었을 때에만 **현실적**일 수 있다(이는 전자보다 훨씬 더 강한 아이디어이다). 헤겔의 관점에서 이는 **정신**Geist이 전개하는 계기들인 정신적 관계들relations에 관한 것이라는 점, 즉 이 관계들이 자신들의 가치와 정치적 기능 등등에 대한 집합적 의식을 갖춘 역사적 제도들로 실현된다는 점만을 의미할 수 있을 뿐이다. 사회적 관계들rapports sociaux을 외적 관계들relations로 구축함으로써, 그리고 또한 동시에 이 사회적 관계들을 지지하는 **항들**—개인들이든 민족, 문화, 계급 등등과 같은 집합적인 것이든—을 통해 수많은 수동적이고 '자연적'인 요소들, 즉 자기 자신들을 '서로 관계 맺도록 만드는met en relation' 바로부터 인위적으로 자율화된 요소들을 형성함으로써 주관적 측면을 제거하는 기계적이고 자연주의적인 표상 그 자체로 단순히 되돌아가지 않으면서도 어떻게 정신주의적인 동시에 목적론적인 이런 헤겔의 구축물을 비판할 수 있을까? 하지만 역으로 다음과 같이 질문해보자. 모든 정신주의는 이 외부성에 대해 공포심을 느끼는 반면 정반대로 유물론적 전통은 이 외부성에 활동 혹은 심지어는 주체성에 대한 자기 고유의 개념화를 이식시키려 함으로써 오히려 이 외부성을 요구하는데, 그럼에도 도대체 왜 이 지점에서 우리는 (공간성, 물질, 분포, 우연성 등등의 형태들을 취하는) 이런 **외부성의 우위를 비판**해야 하는가? [질문을 다른 식으로 표현하자면,] **결국 '주체성'과 '내부성'이 왜 상호 교환 가능한 통념들인 것일까?**

'유효한 현실'과 사회적 관계들^{rapports sociaux}의 앙상블에 관한 마르크스의 정식화들을 향해 우리가 이런 철학적 질문들—그런데 이 철학적 질문들은 그 누구도 아닌 바로 우리 자신들이 제기한 철학적 질문들이다—을 던졌을 때, 우리에게 주어지는 바는 두 가지 가능한 해석들 사이의 끊임없는 진동인 것 같다. 첫 번째 해석은 아마 두 번째 해석보다 더욱 외부주의적^{externaliste}이며 두 번째 해석은 아마 첫 번째 해석보다 더욱 내부주의적^{internaliste}일 것이지만, 이 두 가지 관점 사이에 근본적인 분리가 가능한 것은 아니다. 첫 번째 해석에서, 우리는 마르크스가 '앙상블'이라고 부르는 바를 이후에 철학자들과 인류학자들이 사회적 행위자들의 수동적 혹은 능동적(심지어는 혁명적) 주체화의 과정들이 관계들^{rapports}(그리고 결국에는 '조건들')—사회적 행위자들은 이 관계들, 그리고 '조건들' 내에 사로잡혀 있다—의 형태에 의존한다는 논리적 사실을 강조하기 위해 '구조'라고 불렀던 바와 동일시할 수 있다. 그렇기 때문에 반자본주의적 사회운동들은 이 사회운동들의 이데올로기에, 혹은 마르크스가 지적했듯이 이 사회운동들의 '의식 형태들'과 '조직 형태들' 등등에 영향을 미치는 자본주의의 변형에 의존한다. 두 번째 해석에서, 우리는 인정 혹은 간주체성이라는 거대한 헤겔적 변증법을 《정신현상학》의 '자기의식'에 관한 장의 '주인과 노예' 편에서 처음으로 제시되었던 바로서의 갈등으로 해석할 수 있다. 첫 번째 해석과 달리, 이 두 번째 해석의 모델은 역사적 주체들의 행위를 위에서 내려다보는 형식적 혹은 추상적 구조로서의 관계^{rapport}를 존재론화할 위험에서 완전히 벗어난다. 이 두 번째 해석의 모델은 사회적 관계^{rapport social}의 제도적 형태들이 (본질적으로는) 본질적 **비대칭**의 결정화^{cristallisation}—각각의 주체에 관한 다른 주체들의 지각에 영향을 미치는, 그래서 [대문자] 주인과 [대문자] 노예 각자의 세계관이 서로 양립 불가능하도록 만드는 바(한편으론 명예를 위해 자신의 삶을 희생시키기, 다른 한편으론 사회의 진보를 위해 노동에 전념하기)를 '볼' 수 없는 상호간의 무능력을 초래하는 그런 **비대칭**의 결정화—그 자체라고 주장한다.* 하지만 또한 이 두 번째 해석의 모델은 주어진 사회적 갈등 내에서 무엇보다도 주체들의 '의식의 등 뒤에서'(헤겔) 생산되는 혹은 '무의식적인 것^{bewusstlos}'으로 남게 되는 모든 것이, 서로 적대적인 복수의 주체성들이 동일한 정신의 거울 이미지, 그리고 이 정신의 **분열**의 생산물일 뿐이라는 점에서, 결국은 이런 의식에 재통합되거나 내부화될 것이라는 허상^{illusion}을 만들어낼 수 있다. 하지만 그럼에도, 위에서 이미 언급했던 용어법으로 되돌아오자면, 이 두 가지 모델 각각은 개체성의 관점에서뿐만 아니라 또한 **관개체성**의 관점에서도 자신들만의 방식으로 사고하기 위한 시도라는 점을 지적하자.

마르크스의 생전에 미간행된 채로 남아 있던 《독일 이데올로기》(〈포이어바흐에 관한 테제〉와 동시에 집필했거나 혹은 그 직후에 집필했을 텍스트)에서, 마르크스는 **사회적 관계**^{rapport social}라는 범주의 외재적이고 내재적인 해석들 사이의 모호성, 혹은 다음과 같이 표현하기를 원한다면, 순수한 구조주의와 순수한 간주체성의 철학 사이에서 이 **사회적 관계**가 겪는 의미의 동요를 초월/극복하기 위해 명시적으로 노력했다. 이런 초월/극복에 성공하기 위해, 마르크스는 독일어의 'Verkehr'라는 용어—위에서 내가 지적했듯이 고전 프랑스어와 고전 영어에서 이 용어와 동일한 의미를 지니는 단어는 프랑스어 'commerce'와 영어 'intercourse'이다—를 확장해서 활용했다. 왜냐하면 이 'Verkehr'라는 독일어는 두 가지 관점으로 정확히 읽힐 수 있기 때문이다. 하지만 또한 우리는 이런 관점의 이중성이 자본주의(그리고 더욱 일반적으로는 '부르주아' [시민]사회)

---

*   Hegel, *La Phénoménologie de l'Esprit*, op. cit., 1권, pp.155-166(5장 A편: '자기의식의 독립과 의존, 지배Domination와 복종'). 이에 관한 수많은 주석들 가운데에서 주디스 버틀러Judith Butler와 카트린 말라부Catherine Malabou의 최근 대담을 참조하라. *Sois mon corps. Une lecture contemporaine de la domination et de la servitude chez Hegel*, Bayard, Paris, 2010.

의 한가운데에 자리 잡고 있는 상호 교류^{commerce}의 관계들^{rapports}과 양태들을 특징짓는 **소외**를 이해하는 서로 다른 방식들을 통해 더욱 명확해진다는 점을 보게 된다. 첫 번째는 주체들로 하여금 이 주체들 고유의 공통 세계에서 어느 정도 낯설게/멀어지게^{étrangers} 되도록 만드는 방식, 즉 양립 불가능한 두 가지 '체험된 세계들'(공리주의적 가치들에 의해 지배된 개인주의적 혹은 이기주의적 세계와 공동체적 가치들이 복원되는 상상의 세계)로 이 세계 자체가 분열되는 방식이며,* 두 번째는 계급들 사이에 존재하는 지배와 갈등, 그러니까 정치적 투쟁—《자본》이 헤겔의 언어로 [주인-노예 사이의] **지배-종속관계**$^{Herrschafts- und Knechtschaftsverhältnis}$라 부르는 것, 다시 말해 생산과정 내 생산수단의 소유자들과 착취받는 노동자들을 서로 대립시키는 '직접적' 적대에서 만들어지는 정치적 지배의 관계^{rapport}—의 양식들의 대상성[객관성/객체성]을 강조하는 더욱 전략적인 방식이다.** 그러나 우리는 이 첫 번째와 두 번째 경우 모두에서 사회적 관계들$^{rapports\ sociaux}$의 본원적^{originelles} 다수성과 이질성이 사회의 구성에서 절대적으로 특권화된 위치를 점하는 **노동관계들**$^{rapports\ de\ travail}$의 통일성/단일성^{unicité}으로 이어졌다는 점을 지적해야만 한다. 바로 이 때문에, 삶^{existence}

---

* 바로 이런 설명이 사회 세계의 'Verdopplung' 혹은 '이중화/중첩^{redoublement}'을 기술함으로써(네 번째 테제) 〈포이어바흐에 관한 테제〉가 명확하게 우선시하는 설명이다. 우리가 '소외'를 표현하기 위해 하나의 프랑스어 단어 'aliénation'만을 가지고 있는 반면, 독일 철학은 두 가지 단어, 즉 투사되었다는 사실 혹은 '자기 자신의 바깥'으로 탈출(해 사물들의 세계로 진입)했다는 사실을 함의하는 'Entäusserung'과, '자기 자신으로부터 낯설게/멀어지게' 된다는 사실 혹은 그런 '낯섦^{étrangèreté}'—'낯선 권력', **타자의 권력**으로의 복종이라는 의미까지도 포함해—을 함의하는 'Entfremdung'을 모두 활용한다는 사실을 기억하자. 헤겔은 이 두 가지 단어 모두를 아무런 차이 없이 번갈아가며 활용한다. 네 번째 테제에서 마르크스는 'Selbstentfremdung'이라는 강력한 표현을 활용하며(라비카와 마슈레는 이를 '자기-소외$^{auto-aliénation}$'로 번역한다), 곧이어 이를 '자기파열^{Selbstzerrissenheit}'과 '자기모순'(Sichselbstwidersprechen, 자기 자신과 모순됨—이는 사실 명사라기보다는 동사이다)으로 표현한다.

** Karl Marx, *Le Capital*, 3권, 47장 '자본주의적 지대의 발생사', 2절 '노동지대'를 참조. (한국어판으로는 《자본》 III-2, 강신준 옮김, 길, 2010을 참조-옮긴이)

의 모든 측면들을 포괄하는 분업 내에 주체들을 기입함으로써 이 주체들을 사회화하는 능력을 정확히 이 노동에 부여하는 그런 **사회적 존재론**이 논의의 중심에 재등장하는 것이다. 비록 사회가 물질적 생산에서 유래하는, 혹은 이 사회를 이데올로기적 베일로 덮어 가리는 (노동 이외의) 심급들의 체계 전체를 포함한다고 할지라도, 이 사회는 경향적으로 하나의 거대한 '생산적 유기체'로 표상된다. 그리고 이것이 바로 이후에 마르크스가 사회적 구축물의 '상부구조^{Überbau}'라고 부르게 되는 것이다. 모든 형태의 사회적 소외, 즉 심리학적, 종교적, 미학적 형태의 사회적 소외는 본질적으로 **노동의 소외**의 전개로 사고되며, 정치적 갈등은 생산의 조직화를 위한 기능들을 수행하고 있는 두 계급, 즉 생산수단을 독점함으로써 타인의 노동으로 살아가는 소유자계급과 노동자계급 사이의 적대 — 1847년《공산주의자 선언》이 지적했던 적대 — 로 사고된다.

C. '테제들'의 집필이라는 **계시**^{illumination}[영감]의 순간 이후, 분명 마르크스는 주체화의 양식들을 소외된 노동의 효과들로 인간학적으로 환원해야만 하는, 그리고 이와 동시에 인간적 본질이라는 관념의 의미를 변형하는 여섯 번째 테제의 언표를 존재론화해야만 하는 매우 정당한 이유들을 갖게 된 것이다. 사태를 명확히 이해하기 위해 다음의 사실을 한 번 더 말해보도록 하자. 이는 '테제들' 내에서 작동하는 철학적 급진성을 통해 철학을 배신하는 것이 아니다. 오히려 이 아포리즘들과 사변(정세에 따라 이 테제들이 내포할 수도 있는 위험성 높은 사변)의 지속은 우리로 하여금 이 테제들을 **결정**[정의]하도록 강제한다. 그런데 여기에서 결정적인 것으로 나타났던 것은 '대중운동'과 '국가 합리성'의 시대로 점진적으로 들어서는 정치의 형태들 그 자체 내에서 산업혁명과 자본주의의 발전이 생산한 사회적 영향과 격변이 놀라운 속도로 확장된다는 점이었다. 더욱이 이는 이런 변형의 **부정적** 이면이었는데, 바로 이 **부정적** 이면에서, 노동자들의 생물학적 삶 자체까지도 위협하는 이 노동자들에 대한 박탈/

탈소유와 착취에 저항해야 할 필연성과, 부르주아 헤게모니와 그 지적 형태들에 맞서 '생산력'을 가치화^{valorisation}해야 한다는 유물론적 명령이 서로 만나게 되었던 것이다. 만일 마르크스가 그토록 '일면적'인 방식으로 사회적 관계들$^{rapports\ sociaux}$을 생산관계들$^{rapports\ de\ production}$과, 그리고 이 생산관계들에서 파생되는 것과 동일화하지 않았다면, 아마도 우리는 여전히 '사회'를 형성하는 것이 정신 혹은 문화 혹은 정치체제 등등이라고 믿고 있었을 것이다. 하지만 우리는 마르크스가 제시했던 이런 생산관계로의 환원이 초래한 **인간학적 결과들**―심지어 나는 복잡성을 감축하기 위해 인간학적 장 내에서 마르크스가 '치러야만 했던 대가'라고까지 말하고 싶어진다―을 평가해보아야만 한다.

아마도 이 **인간학적 결과들**을 〈포이어바흐에 관한 테제〉의 지평에서 평가하기 위한 최고의 방식은 도대체 어떤 이유가 마르크스로 하여금 포이어바흐의 철학 자체에 대한 파편적[편파적]인 독해를 제시하도록 만들었는지를 보여주는 방식일 것 같다. 마르크스가 포이어바흐에게 제시했던 주요한 비판은 '감각적^{Sinnlichkeit} 물질성'에 관한 포이어바흐의 개념화가 추상적인 것으로 남아 있다는 점, 혹은 그의 개념화가 활동의 차원을 결여하고 있다는 점―첫 번째 테제를 통해 알 수 있듯, 마르크스의 이런 비판은 의미심장하게도 포이어바흐의 개념화가 주체성과 대상성[객관성/객체성] 모두를 동시에 결여하고 있다는 점을 의미한다―이다. 여기에서 포이어바흐가 항상 개인들을 인간적 본질―구체와 경험으로 돌아가겠다는 그의 모든 공언들에도 불구하고 포이어바흐에게 이 인간적 본질은 하나의 관념에 불과하다―이라는 한계에 가두어놓는다는 마르크스의 비판이 도출되는 것이다. 그리고 포이어바흐와는 정반대로 마르크스는 새로운 유물론을 개시하는데, 이 새로운 유물론에서 사회적 관계들$^{rapports\ sociaux}$은 **활동**^{Tätigkeit}이며, 그는 이 새로운 유물론에 생산적 노동과 함께 시작해 혁명적 봉기―이 혁명적 봉기는 집합적 노동자^{travailleur}

collectif(이후에 이 집합적 노동자는 **노동자**[ouvrier]로 불릴 것이다)가 처해 있는 객관적 조건을 통해 이 집합적 노동자를 강력한 힘을 갖춘 혁명가로 만들며, 역으로 근대의 혁명적 주체를 의식적이고 조직화되어 있으며 결국에는 역사의 의미/방향의 담지자라는 점에서 무찌를 수 없는 힘을 갖게 되는 노동자[ouvrier]로 만든다―로 완성되는 집합적 행위들의 스펙트럼 전체를 통합한다. 다른 용어로 표현하자면, 마르크스는 고전 철학이 **포이에시스**라는 축과 **프락시스**라는 축 사이로 분산시켰던 모든 것을 (우리를 "현재의 상태를 폐지하는 현실의 운동"*으로서의 공산주의로 인도하는 연속성을 이 두 축 사이에 확립함으로써) 자신의 활동 개념 내에 기입한다. 하지만 이런 독해는 정확한 것인가? 아마도 아닐 것이다. 포이어바흐가 "유[genre]라는 추상적 통념"―이 통념에는 **관계의 차원**[dimension de rapport]이 아마도 부재할 것이며, 그래서 이 유를 각각의 개인 내에 분리되어 '거주'하고 있는(혹은 다른 모든 타자들과는 독립적으로 이 개인 내에 '육화/구현'되어 있는) 추상적 심급으로 만들고 말 것이다―의 내부에 개인성을 기입하지 않았다는 전혀 무시할 수 없는 이유에서 말이다. 포이어바흐의 말대로 만일 유가 개인들에게 인간성[humanité]을 부여한다면, 이는 바로 이 유가 '나'와 '너'로 서로 구분되며 특히 성적으로[sexuellement] 결정되는 주체들 사이의 대화라는 관점에서 '관계[relation]'로 사고되기 때문이다.** 물론 우리는 인간적 본질에서 구성적인 이런 'relation' 혹은 'rapport'의 유형[type]이 포이어바흐의 주장대로 정말 고유하게 **사회적**인 것인지에 대해 의문을 제기할 수도 있을 것이며, 사회적이라는 용어보다는 사실은 오히려 **존재적/실존적**[existentiel]이라는 용어가 더 적절하다고 주장할 수도 있을 것이다. 그러나 포이어바흐가 인간적 관계[relation humaine]라고 부르는 것에서 마르크스가

---

*   Karl Marx & Friedrich Engels, *L'Idéologie allemande*, *op. cit.*, p.33.

**   Ludwig Feuerbach, *L'Essence du christianisme*, *op. cit.*, pp.118-191 이하와 220 이하.

어떤 '사회적 관계^{rapport social}'의 차원도 전혀 보지 않는다는 사실은 역으로 이런 마르크스의 주장이 사실은 개인들을 '사회화'할 수 있는 유일한 종류의 관계들^{relations} 혹은 실천들^{pratiques}(다른 종류의 관계들 혹은 실천들을 제거함으로써 남게 된 실천들)과 **역사적으로 존재하는** 사회적 관계들^{rapports sociaux}을 궁극적으로는 동일시하는 마르크스의 자의적 규정일 뿐이라는 점을 의미할 수도 있다. 특정한 사회적 관계들^{rapports sociaux}을 **지각**하고 이 관계들의 '규정적^{déterminant}' 특징을 확인하기 위해, 어떤 정도로까지 이 관계들 혹은 실천들의 유일한 종류는 다른 종류들 — '인간의 사회화', 권력, 지배, 소외 그리고 해방이라는 측면에서 이 관계들 혹은 실천들의 유일한 종류만큼이나 결정적인 역할을 수행하는 종류들 — 에 대해 **맹목적**이어야만 하는가? 바로 이것이, 인간 존재에 관한 우리의 이해에서 마르크스가 비가역적으로 변화시켰던 바를 [긍정적으로] 평가하는 지금 이 순간에서조차 오늘의 우리가 피해갈 수 없는 질문이다.

네 번째 테제가 제시하는 지표들을 따라서 이 점을 더욱 명확히 설명해보자. 포이어바흐가 《기독교의 본질》에서 하고자 했던 것은 (신이라는 개념부터 시작해서) 모든 신학적 통념들을 인간적 현실^{réalité humaine}을 표현하는 인간학적 통념들로 이끌고 감으로써 기독교의 신비를 '해소^{dissoudre}'하는 것이다. 이런 일반적 틀 내에서, 포이어바흐는 무엇보다도 삼위일체라는 교리를 이중의 전위^{transposition}라는 관점에서 해석하는 것에 관심을 기울였다. 가족이라는 '지상적/세속적^{terrestre}' 제도를 신성가족^{Sainte Famille}[성가정]이라는 이상적 이미지 속으로 전위시키기, 그리고 신성가족 그 자체를 신성한 세 인격들^{personnes} 혹은 삼위일체의 **위격들**^{hypostases} — 이 신성한 세 인격들 혹은 삼위일체의 위격들이라는 세 항은 하나를 이루거나 혹은 신성^{divinité}의 탁월한 [대문자] 단일체^{Unité}로 화해한다고 전제된다 — 사이의 '교통'이라는 훨씬 더 사변적인 관념으로 전위시키기. 그러므로 우리는 최초의 삼항 혹은 공동체, 즉 [대문자] 아버지와 [대문자] 아들, 그리고 [대문자] 어머니(동정녀 성모 마리아)에서 두 번째 삼항 혹은 공동체, 즉 [대문자] 아버지와 (육화된 [대문자] 말^{Verbe}로서의) [대문자] 아들, 그리고 성령(즉 신 안에서 하나 된 모든 인간들 사이의 유대^{lien}라는 관념)으로 이행한다. 그리고 물론 여기에서 우리는 모든 기독교 신학의 '비밀'이 인간들 사이에 존재하는 성적 관계들$^{rapports\ sexuels}$에 대한 이상적 완전성^{perfection} 혹은 승화된 사랑이라는, 신약성서의 몇몇 구절들이 명시적으로 신과 동일시하기까지 하는 그런 이미지 내로의 하나의 **투사**^{projection}라는 점을 설명할 수 있게 된다.* 그런데 기독교의 이런 교리를 우리가 진지하게 받아들인다면, 이 교리는 여섯 번째 테제의 정식에 대한 해석에서 또 다른 가능성들을 분명하게 제시해줄 수 있다. "그러나 인간적 본질은 고립된/독특한 개인 내에 거주하고 있는 추상물이 아니며, (……) 이 인간적 본질은 [사회적-발리바르] 관계들의 앙상블이다." 이 지점에서 포이어바흐가 꼭 오류를 범하고 있는 쪽은 아닐 것이며, 오히려 그는 개인들을 '소유'하는 것, 그리고 이 개인들을 '인간'으로 만들어주는 것이 바로 성적 관계$^{rapport\ sexuel}$ — 이 성적 관계의 정서적 차원(사랑)과 그 제도적 실현으로서의 가족을 포함해 — 라는 점을 제시함으로써 이 오류의 정정에 기여할 수도 있다. 그리고 이는 개인을 **관계들**^{rapports} **내에서 그리고 관계들에 의해** 구성되는 것으로 사고하는 또 다른 방식, '교류$_{Verkehr,\ commerce}$'를 인간 형태를 생산하고 재생산하는 것으로 사고하는 또 다른 가능한 방식이다.

하지만 마르크스의 비판에 대한 포이어바흐의 '답변'을 이렇게 상

---

* 성 요한의 첫 번째 서간에서 등장하는 정식인 "신은 사랑이다"는 기독교적 신비에서뿐만 아니라 스피노자 이후 등장한 기독교에 대한 인간학적 해석들 내에서도 핵심적인 역할을 수행한다. 그리고 이 두 가지 흐름이 생산한 영향은 헤겔에게서 수렴된다. 나의 연구를 참조하라. Étienne Balibar, "Ich, das Wir, und Wir, das Ich ist. Le mot de l'esprit", *Citoyen sujet*, op. cit.

상해본 뒤, 이번에는 마르크스가 이런 포이어바흐의 '답변'에 어떻게 반대할 것인지 또한 상상해보아야만 한다. 아마도 마르크스는 네 번째 테제에 함축되어 있는, 그리고 《독일 이데올로기》가 명시적으로 정식화하는, 즉 '지상가족'이라는 이런 관점이 그 자체로 그다지 현실적이지 않다고 포이어바흐를 비판할 것인데, 이 '지상가족'이라는 관점이 (감각적 [육체적] 사랑을 포함해) 낭만주의적인 방식으로 사랑에 대해 강조하는 것은 (비록 포이어바흐는 인간 섹슈얼리티의 불완전성과 유한성에서 하나의 소외 형태인 종교적 투사의 원천을 보고자 하지만) 마르크스의 관점에서는 모든 모순들을 이로부터 분리하는 방식일 뿐일 것이다. 마르크스는 엥겔스―그는 시간이 흐른 뒤 이 문제를 또 한 번 다루게 된다―와 함께 집필했던 《독일 이데올로기》에서 인간 종의 중심에 존재하는 유들genres 혹은 특징들caractères 간의 차이로서의 성들sexes 간의 차이가 남성과 여성 사이의 "성행위에서의 분업"(원문 그대로)에서 시작하는 분업 그 자체에서 초래되는 것이라고 설명한다.* 그리고 《공산주의자 선언》에서 마르크스는 생-시몽주의자들에 대한 페미니즘적 비판을 차용하면서 결혼과 부르주아 가족은 합법적 성매매의 형태를 구성한다고 강하게 주장하는데, 이런 공격적인 주장은 종교의 '지상적/세속적 기초'에 내재하는 모순이 (부르주아) 가족에 대한 '이론적이고 실천적인 파괴'에 의해서만 해소될 수 있다고 전제했던 네 번째 테제의 주장과 완벽히 일치한다. 분명히 이런 주장은 전혀 가볍게 넘길 수 없는 상당히 의미 있는 주장인데, 왜냐하면 마르크스는 인간적 본질에 관한 형이상학적 통념들이 머나먼 이데올로기적 과거에서 유래할 뿐만 아니라 사회적 모순들을 승화시키거나 이 사회적 모순들에게 상상적 해결책을 만들어 제시하는 모든 현재의 과정을 통해 영원한 것으로 재구성되기도 한다는 점을 다시 전제하기 때문

---

*   Karl Marx & Friedrich Engels, *L'Idéologie allemande*, *op.cit.*, p.29.

이다. 하지만 이 지점에서 우리의 관심을 끄는 것과 관련해, 이런 주장은 마르크스가 자기 고유의 테제들에서 몇몇 잠재성들을 **제거**하는 경향을 갖고 있다는 점을 분명히 보여주기도 한다. 그리고 이는 마르크스가 **이 질적인** 사회화(와 주체화)의 양식들의 스펙트럼 전체를 위한 자리를 확립하기 위해 마르크스 자신이 비규정적인indéfinie 방식으로 사회적 관계들 rapports sociaux의 '앙상블'이라고 불렀던 바의 **열림**이라는 위험을 제거한다는 점 또한 의미한다. 노동(더 정확한 표현으로는 **생산적** 노동)이라는 **특수한**spécifique, (노동 이외의 다른 것들을 제거함으로써) 새로운 의미로 '본질화된' 속성과 '사회적'인 것(혹은 **사회적 실천**) 사이의 (마르크스 이후 푸코가 활용할 표현을 빌리자면) **유사-초월론적** 등가성이 결국 이로부터 재구성된다. 이렇듯, 생산관계rapport de production에서 유래하는, 분업의 원리가 스스로를 확장함으로써 도달하는 이런저런 **이차적** 관계들rapports에 영향을 미치는[16] '혁명'을 통해서가 아니라, **구성적 역할을 수행하는** 분업에 영향을 미치는[분업을 변형하는] 혁명을 통해서, 인간 주체들은 자신들을 인간 존재로 만들어주는 관계들rapports을 변형할 수 있다. 그리고 이런 의미에서, 우리가 원하든 원하지 않든, (통일성/단일성unité, 동일성uniformité, 총체성totalité과 같은) 일자Un의 형이상학적 권력들이 도래할 해방의 역량들 그 자체—이 도래할 해방은 현실 세계가 즉자적으로 포함하고 있는, 그리고 이미 이 현실 세계를 초과하고 있는 **새로움**novum이다—와 (바로 이 시기 동안) 동일화되었던 만큼, 마르크스는 이 일자의 형이상학적 권력들을 더욱 더 거대한 힘을 갖는 것으로 재인지했던 것이다.

옮긴이 주

1. 《마르크스의 철학》 본문에서와 마찬가지로, 앞으로 이를 〈포이어바흐에 관한 테제〉 혹은 줄여서 '테제들'로 표기한다. 그리고 여기에서는 'rapport'와 'relation'을 발리바르가 명시적으로 구분하고 있기 때문에, 한국어로는 모두 동일하게 '관계'로 옮기면서도 (조금 불필요해 보일 수도 있으나) 동시에 원어를 가능한 한 병기했다.

2. 라비카 번역본과 달리 여기에서 발리바르는 '지금까지'라는 부사를 추가했다.

3. 칸트 철학과 관련해, 'transcendant'은 '초월적'으로, 'transcendantal'은 '초월론적'으로 번역했다.

4. 'abstraction'은 위에서 이미 지적했듯이 '추상' '추상물' '추상화' '추상성'으로 모두 번역 가능하다. 여기에서는 기본적으로 '추상물'로 번역하되, 맥락에 따라 '추상' 등의 번역어들도 활용하겠다.

5. 'inform'과 'shape'라는 영어 단어는 프랑스어 번역본에서는 병기되어 있지 않지만, 옮긴이가 독자들의 이해를 돕기 위해 영어 번역본을 참고해 병기한 것이다.

6. 헤겔의 'Aufhebung', 즉 지양 개념의 프랑스어 번역어는 'dépassement'과 'relève' 두 가지가 있는데, 이 두 용어의 구분을 위해 'dépassement'은 초월 혹은 극복으로, 'relève'는 지양으로 번역했다. 사실 'dépassement'은 초월과 극복이라는 의미를 훨씬 더 강하게 내포하고 있다.

7. 여기에서 '문제적'은 'problématique'을 번역한 것인데, 알튀세르 철학에서는 이 'problématique'을 기본적으로 '문제설정'으로 번역한다. 그러나 여기에서는 옮긴이가 판단하기에 'problématique'이 프랑스어에서 통용되는 일반적 의미, 즉 '문제적이다' '문제가 있다'를 뜻하는 것 같다. 즉, 알튀세르가 이론적 반인간주의를 제시하면서 이론적 인간주의를 비판했다는 점에서, 그는 이 인간학을 '문제적'이라고 보았다는 의미가 아닐까 추측한다.

8. 'se rapporter'의 경우 '관계되다' 혹은 '관계맺다'의 의미뿐 아니라 일상적으로는 "s'en remettre à quelqu'un, lui faire confiance pour régler", 즉 '문제 따위를 해결하기 위해 누군가에게 의지하다' 또는 '누군가를 신뢰하다'라는 의미도 있다.

9. 옮긴이가 완역해 이 책의 본문에 수록한 라비카의 '테제들' 번역본에서 엥겔스가 수정한 부분을 참조하라.

10. 이 또한 옮긴이가 완역해 이 책의 본문에 수록한 라비카의 '테제들' 번역본에서 엥겔스가 수정한 부분을 참조하라.

11. 대괄호는 모두 발리바르의 것이다.

12. 관계 내에 '위치' 짓다, 관계를 '맺'게 하다 등의 한국어 번역어는 관개체성의 존재론이 내포하고 있는 '관계의 역동성'이라는 의미를 완벽히 드러내지 못한다. 그러므로 독자들은 반드시 발리바르의 논문 '스피노자에서 개체성과 관개체성'을 참고할 필요가 있다. 〈스피노자에서 개체성과 관개체성〉은 에티엔 발리바르, 《스피노자와 정치》(진태원 옮김, 이제이북스, 2005)에 번역되어 있다.

13. 발리바르가 체계적으로 구분해서 사용하는 것이 아니기 때문에 지금까지 'homme'과 'humain'을 구별하지 않았으나, 이 구절에서만큼은 원어를 병기함으로써 이 둘을 구별했다.

14. 한국어로는 의미가 잘 드러나지 않기 때문에 프랑스어와 영어 번역본에서 이 문장을 가져오면, 프랑스어로 이 문장은 "Les différences mettent en rapport"이며, 영어로 이 문장은 "Differences relate"이다.

15. 헤겔 철학에서 'les universaux'는 '보편자'로도 많이 번역된다.

16. 여기에서 '영향을 미치는'은 'affectant'을 번역한 것인데, 스피노자적인 용어법을 염두에 두자면 이를 '변용하는'으로 옮길 수도 있을 것이다. 물론 '변형'으로 옮기는 것이 가장 자연스럽지만 바로 아래에서 등장하는 'transformer'와 혼동될 수 있기 때문에 '영향을 미치는' 정도로 옮겼다.

문헌 안내

마르크스 자신의 저작들, 마르크스 계승자들의 저작들, 마르크스 주석가들의 저작들의 서지사항 전체는 너무나도 광대하기 때문에 이 거대한 서지사항 내에서 나아갈 방향을 잡는다는 것은 그 자체가 또 하나의 어려움이다. 몇몇 문헌 전문가를 제외한다면 그 누구도 (그것이 한 언어권 내의 서지사항이라 하더라도) 이 서지사항 전체를 완전히 파악하고 있다고 주장할 수는 없을 것이다. 게다가 국가들마다 상이한 방식으로 전개되는 마르크스주의의 대중적 인기의 하락이 이 어려움을 해결해주지는 않는데, 왜냐하면 이는 (꼭 가장 안 좋은 텍스트나 판본이 아니라고 하더라도, 그리고 최근에 출간된 텍스트나 판본이라고 하더라도) 많은 수의 텍스트들과 판본들을 이용할 수 없게 만들거나 구할 수 있더라도 아주 힘들게만 찾을 수 있게 만들었기 때문이다. 이런 장애물들에도 불구하고, 여기에서 우리는 본문에서 언급된 서지사항들을 보충하기 위해 몇몇 저작들과 작업 도구들을 제시해볼 것이다. 우리는 우선적으로 프랑스어 저작들부터 소개할 것이지만, 대체물이 존재하지 않는 몇몇 외국어 저작들 또한 동일하게 소개할 것이다.

1. 마르크스 자신의 저작들

마르크스 자신의 저작들을 소개할 때 우리는 이중의 문제를 맞닥뜨리게 된다. 한편으로, 마르크스 자신의 저작은 완성되지 않았다. 위에서 우리가 이미 지적했듯이, 이런 미완성 ^{inachèvement} 은 마르크스의 작업에 가해진 제약들, 내재적인 난점들, 그리고 마르크스로 하여금 자신의 저서들을 완결 짓게 하기보다는 자신의 개념들을 '다시-작업'하도록 만들었던 지속적인 다시-질문하기라는 그의 지적 태도로 인한 것이다. 그렇기 때문에 많은 수의 미간행된 텍스트들이 존재하며, **사후적인 방식으로** 그중 몇몇은 완성된 텍스트들만큼이나 중요성을 지니는 마르크스의 '저작들 ^{œuvres}'이 되기도 했다. 다른 한편으로, 이 텍스트들에 대한 편집(어떤 텍스트가 핵심적인 것인지에 관한 선택뿐 아니라 이에 대한 소개와 구분의 방식)은 강력한 국가장치들, 마르크스주의의 지지자들, 그리고 마찬가지로 대학 연구자들이라는 서로 다른 '경향들/분파들 ^{tendances}' 사이의 정치적 투쟁의 대상이었다. *Marx-Engels GesamtAusgabe*(일반적으로 'MEGA'로 표기되며, 이는 '마르크스 & 엥겔스 전집'을 의미한다)의 출간은 두 번이나 급작스럽게 중단되었는데, 첫 번째는 랴자노프 ^{Riazanov} 가 러시아혁명 이후 시작했던 출간 기획 자체를 스탈린 체제가 1930년대에 없애버렸던 사건이었고, 두 번째는 소련과 동독에서 '현실 사회주의'가 무너졌던 사건이었다. 이로 인해 *MEGA II*의 출간이 (일시적으로) 중단되었으나, 오늘날 암스테르담 사회사 국제 연구소 $^{Institut\ international\ d'histoire\ sociale\ d'Amsterdam}$ 가 이 작업에 다시 착수했다. 그러므로 어떤 판본의 선택행위 그 자체는 전혀 중립적이지 않은 행위인 것이다. 우리는 동일한 제목을 지닌 책들이지만 완전히 동일하지는 않은 텍스트를 담고 있는 경우를 종종 만날 수도 있다. 독일어 원전으로 가장 일반적으로 읽히는 판본은 베를린의 디츠 출판사 $^{Dietz\ Verlag}$ 에서 1961년에서 1968년까지 출간한 *Marx-Engels Werke*(총

38+2권)이다.

　이런 일반적인 어려움에 더해 특별히 **프랑스적인** 어려움, 즉 마르크스 & 엥겔스 전집의 체계적인 판본(완전하다는 의미에서의 체계적인 판본이 아니라, 독일어나 러시아어, 또는 영어나 스페인어에서 그러했던 것처럼 연대기적이라는 의미에서, 그리고 출간된 저작들과 함께 논문들과 서한들까지도 포함한다는 의미에서)이 존재한 적이 없었다는 어려움 또한 존재한다. 그럼에도 (모두 공백이 존재하며 종종 결함을 지니기도 하지만) 이런 의미에서 체계적이라 말할 수 있는, 하지만 서로 대립되는 기준들을 따르고 있는 네 가지 시도가 프랑스에 존재한다.

　1)《마르크스 & 엥겔스 철학 · 정치 · 경제 저작집^{Œuvres philosophiques, politiques et économiques de Marx et Engels}》, Molitor 불역, Éditions Costes, Paris, 1946 이후 (이 중 일부분은 에디시옹 샹 리브르^{Éditions Champ Libre}에서 재간되었다).

　2) 완간되지는 못한《카를 마르크스 전집^{Œuvres complètes de Karl Marx}》과《프리드리히 엥겔스 전집^{Œuvres complètes de Friedrich Engels}》시리즈. 이후 이는 에디시옹 소시알^{Éditions Sociales}의 기획으로《마르크스 & 엥겔스 저작집^{Œuvres de Marx et Engels}》으로 통합되었는데, 이 중 몇몇 텍스트들은 또한 포슈 형태로 동일한 출판사에서 여러 번 재출간되었다.

　3) 막시밀리앙 뤼벨^{Maximilien Rubel}의 책임편집하에 '플레이아드 시리즈^{Bibliothèque de la Pléiade}' 총서로 갈리마르 출판사^{Éditions Gallimard}에서 출간된 네 권짜리 마르크스 저작집. 이 네 권은《경제 I^{Économie I}》(1965),《경제 II^{Économie II}》(1968),《철학^{Philosophie}》(1982),《정치^{Politique}》(1994)이다.

　4) 마스페로 출판사^{Éditions Maspero}의 마스페로 소책자 총서, 그리고 UGE 출판사^{Union générale d'éditions}의 '10/18' 총서로 로제 당주빌^{Roger Dangeville}이 1970년대에 출간했던 마르크스 & 엥겔스 저작들에 대한 재판과 논문 모음집 시리즈. 당연히 이 4번 항목에 개별적으로 출판되었던 다양한 판본들과 재판들이 포함된다.

전반적으로는 에디시옹 소시알 번역본(현재 그 일부분은 라 디스퓌트 출판사Éditions La Dispute에 재출간되어 있다)과 'Bibliothèque de la Pléiade' 총서의 번역본의 번역이 가장 우수하지만 몇몇 예외도 존재하며, 이 번역본들에 포함되어 있지 않은 중요한 텍스트들 또한 존재한다.*

2. 일반 저서들

아쉽게도 최근에는 훌륭한 수준의 마르크스 전기가 출간된 적이 없다. 하지만 대신 예전에 출간되었던 다음의 전기들을 활용할 수 있다.

Franz Mehring, *Karl Marx, Histoire de sa vie*, Jean Mortier 불역, Éditions Sociales, Paris, 1983.

David Riazanov, *Marx et Engels*, Anthropos, Paris, 1967.

Jean Bruhat, *Marx et Engels*, UGE, Paris, 1971(재판).

Boris Nicolaievski & Helfen Maenchen, *La vie de Karl Marx*, Table Ronde, Paris, 1997.

이런 전기들을 질베르 바디아Gilbert Badia와 장 모르티에Jean Mortier의 책임편집하에 에디시옹 소시알에서 출간된 마르크스와 엥겔스의《서한집 Correspondance》과 함께 읽는 것은 흥미로운 독서 방식일 것이다.

마르크스의 지적 형성과정에 관해서는, 아직까지 대체 불가능한 탁월한 저서로 남아 있는 오귀스트 코르뉘Auguste Cornu의 *Karl Marx et*

---

* 에디시옹 소시알은 프랑스 공산당이 직접 운영하는 프랑스 공산당 공식 출판사이다.-옮긴이

Friedrich Engels, 1권: *Les Années d'enfance et de jeunesse. La gauche hégélienne 1818-1820/1844* (PUF, Paris, 1955), 2권 : *Du libéralisme démocratique au communisme. La Gazette rhénane. Les Annales franco-allemandes, 1842-1844* (PUF, Paris, 1958), 3권 : *Marx à Paris* (PUF, Paris, 1961), 4권 : *La Formation du matérialisme historique* (PUF, Paris, 1970) 을 참조할 수 있다.

'마르크스주의'라는 통념의 형성과 이에 대한 마르크스와 엥겔스의 반응에 관해서는, 조르주 옵트 Georges Haupt 의 "De Marx au marxisme", *in L'Historien et le mouvement social*, Maspero, Paris, 1980*을, 또한 마르크스주의의 역사 전반에 관한 최고의 설명으로는 1978년 이래로 출간된 에릭 홉스봄 E.J. Hobsbawm 등이 책임편집한 총 5권으로 구성된 *Storia del marxismo* (Einaudi, Turin)를 참조할 수 있다. 마찬가지로 우리는 이와 관련하여 레셰크 코와코프스키 Leszek Kolakowski 의 *Histoire du marxisme*, 1권 : *Les Fondateurs. Marx, Engels et leurs prédécesseurs*, 2권 : *L'Âge d'or : de Kautsky à Lénine*, Fayard, Paris, 1987을, 르네 갈리소 René Gallissot 책임편집의 *Les Aventures du marxisme*, Syros, Paris, 1984와 미셸 바칼룰리 Michel Vakaloulis & 장-마리 뱅상 Jean-Marie Vincent 책임편집의 *Marx après les marxismes*, 전 2권, L'Harmattan, Paris, 1997도 참조할 수 있다.**

서구의 철학적 마르크스주의에 관한 최고의 설명으로는 앙드레 토젤 André Tosel 의 "Le développement du marxisme en Europe occidentale depuis 1917", *in Histoire de la philosophie*, Gallimard, 'Encyclopédie de la Pléiade' 총서, Paris, 3권, 1974를 참조할 수 있다.

---

* 이 텍스트는 《역사적 맑스주의》, 서관모 편역, 새길, 1993에 〈맑스와 맑스주의〉(김석진 옮김)라는 제목으로 번역되어 있다.-옮긴이

** 코와코프스키의 저서의 경우, 《마르크스주의의 주요 흐름》 전 3권, 변상출 옮김, 유로서적, 2007으로 번역되어 있다.-옮긴이

3. 각 장의 이해를 위한 참고문헌 보충

1장 마르크스주의적 철학인가 마르크스의 철학인가

이미 언급된 저서들 이외에도, 우리는 다음을 참조할 수 있다.

ASSOUN Paul-Laurent et RAULET Gérard, *Marxisme et théorie critique*, Payot, Paris, 1978.

CENTRE D'ÉTUDES ET DE RECHERCHES MARXISTES, *Sur la dialectique*, Éditions Sociales, Paris, 1977.

COLLETTI Lucio, *Le Marxisme et Hegel*, trad. franç., Champ Libre, Paris, 1976.

GARO Isabelle, *Marx, une critique de la philosophie*, Seuil, Paris, 2000.

HORKHEIMER Max, *Théorie traditionnelle et théorie critique*, Gallimard, Paris, 1974.

KAUTSKY Karl, *L'Éthique et la conception matérialiste de l'histoire*, rééd. Paris, 1965.

KORSCH Karl, *Marxisme et philosophie* (1923), trad. franç., Éd. de Minuit, Paris, 1964.

KOSIK Karel, *La Dialectique du concret*, Maspero, Paris, 1978.

LEFEBVRE Henri, *Métaphilosophie*, Éditions de Minuit, Paris, 1965 (rééd. Le Sycomore, Paris, 1979).

LEFEBVRE Henri, *Problèmes actuels du marxisme*, PUF, Paris, rééd. 1970.

MAO ZEDONG, *Écrits philosophiques*, La Cité, Lausanne, 1963.

MERLEAU-PONTY Maurice, *Les Aventures de la dialectique*,

Gallimard, Paris, 1955.

PAPAIOANNOU Kostas, *Marx et les marxistes*, Tel/Gallimard, Paris, 2001.

PLEKHANOV Georges, *Les Questions fondamentales du marxisme*, Éditions Sociales, Paris, 1948.

RUBEL Maximilien, *Marx, critique du marxisme*, Payot, Paris, 1974.

SÈVE Lucien, *Une introduction à la philosophie marxiste*, Éditions Sociales, Paris, 1980.

STALINE Joseph, *Matérialisme dialectique et matérialisme historique*, trad. du russe, Éditions Sociales, Paris, s.d.

2장 세계를 변화시키자: 프락시스에서 생산으로

이미 언급된 저서들 이외에도, 우리는 다음을 참조할 수 있다.

ABENSOUR Miguel, *La démocratie contre l'État. Marx et le moment machiavélien*, PUF, Paris, 1997.

AVINERI Shlomo, *The Social and Political Thought of Karl Marx*, Cambridge University Press, Cambridge, 1968.

BLOCH Ernst, *Droit naturel et dignité humaine* (*Naturrecht und men-schliche Würde*, 1961), trad. franç., Payot, Paris, 1976.

BLOCH Ernst, *Le Principe espérance* (*Das Prinzip Hoffnung*), trad. franç., Gallimard, Paris, tome I, 1976. [에른스트 블로흐, 《희망의 원리》 전 5권, 박설호 옮김, 열린책들, 2004.]

BLOCH Olivier, *Le Matérialisme*, PUF 《Que sais-je ?》, Paris, 1985.

BOURGEOIS Bernard, *Philosophie et droits de l'homme de Kant à Marx*, PUF, Paris, 1990.

FURET François, *Marx et la Révolution française*, Flammarion, Paris, 1986.

GIANNOTTI José-Artur, *Origines de la dialectique du travail*, Aubier-Montaigne, Paris, 1971.

GRANDJONC Jacques, *Marx et les communistes allemands à Paris*, Maspero, Paris, 1974.

GRANEL Gérard, *L'Endurance de la pensée*, Plon, Paris, 1968.

GRANIER Jean, *Penser la praxis*, Aubier, Paris, 1980.

HEIDEGGER Martin, *Lettre sur l'humanisme, trad. et présentation par Roger Munier*, Aubier, Paris, 1964.

HENRY Michel, *Marx, tome I : Une philosophie de la réalité*, Gallimard, Paris, 1976.

HYPPOLITE Jean, *Études sur Marx et Hegel*, Marcel Rivière, Paris, 1960.

LABICA Georges, *Le Statut marxiste de la philosophie*, éd. Complexe/Dialectiques, Bruxelles, 1976.

LÖWY Michael, *Théorie de la révolution chez le jeune Marx*, Éditions Sociales, Paris, 1997.

MERCIER-JOSA Solange, *Retour sur le jeune Marx*, MéridiensKlincksieck, Paris, 1986.

MERCIER-JOSA Solange, *Entre Hegel et Marx*, L'Harmattan, Paris, 1999.

MAINFROY Claude, *Sur la Révolution française. Écrits de Karl Marx et Friedrich Engels*, Éditions Sociales, Paris, 1970.

NAVILLE Pierre, *De l'aliénation à la jouissance*, Paris, Marcel Rivière, 1957 (réed. comme *Le Nouveau Léviathan*, I, Anthropos, Paris,

1970).

FAURE Alain et RANCIÈRE Jacques, *La Parole ouvrière. 1830-1851*, UGE, coll.《10/18》, Paris, 1976.

SÈVE Lucien, *Marxisme et théorie de la personnalité*, Éditions Sociales, Paris, 1969.

SLEDZIEWSKI Élisabeth, *Révolutions du sujet*, MéridiensKlincksieck, Paris, 1989.

3장 이데올로기 또는 물신숭배: 권력과 주체화/복종

이미 언급된 저서들 이외에도, 우리는 다음을 참조할 수 있다.

ADORNO T.W. et HORKHEIMER Max, *La Dialectique de la raison* (*Dialektik der Aufklärung*), Gallimard, coll.《Tel》, Paris, 1983. [테오 도르 아도르노 & 막스 호르크하이머,《계몽의 변증법》, 김유동 옮 김, 문학과지성사, 2001.]

BERTRAND Michèle : *Le Statut de la religion chez Marx et Engels*, Éditions Sociales, Paris, 1979.

CASTORIADIS Cornelius, *L'Institution imaginaire de la société*, Le Seuil, Paris, 1975.

HABERMAS Jürgen, *La Technique et la science comme «idéologie»*, Denoël-Gonthier, coll.《Médiations》, Paris, 1978.

HABERMAS Jürgen, *L'Espace public* (*Strukturwandel der Öffentlichkeit*), Payot, Paris, 1986. [위르겐 하버마스,《공론장의 구조변동》, 한승완 옮김, 나남출판, 2004.]

JAY Martin, *L'Imagination dialectique. Histoire de l'école de Francfort (1922-1950)*, trad. franç., Payot, Paris, 1977.

KORSCH Karl, *Karl Marx*, Champ Libre, Paris, 1971.

MICHEL Jacques, *Marx et la société juridique*, Publisud, 1983.

RENAULT Emmanuel, *Marx et l'idée de critique*, PUF, Paris, 1995.

VINCENT Jean-Marie, *La Théorie critique de l'école de Francfort*, Éditions Galilée, Paris, 1976.

특히 이데올로기와 권력 문제에 관해서는 다음을 참조할 수 있다.

AUGÉ Marc, *Pouvoirs de vie, pouvoirs de mort. Introduction à une anthropologie de la répression*, Flammarion, Paris, 1977.

BADIOU Alain et BALMES François, *De l'idéologie*, Maspero, Paris, 1976.

BOURDIEU Pierre et PASSERON Jean-Claude, *La Reproduction*, Éditions de Minuit, Paris, 1970. [피에르 부르디외 & 장-클로드 파세롱,《재생산》, 이상호 옮김, 동문선, 2000.]

BOURDIEU Pierre, *Ce que parler veut dire. L'économie des échanges linguistiques*, Fayard, Paris, 1982. [피에르 부르디외,《언어와 상징 권력》, 김현경 옮김, 나남출판, 2014.]

DEBRAY Régis, *Critique de la raison politique*, Gallimard, Paris, 1981.

DELLA VOLPE Galvano, *Critique de l'idéologie contemporaine*, PUF, Paris, 1976.

DUPRAT Gérard (sous la dir. de), *Analyse de l'idéologie*, tome I et II, Galilée, Paris, 1981 et 1983.

LABICA Georges, *Le Paradigme du grand-Hornu. Essai sur l'idéologie*, PEC-La Brèche, Paris, 1987.

LEFORT Claude,《L'ère de l'idéologie》, in *Encyclopaedia universalis*, vol. 18 (Organum), Paris, 1968.

MERCIER-JOSA Solange, *Pour lire Hegel et Marx*, Éditions Sociales, Paris, 1980.

RICŒUR Paul, 《L'idéologie et l'utopie : deux expressions de l' imaginaire social》, *in Du texte à l'action. Essais d'hermé-neutique, II*, Le Seuil, Paris, 1986.

TORT Patrick, *Marx et le problème de l'idéologie. Le modèle égyptien*, PUF, Paris, 1988.

특히 물신숭배와 주체 문제에 관해서는 다음을 참조할 수 있다.

BAUDRILLARD Jean, *Pour une critique de l'économie politique du signe*, Gallimard, coll. 《Tel》, Paris, 1972. [장 보드리야르, 《기호의 정치경제학 비판》, 이규현 옮김, 문학과지성사, 1998.]

BIDET Jacques, *Que faire du Capital ? Matériaux pour la refondation du marxisme*, Klincksieck, Paris, 1985.

DEBORD Guy, *La Société du spectacle* (1967), Éditions Gérard Lebovici, Paris, 1987. [기 드보르, 《스펙타클의 사회》, 유재홍 옮김, 울력, 2014.]

DERRIDA Jacques, *Spectres de Marx*, Galilée, Paris, 1993. [자크 데리다, 《마르크스의 유령들》, 진태원 옮김, 그린비, 2014.]

GODELIER Maurice, *Rationalité et irrationalité en économie*, Maspero, Paris, 1966.

GODELIER Maurice, *Horizons, trajets marxistes en anthropologie*, Maspero, Paris, 1973.

GOUX Jean-Joseph, *Les iconoclastes*, Le Seuil, Paris, 1978.

HELLER Agnès, *La Théorie des besoins chez Marx*, trad.

M. Morales, UGE, coll. 《10/18》, Paris, 1978.

LEFEBVRE Henri, *Critique de la vie quotidienne*, 3 vol., L'Arche, Paris, 1981.

LYOTARD Jean-François, *Dérives à partir de Marx et Freud*, UGE, coll. 《10/18》, Paris, 1973.

MARKUS György, *Langage et production*, Denoël-Gonthier, Paris, 1982.

POLANYI Karl, *La Grande Transformation* (The Great Transformation, 1944), tr. fr., préface de Louis Dumont, Gallimard, Paris, 1982. [칼 폴라니, 《거대한 전환》, 홍기빈 옮김, 길, 2009.]

RANCIÈRE Jacques, 《Le concept de critique et la critique de l'économie politique *des Manuscrits de 1844 au Capital*》, in ALTHUSSER et coll., *Lire le Capital*, Maspero, Paris, 1re éd. 1965.

SEBAG Lucien, *Marxisme et structuralisme*, UGE, coll. 《10/18》, Paris, 1964.

VINCENT Jean-Marie, *Fétichisme et société*, Anthropos, Paris, 1973.

4장 시간과 진보: 또다시 역사철학인가?

이미 언급된 저서들 이외에, 우리는 다음을 추가할 수 있다.

ALTHUSSER Louis, 《Le marxisme n'est pas un historicisme》, *in Lire le Capital*, Maspero, Paris, 1re éd. 1965 ; 3e édition, PUF, Quadrige, Paris, 1996.

ANDERSON Perry, 《The Ends of History》, *in A Zone of Engagement*, Verso, Londres et New York, 1992.

ANDREANI Toni, *De la société à l'histoire*, 2 tomes (I. *Les Concepts communs à toute société* ; II. *Les Concepts transhistoriques. Les modes de production*), Méridiens-Klincksieck, Paris, 1989.

BLOCH Ernst, *Le Principe espérance*, trad. franç., Gallimard, Paris, 3 vol., 1976 et s. [에른스트 블로흐, 《희망의 원리》 전 5권, 박설호 옮김, 열린책들, 2004.]

BOUKHARINE Nicolas, *La Théorie du matérialisme historique. Manuel populaire de sociologie marxiste*, Anthropos, Paris, rééd. 1977.

COHEN Gerald A., *Karl Marx's Theory of History*, A Defense, Oxford, 1978.

CORIAT Benjamin, *Science, technique et capital*, Le Seuil, Paris, 1976.

Correspondance Marx-Lassalle 1848-1864, présentation de S. Dayan-Herzbrun, PUF, Paris, 1977.

GORZ André, *Critique de la division du travail* (anthologie), Le Seuil, coll. 《Points》, Paris, 1973.

HENRY Michel, *Marx*, tome II : *Une philosophie de l'économie*, Gallimard, Paris, 1976.

LABRIOLA Antonio, *La Conception matérialiste de l'histoire*, trad. franç., Gordon et Breach, 1970.

MARX/BAKOUNINE, *Socialisme autoritaire ou libertaire*, textes rassemblés et présentés par Georges Ribeill, 2 vol., UGE, coll. 《10/18》, Paris, 1975.

MELOTTI Umberto, *Marx e il Terzo Mondo. Per uno schema multilineare dello sviluppo storico*, Il Saggiatore, Milan, 1972.

NEGRI Antonio, *Marx au-delà de Marx*, Christian Bourgois, Paris, 1979.

NEGRI Antonio, *Le pouvoir constituant. Essai sur les alternatives de la modernité*, PUF, Paris, 1997.

RAYMOND Pierre, *La Résistible fatalité de l'histoire*, J.E. Hallier/Albin Michel, Paris, 1982.

SCHWARTZ Yves, *Expérience et connaissance du travail*, présentation de Georges Canguilhem, postface de Bernard Bourgeois, Éditions Sociales/Messidor, Paris, 1988.

TERRAY Emmanuel, *Le Marxisme devant les sociétés primitives*, Maspero, Paris, 1968.

TEXIER Jacques, *Révolution et démocratie chez Marx et Engels*, PUF, Paris, 1998.

WALLERSTEIN Immanuel, *Impenser la science sociale. Pour sortir du XIXe siècle*, PUF, Paris, 1995. [이매뉴얼 월러스틴, 《사회과학으로부터의 탈피》, 성백용 옮김, 1994.]

WALLERSTEIN Immanuel, *L'utopistique ou les choix politiques du XXIe siècle*, Éditions de l'Aube, 2000. [이매뉴얼 월러스틴, 《유토피스틱스: 또는 21세기의 역사적 선택들》, 백영경 옮김, 창비, 1999.]

부록 1

오히려 인식하라 SED INTELLIGERE *

잡지《리뷰Ligne》의 편집진이 보여준 [혁명에 대한] 대의intérêts와 [혁명을 위한] 정치 참여engagements 전체의 훌륭함을 인정하면서도, 저는 잡지《리뷰》가 우리의 성찰을 촉구하기 위해 제안했던 정식화들에 관해 어느 정도 반대의 입장을 취하지 않을 수 없습니다. 아마 근본적으로는 이것이 단어들의 문제에 불과할지도 모르겠지만, 저는 제가 이 단어들에 물신의 가치를 부여한다고 사람들이 믿지는 않았으면 좋겠습니다. 하지만 그럼에도 아마 이 단어들에 대한 설명(그리고 무엇보다도 우선은 내가 이 단어들을 활용하는 나만의 방식에 대한 설명)은 여기에서 문제가 되고 있는 관념

---

* 출전은 다음과 같다. **혁명의 욕망**Désir de Révolution, *Ligne*, 2001/1, n° 4 (https://www.cairn.info/revue-lignes1-2001-1.htm). 위의 링크로 들어가면 발리바르가 언급하는 베를의 정식이 무엇인지 확인할 수 있다. 미셸 쉬르야Michel Surya의 서문에 따르면, 베를Berl의 정식은 "refus pur et simple opposé par l'esprit au monde qui l'indigne", 즉 "정신을 분노케 하는 세계에 대해 정신이 대립시키는 순수하고 단적인 거부"이다. 참고로 이 글은 철학연구자 진태원이 2004년에 번역해 블로그에 공개한 적이 있으나, 옮긴이가 중요한 텍스트라고 판단해 재번역했다. 진태원의 경우 'qui l'indigne'를 조금 의역해 '정신을 지닐 만한 자격이 없는 세계'로 번역했으나, 여기에서는 '분노케 하다'라는 의미로 번역했다('digne'는 '자격이 있는', 'indigne'는 '자격이 없는'이라는 의미의 형용사이지만, 동사로는 일차적으로 '분노하게 만들다'라는 의미를 지닌다는 점을 감안해). 진태원의 번역본과 번역이 너무 비슷해질 수 있다는 점을 감안해 가급적이면 진태원의 번역본은 참조하지 않았음을 밝힌다. 또한 이 텍스트에 등장하는 대괄호는 모두 옮긴이의 것이다.-옮긴이

들을 우리가 더욱 명확히 이해하도록 도울 수 있다는 장점을 가질 것 같은데, 이 단어들은 바로 혁명과 욕망입니다.

끝에서부터 시작해보면, 저는 우선 [옮긴이 주 1에서 설명된] 베를의 정식의 의미에 대해 질문해보겠습니다. 우리 '글쓰는 이들^{écrivants}'(저는 '글쓰는 이들'이라는 표현을 사용하는데, 왜냐하면 제가 저 스스로를 작가^{écrivain}라고 말할 수는 없기 때문입니다)은 프랑스어에서 관계사가 '설명'과 '한정'이라는 두 가지 용법을 지니고 있다는 점을 잘 알고 있습니다. 그러므로 [베를의 정식에서 관계사가 설명의 의미로 쓰인 것이라면] 세계 그 자체가 정신을 분노케 하고 정신은 이 세계를 거부하는 것이거나, [베를의 정식에서 관계사가 한정의 의미로 쓰인 것이라면, 세계 그 자체가 아니라] 특정한 세계가 정신을 분노케 하고 정신은 이 특정한 세계를 거부하는 것이거나, 이 둘 중 하나일 것입니다. [관계사가 설명의 의미로 쓰였다는 첫 번째 주장대로] 세계가 그 존재 자체만으로, 그리고 그 물질성 자체만으로(즉 세계의 '산문', 세계의 공리주의) 정신을 분노케 한다는 관념은 전혀 부조리한 것이 아니며, 심지어는 아마도 세계를 정의하는 것이 바로 이런 관념일 것입니다. 하지만 그보다는 이것이 두 번째 의미에 관한 것이라고 가정해봅시다. 어떤 특정한 세계는 더 이상 받아들일 수 없는 것이라고요(그런데 어떤 특정한 세계를 말하는 것일까요? 부르주아 도덕의 세계? 또는 부르주아 세계 전체?). 정신에 대해서 논쟁하지는 맙시다(우리들 중 일부는 정신보다는 아마도 신체, 대중, 인민, 게다가 프롤레타리아를 더 선호할 것입니다…… 하지만 무엇을 선호하느냐에 따라 본질적인 부분이 변화할 것인지는 확실하지 않습니다). 대신 혁명에 대한 열망의 '**최소공배수**'([우리가 혁명의 열망에 대해 말할 수 있는] '가장 최소한의 엄밀성')로서의 "**순수하고 단적인 거부**"에 대해 어떻게 사고할 것인지에 대해 논의해보죠.

저는 혁명에 대한 열망의 '최소공배수'가 '순수하고 단적인 거부'라고 생각하지 않으며, 그래서 《리뷰》와 저 사이에 의견의 불일치가 시작되는 것입니다. 저는 다른 것은 차치하고서라도 어떤 평계하에서도 우리가 원하지 않는 모든 의미, 용법, 전통, 강령에서 우리 스스로가 벗어나기 위해서만이라도 오히려 정확한 의미를 필요로 한다고 생각합니다. 최소한 처음에는, 우리에게 '욕망할 만한 것'^{désirable}[바람직한 것]이라는 관념을 (단순화하는 것이 아니라) 복잡화하기 위해 그에 대한 정확한 의미가 필요한 것입니다. 만일 레지스 드브레^{Régis Debray}가 예전에 유행시킨 정식을 (다른 이들이 저것에 앞서 그러했듯) 활용할 수 있다면, 혁명이라는 관념을 '혁명 속의 혁명'이라는 관념에서 분리 가능하지 않도록 만들기 위해서라고 말하겠습니다.

예를 들어, 저는 '사회주의적' 혁명이라는 관념과 '공산주의적' 혁명이라는 관념을 구분합니다. 이 두 가지 관념 모두는 사람들이 일반적으로 생각하는 바에 따르면 부르주아 시민사회^{société bourgeoise}에 대립합니다. 하지만 그럼에도 이 두 관념은 동일한 것은 아니기 때문에, 필연적으로 이 두 관념은 '국면' 또는 '계기'라는 모습으로 절합될 것입니다. 그러나 저는 이 두 관념을 대립시키지는 않는다고 해도 어쨌든 분리해야 한다고 생각합니다. 공산주의는 '사회주의적' 또는 '집산주의적^{collectiviste}'이지 않으며, 마찬가지로 '개인주의적' 또는 '자유주의적^{libéral}'이지 않습니다. 공산주의는 이런 구분을 넘어서 있기 때문이죠. 하지만 결국 그렇기 때문에 공산주의는 아마도 부르주아 시민사회에 대립해 순전히 그리고 단순히 정의될 수는 없을 것 같습니다. 게다가 오늘날의 세계(특히 이 세계에서 더 이상 참을 수 없는 것으로, 그리고 어떤 의미에서는 불가능한 것으로 보이는 바)가 어느 정도까지 '부르주아적' 세계인지에 대해 우리가 진지하게 질문해볼 수 있다는 것도 사실입니다. 자본주의적인 세계가 그렇죠. 그리고 물론 이외에도 (성차별적인 세계, 인종주의적인 세계와 같은) 다른 것들도 존재합니다. 부르주아 시민사회를 거부하는 것은 쉽습니다. 하지만 자본주의를 '거부'하면서 자본주의를 극복하는 공산주의를 정의하는 것은 다른 일입니다.

　그래서 위에서 제기했던 질문으로 되돌아옵시다. 가능한 것과 욕망할 만한 것, 이 둘 사이의 관계는 무엇인가? 만일 제가 가능한 것이 욕망할 만한 것보다 더 명확해 보인다고 말한다면, 사람들은 제가 여기에서 단어들을 가지고 말놀이를 하고 있을 뿐이라고, 단지 제멋대로 사람들을 도발하고 싶어 하는 것일 뿐이라고 생각할까요? 만일 19세기와 20세기의 사회주의, 마르크스주의, 무정부주의 등등의 투쟁가들이 '혁명'이라는 단어에 부여했던 의미에서의 [정관사] '혁명^la révolution'이 가능하지 않거나 더 이상 가능하지 않다면, 이는 사람들이 말하듯 단순히 '객관적이고 주관적인' 혁명의 조건들이 오래전부터 더 이상 존재하지 않기 때문인 걸까요? [혁명에 대한] 어떤 향수도 어떤 유토피아도 여기에서 그 무엇도 바꾸지 못할 것입니다. 반면에 그 용어의 역사적 의미에서의 [여러] 혁명들은 가능했을 뿐만 아니라 필연적이었으며, 우리의 질문 전체는 바로 이 [역사적으로 존재했던 여러] 혁명들이 욕망할 만한 것이었는지를 확인하는 것입니다…… 저는 나중에 가서야 선구적인 것으로 드러났던 《에밀》의 유명한 한 구절에서 루소가 **"우리는 혁명의 시대로 들어서고 있다"**라고 썼을 때, 그는 이를 통해서 통치의 형태와 사회질서에 대한 폭력적인 전복을 (이런 폭력적인 전복의 형태도, 특히 그 가치도 전혀 예단하지 않으면서) 지시했다는 점을 여러분께 상기해드리고 싶습니다. 오늘날 저는 이 문장에 전적으로 동의합니다. 그리고 저는 [역사적으로 존재했던 여러 가지] 혁명들의 역사([혁명에 대한] '환상^illusions'으로 점철된 역사)로서의 역사^Histoire에 대한 종말을 보았다고 자랑하거나 또는 절망하는 이들은 모두 착각을 하고 있다고 생각합니다. 하지만 문제는 도래할 혁명들―이 혁명들은 또한 '산업적인' '민족적인' '보수적인' '수동적인' 등등의 혁명일 수도 있습니다―이 (공산주의적이었든 아니든 과거의 혁명들의 상당수가 실제로 욕망할 만한 것이었던 것처럼) 정말 욕망할 만한 것인지를 우리가 확인하는 것입니다. 또는, 우리가 다음과 같이 말하는 것을 더 선호한다면, 문제는 어떤 조건 속에서 이 혁명들을 우리가 욕망할 만한 것으로 생각할 수 있는가입니다.

결론으로 빨리 나아가기 위해서 두 가지 정식을 대립시켜보겠습니다. (1792년 11월 4일) 자신의 유명한 연설에서 로베스피에르는 지롱드파를 향해 **"시민들이여, 당신들은 혁명 없는 혁명을 원하십니까?"**라고 외쳤습니다. 이전에 저는 프롤레타리아 독재에 관한 토론에서 이 정식을 인용했습니다.* 제가 볼 때 이에 대한 대답은 자명한 것이었는데, 왜냐하면 그 당시 저는 '혁명'이라는 단어가 일의적인 의미를 지니고 있다고 믿었기 때문입니다. 또한 저는 혁명적 폭력(이 혁명적 폭력은 최종적 수준에서는 여전히 일종의 '내전'에 속합니다)이 그 정치적 목적에 도달하든 그렇지 않든 절대로 자기 자신에 반해 퇴보할 수는 없다는, 달리 말해 '파시스트적인 폭력이 될' 수는 없다는 관념을 저 자신에게 허락하고 있었습니다. 하지만 저는 더 이상 이런 관념을 갖고 있지 않습니다. 지금 저는 이와는 다른 정식을 갖고 있습니다. 《초현실주의 선언》에서 아마도 '욕망의 혁명'이라는 표현을 문자 그대로 발견하지는 못할 것인데(이 표현을 《초현실주의 선언》에서 찾아보려 했으나 찾지 못했습니다),** 그러나 저는 이 표현이 제가 새로이 갖게 된 정식의 의미를, 또는 '정신'을 잘 요약해준다고 믿습니다. 그렇기 때문에 저는 이 두 가지 정식을 다음과 같은 가설 내에 결합하고자 합니다. 욕망의 혁명 없이 혁명의 욕망은 없다! 이에 따라, 특히 '혁명의 욕망'에 대한 혁명 없이 혁명의 욕망은 존재할 수 없는 것이 되죠.

---

* 《프롤레타리아 독재에 관하여Sur la dictature du prolétariat》를 말하는 듯하다. 한국어판으로는 에티엔 발리바르, 《민주주의와 독재》(최인락 옮김, 연구사, 1988)를 참조.-옮긴이

** 한국어판으로는 앙드레 브르통, 《초현실주의 선언》(황현산 옮김, 미메시스, 2012)을 참조.-옮긴이

이는 혁명의 욕망이 그 자체로 일차적인 수준에서 '욕망되는 것'으로 사고될 수 없다는 점을 의미합니다(왜냐하면 의지의 의지가 존재하듯 욕망의 욕망이 존재하기 때문이죠). 그러므로 혁명의 욕망은 반사적인 것^{réflexif}일 수밖에 없습니다. 다른 곳에서 저는 로자 룩셈부르크를 인용하면서(그녀에게 러시아혁명의 근본 문제는 어떻게 러시아혁명이 자신의 '야만성'을 극복하는 것인가였는데, 러시아혁명 자신의 '야만성'은 자본주의와 국가에서 유래한 것입니다), 그리고 동시에 혁명의 욕망은 더 많은 민주주의, 더 많은 시민다움^{civilité}, 더 많은 상상력—이것들이 없다면, 혁명은 그저 이 혁명이 '거부'하는 세계에 대한 전도된 이미지, 그리고 (이 세계가 혁명의 도구가 되지 못할 때) '혁명 자신을 분노케 하는' 그런 세계에 대한 전도된 이미지에 불과합니다—에 대한 욕망이라는 점을 제시하면서 이를 '**혁명을 문명화하기**^{civiliser la révolution}'라고 불렀습니다.

아마도 사람들은 이차적 수준의 욕망은 자신의 실현을 스스로 (재)부정하거나 두려워하는, 무한히 지연된 욕망이라고 말할 수도 있을 것 같습니다. 그러나 이는 여전히 증명해보아야 할 문제로 남아 있습니다. 우리는 또한 (스스로를) 사고하는 것은 욕망이라고, 분리할 수 없을 정도로 (스스로를) 사고하려는 욕망이 되어버린 그런 욕망이라고 말할 수도 있습니다. 1982년 에밀리아 지안코티^{Emilia Giancotti}—《스피노자 용어사전 ^{Lexicon spinozanum}》의 저자, 1992년 사망—가 조직했던 최초의 대규모 스피노자 회의에 참석하기 위해 이탈리아의 우르비노에 갔을 때, 저는 철학과 강의실의 칠판 위에 "우리에게는 반역할 이유가 있다"[조반유리^{造反有理}]라는 마오의 구호가 지워지지 않게 쓰여 있는 것을 발견하고 놀랐습니다. 이 뒤에 에밀리아는 다음과 같이 덧붙였습니다. "오히려 인식하라 ^{Sed intelligere}"라고 말이죠. 타협 없이.

부록 2

마르크스의 '두 가지 발견'***

　이 텍스트는 "World of Capital. Conditions, Meanings, Situations"라는 콜로퀴엄의 일환
으로 2011년 4월 29일 뉴욕 컬럼비아대학(Institute for Comparative Literature and Society)에
서 한 강연의 일부분을 프랑스어로 수정/번역한 것이다.

**　'conception'은 '개념화'로 옮겼으며, 'concept'과 'notion' 모두 '개념'으로 옮겼으나 'no-
tion'의 경우 원어를 병기했다. 'monnaie'와 'argent' 모두 '화폐'로 옮겼으나, 'argent'의
경우 원어를 병기했다. 사상 또는 이론의 발전과 전개를 의미하는 'développement'의 경
우 조금 어색하기는 하지만 '발전' '이론적 전개' 등으로 번역했다. 'valorisation'의 경우
'가치화/가치증식'으로 옮겼다. 일반적으로는 '가치증식'으로만 옮긴다. 잉여가치의 경우,
'plus-value'와 'survaleur' 모두 '잉여가치'로 옮겼으나, 특히 'plus-value'의 경우에는 전
부 원어를 병기했다. 'survaleur'라는 번역어를 발리바르가 선호하는 이유는 발리바르의 각
주에서 확인할 수 있으며, 이 문제에 대해 더 자세히 알고 싶은 독자는 다른 텍스트보다는
2016년에 개정판이 나온 장-피에르 르페브르 책임 번역의《자본》1권(온라인상에서 구할 수
있는 판본은 구판이다)의 새로운 서문과 기존의 서문을 참조하는 것이 좋을 것 같다. 참고로
불어에서 'plus'는 영어와 마찬가지로 '더하기'라는 산술적인 의미이고, 'sur'는 증식해 초
과한다는 질적인 과정으로서의 의미를 담고 있다. 이 두 단어 사이의 뉘앙스 차이는 프랑
스인들에게는 매우 분명하며, 그렇기 때문에(어떤 의미 차이를 명확히 나타내기 때문에) 각주
에서 발리바르가 설명하듯 이 번역어에 대한 강력한 반대가 존재했던 것이다. 프랑스어의
번역 문제이긴 하지만, 이 문제가 내재하고 있는 잉여노동과 잉여가치 해석의 쟁점에 대해
생각해본다면, 이에 대해서는 별도의 논문으로 다룰 필요가 있어 보인다. 지금으로서는 윤
소영의《마르크스의 '자본'》(공감, 2009)을 참조하는 것이 최선이다. 마지막으로, 옮긴이가
(1)과 (2)로 두 가지 개념의 축들을 구분한 것은 독해의 편의를 위한 것일 뿐, 발리바르도
지적하듯 이 축들은 서로 일관되게 구분되는 것은 아니라는 점을 밝힌다.-옮긴이

옮긴이 앞글

이 텍스트는 에티엔 발리바르가 1993년에 출간한 이 책《마르크스의 철학》(특히 3장 '이데올로기 또는 물신숭배: 권력과 주체화/복종'), 그리고 1997년에 출간한《대중들의 공포》의 3부 '마르크스주의에서 이데올로기의 동요'(특히 3장 '붙잡을 수 없는 프롤레타리아')에서 분석했던 마르크스의 '경제학 비판'과 '물신숭배론' 사이의 비교에 대해, 상당히 오랜 시간이 흐른 뒤에 되짚어보는 텍스트이다. 발리바르는 이 텍스트에서 마르크스의 '두 가지 발견'을 다루는데, 그가 지적하듯 이 두 가지 발견과 이에 대응되는 두 가지 자본주의 비판에 따라, 논리적으로 두 가지 형태의 공산주의의 가설이 소묘될 수 있다. 이에 대해서는 2010년 발리바르가 출간한, 이 텍스트와 짝이 되는 〈공산주의에 관한 몇 가지 시의적 언급〉이라는 텍스트를 참조할 수 있는데, 이 또한 옮긴이의 번역으로 〈공산주의의 현재성에 관한 몇 가지 언급〉이라는 제목으로 웹진 '인무브'에 게재되어 있다(www.en-movement.net). 〈공산주의에 관한 몇 가지 시의적 언급〉을 포함해 이 텍스트와 함께 묶이는 텍스트는 총 다섯 가지이다. (1) 〈마르크스의 '두 가지 발견'〉, (2) 〈공산주의에 관한 몇 가지 시의적 언급〉, (3) 〈상품의 사회계약과 화폐의 마르크스적 구성〉(이 책의 부록), (4) 〈수탈자의 수탈에 관하여〉(이 책의 부록), (5) 〈미셸 푸코의 반-마르크스〉(저작권 문제로 이 책에 수록하지는 못했으나 헤겔의 '추상법'과 관련한 발리바르의 중요한 언급이 들어 있으며, 서지사항은 다음과 같다. "L'Anti-Marx de Michel Foucault", *in Marx & Foucault. Lectures, usages, confrontations*, La Découverte, 2015). 이에 더해, 발리바르의 이 텍스트들과 관련해서는 역시 발리바르의 저서《역사유물론 연구》(부분 번역: 이해민, 푸른산, 1999), 윤종희의 《'자본'을 읽자》해설(《알튀세르의 철학적 유산》, 2008, 공감), 미하엘 하인리히의《새로운 '자본' 읽기》(김강기명 옮김, 꾸리에, 2016-이 책에 실린 서동진의 해제를 포함해 그의 논문 〈착취의 회계학: 금융화와 일상생활 속의 신용물신주의〉, 제7회 맑스코뮤날레 발표문, 2015와 〈우울한 가족: 금융화된 세계에서의 가족과 정동〉, 한국고전여성문학연구, 제31권, 2015 또한 참조할 것), 그리고 웹진 '인무브'에 게재되어 있는 발리바르의 〈서방 맑스주의의 하나의 이단점: 1960년대 초 알튀세르와 트론티의 상반된 '자본' 독해〉(장진범 옮김)를 또한 참조할 수 있다.

나는 마르크스의 정치경제학 비판의 중심에서 우리가 일종의 '이접적 종합synthèse disjonctive'을 발견할 수 있다는 가설을 제시하고자 한다(이 이접적 종합은, 자본주의에 대한 마르크스의 비판이 마르크스 자신으로 하여금 착취의 역사적 전개에 대한 유일한, 혹은 이 말을 더 선호한다면, 더욱 '과학적인' '서사'로 도달하는 것을 금지하는, 그리고 [결국에는 필연적으로 관철되고야 마는] '경향적 법칙들'에 대한 단일한 도식으로 나아가는 것을 금지하는 개념의 이중성dualité을 포함한다는 사실을 우리가 정확히 파악할 수 있도록 하기 위해 여기에서 내가 단순화된 의미로 차용하고자 하는 들뢰즈의 표현이다*). 나는 실증주의적인 인식론의 정전들을 따라서 하나의 과학적 이론은 [그 이론 내부의] 모순[즉 위에서 언급한 개념의 이중성]을 제거해야 함을 전제함으로써 이런 이접적 종합이라는 가설을 통해 마르크스주의—심지어 그것이 '이론'으로서의 마르크스주의라 하더라도—를 평가절하할 목적을 전혀 갖고 있지 않다. 하지만 내가 이런 이접적 종합이라는 가설을 제시하는 것은 또한 '변증법적 종합'의 길 또는 마르크스주의의 전개 내에서 작동

---

* 들뢰즈는 이 '이접적 종합'이라는 표현을 특히 《차이와 반복》(*Différence et Répétition*, Paris, PUF, 1968)과 《의미의 논리》(*Logique du Sens*, Paris, Éditions de Minuit, 1969)에서 사용한다. 특히 《의미의 논리》에서 '7계열: 심오한 단어들'(p.57 이후)을 보라.

하는 경향들 간의 화해를 위한 길을 준비하려 하기 때문도 아니다. 오히려 나에게는, 만일 우리가 현재의 역사적 정세를 해석하기 위해 **마르크스와 함께** 그리고 (최소한 부분적으로는) 이런 이중성과 긴장들이 생성해내는 **장 내부에서** 계속 작업할 수 있기를 바란다면, 이런 이중성과 이 이중성이 생성해내는 긴장들의 그 환원 불가능한 특징을 보존해야만 할 것처럼 보인다. 또한 이는 절단을 봉합하기 위해 또는 절단을 전위시키기 위해 마르크스 자신과 그 뒤를 잇는 이들이 행했던 시도들에 우리가 특별히 주목해야 할 것이라는 점을 의미한다. 자연히 여기에는 원환과 같은 것이 존재하는데, 왜냐하면 우리가 마르크스의 텍스트에 내재하고 있는 긴장들을 의식하도록 만들어주는 것은 바로 마르크스의 후계자들이 생산한 담론들—우리는 마르크스[의 담론] 그 자체에 대한 해석을 위해 이 후계자들의 담론들을 하나의 도구로 간주하고자 한다—내에서 이 긴장들이 만들어내는 분열들의 존재에 대한 확인이기 때문이다. 그러므로 마르크스의 '순수성'과 마르크스주의자들의 '불순함'[비순수성] 사이에 구분선을 긋는다는 관념만큼이나 나에게 이상해 보이는[나의 의도와는 거리가 먼] 관념은 없다. 오히려 나는 마르크스 자신이 가장 높은 농도로 불순한 사고를 갖고 있었다고, 게다가 마르크스는—그 자신이 이미 마르크스이므로 [순수한] '마르크스주의자'가 되어야 한다는 것에 대한 강박 없이—이런 불순한 사고를 그 자체로 유지할 수 있는 더욱 위대한 능력을 보여주었다고 생각하고 싶다. 그리고 물론 나는 이런 사고의 불순함이 (그 사고의 위기와 딜레마의 원천인) 정치적 조건들로 이루어진 '현실'과 마르크스의 텍스트들이 맺고 있는 관계 외부에서 마르크스 사유의 고유한 발전만을 가리킨다고(또는 '관념들의 역사'에 속할 뿐이라고) 제안할 의도도 전혀 없다.

이중의 발견이라는 문제계[thématique]

이접적 종합의 방법에 관한 고찰을 지나, 이제는 내가 이접적 종합이라고 부르는 바의 내용으로 들어가기 위해 마르크스의 한 텍스트를 환기함으로써 논의를 시작해보자. 《자본》 1권의 출판 당시 쓴 1867년 4월 24일 엥겔스에게 보내는 편지에서, 마르크스는 자신의 관점에서 보았을 때 [애덤 스미스와 데이비드 리카르도의] 정치경제학과 비교해 자신의 저작이 지니는 새로움을 구성하는 것, 그리고 자신의 자본주의 비판의 기초를 구성하는 것을 자세히 설명한다. "제 책에서 가장 뛰어난 점은 다음과 같습니다. (1) 첫 번째 장에서부터(그리고 이 첫 번째 장 위에 **사실들**[facts]에 대한 **모든** 이해[intelligence]가 기초해 있죠) 제가 한편으로는 사용가치로, 다른 한편으로는 교환가치로 표현되는 **노동의 이중적 성격**을 명확히 한다는 사실. (2) 이윤, 이자, 지대 등등으로서의 개별 형태들과는 독립적으로 잉여가치[survaleur, Mehrwert]를 취급한다는 점. 《자본》 2권은 이에 대한 증명을 제시할 것입니다. 이 개별 형태들을 끊임없이 그 일반 형태와 혼동하는 고전경제학에서 이 개별 형태들을 취급하는 방식은 정말 잡탕[olla potrida] 만들기에 불과합니다."* 우리는 이 편지에서(마르크스는 이 편지에서 《자본》의 비판가들이 이 점을 파악하지 못했다는 점에 불만을 표한다), 《자본》과 〈아돌프 바그너의 정치경제학 교과서에 대한 난외주석〉—자신이 죽은 해인 1883년에 이 문제에 관해 그가 내린 최종적인 결론**—에서 마르크스가 이미 행했던 일련의 동일한 언급들을 다시 발견할 수 있다. 첫 번째 점[(1)]이 '구체적 노동과 추상적 노동' 간의 분할과 '사용가치'와

---

*   *Marx-Engels-Werke*, Berlin, Dietz Verlag, 1960, 31권, p.326(원 텍스트에서 'facts'는 영어이다).

**   K. Marx, *Œuvres, Economie* II, bibliothèque de la Pléiade, 막시밀리앙 뤼벨[Maximilien Rubel]이 번역하고 주석을 단 판본, Paris, Gallimard, 1968, pp.1531-1550.

'가치'(그 가치의 크기는 '교환가치'로 표현된다)라는 상품의 두 가지 '요소들' 사이의 평행성과 관련된다는 점을 명확히 하자. 고전정치경제학은 '사용가치'와 '교환가치' 사이의 구분은 인식했지만, 노동의 두 가지 특징들에 대한 구분은 마르크스에게만 고유하게 속하는 것이다. 또한 바로 이 노동의 두 가지 특징들에 대한 구분이, 무엇보다도 사용가치를 한 편으로 분리해놓음으로써, (교환) 가치 내에서 그 실체와 형태를 구분할 수 있도록, 그다음으로 가치형태를 교환 내에서 주어지는 사용가치의 관점에서 가치의 크기의 **표현**으로 구성할 수 있도록, 마지막으로 이로부터 일반적 등가물로서의 화폐의 구성을 연역하고 '상품물신숭배'―물신 숭배 속에서 개인 노동들 사이의 사회적 관계들은 사물들 자체(상품과 화폐) 사이의 양적 관계들로 표상된다―에 대한 그의 분석을 발전시킬 수 있도록 해주는 것이다. 두 번째 지점[(2)]과 관련해, 마르크스는 노동자들의 노동을 착취하는 다양한 전략들을 수단으로 하는 잉여노동^{Mehrarbeit}에 대한 추출에서 만들어지는, 생산요소들(생산 수단 + 노동력)의 가치 증가^{accroissement}로서의 잉여가치 일반에 대한 정의를 제시하는데, 반면 그 개별 형태들(산업 이윤, 지대 또는 광업 이윤, 금융자본의 이자)은 생산수단의 소유를 공유하거나 그 사용을 통제하는 자본가들 사이에서 이런 잉여가치가 **사후적으로** 분배된다는 사실을 반영할 뿐이다.

여기에서 이는 테크니컬한 설명에 불과한 것처럼 보인다(그리고 이런 테크니컬한 설명의 관심사는, 비록 경제학 담론이 전제하는 인식론이 자본주의의 비인간적 효과들 또는 자본주의의 불멸성에 대한 단순한 고발이 아닌 자본주의에 대한 비판의 가능성으로 우리를 인도해준다는 점을 인정할 수 있다고 할지라도, 결국엔 그저 경제학 담론의 인식론에만 속할 뿐이다). 그러나 '이중의 발견'이라는 문제계가 끊임없이 자신의 적용 지점을 전위시키면서도(이런 전위는 마르크스주의가 지닌 그 숨겨진 난점의 증상으로 기능할 수 있다) 마르크스주의의 전개/발전과 함께하기를 멈추지 않는다는 점을 지적한다면 관점을 변화시킬 수 있다. 이런 관점의 변화는 1880년에 《유토피아 사회주의와 과학적 사회주의》라는 팸플릿(처음에는 프랑스에서, 그다음에는 독일과 영국 등등에서 출간된)으로 통합된 《반-뒤링》의 이론적 전개 내에서 마르크스의 유산을 갖고 하나의 '체계'를 구축하려 했던 엥겔스의 최초의 시도에서 시작된다. 여기에서 우리는 마르크스가 두 가지 위대한 발견, 즉 역사에 대한 유물론적 개념화와 잉여가치$^{plus-value}$[survaleur-발리바르]라는 정의를 통한 자본주의적 생산의 비밀에 대한 해결을 통해 유토피아적 사회주의라는 관념을 과학적 사회주의라는 관념으로 전위시켰다는 생각을 엥겔스가 표현하고 있다는 점을 확인할 수 있다.* 여기에서 '노동의 이중적 성격'에 대한 질문[(1)]은 (이 이중적 성격의 전제들 중 하나와 마찬가지로) 잉여가치$^{plus-value}$라는 질문[(2)]에 흡수되는 것처럼 보이며, 이는 정치경제학 비판 또는 더 나아가서는 '사회주의적 정치경제학'을 **일반 이론**(사회의 역사적 변화에 대한 과학)에 속하는 **국지 이론**으로 간주할 수 있게 해주는 것처럼 보인다. (공산주의 운동이 정전화했던, 그리고 그 영향력이 분명히 다른 누구보다도 알튀세르에게서 가시적이었던) '과학적 발견'(**역사적 유물론**)과 '철학적 발견'(**변증법적 유물론**) 사이를 구분하는 1938년 스탈린의 정식화와 함께, 우리는 침묵 속에서 정치경제학 비판(그리고 결과적으로 **가치**와 **잉여가치**라는 범주들의 중심성)을 관통하는 포섭이라는 도식$^{schème\ de\ subsomption}$과 항상 함께하게 된다. 그리고 이 포섭이라는 도식은 국가와 당의 철학이라는 엄호하에서 '현실 사회주의'가 착취**와** (경제에 대한 관료제적 관리의) 특수한 메커니즘들을 실행했던 방식과 아마 관련을 맺고 있을 것이다.

이런 조건들하에서, 마르크스에 대한 동시대의 서로 다른 주석가들

---

* F. Engels, *Socialisme utopique et socialisme scientifique*(온라인상에서 열람 가능), http://classiques.uqac.ca/classiques/Engels_friedrich/socialisme_scientifique/socialisme_scientifique.pdf.

(이들은 모두 마르크스의 **비판**에 내재하는 난점들*에 대한 해명—이 해명은 마르크스적 비판의 추진력을 되찾을 수 있게 해줄 것이다—을 목표로 하고 있다) 이 서로 반대되는 결론들을 목적으로 할지라도 이런 [바로 위의 단락에서 살펴보았던] 마르크스의 선언들에 공통적으로 관심을 기울이고 있는 이유들을 검토하는 것은 분명 흥미로운 작업일 것이다. 이는 특히 《'자본'을 읽자》(1965)의 알튀세르[(1)]와 《노동자와 자본》(1966)의 마리오 트론티[(2)]에게서 서로에 대해 거의 동시적인 방식으로, 하지만 실제로는 독립적인 방식으로 이들에게 해당되는 경우이다.**

알튀세르에게 중요했던 것은 마르크스 스스로가 자신의 '인식론적 절단'을 이해했던 방식과 우리 스스로가 이 인식론적 절단에 대해 이해할 수 있는 바—만일 우리가 고전정치경제학의 범주들(비록 이 범주들이 비판적인 성격의 범주들이라 할지라도)을 활용하도록 만드는 역사의 철학$^{philosophie de l'histoire}$의 테제들에 근본적인 비판을 가한다면 우리는 비로소 이 인식론적 절단을 제대로 이해할 수 있다—사이의 차이를 드러나게 만드는 것이었다. 알튀세르의 관점에서, 마르크스의 연구 **대상**(혹은 그의 '발견'의 대상)은 스미스 또는 리카르도의 연구 **대상**과 아무런 관계도 없는데, 이런 연구 대상의 차이는 우리가 필요한 경우 마르크스의 언표들(그리고 엥겔스의 언표들)에 대한 '징후적 독해'를 실천하면서 마르크스의 인식론을 교정하는 한에서만 보여질 수 있다. 이런 징후적 독해를 통한 교정이 이루어진다면, 마르크스의 대상은 '**경제적 사실들**^{œconomic} ^{facts}'과는 아무런 관련이 없다는 점을 파악할 수 있게 되는데, 왜냐하면

---

*   에마뉘엘 르노Emmanuel Renault의 탁월한 소책자 *Marx et l'idée de critique*, collection "Philosophies", Paris, PUF, 1995 을 보라.

**   L. Althusser 외, *Lire le Capital*, 신판, Paris, PUF, 2008; Mario Tronti, *Operai e capitale*, Torino, Einaudi Editore, 1966(트론티의 이 저서는 잡지 《오페라이스트opéraistes》에 이전에 수록되었던 텍스트들을 다시 모은 것이다. 하지만 이 논의 지점에서 우리에게 중요한 핵심 텍스트인 "Marx, forza lavoro, classe operaia"는 여전히 [프랑스어로] 미간행된 상태이다).

마르크스의 대상은 가치형태에 의해 동질화되고 호모 에코노미쿠스의 인간학에 대한 암묵적인 준거에 의해 지지되는, 축적과 분배의 양적 변이들과 관련된 것이 아니기 때문이다. 오히려 마르크스의 대상은 하나의 구조, 또는 더 정확히 말해, 하나의 **이중적 구조**의 질적 변이들과 관계한다. 착취의 특정한 사회적 관계들하에서 인간적이고 자연적인 힘들이 결합combinaison, Verbindung된 바로서의 '생산양식'*과, **경제적인 또는 비경제적인** 다양한 실천들을 절합하는(경제적 과정들 자체를 '과잉결정하는', 그리고 이로 인해 이 경제적 과정들을 '국지적'으로라도 분석의 대상으로 분리하는 것을 금지하는) '사회구성체', 이 둘 사이의 중첩을 구성하는 하나의 이중적 구조 말이다. 그러므로, 아마도 프로이트가 '충동'이라는 개념notion을 취급하는 방식과의 유사성을 따라서, 알튀세르는 《'자본'을 읽자》에서 '잉여가치plus-value'**를 경제적인 것과 사회적인 것 사이의 **한계-개념** notion-limite—마르크스가 자신의 분석의 출발점origine에서부터 자본주의적 생산양식의 '재생산' 내에서 작동하는 역사적 힘들의(또는 '심급들'의) 복합체를 도입할 수 있도록 해주는—으로 간주하기를 제안한다. 반면에 마르크스 자신의 '가치' 개념(또는 오히려 **가치화/가치증식** 개념)은, 이 개념이 정확하게 심층적 구조의 '표면 효과' 또는 현상적 표현manifestation을

---

*   《'자본'을 읽자》에 대한 윤종희의 좋은 해설(《알튀세르의 철학적 유산》, 2008, 공감, 83쪽)을 참조하면, "발리바르는 〈역사유물론의 기본개념에 관하여〉에서 구조주의와 알튀세르의 입장을 구별한다. [레비-스트로스적인] 구조주의적 조합combinatory에서는 요소들의 장소와 관계가 변화하지만 이 요소들의 본성은 고정된 것으로 간주한다. 반면, 마르크스주의적 결합 combination[combinaison]에서는 관계의 유형에 따른 속성들의 변화와 결합 관계의 필연성이 설명된다."-옮긴이

**   알튀세르와 그 그룹이 《자본》을 연구했을 때, 그들은 조제프 루아Joseph Roy의 번역을 활용했고 전통적으로 'Mehrwert'를 'plus-value'로 번역한 것에 대해 이의를 제기하지는 않았다. (그 당시에 강력한 반대를 불러일으켰던) 'survaleur'라는 번역은 'Mehrarbeit'와 'Mehrwert' 사이의 구성적 관계를 강조하기 위해 1983년 장-피에르 르페브르Jean-Pierre Lefebvre와 그 번역팀(이 중 몇몇은 알튀세르의 《'자본'을 읽자》 세미나의 구성원이었다)이 제안했던 것이다.

지시한다고 간주하지 않는 한, 상당히 암묵적인 것으로 남아 있다. 어쨌든 가치 개념을 '상품 형태'의 '단순성'에서 완전히 연역해내려고 시도해서는 안 된다. 이로부터 《자본》 1권 1편 자체에 대한, 그리고 특히 이 《자본》 1편에 대한 '변증법적' 독해들을 향한 알튀세르의 유명한 불신('비합리적^{déraisonnable}'이라고 알튀세르가 지적했던)이 유래한다.* 이 변증법적 독해들에 알튀세르는 마르크스가 재차 주기적으로 주장하는 **사용가치**—특히 **이 이후에 이루어진** 자본주의적 생산양식에 대한 마르크스의 발전된 분석(이는 자본의 재생산에서의 '두 부문들 간의 절합에 대한 분석을 뜻하는 것인데, 이 두 부문들 사이의 '균형'은 노동자계급의 **일반착취율**과 직접적으로 연결되어 있다)에 등장하는 사용가치 개념—에 대한 중요성을 대립시킨다.**

트론티는 마르크스가 주장했던 '이중의 발견'에서 자신의 결론을 이끌어내기 위해 완전히 다른 길을 취한다. 결국 《노동자와 자본》의 목적이 자본주의 공장 자체를 (그 안에서 계급으로서의 계급들이 두 가지 권력을, 그리고 더욱 심원하게는 사회적 노동을 조직화하는 두 가지 갈등적인 양식을 구분하기 위해 대립하는) 전투의 역사적 장소로 기술하기 위한 것이긴 했지만(이는 하나의 계급전쟁인데, 한쪽 편과 다른 쪽 편에서 그 계급전쟁의 전

---

* 이에 대해서는 최근에 출간된 백승욱의 저서 《생각하는 마르크스: 무엇이 아니라 어떻게》(북콤마, 2017)와 이에 대한 서평인 서관모의 〈알튀세르를 너무 위험시할 필요가 있을까?〉(《경제와사회》 통권 114호, 2017년 6월) 사이의 쟁점과 그 이면에 존재하는 윤소영의 반^反 알튀세르적 《자본》 해석(《일반화된 마르크스주의의 경계들》, 공감, 2007과 《헤겔과 일반화된 마르크스주의》, 공감, 2007에 실린 〈헤겔-마르크스주의와 변증법〉 1, 2를 참조)을 참고하고, 옥우석이 번역하고 서관모가 감수한 알튀세르의 〈제라르 뒤메닐의 《자본》의 경제법칙 개념〉에 붙이는 서문〉(《역사적 맑스주의》, 새길, 1993에 실림)을 참조하라. 알튀세르의 이 서문은 독해하기가 매우 까다롭지만 여기에서의 발리바르의 논의를 이해하기 위해서는 필수적으로 읽어야 하는 아주 중요한 텍스트이다.-옮긴이

** 알튀세르의 《자본》 독해의 중심에서 나타나는 이런 경제주의로의 회귀라는 역설은 한편으로는 프랑스에서 샤를르 베틀렘Charles Bettelheim과 그 학파가 고찰했던 사회주의적 계획화의 원리에 대한 논쟁에서 등장한 '재생산 표식'이라는 질문과 알튀세르 사이의 관계를 통해 설명된다.

략은 자신들의 고유한 발전의 효과, 그러니까 세력 관계의 효과하에서뿐만 아니라 자본에 의한 기술의 변형과 그 기술의 적용이라는 효과하에서도 끊임없이 변화한다. 자신들의 계급전쟁 전략에 맞서 '영국의 레닌'으로서의 자신들의 **공산주의적 조직화**를 대립시키는 노동자계급을 해체^{décomposition}하기 위해 자본은 이 '계획'을 적용하는 것이다)*, 본질적으로 트론티에게 중요한 것은 '추상노동'—마르크스에 따르면 이 추상노동은 자본주의적 가치화/가치증식의 과정을 지배한다—이라는 개념^{notion} 자체에서 노동의 '지배^{commandement}'이기도 한** 이 계급 관계를 연역해내는 것이다. 그러므로 트론티에 따르면 우리는 교환가치를 추상노동으로 환원하는 차원 내에 모든 사회적 관계들을 기입하고 그 비판의 토대를 구성하는 계보학, 즉 모든 사회적 관계들에 대한 하나의 계보학을 실행해야 한다.

여기에서 알튀세르와 트론티가 '노동력^{Arbeitskraft}'이라는 범주에 동일하게 관심을 기울이며, '노동의 가치'로서의 임금이라는 관념에서 생산에 적용되는 '노동력'의 가치의 화폐적 등가물로서의 임금이라는 관념으로 이동함으로써 정치경제학과 결별하는 단절점을 지시하는 마르크스의 선언들에 대한 중요성을 둘 모두 지속적으로 강조한다는 점을 지적하자. 하지만 그들이 이 '노동력'의 중요성을 동일하게 활용하는 것은 아니다. 알튀세르에게서 '노동력'은 이름(그러니까 또한 관점)인데, 이 이름하에서 자본주의적인 사회적 관계로의 개인들의 **예속화**^{assujettissement}가 나타나며, 이 예속화는 개인들을 가치화/가치증식, 축적, 재생산 현상들의 '담지자^{Träger}'로 만든다. 이로부터, **또 다른 구조(이데올로기라는 구조)의**

---

*   '영국의 레닌'은《노동자와 자본》에 수록된 트론티의 글 하나의 제목이다.–옮긴이

**   이 노동의/노동에 대한 지배라는 '말놀이'는 애덤 스미스에 대한 독해에서 기원한 것이다. **노동의/노동에 대한 지배**command of labour는 주격 속격의 의미에서는 노동이 '취하는' 것(재화의 관점에서)이고 목적격 속격의 의미에서는 노동에 대해 그 '구매자'(자본가)가 행사하는 권력이다.

개입 없이는, 이런 예속화는 역사적으로 존재할 수 없을 것 — 왜냐하면 예속화는 교환관계의 자동성^{automatisme}을 통해서도, 노골적인 폭력의 강제에 의해서도 지속될 수 없기 때문에 — 이라는 관념에 대한 알튀세르의 집요한 강조가 시작된다. 반대로 트론티에게서 '노동력'은 노동자들 자체를 교환 가능하고 상호 변환 가능한 '상품들'로 변환했던, 하지만 역설적으로 영유 형태들에 대한 갈등과 전도로 이어지는 그런 과정의 마지막 결과이다. 트론티의 논의에서 핵심은, 이런 '상품'[즉 노동력] — 단순한 하나의 상품이 아닌 상품(또는 '대상'이기보다는 오히려 '주체'인 상품) — 의 '교환'이 '담지자들'의 고립과 개인화를 전제하지만 생산 내에서 그 상품[즉 노동력]의 활용이 교환을 집산화^{collectivise}하며 담지자들 자신을 통일된 **계급**으로 변형한다는 점이다. 그러므로 트론티에게서(그리고 **오페라이스모** 전반에서), **유적 존재**^{Gattungswesen}(또는 공동체적 인간 본질)에 대한 마르크스의 개념화는 철학적 또는 인간학적 전제가 아니라 자본주의적 생산과 이에 내재적인 갈등의 특수한 정치적 효과로 다시 사고되어야 한다.

자본주의에 대한 두 가지 비판

이제 '이접적' 종합이라는 문제로 돌아오자. 내가 방금 참조했던 알튀세르와 트론티*의 이론적 전개들(그리고 사람들이 또한 원용할 수 있을 이와는 다른 이론적 전개들)은 다른 곳에서[〈마르크스와 프로이트에 대하여〉라는 논문에서] 이 동일한 알튀세르가 마르크스주의의 '분파적^{schismatique}' 또는 '분열적^{scissionnel}' 특징이라고 불렀던 바 — 알튀세르는 이 분파적이고 분

---

* 이해를 위해 다소 무리하게 구분하자면, 트론티의 논의는 축 (1)을, 알튀세르의 논의는 축 (2)를 중심으로 하고 있다.-옮긴이

열적인 특징을 실증주의적인 합리성의 규약과는 양립 불가능한 '과학'의 한 유형과 관련짓는다—에 대한 완벽한 설명과 그 특징에 대한 이해를 위해서는 독자들의 오류 또는 잘못된 이해에 대한 비난이나 자신의 사변적이거나 철학적인 특징으로 인한 마르크스주의의 본질적인 기형성^{tare}에 의존할 수는 없다는 사실에 대한 완벽한 설명을 제시해주는 것처럼 보인다. 1969년 프랑스 철학회에서 행한 강연에서 푸코가 제안했던 바 (그리고 그 당시 또한 푸코가 프로이트에게도 적용했던 바)를 다시 활용해보 자면, 오히려 이는 (하나의 단순한 텍스트가 지니는 해석의 다양성을 넘어) 그 자신이 **자기 고유의 용어들 내에서** 분기점들^{divergences} 또는 모순들의 가능성을 열어젖히는 '담론성의 정초자'로서의 담론이 갖는 속성들—물론 이 담론은 이 용어들의 지배자로 남아 있는 것은 아니다—과 관계된다.* 바로 이 기초 위에서 나는 사고실험을 행하고 싶은데, 이 사고실험에서 나는 다음과 같은 가설을 탐색하기 위해 마르크스주의의 내적 갈등들(또는 이 내적 갈등들 중 몇몇)을 활용할 것이다. 나는 《자본》을 출간할 때 마르크스가 주장한 '두 가지 발견'에 사실은 자본주의에 대한 비판의 두 가지 개념화—이 두 개념화는 결국 이 개념화들이 참조하는 '자본주의'라는 개념 자체가 동일한 의미를 보존하고 있다는 점이 더 이상은 명백하지 않을 만큼 서로 충분히 이질적이다—가 대응된다는 가설을 제시하고 싶은데, 이 두 개념화 중 하나[(1)]는 자본주의를 근본적으로 일반화된 상품화로 정의하고, 다른 하나[(2)]는 노동력의 착취 양식으로 정의한다. 이 두 경우 모두에서 수탈이라는 문제설정이 근본적인 형태로 작동하고 있지만 이 문제설정은 노동자들이 자신들의 존재를 보장하기 위한 수단들의 박탈[(1)]로도, 근대 개인주의의 전통 속에서 개인성^{personnalité}의 기

---

*   M. Foucault, "Qu'est-ce qu'un auteur?", *Dits et Écrits*, Paris, Gallimard/Seuil, 1994, 1권, p.805에 다시 실림.

초를 구성하는 '소유 자체'의 전도[(2)]로도 이해될 수 있다는 점을 지적하자. 자본주의에 대한 두 가지 비판의 표면적인 통일성을 내부에서부터 분열시키는 균열선이 실제로 존재한다면, 그 결과는 '자본주의의 위기'를 가리키고 이로부터 정치적 결론들을 가설적으로 연역하기 위한 모든 시도에 영향을 미치지 않을 수 없을 것이다.

　마르크스가 자신의 '첫 번째 발견'[(1)]에서 모든 결론들을 이끌어냈던 '상품물신숭배' 이론과, 노동의 이중적 성격과 상품의 이중적 요소 사이의 상응성에 대한 이론을 설명하는 것은《자본》의 [동일한] 하나의 편* 안에서이다. 관념성의 발생/기원^{genèse}의 관점에서 봤을 때, 상품 형태의 사용가치(특정한 욕구의 충족에 상응하는)와 교환가치(시장에서의 유통에 상응하는)로의 분열을 설명하는 것은 바로 이 노동의 이중적 성격이다. 하지만 역사적으로는 그 결정은 정반대 방향으로 행해졌다(특히 **교환 과정**을 다루는《자본》1권 1편 2장이 보여주듯). 상업적 작동이 인간 활동의 모든 영역에 침투함에 따라, 구체적 측면, 즉 노동의 특수성과 그 추상적 측면 또는 그 보편성 사이의 분할은 잠재적인 대립에서 실재적인 대립으로 이동해 하나의 사회적 구조로 형성된다. 이런 발전의 극한은 개인적이거나 생산적인 소비로 진입할 가능성이 있는 **모든** 대상들이 상품이 되었을 때 도달되며, 이는 모든 생산적 활동들이 그 자체로 '추상적인' 사회적 노동의 단순한 계기들에서 유래하게 된다는 점을 의미한다. 그러므로 모든 상품은 동일한 '일반적 등가물'(우리가 화폐라고 부르는 것)을 통해** 교환되며, 이와 상호적으로, 모든 종류의 노동은 그 노동의 특수성

---

*　특히 1편 1장 상품은 네 절로 구성되어 있으며, 1절의 주제는 상품의 이중성, 2절의 주제는 노동의 이중성, 3절의 주제는 가치형태, 4절의 주제는 물신숭배이다. 이와 관련한 최고의 해설로는 윤소영의《마르크스의 '자본'》(공감, 2009)의 2장 '상품과 화폐'가 있다.-옮긴이
**　프랑스어에서는 'échanger'와 함께 쓰이는 전치사가 'contre'이다. 여기에서도 마찬가지로, '통해'는 'contre'를 옮긴 것이다.-옮긴이

이 인간 노동력의 지출 그 이상도 이하도 아닌 '노동'의 무차별적 기준 norme에 종속됨으로써 '균등해진다égalisées'. 모이슈 포스톤은 여기에서 이런 '노동' 개념이 모든 인간 사회에서 유효한 하나의 범주에 관한 인류학적 불변항을 가리키는 것이 아니라, 자본주의 안에서만, 그리고 자본에 의해서만 존재하는 활동의 역사적 형태를 가리킨다는 점을 설명했다는 점에서 완벽하게 옳았다.* 하지만, 트론티 또한 이런 기준norme의 부과가 노동의 주체들을 동일한 상태로 존재하도록 내버려두지 않으며 이 주체들을 '노동자' 또는 '프롤레타리아'로, 다시 말해 자본주의적 생산관계 바깥에서는 존재하지 않으며 구성적인 적대의 형태 내에서 그들의 예속 sujétion에 반응/저항réagissent하는 주체들로 변형한다는 점을 설명했다는 점에서 옳았다. 이런 완전한 의미에서 우리는 '현실 추상abstraction réelle' 또는 특수한 관계 내에서 물질화되는 어떤 추상에 대해 말할 수 있다. 현실 추상은 두 가지 극단을 지배한다. 화폐 형태의 지배(화폐 형태는 물질화와 탈물질화의 과정을 교대로 겪는다)로서의 극단, 그리고 주체의 노동자(자본의 관점에서 봤을 때 노동력이라는 단 하나의 유일한 것 — 이 노동력에 대해 자본은 자신의 '지배/명령commandement'을 행사한다 — 에서 등장하는 상호 교환이 가능한 구성원들)로의 변형이라는 극단이라는 두 가지 극단.

그러나 내가 방금 거친 방식으로 상기한 이런 매우 잘 알려진 분석들은 서로 다른 방향으로 발전할 수 있다. 이 방향들 중 하나[(1)]는 마르크스가 추상노동과 화폐 형태의 지배의 결과로 제시하는, 그리고 '상품이 지배하는herrscht'** 사회의 주체들이 사로잡혀 있는 '허상illusion'을 설명

---

* 　모이슈 포스톤의 저서 *Time, Labor, and Social Domination. A Reinterpretation of Marx's Critical Theory*, Cambridge, Cambridge University Press, 1993(신판, 2003); O. Galtier & L. Mercier 불역, *Temps, travail et domination sociale. Une interprétation de la théorie critique de Marx*, Paris, Mille et Une Nuits, 2009.

** 　《자본》의 첫 번째 문장. K. Marx, *Le Capital. Livre Premier*, collection 'Quadrige', Paris, PUF, 1993, p.39.

하는 주체와 대상 사이의 관계의 전도를 주체들의 행동에서부터가 아니라 대상들 그 자체 사이의 상호작용(마치 인간 개인들에 의해 생산되고 교환되고 소비된 대상들이 사실은 진정한 '주체들'인 것처럼 우리가 '상호-대상성/객관성'이라고 부를 수 있는)에서부터 발생하는 사회적 관계의 외양^{apparence}으로 확장한다.*** 사회적 관계의 외양은 마르크스가 특정한 '종교들의 역사' 내에서 물신숭배라는 알레고리적인 개념^{notion}을 찾으려 했던 이유를 정확히 설명해준다.*** 하지만 특히 이 사회적 관계의 외양은 우리가 (마르크스의 설명에 편재해 있는) **가상**^{Schein}과 **현상**^{Erscheinung}이라는 칸트적인 범주들에서 출발해 추적할 수 있는 바로서의 초월론적 외양이 제기하는 철학적 문제의 역사 내에 위치해 있다. 자본주의라는 범위 내에서 화폐적 교환에 의해 생성되는 현실추상의 효과하에서, 외양^{apparence}과 현상^{phénomène}은 구별 불가능해지며, 이 둘 모두는 경험의 측면에서 함께 구성적이거나 또는 둘 모두 경험의 **객관적 사고 형태**^{objektive Gendankenformen}이다. 여기에서 경제적 범주들과 '법칙들'의 영원성이라는 외양이 등장하는데, 반면에 법률적 범주들은 모든 타자에 대해서 본질적으로 자유롭고 평등한 '인격^{personne}'이 갖는 속성과 양도 불가능한 권리를 표현하는 것 같다.

이 지점에서 이는 단지 인식론적인 성찰들에만 관계되지는 않는다. (프랑크푸르트 학파와 함께) 문화적 생산물 비판에 대한 온전한 프로그램으로 이어지는, 그리고 (벤야민과 함께) 부르주아 시민사회에서의 일상적 삶과 예술 사이의 관계들에 대한 현상학(프랑스에서 앙리 르페브르^{Henri}

---

*   나의 연구 "Le contrat social des marchandises", *in* M. Drach(편), *L'Argent: Croyance, mesure, spéculation*, Paris, Éditions La Découverte, 2004(이 책의 부록-옮긴이)을 보라.

**   사회적 관계의 외양과 물신숭배에 대해서는 이 책의 3장 '이데올로기 또는 물신숭배: 권력과 주체화/복종'을 참조하라. 또한 이 〈상품의 사회계약〉이라는 텍스트는 앞의 각주에서 언급했듯 이 책의 부록으로 실려 있다.-옮긴이

***   A. M. Iacono, *Le Fétichisme. Histoire d'un concept*, "Philosophies" 총서, Paris, PUF, 1992를 보라.

Lefebvre는 이와는 다른 방식으로 이런 현상학적 작업에 몰두했다)으로 이어지는, 이 **사물화**réification에 대한 루카치의 이론에서 시작하는 모든 일련의 비판적인 이론적 전개들은 이런 분석에서 유래한다. '현실'추상 또는 '실현된' 추상이라는 관념은 《공산주의자 선언》이 이미 예고했듯이 모든 초월적 가치들이 '더럽혀지'고 모든 '감정적' 관계들(다시 말해, 정서적 관계들)이 경제적 계산으로 대체되거나 또는 (더욱 나쁘게는) 경제적 계산에 의해 '합리적으로' 활용되는 부르주아 시민사회 내에서 사회적 관계들이 겪는 **질적 변형**을 이해하도록 해주는 핵심 열쇠가 된다.

[(2)] 하지만 우리는 또한 정치경제학 비판 자체와 더욱 직접적으로 관련되는 물신숭배 분석의 한 측면에 특히 주목할 수 있다. 이런 분석이 상품의 '기초' 형태와 (고유한 의미에서의) 화폐 형태 사이의 변증법적 이행을 현실적으로 구성한다는 사실에, 다르게 말하자면 바로 화폐로서의 일반적 등가물만이 고유하게 말해서 '물신fétiche'을 형성하며 또한 모든 교환이 화폐화되는 한에서 상품들 자체가 '물신숭배화'된다는 사실에 주목한 마르크스주의자들이 거의 없었다는 점은 이상하다.* 하지만 화폐argent는 그 자체로 논리적인 기능만을 표상할 뿐인 일반적 등가물의 단순한 '표현'으로 간주될 수 없다. 더욱 정확히 말해, 이런 기능이 물질화(금 또는 은과 같은 귀금속)와 탈물질화(신용화폐로서의 기호)의 국면들을 교대로 통과하면서 구현되어야 한다는 사실은 이 물신숭배라는 개념 자체를 완전히 변화시키는 결과들을 생산해낸다.** 그러므로 화폐는 국가에 의해 전유되는 '주권적' 형상(이 형상은 화폐 발행의 독점이라는 주권의 주요

---

* 힐퍼딩에서 브뤼노프(*Les Rapports d'argent*, Grenoble, Presses Universitaires de Greoble, 1979)까지 마르크스주의적 관점에서 '화폐 형태'의 '수수께끼'에 대해 논의하고 금융자본을 이론화하는 데 특히나 몰두했던 몇몇 주목할 만한 이들의 경우를 제외한다면 말이다.

** 신학적 의미와의 공명을 명확히 의식하면서 '육화/현현/구현incarnation'(그리고 심지어 '성변화transsubstantiation'[영어의 'transubstantiation', 즉 가톨릭 용어 '성변화']이라는 용어를 도입한 것은 마르크스 자신이다. K. Marx, *Le Capital*. 1권, *op. cit.*, p.117을 보라.

표지들 중 하나를 국가에서 정확하게 구성해낸다)을 획득하거나, 또는 '주권자의 주권자'로서 (특히 경제 위기의 시기 동안) 국가를 지배하기 위해 국가에 대한 우위를 점하는 '주권적' 형상을 획득한다.* 이 지점에서 이는 단순히 '신비로운' 상상력의 산물, 즉 비본질적인 표상과 관계된 것일 뿐 아니라, 또한 역사적인 실천, 그리고 그 과정과도 관계된 것이다. 내가 다른 곳에서 보여주려 했듯, 일반적 등가물에서 화폐로의 이행의 결과, 즉 단순한 '일반적 등가물'에서 추상을 '실제적으로' 구현하고 그 고유의 기능들(가치척도, 신용, 축장) 사이로 이 추상을 분배하는 화폐로의 이행의 결과는 (마르크스에 따르면) **화폐가 노동의 생산물이 아닌 모든 '것'을 구매**하며 이를 상품으로 변환한다는 것이다(상품이 일반적 등가물의 구성에 '논리적으로' 진입하지 않는 경우에도 말이다). 여기에 일반적 등가물과 비교해 화폐가 갖는 **초과 권력**exces de pouvoir — 공동체 내부에서 비상품적인 모든 교환 형태를 (그러므로 또한 인간 공동체와 자연환경 사이의 전통적인 모든 교환 형태를) 파괴할 수 있는 능력과 연결된 — 이 존재한다고 우리는 말할 수 있다. 마르크스는 화폐가 **가격**(엄밀히 말해 이 가격에는 어떤 가치도 대응되지 않는다)을 부여하는 두 가지 '부의 원천', 즉 '토지'(달리 말해 '아직 인간이 건드리지 않은vierges' 자연 자원들 전체)와 '인간의 노동력'을 언급한다. 하지만 마르크스가 자신의 자본주의 비판에서 이 둘을 대칭적인 방식으로 다루는 것은 아닌데, 바로 두 번째 원천인 인간의 노동력이 착취의 대상support[담지자]이 되기 때문이다.** 여기에서 결정적인 점은 노

---

* A. Orléan & M. Aglietta, *La Monnaie souveraine*, Paris, Éditions Odile Jacob, 1998을 보라.

** 반면, 환경이 고갈되지 않는 자원으로 더 이상 간주되지 않는다는 사실로 인해, 오늘날 우리는 특정한 방식으로 중농주의 이론으로 되돌아오면서 첫 번째 원천인 토지에 최소한 두 번째 원천과 동등한 역할을 부여하고픈 유혹을 느낀다. K. Marx, *Le Capital* 1권, *op. cit.*, p.567을 보라. 이 지점에서 우리는 이를 《거대한 전환》(1944)에서 칼 폴라니가 ('물신숭배'라는 범주는 멀리하면서도) '허구적 상품들'이라고 부른 것과 비교할 수 있다. (한국어판으로

동력이 그 구매자의 필요에 일단 적합한 상태로 변형되고 나면 더 이상 '주체'로서의 특징들을 (최소한 자본 자체의 관점에서는) 갖지 않으며, 이 노동력이—자본의 '유기적 구성 부분'으로 들어가는 모든 다른 '생산요소들'과 마찬가지로—객관적인 양 또는 내부에서부터 주체성 자체를 지배하는 초-객관적인 '사물^{chose}'이 된다는 사실이다. 원료, 도구, 기계와 관련된 것이든 노동력과 관련된 것이든, 자본은 화폐^{argent}로 그 비용과 수익성을 측정하면서, 그리고 '가변자본'과 '불변자본'의 비율을 변형하면서, 그리고 숙련노동을 비숙련 단순노동과 자동장치 등등으로 교체하면서, 그 최고의 생산적 조합을 추구하는 상품들만을 결합한다. 화폐로서의 자본$^{capital-argent}$과의 관계에서 모든 생산적 요소들은 동질적이며, 그렇기 때문에 만일 '산 노동', 다른 말로 하자면 살아 있는 인간들이 저항의 능력을 보여주지 않는다면, 또는 상품 형태에 살아 있는 인간들의 고통, 요구 그리고 저항을 대립시키지 않는다면, 주체와 대상 사이의 모든 구분은 폐지될 것이다.

그러나 아직 우리는 주체와 대상 사이의 전도 가능성으로서의 자본주의 비판이 생산하는 효과들에 대한 논의를 마치지 않았는데, 왜냐하면 저항(계급투쟁의 불가피성에 대한 이론은 이 저항을 강조하는 경향이 있다)은 그 이면, 즉 소외와 [지배]권력^{forces}에 대한 **수용**—주체들에 의한 그 내면화[복종화]로 이어지는—이라는 이면을 갖고 있기 때문이다. 초-객관성에는 초-주관성이 대응될 수 있다.* 내가 봤을 때, 마르크스는 '자발적 복종'과 자본주의에서의 그 자발적 복종의 형태들이라는 방향으로 자신의 연구를 발전시키기를 주저했던 것 같다. 그런데 이는 (정신적 현상들과 이 현상들을 특징짓는 무의식적 양가성에서 자신을 멀리 하는 어떤 '유물론'에

는《거대한 전환》, 홍기빈 옮김, 길, 2009 참조-옮긴이)

*   이 용어법에 대해서는, 나의 저서 *Violence et civilité*, Paris, Galilée, 2010을 보라(부분 번역으로는《폭력과 시민다움》, 진태원 옮김, 난장, 2012. 참조-옮긴이).

따른) 철학적 이유들 때문만이 아니라 또한 정치적 또는 메타-정치적 이유들 때문에 그러하기도 하다(왜냐하면 가치형태에 대한 예속화assujettissement 라는 개념화는 '지배 이데올로기'라는 단순한 개념notion이 제시하는 것보다 훨씬 더 저항하기 힘든 지배력을 자본주의가 개인에게 부여한다는 점을 함축하기 때문이다). 하지만 다른 마르크스주의자들, 즉 프랑크푸르트 학파와 특히 마르쿠제*는 마르크스와 같이 이렇게 주저하지 않았다. 하지만 마르크스의 저작은 이런 점에서 놀라운 단상들을 포함하고 있다. 예를 들어 1859년의 《정치경제학 비판을 위하여》에서, 모든 '등가물'[즉 화폐나 금 등등]이 사용가치의 형태로 표현되며 이로 인해 이 모든 등가물이 어떤 '필요/욕구besoin'에 조응한다는 사실, 그리고 일반적 등가물이 본성적으로 무제한적인 '일반적 필요'(또는 보편적 필요)를 지시한다는 사실에서 마르크스가 연역해내는 이론적 전개가 그러하다.** (물신숭배 이론과 완벽하게 결합됨에도 징후적인 방식으로 《자본》에서 명시적으로 마르크스가 채택하지 않은) 그런 개념notion은 아리스토텔레스부터 [이 일반적 등가물이 지니는 본성적으로 무제한적인 일반적 필요에 대한 이론인 유동성 선호 이론을 제시한] 케인스에 이르기까지 화폐의 기능이 갖는 내재적 **과잉**démesure을 다루는 인류학적이고 동시에 경제학적인 ― 비록 여기에서 이 개념은 고전적인 경제인류학(이 고전적인 경제인류학에게는 노동과 가치 사이의 객관적 관계, 그리고 이 객관적 관계와 연결된 균형 회복의 '법칙들'은 항상 주관적 요소들 또는 더욱 정확히 말해 상상적 요소들보다 우위에 있다)의 범위 내에 존재하지만 ― 일련의 문제화 내에 독창적인 방식으로 기입될 수 있을

---

*   H. Marcuse, *One Dimensional Man* (1964), Monique Wittig & H. Marcuse 불역, *L'Homme unidimensionnel: essai sur l'idéologie de la société industrielle avancée*, Paris, Éditions de Minuit, 1968.

**   K. Marx, *Contribution à la critique de l'économie politique* (1859), M. Husson & G. Badia 불역, Paris, Éditions sociales, 1957, p.26.

것 같다.

이제 나는 지금까지 다루었던 이런 지표들을 뒤로 하고, 우리의 사고실험의 또 다른 측면에서 자본주의 비판의 조직화에 관해 도식적으로 탐구하고자 한다. 알다시피 마르크스가 자신의 '두 번째 발견'[(2)]으로 지칭했던 것은, (이윤, 지대 그리고 이자라는 메커니즘들을 통해 서로 다른 수혜 계급들 사이에서 이루어지는 자본 수입의 분배에 대한 모든 분석 이전에) 이 자본 수입의 원천을 **잉여노동의 잉여가치로의 변형**에 위치시키는 것이 옳다는 점에 대한 자신의 발견이다. 여기에서 우리는 마르크스가 되돌아오기를 멈추지 않았던, 그리고 마르크스가 《공산주의자 선언》을 여는 "지금까지의 모든 사회의 역사는 단지 계급투쟁의 역사였을 뿐이다"와 같은 유명한 문구들에서부터 복잡화하기를 멈추지 않았던 관념을 발견하게 된다. 이 관념은 보편사—이 보편사의 원칙은 연속되는 생산양식들을 각 시대마다 사회를 경향적으로 분할하는(또는 사회를 '노골적인 혹은 잠재적인 내전'으로 형성하는) 적대의 형상들과 관련짓는다—의 시기 구분이라는 기획을 가리킨다. 그러므로 이 관념은 착취와 갈등이라는 그 양면의 얼굴을 가진 **계급관계**라는 역사의 불변항(비록 이 불변항은 결국에는 자기 자신의 변증법적 '부정'으로 나아가야 하지만)이 존재한다고 전제한다.* 이런 관념이 정치의 범주들과 역사적 갈등의 범주들 사이에 매우 강력한 상호성을 정립한다는 점에는 의심의 여지가 없지만, 이 관념은 또한 우리에게 생산양식에 내재하는 계급투쟁으로서의 갈등과 자기 자신의 '상품화'에 대한 노동력의 저항이라는 관념 아래에 숨겨진 갈등 사이

---

* 이런 관념은 이중의 계보학을 포함한다. 한편으로는 헤겔이, 다른 한편으로는 《생시몽적 원리 해설》이라는 계보학이 있는데, 이 《생시몽적 원리 해설》이라는 계보학의 경우, 우리는 이 뒤에 푸코가 1976년 콜레주 드 프랑스에서의 강의 《"사회를 보호해야 한다"》(Paris, Gallimard/Seuil, 1997)에서 연구 대상으로 채택했던 '인종전쟁'이라는 주제를 덧붙여야 한다. (한국어판으로는 《"사회를 보호해야 한다"》, 김상운 옮김, 난장, 2015를 참조―옮긴이)

에 어떤 관계를 정립해야 하는지의 문제를 우리에게 제기한다. 그런데 이 문제는 그렇게 간단하지 않다. 동일한 불변항의 기반 위에서 적대가 한 생산양식에서 다른 생산양식으로 이동할 때 개입하는 **형태 변화**는 갈등을 본질적으로 변화시키는가? 아니면 우리는 이 형태 변화의 의미를 착취 효과의 연속성을 위해 상대화해야만 하는 것일까?* 이런 관점에서 자본주의의 특이성은 자본주의가 (예를 들어 소작인 또는 직공이 그들의 개인적인 도구들과 개인화된 관계를 유지함으로써 그 도구들의 소유주인 것과는 달리) 자본을 (물론 노동력 자체까지도 포함하는) **모든** 생산수단들의 유일한 소유자로 만들면서 노동자들(특히 공장 노동자들)의 생산수단에 대한 박탈/탈소유^{dépossession}에 부여하는 근본적 형태와 관련된다. 그렇기 때문에,《공산주의자 선언》의 유명한 문구대로, 프롤레타리아는 "그들의 쇠사슬 이외에는 잃을 것이 아무 것도 없다". 여기에서 (임금노동제보다 더 근본적인 종속성을 구성하는지의 여부를 우리가 질문해볼 수 있는) 노예제와의 비교가 우리의 논의에서 행할 수 있는 이론적 역할이 동일하게 등장하는 것이다**

이런 점에서, '임금'을 다루는《자본》1권 17장에는 자본주의적 생산양식의 '임금'은 '부불노동'이라는 현실, 그러니까 노동자들의 착취 정

---

* 한편으로는 노동자들이 형성하는 하나의 또는 다수의 계급들과, 그리고 다른 한편으로는 '생산수단의 소유자들' 또는 착취자 계급을 대립시키는 계급관계에 기반을 두고 있는 모든 '사회구성체'에 공통적인 일종의 구조적 불변항이 존재한다는, 알튀세르주의자들의 사유에서 매우 강력하게 존재하는 관념이, 알튀세르주의자들과 가까이 교류했으며, (특히 아프리카에서의) 식민화 전후의 **생산양식들 사이의 절합**에 대해 연구했던 마르크스주의 인류학자들(클로드 메이아수Claude Meillassoux, 엠마뉘엘 테레이Emmanuel Terray, 피에르-필립 레Pierre-Philippe Rey)에게서 그 역량의 상당 부분을 가져왔다는 점을 우리가 여기서 지적하는 것은 흥미로울 것이다. 그런데 이는 프랑스 식민제국의 해체에서 탄생한 비극과, 또한 이 해체로 인해 탄생한 미래에 대한 희망이라는 그 당시의 정치적 맥락을 고려한다면 이해하기 어려운 바는 아니다.

** 이 논의를 맥락화하기 위해 말하자면,《자본》의 집필은 노예 거래의 국제적인 금지와 미국 남북전쟁 사이에서 이루어졌다는 점을 절대 잊지 말자.

도를 은폐하는 '비합리적 표현'을 형성한다는 관념을 전개한 부분 바로 뒤에 다음과 같은 매우 흥미로운 구절이 존재한다. "그러므로 임금 형태는 노동일의 필요노동과 잉여노동으로의, 지불노동과 부불노동으로의 분할이 남기는 모든 흔적을 지워버린다. 노동 전체^{totalité}는 지불된 노동으로 나타난다. 봉건제하에서의 부역에서, 부역자가 자기 자신을 위해 수행하는 노동과 소유주를 위해 수행하는 강제된 노동은 시간과 공간에서 유형적이고 감각적인 방식으로 구분된다. 노예의 노동에서는, 노예가 자신의 최소한의 생존 수단의 가치를 대체하기 위해서만 행하는 노동일의 일부분조차, 그러니까 실제로는 그가 자기 자신을 위해 행하는 노동의 일부분조차 주인을 위한 자신의 노동으로 나타난다. 노예의 모든 노동은 부불노동으로 나타나는 것이다. 반면에 임금제 노동에서는, 심지어 잉여노동 또는 부불노동조차 지불받는 노동으로 나타난다. 노예제의 경우에서, 소유관계는 노예가 자기 자신을 위해 일한다는 점을 은폐하며, 임금제의 경우에서, 화폐 관계^{rapport d'argent}는 임금 노동자가 무상으로 일한다는 사실을 은폐한다."*

그래서 노예제와 자본주의는 착취 메커니즘의 **가시성**이라는 점에서 서로가 서로에 대해 전도된 이미지와 같다.《자본》 1권 이후 이런 유비는, 프롤레타리아가 지배에서 얼마나 벗어나 있는가라는 점에서는 사실 노예보다 더 '자유롭'지는 않다고 할지라도, 그럼에도 노예는 한 명의 주인이라는 인격에 직접적으로 종속되어 있는 반면 프롤레타리아는 한 계급의 구성원으로서 [자본가계급이라는] 집합적 주인의 사회적 지배에 종속되어 있다(이는 주인에 대한 프롤레타리아의 종속이 지니는 구조적 성격을 강조한다)는 사실에서 차이가 존재한다는 점과 동일하게 관련을 맺게 된다. 이 지점에서 우리는, 마르크스가 스스로 출판할 시간을 갖

---

*   K. Marx, *Le Capital* 1권, *op.cit.*, pp.604-605.

지 못했고 또한 중심적으로 다루지는 못했던 이론적 전개 내에 등장한다
는 이유로 덜 활용되어온《자본》의 또 다른 구절을 참조할 수 있다. 그럼
에도 이 구절은 아마도 계급관계에 대한 마르크스의 가장 종합적인 정
의를 포함하고 있는 구절일 것이다. 이는《자본》3권에 등장하는 '자본주
의적 지대의 발생'에 대한 이론적 전개인데, 여기에서 나는 다음의 구절
을 가져오도록 하겠다. "특수한 경제적 형태―이 형태 내에서 직접생산
자는 부불의 잉여노동을 강탈당한다―는 생산 자체에서 직접적으로 연
원하는, 그리고 이 생산에 대해 결정적인 방식으로 반작용하는 것으로서
의 종속관계das Herrschafts-und Knechtschaftsverhältnis를 규정한다. 이는 생산관계에
서 직접적으로 만들어지는 경제 공동체의 모든 형태의 기반임과 동시에
그 특수한 정치적 형태의 기반이기도 하다. 우리는 항상 생산수단의 소
유자[자본가]와 직접생산자[노동자] 사이의 직접적 관계 내에서 (……)
가장 심원한 비밀, 모든 사회구조의, 그러므로 지배souveraineté와 종속 사
이의 관계가 취하는 정치적 형태und daher auch der politischen Form des Souveränitäts-und
Abhängigkeitsverhältnisses의 감추어진 토대를, 간단히 말해 주어진 시기에 국가
가 취하는 특수한 형태의 기반을 찾아야 하는 것이다."*

이 지점에서, 마르크스에게 착취에 대한 분석과 권력관계에 대한
분석이 평행한다는 점, 또는 심지어 지배와 착취는 동일한 현실의 두 가
지 면모라는 점은 매우 명확하다. 이런 분석은《자본》전체를 가로지르
면서《자본》에 '자본주의적 생산양식의 역사적 경향'을 이해하기 위한
열쇠를 제공해주는 다음과 같은 하나의 아이디어와 수렴한다. 자본주의

---

*   K. Marx, *Le Capital. Critique de l'économie politique* 3권, "Le procès d'ensemble de la
production capitaliste", 3권 중 세 번째 권, C. Cohen-Solal & G. Badia 불역, Paris, Édi-
tions sociales, 1960, p.172. 에마뉘엘 테레이의 매우 계발적인 주석인 "Exploitation et
domination dans la pensée de Marx"(*Combats avec Méduse*, Paris, Éditions Galilée, 2011,
pp.149-167에 다시 실림)를 보라. 다음에 이어지는 구절들에서 나는 이 주석에서 매우 강한
영감을 얻었다.

는 [직접]생산자들에 대한 폭력적인 수탈에 의해 시작되는, 하지만 자본주의에 내재적인 변증법적 운동('부정의 부정')에 의해 전도된 폭력, 즉 수탈자의 수탈을 생산할 수밖에 없는 착취 형태이다.* 그렇지만 이런 전도는 '소유'라는 관념과 그 유지와 지속을 위한 규칙에 대한 변형을 포함하는데, 왜냐하면 수탈자의 수탈은 '공통적인 것'에 대한 사적인 전유로 이어지는 대신에 공산주의의 필연성으로 이어지게 되기 때문이다. 사회적 노동의 조직화와는 양립 불가능해진 종속성에서 스스로 해방된 노동자들은 독립적인 활동으로 회귀하는 것이 아니라, 생산의 수단과 결과에 대한 집합적 전유를 제도화한다^{instituent}. 잉여가치로 전환되는 잉여노동에 대한 '탈취'에 포함되어 있는 착취와 지배의 이중 메커니즘에 대한 분석은, (주인[자본가]과 노예[노동자] 사이의 자유 또는 계약관계의 역설적 형태 하에서) 생산영역 내에서 행해지는 노동자에 대한 자본의 '전제적인' 지배를 공적 영역에서 이루어지는 인간과 시민의 권리에 대한 지배와 결합하는 착취의 폭력을, 그리고 특히 이런 착취의 폭력이 함축하는 정치적 조직화의 **가능성**을 무대의 전면으로 내던진다. 이로 인해 마르크스는 이런 역설을 노동자들을 박탈^{dépossession}하는 해묵은 방법들이 그 한계에 도달하는 역사적 순간―인류 역사에서 최초로 노동자들을 그들 자신의 존재 조건에 대한 집합적 주인으로 만들 전회^{retournement} 바로 직전의 순간―으로 위치 지을 수 있게 된다.

---

* '수탈자의 수탈'에 관해서는 이 책의 부록으로 수록된 〈수탈자의 수탈에 관하여〉를 참조하라.-옮긴이

계급, 자본주의, 공산주의에 대한 개념화의 결론들

도식적이긴 하지만, 이 논문에서 행한 우리의 사고실험은 아마도 우리에게 여러 가지 결론들을 허락할 것이다. 마르크스의 관점에서 이 '두 가지 발견'은 상호 보완적인 것이다. 이는 분명 이 두 가지 발견이 고전경제학자들의 문제설정, 특히 리카르도의 문제설정 내에서 중심적인 두 가지 질문들에 의거한다는 사실과 관련된다. 한편으로는[(1)] 가치의 '내재적인' 측정과 가격의 변동 사이의 관계라는 질문이, 다른 한편으로는 [(2)] 자본에 추가된 가치[잉여가치]의 서로 다른 '수입들' 사이로의 '분배'라는 질문이 존재하며, 이 질문은 고전경제학자들과 마르크스에게 **사회적 필요노동**이라는 단 하나의 답변만을 얻어낸다.* 그러나 표면적으로는^{nominalement} 일의적인 것으로 보이는 이런 답변은 '고전파 경제학자들'이 영구적으로 유효한 것인 양 제시하는 경제적 범주들이 갖는 **역사성**을 명확히 밝혀주는 두 가지 방식에 대응된다. [(1)] 첫 번째 방식은 유한성의 분석론^{analytique}을 소환한다. 이런 유한성의 분석론은 상품 사회 — 이 상품 사회의 유사 초월론적인 존재 조건은 생산자들이 그들 서로에 대해 갖게 되는 (능력과 필요에 대한) 상호적 무지이다 — 내에서 사회적으로 필요한 노동의 유효화가 시장에서의 그 실현(마르크스가 '위태로운 도약'이라고 불렀던)을 다소간 장기적으로 지연시키는 외적인 '표현'을 통과해야만 한다는 점을 보여준다. [(2)] 두 번째 방식은 분열된 사회 — 이 분열된 사회에 구성적인 적대(와 이 적대에서 유래하는 일상적인 갈등)은 그 사회 고유의 제도들(마르크스가 1859년《정치경제학 비판을 위하여》의 서문에서 정치

---

* 《자본》에서 이 표현이 이중의 의미를 지닌다는 점을 지적하자. 《자본》에서 이 표현은 주어진 사회적 필요를 어떤 생산물을 수단으로 해서 충족하기 위한 기술들이 전제되어 있는 상태 내에서의 '표준적인' 노동 지출을 지시하기도 하고, 또한 잉여노동에 대립되는 '평균적인' 노동력의 재생산에 필요한 노동을 지시하기도 한다.

적, 법률적, 이데올로기적인 '상부구조'라고 불렀던)이 만들어내는 역효과에 의해 '감추어'지거나 '전위'된다—라는 개념을 정교하게 구성하는 정치 철학을 소환한다. (논의의 세부사항으로 본격적으로 들어가지 않더라도) 여기에서 이런 비판의 두 가지 방향 사이에 존재하는 항상적인 긴장이 이론의 모든 층위에서 느껴질 정도의 결과들을 초래하게 될 것이라고 주장하는 것이 내게는 가능해 보인다. 경향적으로 두 가지 '비판들'이 존재한다는 사실에서, 자본주의(또는 자본주의의 '본질적인 **사회적 관계**)에 대한 두 가지 관념이, 계급들 사이의 분할과 계급에의 소속을 개념화하는 서로 다른 두 가지 방식이, 자본주의에 내재적인 '시간성'의 두 가지 개념이, 그리고 마지막으로, 공산주의의 두 가지 개념notions은 아니라 해도(이 점에 대해 마르크스가 제시한 지표들은 알다시피 암시적인 성격만을 띠고 있으며, 이 지표들은 공산주의에 대한 '이념/관념idée'으로까지 진정으로 나아가지는 않았다) 바디우가 말했듯 공산주의에 구성적인 '가설들'을 탐색하는 두 가지 방식이 또한 존재한다. 이 글의 결론을 위해 나는 이 두 가지 지점에 대해 각각 몇 개의 지표들만을 제시해보고자 한다.

우선, **계급**이라는 질문을 제기하는 두 가지 변별적인 방식들이 존재한다. [(2)] 헤겔과 생시몽주의를 통해 전쟁의 지속 또는 중단으로서의 사회사에 대한 특정한 표상을 확장하는 '갈등적agonistique' 도식 내에서, 본질적으로 계급투쟁(이 계급투쟁이 부와 권력의 **불평등**에 기반을 두고 있다고 하더라도)은 역사를 구성하는 전장에서 서로 '해후'하는 적들 사이의, 그리고 이런 의미에서, 헤겔이 정식화했듯 그들의 갈등conflit 그 자체 내에서 그리고 갈등 그 자체를 통해 서로를 '인지하'는 적들 사이의 **대칭적인** 대립이다. [(1)] 반면, 물신숭배 분석이 개척한 관점에서 계급관계는, 자본가들이 하나의 '계급'을 형성하는 반면 프롤레타리아는 하나의 계급이 아니라고—최소한 자신들의 공동 이해에 대한 인식을 통해 통일된 집합적 주체라는 의미에서는 그렇지 않은데, 왜냐하면 마르크스에게 중요한 것은 모든 관계의 상품화가 공동체와 집합적 연대(착취에 대한 '저항'의 결과로서의 집합적 연대까지도 포함해)의 해체^{dissolution}를 이끌어낸다는 점이기 때문이다—우리가 주장할 수 있을 만큼, 심원하게 비대칭적이다. 사회적인 것의 이런 해체^{décomposition}는 분명 어떤 허무주의적인 차원을 포함하고 있다. 알다시피, 사물화^{réification}의 극한이 역사의 '주체-대상'—이 주체의 의식은 추상노동에 대한 협동^{coopération}으로의 전도를 '실천적으로'(거의 메시아적인 방식으로) 예상한다—의 형성으로 이어진다고 전제하면서 이 도식을 **변증법적으로 전도**하는 이는 루카치이다. 그리고 루카치의 논의에서, 결국 그 용어의 역사적 의미에서 하나의 계급이기를 멈추고 다소간 안정적인 조합적 이해 집합의 수준으로 떨어지는 것은 바로 자본주의적 부르주아지이다.*

서로 긴밀하게 연결되어 있는 시간화의 양식과 사회화의 양식의 수준에서도 이는 동일하다. [(1)] 보편화된 상품화의 관점에서, 자본주의가 생성하는 것은 인간 활동들 사이의 등가성 원리가 역사 속에서 발생하도록 만드는 그 자체로 추상적인 시간, 다시 말해 비어 있는 선형적 시간이다. 그리고 바로 (그 용어의 어원적인 의미에서) '재앙적/전환적인^{catastrophique}' 사건만이 사회의 동질화에 절대로 저항할 수 없어 보이는 운동에 개입할 수 있다.** 물론 우리는 여기에서 공산주의적 혁명의 예고를 인지할 수 있지만, 동시에 이 사건(벤야민이 자신의 〈역사의 개념에 대하여〉에서 **지금-시간**^{jetzt-zeit}이라 말했던 사건)이 그 정의상 이 사건 자신이 종언을 고하는 그 역사의 시간에 속하지는 않는다(오히려 이는 종언이 아니라 억압

---

* G. Lukács, "La réification et la conscience du prolétariat", *Histoire et conscience de classe* (1923), K. Axelos & J. Bois 불역, Paris, Éditions de Minuit, 1960.

** 이 점은 특히 차크라바르티Dipesh Chakrabarty가 자신의 저서 *Provincializing Europe, Postcolonial Thought and Historical Difference*, Princeton, Princeton University Press, 2000의 첫 번째 부분('자본의 두 가지 역사')에서 강조했던 것이다. (한국어판으로는 《유럽을 지방화하기》, 김택현·안준범 옮김, 그린비, 2014를 참조-옮긴이)

된 역사의 재출현일 것이다)는 점을 인정한다는 조건에서 그러하다. [(2)]
반면, 노동자계급에 대한 지속되는 수탈 과정(노동자들의 저항 그 자체마저
도 활용하며 이 저항을 기술적 혁신과 결합하면서 새로운 한계를 끊임없이 넘어
서는 수탈 과정)으로서의 자본주의 분석이라는 관점에서, 우리는 집합노
동자의 형성에 대한 갈등의 효과들, 노동자의 자율성과 자본주의적 명령
사이에 존재하는 권력관계의 비결정성 효과들, 그리고 착취에 대한 저
항의 승리 또는 패배의 효과들, 이 효과들의 다음과 같은 **양가성**을 고려
해야 한다. 즉, 이 효과들에 대응되는 역사적 도식이 자본주의적 축적 그
자체의 순환에 절합되어 있는 순환적 시간 그 자체라는 양가성 말이다.
그리고 착취받는 자들의 탈조직화^{désorganisation}에 대한 조직화^{organisation}의
경향적 우위와 함께 존재하는 두 계급 사이의 갈등의 심화가 바로 혁명
적인 변혁—이 변혁 내에서 부분적이거나 맹아적인 다양한 계급투쟁들
은 하나의 '단절의 단위/통일체^{unité de rupture}'(알튀세르)로 결합된다—으로
이어지는 것이다.

하지만 무엇보다도, 자본주의에 대한 비판(그리고 자본주의라는 개
념)과 관련한 [(1)과 (2) 사이의] 경향적인 분열은 도래할 공산주의에
대한 가설들을 심원하게 양분한다. 마르크스의 독자들이 이에 대해 항
상 잘 의식하고 있었던 것은 아닌데, 왜냐하면, 최소한 '관개체적인 것
^{transindividuel}'의 존재론을 '인간에 의한 그 자신의 존재 조건들의 생산'의
인간학, 그리고 현재의 사회 상태를 폐지하는 '현실의 운동'의 정치학(또
는 메타정치학)과 결합하는《독일 이데올로기》(그 당시 출판되지 못했던)의
탁월한 정식화들 이후,《그룬트리세》(정치경제학 비판 요강),《자본》또는
심지어 〈고타강령 비판〉에 산재해 있는 언급들에도 불구하고, 마르크스
자신이 **공산주의에 대해 가능한 한 최소한**만을 말했기 때문이다. 이런
마르크스의 신중함이, '유토피아적인' 사고의 도식들—자본주의에 대한
마르크스 자신의 비판이 갖는 '과학적' 특징이 그 유령을 쫓아내야만 했

던―로 다시 '추락^{retombée}'하는 것에 대한 공포(생각해보면 이런 공포는 좀 기묘한 것이다)뿐만 아니라 이런 긴장을 '관리'하는 것의 어려움과도 연관되어 있을 수도 있지 않을까? [(1)] 생산자들 사이의 관계가 더 이상 사물들의 관계로 '전도'되지 않는, 그래서 그들의 '투명성'을 되찾는 비상품적 사회라는 개념^{notion}은 마르크스에게 더 이상 '노동'―또는 최소한 인간을 그 욕구/필요의 충족에 예속시키는^{assujettit} 강제라는 의미에서의 노동('필요의 지배')―은 아닌 그런 활동 관념과 조응하는 것 같다.* [(2)] 잉여노동에 대한 잉여가치로의 전환**과 그 축적 논리에 종언을 고하는 수탈자의 수탈이라는 개념^{notion}은 오히려 자본주의 자체에 의해 생성된 노동의 사회화가 결국은 노동생산물에 대한 생산과 분배의 계획화와 공동의 행복의 실현을 위해 구성원 각자에 대한 '공정한' 분배를 조직할 수 있는 사회적 능력의 출현을 요구하는 것으로 이어진다는 관념에 조응한다. 그래서, '마르크스주의' 노동자운동의 오래된 용어법(우리는 이런 용어법이 마르크스 자신에게서는 등장하지 않는다는 점을 알고 있다)의 사용을 피해서 이야기하자면, 한편으로 '사회주의'와 '공산주의'라는 개념들^{notions} 사이에는 강력한 대립이 존재한다(이 대립에서 사회주의는 그 어느 때보다도 더 주체들 간의 '무매개적' 상호 인정을 희생시키면서 이 주체들 **외부의** 연합 양태로서 존재한다). 반면, 다른 한편으로 이 개념들이 공산주의로의 이행을 준비하는 사회주의를 향한 투쟁이기 때문만이 아니라, 또한―새로운 방식으로 '현실의 운동'의 논리와 그 내적 부정성을 따라서―평등의 지배로 나아가기 위한 문턱을 넘어서도록 여전히 요구하고 있는 것이 사회

---

* 아마도 푸리에에게서 영감을 얻은 것으로 보이는 〈고타강령 비판〉(1875)이라는 텍스트에서 마르크스는 노동이 '인간의 첫 번째 욕구'가 되는 그런 사회의 역사적 계기로서의 공산주의라는 정의를 제시한다.

** 원문에는 'conversation'이라고 되어 있지만 이는 'conversion'을 잘못 표기한 것이다.―옮긴이

주의적 계획화 그 자체(최소한 정치적 **민주주의** 형태들의 발전과는 분리 불가능한 것으로서의 사회주의적 계획화)이기 때문에, 이 두 개념들[notions] 사이에는 경향적인 연속성이 있다.

사람들은 이 논문에서 행했듯 이런 이접이 존재한다는 사실을 확인하는 것만으로 내가 우리에게 제시된 질문에 대한 최종적 답변을 대신하지는 않을 거라고 생각할 것이다. 사람들의 이런 생각대로 나는 이런 이접이 존재한다는 사실을 확인하는 것에서 멈추지는 않을 텐데, 왜냐하면 마르크스와 그 계승자들이 이런 이접을 가로막는 장애물들을 제거하고 이접의 분석적 자원들을 활용하기 위해 행했던 시도들을 검토함으로써만이 '이접적 종합'이라는 개념[notion]이 충분히 정당화될 수 있다는 점을 나 또한 잘 알고 있기 때문이다. 나는 다음 기회에 이 문제로 다시 돌아올 것이다. 최소한 나에게는 인식론적 문제의 정식화 자체에 대한 실험으로 시작하는 것이 필수적인 작업으로 보였을 뿐이다.*

---

* 'World of Capital'에 대한 뉴욕 콜로퀴엄의 강연에서, 나는 여기에서는 마지막으로 간단히 언급하기만 할 두 가지 주제를 중심으로 이 문제에 대한 간단한 구상을 제시할 수 있었다. 1) (마르크스가 《자본》의 미간행된 장에서 언급하는) 자본에 의한 노동의 '실질적 포섭', 2) (포스트식민주의적 비판의 대표자들과의 이론적 대화를 통해 세계-경제와 '자본의 지리학'에 대한 이론가들이 오늘날 우리에게 그 성찰을 요구하는) 가치화/가치증식과 축적의 과정에 대한 '공간적 결정'.

부록 3

상품의 사회계약과 화폐의 마르크스적 구성
: 화폐의 보편성이라는 문제에 관하여

옮긴이 앞글

1) 이 텍스트는 마르셀 드라흐^{Marcel Drach}가 책임편집하였으며, 에티엔 발리바르, 미셸 아글리에타^{Michel Aglietta}, 장-조제프 구^{Jean-Joseph Goux}, 자크 데리다^{Jacques Derrida} 등의 학자들이 화폐에 관해 집필한 텍스트들을 모은 《화폐: 믿음, 척도, 투기^{L'argent: Croyance, me-sure, spéculation}》(La Découverte, 2004)에 실린 에티엔 발리바르의 글 "Le contrat social des marchandises et la constitution marxienne de la monnaie(contribution à la question de l'universalité de l'argent)"을 번역한 것이다. 이 동일한 텍스트는 〈상품의 사회계약: 마르크스와 교환의 주체〉(Le contrat social des marchandises: Marx et le sujet de l'échange)라는 제목으로 발리바르의 논문모음집 《시민주체》(Citoyen Sujet et autres essais d'anthropologie philosophique, PUF, 2011)에 수록되었다(사실 이 제목이 이 논문의 핵심을 더욱 명료하게 드러내준다). 하지만 저작권 문제가 있을 뿐만 아니라 《시민주체》에 수록된 판본의 경우 《시민주체》의 다른 장들과의 연속성을 고려해 약간의 수정이 가해진 판본이기 때문에, 발리바르의 요청대로 《시민주체》에 실린 판본이 아니라 L'argent: Croyance, mesure, spéculation에 실린 판본을 번역했다. 《시민주체》에 실린 판본은 소제목을 통해 내용별로 구분이 되어 있고 새로 추가된 소수의 각주들이 있으며, 특히 텍스트의 맨 앞에 이 텍스트를 간단히 소개하는 하나의 단락이, 그리고 텍스트의 맨 뒤에 '후기: 상호-대상성/객관성/객체성'이라는 제목의 짧지 않은, 하지만 이 텍스트와 관련된 논의에서 매우 중요한 몇몇 단락이 추가되어 있다. 번역 대본은 L'argent: Croyance, mesure, spéculation에 실린 판본으로 하되, 독자들을 위해 《시민주체》의 절 구분을 반영하고 《시민주체》에 추가된 소수의 각주들 또한 번역했으며, 《시민주체》 맨 앞에 이 텍스트를 간단히 소개하는 하나의 짧은 단락도 번역했다. 하지만 발리바르의 요청의 핵심은 《시민주체》를 위해 작성한 '후기: 상호-대상성/객관성/객체성'을 번역 · 수록하지 말아달라는 것이었으므로 후기는 번역에서 제외했다(관심 있는 독자들은 《시민주체》의 영역본, 즉 Citizen subject, Fordham University Press, 2016을 참고하길 바란다). 그리고 이 텍스트는 마르크스의 《자본》 1권의 1편을 많이 인용하고 있는데, 이 인용문들은 발리바르가 이 텍스트에서 활용하고 있는 장-피에르 르페브르^{Jean-Pierre Lefebvre} 책임번역의 프랑스어판 《자본》 1권에서 직접 번역하지 않고 강신준판 《자본》 1권의 번역에서 인용하되, 이 둘을 비교하면서 문맥에 따라 적절하게 수정했다. 참고로 장-피에르 르페브르(앙리 르페브르의 아들이자 현재 프랑스 최고의 독문학자) 책임번역의 프랑스어판 《자본》 1권은 현존하는 최고의 마르크스주의자로 알려진 발리바르가 적극 참조하는 최고의 《자본》 1권 번역서이다(아쉽게도 2권과 3권은 이 프로젝트에서 제외되었다).

2) 참고로, 이 책에 부록으로 수록된 〈마르크스의 '두 가지 발견'〉에서도 옮긴이가 지적했듯, 발리바르는 이 책 《마르크스의 철학》에서 이데올로기론과 물신숭배론을 상당히 객관적으로, 하지만 거의 완벽에 가깝게 비교하는 3장 '이데올로기 또는 물신숭배: 권력과 주체화/복종'의 집필 이후 꽤나 긴 시간 동안 물신숭배론에 대해 '침묵과 유보'를 고수해왔으나, 2000년대 이후 물신숭배론에 관해 상당히 중요한 몇몇 텍스트들을 집필한다(이런 '침묵과 유보'가 물신숭배론에 대한 알튀세르의 굉장한 불신과 관계가 있다고 조심스럽게 추측해볼 수도 있다). 물론 여기 소개되는 논문 〈상품의 사회계약〉을 제외한다면 다음의 텍스트들이 전적으로 물신숭배론에만 할애되어 있다고 보기는 힘들지만, 그럼에도 불신숭배론을 직간접적으로 다루는 발리바르의 텍스트들을 나열해보자. (1) 〈마르크스의 '두 가지 발견'〉(이 책의 부록), (2) 〈공산주의에 관한 몇 가지 시의적 언급〉(이 텍스트는 〈공산주의의 현재성에 관한 몇 가지 언급〉이라는 제목으로 옮긴이의 번역하에 웹진 '인무브'에 수록되었다. www.en-movement.net 참조), (3) 여기에 소개되는 〈상품의 사회계약〉, (4) 〈수탈자의 수탈에 관하여〉(이 책의 부록), (5) 〈미셸 푸코의 반-마르크스〉(저작권 문제로 이 책에 수록하지는 못했으나 헤겔의 '추상법'과 관련한 발리바르의 중요한 언급이 들어 있으며, 서지사항은 다음과 같다. "L'Anti-Marx de Michel Foucault", in Marx & Foucault. Lectures, usages, confrontations, La Découverte, 2015). 발리바르의 물신숭배론과 관련해 이렇게 다섯 가지 텍스트가 존재하며, 이 다섯 가지 텍스트를 하나로 묶어서 독해하는 것이 계발적일 수 있다는 것이 옮긴이의 견해이다.

3) 발리바르의 이 텍스트가 워낙 독해하기 복잡하고 까다로우므로, 번역어에 대해 간단히 설명함으로써 독자들의 이해를 돕고자 한다. 우선 'argent'과 'monnaie' 모두 화폐로 옮겼으나 'argent'의 경우만 원어를 병기했다. 한국어로는 모두 화폐이지만 프랑스어에서 이 둘은 구분된다. 이는 이 텍스트의 제목만 봐도 알 수 있는데, 제목에서 앞의 화폐는 'monnaie'이지만 뒤의 화폐는 'argent'이다. 사실 프랑스어에서 'argent'에는 '은'이라는 뜻도 있는데, 이를 통해 알 수 있듯 'argent'으로서의 화폐는 금이나 은과 같은 귀금속이 화폐로서의 일반적 등가물의 지위를 얻은 것이다. 반면 'monnaie'는 지폐를 프랑스어로 'papier-monnaie'라고 부르는 것에서 알 수 있듯, 엄밀히 말하면 국가가 보증하는 '불환 화폐', 즉 쉽게 말해 '지폐'만을 의미하는 것이다. 그런데 '화폐적'이라는 말을 쓰기 위해서는 'monnaie'의 형용사형인 'monétaire'를 써야 하기도 하고, 사실 프랑스어에서도 'argent'과 'monnaie'를 엄밀하게 구별하지는 않으므로(하지만 프랑스어에서 이 단어들이 일상적으로 사용될 때의 뉘앙스를 생각해보면, 확실히 'argent'은 구체적인 물질

을, 'monnaie'는 추상적인 의미의 돈 또는 지폐를 더 많이 지시한다), 발리바르도 이 둘 사이의 엄밀한 구분이 필요한 단락이 아니라면 이를 정확하게 구분해서 쓰고 있지는 않다. 그렇지만 어쨌든 'argent'에 원어를 병기함으로써, 'argent'이 의미하는 화폐가 사실은 (정확하게 대응되는 것은 아니지만) 구체적인 물질로서의 '돈'임을 나타내고자 노력했다 (게오르크 짐멜의《돈의 철학》에서 '돈'은 프랑스에서 'argent'으로 번역된다). 'développement' 의 경우, 맥락에 따라 '발전' '전개' '이론적 발전' '이론적 전개' 등으로 옮겼다. 'construire'는 '구축하다', 'construction'은 '구축'으로 옮겼다. 'circulation'은 '순환'이 라는 의미와 (상품 또는 화폐의) '유통'이라는 두 가지 의미를 모두 담고 있으나 여기에 서는 '유통'으로 통일했으며, 문맥에 따라 가끔 '순환'이라는 표현을 썼다. 'crise'는 여 기에서 경제 위기를 의미하므로 '경제 위기'라고 옮겼다. 'immédiatement'은 '직접적' 이라는 의미로 일상에서도 많이 쓰는 말인데, 이 텍스트에서는 '직접적'이라는 일상 적 의미에 더해 'médiation'(매개 작용)이 없다는, 즉 무매개적이라는 의미 또한 내포하 고 있다. 그래서 한국어로는 조금 어색하더라도 몇 군데를 제외하고 모두 '직접적'보다 는 '무매개적'(그리고 '직접성'보다는 '무매개성')이라고 옮겼다. 'abstraction'의 경우 추상 (물)이라는 뜻도 있지만 추상화(이 추상화라는 말을 추상과 구분해 프랑스어로 'abstractifier' 이나 'abstractionner'라는 동사를 활용해 쓸 수도 있으나 이는 프랑스어 용례상 매우 어색하다) 라는 뜻 또한 포함하고 있다고 봐야 하므로, 맥락에 따라 추상(물) 또는 추상화로 옮 겼다. 마르크스가 자신의 물신숭배론에서 활용하는 용어인 'fantasmagorique'(또는 'phantasmagorique')의 경우 이 논문에서는 강신준을 따라 '환상적'이라고 옮겼고, 대신 'illusion'은 '허상', 'illusoire'는 '허구적'으로 옮겼다. 사실《마르크스의 철학》본문에서 도 지적했듯이 'illusion'에는 '허상' '허구' '환상' '착각' '기만'의 의미가 모두 들어 있 다고 봐야 하기에 '허상'이라는 번역어는 너무 협소하다. 'personne' 또는 'personnel'의 경우 강신준은 '사람'으로 번역했지만, 여기에서는 법률적 인격과 사물 사이의 관계의 전도에 대한 논의가 핵심이기 때문에 어색하더라도 전부 '인격'으로 번역했다. 'besoin' 의 경우 '욕구'와 '필요'라는 두 가지 뜻이 모두 들어있으나 여기에서는 '필요'로 통일했 다. 프랑스어에서는 'Aufhebung', 즉 지양의 번역어로 'dépassement'과 'relève'를 모두 쓰는데, 사실 'dépassement'의 경우 극복하고 넘어선다는 의미가 조금 더 강해서 그런 식으로 의역한 부분도 있다(관련하여 관심이 있는 독자는 알랭 바디우^Alain Badiou의 *Second Manifesto for philosophy* (Polity, 2011)의 영어판 옮긴이 서문을 보라). 'sujétion'의 경우 역시 이미 지적했듯 서관모를 따라 '주체화/복종'으로 옮겼다.

"······ 이 보이지 않음이라는 속성들은, 어떤 상황이 현실에서 그 속성들을 없애버릴 정도로, 현실에 너무나도 들러붙는다."

– 마르셀 프루스트, '소돔과 고모라'(Sodome et Gomorrhe), I, 21.

상품과 화폐의 '물신숭배'에 관한 마르크스의 이론은 그 등장과 동시에 단숨에 마르크스적 정치경제학 '비판'의 가장 찬사를 받는 동시에 가장 거부당하는[비판받는] 지점들 중의 하나가 되었다. 이 상품과 화폐의 물신숭배에 관한 마르크스의 이론은 놀라운 방식으로 **주권/지배**^{souveraineté}와 **주체화/복종**^{sujétion}의 상관관계를 근대적 '사회관계'(표면적으로 봤을 때, 이 근대적 사회관계는 자유로운 개인성[자유주의적 개인성]의 승리를 표현한다)의 핵심에 복권시킨다. 이런 복권을 위해, 상품과 화폐의 물신숭배에 관한 마르크스의 이론은 상품 교환의 표상적이고 실천적인 공간 내에 '계약'에 관한 고전적 도식을 개념적으로 재기입해야만 했다. 그리고 마르크스의 이론은 이 공간 안에서 모든 잠재된 '형이상학'(이 형이상학은 또한 인간학/인류학이자 정치학이기도 하다)을 발견함으로써 이 상품교환의 무매개성^{immédiateté}을 폭로한다. 이 논문에서 나는 화폐에 관한 논의에서 거의 독보적인 이론으로 남아 있는 이런 보편적인 것에 대한 비판적 구축물[즉 상품과 화폐의 물신숭배론]의 계기들을 전개하는 시도를 행할 것이다.* **

《자본》1권 1편의 변증법적 운동***

'상품의 물신적 성격과 그 비밀'(*Der Fetischcharakter der Ware und sein Geheimnis*)이라는 제목의 이론적 전개[즉《자본》1권 1편 1장의 마지막 4절]가《자본》1권 1편의 경제학에서 점하고 있는 위치는 명백히 매우 의도된 것이다.**** ***** 하지만 이 4절이 점하는 위치는 마르크스가 구축하기 위

---

*   《시민주체》의 각주: 내가 낭테르 파리 10대학에서 행했던 수업의 내용을 토대로 작성한 이 논문은 *L'argent: Croyance, mesure, spéculation*, Marcel Drach 책임편집, Éditions La Découverte, Paris, 2004에 실린 텍스트들 중 하나로 처음 출간되었다.

** 이 단락에서 화폐는 모두 'argent'이다.—옮긴이

*** 프랑스어에서 'livre'는 '권', 'section'은 '편', 'chapitre'는 '장'이다.—옮긴이

**** 《자본》1권의 1편 '상품과 화폐'는 1장 상품, 2장 교환과정, 3장 화폐 또는 상품의 유통으로 구성되어 있으며, 1장 상품은 네 개의 절로 구성되어 있다. 1절의 주제는 상품의 이중성, 2절의 주제는 노동의 이중성, 3절의 주제는 가치형태, 4절의 주제는 물신숭배이다. 이와 관련한 최고의 해설로는, 윤소영의《마르크스의 '자본'》(공감, 2009)의 2장 '상품과 화폐'를 보라.—옮긴이

***** 알다시피 마르크스는 자신의 생전에《자본》의 1권(*Das Kapital. Kritik der politischen Ökonomie, Buch I : Der Produktionsprozess des Kapitals*, 1864)만을 출판할 수 있었다. 나머지는 마르크스 사후에 엥겔스와 카우츠키가 취합하고 수정을 가한 뒤 출판한 것이다(《자본》은 총 세 권으로 출판되었지만, 마르크스의 다른 플랜들에 따르면 이는 총 네 권이 될 수도 있었다).《자본》1권은 파리 코뮌 직후 조제프 루아Joseph Roy가 프랑스어로 최초로 번역했다. 독일어 원본 텍스트와는 상당히 거리가 있지만(무엇보다도 우리가 이 논문에서 주목하고 있는 1편이 특히 그렇다) 어쨌든 마르크스가 전체를 재검토했던 이 번역본은 1872년과 1875년 사이에 44권으로 나누어 출간되었다. 바로 이 번역본이 이후 모든《자본》1권의 번역본으로 재출간되며, 오늘날에도 여전히 프랑스에서 가장 보편적으로 읽히는 번역본이다(모스크바 출판사, 플레이아드 출판사, 가르니에-플라마리옹 출판사 번역본 등등). 마르크스 서거 100주년을 기념하기 위해 유일하게 1983년에 장-피에르 르페브르의 책임하에 구성된 일군의 번역가

해 노력했던 변증법적 설명 순서의 관점에서 봤을 때 상당히 놀라운 것이며(우리는 마르크스가 이 설명 순서에 특별한 중요성을 부여했음을 알고 있다), 마르크스는 이 설명 순서에 (자신의 기준에서 봤을 때) 완전히 만족스러운 형태를 부여하는 데 전혀 성공하지 못했다.* 이 이론적 전개(1편 '상품과 화폐'의 1장 '상품'의 4절)는 한편으로, 보편화된 상품 교환의 형태들이 사회적 관계에 부여하는 '의미'(또한 이는 비의미이기도 한데, 왜냐하면 마르크스의 눈에 무엇보다도 이는 진정성^authenticité의 상실에 관한 문제이기 때문이다)에 관한 역사철학적 성찰을 1장의 이론적 전개에 추가하는, 이 이론적 전개에 붙이는 일종의 후기 또는 주석인 것처럼 보인다. 다른 한편으로, 이 이론적 전개는 **일반적 등가물**(예를 들어 아마포와 같이 어떤 상품이든 간에 일반적 등가물로 기능하는 하나의 상품은 교환 내에서 모든 다른 상품들의 [교환의] 반대항이 되며, 이 각각의 상품들과 즉시 교환 가능하다. 이런 의미에서 일반적 등가물 고유의 나누기 또는 나머지 없는 몫은 모든 개별 상품들의 가치를 직접적으로 표현한다)이 **화폐**^monnaie ou argent(화폐는 조금 전까지만 해도 자기 스스로를 상품으로 구성할 수 있었지만 이제부터는 모든 가치들의 척도

들이 독일어 원본 제4판(마르크스가 검토했던 판본들 중에서는 마지막 판본)을 따라 새로운 프랑스어 번역본을 만들어 냈다. 처음에는 프랑스 공산당 출판사인 에디시옹 소시알Éditions Sociales에서 나왔으며 현재는 동일한 번역본이 '카드리지Quadrige' 총서 152번으로 프랑스 대학출판부PUF에서 1993년에 출간되었다. 우리는 이 훨씬 더 정확한 프랑스어 번역본을 본 논문에서 따를 것이다. (참고로 장-피에르 르페브르가 쓴 또 다른 새로운 서문이 추가된 개정판이 2016년에 출간되며, 사실 발리바르 또한 1983년 번역 프로젝트에 참여했다-옮긴이)

* 이 변증법적 설명 순서에 대해서는 최근에 출간된 백승욱의 저서 《생각하는 마르크스: 무엇이 아니라 어떻게》(2017, 북콤마)와 이에 대한 서평인 서관모의 〈알튀세르를 너무 위험시할 필요가 있을까?〉(《경제와사회》 2017년 여름호, 통권 114호) 사이의 쟁점과 윤소영의 반反알튀세르적 《자본》 해석(《일반화된 마르크스주의의 경계들》, 공감, 2007과 《헤겔과 일반화된 마르크스주의》, 공감, 2007에 실린 〈헤겔-마르크스주의와 변증법〉 1, 2를 참조)을 참고하고, 옥우석이 번역하고 서관모가 감수한 알튀세르의 〈제라르 뒤메닐의 《'자본'의 경제법칙 개념》에 붙이는 서문〉(《역사적 맑스주의》, 새길, 1993에 실림)을 참조하라. 알튀세르의 이 서문은 독해하기가 매우 까다롭지만 여기에서 발리바르의 논의를 이해하기 위해서는 필수적으로 읽어야 하는 아주 중요한 텍스트이다.-옮긴이

로 역사적으로 기능하기 위해 상품유통에서 '배제'된다)로 변형되는 상품 변증법의 마지막 계기와 직접적으로 관련된다.

그런데 1편 3장에서 이런 변형은 화폐의 새로운 변증법의 시작점이 된다. 이 새로운 화폐의 변증법은 '척도'(마르크스가 '관념적'이라고 부르는)와 유통(이 유통 속에서 화폐는 점점 더 화폐 자신의 '기호'[표장]로 표상된다)의 연속적인 형상들을 통과해 마지막에는 세계시장에서 자율적인 방식으로 유통되는 '육체성Leiblichkeit'에 도달하게 된다. 이때부터 교환은 이중의 유통으로, 즉 첫 번째 유통인 개별 상품들의 흐름과 두 번째 유통인('보편적 상품'의 자격으로 수요와 공급이 이루어지는) 보편적 상품의 흐름이라는 반대되는 방향의 이중적 흐름으로 나타나게 된다. 이 두 유통은 이유통들 각자가 상대편 유통의 '매개항moyen terme'으로 기능한다는 점에서 서로 상관적이다(다시 말해, 상품들은 화폐argent를 매개로 한* 상품들 사이의 교환을 통해 순환하며, 화폐argent는 상품들이 지니는 교환가치의 대표자로서 순환한다). 하지만 이 두 유통은 스스로 자율화될 수 있으며, 특히 유통 중인 화폐argent의 양은 생산되고 소비되는 상품들의 양과는 독립적일 수 있다. 그래서 화폐는 '그 자체'가 하나의 부로 나타날 수 있는데, 그러나 정반대로 경제 위기하에서 상품들과 화폐 사이의 고리가 극단적으로 끊어질 경우 급격하게 가치의 평가절하가 발생할 수도 있다.

이 지점에 상품물신숭배에 관한 이론적 전개를 삽입함으로써, 마르크스는 이 두 가지 운동을 정확하게 해명하고자 노력했던 것으로 보인다. 한편으로[(1)], 마르크스는 "화폐물신fétiche argent의 수수께끼는 우리 눈에 드러날 정도로 가시화된 상품물신의 수수께끼일 뿐"(p.106)이라는 점을, 그리고 사회적 노동의 생산물이자 분업[노동 분할]의 결과

---

*   여기에서 '매개로 한'은 영어의 'counter'와 같은 의미인 'contre'를 의역한 것으로, 프랑스어에서는 이런 맥락에서 항상 'contre'라는 전치사를 쓴다.-옮긴이

인 상품들 자체의 유통은 최종심급에서 화폐유통의 표면적으로는 자율적이고 비합리적인 형태들을 결정한다는 점을 보여주고자 한다. 다른 한편으로[(2)], 마르크스는 "가치척도로서의 화폐가 상품들이 지니는 가치의 내재적 척도, 다시 말해 노동시간의 필연적인 현상 형태notwendige Erscheinungsform"(p.107)라는 점을, 그리고 물질적인 독립성(그것이 최소한의 일시적인 독립성이라 할지라도)의 맹아를 담고 있는 이런 형식의 자율화가 존재하지 않는다면 사회적 생산의 조건들에 대한 재생산이 (최소한 상품 사회의 조건들, 더욱 정확히 말해 자본주의적인 상품 사회의 조건들이라는 주어진 역사적 조건들 내에서는) 불가능할 것이라는 점을 보여주고자 한다. 한편으로[(1)], 마르크스에게는 화폐경제의 '법칙들'이 근본적으로는 상품생산의 법칙들과 **전혀 다른 것이 아니**라는 점을 보여주는 것이 중요하며, 상품생산이 포함하고 있는 수수께끼들 또는 모순들이 (이 모순들이 '경제 위기'를 통해 교환의 자유에 이상을 일으키고 그 교환의 목적에 반하는 결과로 이어지는 경우를 포함해) '상품 형태'를 직접적으로 특징짓는 모순들에서 출발해 '합리적으로' 이해될 수 있다는 점을, 또는 노동생산물이 역사적으로 상품이 된다는 사실을 보여주는 것이 중요하다. 다른 한편으로[(2)], 마르크스에게 이는 상품유통이―프루동과 같은 다양한 '유토피아 사회주의자들'이 믿었던 바와는 정반대로―**화폐추상**(그리고 이 화폐추상이 생산해내는 보충적인 추상물들, 즉 신용, 불환 화폐 등등)*, 그러니까 사

---

*   'monnaie fiduciaire', 즉 불환 화폐는 화폐 이외의 다른 물질로 태환되지 않는 화폐라는 의미이다. 현재 미국의 달러와 한국의 원화 역시 불환 화폐인데, 왜냐하면 금 본위제(그리고 금-달러 본위제)의 폐지 이후 원화의 가치는 말할 것도 없고 달러의 가치를 보장해주는 금이라는 물질은 더 이상 존재하지 않기 때문이다. 이렇듯 태환이 불가능하기 때문에 불환 화폐라고 부르며, 달러 또는 원화와 같은 불환 화폐의 경우 그 가치는 중앙은행(미국의 연방준비제도이사회 또는 한국의 한국은행), 그리고 최종심급에서는 국가가 자신의 화폐주권으로 보장해준다. 그 국가의 구성원들 또는 그 국가의 화폐를 사용하고자 하는 다른 국가의 구성원들은 이 국가를 '믿고' 이 화폐에 물신숭배적 가치를 부여하는 것이다.-옮긴이

회 전체에 이 추상의 지배(이 추상의 지배는 명백히 자기 자신이 가진 고유한 힘에 기초해 있는 것으로 보인다)를 강제하기 위해 활용되는 (이 추상의 도구적 기능에서 필연적으로 벗어나 있는) '외부적' 매개 없이는 **이루어질 수 없다**는 점을 보여주는 것과 관련된다. 이 이중의 운동에 대한 준-현상학적인 묘사는 '상품물신숭배'라는 개념^{notion}의 핵심에 놓여 있는 것 같으며, 또한 마르크스의 이론적 전개가 겪는 그 유명한 곤란함을 우리가 명확히 인식할 수 있도록 해주는 것 같다.*

그러므로 '상품물신숭배'는 마르크스의 텍스트의 주변부에 위치해 있는 것이 아니라 그 변증법적 '중심'의 가장 가까이에, 다시 말해 (이 논의에서 자신에게 가장 핵심적인 모델로 마르크스가 따르고 있는) 헤겔적 모델 내에서의 **매개 작용**^{médiation}이 차지하고 있는 바로 그 지점에 위치해 있는 것이다. 이때부터, 오히려 이런 마르크스의 이론적 전개가 《자본》이 제시하는 이론적 맥락에서) 형태—이 형태 안에서 개인들과 인간 집합체들은 보편사의 특정한 계기 또는 국면에 그들 고유의 사회적 소우주와 상호 의존을 표상한다—라는 문제, 다시 말해 **주체성**이라는 문제에 대한 접근법들 중 제일 처음으로 등장하는 접근법을, 그리고 아마도 가장 중요한 접근법을 형성하기도 한다는 점에 놀라서는 안 될 것이다. 사실 마르크스는, 자신의 텍스트에 대한 (끊임없이 다시 시작하기를 멈추지 않은) 엄밀한 재집필 과정 속에서, 최초의 **현상**^{Erscheinung} **형태**에 대한 상품의 경험적 무매개성과 '세계시장'을 상품유통 또는 그 구체적 형상이라는 **개념**^{Begriff}이 실현되는 장소 그 자체와 동일한 것으로 만드는 그런 전개^{progression}의 지표들을 활용했다("세계시장에서 비로소 화폐는 완전한 범위에 걸쳐 상품으로 기능한다. 즉 자신의 현물 형태가 무매개적으로 **추상적인** $^{in\ abstracto}$ 인간 노동의 직접적인 사회적 실현 형태가 되는 그런 상품으로 기능한

---

* 　《자본》1권 1편 1장의 '악명 높은' 어려움 또는 곤란함.-옮긴이

다. 여기에서 화폐의 존재 양태는 화폐의 이상적인 개념과 그대로 들어맞는다.",
p.160).* 그래서 이를 통해 우리는 추상적 존재 또는 감각적 무매개성을
성찰 또는 주체성의 계기를 경유해 구체적 보편성으로 이끌어가는, 완전
히 전형적일 뿐 아니라 자신이 속해 있는 유형 내에서 가장 완벽한 변증
법적 전개progression를 재구성할 수 있는 가능성을 갖게 된다.

이렇듯 추상적 존재 또는 감각적 무매개성과 구체적 보편성 사이
의 일치는** 마르크스가 이런 분석 전체에 **비판적** 기능—이 비판적 기능
은 상품생산의 형태들이 갖는 소외라는 특징(**특히** 이 상품생산의 형태들이
자본주의적 생산의 형태들이 되었을 때)과 그 역사적 한계를 명확히 밝히려
는 목적을 갖고 있다—을 부여하기를 원했다는 점에서 역시나 중요하
다. 왜냐하면 그런 비판은 외재적인 비난이 아니라 바로 사회적 관계 고
유의 '논리'에 따라(헤겔이 말했듯이 변증법은 "주관적 사고 외부의 활동"에
머물러서는 안 되며, 대신 "내용의 영혼 그 자체"를 표현해야 한다***) 고찰 대상
이 되는 사회적 관계에 고유한 그 형태의 전개를 통해 이루어져야 하기
때문이다. 여기에서 매개 작용médiation의 변증법적 계기—이 계기 내에서
최초의 관념은 주체와 대상, 특수자와 보편자 사이의 분리와 상호적 외
부성에 의해 소외된다—는 '소외된 주체성'에 대한 개념화présentation 내에
존재한다.

---

*   강신준판《자본》1권의 217쪽.-옮긴이

**   여기에서 일치는 'coïncidence'를 번역한 것인데, 그러므로 이 일치는 상당한 우연성과 불
확실성을 내포하고 있다는 점을 발리바르는 의미하고 있는 것 같다.-옮긴이

*** Hegel, *Principes de la philosophie du droit*, introduction, 31절 Rem. (장-프랑수아 케르베강
Jean-François Kervégan이 번역하고 주석을 단 텍스트이며 현대화한 고증 판본, PUF, 'Quadrige' 총서,
Paris, 2003, p.140).

주체성의 형상들: 경제와 법

상품물신숭배론을 '상품 형태'의 변증법(또는 상품의 화폐로의 전환)이 지니는 하나의 필연적 계기로 간주한다는 관념은, 《자본》 1편이 지니는 형식적 구성의 관점에서 봤을 때 매력적인 것으로 보일 수도 있지만, 그럼에도 이 동일한 텍스트가 가지는 구성에서의 여러 가지 난점들을 제거하지 못한 채로 계속 남겨두고 만다.

첫 번째 난점과 관련해, 우리는 추상적인 수준에서 언급하는 것으로 만족할 것이다. 첫 번째 난점은 바로 이 '변증법'을 《자본》이라는 저작 전체와 결합하는 것이 내포하는 어려움이다. 이런 난점은 한 세기 이전부터 셀 수 없는 논쟁들을 야기했으며, 또한 이는 (마르크스가 자신의 집필 계획에 따른 《자본》 전체의 플란에 관한 몇 가지 기획들을 우리에게 남겨주었음에도) 이 저작이 미완성인 채로 남아 있다는 점에서 그만큼 해결하기 어려운 것이다.* 마르크스는 자신의 이론적 '원환'을 제대로 추적하지 않았다(그런데 결국 우리가 선택한 시작점의 궁극적 방향을 발견하게 될 곳은 바로 이 이론적 원한 안에서이다). 더욱 고약하게도, 마르크스가 추적해야만 했던 길은 여러 가지 모순적인 방식들로 소묘되었던 것으로 보이며, 이는 《자본》이 미완성되었다는 사실에는 시간의 부족, 작업의 방대함, 이런저런 단계에서의 예기치 못한 어려움, 저자의 완벽주의가 아니라 '구체적 총체성' 또는 '다수의 결정 요인들의 종합'으로서의(1859년 《정치경제학 비판을 위하여》의 1857년 서문**) '자본주의 사회'(또는 자본주의적 사회구성체)라는 개념에 상관적인 내재적 아포리아라는 원인이 놓여 있다고 사

---

*   윤소영의 지적대로, 플란plan은 '작업의 계획'과 '저작의 구성'을 동시에 의미한다.-옮긴이
** Karl Marx, *Contribution à la critique de l'économie politique*, 프랑스어 번역본, Éditions Sociales, Paris, 1957, p.165. (한국어판으로는 《정치경제학 비판을 위하여》, 김호균 옮김, 중원문화, 2017을 참조-옮긴이)

고하도록 우리를 이끈다. '물신숭배'에 관한 1편의 이론적 전개가 다양한 사회구성체들의 분류에 대한 논의가 소묘되는 곳에, 그리고 (이 사회구성체들의 역사 내에서) 이 사회구성체 고유의 기능과 위치의 메커니즘을 파악할 수 있는 가능성에 관한 논의가 소묘되는 곳에 정확히 위치하고 있다는 점에서, 1편의 이론적 전개는 마르크스의 기획 전체에 영향을 미치는 어떤 난점을 밝혀내는 역할을 할 수 있을 것이다. 그리고 사실대로 말하자면, 마르크스가 이 물신숭배에 관한 이론적 전개를 따로 떨어져 있는 '보충적인' 하나의 단편으로 제시했다는 사실은 그가 자신의 두 가지 위대한 '발견'이라고 간주했던 바—[①] 가치형태의 '논리'에 대한 해명, [②] 착취 또는 계급적대의 연속적인 일련의 형태들에 대한 분석 (여기에서 이 착취 또는 계급적대는 사회적 노동의 해방으로 이어지는데, 모순적이게도 자본 자신이 이 해방의 도래를 준비하게 된다)—를 엄밀하게 결합하고자 원했을 때 그가 맞닥뜨려야 했던 반복적으로 출현하는 (《자본》 1권 1편의 바로 한가운데에, 또는 상품 변증법의 바로 한가운데에 존재하는) 난점들의 지표로 생각될 수 있다.

하지만 두 번째 난점은 더욱 직접적으로 여기에서의 우리 논의와 관련된다. 이 난점은 물신숭배론과 화폐라는 쟁점 둘 사이의 관계 자체에 대한 것이다. 한편으로, 자신의 연구 과정 중에 마르크스가 '물신'이라는 은유를 상품 형태 전체로, 그리고 그 지점에서 경제적 범주들 전체로 확장하고 심화하기 위해 현대사회의 '물신'을 화폐와 동일시하는 매우 고전적인 방식에서 출발했다는 점을 우리는 이미 지적했다. 다른 한편으로, 물신숭배에 대한 분석은 화폐^{argent}의 특수성을 상품의 기초 형태로 '환원'하고, 동시에 이 상품의 모순들을 특수한 추상화 또는 관념성(이 추상화 또는 관념성은 최종적인 수준에서 화폐라는 도구가 '본성적으로' 소유하는 것처럼 보이는 속성 또는 권력과 동일시된다)에 '투사'하는 그런 이중의 운동을 함의한다고 우리는 이미 지적했다. 하지만 이런 설명은 마르크스의 이론적 전개들에 포진하고 있는 어떤 하나의 문제계가 지니는 핵심을 비껴가고 있는 것처럼 보이는데, 여기에서 이 문제계는 물신숭배를 **신비로운 것**^{mystique} 또는 **신비함**^{mysticisme}, 더욱 정확히 말해 상품 사회에 고유한 '세속적 신비함'과 관계맺도록 한다(그리고 이 신비로운 것 또는 신비함을 단순한 수사학적 형태로 간주하는 것은 정말이지 극도로 환원론적인 사고에 불과할 것이다).*

마르크스의 텍스트를 주의 깊게 읽은 독자라면 누구나, 마르크스가 가치의 담지자로서의 '사물', 달리 말해 상품의 이중적 성격 그 자체, 즉 '감각적이면서 동시에 초감각적인^{sinnlich übersinnlich}' 성격 그 자체를 환기하기 위해 두 가지 용어를 동시에 활용한다는 점을 인지했을 것이다. 한편으로 마르크스는 비밀 또는 수수께끼라는 용어를 활용하는데, 이 용어는 비밀 또는 수수께끼를 꿰뚫는다, 혹은 비밀 또는 수수께끼의 합리적 의미를 밝혀내려 한다는 점을 뜻한다. 다른 한편으로, 마르크스는 '신비한 베일' 또는 '환상^{phantasmagorie}'이라는 용어를 활용하는데, 이 용어는 마르크스가 합리적 의미보다는 인간 개인들의 정신 또는 영혼에 미치는 암시 효과를 밝혀내려 한다는 점을 의미한다. '신비'라는 단어의 특수한 활용을 통해, 그리고 상품물신숭배와 종교의 역사 사이에서 마르크스가 추적해낸 유비를 통해, 마르크스는 이 두 가지 차원 사이를 연결하는 길을 확보한다. 그러므로 이 종교의 역사 내에서 상품물신숭배는, 사물들 자체 또는 더욱 정확히 말해 초자연적인 기능을 지니게 된 특정한 사물들에 속하는 마법 같은 힘을 신적인 것과 동일시하는 방식으로 되돌아감으로써(그러므로 이는 세계에 관한 '탈주술화'라기보다는 '재주술화'인데, 이 재주술화는 교환 관계 전체를 보편적으로 수량화함으로써 그 절정에 달한다), 더욱 추

---

* 강신준판 《자본》에서는 이 'mysticisme'을 '신비성'이라고 번역했지만 여기에서는 '신비함'으로 옮긴다.─옮긴이

상적이며 — 믿음의 세속화라는 점에서, 또는 믿음이 종교에서 분리되는 과정의 최후 단계라는 점에서 — 동시에 역설적으로 더욱 비합리적인 새로운 단계로 나타난다.* 하지만 사실 이런 역사적이고 문화적인 유비는 우리가 마주하고 있는 이 난점을 초래하는 이중성, 다시 말해 마르크스가 동일한 이름으로 지시하는 **표현 현상**(그 원초적 난해함을 넘어 이해해야만 하는 '언어' 또는 '해독이 필요한 상형문자')과 **상징화 현상**(상징화 현상은 관념화의 차원과 육체화의 차원을 동시에 포함하는데, 그렇기 때문에 자기의 감각적인 또는 '가시적인' 물질성 내에 무매개적으로 육화하는 이 사물에 속하는 놀라운 힘, 즉 **사회적 역량 그 자체**는 각자가 이 역량에 대한 전유를 사고하는 것을 가능케 해준다)이라는 이중성을 다른 영역으로 이전시킬 뿐이다.** 분명, 관념화의 차원이라는 첫 번째 측면은 상품들 사이의 가치 비율이 상품들을 생산했던 노동이 구성하는 '사회적 실체'를 표현하는 동시에 은폐하는 방식으로(다시 말해, '기호'[표장]의 방식으로) 그 특수성 내에서의 현상 형태를 지시하는 것 같고, 반면에 두 번째 측면은 현상 영역 그 자체 **내에서** 보편적인 것의 표현manifestation으로서의 화폐argent를, 다시 말해 특정한 하나의 사물이 어떤 의미에서 자기 자신의 관념성을 제시한다는 사실(이 특정한 사물이 이 관념성을 '보이지 않는 것'의 표현으로서 '보게 만든다'는 사실 — 이것이 바로 그 고유한 '신비로운' 계기이다)을 지시하는 것 같

---

*   탈주술화는 'désenchantement', 재주술화는 'réenchantement'을 옮긴 것이다. 영어의 'disenchantment' 'reenchantment'와 동일한 말인데, 한국어로 상당히 어색하기는 하지만, 막스 베버 이후 사회과학에서 많이 쓰이는 용어이다. 굳이 풀어서 옮기면 '마법 또는 주술에서 깨어나게 하기' '다시 마법 또는 주술에 빠지게 하기' 정도로 옮길 수 있으며, 1990년대에는 주술 대신 '주박'이라는 용어로 옮기기도 했다. - 옮긴이

**   여기에서 육체화는 'incorporation'을 옮긴 것이고, 육화는 'incarner'를 옮긴 것인데, 일상에서 'incorporation'은 사실 '육체화'보다는 '통합'을 뜻한다. 여기에서는 물질성을 통해 자신의 육체를 얻는다는 의미로 사용되었기 때문에 '육체화'로 옮겼다. 'incarnation'은 신학에서 사용하는 의미에서의 육화인데, 발리바르가 다른 곳에서 지적하듯 이는 명시적으로 마르크스가 화폐의 육화에 신학적 의미를 부여하고 있음을 뜻한다. - 옮긴이

다. 혹은, 첫 번째 측면은 마르크스가 '인격의 대상화[사물화]^{Versachlichung} der Personen'라고 부르는 것을 지시하는 듯한 반면에, 두 번째 측면은 '사물의 인격화$^{\text{Personifizierung der Sache}}$'라고 부르는 것을 지시하는 것 같다(p.129). 만일 우리가 이 지점에서 마르크스가《자본》1권의 1편 전체에서 지속적으로 활용하는 사물의 언어라는 은유를 개입시킨다면(그런데 이는 은유인가? 오히려 이는 은유의 가능성 자체에 대해 성찰하는 한 가지 방식인 것은 아닐까?), 첫 번째 측면은 **상품들이 기호라는(기호와 같다는)** 사실—인간 노동이 지니는 사회적 성격은 이 기호를 통해 표현된다—을 지시하는 것 같고, 반면에 두 번째 측면은 **특정한 상품들이 말하는 주체라는(말하는 주체와 같다는)**—데리다라면 환영적 또는 '유령적' 주체라고 불렀을 이 말하는 주체는 자기 자신의 목소리를 잃어버렸거나 자기 자신의 목소리를 원래부터 갖고 있지 않았던 노동자 또는 생산자로서의 인간들에게 목소리를 통해 호명할 수 있는 힘을 부여한다—사실을 지시하는 것 같다.* **

---

*   Jacques Derrida, *Spectres de Marx. L'État de la dette, le travail du deuil et la nouvelle internationale*, Galilée, 1993, p.72 이하, 238 이하. (한국어판으로는《마르크스의 유령들》, 진태원 옮김, 그린비, 2014를 참조-옮긴이)

** 이 단락에 등장하는 '해독이 필요한 상형문자'의 의미에 대해서는 피터 오스본$^{\text{Peter Osborne}}$의 다음과 같은 설명을 참조할 수 있다. "그의 경제학 개념은 일종의 역사인류학이다. 그것은 특수한 '삶의 방식들'이 스스로를 표현하는 방법이고, 특히 거기에 포함될 수밖에 없는 자기 자신에 대한 잘못된 표상^{misrepresentation}—이는 이데올로기 개념을 통해 파악된다—이다(이데올로기들은 사회를 잘못 표상[재현/상연-옮긴이]하는 체계들로서, 본질적으로 어떤 사회적 실천들에 연관되어 있다). 이 지점에서, 마르크스가 볼 때 독일 철학은 독일 이데올로기, 바로 그것이었다. 왜냐하면 독일 철학은 독일 문화가, '물질적 조건들'을 얼버무림으로써, 스스로에게 세계를 (잘못) 표상하는 주요한 수단이었기 때문이다.《자본》을 쓰기 시작했을 때(그러나 이때의 분석 단위는 더 이상 국민국가들^{nations}이 아니라 추상적 경제 형태들 자체였다), 마르크스는 훨씬 엄격한 결론, 즉 상품 형태는 **그 자체의** 이데올로기라는 결론에 이르렀다. 상품이 자기 자신에 대한 잘못된 표상을 생산한다는 것은 사회적 형태로서 상품이 갖는 기능의 일부다. 이것이 바로 상품의 물신적 성격이다. 이런 식의 주장은 '이데올로그들'—마르크스와 엥겔스가《독일 이데올로기》의 본문에서 추적했던 이들—에 대한 이런 반박이 갖는 정치적 중요성을 급격하게 감소시킨다. 비판이 필요한 현 상태를 정당화하는 명확한 사고들의 집합이 있는 한, 그것은 철학에서 발견될 수 없다. 오히려 그것은 정치경제학

하지만 ['인격의 대상화'라는 극과 '사물의 인격화'라는 극이라는] 물신숭배의 두 측면 사이에서 끊임없이 반복되는 이런 분열은 마르크스가 자신의 가장 위대한 발견(상품에서 화폐로의, 또는 경제학자들의 언어로 말하자면 가치 이론에서 화폐 이론으로의 변증법적 '이행'*)이라고 항상 자랑했던 이 이행을 작동시키는 과업에 그가 정말로 성공했던 것인지 우리가 의심하도록 만든다. 그래서 우리는 다음과 같은 이론적 전개의 불확실성이라는 유명한 문제로 또다시 되돌아오게 된다. 드디어 찾아낸 변증법적 매개 작용이 해명해주는 바가, 가치라는 개념^{notion} 자체에 부재하고 있는 상징적 요소의 내적 구성을 전제하고 (이 상징적 요소의 도입을 통해) 부르주아 세계의 사회관계 형태에 관한 일반적 해석으로 스스로를 제시하는 것인가, 아니면 매개 작용을 여기에서 찾아내야 한다는 곤란함 또는 여기에서 이런 이행을 '변증법적으로' 작동시켜야 한다는 곤란함 자체가 점하는 철학적 공간 내에서의 전위가 이를 전제하고 제시할 뿐인 것인가? 간단히 말해, '화폐의 발생/기원^{genèse}'에 물신숭배라는 **허상**^{illusion} — 이 물신숭배라는 허상은 화폐적 상징과 그 상상적 권력 내에 본질적으로 육화되어 있다—에 대한 비판을 덧붙이는 것은 어떤 **차이**를 생산해내는가? 그리고 여기에서, 마르크스가 종교적 '망상'과 비교했던 이런 '허상'이 존재하지 않는다면 경제 형태는 스스로 절대 작동하지 못할 것이라는 결론을 어느 정도로 확실하게 내려야 하는가?**

담론 자체다."(《하우 투 리드 마르크스》, 고병권·조원광 옮김, 웅진지식하우스, 2007, 강조는 오스본)-옮긴이

* Suzanne de Brunhoff, *La monnaie chez Marx*, Éditions Sociales, 1967와 *Les rapports d'argent*, Presses Universitaires de Grenoble, 1979를 보라.

** "사물을 통해 과정이 자신의 **운동 기능**을 획득하는 것이, 바로 마르크스가 사물의 주체화로 지시한 바이다. 이런 기능은 그 과정 내에서 주체에 속하지 않으며, 또한 주체와 대상 사이의 상호적 행동에도 속하지 않는다. 오히려 이 기능은 **생산관계**에 속하는데, 이 생산관계는 주체와 대상의 공간(이 공간에서 생산관계는 그 **담지자**만을 찾을 수 있을 뿐이다)에 근본적으로 외재적인 것이다……. 이 기능의 운동에서 산출된 것으로서의 사물이 바로 주

하지만 이 지점에서 이런 두 번째 난점은 우리를 세 번째 난점으로 인도한다. 우리는 물신숭배 분석이 (현실적이고 동시에 망상적인 표상들의 장―교환관계 또는 더 정확히 말해 '상품생산' 관계라는 규정된 사회적 관계의 '담지자들Träger'은 이 표상들 내에서 살아가고 있으며, 또한 이 표상들은 개인들과 그들 고유의 사회적 활동 또는 공동 작업 사이의 필수적인 매개항으로 삽입된다―을 전개한다는 의미에서) **주체성**에 대한 성찰의 변증법적 자리를 형식적으로 차지했던 순간이 있었다고 지적했다(그런데 마르크스에게서 이 매개항은 동시에 '베일'이기도 한데, 이 베일의 존재가 밝혀주는 것은 사실은 베일 자신이 무언가를 은폐하고 있는 채로 존재하고 있다는 사실 자체일 뿐이다……). 하지만 매개 작용을 수행하는 이런 '자리'는 마르크스의 설명에서 지금까지 우리가 전혀 언급하지 않았던, 즉 《자본》 1권 1편의 2장 '교환과정'이 대표하는 이론적 전개가 **이미 차지하고** 있다.

간략하지만 매우 농밀한 이 장은 소수의 예외를 제외하고는(그 예외 중에는 스탈린 공포정치의 희생자인 불행한 법학자 파슈카니스가 있는데, 그는 이 장을 **부르주아 법**을 이론화하는 데 기초로 삼았다[*]) 마르크스 주석가들의 관심을 별로 끌지는 못했지만 그럼에도 이 2장 '교환과정'의 내용은 매우 주목할 만하다. 형식적으로, 마르크스가 따른 전개는 다음과 같다. 1. 상품, 2. 교환, 3. 화폐. 달리 말해, 1. 상품 세계의 **기초 형태**, 2. **과정**(이 과정 내에서 이런 기초 형태가 구성되며, 또한 이 과정을 통해 이 기초 형태가 끊임없이 새로운 대상들 또는 영역들로 확장된다), 3. 자기 자신 안에 형태

체로 제시된다. 주체라는 개념은 허구적 운동 내에서 자신의 자리를 차지하고 있는 기능을 지시한다." Jacques Rancière, 'Le concept de critique et la critique de l'économie politique des *Manuscrits de 1844 au Capital*', in Louis Althuser, Étienne Balibar, Roger Establet, Pierre Macherey, Jacques Rancière, *Lire le Capital* (1965), 신판, Quadrige/PUF, 1996, p.183.

[*] Evguéni Pashukanis, *La Théorie générale du droit et le marxisme*, EDI, Paris, 1970. 장-마리 벵상Jean-Marie Vincent의 서문과 칼 코르쉬Karl Korsch의 '서론을 대신하여'가 실린 판본.

와 과정의 (역사적이고 제도적인) '구체적' 통일성을 포함하고 있는 **개념**
(이 통일성은 우리가 시장이라 부를 수 있는 것인데, 마르크스는 특히 이를 세계
시장이라고 정확히 지시한다). 여기에서 우리는 (마치 형태를 운동하게 만드
는 것과 이 형태 운동의 역사적 총체화가 기초 형태 자체에 '즉자적으로' 포함되
어 있는 긴장 또는 모순에서 산출된다는 식으로) 이런 변증법적 전개progression
를 직접적으로 읽어낼 수도 있을 것이다. 하지만 헤겔에서와 같이 역행
적인 방식으로, 그러니까 이를 자신의 종말/목적fin에서 그 기원으로 되
돌아오는 운동으로 읽는 것이 더 나을 것 같다. 그러므로 '가장 추상적인
것'에서부터 '가장 구체적인 것'으로 나아가면서 점진적으로 자신의 자
리를 잡아나가는 것은 바로 시장의 구조 또는 형상이라는 전제들이다.
이런 관점에서 《자본》 1권 1편 2장의 내용은 특별히 의미심장해지는데,
여기에서 우리는 다시 한 번 주체성의 형상들을, 하지만 이전과는 완전
히 다른 차원에서 다루고 있다. 우선 이는 마르크스가 교환의 경제적 범
주들의 상관물 또는 '반영'의 자격으로 마르크스가 도입한 인격(소유자)
과 계약(의지들의 통일성)이라는 법률적 범주들 ─ 이 범주들이 없다면 정
확히 말해 교환은 이루어질 수조차 없는데, 왜냐하면 "상품은 혼자 힘
으로는 시장에 나갈 수도 없고 또 스스로를 교환할 수도 없"기 때문이
다(p.96)* ─ 이 된다. 그다음으로 마르크스는 간단한 역사적 스케치에서
(또는 오히려 역사적 변화évolution의 일반적 방향을 제시해주는 상품유통의 관념
적 발생에서) 어떻게 공동체들 사이의, 그리고 개인들 사이의 교환의 실
천이 (화폐argent의 제도화에까지 이르는) 상품 형태의 발전을 점진적으로 필
연적인 것으로, 그리고 결국에는 비가역적인 것으로 만들었는지를 보여
주는 기획에 착수한다. 그러므로 결국 우리에게는 (상품 형태가 특수한 **행
동**을 통해, 그리고 개인적이면서 동시에 집합적인 실천[《시민주체》에서 발리바

---

*   강신준판 《자본》 1권의 149쪽.-옮긴이

르는 이를 헤겔을 따라 'Tun aller und jeder', 즉 '우리 모두, 그리고 우리 각자의 활동activité de tous et de chacun'이라고 표현한다]을 통해 사회적으로 지배적인 것이 되기 위해) 구조들 또는 형태들뿐만 아니라 인간들 또는 더욱 정확히 말해 점진적으로 법률적 인격의 성질을 획득하게 되는, 그리고 이런 법률적 인격을 통해 상호적인 방식으로 서로를 인정하는 인간들 또한 필요했던 것이다. 게다가 여기에서 우리는 더 이상 경제적 관계와 이 관계에 조응하는 표상의 담지자로서가 아니라 법률적 제도들의 언어 내에서 개인화되고 표상된 법적 주체라는 '주체'에 관한 새로운 규정과 마주하고 있다. 하지만 주체성의 이런 두 가지 형상을 연결시켜주는 관계의 본성은 도대체 무엇인가? 우리는 이 두 가지 형상을 서로 경쟁하는 것으로 간주해야 하는가? 아니면 우리는 앞에서 이 '경제적 표상들'의 현상학과 '법률적 표상들'의 현상학(이 경제적 표상들과 법률적 표상들은 구조로서의 시장이라는 관념을 통해 서로 연결되어 있다)을 내적인(그리고 근본적으로는 허구적인illusoire) '의식'의 하나의 형태로서, 또는 제도적 반영으로서(그리고 사유 자체를 위한 사회적 대상성이 주어진 반영으로서) 병치했으므로, 마르크스가 바로 그런 이유로 (**상품적 주체성** 또는 상품생산의 사회적 관계를 통해 구성되는 주체성의 보완적인 측면들로서) 이 두 가지 현상학 사이의 절합을 사고하고자 했다고 간주해야 하는가?*

---

* 법률적 범주들이 경제적 범주들과 엄밀하게 상관적인 것으로 제시되자마자, 마르크스가 경제적 범주들에 관해 말하는 바를, 정확히는 마르크스가 물신숭배에 관한 구절, 즉 "이 형태들이야말로 상품생산이라는, 일정한 역사적 성격을 지니는 이 사회적 생산양식의 생산관계에 대해서 사회적 타당성을 갖는 객관적 사유 형태이다"(p.87)에서 말하는 바를 법률적 범주들에까지 확장해야 하는지 말아야 하는지의 문제라는 피할 수 없는 질문이 사실상 제기된다. 또한 이런 질문은 교환에 대한 마르크스의 이런 이론적 전개와 **추상법**, 다시 말해 법률적 인격 또는 인격성, 그리고 소유와 계약에 관한 헤겔적 개념화présentation 사이에 존재하는 밀접한 상응성에서도 제기된다. (강신준판 《자본》 1권의 139쪽에서 인용했으며, 추상법에 대한 헤겔적 개념화présentation와 마르크스 사이의 관계에 대해서는, 〈미셸 푸코의 반-마르크스〉를 참조하라―옮긴이)

일반적 등가물의 구성

여기에서는 위에서 살펴본 이 광범위한 질문들을 다루지는 말고(이 광범위한 질문들은 훨씬 더 정교한 분석을 요하기 때문이다), 대신 고유한 의미의 화폐^{argent}의 보편성과 이 보편성이 맺는 정치철학의 몇몇 고전적 모델들과의 관계에 대한 이론적 전개라는 문제에 집중하자.*

일차적 의미로 상품'물신숭배'는 '상품생산양식'에, 다시 말해 사회적 생산을 조직하는 모든 형태(이 형태 내에서 개인들의 필요 노동은 생산자들 공동의 결정이 아니라 생산물—이 생산물의 교환가치는 그 생산을 위해 사회적으로 필요한 노동의 양을 통해 내재적인 방식으로 '측정된다'—의 구매와 판매라는 간접적 메커니즘에 따라 서로 다른 부문들과 생산과정으로 분배된다)에 내재하는 것으로 마르크스가 간주했던 '실제적' 관계들의 전도라는 현상을 비교-역사학적 관점 내에서 연극적인 방식으로 제시하고 위치 지우는 기능 이외에는 어떤 다른 기능도 갖지 않는다.

사실 이 지점에서 우리는 이중의 전도 또는 연속적으로 이루어지는 두 가지 전도에 주목해야 하는데, 왜냐하면 마르크스가 이 두 가지를 동시에 보여주고자 하기 때문이다. 한편으로, 상품 사회 내에서 사회적 노동이 개인적 또는 집합적 생산자들이 독립적인 방식으로 수행하는 '사적 노동'으로서만 존재한다는 사실이 있다(여기에서 이 [직접]생산자들은 서로의 존재를 알지 못한다). 이 사실로 인해, 양적이고 질적인 측면에서 한 사회가 자신의 재생산에 활용할 수 있는 노동과 그 재생산을 위한 필요 사이의 조응은 직접적인 방식이 아닌 [서로의 존재를 모르는 생산자들 각

---

*   '상품물신숭배'에 관한 마르크스의 분석이 갖는 인간학적 차원에 대해서는, 특히 Jean-Joseph Goux, *Freud, Marx, économie et symbolique*, Le Seuil, 1973, *Les iconoclastes*, Le Seuil, 1978, 그리고 Alfonso M. Iacono, *Le fétichisme. Histoire d'un concept*, PUF, "Philosophies", 1992를 참조하라.

자가 어둠 속에서 더듬거리며 행하는] 암중모색의 조절을 통해서만 성립될 수 있는데, 이 조절을 가능케 하는 지표는 바로 생산물들의 교환가치라는 '외부의 척도'이다. 마르크스의 관점에서 우리는 전도에 대해 말할 수 있는데, 왜냐하면 최종적인 수준에서 노동과 필요는 사회적 현실로 남아 있으며, 또한 사회는 개인적 실천들―여기에서 개인적 실천들은 사회의 존속을 위해 필요한 바를 (자신들이 이를 행한다는 것은 전혀 인지하지 못하면서) 행한다―의 진정한 '주체'이기 때문이다.* 하지만 마르크스는 상품의 양적 형태 또는 '가치-형태', 그리고 특히 화폐 형태 내에서 또 하나의 전도가 발생한다는 점을 동시에 보여주고자 한다. 생산자들 간의 상호 의존으로 이루어진 사회적 관계들이 인격들 또는 인격들의 집단―이 인격들이 형성하는 집단 전체는 공통의 이해관계를 갖는 하나의 집합체collectivité를 형성한다―사이의 관계로 제시되는 대신에, 이 관계들은 (상품들 내에 '본성적으로' 속하는 것처럼 보이는 이런 '사회적 속성'―즉 상품들 각각이 서로 교환될 때 따라야 하는 비율을 정하는 역할을 담당하는

---

* 《시민주체》에서 발리바르는 이 문장을 다음과 같이 조금 수정한 뒤 각주를 하나 추가하고 있다. "마르크스의 관점에서 우리는 전도에 대해 말할 수 있는데, 왜냐하면 최종적인 수준에서 노동과 필요는 사회적 현실로 남아 있으며, 또한 사회는 진정한 '주체', 또는 오히려 사회의 존속을 위해 필요한 바를 (자신들이 이를 행한다는 것은 전혀 인지하지 못하면서) 행하는 개인적 실천들의 **앙상블**이기 때문이다." 각주: (포이어바흐에 관한 여섯 번째 테제에서 마르크스가 "인간 본질/인간 존재das menschlich Wesen가 자신의 현실/유효성in seiner Wirklichkeit에서 "das ensemble der gesellschaftlichen Verhältnisse"라고 말하듯) 우리는 앙상블ensemble이라고 말해야만 한다. 왜냐하면 여기에는 이런 실천들에 대한 총체화도 또한 강제도 존재하지 않기 때문이다. 동일한 방식으로, 1847년의 《철학의 빈곤》에서 마르크스는 명시적으로 다음과 같이 말한다. "사회는 하나의 인격이 아니다."("모든 노동이 잉여excédant를 남겨야만 한다는 점을 증명하기 위해, 프루동 씨는 사회를 인격화한다. 그는 사회를 **인격사회**société personne로 만드는데, 그러나 어림없게도 여기에서 사회는 인격들의 사회가 전혀 아니다. 왜냐하면 사회는 사회를 구성하는 인격들과 아무런 공통점도 갖지 않으면서 자신만의 법칙들을 한 편에 지니고 있으며, 또한 인간들의 공통지성과는 다른, 즉 공통감각을 지니지 않는 '자기 고유의 지성'을 갖고 있기 때문이다. K. Marx, *Misère de la philosophie. Réponse à la Philosophie de la misère de M. Proudhon*, Éditions Sociales, Paris, 1961, p.100) (이와 관련해서는 이 책의 후기에 수록된 '여섯 번째 테제'에 관한 상당히 긴 해설을 참조하라 - 옮긴이)-옮긴이

규정된 교환가치 ― 을 통해) 사물들 자체 사이에서 자생적으로 또는 자동적으로 성립되는 관계들로 제시되는데, **더욱이** 이 사회적 속성이 상품의 가치를 측정하고 그 상호 관계를 결정하는 능력을 역시 본성적으로 지니고 있는 것처럼 보이는 화폐^{argent}에 집중되어 있을 때, 개인들이 그들 자신의 사회적 존재 조건들과 맺는 관계는 외부에 존재하는 대상성의 형상에 완전히 투사되기 때문이다(그러므로 결국 이 관계는 개인들이 자신들 스스로와 맺는 관계인데, 왜냐하면 최종적인 수준에서 이 관계는 개인들의 노동이 그들의 필요의 충족에 기여하는 방식을 의미하기 때문이다). "그러므로 생산자들에게는 그들의 사적 노동의 사회적 관계가 그러한 대로, 즉 그들이 노동을 통해서 맺는 인격들 간의 직접적인 사회적 관계로서가 아니라, 오히려 인격들 간의 물적/비인격적^{impersonnels} 관계 또는 물적/비인격적 존재들 간의 사회적 관계로서 나타난다."(pp.83-84)*

여기에서 다루고 있는 것이 사회적 관계의 사적 관계로의 전도 또는 해소라는 관점에서 묘사된 첫 번째 전도, 그리고 인간적 또는 인격적 관계의 사물 관계 또는 '대상적' 관계로의 전도라는 관점에서 묘사된 두 번째 전도라는 두 가지 연속적인 '전도'라는 점이 우리 논의에서 결정적이다. 마르크스의 눈으로 봤을 때, 이 두 번째 전도가 자신의 전도 이후 첫 번째 전도를 무효로 만드는 것이 전혀 아님을 바로 이해하는 것이 중요하다. 무효로 만들기는커녕, (역사적이고 물질적인 주어진 조건들 내에서) 물신숭배가 왜 극복 불가능한지, 왜 '수수께끼' '신비' 또는 '불가해함/어둠^{obscurité}'(이 불가해함은 역설적이게도 그것이 절대적으로 투명한[clarté, 빛] 형태로 제시된다는 바로 그 사실 때문에 발생한다)이 상품에 존재하는지 우리가 이해할 수 있도록 해주는 것이 바로 첫 번째 전도이다. 만일 우리가 노동의 사회적 분할 ― 이 분할 속에서 개인들은 어떤 의미에서 그들

---

* 강신준판《자본》1권의 135쪽.-옮긴이

의 노동에 대한 사회적 인정을 서로 '협상'한다—만을 다룬다면, 사회적 유대lien가 이 개인들이 그들 스스로를 위해 만든 것으로 보여진다고 계속 간주할 수 있을 것이다. 어떤 의미에서 이는 (개인들이 자신들의 역량과 이해관계를 대면한다는 점을 함의하는) 하나의 계약 또는 하나의 협약의 관념적 도식 그 자체이다. 하지만 사물들 그 자체가 사회적 필요성으로, 특히 이 '물신숭배화된' [대문자] 사물(이 [대문자] 사물은 감각적이면서 동시에 초감각적인, 물질적이면서 동시에 비물질적인, 특수하면서 동시에 보편적인 것인데, 그래서 이 [대문자] 사물은 강생 신학에서 예수 그리스도가 어떤 매개도 없이 직접적으로 인간과 신으로 동시에 제시되듯, 또는 유령이 산 자와 죽은 자로 동시에 제시되듯, 어떤 매개도 없이 직접적으로 '대립물들의 통일'로 제시된다)로 육화하자마자, 개인들은 (개인들이 사물들의 '가치'와 맺는 관계에 의해, 그리고 이 사물들이 개인들에게 강요하는 제약에 의해 항상 결정되는) 그들의 상호관계 속에서 더 이상 사물들 자체의 속성 또는 사회적 역량의 결과 이외에는 그 무엇도 보지 못하게 된다.*

바로 이것이 마르크스로 하여금 무엇보다도 역설적인 것처럼 보일 수 있는 방식으로 물신숭배를 상품생산의 어떤 '진실'을 표현하는 것으로 제시하도록 만든다. 상품생산은 개인들에게서 그들의 사회적 정체성을, 그리고 생산의 집합체에 대한 소속을 **실제적으로** 빼앗는데, 이런 의미에서 개인들을 서로 대립하도록 만들고 이들의 공동체에 대한 표상을 자신들 바깥에 위치시키는 상품 관계 내에서 "그들의 사적 노동이 맺는 사회적 관계는 생산자들에게 그러한 대로의 사회적 관계로 나타나는 것"이다. 하지만 동시에, 가치가 하나의 사물이라는 물질적 형태로 육화되는 것(이 육화는 그 자체로 사회적 관계이다)은 개인들이 "자신들이 보

---

* 《시민주체》에서 발리바르는 다음의 구절과 각주 하나를 추가하고 있다. "다르게 말하자면, 여기에서 개인들은 (헤겔이라면 다음과 같이 말할 것인데) '[대문자] 사물 그 자체Sache selbst' 와 관계 맺고 있다." 각주: *Phénoménologie de l'esprit*의 7장을 참조하라.-옮긴이

고 있는 것 이외의 것을 볼" 수 없는, 다시 말해 역사적으로 규정된 사회적 관계 내에서 경제적 삶의 규칙성(또는 경제 위기와 같은 파국)에 대해 설명할 수 없는 그런 불가능성을 의미한다. 바로 그렇기 때문에 또한 마르크스는 고전파 경제학자들이 주장한 '노동가치'에 관한 이론이 '인류사에서 획기적인 발견'이라고 할지라도(왜냐하면 이 발견은 상품들의 가치를 그 생산을 위해 사회적으로 필요한 노동의 양과 관련지어 사고하기 때문이다), 이 발견이 이런 외양을 생산하는 사회적 구조를 전혀 변화시키지 않는다는 점에서 "그것은 결코 노동의 사회적 성격이 지닌 대상적 외양gegenständlichen Schein을 완전히 벗겨낸 것이 아니"라는 점을 명확히 하는 것이다(p.85).* 정반대로, 이 발견은 사물들의 본성(이 발견은 사물들이 갖는 본성을 불변의 법칙이라고 선언하려 한다) 내에 각인된 메커니즘의 장구한 역사적 변화의 결과일 뿐임을 제시하면서 이 외양을 강화시킬 뿐이다. 사실대로 말해, 고전파 경제학자들의 담론은, '노동'을 때로는 내적 결정 또는 가치 '실체'로 제시하려 하고 때로는 다른 여러 상품들 가운데 존재하는 하나의 상품(이 노동의 고유한 보편성이 상품으로 하여금 '가치들의 척도'로 기능하게 만든다**)으로 제시하려 하는 이 담론의 경향이 보여주듯이, 여기에서 과학적 설명과 외양의 재생산 사이를 진동하거나 [기껏해야] 신비화라는 형태 자체 내에서 탈신비화를 생산할 뿐이다.

마르크스 자신이 직접 제시한 지표들을 따르면서, 우리는 상품 사회의 분업[노동 분할] 그 자체를 대체하는 관계를 **사회계약**이라는 이

---

* 　강신준판《자본》1권의 137쪽.-옮긴이

** 　이는 정치경제학이 상품 또는 화폐argent만을 '물신숭배화'하는 것이 아니라 노동 자체(또는 상품으로서의 노동) 또한 '물신숭배화'한다는 점을 의미하며, 이 노동이 정치경제학에서 외양의 존재를 해체하는 기능과 외양의 존재를 인가해주는 기능을 동시에 수행한다는 점을 의미한다. 모이슈 포스톤은 이런 아이디어를 더욱 발전시켰다. Moishe Postone, *Time, Labor and Social Domination: A Reinterpretation of Marx's Critical Theory*, Cambridge University Press, 1993 참조.

름으로 표상할 수 있다(이 사회계약은 암묵적으로 또는 실제적으로 **상품들 자체 사이에서** 맺어진 것이다). 이 관계가 사실상 '일반적 등가물allgemeines Äquivalent' — 이 일반적 등가물은 '사물들'의 집합적 행동으로 스스로를 제시한다—의 구성 메커니즘에 대한 설명에서 등장하는 형상이다. 이 일반적 등가물이라는 개념을 처음 제시하면서부터, 마르크스는 다음과 같이 주장한다.

새로이 얻어진 형태[일반적 가치형태]는 상품 세계에서 분리된 하나의 단일한 상품 종류(예를 들어 아마포)를 통해서 상품 세계의 가치를 표현하며, 따라서 모든 상품의 가치를 그 상품이 아마포와 같다는 방식으로 나타낸다. 각 상품의 가치는 아마포와 같은 것으로서 이제는 그 상품 자신의 사용가치로부터 구별될 뿐만 아니라 모든 사용가치로부터도 구별되며, 바로 이를 통해서 그 상품과 모든 상품 사이에 공통적인 것으로서 표현된다. 그리하여 이 형태가 비로소 실질적으로 상품들을 가치로 연결시킨다. 바꾸어 말하면 상품들이 서로 교환가치로서 나타나게 만드는 것이다lässt sie einander als Tauschwerte erscheinen.(p.75)*

각각의 상품이 하나의 상품 또는 다수의 다른 상품들과의 교환 내에서 고립적인 방식으로 또는 우연한 방식으로 자신의 가치를 표현할 때, "어떤 경우이든 개별 상품이 자신에게 가치형태를 부여하는 것은 말하자면 개별 상품의 사적인 일das Privatgeschäft이었으며, 개별 상품은 다른

---

* 강신준판 《자본》 1권의 126~127쪽. 옮긴이 앞글에서 지적했듯 《자본》을 인용할 때 강신준 번역본에서 인용하되, 발리바르가 제시하는 프랑스어본과 비교해 적절히 수정했다. 병기된 독일어는 프랑스어본에서 발리바르가 제시한 것이다. 아무런 표시 없는 대괄호는 강신준판의 것이다.—옮긴이

모든 상품의 도움 없이 이 일을 해낸다."(p.76)* 하지만 모든 노동생산물 사이의 교환이 일반화된 결과 모든 가치를 유일한 하나의 사물로 표현해야 하는 필요성, 또는 '일반적 등가물'로 표현해야 하는 필요성이 등장하자마자, 표현의 과정 그 자체는 자신의 본성을 바꾼다.

> 반면 일반적 가치형태는 상품 세계의 공동 사업gemeinsames Werk der Warenwelt으로만 성립한다. 어떤 상품이 일반적인 가치 표현을 획득하는 것은, 동시에 다른 모든 상품이 자기의 가치를 동일한 등가물로 표현하고 또 새로 등장하는 상품 역시 이를 그대로 따르게 되어 있기 때문이다. 이리하여 상품들의 가치대상성 Wertgegenständlichkeit은, 그것이 순전히 이들 상품의 '사회적 현존재' [프랑스어판: être-là social]이기 때문에 오직 상품들의 전면적인 사회적 관계를 통해서만 표현될 수 있다는 사실, 그래서 결국 상품들의 가치형태는 사회적으로 타당한 형태여야 한다는 사실이 드러나게 된다.(p.76)**

자신의 분석을 계속 이어나가면서, 마르크스는 일반적 등가물의 형성 메커니즘이 (상품들의 소우주 또는 상품들의 '세계'에서) 하나의 상품이 추출되도록 만드는 **배제**의 메커니즘이라고 설명한다. 이 하나의 사물은 가치의 표상을 '독점'하자마자 모든 다른 상품들을 '위해' 가치를 갖게 되거나 표상하게 된다(역으로 모든 다른 상품들은 이 유일한 형태 내에서만 자신들의 가치를 표현할 수 있게 된다). 이는 상품들 서로서로가 더 이상 **직접적인 방식으로는** 교환 가능하지 않으며, 이 상품들이 일반적 등가물과

---

* 강신준판 《자본》 1권의 127쪽.-옮긴이
** 강신준판 《자본》 1권의 127쪽.-옮긴이

맺는 관계(심지어 순전히 '관념적인' 관계)의 매개를 통해서가 아니라면 더 이상 교환 가능하지 않다는 점을 의미한다(다르게 말하자면 이 관계는 일반적 등가물의 객관적 언어 내에 존재하는 그들의 '공통의 척도'인데, 이를 실행하는 것이 바로 화폐^{argent}이다).

끝으로 마지막 형태, 즉 제3형태는 단 하나의 예외를 제외하고는 상품 세계에 속하는 모든 상품이 일반적 등가 형태에서 배제되기 때문에, 또 반드시 그럴 경우에만, 상품 세계에 보편적이고 사회적인 상대적 가치형태를 부여한다. 따라서 아마포라는 한 상품이 다른 모든 상품과 직접 교환될 수 있는 형태를 취하거나 직접적으로 사회적 형태를 취하는 것은 다른 모든 상품이 이 형태를 취하고 있지 않기 때문이고, 또 반드시 그럴 경우에만 가능하다.(p.78)*

그 시작에서부터 상품의 형태 자체에 내재하는, 그리고 사회적 부의 '기초 형태'로서 각각의 상품 내에 존재하는 **이중성**을 언급함으로써 우리가 여전히 표현할 수 있는 바는 개별적^{particulier} 특징(규정된 필요에 조응하는 물질성과 유용성)과 보편성(상품을 다른 모든 것과 비교 가능하게 만들어주는 사회적 노동생산물의 특징)이라는 이중성이 이제 분리되었다는 점이다. 각각의 상품이 다른 모든 상품들과 공통으로 갖고 있는 것 또는 모든 다른 상품들에 대해 상대적인 '등가성'을 **이 상품을 위해** 표상하는 역할을 맡자마자 마치 각각의 상품이 자신의 일반성을 추출하고 (이 일반성을 '등가성'을 지닌 하나의 유일한 상품에 전달하기 위해) 자신의 바깥으로 투척하듯이 말이다. 그래서 이 상품은 '현실추상'[현실적 혹은 실제적 추상물] 혹은 하나의 초월론적 본질이 되는데, 그러나 이 '현실추상' 혹은 하

---

* 강신준판《자본》1권의 129쪽.-옮긴이

나의 초월론적 본질은 '경험적' 현실 혹은 지각 내**에서도** 동일하게 '현실 추상' 혹은 하나의 초월론적 본질로 등장한다.

　하지만 물신숭배에 대한 설명 이후, 마르크스는 이런 보편화가 상품들 자신들의 행동으로 간주되어야 한다고 설명한다. 다시 말해, 항상 이미 이 보편화는 (고유한 의미에서의 역사적인 '선행성'보다는) 구조적인 '선행성' 내에서(물론 우리가 이 선행성의 흔적을 역사에서 발견할 수는 있지만) 인간 소유자(또는 생산자-교환자)의 등 뒤에서, 그리고 이 보편화가 상품들에 지시한 운동을 매개로 해서 진행된다.

> 상품소유자는 누구나 자신의 욕망을 충족시키는 사용가치를 가진 다른 상품들에 대해서만 자신의 상품을 양도하려고 한다. 그런 점에서 교환은 그에게 그저 개인적인 과정에 불과하다. 그러나 다른 한편으로 그는 자신의 상품을 가치로서 실현하고자 한다. 즉 동일한 가치가 있는 다른 상품의 소유자라면 누구하고라도—그 사람이 자신의 상품에 대하여 사용가치를 갖든 갖지 않든 개의치 않고—가치를 실현하고자 한다. 그런 점에서 본다면 이제 교환은 그에게 일반적인 사회적 과정이다. 그러나 동일한 과정이 모든 상품 소유자들에게 동시에 개인적일 수만도 없고, 또 동시에 보편적이고 사회적일 수만도 없다. (……) 우리의 상품 소유자들은 파우스트처럼 낭패스러운 고민에 빠진다. 태초에 행동이 있었다. 그래서 그들은 생각하기에 앞서 벌써 행동을 해버렸다. 상품의 성질에서 비롯되는 법칙은 상품 소유자들의 타고난 본능을 통해서 관철된다[betätigen sich] [프랑스어판: s'actionnent]. 그들은 자신의 상품을 일반적 등가물로 다른 어떤 상품과 비교함으로써만 그것을 가치 관계 속으로, 또 그럼으로써 상품 간의 관계 속으로 끌어들일 수 있다. 우리는 상품의 분석을 통해서 이를 알게 되었다. 그러

나 오직 사회적 행위^{gesellschaftliche Tat}만이 어떤 상품을 일반적 등가
물로 만들 수 있다. 즉 다른 모든 상품의 사회적 행동^{gesellschaftliche}
^{Aktion}이 어떤 특정한 상품을 따로 떼어내어, 이 상품을 통해 다른
모든 상품이 자신의 가치를 표시하게 된다. 그럼으로써 이 상품의
현물 형태는 사회적으로 유효한 일반적 등가 형태가 된다. 일반
적 등가물이 되는 것, 그것이 사회적 과정에서 따로 분리된 이 상
품의 특수한 사회적 기능이 된다. 그리하여 그 상품은 화폐가 된
다.(p.98~99)*

여기에서 우리는 '자연법' 전통 속에서(마르크스는 스피노자, 로크, 루
소에 대한 독해를 통해 자연법 전통을 직접적으로 알고 있었거나, 또는 헤겔에 대
한 비판을 통해 이를 간접적으로 알고 있었다) 고전주의 시대 철학자들이 발
전시켰던 '계약' 형태의 전형적인 세 가지 특징을 발견할 수 있을 것 같
다. 첫 번째로, 사회적 보편성은 개인들의 **공통 행동**^{action commune}의 생산물
(그러므로 이는 그들의 결정 또는 의지의 산물인데, 하지만 이 결정 또는 의지는
'암묵적'일 수도 있으며 심지어는 이것이 진정으로 원초적인 계약일 때에는 필
연적으로 암묵적이어야만 한다)이다. 그런데 역으로 이 사회적 보편성은 개
인들을 사회체의 구성원들('시민들')로 규정하는데, 다시 말해 이 사회적
보편성은 개인들의 상호 인정(또는 그들의 '평등성')을 보장해준다. 두 번
째로, 이 공통 행동은 사회적 개인들의 **표상 권력**^{pouvoir représentatif}을 정립
한다. 이 표상 권력은 개인 내에서 (또는 개인의 '육체' 내에서) '관념화'됨
과 동시에 '육화된' 것으로, 이로 인해 개인은 **이 개인이 사회를 초월하**
는 한에서 사회에 속하게 되며(다시 말해, 개인은 사회에서 배제되는 한에서
사회에 포함된다), '이중의 육체'(신학에서 물려받은 유산으로서 세속화된, 그

---

*   강신준판《자본》1권의 151~152쪽.-옮긴이

리고 신체적인 동시에 정신적인 '신비한 육체')라는 형상 내에서 스스로를 제시하게 된다. 마지막 세 번째로, 이 전체 과정은 **선 가정**^{présupposition}의 논리적 도식에 종속되어 있는데, 왜냐하면 이 과정의 결과―시민적 또는 사회적 공동체에 대한 인정, 특수한 존재와 이해의 보편성으로의 이행―는 항상 이미 이 인정 또는 이행의 실현 조건(최소한 '자연법'이라는 또는 암묵적 의도라는 형식적 필연성으로서의 조건)이기 때문이다.

하지만 분명, 계약에 대한 마르크스의 개념화(우리에게 보여지는 바 그대로의 개념화) 또는 계약-형태에 대한 마르크스의 변형태에 매우 특별한 의미를 부여하는 것은 이해 당사자로 계약에 참여하는 '개인들'이 인간 개인들이 아니라 **개별 상품들**이라는 사실, 그리고 우리가 여기에서 다루고 있는 바로서의 '행동'[《시민주체》에서 발리바르는 이를 헤겔을 따라 'Tun aller und jeder', 즉 '우리 모두, 그리고 우리 각자의 활동^{activité} ^{de tous et de chacun}'이라고 표현한다]이 상품들의 행동*(또는 최소한 상품 형태의 단순한 담지자로서 상품유통의 논리를 실행할 뿐인 인간들의 행동)이라는 사실이다. 이제부터 여기에서 개념화되는 '사회'는 인격들의 사회가 아니라 생명을 얻어 살아 움직이게 된 '사물들'의 사회로 간주되어야 하며, 이 사회를 설립하는 '계약'은 상품들의 진정한 사회계약으로 간주되어야 한다.《자본》1권의 첫 번째 프랑스어 번역본(마르크스가 전체를 재검토했던)에 등장하는 '위대한 상업 공화국'에 대한 마르크스의 참조를 이런 의미로 해석해야 할 것 같다.

상품들의 가치가 보편적으로 실현되는 것은 바로 국가들 사이의 무역에서이다. 그리고 또한 바로 여기에서 이 상품들의 가치 형상

---

* 《시민주체》에서 발리바르는 이를 "Tun aller und jeder", 즉 "우리 모두, 그리고 우리 각자의 행동"으로 표현한다―옮긴이

이 제임스 스튜어트[James Steuart]가 그렇게 불렀듯이 보편적 화폐-세계의 화폐[money of the world]라는 상 아래에서, 또는 스튜어트 이후 애덤 스미스가 그렇게 불렀듯이 거대한 상업 공화국이라는 상 아래에서 서로를 마주하는 것이다……* **

이런 '공화국'에서는 무엇보다 상품들 자신이 바로 '시민들'이다!***

---

*   *Le Capital. Critique de l'économie politique*, livre I : Le développement de la production capitaliste, 마르크스가 전체를 재검토한 조제프 루아[Joseph Roy] 번역본, Éditions Sociales, 1959, tome I, p.147. 이 구절은 독일어 4판에서는 등장하지 않는데, 하지만 이 구절이 번역자 루아가 지어낸 것일 가능성은 거의 없는 것 같다. 그래서 이는 독일어 1판의 구절인데 나중에 마르크스가 삭제한 것이거나(스튜어트의 'money of the world'에 대한 참조는 두 페이지 뒤에 다시 등장한다) 또는 번역본을 다시 읽으면서 마르크스가 추가한 주석일 수 있다. 1859년《정치경제학 비판을 위하여》에는 이에 대응되는 구절이 있는데, 여기에서 마르크스는 다음과 같이 쓴다. "스스로 발전함으로써 화폐가 보편적 화폐로 변화하는 것과 마찬가지로, 상품 소유자 또한 세계시민으로 변화한다. 인간들 사이의 세계시민적 관계는 원래 상품 소유자로서 그들이 맺는 관계와 전혀 다르지 않다. 상품은 즉자적이고 대자적으로 모든 종교적, 정치적, 민족적, 언어적 제약을 넘어서 있다. 상품의 보편어는 가격이요, 그 공동체는 돈[argent]이다. 하지만 국가 화폐에 대립되는 보편적 화폐의 발전과 함께, 인간들 사이의 실체적 교환을 구속하는 종교적, 민족적 등등으로 인한 편견에 대립하는 실천적 이성의 종교라는 형태하에서 상품 소유자의 세계시민주의[cosmopolitisme]가 발전한다. 미국의 이글 금화[eagles]라는 형태로[독수리의 모습으로] 영국 땅을 밟은 동일한 금이 소브린 금화가 되고, 3일 뒤에 파리에서는 이것이 나폴레옹 금화의 형태로 유통되는 반면, 이 동일한 금이 베니스에서는 두카 금화라는 형태로 몇 주 뒤에 통용되면서도 항상 동일한 가치를 보존하게 된다. 그래서 상품 소유자는 화폐의 국적이라는 것이 **기니 도장에 불과하다는 것**을 깨닫게 된다. 상품 소유자에게 (세계 전체가 비로소 그 안에서 존재할 수 있는) 숭고한 관념이란 바로 시장이라는 관념, 즉 **세계시장**이라는 관념이다."(프랑스어 번역, 위의 책, pp.114-115) 이 세계시장이라는 관념은 그 구성적 관계가 사물들 자체로 인해 성립되는 공동체(여기에서는 세계 공동체 또는 세계시민적 공동체)와 동일한 관념이다.

**   '기니 도장에 불과하다'란 A Man's a man for a' that 이라는 1795년 로버트 번스[Robert Burns]가 작곡한 평등주의 노래의 가사에 나오는 구절, 즉 "The rank is but the guinea's stamp, The Man's the gowd for a' that"에서 가져온 말이다. 참고로 'guinea'는 영국의 구 금화이다. 이 구절의 한국어판으로는 김호균판《정치경제학 비판을 위하여》의 180~181쪽을 참조.-옮긴이

*** 마르크스의 설명에서―마르크스의 설명은 헤겔의 '감각적 확실성'의 현상학과 기표작용[fonction signifiante]에 대한 구조주의 이론 사이에 위치한다―**상품들 그 자체는** 그들의 '주인

'신비한' 대체보충물*

하지만 이런 재구성에 우리가 완전히 만족할 수는 없는데, 왜냐하면 이 재구성은 정확히 '신비함'— 이 신비함은 (물신숭배에 대한 마르크스의 서술에서) 그의 서술이 신비 그 자체^{simple mystère}를 무매개적인 방식으로 관념적 물질성 또는 관념화된 물질성[즉 화폐] 내에서 보여준다는 조건에서 도입된다—이라는 요소를 무시하기 때문이다(데리다라면 '유령적' 요소라고 말했을 것이다). 그런데 마르크스의 서술에서, 이 대체보충물은 특히 화폐가 생산하는 효과로, 또는 더욱 정확히 말해 단순한 일반적 등가성(원리상, 모든 상품들이 마련해주는 '배제된 상품'의 빈자리를 차지하는 한에서 어떤 상품이든 일반적 등가물이 될 수 있다)과 고유한 의미에서의 화폐(화폐는 자신의 역사적 특이성 내에서 귀금속의 '육신'으로 물질화[육화]된다) 사이의 '형태' 차이로 특징지어지는 것 같다. 그러므로 우리가 해명해야 하는 것은 상품들의 '유통화^{mise en circulation}'[유통 또는 순환하게 만드는 것]가 갖는 실제적 또는 실천적 역량과 동시에 그 상상적 역량(또는 더 정확

과 소유자'(이들은 사회적 복화술의 도구에 불과한 것이 된다)의 입을 통해 **말한다**. "앞서 상품 가치의 분석에서 얘기된 모든 것이 이제는 아마포 자신에 의해서 그것과 다른 상품, 즉 옷옷과의 관계를 통해서 이야기되고 있다. 아마포는 단지 자신에게 익숙한 언어인 상품의 언어로 자신의 생각을 드러내고 있을 뿐이다. 인간 노동이라는 추상적인 성질의 노동에 따라 자신의 가치가 형성되었다는 것을 말하기 위하여 아마포는 옷옷이 자신과 같은 것으로서 가치라는 측면에서 자신과 똑같은 노동으로 이루어져 있다고 이야기한다. 자신의 숭고한 가치대상성이 아마포 자신의 뻣뻣한 몸과는 다르다는 사실을 우리에게 알리기 위해, 아마포는 자신의 가치가 옷옷의 모습을 띠고 있으며 가치물로서 자신은 옷옷과 쌍둥이처럼 똑같다고 말한다."(p.59) (강신준판《자본》1권의 109~110쪽-옮긴이) 뤼스 이리가라이Luce Irigaray는 마르크스가 기술했던 **표현 형태**의 또 다른 함의, 즉 유통 과정 내에 있는 상품들의 '육체'가 남성들 사이에서 '교환되는' 여성들의 육체에 대응된다는 사실(여기에서 남성들은 여성들이 가질 수 있는 특성을 부여하는 위치를 점하고 있다)을 찾아내기 위해 복화술에 대한 마르크스의 논의를 채택한다("Le marché des femmes", *in Ce sexe qui n'en est pas un*, Les Éditions de Minuit, Paris, 1977).

'supplément', 즉 대체보충물은 자크 데리다의 개념이다.-옮긴이

히 말해, 상상에 미치는 그 역량)으로서 화폐가 가지는 특수한 권력^{pouvoir}이다. 우리는 이런 특수한 역량이 '단순 상품'에 대해(심지어 모든 단순 상품들의 보편적 형태로 개념화된 추상적 단순 상품에 대해서도) 행사하는 화폐의 (이 용어의 서로 다른 의미에서의) **초과 권력**$^{excès de pouvoir}$으로 제시된다는 점을 앞으로 확인하게 될 것이다. 그러므로 이런 초과 권력을 설명에 추가하는 것이 상품의 사회계약이라는 '평등한' 도식을 전복시키킬 수도 있다는 위험, 그리고 '상업 공화국'을 화폐의 왕국 또는 화폐의 지배로 대체할 수도 있다는 위험이 분명히 존재한다(그럴 경우 이런 화폐의 왕국 또는 지배의 기원은 최종적인 수준에서 설명 불가능한 것으로 남을 것이다). 이것이 아마도 여기에서 마르크스의 설명을 모호하게 만드는 지점일 것이다. 왜냐하면 마르크스의 설명은 한편으로 '화폐의 권력'—이 화폐가 갖는 권력은 상품들이 위임한 것에 불과한데, 왜냐하면 화폐의 모든 경제적 기능은 일반적 등가물이라는 개념에서 산출되는 것이기 때문이다—을 상품들 자체의 권력과 연결하려는 시도와 동시에, 다른 한편으로 화폐-형태가 담지하는 것(이는 다른 상품들이 형성한 '사회'에서 배제된 하나의 상품이 지니는 단순히 '기능적인' 개념^{notion}으로는 환원될 수 없다)을 보여주려는 시도를 멈추지 않기 때문이다. 이런 양가성은 (물신숭배론을 따랐을 때) 우리가 여기에서 사회적 **외양**^{apparences}의 세계에 살고 있다는 사실로 전혀 환원되지 않는다. 정반대로, 이 외양들 자체 사이에서 (일종의 중첩^{redoublement}을 통해) 이 두 형태들 중 어떤 한 형태가 다른 한 형태의 '진실'로 간주되어야 하는지의 문제, 그리고 결과적으로는 상품의 유통이 최종적 수준에서 '실물경제'로 간주되어야 하는지 또는 '화폐경제'로 간주되어야 하는지(이 실물경제와 화폐경제는 끊임없이 경제학자들을 고통스럽게 하면서 이들을 이쪽 편 아니면 저쪽 편으로 대립하게 만든다)의 문제가 제기된다.*

---

*   이 단락에서 화폐는 전부 'argent'이다.—옮긴이

비록 마르크스가 (경제학자들과 동일한 지반 위에서) 첫 번째 해석을 채택하기 위해(즉, 모든 형태의 화폐주의에 반대하기 위해) 특정한 방식으로 입장을 취하긴 했지만, 그럼에도 그는 본질적으로 화폐 형태가 상품들의 가치-형태에 대한 단순한 '일반화'는 아니라는 점을 보여주기 위해 노력했다.* 화폐는 그 자신이 교환가치를 갖는데, 이 화폐의 교환가치는 화폐로 하여금 모든 다른 상품들과 교환 가능하도록 해준다. 상품들의 교환가치와 마찬가지로, 화폐의 교환가치는 '최종심급에서' 화폐의 생산에 대한 사회적 필요노동시간에 의해 결정된다. 이런 의미에서 우리는 화폐가 상품-형태와 상품들의 세계 '내에' 존재한다―화폐는 이 상품들과 함께 유통된다―고 주장할 수 있다. 하지만 다른 한편에서, 화폐만이 '즉자적' 가치를 육화하기 때문에, (그래서 결과적으로) 화폐만이 가치들의 보편적 척도이며 모든 상품들의 지불수단이기 때문에, 상품들은 화폐의 도입에 의해서만, 또는 화폐의 보편적 구매력의 작용에 의해서만 **현실에서**effectivement **유통**될 수 있다. 《정치경제학 비판을 위하여》에서 마르크스가 주장했듯, 화폐만이 '보편적 필요'의 대상이 된다.** 하지만 개인

---

* "상품이 서로 양적으로 비교될 수 있는 것은 화폐 때문이 아니다. 오히려 그 반대이다. 모든 상품이 자신들의 가치를 하나의 똑같은 특수한 상품으로 측정하고 그럼으로써 이 특수한 상품을 공통의 가치척도, 즉 화폐로 변형시킬 수 있는 것은 이들 상품이 가치라는 측면에서는 대상화된 인간 노동이며 바로 그런 점에서 서로 양적으로 비교될 수 있기 때문이다. 가치척도로서의 화폐는 상품의 내재적인 가치척도의 필연적인 현상 형태이다."(p.107) 여기에서 우리는 다음과 같은 '사회계약'의 형상을 발견한다. 사회적 필요 노동이 생산한 생산물로서 상품들이 갖는 사회적 속성이 바로 화폐argent를 통해 표현되는présentée 것이다. 하지만 바로 이 화폐argent만이 보편성 그 자체를 표현할exhiber 수 있다. 마르셀 모스Marcel Mauss에게서 차용한 '총체적인 사회적 현상'이라는 범주에 기초하는 최근의 경제학적이고 인류학적인 분석과 비교해보라. Michel Aglietta & André Orléan, *La monnaie souveraine*, Odile Jacob, 1998, 또한 *La monnaie entre violence et confiance*, Odile Jacob, 2002도 참조하라. (강신준판《자본》1권의 160~161쪽-옮긴이)

** 《시민주체》에는 이 뒤에 다음의 구절과 각주가 추가되어 있다. "'보편적 필요'라는 개념notion은 생명 유지를 위해 필수적인 기능으로서의 필요에 대한 '유물론적' 인간학과는 모순되는 놀라운 개념인데, 이 개념은 **초과**excès를 함의하거나 또는 오히려 일상성 자체 내에

들이 시장에서 판매하려는 목적에서만 생산을 하는 사회에서, 하나의 상품은 이 '보편적 필요'를 충족시키려는 목적을 위해서만 공급된다. 보편적인 상품유통이 필연적으로 화폐적일^{monétaire} 뿐만 아니라, 상품들(과 그 가치)의 '사회적' 성격 또한 화폐와의 접촉을 통해서만 자신을 나타내며, 바로 이 화폐의 매개를 통해(또는 최소한 미래에는 화폐로, 또는 지폐와 같은 화폐의 대리물로 이루어져야 하는 구매와 판매 과정의 '정산'에 대한 참조가 예상 가능해야만) 상품들은 현실의 운동 과정 속에 들어갈 수 있는 것이다. 물론 이런 화폐의 사회적 역량의 자율화는 자본주의적 생산양식의 발전을 통해 극대화될 것이다. 왜냐하면 화폐의 축적에서 출발해서, 그리고 화폐 축적의 끝없는 증가를 목적으로 해서, '생산요소들'에 대한 구매와 판매의 작동 전체가 이루어지기 때문이다.*

우리는 마르크스의 분석에서 화폐의 초과 권력이 존재하는 세 가지 이유를 발견할 수 있는데, 초과 권력은 이 세 가지 이유를 유일하게 자신의 본성에서만 끌어내는 것으로 보이며, 또한 이 세 가지 이유는 현실에서 유통의 기능들과 관련을 맺고 있는 것 같다. 첫 번째 이유는 화폐 형태를 띠고 있는 일반적 등가물의 결정 작용^{cristallisation}이 세계시장의 실제 형성에 조응한다는 사실이다. 우리는 일반적 등가물의 형태가 잠재적 보편성 내에 개별적인^{particulières} 모든 상품들을 위한 (그리고 이 모든 개별 상품들을 생산하는 노동들을 위한) 등가 형태 ─ 이 등가 형태가 확장될 수 있

이 초과를 각인한다." 각주: 분명히 짐멜은 그가 1900년에 출판한《돈의 철학》에서 돈^{argent}을 "절대적 수단" 또는 "수단들 중의 수단"으로 정의할 때, (아리스토텔레스의 '이재학'과 몇 몇 신학적 주제들과 함께) 이 보편적 필요라는 개념을 떠올렸을 것이다. 반대로, 내가 아는 한에서, 마르크스의 '보편적 필요'라는 개념^{notion}과 케인스의 '유동성 선호'라는 개념^{notion}을 비교하는 훌륭한 **철학적** 연구는 존재하지 않는다. 하지만 예외가 있다면, 이는 Bruno Théret, "L'argent de la mondialisation: en quoi pose-t-il des problèmes éthiques?", *in Sociétés politiques comparées*, n° 9, 2009년 1월, http://www.fasopo.org 이다. (《돈의 철학》의 한국어판으로는《돈의 철학》, 김덕영 옮김, 길, 2013을 참조 ─ 옮긴이) ─ 옮긴이

* 이 단락에서 각주를 제외하고 모든 화폐는 'argent'이다. ─ 옮긴이

는 한계는 정해져 있지 않다―를 소묘한다고 말할 수 있다. 반면에 현실에서 화폐는 구체적으로 보편적이다(《정치경제학 비판을 위하여》는 "금과 은이 그 화폐 개념 내에 자신들의 존재에 대한 가능성이 달려 있다는 점에서 세계시장을 창조하는 것을 돕는다"라고 설명했다. 왜냐하면 이 화폐 개념은 어떤 국경에 의해서도 제한받지 않으며, 이 화폐 개념은 '공동체적' 표상과 연결된 모든 제한을 위반하기 때문이다. 그리고 물신숭배 분석의 용어들을 미리 제시하면서 《정치경제학 비판을 위하여》는 다음과 같이 덧붙인다. "금과 은의 이런 마법과도 같은 효과는 부르주아 사회의 유년시절에 제한받지 않는다. 이 효과는 상품세계의 행위자들이 자신들 고유의 사회적 노동을 통해 획득한 완전히 전도된 이미지에서 필연적으로 산출되는 것이다. 19세기 중반에 금광이 가득한 새로운 나라들을 발견한 것이 세계무역에 미친 엄청난 영향력이 그 증거이다."*) 두 번째 이유는 화폐^{argent}가 역사적으로 귀금속으로 육화되고 결정된 '물질'을 정확히 의미하는 한에서, 이 화폐만이 '탈물질화'될 수 있다는 점, 다시 말해 [사람들 사이의] 협약에 따라 '화폐적 기호[표장]'로 유통 내에서 표상될 수 있다는 점이다(지폐, 신용장, 수표 등등).** 《자본》 1권 1편의 3장에서 마르크스는 이런 변형이 국가의 개입과 그 '화폐주권'의 제도화를 요구한다고 설명한다.*** 그러므로 이런 변형은 화폐에 대한 이전의 표상

---

*   *Contribution à la critique de l'économie politique*, 앞의 책, p.114. 마르크스는 (세계적인 차원에서) "부 그 자체가 절대적으로 사회적인 방식으로 실현된 바"로서의 화폐'주권'이라는 관념을 발전시켰는데, 이는 우리가 로마 제국에서 있었던 로마법의 일반화라는 문제를 다루는 헤겔 《정신현상학》의 한 부분을 떠올리지 않을 수 없게 한다. 이 로마 제국에서 주권자는 '세계의 주인'이었으며, 그는 자기 자신 안으로 신민들의 모든 자기의식을 흡수한다 (*Phénoménologie*, 6장, c 섹션).

**   '탈물질화'는 'dématérialisé'를 옮긴 것인데, 참고로 프랑스어에서 'dématérialisation'은 직역하면 '탈물질화'지만 사실 일상적인 의미로는 '디지털화'이다. 금이나 은과 같은 귀금속으로서의 화폐에서 신용카드나 은행 계좌상의 숫자와 같은 이른바 '사이버 머니'로의 이행이 이 이 프랑스어 단어의 의미 변화에 각인되어 있다고 볼 수 있다.-옮긴이

***   이에 대한 최고의 설명으로는 쉬잔 드 브뤼노프의 《국가와 자본》을 참조할 수 있다. 《국가와 자본》에 대해 더 자세히 알고 싶은 독자는 윤소영의 《알튀세르를 위한 강의》(공감, 1996)

과는 모순되는 것처럼 보인다. 왜냐하면 화폐의 존재는 세계시장에 달려 있는 것인데, 세계국가는 존재하지 않기 때문이다. 하지만 이런 곤란함은 우리가 현실에서 '상품들의 사회'는 국경 없는 세계 공간으로서의 '보편적 상업 공화국'**과도**, 순수한 국민적 공간**과도** 동일하지 **않으며** 대신 세계시장의 한가운데에 존재하는 국가주권들 사이의 **결합**과 동일하다는 점을 인정할 수 있다면 금방 해결된다.* 그러므로 마르크스가 묘사한 화폐의 물질화-탈물질화-재물질화의 이중적 과정은 세계시장의 제도로서의 국가, 그리고 개별적인particulières 주권들(이 개별 주권들 각각의 역량은 이 주권들이 세계의 한 부분에 자기 고유의 화폐 표상을 강제할 수 있는 능력을 얼마나 소유하고 있는지에 따라 '측정'된다)의 지양 또는 상대화로서의 국가가 구체적으로 출현하는 형상과 조응한다.

반면 상품들의 사회계약이라는 형상은 일반적 등가물의 형태에서 화폐가 자율화되는 사태를 표현하는 세 번째 결정 요인[위에서 말한 세 가지 이유 중 마지막 세 번째 이유]을 통해 자신의 유효성의 한계에 도달하는 것처럼 보인다. 이 세 번째 결정 요인은, 직접적으로는immédiatement 계약의 '이해 당사자'가 아닌 상품들마저도 **창조해낼** 수 있는 화폐의 능력인데, 왜냐하면 상품들은 애초에는 사회적 노동 또는 분업화된 노동 부문들의 생산물이 아니었기 때문이다(다시 말해, 동일한 비유를 계속 따라가보자면, 이 화폐의 능력은 상품들의 공화국에 '새로운 시민들을 만들어내는 것'이다). 이런 능력은《자본》1권 1편에서, 또는 조금 더 넓은 시각에서 보자면《자본》1권 전체를 통해 마르크스가 상기시키는 두 가지 방향을

의 4장 '쉬잔 드 브뤼노프의 신자유주의 비판'에 있는 간결한 설명을 참조하길 바란다.-옮긴이

* 이매뉴얼 월러스틴Immanuel Wallerstein을 따라 우리는 이를 역사적 자본주의를 정치적으로 구조화하는 '세계-체계'라고 부를 수 있을 것이다. *The Politics of the World-Economy. The States, the Movements and the Civilizations*, Cambridge University Press, 1984을 참조.

따라 주로 행사된다.* 한편으로 '허구적^{fictives}' 상품 ─ 이 허구적 상품들이 노동의 생산물이 아니라 생산 전체의 가능 조건을 형성하는 **자연적** 대상(무엇보다도 물, 땅 공기, 광석 등등과 같은 [자연적] **요소들**의 경우가 그러하다)의 전유 또는 독점으로 인해 유통 과정에 편입된 것이라는 점에서 이 허구적 상품의 가치는 소위 '비합리적'이라고 할 수 있다 ─ 의 구성이라는 방향이, 다른 한편으로는 더욱 심원한 수준에서, 다시 말해 가치의 '실체' 그 자체에 더욱 가까운 수준에서, 자연적 대상과 마찬가지로 인간 '노동력' 또한 상품으로 변형(이는 개인들이 자신에 대한 사용을 화폐^{argent}와 교환할 때에만 가능한 것인데, 이 화폐라는 수단을 통해 교환 이후에 개인들은 자신들의 생존 수단들을 시장에서 획득한다)된다는 방향이 존재한다.**

그러므로 [자본주의적 생산양식으로 인한] '사회적 노동자'의 해체 ^{dissolution}는, 화폐의 '초자연적 역량'이 인격을 사물로 변형하는 그 화폐의 능력, 또는 최소한 인격과 사물 사이의 구분(이 구분을 통해 [직접]생산자는 자기 고유의 노동력의 '소유자', 또는 자신이 '자유롭게' 양도할 수 있는 노동력으로서의 그 육체와 정신의 '소유자'로 나타나게 된다)이 개인성 자체의 한가운데에서 발생하도록 만드는 그 화폐의 능력을 통해 드러나게 됨

---

* 우리는 마르크스가 "상품생산의 발전과 확장의 특정한 수준에서 지불수단으로서의 기능이 상품유통의 영역을 넘어서"는 방식("화폐는 계약의 보편적 상품이 된다.")을 상기할 때(더 나아가서는 서비스[여기에서 서비스는 우리가 경제학에서 일반적으로 상품의 두 가지 종류인 '재화와 서비스'라고 말할 때의 그 상품으로서의 서비스이다], 세금, 벌금, 손해배상 등등의 방식까지도), 그 첫 번째 방향의 지표를 발견한다(p.158).

** 《시민주체》에는 다음 구절과 함께 하나의 각주가 추가되어 있다. "루소에게서 일반의지 Volonté Générale가 '주체들이 자유롭도록 강제하는' 권력을 갖고 있듯이, 마찬가지로 화폐라는 일반적 등가물Équivalent Général은 필요의 대상이 되는 모든 '사물' 또는 모든 '존재자'를 유통 속에 개별적으로 진입할 수 있게 하는, 그리고 무엇보다도 이를 가치의 양으로 표상하는 능력을 갖고 있다." 각주: '허구적 상품'이라는 표현 자체는 마르크스가 아닌 폴라니가 만든 것인데, 그는 마르크스의 '물신숭배'와의 비교는 완전히 거부하면서 이 표현을 자신의 1944년 저작《거대한 전환》(프랑스어 번역으로는 Gallimard, 1983, p.102 이하)의 중심 범주로 설정한다. (한국어판으로는《거대한 전환》, 홍기빈 옮김, 길, 2009 참조)-옮긴이

과 동시에, (각 개인의 노동능력의 재생산 내에서 그리고 각 개인의 생산 과업의 활용 내에서) 각 개인이 '자기 자신과 맺는 관계'의 매개항이 되는 화폐의 매개 작용을 통해 표현된다^{exhibée}.* 여기에서 우리는 화폐가 세계적 유통수단이라는 외연적 보편성$^{universalité\ extensive}$을 표현할 뿐만 아니라, 또한 (상품형태가 자신의 지배 바깥에서는 '그 무엇도' 살아남을 수 없게 만들면서 상품에 대한 최초의 정의에 포함되지 않는 대상들까지도 포함해** 잠재적 대상들 전체를 내포한다는 점에서) 내포적 보편성$^{universalité\ intensive}$의 행위자가 되기도 한다는 점을 확인하게 된다. 여기에서 우리는 상품생산이 (다른 모든 생산양식들을 파괴하거나 흡수하면서) 세계 전체로 확장된다고 말할 수 있다는 점을 의미하는, 하지만 또한 상품-형태는 하나의 세계를 구성하거나 세계를 구성하는 하나의 형태('사물들'의 지배하에 놓인, 다시 말해 '환영들^{fantômes}'의 지배하에 놓인 인간과 사물의 총체성이라는 하나의 형태)를 표상한다는 점을 의미하는 그런 의미/방향의 지표를 갖게 된다.***

---

*   여기에서 우리는 **임금**과 그 다양한 산업적 양태들에 할애된 《자본》 1권의 6편 '임금'(앞의 책, pp.599~632)을 자세히 다시 읽음으로써 마르크스의 분석을 따라가야 한다. 여기에서 마르크스는 '비합리적' 표상 양식으로서, 또는 노동력이 (잉여)가치화 과정으로 예속화 ^{assujettissement}되는 방식에 대한 '상상적 표현'으로서의 물신숭배라는 질문을 재발견한다. 또한 여기에서 마르크스가 시스몽디와 관련해 조롱조로 **사회계약**에 대한 참조를 하고 있다는 점도 지적하자(프랑스어 번역으로는, 앞의 책, p.601, 각주 24.).

**   가령, 이제는 상품이 된 물이나 칼 폴라니가 허구적 상품들이라고 불렀던 바를 떠올려보자.-옮긴이

*** 이 단락에서 화폐는 모두 'argent'이다.-옮긴이

부록 4

수탈자의 수탈에 관하여[*]

옮긴이 앞글

이 텍스트의 출전은 아래의 각주를 참고하라. 이 텍스트는 발리바르의 일련의 논문들과 이론적으로 동일한 선상에 놓여 있는 텍스트이다. (1) 〈마르크스의 '두 가지 발견'〉(이 책의 부록), (2) 〈공산주의에 관한 몇 가지 시의적 언급〉(이 텍스트는 〈공산주의의 현재성에 관한 몇 가지 언급〉이라는 제목으로 옮긴이의 번역 하에 웹진 '인무브'에 수록되었다. www. en-movement.net 참조), (3) 〈상품의 사회계약〉(이 책의 부록), (4) 본 논문인 〈수탈자의 수탈에 관하여〉, (5) 〈미셸 푸코의 반-마르크스〉(저작권 문제로 이 책에 수록하지는 못했으나 헤겔의 '추상법'과 관련한 발리바르의 중요한 언급이 들어 있으며, 서지사항은 다음과 같다. "L'Anti-Marx de Michel Foucault", *in Marx & Foucault. Lectures, usages, confrontations*, La Découverte, 2015). 참고로 여기에서 '수탈자의 수탈'로 옮긴 'expropriation des expropriateurs'의 경우, '수탈자에 대한 수탈'이 아닌 '수탈자의 수탈'로 옮기는 것이 정확하다. '대중들의 공포'가 '대중들의/대중들에 대한 공포'이듯(즉 대중들이 대중들 자신에 대해 갖는 공포로서 '대중들의 공포'와 통치자들이 대중들에 대해 갖는 공포로서 '대중들에 대한 공포'), 이 또한 (본문에 잠깐 언급되지만) '수탈자의 수탈'과 '수탈자에 대한 수탈'을 모두 의미하므로, 여기에서는 일부러 주격 속격과 목적격 속격의 이중 의미로 해석할 수 있도록 '수탈자의 수탈'로 옮겼다.

---

* "Die Expropriateurs werden expropriiert" (Karl Marx, *Das Kapital*, Erster Band, 24. Kapital, §7, Dietz Verlag, Berlin 1975, Band 23, s.791). 마르크스의 《자본》 출판 150주년을 기념하기 위해 집필한 이 텍스트는 마티아스 그레프라트Mathias Greffrath가 편집한 책 *Re. Das Kapital. Politische Ökonomie im 21. Jahrhundert*, Verlag Antje Kunstmann, München, 2017, pp.213-235에 독일어로 실렸다. (번역 대본은 프랑스어 원본이지만, 이 텍스트는 프랑스어로 미출간되었다-옮긴이)

《자본》의 가장 유명한 정식 중 하나인 이 '수탈자의 수탈'이라는 정식은 또한 《자본》의 가장 수수께끼 같은 정식 가운데 하나이기도 하다. 이 논문에서 나는 이 정식을 문학적, 문헌학적, 철학적, 정치적, 심지어는 동시에 신학적인 주석의 대상으로 삼고 싶다. 박식함의 즐거움을 위해서가 아니라(마르크스에 대해 조금이라도 더 많은 지식을 얻음으로써 박식해지는 것은 마르크스 전문가들과 특히 '마르크스 문헌학자들marxologues'의 관심사일 뿐이다), **자본주의에 대한 대안**이라는 관념이 오늘날 마주해야 하는 문제들 중 몇몇을 정식화하기 위해서 말이다. 많은 측면에서 봤을 때, 자본주의는 [자본주의 이외에 그 어떤 대안도 허용하지 않는] 일종의 '절대적 자본주의'(우리는 이 '절대적 자본주의'를 종종 신자유주의라는 이름으로 지칭하는데, 그러나 나는 현재의 지배적 이데올로기를 단순히 지시하는 것을 넘어 그 객관적인 사회적 특징들 또한 지적할 수 있는 더욱 구조적인 명칭을 선호한다)를 향한 역사적 이행의 '묵시록적' 국면으로 들어섰다. 나의 목표는 '이 정식이 어디에서 온 것인지'를 해명함과 동시에 (그곳에서, 그리고 그때에) '이 정식이 형성했던 바'와 또한 (마르크스가 자신의 위대한 저작에서 접근했으나 그 해답을 내놓지는 못하고 남겨둔 문제들에서) 이 정식이 지시하는 바를 이해하려 시도하는 것이다. 그러므로 이 논문의 기저에 깔려 있는 나의 질문은 사실 다음과 같다. 이 문제들은 오늘날 더욱 명료해졌는가? 또는 정반대로 이 문제들의 미스터리는 더욱 해명하기 어려운 것이 되었는가? 마르크스가 제시한 이 정식의 해석에 관한 모든 질문들이 어떤 의미에서는 "쥐들의 비판이 갉아먹도록 내버려둘"* 정도의 가치밖에 없는 이미 지나간 과거에 속할 뿐인 것이 아니라면 말이다…… 하지만 심지어 그런 경우라 할지라도, 마르크스의 저작이 우리의 역사 전체에서 [과거에서 현재를 거쳐 미래에 이르기까지] 차지하고 있는 엄청난 위치를 고려했을 때, 그리고 또한 이 저작이 혁명의 희망을 위한 준거점으로서 혹은 지배적인 사고를 거부할 수 있게 해주는 도구로서 행사하는 영향력을 고려했을 때, 이에 대한 엄밀한 검토에 착수할 가치가 충분히 있을 것 같다. 만일 우리가 마르크스를 장례를 치러 '묻어주어'야 한다면(복음서는 "죽은 자들은 죽은 자들이 묻어주도록 하라"라고 말했다……), 우리는 어떻게 그리고 왜 마르크스의 장례를 치러야 하는지를 알아야만 한다.

이 정식이 등장하는 직접적인 맥락에서부터 출발하자. 그리고 이 정식에 선행하는 것과 이 정식 뒤에 바로 따라나오는 것을 (원어로[독일어로]) 복원함으로써 시작해보자.**

이제부터 수탈되는 것은 자영 노동자가 아니라 많은 노동자를 착취하고 있는 자본가들 자신이 된다["Was jetzt zu expropriieren, ist nicht länger der selbstwirtschaftende Arbeiter, sondern der viele Arbeiter exploitierende Kapitalist"]. 이 수탈은 자본주의적

---

* 이는 마르크스가 엥겔스와 함께 집필한 《독일 이데올로기》(1845)의 초고가 자신들의 "이전의 철학적 의식"을 청산하는 기능을 수행한 뒤 출판되지 않은 상태로 남아 있다는 사실을 정당화하기 위해 사용한 표현이다. (프랑스어로는 "la critique rongeuse des souris"이다-옮긴이)

** 물론 이 프랑스어판 논문에서 발리바르는 모든 인용을 기존의 프랑스어 번역본에서 가져오고 있다. 하지만 발리바르는 인용을 하면서 중요한 부분의 경우 독일어 원어를 병기하고 있는데, 옮긴이 역시 이를 모두 표시했다.-옮긴이

생산 자체의 내재적 법칙들의 작용을 통해, 또 여러 자본의 집중을 통해 진행된다. 하나의 자본가는 언제나 다른 많은 자본가들을 타도한다. 이 집중[즉 다수 자본가에 대한 소수 자본가의 수탈]과 함께 갈수록 대규모화하는 노동과정의 협동조합적 형태[forme coopérative-옮긴이], 과학의 의식적·기술적 응용, 토지의 계획적 이용, 노동수단의 공동 사용, 결합적·사회적 노동[travail social combiné-옮긴이]을 생산수단으로 사용함에 따른 모든 생산수단의 절약, 세계 각 국민의 세계시장 네트워크 속으로의 편입 등등으로 말미암아 자본주의 체제의 국제적인 성격이 발전하게 된다. 이 변화 과정에서 생기는 모든 이익을 가로채 독점하는 대자본가의 수가 끊임없이 감소해감에 따라 빈곤·억압·예속·타락 그리고 착취의 정도는 오히려 증대된다. 그러나 끊임없이 팽창하는, 그리고 자본주의적 생산과정 자체의 메커니즘을 통해 훈련되고 결합되며 조직되는 노동자계급의 저항도 증대해간다. 그런데 자본 독점^{Kapitalmonopol}은 자신과 함께[또 자신 아래에서] 개화한 이 생산양식의 질곡으로 작용하게 된다. 생산수단의 집중이나 노동의 사회화는 마침내 자본주의적 외피와는 조화될 수 없는 시점에 이르게 되는 것이다. 이 시점에서 외피는 폭파된다. 자본주의적 사적 소유의 조종이 울린다. 이제는 수탈자가 수탈당하게 된다["Die Expropriateurs werden expropriiert"]. 자본주의적 생산양식에서 생겨난 자본주의적 취득 양식[즉 자본주의적 사적 소유]은 자신의 노동에 기초한 개인적인 사적 소유에 대한 제1의 부정이다. 그러나 자본주의적 생산은 자연 과정의 필연성에 따라 그 자신의 부정을 낳는다. 즉 부정의 부정인 것이다["Es ist Negation der Nagation"]. 이 부정은 사적 소유를 다시 만들어내는 것이 아니라 자본주의 시대의 획득물[즉 협업과 토지 공유 및 노동 자체에 의해 생산되는 생산수단의 공유]을 기초로 하는 개인적 소유 individuelle Eigentum를 만들어낸다. 개인의 자기 노동에 기초한 분할된 사적 소유에서 자본주의적인 사적 소유로의 변형은 물론 사실상 이미 사회적 생산 체계에 기초를 두고 있는 자본주의적 소유에서 사회적 소유로의 전화에 비하면 비교도 되지 않을 만큼 지리하고도 가혹하며 어려운 과정이다. 전자에서는 소수의 횡탈자[usurpateurs, 탈취자 - 옮긴이]에 의한 민중의 수탈이 문제였지만, 후자에서는 소수의 횡탈자에 대한 민중의 수탈이 문제이다["Dort handelte es sich um die Expropriation der Volksmasse durch wenige Usurpatoren, hier handelt es sich um die Expropriation weniger Usurpatoren durch die Volksmasse"].* **

이 텍스트(이 텍스트에서 우리는 마르크스주의에 특징적인 변증법적 운동과 경제적, 역사적, 법률적 범주들의 활용 사이의 경탄스러운 수준의 결합에 대한 명확한 예를 발견한다)에서 독일어권 독자들을 분명 놀라게 할 지점은 프랑스의 정치적 어휘에서 온 'exploitieren'[착취하다] 'expropriieren'[수탈하다] 'Usurpatoren'[탈취하다]와 같은 '외래어Fremdwörter'의 지속적인 활용인데, 당연히 마르크스가 활용할 수 있었던 (이 단어들에 대응되는) 독일어 단어들이 존재한다. 나는 이것이 문체의 방만함 때문은 아니라고 생각하는데, 왜냐하면《자본》1권 전체(여러 번 다시 쓰기를 반복하면서, 마

---

* 장-피에르 르페브르Jean-Pierre Lefebvre의 프랑스어 번역,《자본》1권, PUF, pp.856-857. 1872년 조제프 루아Joseph Roy의 번역본(마르크스는 직접 이 번역본 전체를 재검토했다)에는 "이것이 수탈자의 수탈이다!"라는 문장을 포함하고 있다.

** 강신준 옮김,《자본》I-2, 길, 2008, 1021~1023쪽에서 인용. 앞으로도 강신준 번역본에서 인용하되 발리바르가 제시하는 프랑스어본과 대조해 적절히 수정하겠다. 독일어 대괄호는 발리바르의 것이고, 옮긴이의 것을 제외한 대괄호는 마르크스 원문의 것이다. 대괄호에 들어 있지 않은 독일어는 강신준이 삽입한 것이다.-옮긴이

르크스는 자신의 생전에 1권만을 출판했다)는 독일어의 그 용어의 정확성과 문체에 대한 지속적인 탐구를 보여주기 때문이다. 분명히《자본》에서 마르크스는 학자로서, 그리고 정치평론가로서뿐만 아니라 문필가의 자격으로도 이 텍스트를 집필하고 싶어 했다. 게다가 이 단락들은《자본》전체의 **정치적 결론**을 구성하며, 그렇기 때문에 이 단락들이 사회주의 전통에서 기억되고 활용되어왔을 정도로 중요한 단락들이라는 점에서 문체의 방만함 때문이라고 보기는 힘들다. 하지만 곧바로 다음과 같은 난점이 등장한다. 이것이 정말로 '결론'을 구성하는 것이 맞는가?

분명히 이는 결론을 구성한다. 마르크스가 '부정의 부정'으로 제시한 수탈자의 수탈의 '변증법'이 자본주의가 (폭력적인 방식으로) 완수하는, 그리고 (사적 소유의 형태들과 이 사적 소유에 조응하는 노동에 행사되는 권력의 형태들을 폐지한다는 조건에서 공산주의가 자신의 것으로 다시 취할) 경제의 '사회화'로 나아가는 (사회적 관계의) 변형 과정으로 마르크스가 기술했던 바의 **결말**^aboutissement을 구성한다는 점에서 그러하다. 바로 그렇기 때문에 마르크스가 고도로 상징적인 방식으로 수탈자의 수탈이라는 테제에《공산주의자 선언》을 인용하는 **각주** 하나를 추가한 것이다(《공산주의자 선언》은 20년 전, 그러니까 1847년에 엥겔스와 함께 집필하였으며, 사실을 말하자면 유의미한 수준으로 일반 대중에게까지 유포된 적은 없다).

부르주아지가 그 무의지와 무저항의 담지자인 공업의 진보는 경쟁을 통한 노동자들의 고립화 대신에 연합체[association – 옮긴이]를 통한 노동자들의 혁명적 단결을 가져온다. 이리하여 대공업의 발전과 더불어, 부르주아지가 생산을 통해 생산물들을 취득하는 기초 자체가 부르주아지 발밑에서 빠져나간다. 부르주아지는 무엇보다도 자기 자신의 무덤을 파는 사람들을 생산한다["Sie produziert also vor allem ihre eignen Totengräber"]. 부르주아지의 몰락과 프롤레타리아의 승리는 똑같이 불가피하다. (……) 오늘날 부르주아지에 대항하고 있는 모든 계급 가운데 프롤레타리아만이 참으로 혁명적인 계급이다. 그 밖의 계급들은 대공업과 더불어 쇠퇴하고 몰락하며, 프롤레타리아가 대공업의 가장 고유한 산물이다. 중간 신분들, 즉 소산업가, 소상인, 수공업자, 농민 등등 이들 모두는 중간 신분으로서의 자기 존재가 몰락하지 않도록 부르주아지와 싸운다. 따라서 그들은 혁명적인 것이 아니라 보수적이다. 더군다나 그들은 반동적이며 역사의 수레바퀴를 뒤로 돌리려 애쓴다["sie sind reaktionär, denn sie suchen daß Rad der Geschichte zurückzudrehn"].[*] [**]

이는 예전에는 [현실성 없는] 예언에 불과한 것으로 보였던 것이 (결국 1848년 혁명이 유혈낭자하게 패배한다는 사실은 이 예언에 대한 확정적 비판을 곧바로 가져다줄 것이다) 사실은 미래에 대한 하나의 완전히 현실적인 관점이라는 점을 지시하는 하나의 방식이다. 마르크스가 자신의 '정치경제학 비판'이라는 기반 위에서 설명하는《자본》에서의 '자본주의적 축적의 역사적 경향'에 대한 분석은 이 미래에 대한 하나의 관점에 이제는 과학적이고 이론의 여지가 없는 기초를 제공해준다. 자본주의 발전의 '법칙들'에 대한 인식과 프롤레타리아 혁명에 대한 예고는 정확히 이 지점에서 조우한다. (사람들이 종종 혁명적 운동과 역사에 대한 과학적 이론 사이의 '융합fusion' 또는 '해후rencontre'로 지시하는) '마르크스주의'는 (최악의 마르크스주의이든 최고의 마르크스주의이든) 정확히 이런 주장affirmation[혹은

---

[*] Karl Marx & Friedrich Engels, *Manifeste du Parti communiste*, Londre, 1848 ("Manifest der Kommunistischen Partei", M.E.W. Band 4, S. 474).

[**] 《공산주의 선언》, 김태호 옮김, 박종철출판사, 2016, 24~25; 22쪽에서 인용. (……) 이후 부분은 MEW, Band 4, S. 474가 아닌 S. 472에 나오는 부분이다.-옮긴이

확인 또는 긍정] 위에서 구축된다.

하지만…… 이런 독해 내에서 마르크스주의의, 그리고 더욱 일반적으로 말하자면 근대 사회주의의 가장 거대한 수수께끼들 중 하나로 다가가기 위한 문을 열어주는 무언가의 "종소리가 울린"다.* 여기에서 이 종소리는 바로 매우 단순한 다음과 같은 사실, 즉 마르크스가 제시한 논증의 결말을 의미하는 이런 '혁명적 결론'이……《자본》이라는 **이 책의 맨 끝에** 위치해 있지 않다는 사실을 뜻한다! 이 혁명적 결론은 [《자본》1권의 마지막 편인 7편 '자본의 축적 과정'의] 24장 '이른바 본원적 축적'(Die sogennante ursprüngliche Akkumulation)의 마지막 절인 7절 '자본주의적 축적의 역사적 경향'에 위치해 있으며, 이 24장에서는 소생산자들에 대한 수탈을 통해 형성된 자본주의의 폭력적 기원들이 다루어진다(이 수탈은 특히 자본주의의 '고전적' 국가인 영국에서 산업혁명 이전인 16세기와 17세기에 행해진 것이다). 이 장은 심지어 마지막 장도 아니라서 이 뒤에는 '근대 식민 이론'에 관한 25장이 따라나오는데,《자본》의 독자들이 이 장에 많은 주의를 기울이지 않았다는 점(그리고 아마도 그 잘못)을 우리는 인정해야 한다. 마르크스의 논증의 '끝'[즉 '혁명적 결론']이 '맨 끝자리'를 점하지 못하게 하는 이런 괴리를 어떻게 설명할 것인가? 이렇듯 세심하게 구성된 저작에서 이런 괴리décalage가 (한 번 더 말하지만) 일종의 미숙함 때문이라고 말할 수는 없다. 이 지점에서 우리에게는 이런 내용[즉 괴리]과 양립 가능한 해석이 필요하다.**

---

* 　기존《자본》번역에 따라 '조종'이라고 옮길 수도 있다. 자크 데리다가 집필한 어느 책의 제목이기도 한 '조종'의 원어는 'glas'이며, 'sonner le glas'가 '조종을 울리다'라는 뜻이다.-옮긴이

** 　참고로 프랑스어에서 'livre'는 '권', 'section'은 '편', 'chapitre'는 '장'이며, 절은 '§'로 표시한다. 정리하면,《자본》1권의 7편 '자본의 축적과정'의 24장 '이른바 본원적 축적'의 마지막 절인 7절이 '자본주의적 축적의 역사적 경향'이며 이 7절에서《자본》1권이 끝나는 것이 아니라 '근대 식민 이론'이라는 25장이 따라 나오고 이 25장에서《자본》1권이 종결된

우리는 《자본》 1권의 결론이 사실은 《자본》이라는 저작 전체의 진짜 결론이 아니라는 식으로 단순하게 설명할 수도 있을 것이다. 즉, 마르크스는 1권 이외에도 (자신의 죽음 이후 초고 상태로 남은) 2권과 3권을 구상했다는 식으로 말이다(마르크스 사후 엥겔스가 이 2권과 3권의 편집과 출판을 책임진다). 그리고 아마도 마르크스는 이 2권과 3권을 곧 출판할 수 있을 것이라고, 그리고 《자본》 전체의 **실질적인 교훈**leçons pratiques이 2권과 3권의 출판을 통해 명확해질 것이라고 생각했다는 식으로 말이다. 하지만 이런 예상과는 정반대의 일이 일어난다. 사실, (대영도서관British Library의 열람실에서 보낸) 수년간의 연구가 일관된 형태의 첫 결과물[즉, 《자본》 1권]로 이어졌을 때, 마르크스는 그가 이 1권에서 《자본》 전체의 결론—자본주의의 내적 '모순들'의 효과하에서의 자본주의의 '지양'과 상관적인 그런 결론—을 **예상**해야만 한다고 생각했다. 왜냐하면 국제노동자운동이 자신만의 조직인 '국제노동자협회'International Workingmen's Association'(오늘날 '제1인터내셔널'이라는 이름으로 더 잘 알려져 있으며 마르크스는 이 조직의 서기였다)를 갖추게 된 지 거의 3년이 지나 《자본》 1권이 출간되었던 만큼 [국제노동자운동을 위해] 이런 결론을 예상하고 이를 이 운동에 제시하는 것은 마르크스에게 필수적인 일이었기 때문이다. 마르크스는 바로 이 조직에게, 그리고 (이 조직을 통해서) 완연한 모습으로 발전한 프롤레타리아의 대의를 가슴 속에 품고 있는 투사들에게 자신의 논증을 제시하고 있는 것이다. 이런 맥락을 고려해본다면, 《자본》 1권의 한 장 내에 그 결론들을 '숨겨놓는 것'이 무슨 의미가 있겠는가?

하지만 이렇게 어떤 은폐[숨김]에 대해 암시함으로써 우리는 또 하나의 다른 가설을 제기하고 있다. 그리고 이 가설이 오랫동안 나에게 만

다는 의미이다. 그러므로 어쨌든 《자본》 1권의 마지막 편은 7편 '자본의 축적 과정'이다.-옮긴이

족스러운 것으로 보였다는 점을 고백하고 싶다. 이 가설은 아주 단순하게 **검열**이 존재했다는 점을 언급하는 것이다. 다른 혁명가들과 마찬가지로, 마르크스는 자신의 삶 내내 검열이라는 이런 제도를 영리하게 다루어야만 했다. 마르크스는 필요한 경우 레오 스트라우스^{Leo Strauss}가 후에 "탄압의 시대에 글을 쓰는 기술"*이라고 불렀던 바를 활용했다. 《자본》1권은 사전에 프러시아 검열 기관에 자신의 출판물들의 허락을 맡아야만 했던 함부르크의 어느 출판사에서 1867년 출간되었다. 그래서 마르크스가 다음과 같이 생각했을 수 있다는 것이 있음직하지 않은 일은 아니다. 이 경찰 공무원들은 내 책의 처음과 끝만을 읽어볼 것이다. 그들은 내 책에서 아무 것도 이해하지 못할 것이며 이 책이 인민들이 읽을 수 없는 단지 '과학적인'[학문적인] 저작에 불과하다고 믿고 검열을 통과시켜줄 것이다. 하지만 투사들은 내 책을 더욱 자세히 읽을 것이다. 투사들은 그들의 희망과 그들의 정치적 목표를 직접적으로 말해줄 '수탈자의 수탈'의 예고를 내 책에서 발견할 것이다……

하지만 나는 더 이상 이런 설명을 전혀 믿지 않는데, 검열 때문에 마르크스가 겪었던 말썽들을 무시해서가 아니라, 이제 나는 《자본》의 분석이 제시하는 '결론'에 대한 **내재적 곤란**^{difficulté intrinsèque}—부정의 부정이라는 '변증법적' 형태만으로는 해결할 수 없는 곤란—이 존재했다고 생각하기 때문이다. 즉, 자본주의적 발전의 역사적 경향이 초래하는 혁명적 결과/탈출구^{issue}에 대한 언표에 영향을 미치는 이런 '신중함'은 위에서 언급한 내재적 곤란의 **증상**을 구성한다는 말이다. 그런데 이런 곤란은 마르크스주의가 활용되어온 역사에 엄청난 영향을 초래했는데, 그 효과는 오늘날에도 여전히 지워지지 않고 있다. 왜냐하면 150여 년이나 흘렀음에도 《자본》은 차갑게 식은 텍스트인 것이 아니라 여전히 '뜨겁

---

*   Leo Strauss, *Persecution and the Art of Writing* (The University of Chicago Press, 1952)

게 살아 숨 쉬는^{chaud'} 텍스트이기 때문이다.* 오늘날 사회를 변혁하기 위한 기획과 시도는 여전히 《자본》과 '함께' 이루어지고 있다. 이 시도들이 청년 그람시의 유명한 표현을 따라 "'자본'에 반하는" 방식으로 (하지만 《자본》이 제시하는 분석과 예언에서 절대로 **멀어지지는** 않으면서) 행해지는 것이 아니라면 말이다.** 바로 그렇기 때문에 '수탈자의 수탈'이라는 정식에 숨겨져 있는 이런 곤란, 그리고 심지어는 수수께끼의 근원으로 나아가 (알튀세르라면 다음과 같이 말했을 텐데) 불확실성^{incertitude}과 불완전성 ^{inachèvement}을 드러내주는 '징후적 독해'—이 정식은 그 불확실성과 불완전성의 표지^{signe}이다—를 제시하려는 시도를 해야 하는 것이다.

· · ·

《자본》의 내적 논증이 서로 양립 불가능한 **여러 가지 결론들**로 가닿을 수 있다는 점에서 이 저작이 자신의 저자에 의해 미완으로 남겨진 저작일 뿐만 아니라 근본적으로 **완성할 수 없는**^{inachevable} 저작이라는 것이 바로 오늘의 내가 주장하고 싶은 테제이다.*** 나는 심지어 조금 더 멀리 나아가서, 마르크스는 자신이 이를 이해했던 한에서 '희생자'의 태도, 즉 **수동적인** 태도로 이런 '결론 내리기'의 불가능성에 만족하지는 않았다고 제안할 것이다. 그는 자신의 사유가 지니고 있었던 몇몇 **대안들**을 **명백**

---

* 자신의 위대한 저작인 《희망의 원리》에서 에른스트 블로흐^{Ernst Bloch}가 제도화된 마르크스주의의 '차가운 흐름'과 대비해 마르크스주의와 사회적 투쟁의 '뜨거운 흐름'에 대해 말했듯이 말이다.

** 그 당시 이탈리아 사회주의의 젊은 이론가였던 그람시는 단어들을 통한 탁월한 말놀이를 행하면서 〈'자본'에 반하는 혁명〉이라는 논문을 통해 1917년 혁명을 열렬히 환영한다.

*** 물론 이런 테체를 나 혼자서만 제시하는 것도 아니며 내가 처음으로 제시하는 것도 아니다. 예를 들어, Fredric Jameson, *Representing Capital. A Reading of Volume One*, Verso, London, 2011 (다음의 제목으로 프랑스어로 번역됨: *Représenter le Capital : une lecture du Livre I*, Éditions Amsterdam, 2017).

하게 보여지도록 남겨 놓음으로써 이 문제에 대해 **능동적인** 태도를 지니고 있었으며, 이는 어떤 면에서는 마르크스가 결론을 이끌어내는 일을 우리의 몫으로 남겨두면서 "'자본'을 미완성시켰다"고 나로 하여금 말하게끔 이끈다. 이를 이해하기 위해서, 우선 우리는 **문자 그대로 이해했을 때** '수탈자의 수탈'이라는 정식이 포함하고 있는 의미라는 문제로 돌아와 이 정식에 포개져 있는 역사적이고 상징적인 다양한 **흔적들**을 해독해야만 한다.

나는 '수탈자의 수탈'이라는 표현이 등장하는 단락들에서 우리가 발견할 수 있는 다소간 독일어화된 일련의 '프랑스어' 용어들의 등장이 지니는 이상한 점에 대해 이미 앞에서 언급했다. 독일의 트리어에서 태어나 프랑스의 영향을 많이 받은 라인란트 지역 ― 이 지역에서는 혁명의 시기와 제국의 시기에 대한 기억이 여전히 잔존하고 있었다―에서 자란 마르크스는 프랑스어를 유창하게 말하고 쓸 수 있었다(그는 자신의 주요 저작들 중 하나인 1847년의 《철학의 빈곤》을 직접 프랑스어로 집필하기도 했다). 또한 그는 자신의 몇몇 친구들(하인리히 하이네$^{Heinrich\ Heine}$, 모제스 헤스$^{Moses\ Hess}$)과 같이 (영국이 경제의 국가이고 독일이 철학의 국가이듯이) '프랑스는 정치의 국가'라고 생각했다. 하지만 마르크스의 《자본》에는 문화적 영향 또는 민족적 신화보다는 다음의 것이 더 많이 존재한다. 《자본》에서 집요하고 끈질기게 남아 있는 것은 19세기 전기의 유토피아 사회주의자들(생시몽주의자들, 푸리에주의자들, 블랑키주의자들)을 경유해 혁명 기간의 '급진적' 또는 '원^{proto}-공산주의적' 운동들(특히 '바뵈프주의자들'과 [프랑스대혁명 당시의] '과격파')에서 유래하는 담론이다. '수탈자^{expropriateurs}' '착취자^{exploiteurs}' '탈취자^{usurpateurs}'라는 용어들에 우리는 이들과 매우 이웃해 있는 용어인 **독점자**^{accapareurs}를 추가해야 하는데, 평등주의적 농민봉기는 이 용어를 통해 (처음에는 귀족과 교회의 토지를 팔아서, 그다음에는 군대에 물자를 공급하고 이 공급에 수반하는 거래를 통해) 부를 축적한 신흥 부르주아 계급을 지칭했다.* 그러므로 《공산주의자 선언》에서 가져와 인용한 부분은 온전한 자신의 의미를 갖게 된다. 즉, 명시적이든 아니든, 이 인용은 정반대의 의미를 갖는 또 다른 폭력을 통해 하나의 폭력을 제거하는 '혁명적 독재'라는 관념을 (동시에, 하지만 대립되는 방향으로) 도입한다. 그러므로 이 인용은 이미 과거가 된 부르주아 혁명의 급진적 경향들과 도래할 프롤레타리아 혁명, 그리고 이 미래의 프롤레타리아 혁명이 자신의 '모델'을 통해 표상하게 될 **진보**progrès 사이의 **연속성**을 동시에 표시하는 것이다. 왜냐하면 이 연속성 사이에서 자본주의의 발전은 비현실적인 목표([직접]생산자들 사이의 평등)를 경제의 사회적 형태와 (이제부터 생산수단의 소유가 수행하는) '중앙 집중적' 기능에 조응하는 역사적 필연성으로 변화시켰을 것이기 때문이다.

마르크스가 활용했던 또는 심지어는 그가 발명해냈던 ('국제주의적인 의미의') **혼합적 언어**[독일어와 프랑스어 사이의 혼용]를 통해 제시한 이런 첫 번째 해석의 결은 논쟁의 여지가 없다. 어떤 면에서 이런 해석의 결은 가장 예상 가능한 해석의 결이고 사회주의 정당들(특히 볼셰비키들)이 《자본》을 갖고 행했던 활용에 가장 부합한다. 왜냐하면 이런 해석의 결은 19세기와 20세기에 **혁명**이라는 개념의 활용을 기초 지었던 위

---

* 옮긴이가 번역한 〈공산주의에 관한 몇 가지 시의적 언급〉에 등장하는 발리바르의 한 각주를 참고하라. "이런 기묘한 정식─그리고 무엇보다 내가 다른 곳에서 지적했듯이 언어학적으로 기묘한─은 프랑스혁명에서 유래한 용어법('독점자들accapareurs'에 대한 고발)과 공명할 뿐만 아니라, 이 기묘한 정식은 선택된 민족인 유대인들이 겪는 부정의의 타도라는 성서적 도식을 재생산한다. "너희들은 너희들의 압제자들을 압제할 것이다."(이사야서, 14장, 1-4절, 그리고 27장, 7-9절) 우리는 거의 동시대적인 또 다른 반복인 멜빌의 《모비딕》(1851) 37장과 비교할 수도 있다. "나는 팔다리가 잘릴 거라는 예언을 들었다. 그리고 아아! 나는 다리를 잃었다. 이제 나는 내 다리를 자른 놈의 몸을 잘라버릴 것이라고 예언한다('I will dismember my dismemberer."). 그렇게 되면 나는 예언자이자 그 실행자가 된다(마르크스와 멜빌 사이의 유사성에 대해서는, 장-피에르 르페브르의 지도하에 행해진 《자본》 프랑스어 판본(재판, PUF, 1983)의 새로운 서문을 보라)."-옮긴이

대한 '신화'의 근원을 형성하기 때문이다.* 하지만 이 해석의 결은 마르크스가 활용했던 **수사학적 문채**^{figure, 文彩},** 즉 '수탈자의 수탈' 또는 어떤 폭력의 수단들 자체를 (이 폭력의 한 형태에 반하는 방식으로) **전환하는 것**^{retournement}을 남김 없이 설명하기에는 부족하다. 이 지점에서, '순수한' 정치에서 탈출해 (로베르토 에스포지토가 토마스 만을 인용하면서 말하는) 우리가 **비정치적인 것**^{l'impolitique, Das Unpolitische}이라고 부를 수 있는 것의 영역으로 진입하는 또 다른 의미 차원을 개입시켜야 한다.*** 이는 (유대교와 기독교 메시아주의에서 공통적인) 해방에 대한 희망들이 갖는 공동의 토대에서 기원하는 종교적 요소이며, 이 요소는 묵시록적이고 천년왕국론적인 운동들이 주기적으로 재생산하는 요소이다. 내가 예전에 지적한 바 있듯이,**** 마르크스의 정식은 이사야서의 핵심적 정식에 대한 '번역'이다 (이사야서는 바벨론의 노예가 된 이스라엘의 해방을 다루는 위대한 저서인데, 후에 이 책에서 기독교적 맥락에 따라 '이스라엘의 남은 자들'이라는 테마와 **임마누엘**이라 불리는 구원자의 메시아적 이름 또는 '우리와 함께 하는 신'이 등장한다). "이번에는 (너희들이-발리바르) 너희들의 압제자들을 압제할 것이다."("Vos oppresseurs seront opprimés [par vous] à leur tour.")***** 메시아주의

---

* Reinhard Koselleck: *Vergangene Zukunft Zur Semantik geschichtlicher Zeiten*, Suhrkamp, 1979 ("historische Kriterien des neuzeitlichen Revolutionsbegriff") (프랑스어 번역: *Le futur passé. Contribution à la sémantique des temps historiques*, Éditions de l'EHESS, 2016)을 보라.

** 프랑스어의 'figure'에는 문채^{文彩}라는 뜻이 있다. 여기에서는 형상이나 문체를 뜻하는 것이 아님에 유의하자.-옮긴이

*** Thomas Mann : *Considérations d'un impolitique* (*Betrachtungen eines Unpolitischen*)(1919), Roberto Esposito : *Categorie dell'impolitico*, Il Mulino, Bologna, 1999 (*Catégories de l'impolitique*, Seuil, 2005)

**** Étienne Balibar, *Violence et Civilité*, Éditions Galilée, Paris, 2010, pp.139-140, 그리고 *La proposition de l'égaliberté*, Paris, Presses Universitaires de France, pp.108-109를 보라.

***** 이 정식은 이사야서 14장 1~4절에 등장하며 27장 7~9절에서 다시 나타난다. 마르크스가 히브리어를 읽을 줄 몰랐으며, (그가 어렸을 때 아버지가 프로테스탄티즘으로 개종함으로써) 자신의 유대교적 뿌리에서는 (최소한 의식적 측면에서는) 분리되었다는 점을 기억하자. 또한 분명 마르크스는 루터의 성서 번역본에 대해서 잘 알고 있었을 것이라는 점을 기억하자.

는 마르크스에게서 주기적으로 등장하는데, 특히 근본적으로 박탈당한 계급으로서 (자본주의적 착취와 계급지배의 모든 역사적 형태 둘 모두를 동일한 운동을 통해 앞으로 종결시킬) 프롤레타리아가 지니는 자신의 혁명적 임무를 환기할 때 그러하다.* 《자본》의 '결론'에서 이 메시아주의가 집요하게 남아 있다는 것은 이 결론이 '본원적 축적'에 관한 상당히 긴 분석 ─ 이 분석에서 마르크스는 **국가의 폭력**을 기술하는데, 이 국가의 폭력을 통해 [직접]생산자들에 대한 수탈이 행해지며, 이 수탈은 자본의 축적을 위한 길을 열어준다 ─ 이후에 위치한다는 점에서 그만큼 주목할 만하다. 이 본원적 축적이라는 이론적 전개에서 우리는 메시아적 유형을 취하는 또 다른 정식을 발견하게 되는데, 이 또 다른 정식은 "폭력이 새로운 한 사회를 잉태하고 있는 이전 사회 전체의 산파"라는 주장을 제시한다.** 이 또 다른 정식은 마르크스주의의 전통에서 **종말/목적의 폭력**^{violence de la fin}을 **기원의 폭력**^{violence des origines}[즉 본원적 축적]과 비교하기 위해 이용된다. 그래서 이 두 가지 정식 모두를 함께 고려했을 때, 이 두 정식은 왜 '부정의 부정'이라는 관념이 단순한 논리적 의미만을 지니지 않고 근본적이고 급진적인 역사적 변혁의 특징과 기호 자체로서 법과 정치의 제도적 형태들의 해체^{décomposition} ─ 내가 방금 전에 '비정치적인 것'이라고 말했던 바 ─ 를 상기시키기도 하는지 그 이유를 이해할 수 있도록 해준다.***

---

* 이전에 나는 나의 논문인 "Le moment messianique chez Marx", *in Citoyen sujet et autres essais d'anthropologie philosophique* (Presses Universitaires de France, Paris, 2011)에서 마르크스의 혁명적 메시아주의에 대해 다뤘다. 또한 *La théorie de la révolution chez le jeune Marx* (Paris, Maspero, 1970)에서 시작되는 미카엘 뢰비Michael Löwy의 작업들을 참조하라.

** 장-피에르 르페브르의 프랑스어 번역본, pp.843-844.

*** 착취의 역사를 궁극적으로 종결시키는 혁명 ─ 이 혁명 이후에 '자유의 지배'가 도래하는데 (Marx, *Das Kapital*, Dritter Band, 48. Kapitel, "Die trinitarische Formel", Dietz Verlag, M.E.W.25, s.828), 이는 신학적 전통이 '영광'이라고 불렀던 것이기도 하다 ─ 이라는 관념에 내포된 제도-외적 폭력의 잠재력에 대해서는 서로 다른 저자들이 논평해왔다. 이 저자들은 우리가 다루었던 정식들 그 자체에서 출발해 이 제도-외적 폭력의 잠재력을 정치장 내의 변증법을 활용하기 위한 열쇠로 만들었다. 한편에서는 엥겔스(《반-뒤링》, 〈역사에서 폭력이 행한

• • •

하지만…… '역사적 경향'에 대한 해석을 고유하게 묵시록적인 역사의 종말이라는 관념으로까지 밀어붙이는 이런 독해가 우리에게 주어진 유일하게 가능한 독해는 아니다. 이 독해는 개량주의적인 독해 또는 최소한 진화주의적인^{évolutionniste} 독해에 의해 '이중화'될 수 있는데, 이 독해 내에서 자본주의적 착취의 형태들은 **전조**^{préfigurations}로서, 그리고 심지어는 **집합적 전유** 또는 **연합**의 잠재적인 도구(이 도구가 바로 도래할 공산주의의 형태를 구성한다)로서 나타난다. 이런 가능성을 발견하기 위해, '수탈자의 수탈'과 어떤 의미에서는 쌍둥이 형제와 같은 이론적 전개라고 할 수 있는, 그리고 소유의 형태들에 관한 변증법을 완전히 다른 방식으로 활용하는 이론적 전개를《자본》3권에서* 찾아내야만 한다. 이 이론적 전개가 **금융자본**이라는 주제계^{thématique}와 맺는 관계 때문에 나는 이를 더욱더 강조하는 것인데, 오늘날 이 이론적 전개는 아주 특별한 [이론적] 유효범위를 획득하게 된다.**

이는 자본주의 생산양식 그 자체 내부에서 자본주의 생산양식을 제거하는 것이다["die Aufhebung der kapitalistischen Produktionsweise innerhalb der kapitalistischen Produktionsweise

---

역할))와 그 뒤를 잇는 레닌(《인민의 벗이란 누구인가 그리고 그들은 사회민주주의에 맞서 어떻게 투쟁하는가》, 1894)이, 다른 한편으로는 한나 아렌트("Macht und Gewalt", 1970, *München, Zürich 14, Auflage 2000*)가 그러했다.

* 우리는 이《자본》3권이 (비록 마르크스의 죽음 **이후에** 출판되었음에도) 사실은 집필을 기준으로 봤을 때《자본》1권보다 **이전에** 작성된 요소들로 (그리고 엥겔스가 나중에 취합했던 마르크스의 **유산**^{Nachlass}의 요소들로) 구성되었다는 점을 기억하고 있다.

** 데이비드 하비의 논평을 보라. David Harvey, *A Companion to Marx's Capital*, 2권, Verso, 2013.

selbst"]. 그러므로 이는 자기 스스로 파괴되는 모순이며, 생산의 새로운 형태로 나아가기 위한 단순한 이행 국면으로 명백하게 제시된다. 또한 이런 이행 국면은 모순이라는 현상으로 제시되기도 한다. 몇몇 특정한 영역에서 이 모순은 국가의 개입을 야기하면서 독점을 확립한다. 이 모순은 새로운 금융귀족을, 즉 새로운 종류의 기생충들을 기획인, 설립인, 허울 좋은 이름일 뿐인 경영자[즉 생산을 관리하는 관리자로서의 역할을 전혀 수행하지 않는 경영자]라는 모습으로 탄생시키는데, 이 모두는 주식의 형성, 발행, 거래에 관한 절도와 사기의 체계일 뿐이다. 바로 여기에서 사적 소유의 통제를 받지 않는 사적 생산이 등장한다(……). [이런 사적 생산의] 성공은 (실패 또한 마찬가지이지만) 동시에 자본의 집중, 그리고 결과적으로 가장 폭넓은 차원의 수탈로 이어진다. 여기에서 수탈 대상은 직접생산자에서 소자본가 또는 중진 자본가로까지 확장된다. 자본주의 생산양식의 출발점은 바로 이런 수탈이다. 이 수탈의 목표는 수탈을 실현하고 마지막에는 각각의 모든 생산수단의 소유인인 각각의 모든 개인을 수탈하는 것이다. 그리고 이 모든 생산수단은 사회적 생산이 발전되면서 사적 생산의 수단과 생산물이기를 멈추고 연합생산자들의 수중에 있는 생산수단으로 남아 (이 생산수단이 이 연합생산자들의 사회적 생산물인 것과 마찬가지로) 연합생산자들의 사회적 소유물이 될 수 있게 된다. 하지만 자본주의 체계 자체 내부에서 이런 수탈은 사회적 소유의 몇몇 이들의 전유물로서 모순적 형태로 나타난다. 그리고 신용은 항상 이 몇몇 이들에게 순전한 사기꾼의 특징을 더욱 많이 부여한다(……). 노동자들의 협동조합 공장usines coopératives 그 자체는 이전의 형태 내부에서의 이런 형태에 대한 최초의 단절을 표상한다. 비록 분명히 이 협동조합 공장들 또한 이 공장들의 실제 조직 내 곳곳에서 현존하는 체계의 결함들 모두를 재생산[반복]하지 않을 수는 없겠지만 말이다. 하지만 이런 협동조합cooperatives 내에서, 자본과 노동 사이의 모순은 제거된다. 비록 노동자들은 (연합체로서) 자기 자신의 자본가일 뿐이겠지만, 다시 말해 노동자들은 그 생산수단을 자기들 자신의 노동을 가치화하기 위해서 사용하겠지만 말이다(……). 우리는 자본주의 기업을 주식회사로 간주해야 하며, 협동조합 공장을 생산의 자본주의적 양식에서 집산적collectiviste 양식으로의 이행이 지니는 형태들로 이와 동일하게(하지만 자본주의 기업에서 모순은 부정적으로 해소되는 반면 협동조합 공장에서는 긍정적으로 해소된다는 차이를 고려하면서) 간주해야 한다(……). 이것이 바로 신용 체계에 내재하는 특징이 지니는 두 가지 측면이다. 한편으로, 자본주의적 생산의 동력을 발전시키는 것, 다시 말해 더욱 순수하고 더욱 괴물 같은 투기와 도박의 체계를 형성하기 위해, 그리고 사회적 부를 착취하는 이들의 수를 점점 더 제한하기 위해 타인의 노동을 착취함으로써 만들어지는 부의 축적이 존재한다. 다른 한편으로, 새로운 생산양식으로의 이행 형태를 구성하는 것이 존재한다. 바로 이 이중적 측면[Doppelseitigkeit]이 로J. Law에서 페레르I.Péreire에 이르는 신용의 주요 대변인들에게 (호감을 가질 수 있도록 조금은 완화된 의미의) 사기꾼과 예언자라는 이름이 함께 뒤섞인 그런 특징을 부여하는 것이다.*

이것은 자본주의적 생산양식 내부에서 자본주의적 생산양식을 지

---

* Karl Marx, *Das Kapital*, Dritter Band, 27. Kapitel, "Die Rolle des Kredits in der kapitalistischen Produktion"(자본주의적 생산에서 신용의 역할)(Marx-Engels Werke, Dietz Verlag Berlin, 2003, Band 25, s.454-457). (Cohen-Solal & G. Badia의 프랑스어 번역본, Éditions Sociales, 재판, Nouvelle Frontière, Montréal, Canada, s.d. pp.410-413)

양하는 것이며, 따라서 스스로를 지양하는 모순으로서, 그 모순은 일견 새로운 생산 형태로 넘어가는 단순한 통과 지점으로만 나타난다. 그런 다음 그 모순은 현상으로도 나타난다. 그것은 어떤 영역에서 독점을 만들어내고 따라서 국가의 개입을 불러일으킨다. 그것은 새로운 금융귀족을 재생산하는데, 이 금융귀족이란 곧 기획인, 발기인, 그리고 단지 명목뿐인 이사 등의 형태를 띤 새로운 종류의 기생계급이다. 그리하여 그것은 발기, 주식 발행 그리고 주식거래 등과 관련된 사기와 협잡의 전 체계를 재생산한다. 그것은 사적 소유의 통제를 받지 않는 사적 생산이다. (……) 여기에서는 성공과 실패가 동시에 자본의 집중을 가져오고 따라서 엄청난 규모의 수탈로 이어진다. 이제 수탈은 직접적 생산자에서 중소 자본가들에게까지 널리 확대된다. 이런 수탈은 자본주의적 생산양식의 출발점이다. 그런 수탈의 관철은 곧 자본주의적 생산양식의 목표이며 궁극적으로는 생산수단을 모든 개인에게서 수탈하는 것을 의미한다. 즉 사회적 생산이 발전함에 따라 이들 생산수단은 사적 생산의 수단이나 생산물에서 벗어나, 결합된 생산자들의 수중에 있는 생산수단으로만 있게 되고, 따라서 그것은, 그것이 그 생산자들의 사회적 생산물인 것과 마찬가지로, 그들의 사회적 소유로 될 수 있다. 그러나 이런 수탈은 자본주의 체제 내부에서는 소수에 의한 사회적 소유의 획득이라는 대립적 형태로 나타난다. 그리고 신용은 이들 소수자들에게 순수한 도박꾼으로서의 성격을 점점 더 부여해준다. (……) 노동자들 자신의 협동조합 공장들은 낡은 형태 내부에서의 그 낡은 형태에 대한 최초의 타파이다. 물론 그것의 실제 조직 안에서는 곳곳에서 기존 제도의 온갖 결함들이 재생산되고 또 그렇게 될 수밖에 없다. 그러나 이들 공장 내부에서는 자본과 노동 간의 대립이 지양되는데, 이것도 물론 노동자

들이 연합체로서 그들 자신의 자본가가 되는 형태[즉 생산수단을
여전히 그들 자신의 노동의 증식을 위해 사용하는 형태]일 뿐이라
는 한계는 있다. (⋯⋯) 자본주의적 주식 기업과 협동조합 공장은
모두 자본주의적 생산양식에서 결합적 생산양식으로 넘어가는 과
도기적 형태로 간주되어야만 하는데, 이들 간의 차이는 하나는 자
본과 노동 간의 대립을 적극적으로 지양하고 있지만 다른 하나는
소극적으로 지양하고 있다는 것뿐이다. (⋯⋯) 신용 제도에는 이중
적인 성격이 내재해 있는데, 한편으로 그것은 자본주의적 생산의
추동력과 타인 노동의 착취에 의한 치부 방식을, 순전히 대규모의
도박과 협잡 제도로 발전시키고, 사회적 부를 착취하는 사람의 숫
자를 점점 더 소수로 제한한다. 그리고 또 다른 한편 그것은 새로
운 생산양식으로의 과도적 형태를 형성한다.—이런 이중성으로
인해 로^{Law}에서 페레르^{Péreire}에 이르기까지 신용의 주요 대변인들
은 협잡꾼과 예언자의 얼굴이 함께 뒤섞인 모습을 하고 있다.*

이 이론적 전개가 앞서 우리가 살펴보았던 《자본》 1권의 이론적 전
개보다 덜 알려져 있기에 나는 여기에서 이를 매우 길게 인용했다. 이 이
론적 전개는 '결론'으로 간주된 적이 전혀 없다. 그럼에도 이 정식화들은
결론에 가장 가까울 뿐만 아니라 중요한 지점들에서 결론과 동일한 것이
다. 이는 **수탈**^{expropriation}(프랑스어와 독일어로 모두 동일하게 'expropriation'인
데, 이제 이 수탈에는 연합^{association}이 대립하게 되며, 이 연합은 마르크스에게서
'공산주의'의 가장 보편적인 이름들 중 하나가 된다)과 동일한 용어법을 활용
하고 있으며, 자본주의의 내적 모순들의 발전으로 인한 자본주의 폐지의

---

* 중요한 구절이라 옮긴이가 프랑스어본에서 직접 번역한 것, 그리고 바로 뒤를 이어 강신준
판 한국어본 모두를 소개한다. 《자본》 III-1, 강신준 옮김, 길, 2010, 588~592쪽에서 인용.-
옮긴이

필연성을 표현하는 '변증법적 전도'와 동일한 문제설정을 지니고 있다. 특히 이는 혁명적 변화의 본질이 개인들(이 개인들은 자신들의 생존수단과 자신들의 생산능력에서 '소외^{Enfremdet}'되어왔다)에 의해 수탈을 **전유**^{appropriation,} ^{Aneignung} —자신들의 생존 수단과 생산능력 자체에 대한 전유—로 전도 하는 것이라는 관념과 동일한 관념이다. 그러므로 자본주의는 또 다른 종말론적인 정식에 따라 "자기 자신의 묘를 파는 이"가 되는 것이다. 하 지만《자본》1권의 정식화들과는 본질적인 두 가지 차이점이 존재한다. 첫 번째 차이점은, 은행 신용의 금융 메커니즘을 원용하면서 (자본주의 생산양식 내부에서부터) 공산주의의 '전조를 알리는' 형태들을 자본주의 의 제도들 그 자체 내에서 연구함으로써 마르크스가《자본》1권보다 더 욱 멀리 나아간다는 점이다. 두 번째 차이점은, 여기에서 공산주의의 전 략이 **이질적인** 두 가지 역사적 발명들—이 이질적인 두 가지 발명들 모 두는 '사회화'의 형태들(또는 사적 소유의 지양)로 간주될 수 있다—사이 의 결합 또는 '화해'의 지평에서, 하지만 반정립적인 이유들로 인해(즉 **화 폐에 의한 사회화**와 **노동에 의한 사회화**) 나타난다는 점이다. 이 둘 모두를 함께 고려했을 때, 이 모든 것은 하나의 '힘'(정의해나가야 할, 또는 최소한 구성해나가야 할)이 다음의 두 가지 대립항을 **함께 유지**할 수 있을 때에 만 자본주의의 지양이 가능하다는 점을 의미한다. 계급들이 존재하지 않 는 사회[즉 공산주의]에서 가장 멀리 떨어져 있는 것(금융), 그리고 현재 의 조건들 내에서 이런 사회에 가능한 한 가장 가까이 근접해 있는 것(노 동자적 협동조합^{coopératives}). 하지만 마르크스는 이런 힘의 본성에 대해, 그 리고 이 힘이 활용해야 할 그 수단(국가적 수단이든 비-국가적 수단이든)에 대해 우리에게 아무 것도 말해주지 않는다.

　　수탈자의 수탈의 이런 두 번째 판본은 현재 가장 많은 현재성을 담 지하고 있는데, 이는 비단 이 판본이 '변형태^{variante}'[변수] 또는 이전의 메시아적 담론에 대한 대안이기 때문만이 아니라 이 두 번째 판본이 현재의 또는 최근의 몇몇 사회주의적 기획에 일깨워줄 수 있는 그런 반향들을 갖고 있기 때문이기도 하다. 마르크스가 상호 근접시키기를 원했던, 또는 융합하기를 원했던 이 두 항들이 사실은 대부분의 경우에서 분리된 채로 남아 있다는 점을 인정해야 한다. 협동조합이라는 관념(또는 오늘날 안토니오 네그리나 다른 이들의 이론화 작업의 전개 속에서 등장하는 '새로운 공통체^{nouveaux communs}'라는 관념)은 매우 생생히 살아 숨 쉬고 있는 것이다.* 하지만 역설적으로 금융자본주의의 구조들에 대한 '혁명적' 활용이라는 관념 또한 만만치 않게 생생히 살아 숨 쉬고 있다.** '연기금'이 미국 은행과 미국 **헤지펀드**^{hedge funds}를 위한 투기적 성격의 기금의 주요 원천이 되었을 때, 몇몇 사회주의 이론가들이 [소액]주주들의 집합체로 재결합된 임노동자들이 자본주의를 '매입^{rachat}'[되사기]해야 한다고 진단하거나 제안하는 모습을 우리는 최근에 보았다.*** 그리고 최근 들어 우리는 '유동성' 개념에 주목하는 일군의 마르크스주의 또는 포스트-마르크스주의 이론가들이 주식시장의 회로 내부에서 시민들이 "권력을 쟁취"할 수 있는 전략들을 발전시키는 모습을 보게 된다.**** 이런 식으로, 마르크스가 발명한 변증법에 대한 ('거대한'[위대한] 혁명적 전통과 비교하자면 사소한 형태의) 개량적인 또는 더 좋게 말해 변혁적인^{transformiste} 독해가 소묘된다. 나는 이것이 이론 내에서의 '변동'뿐만 아니라 '사적' 소유와 '집산적

---

*   Michael Hardt & Antonio Negri, *Commonwealth*, Harvard University Press, 2009를 보라.
       (한국어판으로는 《공통체》, 정남영·윤영광 옮김, 사월의책, 2014를 참조.-옮긴이)

**   이 점에 관련해서는, 안토니오 네그리와 발리바르 사이의 대담에서 매우 중요한 쟁점을 검
       출해낼 수 있다. 〈공통적인 것, 보편성, 코뮤니즘에 대하여〉, 《자본의 코뮤니즘, 우리의 코
       뮤니즘》, 난장, 2012에 실림.-옮긴이

***   Michel Aglietta, "Le capitalisme de demain". Note de la Fondation Saint-Simon, 1998
       년 12월 (헤지펀드에 대해서는, Michel Aglietta 외, 《헤지펀드: 기업가인가 금융계의 탐욕스런 상
       어인가Les Hedge Funds: Entrepreneurs ou requins de la finance》, Perrin, 2010을 참조.-옮긴이).

**** Robert Meisner, "Liquidity", in *Derivatives and the Wealth of Society*, Benjamin Lee &
       Randy Martin 편, The University of Chicago Press, 2016.

collective' 소유라는 반정립 내에 객관적으로 각인되어 있는 하나의 **대안**과도 관련된 것이라고 분명히 생각한다. 하지만 현재를 위한 교훈을 여기에서 이끌어내기에 앞서, 나에게는 자본주의의 경향에 대한 표상들(우리가 마르크스의 텍스트에서 '읽어낼' 수 있는 표상들)에 대한 기술^{tableau}을 조금 더 복잡화할 필요가 있어 보인다.

• • •

이 텍스트가 끊임없이 재정식화해야만 하는 모든 것 ― 이 텍스트는 자본과 노동의 변증법이 자신의 '계기들'을 순서에 따라 정리/배치해야 한다는 사실로 인해 이 모든 것을 끊임없이 재정식화해야만 한다 ― 을 매우 단순화해 말하자면,《자본》의 중심적인 주제계^{thématique}는 바로 **모순**과 **갈등**(또는 **적대**) 사이의 절합이다.* 모순은 경제의 기능 작용^{fonctionnement} 내에 동시에 존재하고 있는, 그리고 모순을 주기적으로 위기 속에 몰아넣는 이런 경향들을 대립시킨다.** 갈등은 계급들 사이에서(그러니까 무엇보다도 자본주의 부르주아지와 프롤레타리아 또는 노동자계급 사이에서) 또는 이 계급들 내의 '분파들' 사이에서 생산된다. 이 '분파들'은 그들의 적대적 이해관계 때문에 생산의 중심 그 자체 내에서 또는 사회적 삶의 서로 다른 영역들 내에서 직접적으로 대립한다. 하지만 (변형 또는 단절로 향하는) '역사적 경향'이 존재하기 위해서, 모순들(그리고 위기들)은 갈등의 강화로 이어져야 하며, 갈등은 갈등의 악화^{aggravation} 또는 정반대로 모순의 전

---

* 　'articulation'은 본문에서와 같이 결합으로 옮길 수도 있으나, 단순한 결합이 아니라 여러 항들 사이를 분절하고 결합한다(마치 '관절'과 같이)는 의미를 지니고 있어 인문사회과학에서 '절합'으로 많이 번역한다. 이 단어에는 (분절이라는 뜻이 내포하듯) '분명히 발음하다' '분명히 강조하다'라는 의미도 있다.-옮긴이

** 　예를 들어 마르크스는 착취의 강화와 이윤율의 저하라는 두 가지 경향 모두를 자본주의에 내재적인 기술 발전에 연관시킨다.

위로 이어져야 한다. 역사에 대한 **정치** 이론으로서, 마르크스의 이론은 이와 다른 대상을 갖고 있는 것이 전혀 아니다. 그리고 내가 인용한 텍스트들이 다루고 있는 것이 이런 절합 또는 이 절합의 효과를 결정하는 조건들이라는 점은 의심의 여지가 없다. 하지만 우리가 우리의 관점을 확대해본다면, 우리는 대안적인 가능성들, 심지어는 서로 분기하는divergentes 가능성들이 또다시 출현하는 것을 보게 된다.

그래서 마르크스가 '노동일'에 관해 집필한 상당히 긴 장*은 생산을 위해 소비된 '노동력'과 비교하여 '생산물'의 가치의 **초과**excès로 정의되는 '절대적 잉여가치absoluter Mehrwert' 개념notion(다시 말해, 노동자계급의 소비 수단을 생산하기 위한 필요노동의 양―오늘날 우리가 실질임금이라고 부르는 바―과 등가적인 방식으로 비교했을 때 상품생산을 위한 사회적 필요노동의 초과시간)을 예증하는 데 만족하지 않는다.** '절대적 잉여가치'라는 개념은 이런 잉여가치의 '비율Rate des Mehrwerts'이 자기 자신을 자본의 모순으로 이끌고 가는(다른 이유들보다도 특히 이 적대의 존재가 노동력의 소진과 노동자계급의 만성적인 과소소비를 함의하기 때문에) 그런 항상적 적대가 갖는 쟁점임을 보여준다. 이런 갈등 내에서 **자본의 이해관심**은 잉여노동Mehrarbeit의 증가, 그러니까 매일매일의 노동시간(또는 주당 노동시간이나 연간 노동시간, 또는 생존을 위해 필요한 최소 노동시간)의 모든 한계를 넘어선 연장이다. 반대로 노동자계급의 이해관심은 노동시간의 **제한**인

---

*   *Das Kapital*, Erster Band, 8. Kapitel, "Der Arbeitstag"(장-피에르 르페브르의 프랑스어 번역본, 위의 책, pp.257-338).

**   절대적 잉여가치, 상대적 잉여가치, 불변자본(폴리의 표현에 따르면 비확장자본), 가변자본(확장자본) 등의 개념에 대한 최고의 해설로는 던컨 폴리Duncan Foley, 《아담의 오류》, 김덕민 옮김, 후마니타스, 2011의 마르크스편과 그 부록으로 실린 표를, 그리고 마찬가지로 던컨 폴리, 《자본의 이해》, 강경덕 옮김, 유비온, 2015를 보라. 더 심화된 해설을 원하는 독자는 윤소영, 《마르크스의 '경제학 비판'》(개정판), 공감, 2001, 윤소영, 《마르크스의 '자본'》, 공감, 2009를 참조.―옮긴이

데, 이런 제한은 '부불노동'의 비율을 감소하고 살아 있는 노동력을 그 소진에서 보호하는 결과를 이끌어 낸다. 마르크스는 이런 갈등을 "연장된 내전"("ein langwieriger Bürgerkrieg zwischen der Kapitalistenklasse und der Arbeiterklasse")으로 기술한다.* 마르크스는 19세기 전간기 내내 영국에서 발생한 '정상 노동시간'에 대한 요구를 둘러싼 갈등에서 이런 갈등이 어떻게 세력 관계를 변화^{évoluer}시켰는지를 보여준다. 이런 변화는 자연스럽게 많은 수의 요소들을 개입시키는데, 특히 [(1)] 노동자의 조직화 정도(노동자들은 폭력적 압제에도 불구하고 자신들의 노동조합 구성의 권리를 위해 이 조직화를 활용한다), [(2)] '공장 감독관'의 보고서와 (그 당시 막 출현했던) 노동사회학의 영향을 받은 여론의 상황, [(3)] 자본가들 **전체**의 이해관계(하지만 이 [계급구성원으로서의] 자본가들은 개별 기업가들과 동일한 인물은 아니다), 그리고 특히 마지막으로 [(4)] 계급투쟁을 '조절^{réguler}' 하는 기능, 그리고 용인 가능한 한계 밖으로 자본주의의 모순들이 벗어나지 않도록 관리^{ramener}하는 기능을 자임하는 **국가**. 분명히 흥미로운 점은 역사적인 몇몇 조건들이 변화했음에도 불구하고, 이런 기술^{description}이 (특히 노동법의 확립, 노동조합의 합법화, 사회의 민주화를 통해 자본주의의 '중심부'에서 다소간 제거되었던 노동력 착취의 '야만적인' 형태들이 '주변부'로 옮겨갔다는 점에서) 그 현재성을 전혀 잃지 않았다는 점이다. 물론 이는 사회적 투쟁과 노동조합의 힘이 세계화된 경쟁에 의해 박살이 나고 개량주의적 국가[케인스주의적 복지국가 또는 (발리바르 식으로 말해) 국민-사회국가 또는 (데이비드 하비 식으로 말해) 착근된 자유주의국가]가 전투적인 신자유주의로 개종함에 따라 이 야만적 형태들이 '중심부'로 **되돌아오기** 이전의 이야기이지만 말이다.

이런 논리에 조응하는 '경향' 개념은 무엇일까? 여기에서 또다시 개

---

* *Das Kapital*, Dietz, s ; 316.

량 또는 개량주의에 대해 말하는 것이 매혹적인 것처럼 보인다. 하지만 장기적 관점에서 세력 관계의 부침^{fluctuations}[변동]을 고려했을 때, 마르크스의 단어를 다시 취하는 것이 더 정확할 것 같다. 즉, 이는 때로는 극단으로 치닫기도 하고 때로는 정반대로 '사회적 타협'의 한계 내로 되돌아가기도 하는(유럽에서 사회민주주의는 이 사회적 타협을 위해 많은 노력을 쏟았다) '내전'(또는 다소간 완화되었으며 표면적인 **사회 전쟁**)인 것이다. 그런데 이런 내전은 '수탈자의 수탈'의 표상(그리고 그 표상의 이런저런 변형태들)과는 반대로 이미 결정된 **종말/목적**^{fin}을 갖지 않는다. 이 지점에서 마르크스에게 갑작스레 나타나는 것은 우리가 계급투쟁과 그 결과에 대한 '마키아벨리적' 개념화라 부를 수 있는 것이다.

하지만 이 지점에서 또다시 한 번 더 마르크스가 반정립적인[어떤 항을 다른 항에 대립시키는 안티테제적인] 관점을 발전시켰다는 사실은 놀랍다. 이 반정립적인 관점을 미간행된 텍스트(하지만 오늘날에는 매우 잘 알려진)에서 새롭게 다시 찾아보아야 한다는 것은 사실이다. 이는《자본》의 '미간행된 장', 즉 1863~1865년 초고의 한 단편(그러므로 이 초고는 1859년《정치경제학 비판을 위하여》와《자본》1권 사이의 매개가 되는 초고이다)을 말하는 것인데, 마르크스는 이 장을 1867년에 출간된《자본》1권에 통합하지 않았다. 마르크스의 플란에 따르면,* 이 장은《자본》1권의 **마지막 편**^{section}으로 구성되어야 했으나 그러지 못했다(또는 마르크스주의의 또 다른 전문용어를 따르자면, 마지막 '장^{chapitre}'이라고 말할 수 있는데, 다시 말해 이 장은 내가 위에서 언급했던 현재의 '결론 격'의 텍스트[즉 24장 '이른바 본원적 축적'의 마지막 절인 7절 '자본주의적 축적의 역사적 경향'] **이후에** 위치해야 했다는 것이다). 이 장의 주석가들과 사용자들은 왜 마르크스가 1867년 자신의 최종 집필에서 이 이론적 전개를《자본》1권에 통합하지 않았

---

*   윤소영의 지적대로 'plan'은 '작업의 계획'과 '저작의 구성'을 동시에 의미한다.-옮긴이

는지에 관한 수많은 논쟁을 지금까지 전개하고 있으며, 이런 논쟁은 한 세기가 넘도록 이 《자본》 1권의 수용과 이해의 방식을 결정하고 있다.* 이 주석가들과 활용자들은 이 논쟁에 마르크스의 이론적 작업 방식에 관한 자신들 각자의 해석 경향과 이해를 투여하고 있다. 나의 경우를 말하자면, 다른 요소들에 대한 선입견 없이, 나는 그 결정적인 이유가 자본주의의 변화 경향$^{\text{tendance d'évolution}}$ — 모순과 갈등 사이의 절합 또는 자본주의의 변화와 계급투쟁의 가능성 사이의 절합과 관련한 이 장의 분석들에서 도출되는 자본주의의 변화 경향 — 의 **허무주의적** 특징과 관련된다고 사고하고자 한다. 정말로 우리는 여기에서 자본에 의한 노동력의 '형식적 포섭$^{\text{formale Subsumption}}$' — 이 형식적 포섭 내에서 노동자들은 자신들의 전문적 능력에 기초해 있는, 그리고 그들의 착취에 대한 저항과 해방의 기획을 배양할 수 있는 상대적 자율성을 보존한다 — 에서 '실질적 포섭^{reale} Subsumption' — 이 실질적 포섭 내에서 기술 체계는 (기계화와 노동의 조직화 [분업화]라는 수단을 통해) 노동력을 자신 안으로 완전히 '통합하며', 이 노동력을 자본에 예속되지^{assujettissement} 않는다면 아무 쓸모가 없는 것으로 만들어버린다 — 으로 자본주의가 변화한다^{évolue}는 관념에 관한 이론적 전개(게다가 비교할 바가 없을 정도로 탁월한 이론적 전개)를 발견한다.** 심지어 우리는 이후에 '대중 소비사회'와 이 대중 소비사회가 만들어내는 '욕구/필요의 소외'에 관한 이론가들 곁에서 굉장한 행운을 경험하게 될 그

---

*   Karl Marx, *Resultate des unmittelbaren Produktionsprozesses. Sechstes Kapitel des ersten Bandes des "Kapitals" (Entwurf). Zusammenfassung des ersten Bandes des "Kapitals".* Verfasst vom Autor, mit einem Vorwort von Rolf Hecker, 176 Seiten, Broschur, Karl Dietz Verlag Berlin GmbH 2009 (프랑스어 번역본: Karl Marx, *Le Chapitre VI, Manuscrits de 1863-1867. Le Capital, livre I,* collection Les Poches geme, Les Éditions sociales, Paris, 2010).

**   여기에서 발리바르는 'Subsumption'의 번역어로 'soumission'을 썼는데, 통상적으로 'subsomption'이라는 번역어도 사용한다. 'soumission'는 '포섭'이라는 의미보다도 '주체/신민의 복종'이라는 의미가 더 강한데, 이와 관련한 주체화/예속화에 대한 논의를 염두에 둔 것이 아닐까 생각된다.─옮긴이

런 관념이 소묘되는 것을 발견하기도 한다. 자본주의는 **생산과정을 조직화하는 것**에 만족하지 않고 노동자의 삶과 일상적 생존을 상품과 이윤의 법칙에 종속시킴으로써 삶과 일상적 생존의 **재생산** 자체까지도(이 삶과 일상적 생존의 재생산은 보완적인 하나의 '산업'[즉《자본》2권의 재생산 표식을 따르자면 소비재 생산 영역인 '2부문']을 형성한다) 조직하기에 이른다는 관념이 그것이다. 그러므로 우리는 실질적 포섭뿐만 아니라 일종의 '자발적 복종servitude volontaire', 즉 시민들(노동자든 아니든)의 존재 자체에 대한 자본의 완전한 통제/관리contrôle exhaustif라는 일종의 **총체적 포섭**에 관해서도 말할 수 있게 된다.* 그러므로 마르크스는 자본주의의 발전에 관한 자신의 분석에서 절망스럽게도 이 자본주의가 전체주의적 체계[즉 완전한 통제/관리에 기반을 둔 체계]가 될 것이며, 이런 체계에서 ― 계급투쟁이 자본주의 자체에 의해 사전에 도구화되거나 자본주의에 의해 (그리고 필요한 경우에는 폭력에 의해) 통제/관리되기 때문에 ― 이 계급투쟁이 무력해지면서 **거세당할 것****이라는 점을 어렴풋이 보았던 것으로 보인다. 이는 우리가 '노동일'에 관한 장에서 방금 읽어냈던 '항상적 내전'과 절대적으로 반대되는 것이며 분명히 자본주의의 모순들이 산출하는 혁명적 결론/탈출구issue의 반정립[안티테제]이다.

　방금 우리가 살펴보았던 이런 조건들에서 우리는 마르크스가 이런 논증을 '억압'하기를 더 원했거나 또는 그에 대한 검토를 나중으로 미루기를 더 원했다고, 그리고 마르크스가 이 논증을 '낙관적인' 결론으로 ― 이 낙관적인 결론에서 **최후의 순간에**in extremis 소유관계의 변화 경

---

*　　한국에서는 이 'contrôle'을 통제로 많이 옮기지만 일본에서 이를 관리로 옮기듯이, 이 단어에는 두 가지 뜻이 모두 들어 있다. 특히 들뢰즈의 '통제사회론'의 경우 '관리사회론'으로 옮기는 것이 더 적절하며, 그렇기 때문에 이 통제사회론이 후기 푸코의 통치성 논의와 친화성을 갖는 것이다.-옮긴이

**　'neutralisé'에는 '중립화한다'는 뜻도 있지만 일상적으로는 '누군가가 갖고 있는 힘을 무력화한다'는 의미로 더 많이 쓰인다.-옮긴이

향^{tendances d'évolution}은 그 세속적 변형태 내에서 또는 그 메시아적 함의를 지니고서 '정치혁명'의 시나리오 또는 권력 쟁취의 시나리오를 허락한 다―대체했다고 이해(또는 상상)할 수도 있다. 하지만 결국에는, 우리가 이 모든 대안적인 결론들(마르크스 자신이 확실히 불균등한 방식으로 허락했음에도 어쨌든 자신의 저작에서 분명히 존재하고 있는 결론들)을 고려한다면, 우리는 **일련의** 전략적 관점들에 도달하게 된다. 이 일련의 전략적 관점들에서, '수탈자의 수탈'(그 자체로 두 가지 독해가 가능한*)이라는 시나리오의 이편과 저편에서 '연장된 사회 전쟁'이라는 정치적 시나리오와 '총체적 포섭'이라는 허무주의적 시나리오가 동시에 등장한다. 결국 지금까지 설명한 바가 오늘의 우리에게 《자본》의 저자 마르크스' 그 자체인 것이다. 훨씬 불명확하지만, 그럼에도 '마르크스주의적' 전통에서 제시했던 마르크스보다 훨씬 더 풍부한 그런 마르크스.

· · ·

《자본》의 결론에 대한 **좋은/올바른 독해**^{bonne lecture}를 찾고자 하는 독자들을 내가 당혹스럽게 만든 것은 아닌지, 그리고 심지어는 현학적인 문헌학적 고찰들을 통해 독자들을 질리게 만들어버린 것은 아닌지 걱정된다. 만일 혹시라도 당혹스럽거나 질려버린 것이 아니라면, 그 경우 독자들은 어떻게 결론을 내려야 할까? 내 생각으로, 독자들은 (역사가 변화시켜 왔던 바 그 자체로서의) 《자본》이 미완의 텍스트일 뿐만 아니라 **열린 작품/저작**(움베르토 에코가 '열린 예술작품'에 대해 말했던 것처럼)이기도 하다

---

* 위에서 지적했듯, '대중들의 공포'가 '통치자가 대중들에 대해 느끼는 공포'(대중들에 대한 공포)와 '대중들이 대중 자신에 대해 느끼는 공포'(대중들의 공포)를 동시에 의미하듯, '수탈자의 수탈' 또한 '직접생산자의 수탈자에 대한 수탈'(수탈자에 대한 수탈)과 '직접생산자에 대한 수탈자의 수탈'(수탈자의 수탈)을 동시에 의미한다.—옮긴이

는, 그래서 순전히 이론적인 것만은 아닌 다양한 문제들을 열어젖히는 하나의 작품/저작이기도 하다는 결론을 내려야 할 것 같다.* 사실 우리는 자본주의 분석에서 마르크스가 이 자본주의의 경향들과 그 경향들의 잠재적인 정치적 결론^{issue}[출구]을 해석하면서 끊임없이 **분기했음을**^{bifurquer} 확인하고 있다. 하지만 그가 예상하고 있는 이런 [복수의] 분기들은 순수한 하나의 주관적인 의미만을 갖지 않는다. 오히려 이 분기들은 **가능성들**, 게다가 자본주의의 변화^{évolution} ─ 이 변화의 실현은 자본주의의 역사가 처한 조건들과 자본주의의 역사가 생산해내는 효과들에 달려 있다─에서의 **실제 경향들**에 조응한다.

우리가 오늘날 마주하고 있는 자본주의는 끝없는 축적의 논리, 그러므로 결국 이윤율의 극대화라는 논리─이를 통해 마르크스는 자신의 '정치경제학 비판'을 위한 개념을 주조해냈다─에 의해 항상 지배되고 있다. 하지만 자본주의의 제도들과 그 사회 형태들은 상당히 변화했는데, 특히 이 자본주의가 완전히 **세계화되었기** 때문에([긍정적 통과점으로서의] 혁명을 대신해 등장하는 [부정적 통과점으로서의] 식민화에 대한 통찰들에도 불구하고 마르크스는 이에 대해 진정 사고하지는 못했고, 그래서 마르크스의 몇몇 후계자들이 마르크스에 반해 이 자본주의의 세계화에 대한 자신들의 주장을 제시해야만 했다**), 그리고, 아마도 심지어는 **사회주의의** 경험들을 자신의 현대화를 위한 재료로 활용하면서, 이런 세계화의 끝에서 이 자본주의가 완전히 **금융화되었기** 때문에(하지만 자본주의는 자신의 위기의 메커니즘을 금융화를 통해 심원하게 변화시키면서도 이 위기를 제거하지는 않는다)

---

*   역사가《자본》을 이렇게 변화시켜왔다는 사실 자체가《자본》이 열린 작품/저작이라는 증거라는 의미이다.─옮긴이

**   나는 제국주의를 이론화했던 이론가들, 특히 '자본축적'의 로자 룩셈부르크(*Die Akkumulation des Kapitals*, 1913), 그리고 그 후예인 '세계-경제'의 이론가 이매뉴얼 월러스틴Immanuel Wallerstein과 조반니 아리기Giovanni Arrighi를 염두에 두고 있다.

그러하다(나는 점점 더 자본주의의 금융화가 사회주의의 경험들을 활용한다는 이런 가설을 따르게 되는데, 이는 우리가 현재 '신자유주의'라고 부르는 바를 해석하기 위해서는 필수불가결한 가설로 보인다). 이 '포스트-역사적'이고 심지어는 '포스트-사회주의적'인 자본주의는 몇몇 측면에서 극복할 수 없고 물리칠 수 없는 것처럼 보인다. 왜냐하면 이 자본주의는 '수탈자의 수탈'과 같은 주제들 주변에서 혁명적 변혁의 상상계가 취하는 배경으로서의 역할을 해왔던 계급투쟁의 고전적 형태들과 표상들을 해체하기 때문이다. 하지만 그렇다고 해서 이 자본주의가 안정적이거나 평온한 상태에 있는 것은 아니다. 오히려 반대로 이 자본주의는 극도로 폭력적이며, 자본주의가 초래하는 고유한 전쟁의 양태들과, 그리고 지식노동과 육체노동 사이로, 정주와 이민 사이로, '유용한' 인간과 '일회용' 인간 사이로, '능력 있는' 인간과 '부적합한' 인간 사이로 인류를 분할하는 그 양태들과, 그러므로 인민들 사이에서, 그리고 개인들 사이에서 보편화된 경쟁의 그 양태들과 유기적으로 연결되어 있기 때문이다. 나와 같은 포스트-마르크스주의자에게 가장 중대한 문제는 어떻게 이 자본주의가 지니고 있는 분기의 가능성들과 대안들을 정의하고 구체화할 것인지를 인식하는 것이다. 정치적인 만큼이나 지적인 이런 작업을 위해, 마르크스가 이런저런 순간에 다소간 완전한 방식으로 채택했던 [여러] '길들'에 대해 성찰해보는 것은, 비록 그것이 충분하지는 않더라도, 다른 것과 비교할 수 없는 소중한 실험으로 남아 있다. 우리는 마르크스의 작업을 **다시-만들어야**^{refaire} 하지만, 이런 개조^{refonte}에서 마르크스의 작업을 좋은 길동무처럼 우리 곁에서 끊임없이 만나게 된다.*

---

*   한 가지 지적하자면, '다시-하다' '다시-만들다'라는 뜻의 동사 'refaire'에는 건물 등을 '수리/보수하다'는 뜻이 있으며, 이 '수리/보수하다'라는 의미의 명사형은 'réfection'이다. 'refonte'는 'refondre'의 명사형으로서 이는 훨씬 더 추상적인 의미의 '개조' '개작' '개정' 등을 뜻한다.-옮긴이

마르크스주의에서 포스트-마르크스주의로
: 에티엔 발리바르를 위하여

1.

베드로: 왜 더 멀리 가지 그랬냐.

아가토: 신발을 두고 가서요.

베드로: 다 도망가도 돌아올 놈은 정해져 있다.

아가토: 저는 빚이 있습니다. 그때 저는 돌아가지 못했어요. 동생을 물고 있는 개가 너무 무서웠어요. 너무 컸어요.

베드로: 네 잘못이 아니야. 네 동생이 더 작아서 그런 거야. 짐승은 절대 자기보다 큰 놈한테 덤비지 않아. 그리고 악도 언제나 그런 식으로 우릴 절망시키지. 니들도 짐승과 다를 바 없다고. 근데 신은 인간을 그렇게 만들지 않았어.

아가토: 네.

베드로: 아이고…… 예전에 아는 노른신부님이 똑같이 이렇게 말했는데. 에휴…… 아가토.

아가토: 네, 여기 있습니다.

베드로: 넌 이제 선을 넘었다.

아가토: 알고 있습니다.

베드로: 평생 악몽에 시달리고 술 없인 잠도 못 잘 텐데.

아가토: 네.

베드로: 아무도 몰라주고 아무런 보상도 없을 텐데.

아가토: 그러니 너 사람의 아들아, 그들을 두려워하지 말고 그들이 하는 말도 두려워하지 마라.

베드로: 비록 가시가 너를 둘러싸고, 네가 전갈 떼 가운데에서 산다 하더라도.

아가토: 그들이 하는 말도 두려워하지 말고 그들의 얼굴을 보고 떨지도 마라.*

— 장재현 감독의 〈검은 사제들〉(2015) 중에서

2.

에티엔 발리바르는 《마르크스의 철학》 재판 서문에서 1993년 이 책의 초판이 출간되었던 당시의 정세에 대해 성찰하기를 독자들에게 권유하고 있다. 재판 서문을 번역하면서 옮긴이는 1995년에, 그러니까 한신대학교 국제경제학과 교수이자 한국에서 알튀세르와 발리바르를 최초로 소개했던 선구자인 윤소영 교수 덕분에 시차가 거의 없이 한국에 번역 소개된 《마르크스의 철학》이 출간되었던 당시에 대해 떠올려보았다. 그때는 1987년 민주화운동 이후, 그리고 1989년 현실 사회주의의 붕괴 이후로, 서구에서는 마르크스주의의 종언이, 한국에서는 사회주의라는 이념(혹은 현실)에 대한 부정이 선언될 때였다. 하지만 윤소영 교수를 비롯한 일군의 연구자들은 알튀세르의 정신을 따라 마르크스주의 자체의 위기를 선언하고 마르크스주의를 쇄신(그 당시에는 쓰이지 않았던 조금 더 세련된 철학적 용어를 활용하자면, 데리다의 말대로 탈구축)하고자 했다. 그들

---

* 마지막 문장은 에제키엘서 2장 6절로, 한국 천주교 주교회의 성서위원회 편찬 한국 가톨릭 공용 번역본 성경(2005)의 1436쪽을 참조하라.

중 일부는 포스트 담론(넓은 의미의 포스트-구조주의)을 결연히 거부하면서 마르크스를 지키고자 했고, 다른 일부는 포스트 담론과 함께(혹은 포스트 담론을 통해) 마르크스를 지키고자 했다. 25년이 지난 지금의 관점에서 이 일군의 알튀세리앙들 혹은 발리바리앙들이 했던 작업들은 상당히 '교조'적이고 '낡아' 보인다. 게다가 말년의 알튀세르와 중년의 발리바르가 했던 작업들이 어떤 관점에서 이루어진 것이었는지 한국에서도 사실상 매우 정확하게 알고 있는 지금의 시각에서 보자면, 이들의 작업 방향은 알튀세르와 발리바르의 관점과는 상당히 거리가 있다.

하지만 서구 학계와 한국 학계 사이에 존재했던 (학문적 교류가 거의 실시간으로 이루어지는 지금은 실상 거의 존재하지 않는) 시차를 생각한다면, 이들이 알튀세르와 발리바르의 이론에서 보았던 혹은 보고 싶었던 것이 오류에 불과한 것이 전혀 아니라, 오히려 (푸코적 의미에서) 특수한 진리 혹은 관계 속의 진리를 담지하고 있다고 보는 것이 정당하지 않을까 생각한다. 여전히 서슬 퍼렇던 시절, 그러니까 1987년 민주화 이후에도 여전히 '노동'이라는 단어를 꺼낼 수 없었던 억압의 시절, 하지만 독재에서 해방되어 그 어느 때보다 자유로웠던 시절, 그러니까 '노동해방'이 아니라 신자유주의적 금융세계화를 맹목적으로 받아들이는 것이 정언명령이었던 시장의 자유의 시절, 이 우스꽝스런 '두 시대를 살아'갔던 이 일군의 알튀세리앙들과 발리바리앙들이 보여주었던 푸코적인 '진실의 용기'(파레지아)를, 아니면 레닌적인 '막대 구부리기'를 오류로만 치부하고 싶지는 않다. 그래서 이 일군의 알튀세리앙들과 발리바리앙들을 통해 알튀세르와 발리바르의 이론을 배우고 익혔던 옮긴이는 (지금도 열심히 참고하고 있는) 이들의 작업을 보면서 경탄과 의심이라는 상당한 양가감정에 항상 시달리곤 한다.

어쩌면 옮긴이는 우연한 계기로 맡게 된 《마르크스의 철학》 재판 번역을 통해 이들의 작업에 대한 애도를 끝낸 것 같다. 앞으로도 옮긴이는 이들의 작업을 계속 참고할 것이고, 이들의 작업을 비판하면서 앞으로 나아가겠지만, 이 책을 번역함으로써 이제는 조금 홀가분하게 이들의 방향과는 거리를 둘 수 있을 것 같다. 옮긴이는 1993년 처음 출간되었던 《마르크스의 철학》의 2014년 재판을 번역하기 전에, 1987년 발리바르가 집필한 테제인 〈스피노자-맑스주의를 위한 열한 가지 테제들〉과 1993년 집필한 텍스트 〈무한한 모순〉을 번역했다. 우연히도 옮긴이가 모두 번역한 이 세 가지 텍스트는 발리바르가 '이전의 이론적 의식을 청산'하는 과정을 거쳐 산출해낸 결과, 즉 '마르크스주의에서 포스트-마르크스주의로의 이행'을 천명하는 텍스트들이다. 한국에서 1995년 이 책이 번역·출간되었을 당시에는 가려졌던, 아니 사실은 가려질 수밖에 없었던 이 책의 맥락. 발리바르가 '이전의 이론적 의식을 청산'하는 '과정'을 보여주는 텍스트들이 바로 1980년대 발리바르가 마르크스주의에 관해 작업했던 네 개의 텍스트들로, 이 텍스트들은 1997년 갈리마르 출판사에서 《대중들의 공포》라는 제목으로 출간된 두터운 저서의 3부에 모아졌다. 1980년대 동안 발리바르가 마르크스주의에 관해 연구했던 바의 핵심을 담고 있는, 다행히 한국어로 번역되어 우리 모두 읽을 수 있는 《대중들의 공포》의 3부는 '마르크스주의에서 포스트-마르크스주의로의 이행'의 과정 그 자체를 그대로 보여주고 있다. 이러한 이행에 따라 발리바르는 《마르크스의 철학》에서 마르크스의 철학들을, 아니 마르크스 그 자체를 요소 요소로 완전히 분해하고 이를 자신의 독창적이고 탁월한 방식으로 재편집하고 재구성하고 있다.

발리바르는 마르크스 그 자체를 완전히 분해한 뒤 남은 요소들을 건축학적으로 아름답게 재구축하고 있는데, 이 저서의 핵심인 3장에서는 마르크스의 철학 전체의 핵심이라고 할 수 있는 이데올로기와 물신숭배라는 개념들을 대립시킴으로써 어떠한 철학적 문제를 다루고 있으며, 2장과 4장에서는 3장과 긴밀히 연결되어 있는 또 다른 철학적 문제들을 각기 다루고 있다(이에 대해서 굳이 옮긴이가 재론하지는 않겠다). 이 책의 서론인 1장에서는 마르크스의 철학을 바라보는, 알튀세르에게서 유증받아 변형한 발리바르 자신의 전체적인 관점을, 이 책의 결론인 5장에서는 마르크스의 철학에 대한 자신의 다섯 가지 결론을 제시하고 있다. 즉 3장을 중심으로, 그러니까 이데올로기-물신숭배라는 쌍을 중심으로 이 책 전체가 구축되어 있는 것이다. 1993년을 회고하면서 마르크스에 대한 자신의 입장을 포스트-마르크스주의로 다시 한 번 강조하는, 현존 최고의 마르크스주의자 발리바르가 프랑스 마르크스주의에 대해 회고한다는 점에서 프랑스 내에서도 상당한 주목을 끌었던 이 책의 재판 서문을 상당히 철학적인 재판 후기로 보완한 이유는 이러한 건축학적 아름다움을 유지하기 위해서인 것으로 보인다.

데리다적 의미에서 마르크스주의를, 그리고 더 나아가 마르크스의 철학을 탈구축한 이후 발리바르가 우리에게 남긴 것은 (조금 유치한 표현이라고 할 수도 있겠지만) '열린 마르크스주의open marxism'이다. 발리바르가 너무나도 강력하게 탈구축했기에 더 이상 그 어떠한 교조주의도 불가능한 열린 마르크스주의. 하지만 이 책의 초판이 출간된 지 이미 25년이 흘렀다. 마르크스가 태어난 지 200년, 알튀세르가 태어난 지 100년, 이 책의 초판이 출간된 지 25년. 이 25년 동안, 발리바르는 자신의 포스트-마르크스주의를 위한 선언 이후 쉬지 않고 작업해왔다. 한국에 충분히 소개되지는 못했지만 발리바르는 (알튀세르와 마찬가지로) 다양한 사상적 자원들을 끊임없이 수용하면서 '마르크스와 함께, 마르크스에 반하여' 작업해왔다. 포스트 담론뿐만 아니라 마르크스를 비판적으로 발전시킬 수 있는 사상적 요소들이라면 무엇이든, 하지만 누구보다도 엄밀한 방식으로 이를 비판적으로 수용해왔다. 옮긴이가 이데올로기와 물신숭배 사이의 대립을 중심축으로 삼고 있는 부록의 논문들을 번역 소개하는 이유는 발리바르가 (한국에 상대적으로 잘 소개된) 알튀세르적 이데올로기론 이외에도 열린 마르크스주의라는 관점에 따라 물신숭배론이라는 다른 이론적 관점 또한 여러 사상적 자원들을 섭취하면서 발전시켜왔다는 점을 보여주고 싶었기 때문이다. 발리바르가 네 개의 논문을 부록으로 싣는 것에 흔쾌히 동의해준 이유 또한 이 논문들이 《마르크스의 철학》이 가리키는 바와 긴밀한 관계를 유지하면서도 확장시켜주는 논문들이라고 판단했기 때문이라고 생각한다. 그렇다면 이제 우리에게 남은 것은 '발리바르와 함께, 발리바르에 반하여' 우리의 작업을 시작하는 것 아닐까 싶다.

3.

번역을 하면서 정말 많은 이들의 도움을 받았지만 죄송하게도 몇 분의 이름만을 언급해야 할 것 같다. 우선 누구보다도 2007~2008년 동안 '알튀세르와 발리바르의 이데올로기론' 세미나를 통해 많은 가르침을 주셨고 과분하게도 이 책의 해제까지도 써주신 진태원 선생님께 진심으로 감사드린다. '알튀세르와 발리바르의 이데올로기론' 세미나에서 꼼꼼하게 이 책의 1995년 번역본을 읽었던 덕택에 지금의 재판 번역본이 나올 수 있었다. 해제에 걸맞지 않은 부족한 번역본 때문에 해제의 의미가 퇴색되지는 않을까 걱정된다. 그리고 항상 비판적인 조언을 아끼지 않으시고 이 책의 핵심인 3장 전체를 검토해주신 이상길 선생님께 진심으로 감사드린다. 마르크스주의를 연구하면서도 항상 부르디외적인 성찰적 객관화를 위해 노력해야 한다는 점을 강조하신 선생님 덕분에 위에서 언급했던 발리바르의 입장을 제대로 이해할 수 있었다고 생각한다. 또한 부록의 논문들을 읽어주시고 물신숭배론에 관한 비판적 조언들을 해주신 한보희 선생님께도 진심으로 감사드린다. 부록에 실렸던 논문들 중 〈마르크스의 '두 가지 발견'〉을 제외한 세 논문은 모두 처음에 서교인문사회연구실이 운영하는 웹진 인무브에 실렸던 것들이다. 웹진을 통해 더 많은 독자들과 만날 수 있게 해주시고 또 웹진에 이미 게재한 논문들을 이 책의 부록으로 싣는 것을 흔쾌히 허락해주신 전주희 선생님과 정정훈 선생님께 감사드린다. 번역을 전체적으로 검토해주시고 번역본 출간을 위해 좋은 말씀을 아끼지 않으신 정용택 선생님, 황재민 선생님, 김현우 선생님께도 감사드린다. 그리고 마지막으로 〈광주에서 해방으로〉라는 글을 통해 힘든 번역 작업에 큰 힘을 주신 홍명교 활동가님께 감사드린다. 이 글을 항상 마음 속에 담고 공부해나가고자 한다.

2018년 4월 파리에서
배세진

마르크스의 철학

마르크스와 함께, 마르크스에 반해

초판 1쇄 펴낸날 2018년 5월 1일
초판 2쇄 펴낸날 2020년 12월 2일

지은이   에티엔 발리바르
옮긴이   배세진
펴낸이   박재영
편집   임세현
디자인   최진규
제작   제이오

펴낸곳   도서출판 오월의봄
주소   서울시 마포구 양화로 133, 1605호
등록   제406-2010-000111호
전화   070-7704-2131
팩스   0505-300-0518

이메일   maybook05@naver.com
트위터   @oohbom
블로그   blog.naver.com/maybook05
페이스북 facebook.com/maybook05

ISBN 979-11-87373-34-6 03100

이 도서의 국립중앙도서관 출판시도서목록(CIP)은 e-CIP홈페이지(http://nl.go.kr/ecip)와
국가자료공동목록시스템(http://www.nl.go.kr/kolisnet)에서 이용하실 수 있습니다.
(CIP 제어번호 : CIP2018011724)

• 책값은 뒤표지에 있습니다. 잘못된 책은 바꾸어 드립니다.

이 책에 실린 논문은 모두 저자 에티엔 발리바르와
저작권사 LA DÉCOUVERTE의 허락을 받아 게재했습니다.